AF747400

VARIATIONS AUTOUR DE LA PERFORMANCE DANS L'ÉTAT

Mélanges en l'honneur du Professeur Nicaise MÉDÉ

Sous la direction
de Gérard Martin PEKASSA NDAM

VARIATIONS AUTOUR DE LA PERFORMANCE DANS L'ÉTAT

Mélanges en l'honneur du Professeur Nicaise MÉDÉ

Volume 1

L'Harmattan Sénégal

© L'Harmattan-Sénégal, 2024
10 VDN, Sicap Amitié 3, Lotissement Cité Police, DAKAR

direction@senharmattan.com
commandes@senharmattan.com

ISBN : 978-2-336-47213-3
EAN : 9782336472133

SOMMAIRE

LISTE DES CONTRIBUTEURS

N°	CONTRIBUTEURS
1.	**ABENG MESSI François** Docteur/Ph. D. en Droit public Maître-Assistant à la Faculté des Sciences Juridiques et Politiques, Université de Yaoundé II (Cameroun)
2.	**ADJAFFI Allou Elvis** Docteur en Droit public Assistant à l'Université Péléforo Gon Coulibaly de Korhogo (Côte d'Ivoire)
3.	**AGUEMON Wehelmine A.** Docteur en Droit public Maître-Assistant à l'Université d'Abomey-Calavi (Bénin) Directrice adjointe du Centre d'Études et de Recherches sur l'Administration et les Finances (CERAF)
4.	**AIDARA Mouhamadou Moustapha** Professeur Titulaire Agrégé de Droit public Université Gaston Berger de Saint-Louis (Sénégal) Coordonnateur du Laboratoire Collectivités Publiques
5.	**AKONO OLINGA André** Ph. D. en Droit public Chargé de cours à la Faculté des Sciences Juridiques et Politiques Université de Yaoundé II (Cameroun)

6.	**ALBERT Jean-Luc** Professeur des Universités Aix-Marseille Université (France) Directeur du Centre d'Études Fiscales et Financières (CEFF – UR 891)
7.	**AVAHOUNDJÈ Fiacre J. J.** Administrateur du Trésor Chercheur associé au Centre d'Étude et de Recherche sur l'Administration et les Finances (CERAF) Université d'Abomey-Calavi (Bénin)
8.	**BA Boubacar** Agrégé de Droit public Université Cheikh Anta Diop de Dakar (Sénégal)
9.	**BABALE Wadouféi** Assistant à la Faculté de Droit et des Sciences Politiques Université de Kara (Togo)
10.	**BADET Gilles** Docteur en Droit public Maitre-Assistant Enseignant-chercheur à Université d'Abomey-Calavi (Bénin)
11.	**BARRO Alexandre** Doctorant en Droit public à l'Université Jean-Moulin, Lyon 3 (France) Équipe de Droit public de Lyon (EDPL – EA666) Centre d'Études et de Recherches Fiscales et Financières (CERFF)
12.	**BINASSOUA YEHOUESSI Coomlan Ben Aymar** Docteur en Droit public Chercheur associé au Centre d'Études et de Recherches sur l'Administration et les Finances (CERAF), Université d'Abomey-Calavi (Bénin)
13.	**BOURGEOIS Marc** Professeur ordinaire à l'Université de Liège (Belgique)
14.	**BOUVIER Michel** Professeur émérite de l'Université Paris 1 Panthéon-Sorbonne (France) Président de FONDAFIP Directeur de la *Revue Française de Finances Publiques*
15.	**CATTEAU Damien** Maître de conférences HDR en Droit public Membre de l'Équipe de Droit public de Lyon (EDPL EA 666) Université Jean Moulin-Lyon 3 (France)

16.	**DA Dakor** Docteur en Droit public Ancien professeur à l'École Nationale des Régies Financières (ENAREF) Consultant en Finances Publiques (Burkina Faso)
17.	**DUPRAT Jean-Pierre** Agrégé des Facultés de Droit Professeur émérite de Droit public à l'Université de Bordeaux (France)
18.	**DIAO Badiaw** Docteur en Droit public Centre de recherches sur le droit public, Université Paris-Nanterre (France)
19.	**DIOP Maguette** Assistant en Droit public Chercheur au Centre d'Études et de Recherches en Ingénierie Juridique et financière (CERIF) Université Cheikh Anta Diop (Sénégal)
20.	**DIARRA Eloi** Professeur émérite à l'Université de Rouen (France) Président honoraire de la Société Ouest-Africaine de Finances Publiques (SOAFiP)
21.	**DIOP Mohamed Nagib** Doctorant en Droit public Chargé de Cours à l'Université de Thiès (Sénégal)
22.	**DJEKOURI BADJO Jeannie Élisabeth** Agrégée des Facultés de Droit Maître de conférences Université Félix Houphouët-Boigny d'Abidjan (Côte d'Ivoire)
23.	**ESSONO OVONO Alexis** Agrégé de Droit public Maître de conférences Doyen de la Faculté de Droit et des Sciences Économiques Université Omar Bongo de Libreville (Gabon)
24.	**FALL Alioune Badara** Professeur des Universités - Agrégé de Droit public Membre du LAM, Université de Bordeaux (France) Ancien Directeur du Centre d'études et de recherches sur les droits africains et sur le développement institutionnel des pays en développement (CERDRADI) Rédacteur en chef de la revue électronique *Afrilex*
25.	**FERMOSE Janvier** Docteur/Ph. D. en Droit public Maître-assistant CAMES/Chargé de Cours Université de Ngaoundéré (Cameroun)

26.	**FOFANA Abdoulaye** Docteur en Droit public Enseignant-chercheur à l'Université des Sciences Juridiques et Politiques de Bamako (Mali)
27.	**GNAMMOU Jacob** Doctorant à l'Université de Liège (Belgique)
28.	**GOUNOU SALIFOU Abdoulaye** Maître-Assistant de Droit public Université d'Abomey-Calavi (Bénin)
29.	**GUÉSSÉLÉ ISSÉMÉ Lionel Pierre** Agrégé de Droit public Chef de Département de Droit Public interne Université de Douala (Cameroun)
30.	**HAMADOU Abdoulaye** Agrégé des Facultés de Droit Maître de conférences Faculté de Droit, d'Économie et de Gestion de l'Université Djibo Hamani de Tahoua (Niger)
31.	**HASSANA Barnabas** Docteur/Ph. D. en Droit public Université de Ngaoundéré (Cameroun)
32.	**HOUNDEFFO Sèdéhou Carlos Gilles** Docteur en droit (Université Jean Moulin-Lyon 3) Chercheur associé au Centre d'Études et de Recherches sur l'Administration et les Finances (CERAF) Enseignant (Université Grenoble Alpes-Université Catholique d'Afrique de l'Ouest)
33.	**KALONJI Trésor-Gauthier** Docteur en Droit fiscal de l'Université de Neuchâtel Enseignant-Chercheur à l'Université Pédagogique Nationale et École Nationale des Finances de Kinshasa (République Démocratique du Congo)
34.	**KEBE Abdou Aziz Daba** Agrégé de Droit public Directeur du Centre d'Études et de Recherches en Ingénierie Juridique et Financière (CERIF) Président de l'Association sénégalaise de Droit Constitutionnel Université Cheikh Anta Diop (Sénégal)
35.	**KOLA Thierry** Doctorant en Droit fiscal (Université de Liège) Enseignant-Chercheur à l'Institut Supérieur de Commerce de Kinshasa (RDC)

36.	**KOUDJROHÈDÉ Francky Pèrès** Doctorant en Droit public Chercheur au CERAF, Université d'Abomey-Calavi (Bénin)
37.	**LAMBERT Thierry** Professeur des Universités, Aix-Marseille (France) Président de l'Institut International des Sciences Fiscales
38.	**LANHA Magloire** Professeur Titulaire en Sciences économiques Doyen honoraire de la FASEG Université d'Abomey-Calavi (Bénin)
39.	**LASSISSI Sèmiou Adéniyi** Docteur en Droit public Président de l'Association Nationale des Conseils Fiscaux du Bénin
40.	**MBARGA Michel Collins** Doctorant en Droit public à l'Université de Yaoundé II (Cameroun) Chercheur associé au Centre de Recherches et de Promotion du Commerce Extérieur en Afrique (CADEX- France) Secrétaire technique de la *Revue des douanes et changes en Afrique Centrale*
41.	**MOHAMADOU Oumarou** Docteur/Ph. D. en Droit public Assistant à l'Université de Ngaoundéré (Cameroun)
42.	**MONGBAT Alassa** Docteur/Ph. D. en Droit public Chargé de cours à l'Université de Dschang (Cameroun)
43.	**MVAEBEME Eric Stéphane** Docteur/Ph. D. en Droit Public, Maître-Assistant CAMES, Université de Dschang (Cameroun)
44.	**NAREY Oumarou** Agrégé des Facultés de droit Professeur Titulaire à Université Abdou Moumouni de Niamey-Niger Président de la Cour des comptes du Niger
45.	**NGONO NOAH Josué** Doctorant en Droit public, Université de Douala (Cameroun) Chercheur associé au Centre d'Études et de Recherches en Droit International et Communautaire (CEDIC) Membre du Cercle de Réflexion sur le Droit en Afrique (CREDA)
46.	**NGUIMFACK VOUFO Théophile** Docteur/Ph. D. en Droit public Chargé de cours à la Faculté des Sciences Juridiques et Politiques de l'Université de Dschang (Cameroun)

47.	**NKOUAYEP Long Christ Papy** Ph. D. en Droit public Maître-Assistant à la Faculté des Sciences Juridiques et Politiques Université de Yaoundé II (Cameroun)
48.	**NTOLO NZEKO Aubran Donadoni** Docteur/Ph. D. en Droit public Assistant à l'Université de Douala (Cameroun)
49.	**OUEDRAOGO Djibrihina** Agrégé de Droit public Responsable du Groupe de recherche sur l'Administration, les Institutions et le Fonctionnement de l'État (GRAIFE), Laboratoire de Droit et de Science Politique, Université Thomas Sankara (Burkina Faso)
50.	**OUEDRAOGO Sylvain** Docteur en Droit public Maître-Assistant à l'Université Joseph Ki-Zerbo (Burkina Faso)
51.	**OUEDRAOGO Yakouba** Agrégé de Droit public Maître de conférences Université Thomas Sankara de Ouagadougou (Burkina Faso)
52.	**PAGNOU Sasso** Docteur en Droit public Université de Kara (Togo)
53.	**PEKASSA NDAM Gérard Martin** Agrégé des Facultés de Droit Professeur Titulaire à l'Université de Yaoundé II (Cameroun) Directeur de la *Revue Africaine de Finances Publiques* (RAFiP)
54.	**PIERRE Jean-Luc** Professeur émérite à l'Université Jean Moulin-Lyon 3 (France) Directeur scientifique de la *Revue de Droit Fiscal* Directeur scientifique du *JurisClasseur Procédures fiscales* Avocat
55.	**SALL Babaly** Professeur Titulaire de Science Politique Directeur honoraire de l'UFR de Droit Université Gaston Berger de Saint-Louis (Sénégal)
56.	**SANE Mamadou Salif** Docteur en Droit public Enseignant-Chercheur à l'Université Gaston Berger de Saint-Louis (Sénégal)
57.	**SANGARE Moussa Moise** Docteur en Droit public Université des Sciences Juridiques et Politiques de Bamako (Mali)

58.	**SATOWAKOU Luc** Docteur en Sciences économiques Centre d'Études et de Recherches sur l'administration et les Finances (CERAF) & Laboratoire de Microéconomie du Développement (LAMIDEV) Université d'Abomey-Calavi (Bénin)
59.	**SÈGLÉ Yadèlin Justin** Magistrat et Ancien Attaché de Recherche au CERAF de l'Université d'Abomey-Calavi (Bénin)
60.	**SÈGO Pierrot** Docteur en Droit public Chercheur Associé au CERAF de l'Université d'Abomey-Calavi (Bénin)
61.	**SIDI Aboudou Latif** Docteur en Droit public Université d'Abomey-Calavi (Bénin)
62.	**SIDIBÉ M. Yaya** Enseignant-Chercheur de l'Université des Sciences Juridiques et Politiques de Bamako (Mali) Chercheur Associé au CERAF de l'Université d'Abomey-Calavi (Bénin)
63.	**SILUÉ Kolotiolobafolo Alama** Docteur en Droit public Chercheur au Centre de Recherches et d'Études sur le Droit et les Finances Publiques (CREDFiP) Université Alassane Ouattara de Bouaké (Côte d'Ivoire)
64.	**SIMFEYA M'djougouna Kougana,** Doctorant en Droit public à l'Université de Lomé (Togo) Magistrat, Juge au Tribunal d'instance de Tsévié
65.	**SOGOYOU Bekeyi Essowèdéou** Docteur en Sciences de Gestion Chef division du Centre des Impôts des Moyennes Entreprises I Office Togolais des Recettes (OTR)
66.	**SY Demba** Agrégé de Droit public Professeur Titulaire Université Cheikh Anta Diop (Sénégal)
67.	**TALL Seydou Nourou** Agrégé de Droit public Professeur Titulaire de classe exceptionnelle Membre du Conseil constitutionnel du Sénégal Université Cheikh Anta Diop (Sénégal)

68.	**THÉOUA-N'DRI Pélagie** Agrégée de Droit public Professeure Titulaire Directrice du Centre de Recherches et d'Études sur le Droit et les Finances Publiques (CREDFiP), Université Alassane Ouattara de Bouaké (Côte d'Ivoire) Vice-Présidente de la SOAFiP
69.	**TONI Errol** Docteur en Droit public Inspecteur des finances (Bénin)
70.	**TRAORE Paul** Docteur en Droit public Enseignant-chercheur/Faculté de Droit public, Université des Sciences Juridiques et Politiques de Bamako (Mali)
71.	**YONABA Salif** Agrégé de Droit public Université Thomas Sankara de Ouagadougou (Burkina Faso)
72.	**ZAKI Moussa** Agrégé des Facultés de Droit Université Gaston Berger de Saint-Louis (Sénégal)

LE COMITÉ SCIENTIFIQUE

Président :

Gérard PEKASSA NDAM, Agrégé des Facultés de Droit, Professeur Titulaire, Directeur de la *Revue Africaine de Finances Publiques* (*RAFiP*), Université de Yaoundé II (Cameroun)

Membres :

Pélagie THEOUA-NDRI, Agrégée des Facultés de Droit, Professeur Titulaire, Université Alassane Ouattara de Bouaké (Côte d'Ivoire)

Félix TANO, Maître de conférences Agrégé, Université Alassane Ouattara de Bouaké (Côte d'Ivoire)

Moussa ZAKI, Maître de conférences Agrégé, Université Gaston Berger de Saint-Louis (Sénégal)

SECRÉTARIAT SCIENTIFIQUE

Coordonnateur :

Abdou Aziz Daba KEBE, Maître de conférences Agrégé, Université Cheikh Anta Diop de Dakar (Sénégal)

Membres :

Adamou ISSOUFOU, Docteur en Droit, Maître-assistant, Université Cheikh Anta Diop de Dakar (Sénégal)

Pierrot SEGO, Docteur en Droit, Chercheur-associé au Centre d'Études et de Recherches sur l'Administration et les Finances (CERAF)

Ben Aymar BINASSOUA YEHOUESSI, Docteur en Droit, Chercheur-associé au Centre d'Études et de Recherches sur l'Administration et les Finances (CERAF)

Wehelmine AGUEMON, Docteur en Droit, Maître assistant de droit public, Directrice adjointe du Centre d'Études et de Recherches sur l'Administration et les Finances (CERAF)

Pagnou SASSO, Docteur en Droit, Université de Kara

Ingrid Mariette MEDE, *Msc*, Aix-Marseille

Marion ATINMAKAN, Magistrat, Chercheur au Centre d'Études et de Recherches sur l'Administration et les Finances (CERAF)

Yaya SIDIBE, Chargé de cours, Université de Sciences juridiques et politiques de Bamako, Chercheur au Centre d'Études et de Recherches sur l'Administration et les Finances (CERAF)

LISTES DES SIGLES ET ABRÉVIATIONS

AANS	:	Activités Aéronautiques Nationales du Sénégal
AE	:	Autorisation d'Engagement
AIB	:	Acompte sur Impôt assis sur les Bénéfices
AIFE	:	Agence pour l'Informatique Financière de l'État
ALC	:	Alliance pour la Liberté et le Changement
ANAM	:	Agence Nationale de l'Assurance Maladie
ANDF	:	Agence Nationale du Domaine et du Foncier
ANO	:	Avis de Non-Objection
ANSD	:	Agence Nationale de la Statistique et de la Démographie
AOF	:	Attributions, Organisation et Fonctionnement
APD	:	Aide Publique au Développement
APS	:	Association des Professionnels Soudanais
ARMDS	:	Autorité de Régulation des Marchés Publics et des Délégations de Service Public
ASCE-LC	:	Autorité Supérieure du Contrôle d'État et de la Lutte contre la Corruption
ATAF	:	African Tax Administration Forum
ATRN	:	African Tax Research Network
AUSCGIE	:	Acte Uniforme relatif au droit des Sociétés commerciales et du Groupement d'Intérêt Économique
BBZ	:	Budget Base Zéro

BCEAO	:	Banque Centrale des États de l'Afrique de l'Ouest
BeCG	:	Benin Consulting Group International
BEPS	:	Base Erosion and Profit Shifting
BERGE	:	Brigade d'enquête et de recherche des grandes entreprises
BM	:	Banque Mondiale
BOAD	:	Banque Ouest-Africaine de Développement
BOOT	:	Build, Own, Operate and Transfer
BOP	:	Budgets Opérationnels de Programme
BSR	:	Brigade Spéciale de Recouvrement
BVER	:	Brigades de vérification, d'enquête et de recherche
CAC	:	Comptabilité d'analyse du coût
CADHP	:	Charte Africaine des Droits de l'Homme et des Peuples
CAMES	:	Conseil Africain et Malgache pour l'Enseignement Supérieur
CAN	:	Comptabilité Analytique
CBCM	:	Contrôleur Budgétaire et Comptable Ministériel
CCJA	:	Cour Commune de Justice et d'Arbitrage
CDBF	:	Cour de Discipline Budgétaire et Financière
CDDI	:	Commissariat des Douanes et Droits Indirects
CDMT	:	Cadres de Dépenses à Moyen Terme
CDSMT	:	Cadres de Dépenses Sectorielles à Moyen Terme
CEDEAO	:	Communauté Économique des États de l'Afrique de l'Ouest
CEMAC	:	Communauté Économique et Monétaire de l'Afrique centrale
CENA	:	Commission Électorale Nationale Autonome
CERAF	:	Centre d'Études et de Recherches sur l'Administration et les Finances
CET	:	Construction Exploitation Transfert
CGFN	:	Cellule de la gestion des factures normalisées
CHFP	:	Cadre Harmonisé des Finances Publiques
CI	:	Commissariat des Impôts
CIDAM	:	Centre des Impôts de Dantokpa et des Autres Marchés
CIDI	:	Code des Impôts directs et Indirects
CIE	:	Comptabilité Intégrée de l'État
CIME	:	Centres des Impôts des Moyennes Entreprises
CIPE	:	Centres des Impôts des Petites Entreprises
CIST	:	Conférence Internationale des Statisticiens du Travail

CIT	:	Conférence Internationale du Travail
CJUE	:	Cour de Justice de l'Union européenne
CME	:	Contribution des Micro-Entreprises
CNSS	:	Caisse Nationale de Sécurité Sociale
CNT	:	Conseil National de la Transition
COA	:	Code des Obligations de l'Administration
CONAFIL	:	Commission Nationale des Finances Locales
CONSUPE	:	Contrôle Supérieur de l'État
CP	:	Crédits de Paiement
CPUAQ	:	Centre de Pédagogie Universitaire et d'Assurance Qualité
CQGR	:	Cellule de la Qualité et de Gestion des Risques
CREDFiP	:	Centre de Recherches et d'Études sur le Droit et les Finances Publiques
CREE	:	Commission de Régulation Électricité et Eau
CS	:	Cotisations Sociales
CSC	:	Cellule des Services aux Contribuables
CSCRP	:	Cadre Stratégique pour la Croissance et la Réduction de la Pauvreté
CSG	:	Contribution Sociale Généralisée
CSR	:	Cellule du Suivi des Réformes
CSRAR	:	Cellule du Suivi des Restes à Recouvrer
CSRIL	:	Cellule du Suivi de Recouvrement des Impôts Locaux
CTD	:	Collectivités Territoriales Décentralisées
CTGFP	:	Code de Transparence et de bonne gouvernance dans la Gestion des Finances Publiques
DAO	:	Dossier d'Appel d'Offres
DCF	:	Direction de Contrôle Fiscal
DCFR	:	Direction de Contrôle Fiscal et de Renseignements
DCI	:	Directions des Centres des Impôts
DCIME	:	Directions des Centres des Impôts des Moyennes Entreprises
DDET	:	Direction des Domaines de l'Enregistrement et du Timbre
DDI	:	Directeurs Départementaux des Impôts
DE	:	Droit d'Enregistrement
DGE	:	Direction Unique des Grandes Entreprises
DGFiP	:	Direction Générale des Finances Publiques

DGI	:	Direction Générale des Impôts
DGID	:	Direction Générale des Impôts et des Domaines
DI	:	Direction de l'Informatique
DIE	:	Direction de l'Information et des Études
DLC	:	Direction de la Législation et du Contentieux
DLF	:	Directive relative aux Lois de Finances
DLFC	:	Direction de la Législation Fiscale et du Contentieux
DME	:	Directions des Moyennes Entreprises
DNVF	:	Direction Nationale de la Vérification Fiscale
DOB	:	Débat d'Orientation Budgétaire
DOPA	:	Direction de l'Organisation du Personnel des Armées
DPBEP	:	Document de Programmation Budgétaire et Économique Pluriannuelle
DPO	:	Direction par Objectifs
DPPD	:	Documents de Programmation Pluriannuelle des Dépenses
DPRV	:	Direction des Pensions et Rentes Viagères
DPSE	:	Direction de la Planification Stratégique et des Études
DRSP	:	Documents de Stratégie de Réduction de la Pauvreté
DS	:	Direction des Sociétés
DT	:	Droit du Timbre
ECOFIN	:	Conseil des Affaires Économiques et Financières
EDM	:	Énergie du Mali
EIES	:	Études d'Impact Environnemental et Social
ENA	:	École Nationale d'Administration
ENAM	:	École Nationale d'Administration et de Magistrature
ETPT	:	Équivalent Temps Plein Travaillé
FAIR	:	Fonds d'Aide à l'Intégration Régionale
FMI	:	Fonds Monétaire International
FNRB	:	Fonds National des Retraites du Bénin
FODEC	:	Fonds de Développement Communautaire
FPI	:	Financement des Projets d'Investissement
FRDA	:	Fonds Régional de Développement de l'Agriculture
FRS	:	Fonds Régional de Sécurité
GAR	:	Gestion Axée sur les Résultats
GBCP	:	Gestion Budgétaire et Comptable Publique

GIEC	:	Groupe d'experts Intergouvernemental sur l'Évolution du Climat
HCFP	:	Haut Conseil des Finances Publiques
IAAF	:	Inspection des Affaires Administratives et Financières
IADM	:	Initiative d'Allègement de la Dette Multilatérale
IBA	:	Impôt sur les Bénéfices d'Affaires
IDA	:	Association Internationale pour le Développement
IGF	:	Inspection Générale des Finances
IGR	:	Impôt Général sur le Revenu
IGS	:	Inspection Générale des Services
IIA	:	Institute of Internal Auditors
INTOSAI	:	Organisation internationale des Institutions supérieures de Contrôle de Finances publiques
IPPTE	:	Initiative des Pays Pauvres Très Endettés
IPSAS	:	International Public Sector Accounting Standards
IRF	:	Impôt sur les Revenus Fonciers
IS	:	Impôt sur les Sociétés
ISC	:	Institution Supérieure de Contrôle
ISSAI	:	Institutions Supérieures de Contrôle des Finances publiques
ITIE	:	Initiative pour la Transparence dans les Industries Extractives
ITS	:	Impôt sur les Traitements et Salaires
LFSS	:	Loi de Financement sur la Sécurité Sociale
LOFIP	:	Loi relative aux Finances Publiques
LOLF	:	Loi Organique relative aux Lois de Finances
LPF	:	Livre des Procédures Fiscales
LPFP	:	Loi de Programmation des Finances Publiques
MBO	:	Management By Objectives
MEC	:	Mission d'Évaluation et de Contrôle
MECeF	:	Machine Électronique de Facturation
MFRE	:	Mission Fiscale des Régimes d'Exception
MPA	:	Missions, Programmes, Actions
MSP	:	Motivation de Service Public
NGP	:	Nouvelle Gestion Publique
OCDE	:	Organisation de Coopération et de Développement Économiques

ODD	:	Objectifs de Développement Durable
OFNAC	:	Office National de lutte contre la Fraude et la Corruption
OHADA	:	Organisation pour l'Harmonisation en Afrique du Droit des Affaires
OMD	:	Objectifs du Millénaire pour le Développement
ONG	:	Organisation Non-Gouvernementale
OTR	:	Office Togolais des Recettes
PAG	:	Programme d'Action du Gouvernement
PAP	:	Projets Annuels de Performance
PART	:	Program Assessment Rating Tool
PAS	:	Programmes d'Ajustement Structurel
PCD	:	Plans Communaux de Développement
PCE	:	Plan Comptable de l'État
PER	:	Programme Économique Régional
PERAC	:	Public Expenditure Reform Adjustment Credit
PERC	:	Public Expenditure Reform Credit
PIB	:	Produit Intérieur Brut
PIRC	:	Programme Intégré de Renforcement des Capacités
PNC	:	Projets avec Notes Conceptuelles
POS	:	Plans d'Occupation des Sols
POSAF	:	Plan d'Organisation Stratégique de l'Administration Fiscale
PPA	:	Projet de Performance Annuel
PPBS	:	Planning Programming Budgeting System
PPP	:	Partenariat Public-Privé
PRAT	:	Plans Régionaux d'Aménagement du Territoire
PRD	:	Plans Régionaux de Développement
PSE	:	Plan Sénégal Émergeant
PTF	:	Partenaires Techniques Financiers
PTS	:	Proposition Technique Simplifiée
RAB	:	Resource Accounting and Budgeting
RAFiP	:	Revue Africaine de Finances Publiques (
RAI	:	Recettes Auxiliaires des Impôts
RAMU	:	Régime d'Assurance Maladie Universelle
RAP	:	Rapports Annuels de Performance
RCB	:	Rationalisation des Choix Budgétaires

RCCM	: Registre du Commerce et du Crédit Immobilier
RDC	: République Démocratique du Congo
RF	: Revenus Fonciers
RGCP	: Règlement Général sur la Comptabilité Publique
RGP	: Rapport Général Public
RGPP	: Revue Générale des Politiques Publiques
RNI	: Receveur National des Impôts
RTI	: Radio Diffusion Télévision Ivoirienne
SADC	: Société Africaine de Droit Communautaire
SAGE	: Service de l'Administration générale et de l'Équipement
SAPB	: Self-Assessment of Budgetary Programs
SCD	: Service des Contributions Directes
SDE	: Société Sénégalaise des Eaux
SET	: Services de l'Enregistrement et du Timbre
SFI	: Société Financière Internationale
SGDPE	: Service de la Gestion du Domaine Privé de l'État
SGES	: Système de Gestion des risques Environnementaux et Sociaux
SID	: Service des Impôts Directs
SIFPA	: Société d'Investissement de la Filière Pêche de l'Archipel
SIGD	: Système Intégré de Gestion des Dépenses
SIGTAS	: Système Intégré de Gestion des Taxes et Assimilées
SII	: Service des Impôts Indirects
SIS	: Service des Impôts sur Salaires
SOAFiP	: Société Ouest-Africaine de Finances Publiques
SOMAGEP	: Société Malienne de Gestion de l'Eau Potable
SPM	: Spécialiste en Passation des Marchés
SRI	: Star Rating Index
STEP	: Systematic Tracking of Exchanges in Procurement
TEC	: Tarif Extérieur Commun
TFPB	: Taxe Foncière sur la Propriété Bâtie
TFPNB	: Taxe Foncière sur la Propriété Non Bâtie
TGI	: Tribunal de grande instance
TICPE	: Taxe Intérieure de Consommation sur les Produits Énergétiques
TOFE	: Tableau des Opérations Financières de l'État
TVA	: Taxe sur la Valeur Ajoutée

TVM	:	Taxe sur les Véhicules à Moteur
UCP	:	Unité de Coordination du Projet
UE	:	Union européenne
UEMOA	:	Union Économique et Monétaire Ouest-Africaine
UGP	:	Unité de Gestion du Projet
UMOA	:	Union Monétaire Ouest-Africaine
UOP	:	Unités Opérationnelles de Programme
UPF	:	l'Unité de Politique Fiscale
ZBB	:	Zero Base Budgeting
ZLECAf	:	Zone de Libre-Échange Continentale Africaine

PROLOGUE

On le présente volontiers comme le fidèle à l'université. Un moment hésitant, puis vite rétif à tout pantouflage, il sera résolument rivé à la craie, au tableau noir et aux amphithéâtres. Il n'est pas un homme politique, pas plus qu'il n'est un haut fonctionnaire de l'Administration générale. En une trentaine d'années de carrière (enseignant vacataire dès 1988 puis assistant à partir de 1997), on ne l'aura vu ni dans les rouages de l'État ni à un poste politique. Il se réclame volontiers, selon ses propres dires, de ce que Raymond Aron appelle la « *République internationale des esprits* »[1].

Citoyen résolu des campus universitaires, il fait profiter de ses enseignements des phalanges d'étudiants qui peuplaient l'univers bondé et peut-être sans humanité des amphithéâtres. Sa voix sirupeuse s'apparente, au sein des auditoires académiques, à une douce berceuse d'une mère attentionnée. Homme de plume tout autant que de parole, il a produit, dans son domaine de spécialité, le droit public et la science politique, une série d'ouvrages didactiques qui africanisent les enseignements dont il avait la charge.

Partant du postulat qu'il y a une dimension d'universalité dans la science mais que cette universalité est encore mieux servie par un localisme qui lui donne de la couleur, le Professeur Nicaise MÉDÉ a fait et continue de faire paraître des ouvrages universitaires centrés sur l'Afrique de l'Ouest francophone et, à l'occasion, sur le Bénin. Il est, de ce point de vue, un apôtre de l'endogénéisation

[1] Communauté des hommes de culture et de science qui « *sont tenus ensemble par les liens invisibles et puissants d'une communauté de recherches, de règles intellectuelles, informulées mais obligatoires* », Raymond ARON, Introduction à Max WEBER, *Le savant et le politique*, Paris, Union générale d'édition, 1959, pp. 15 et 16.

du droit public et de la science politique. On ne peut, en effet, estime-t-il, enseigner valablement et pertinemment le droit public et la science politique au moyen seulement des manuels français, belges, suisses, ou, plus rarement, américains ou chinois. D'où son engagement précoce pour la production d'ouvrages scientifiques de niveau universitaire.

Le 1er octobre 2023, le Professeur Nicaise MÉDÉ a fait valoir ses droits à la retraite. Il est délié du pouvoir d'instruction et du pouvoir disciplinaire auxquels est assujetti tout fonctionnaire de l'État. Ce qui, pour lui, constitue un stimulant pour continuer à faire ce qu'il sait faire de mieux, la passion d'une vie : faire de la recherche et publier.

C'est à cet homme que ses très nombreux collègues et ses disciples, de divers pays d'Afrique et d'ailleurs, ont jugé utile de consacrer les présents mélanges. La diversité des chapitres (finances publiques, droit constitutionnel, droit administratif, science politique, droit international public) rend compte de la pluralité des centres d'intérêt du grand Maître.

En entreprenant très tôt une vaste réflexion sur le nouveau cadre harmonisé des finances publiques des États de l'UEMOA, le Professeur Nicaise MÉDÉ a entendu mettre en relief ce qu'il appelle « *le passage d'une régulation par le droit à une régulation par les résultats* » dans la gestion des biens et deniers publics. Mais, si la réforme s'impose au regard des exigences de la nouvelle gestion publique, le Professeur Nicaise MÉDÉ, en pionnier des finances publiques africaines post-harmonisation, n'a pas manqué de relever les défis de sa mise en œuvre, défis qui ont pour noms la transposition et l'application des outils et techniques de gestion performancielle dans le quotidien des finances publiques nationales. Il marque, ainsi, son attachement scientifique à l'idée de performance dans la gestion publique.

En droit positif, le concept de performance «*juge de la qualité d'une gestion, non plus selon le niveau des crédits consommés mais selon les résultats qu'ils ont permis d'atteindre* »[2]. La performance désigne une rationalisation des dépenses de service public et la promotion de la culture de rendement (efficacité, efficience et économie). Elle postule la qualité de la dépense publique. La recherche de la performance est l'un des piliers de la réforme actuelle des finances publiques et permet d'apprécier une politique publique en comparant les résultats par rapport aux objectifs (efficacité) et moyens utilisés (efficience). Il s'agit d'une gestion axée sur les résultats, visant à optimiser la gestion financière publique par une rationalisation de la dépense et l'amélioration des taux de pression fiscale. La performance constitue une exigence communautaire dont l'objectif est de réduire la lourdeur des charges de fonctionnement,

---

[2] Rapport de présentation du décret 2019-120 du 16 janvier 2019 relatif à la préparation du budget (Sénégal).

l'encours de la dette, pour favoriser la croissance économique. En termes plus clairs, la performance reflète la faculté « *à atteindre les objectifs d'efficacité socio-économique (adaptation de l'environnement économique, social, écologique, sanitaire, culturel, etc., pour satisfaire les citoyens), de qualité du service public (amélioration du fonctionnement des services et des prestations fournies pour satisfaire les usagers) et d'efficience de la gestion (optimisation du coût des services et des prestations pour satisfaire les contribuables)* »[3].

La préoccupation intellectuelle du dédicataire a été largement partagée par la doctrine africaine au regard de nombreux travaux qu'elle a suscités et inspirés dans l'analyse systémique de la problématique des finances publiques contemporaines, notamment en Afrique. Sans prétention à l'exhaustivité, on peut citer :

- Pélagie THEOUA-N'DRI, *Les finances publiques de l'Union Économique et Monétaire Ouest-Africaine et la logique de performance*, Thèse de droit, Université de Cocody, 2010 ;
- Yakouba OUEDRAOGO, *L'influence de la démarche de performance sur le droit public financier des états membres de l'UEMOA*, Thèse de droit, Université de Rouen 2015 ;
- Waïta Monemou OUO-OUO, *Contribution à l'amélioration de la performance en matière d'imposition sur le revenu en République de Guinée*, Thèse de droit, Université Paris-Dauphine, 2015 ;
- Boubacar Demba BA, *Finances publiques et gestion par la performance dans les pays membres de l'UEMOA : étude du cas du Sénégal*, Thèse de droit, Université de Bordeaux/Université Cheikh Anta Diop de Dakar, 2015 ;
- Wadouféi BABALE, « L'exigence de performance dans le processus budgétaire au sein des États membres de l'UEMOA », Thèse, Université de Lomé, 2018 ;
- André Akono OLINGA, *L'apport de la performance au contrôle des finances locales au Cameroun*, Thèse de droit, Université de Yaoundé II, 2020 ;
- Meïssa DIAKHATÉ, « Le pilotage de la performance des finances publiques dans les États membres de l'Union Économique et Monétaire Ouest-Africaine (UEMOA) », *RAFiP*, n° 9, 1er semestre 2021.

L'option faite par le Comité scientifique, en accord avec le dédicataire, est de choisir un titre pour ses *Mélanges* intitulé ***Variations autour de la performance***. Il s'agit d'un thème ouvert, parce que les finances publiques ne se résument pas à l'étude des règles de droit public et de droit privé. On constate aujourd'hui que le caractère métajuridique des finances publiques est plus prononcé. Le droit

[3] Marie-Christine STECKEL-ASSOUÈRE, « Performance », *in* N. K. MARTIAL MATHIEU, *Dictionnaire d'administration publique*, PUG, 2014, p. 372.

financier a emprunté au vocabulaire issu de la science économique des notions qui transforment toute la logique de la gestion publique classique : performance, fongibilité, indicateurs, programme, actions, activités, résultats, etc. En réalité, la performance devient une thématique à géométrie variable et transversale au droit et aux sciences sociales. La bonne tenue des finances publiques est aussi appréciée en référence à des données économiques (taux de croissance) et indicateurs sociaux (indice de développement humain).

Gérard Martin PEKASSA NDAM

Agrégé des facultés de Droit
Professeur Titulaire, Université de Yaoundé II (Cameroun)

NICAISE MÉDÉ
(*IN EXTENSO* KOUAMÉ NICAISE MÉDÉ-ZINSOU)

Né le 14 décembre 1957 à Bondoukou (Côte d'Ivoire)
Élève de l'école urbaine centre de Parakou
Élève au lycée Mathieu Bio Bouké de Parakou (Baccalauréat, 1977)
Diplômé de l'Université nationale du Bénin (Maîtrise de droit, 1983)
Service patriotique et militaire à Parakou (1980)
Doctorat en Droit de l'Université de Poitiers (France, 1986)
Certificat de Licence de philosophie morale et politique (Poitiers, France, 1987)
Assistant de droit public à l'Université d'Abomey-Calavi (Bénin, 1997)
Agrégé de Droit public (2009)
Professeur titulaire de Droit public (2020).

ENSEIGNEMENTS UNIVERSITAIRES

Finances publiques
Droit constitutionnel
Droit pénal des affaires
Droit du travail
Droit des sociétés coopératives

AUTRES ÉTABLISSEMENTS D'ENSEIGNEMENT UNIVERSITAIRE

Université de Québec à Trois-Rivières
Université catholique de l'Afrique de l'Ouest
Université de Bordeaux

ACTIVITÉS DIVERSES

Directeur honoraire du cabinet-conseil Bénin Consulting Group International (BeCG)
Gérant honoraire de la société Groupe MESU Sarl
Président d'honneur de la Fondation Suzanne MEDE
Directeur du Centre d'Études et de Recherches sur l'Administration et les Finances de l'Université d'Abomey-Calavi (CERAF)
Président de la Société Ouest-Africaine de Finances Publiques (SOAFiP)

Doyen honoraire de la Faculté de droit et d'économie de l'Université catholique de l'Afrique de l'Ouest, unité universitaire de Cotonou

Past member of the *Advisory Council of the International Association of Legislation*

Membre de l'Advisory board of the *African Tax Research Network* (ATRN/ATAF)

Ancien membre du Conseil national du crédit (BCEAO-Bénin)

Ancien *Program Director* pour le Bénin de *African Development Foundation* (ADF/USA)

Ancien Membre de la Commission bancaire de l'UMOA (BCEAO)

Ancien Directeur administratif de la société ZAMCO SA (embouteilleur PEPSI-COLA, MIRINDA, EVERVESS), puis de Drinktec Bénin (embouteilleur Pepsi-Cola, bière Ngoma et produits Olympia au Bénin)

Directeur honoraire de l'École nationale d'administration et de magistrature du Bénin

Membre du Comité scientifique international de la Revue française de finances publiques

Membre du Comité scientifique international de la Revue africaine de finances publiques

Membre de jurys du Concours d'agrégation de droit public du CAMES (2021 et 2023)

Past Président du Lions club Cotonou Les Palmiers (*Melvins Jones Fellow*)

PRINCIPALES PUBLICATIONS

Articles et contributions

1. MÉDÉ N. « Faute de gestion et gestion de la faute en Afrique de l'Ouest francophone : comment préserver la sécurité juridique des justiciables », *Revue Française de Finances Publiques*, n° 157-2012, p. 3.
2. MÉDÉ N. « La responsabilité financière des gestionnaires publics au Bénin », *in* S. DAMAREY (dir.), *La responsabilité financière des gestionnaires publics. Approches internationales*, Paris, Mare & Martin, 2023.
3. MÉDÉ N. « Le programme budgétaire », *in* N. MÉDÉ et M. DEBENE (dir.), *Les finances publiques entre globalisation et dynamiques locales. Mélanges en l'honneur d'Eloi Diarra et de Salifou Yonaba*, Dakar, L'Harmattan, 2021, p. 43.
4. MÉDÉ N. et alii. « La gouvernance fiscale mondiale et l'Afrique », *Revue européenne et internationale de droit fiscal,* n° 2021/1, p. 80.

5. MÉDÉ N. « Finances publiques et pauvreté en Afrique de l'Ouest francophone », *in Droit administratif : convergence ou concurrence des disciplines juridiques ? Mélanges en l'honneur de Demba Sy*, Toulouse, Presses Universitaires de Toulouse 1 Capitole, 2020, tome 2, p. 219.
6. MÉDÉ N. « La corruption et ses ressorts en Afrique de l'Ouest francophone », *Revue Française de Finances Publiques*, n° 147-2019, p. 71.
7. MÉDÉ N. « La Haute cour de justice : une juridiction introuvable ? », *in* Mamadou BADJI et Saidou Nourou TALL, *Les transformations de l'État. Mélanges Babacar Gueye*, Toulouse, Presses Universitaires de Toulouse 1 Capitole, 2019, p. 393.
8. MÉDÉ N. « Le juge fiscal en Afrique de l'Ouest francophone. Regard sur un moucharabieh juridictionnel », *in Les nouveaux chantiers de finances publiques en Afrique. Mélanges en l'honneur de Michel Bouvier*, Dakar, L'Harmattan, 2019, p. 405.
9. MÉDÉ N. « La sincérité budgétaire en Afrique de l'Ouest francophone : entre science financière et science-fiction », *in De l'esprit de réforme et de quelques fondamentaux. Mélanges en l'honneur du Professeur Gilbert Orsoni*, **Presses Universitaires d'Aix-Marseille, 2018.**
10. MÉDÉ N. « Les finances publiques en Afrique subsaharienne francophone », *in Dictionnaire encyclopédique des finances publiques*, Paris, Economica, 2017.
11. MÉDÉ N. « De la démocratie au développement ou du développement à la démocratie : propos liminaires sur un itinéraire ambigu », A. SALL et I. M. FALL, *Mélanges en l'honneur de Babacar Kanté*, Dakar, L'Harmattan, 2017.
12. MÉDÉ N. et alii. « La dématérialisation des procédures de dédouanement au sein de l'Union économique et monétaire ouest-africaine (UEMOA) », *Revue européenne et internationale de droit fiscal*, n° 2017/3, p. 302.
13. MÉDÉ N. « L'élection du chef de l'État en Afrique francophone : et si on parlait finances ? », *in L'élection présidentielle de 2016 au Bénin : un an après analyse électorale et chantiers gouvernementaux*, Actes de colloque, Chaire UNESCO des Droits de la Personne et de la démocratie, UAC, 21-22 février 2017, p. 134 (ISBN 978 99919 71 45 2).
14. MÉDÉ N. « Le périmètre de la décision de constitutionnalité en droit positif béninois », *Revue Béninoise des Sciences juridiques et administratives*, n° 39-2017, p. 55.
15. MÉDÉ N. « L'enseignement des finances publiques en Afrique de l'Ouest francophone », *Revue Française de Finances Publiques,* n° 133-2016.
16. MÉDÉ N. « L'euro et l'évasion fiscale en Afrique », *Annales Africaines*, nouvelle série, n° 4-2016, Volume 1. pp. 1-8.

17. MÉDÉ N. « L'Afrique francophone saisie par la fièvre de la performance financière : Chronique financière africaine francophone », *Revue Française de Finances Publiques*, n° 135-2016, pp. 349-357.
18. MÉDÉ N. et alii. « Le droit public financier, un droit administratif spécialisé ? », *in* SY (D.) et Fall (A. B.), *Cinquante ans de droit administratif en Afrique*, Toulouse, Presses de l'Université Toulouse 1 Capitole, 2016.
19. MÉDÉ N. et alii. « Les chemins de la fin des droits de douane en Afrique », *Revue Européenne et Internationale de Droit Fiscal*, n° 2, mai 2016, pp. 187-191.
20. MÉDÉ N. et alii. « La fiscalité des réseaux GSM en Afrique de l'Ouest francophone : quelques données évaluatives », *Revue Française de Finances Publiques*, n° 134, mai 2016, pp. 105-117.
21. MÉDÉ N. « La fédéralisation des sources du droit financier », *Revue Droit béninois*, n° 4-2015.
22. MÉDÉ N. et alii. « Réflexions sur la fiscalité environnementale en Afrique de l'Ouest francophone », *Revue Européenne et Internationale de Droit Fiscal*, n° 4, décembre 2015, pp. 556-562.
23. MÉDÉ N. et alii. « Chronique douanière ouest-africaine », *Revue Européenne et Internationale de Droit Fiscal*, n° 1, décembre 2015, mars 2015, p. 196.
24. MÉDÉ N. « La LOLF : scénarios pour aujourd'hui… », *in La LOLF dans tous ses états. Actes du colloque national des 13 et 14 février 2015*, Cotonou, Centre de Publications Universitaires, 2015, p. 17.
25. MÉDÉ N. « Réflexion sur le cadre harmonisé des finances publiques dans l'espace UEMOA », *Revue Africaine des Sciences Juridiques*, n° 1-2014.
26. MÉDÉ N. « L'équilibre réel des budgets locaux en Afrique de l'Ouest francophone », *Revue ivoirienne de sciences juridiques*, n° 1, mai 2014.
27. MÉDÉ N. « Réforme de l'État au Bénin : le discours de la méthode en trois leçons », *in La réforme de l'État au Bénin : état de la réforme et perspectives*, Cotonou, Centre de Publications Universitaires, 2013, p. 15.
28. MÉDÉ N. « Réflexions sur l'autorité de la chose jugée au financier en droit positif africain francophone », *in Mélanges en l'honneur de Jean-Pierre Lassale Gabriel Montagnier et Luc Saïdj : figures lyonnaises des finances publiques*, Paris, L'Harmattan, 2012.
29. MÉDÉ N. « La juridiction financière, d'hier à demain et après-demain », *Revue Béninoise des Sciences juridiques et administratives*, n° 24, 2011.
30. MÉDÉ N. « Contribution des juridictions financières à la bonne gouvernance des États africains », *Cahiers de l'AA-HJF* (Association Africaine des Hautes Juridictions Francophones), 11e publication, décembre 2010.

31. MÉDÉ N. « Les devoirs du citoyen dans les constitutions béninoises », *in* Sylvain Coovi ANIGNIKIN (dir.), *Les 50 ans d'indépendance du Bénin*, Actes du colloque de 2010.
32. MÉDÉ N. « L'autonomie financière des assemblées parlementaires en Afrique francophone », *Revue Française de Finances Publiques*, n° 106, avril 2009.
33. MÉDÉ N. « L'autonomie retenue : étude sur le principe de libre administration des collectivités territoriales en Afrique de l'Ouest », *Revue Juridique et Politique des États Francophones*, n° 2, avril 2008, pp. 188-208.
34. MÉDÉ N. « L'établissement d'une comptabilité patrimoniale de l'État au Bénin : avancées et contraintes », *Revue Française de Finances Publiques*, n° 98, juin 2007.
35. MÉDÉ N. « La fonction de régulation des juridictions constitutionnelles en Afrique francophone », *Annuaire International de Justice Constitutionnelle*, XXIII, 2007, p. 45.
36. MÉDÉ N. « Réforme budgétaire et performance des services publics », *Études et Documents n° 13/2007* du Centre Africain de Formation et de Recherche Administrative pour le Développement (CAFRAD).
37. MÉDÉ N. « L'UEMOA et le développement des Cours des comptes en Afrique de l'Ouest », *Revue Française de Finances Publiques*, n° 90, mai 2005.
38. MÉDÉ N. « La nouvelle gestion budgétaire, l'expérience des budgets de programmes au Bénin », Revue électronique *Afrilex*, n° 4, 2004 (http://afrilex.u-bordeaux.fr).
39. MÉDÉ N. « Que juge le juge constitutionnel ? Note sous décision DCC 02-058 du 4 juin 2002, FAVI Adèle », Revue électronique *Afrilex*, n° 4, décembre 2004, p. 353 (http://afrilex.u-bordeaux.fr).
40. MÉDÉ N. « Les partis politiques au Bénin, essai d'approche fonctionnaliste », *African Journal of Political Science* Volume 9 (2) décembre 2004 (Johannesburg) et Revue électronique *Afrilex* (http://afrilex.u-bordeaux.fr).
41. MÉDÉ N. « Les financements innovants ou les défis de financement du PSE », Actes du colloque international sur « La mobilisation des ressources publiques dans le financement du Plan Sénégal Émergent (PSE) », Dakar, L'Harmattan, 2021, p. 155.
42. MÉDÉ N. « Droits de l'Homme et paix : les leçons de l'histoire et du droit », *in* Actes du colloque international de Bamako, 15, 16 et 17 mai 2019, thème : « Violence dans la société : comment la culture de l'université peut-elle humaniser le tissu social ? », UCAO-UUBa et Mission

multidimensionnelle intégrée des Nations unies pour la stabilisation au Mali (MINUSMA).

43. MÉDÉ N. « Le distingo », *in* J. DJOGBENOU et D. GNAMOU, *Autour de l'État, des droits et de la justice*, Cotonou, éditions du CREDIJ, 2021.
44. MÉDÉ N. « La conférence nationale, 30 ans après », *in* ISMAÏLA MADIOR FALL (dir.), *Théorie et contentieux constitutionnels en Afrique : Mélanges en l'honneur du professeur El Hadj Mbodj*, Dakar, L'Harmattan, 2022.
45. MEDE N. *The Tax Effort: A Comparison between Sub-Saharan Africa and Benin* in F. BOURGUIGNON & alii, State Capture in a Rent-Based Society An Institutional Diagnostic of Benin, Cambridge University Press & Assessment, 2023, p. 242.

Préfaces et postfaces d'ouvrages scientifiques

1. Préface à Maxime AKAKPO, *Démocratie financière en Afrique occidentale francophone*, Cotonou, Friedrich Ebert Stiftung, 2015.
2. Postface à Daniel Yannick EFANGON, *La réforme des juridictions des comptes dans l'espace CEMAC*, Yaoundé, L'Harmattan, 2018, 258 pages.
3. Préface Carlos Sèdéhou HOUNDEFFO, *La connexion fiscalo-comptable : les frais généraux*, Cotonou, Juriscom, 2021.
4. Préface à Mathieu C. AIHUNZOUN, *Réflexions sur la soutenabilité des finances de l'UEMOA*, Dakar, L'Harmattan, 2021.
5. Postface à Th. OBRIST et T.-G. M. KALONJI, *Droit fiscal en Afrique subsaharienne francophone*, Bruxelles, Bruylant, 2022.
6. Préface à Norbert KASSA, *Méthodes conventionnelles et alternatives de valorisation des matières recensées dans le contexte de l'inventaire initial du patrimoine non financier de l'État et des autres organismes publics au sein de l'Union économique et monétaire ouest-africaine*, Cotonou, éd. Savanes du continent, 2022.
7. Préface à Coomlan Ben Aymar BINASSOUA YEHOUESSI, *L'impôt en Afrique de l'Ouest francophone,* Paris, L'Harmattan, 2022.
8. Préface à C. D. ASSOUVI et M. S. KINTI, *Le vade-mecum des acteurs de la décentralisation : le Code de l'administration territoriale en 70 questions et réponses*, Cotonou, éditions La Joie, 2023.
9. Préface à A. A. D. KÉBÉ, L. KOTÉ et V. S. NESSE, *Recueil des principaux textes de bases régissant les finances publiques au Sénégal*, Dakar, L'Harmattan, 2023.

10. Postface à Pierrot SEGO, *La décision financière publique dans les États francophones d'Afrique de l'Ouest : cas du Bénin*, Dakar, L'Harmattan, 2020.

Ouvrages scientifiques

1. MÉDÉ N. et TCHODIE K. Ph., *Décentralisation et fiscalité locale*, Dakar, L'Harmattan, 2022.
2. MÉDÉ N. et YENOUSSI N., *Impôts locaux et développement local*, Dakar, L'Harmattan, 2022.
3. MÉDÉ N. et DEBENE M. (dir.), *Les finances publiques entre globalisation et dynamiques locales. Mélanges en l'honneur d'Eloi Diarra et de Salifou Yonaba*, Dakar, L'Harmattan, 2021.
4. MÉDÉ N., *Les grandes décisions de la Cour constitutionnelle du Bénin*, Dakar, L'Harmattan, 2020.
5. MÉDÉ N., *Bénin, Constitutions et documents politiques*, Dakar, L'Harmattan, 2020.
6. MÉDÉ N. et YENOUSSI N., *Les recettes publiques en débats*, Dakar, L'Harmattan, 2020.
7. MÉDÉ N. (dir.), *Les nouveaux chantiers de finances publiques en Afrique, Mélanges en l'honneur de Michel Bouvier*, Dakar, L'Harmattan, 2019.
8. MÉDÉ N. (dir.), *Constitutions et documents financiers. Espace UMOA/UEMOA*, volumes 1 & 2, Dakar, L'Harmattan, 2018.
9. MÉDÉ N. *Finances publiques (espace UEMOA/UMOA)*, Dakar, L'Harmattan, 2016, Avant-propos de Cheikh Hadjibou SOUMARÉ, Président de la Commission de l'UEMOA ; préface de Monsieur Tiémoko Meyliet KONE, Gouverneur de la Banque Centrale des États de l'Afrique de l'Ouest (BCEAO) et préface de Michel BOUVIER, Professeur à l'Université Paris 1 Sorbonne, Président de FONDAFIP, Directeur de la *Revue Française de Finances Publiques*.
10. MÉDÉ N. (dir.), *La LOLF dans tous ses états*, Cotonou, Centre de Production Universitaire, 2015. Préface de Michel Bouvier.
11. Flavien GBETO, B. Christophe HOUNKPATI CAPO, Sylvain ANIGNIKIN, Nicaise MÉDÉ, Barnabé GBAGO, *La corruption au Bénin : manifestations, significations, sources et approches de solution*, Laboratoire de Dynamique des langues et cultures de Calavi (LABODYLCAL), 2015. ISBN : 978 99919 595 2.
12. MÉDÉ N. (dir.), *La réforme de l'État au Bénin : état de la réforme... et perspectives*, Cotonou, Centre de Production Universitaire, 2013. Préface du Professeur Albert Tévoèdjrè.

13. MÉDÉ N. (dir.), *La réglementation du travail au Bénin*, éditions Friedrich Ebert, Cotonou, 1999, réédition 2006.

14. MÉDÉ N. (dir.), *Étude sur la classe politique béninoise : évolution, enjeux, perspectives*, éd. Programme des Nations Unies pour le Développement (PNUD), National Long Term Perspectives Studies, 1999.

DROIT BUDGÉTAIRE DE L'ÉTAT

Les établissements publics à l'ère de la performance en droit camerounais : esquisse d'une budgétisation performative contingente

Gérard Martin PEKASSA NDAM

Agrégé des Facultés de Droit
Professeur Titulaire
Université de Yaoundé II (Cameroun)

Introduction

Dans un article remarquable intitulé « L'Afrique francophone saisie par la fièvre de la performance financière »[1], le dédicataire des présents ***Mélanges***, mon collègue et ami Nicaise MÉDÉ, mettait en exergue l'expansion de la logique de performance dans le droit public financier d'un espace géographique considérable. Cette expansion a atteint le Cameroun et, partant, diverses institutions publiques, au nombre desquelles on compte les établissements publics.

L'établissement public[2] est incontestablement l'une des notions classiques du droit administratif des États africains d'expression française comme du droit français ayant inspiré ces États. Connu comme une personne morale de droit public, il est intimement lié au service public tant son objet même est de gérer un service public. On peut s'accorder avec un juriste camerounais qui souligne que

---

[1] *RFFP*, n° 135, 2016, pp. 349-357.

[2] Les termes « établissement public » et « établissement » sont considérés dans notre étude comme des synonymes.

« *l'établissement public est (...) un service public spécialisé* »[3]. Un universitaire français se montre explicite en affirmant qu'il est un « *procédé (...) de gestion publique des services publics* »[4]. Cela dit, il y a une douzaine d'années, un chercheur a pu écrire que « *le droit camerounais n'a proposé aucune définition de l'établissement public* »[5], malgré la définition de l'établissement public administratif[6]. Il faut une évolution notable en la matière, le législateur camerounais ayant récemment défini l'établissement public comme une « *personne morale de droit public dotée de la personnalité juridique et de l'autonomie financière, chargée de la gestion d'un service public ou de la réalisation d'une mission spéciale d'intérêt général pour le compte de l'État ou d'une collectivité territoriale décentralisée* »[7].

Au demeurant, il est constant que la place qu'occupent les établissements publics, à une époque donnée de la vie d'un État, est consubstantiellement liée aux choix de gouvernance sociopolitique et économique de celui-ci[8]. Ce constat est particulièrement vérifiable au Cameroun où la considération faite de l'établissement public a varié et épousé les fluctuations des options sociopolitiques et économiques des pouvoirs publics par rapport à la conjoncture et aux enjeux du moment. À cet égard, les établissements publics mettent en œuvre une politique publique en lieu et place de la collectivité publique qui les a créés. En France, comme au Cameroun, « *l'apparition des établissements publics a répondu à la volonté de créer dans l'univers administratif, des cellules autonomes, capables de gérer les services publics avec plus d'efficacité* »[9]. L'histoire administrative du Cameroun renseigne que les établissements publics étaient parmi les instruments privilégiés de l'action administrative dans plusieurs

---

[3] Patrick ABANE ENGOLO, *Traité de droit administratif du Cameroun. Théorie générale et droit administratif spécial*, Paris, L'Harmattan, 2019, p. 157. Il abonde dans le sens de Maurice HAURIOU et Léon DUGUIT qui considèrent l'établissement public respectivement comme « *un service public personnifié* » (M. HAURIOU, *Précis de droit administratif et de droit public*, Paris, Sirey, 1927, 11e éd., p. 236) et « *un service public patrimonialisé* » (L. DUGUIT, *Traité de droit constitutionnel*, vol. II, Paris, E. de Boccard, 1928, 3e éd.).

[4] Jacques CHEVALLIER, « La place de l'établissement public en droit administratif français », in *Publications de la Faculté de droit et d'économie d'Amiens*, Paris, PUF, 1972, p. 6.

[5] Armel Habib SANDIO KAMGA, « L'établissement public en doit administratif camerounais », Thèse de Doctorat/Ph. D. en Droit public, Université de Yaoundé II, 2014, p. 14.

[6] V. article 2 de la loi n° 99/016 du 22 décembre 1999 portant statut général des établissements publics et des entreprises du secteur public et parapublic.

[7] Article 4 de la loi n° 2017/010 du 12 juillet 2017 portant statut général des établissements publics. Les établissements publics des collectivités territoriales décentralisées ne sont pas concernés par la présente étude.

[8] Voir notre article, « Les établissements publics indépendants : une innovation fondamentale du droit administratif camerounais », *RASJ*, vol. 2, n° 1, 2001, p. 153.

[9] Jacques CHEVALLIER, « Les transformations du statut d'établissement public », *JCP*, 1972, I, n° 2496.

secteurs, jusqu'à la crise économique des années 1980[10]. Les mesures d'ajustement structurel consécutives à cette crise vont sonner le glas de beaucoup d'établissements publics[11]. Pour autant, l'inflexion du recours à ce procédé va durer, sans perdurer.

En effet, le regain d'intérêt des établissements publics coïncide avec l'avènement de la nouvelle gouvernance financière publique perçue comme une incidence des différentes réformes initiées en amont.[12] Ainsi, au centre de la réforme des finances publiques se trouve la performance, dérivée de la gestion axée sur les résultats, qui est devenue l'objectif essentiel de l'action publique[13]. Les règles de gestion des finances publiques convergent vers la recherche de la performance portée symboliquement au début du XXe siècle par deux lois financières successives[14]. L'assujettissement à l'exigence de performance ressort également du dispositif juridique rénové des établissements publics[15].

Toutefois, si l'on admet que la performance est l'horizon de la nouvelle gouvernance financière publique, et partant, de la nouvelle donne de la gouvernance des établissements publics, son contenu ne relève pas pour autant de l'évidence. Il n'existe pas de définition communément admise de la

---

[10] Lire Armel Habib SANDIO KAMGA, « L'établissement public en droit administratif… », *op. cit.*, pp. 221-227.

[11] On note la privatisation et la dissolution de plusieurs établissements publics : voir Blaise Dramane AKAMEYONG, « La dimension économique des Constitutions des États d'Afrique francophone », Thèse de Doctorat/Ph. D. en Droit public, Université de Yaoundé II, 2020, p. 407.

[12] Voir les actes du colloque sur « La réforme du cadre juridique, pour une meilleure gestion des finances publiques au Cameroun », Yaoundé, 11, 12 et 13 juillet 2001.

[13] Lire Joseph KANKEU, « La performance : un nouveau cadre de gestion financière pour réformer l'État au Cameroun », *Solon*, Vol. III, n° 15, novembre 2016, pp. 259-274.

[14] Loi n° 2007/006 du 26 décembre 2007 portant régime financier de l'État (ci-après loi de 2007 portant régime financier de l'État), puis celle n° 2018/012 du 11 juillet 2018 portant régime financier de l'État et des autres entités publiques (ci-après loi de 2018 portant régime financier de l'État et des autres entités publiques). Au cœur de la réforme engagée ainsi dès 2007 figure l'introduction du budget-programme comme mode de présentation des crédits consistant à regrouper les actions d'un même ministère par programmes en rapprochant pour chacun d'eux les crédits de toute nature et les résultats physiques ou financiers attendus ; le tout étant complété par une projection indicative pluriannuelle. Lire utilement Jacques BIAKAN, « La réforme du cadre juridique des finances publiques au Cameroun : la loi portant régime financier de l'État », *in* Magloire ONDOA (dir.), *L'Administration publique camerounaise à l'heure des réformes*, Yaoundé, Harmattan-Cameroun, 2010, p. 19.

[15] Outre la loi n° 2017/10 du 12 juillet 2017 portant statut général desdits établissements (ci-après loi de 2017 portant statut général des établissements publics) et ayant abrogé la loi n° 99/016 du 22 décembre 1999 précitée, on a la loi de 2018 portant régime financier de l'État et des autres entités publiques. À s'en tenir strictement au titre de la loi de 2007 portant régime financier de l'État, elle ne s'appliquait pas aux collectivités publiques autres que l'État. En 2018, le législateur a voulu concevoir un régime financier unique à l'ensemble des personnes morales de droit public (*cf.* article 2).

performance dans la doctrine. Pour Melchior SALGADO, « *la performance est un mot-valise, un concept flou et multidimensionnel qui en définitive ne prend de sens que dans le contexte dans lequel il est employé* »[16]. On a aussi considéré la performance comme « *un objectif* »[17] dans la réalisation des activités des administrations publiques. C'est dans cette logique que le législateur camerounais définit la performance comme la « *capacité de mener une action pour obtenir des résultats, conformément à des objectifs fixés préalablement, en minimisant les coûts des ressources et des processus mis en œuvre* »[18]. Cette définition législative est satisfaisante, tant la connotation budgétaire y est manifeste. De plus, elle laisse apparaître la théorie des trois « E » qui s'articule sur les critères d'efficacité, d'efficience et d'économie. Dans cet effort de clarification des concepts, la notion de « budgétisation » peut s'entendre comme le « *financement de certaines dépenses au moyen de crédits budgétaires* »[19]. Plus simplement, dans la présente étude, elle est entendue comme l'inscription des recettes et des dépenses au budget.

L'exigence de la performance ainsi cernée a irradié tout le champ administratif et n'a donc pas épargné les établissements publics. À cet égard, une réflexion sur la budgétisation des établissements publics à l'ère de la performance apparaît intéressante à plus d'un titre. D'abord, elle permet de cerner les transformations que peut subir une institution par le fait d'un nouveau paradigme managérial. Ensuite, elle donne l'occasion d'apprécier les nouvelles sujétions qui pèsent sur la gestion des finances desdits établissements. Enfin, elle apparaît comme un prolongement des réflexions sur la consolidation de l'idéologie libérale dans les services publics. Dans l'ambition d'une esquisse, l'étude questionne la caractérisation d'une budgétisation qui se veut performante. À partir de l'hypothèse heuristique d'une certaine hétérogénéité, l'analyse positiviste démontre que dans la gouvernance des établissements publics, la performance est visée par la budgétisation **(I)**, laquelle budgétisation est contrôlée par souci de performance **(II)**.

---

16 Melchior SALGADO, « La "performance" : une dimension fondamentale pour l'évaluation des entreprises et des organisations », 2013, HAL Id : hal-00842219.

17 André AKONO OLINGA, « L'apport de la performance au contrôle des finances locales au Cameroun », Thèse de Doctorat/Ph. D. en Droit public, Université de Yaoundé II, 2019-2020, p. 18.

18 Article 2 de la loi de 2017 portant statut général des établissements publics.

19 Gérard CORNU (dir.), *Vocabulaire juridique*, Paris, PUF, Quadrige, 2017, 11e édition, p. 139.

I. La performance visée par la budgétisation

La loi de 2017 portant statut général des établissements publics intervient dans un contexte de rationalisation de la gestion publique, notamment celle des démembrements de l'État. En considération de cette mouvance, le législateur camerounais n'est pas muet sur l'exigence de performance financière dans le processus d'élaboration du budget. Il a introduit la présentation obligatoire d'un projet de performance (**A**) et prescrit la performance dans l'équilibre de la prévision budgétaire (**B**).

A. L'introduction du projet de performance

Dans les établissements publics, comme au sein de l'ensemble des institutions étatiques, la nouvelle approche de budgétisation met en exergue les programmes auxquels sont adossés des objectifs assortis d'indicateurs de performance prédéfinis[20]. L'un des domaines dans lesquels le paradigme de la performance a fondamentalement agi au niveau des établissements publics au Cameroun est, sans nul doute, la gestion de ceux-ci. Cela se comprend lorsque l'on sait que l'exigence de la performance est avant tout un impératif managérial. À l'analyse du régime statutaire des établissements publics, la logique de performance imprègne d'efficacité leur budgétisation. Cela est vérifiable dans l'action de l'organe de gestion opérationnelle.

Conformément à la volonté du législateur camerounais, « *le Directeur général est chargé (...) de la gestion de l'établissement public* »[21]. À ce titre, il lui revient, entre autres, « *de préparer le projet de budget et de performance, de produire le compte administratif, ainsi que le rapport annuel de performance* »[22]. Statutairement, le Directeur général d'un établissement apparaît comme un acteur budgétaire important ; il a la pleine responsabilité[23] de plusieurs diligences essentielles. À l'évidence, la performance va restructurer la gestion des établissements publics au niveau de l'allocation et de la gestion des ressources à travers une modernisation budgétaire.

---

[20] La dotation budgétaire n'est plus basée sur la structuration des services, mais sur les programmes (et sous-programmes), donc sur les finalités des politiques publiques.

[21] Article 37 de la loi de 2017 portant statut général des établissements publics.

[22] *Idem.*

[23] Bien qu'il soit assisté éventuellement d'un adjoint (article 35, alinéa 1 de la loi de 2017 portant statut général des établissements publics), ce dernier ne bénéficie textuellement d'aucune attribution.

Dans la budgétisation des établissements publics, la modernisation est perceptible sous le sceau programmatique. L'élaboration du budget s'attache au cadrage des dépenses[24] et au chiffrage du coût des sous-programmes afin de parvenir à une allocation conséquente des ressources publiques[25]. Dans le respect de cette logique gestionnaire et dans la prise en compte du calendrier de l'élaboration du budget de l'État, le projet de budget annuel, préparé par le Directeur général, est accompagné du projet de performance, y compris des plans d'investissement, et présenté sous la forme de sous-programmes[26].

À l'analyse, l'obligation d'adjonction d'un projet de performance n'est pas anodine. Ce document budgétaire traduit l'ambition des dirigeants de l'établissement lors de la budgétisation pour répondre pertinemment à leurs objectifs. Il permet d'établir la corrélation entre les dotations budgétaires et les politiques publiques portées par les différents sous-programmes de l'établissement public. S'il est incontestable que le projet de performance indique les résultats séquentiels à atteindre au cours de l'exercice budgétaire N+1, il s'emploie aussi à tirer des leçons des résultats obtenus au cours de l'année écoulée. Il s'agit donc d'un document à double objet. Il est à la fois rétrospectif et prospectif[27]. Face au mutisme du législateur, la convocation du cas de l'État pourrait permettre de saisir l'importance de ce document budgétaire. En effet, « *les projets de performance annuels annexés à la loi de finances initiale présentent pour chaque programme, les objectifs poursuivis et les résultats attendus, mesurés au moyen d'indicateurs d'activités et de résultats* »[28]. Le projet de performance est donc une sorte d'engagement du Directeur général, vis-à-vis

[24] Il permet de hiérarchiser les projets à réaliser, et subséquemment, de prioriser les dépenses y afférentes. Ce cadrage se matérialise par des instruments que sont le plan d'action prioritaire et le cadre de dépenses à moyen terme. Voir Ministère de l'Économie, de la Planification et de l'Aménagement du territoire, *Guide méthodologique de la planification stratégique au Cameroun*, Yaoundé, février 2012, p. 152.

[25] Abner ABONO, *Le principe de la séparation des ordonnateurs et des comptables à l'épreuve de la performance au Cameroun*, Thèse de Doctorat/Ph. D. en Droit public, Université de Yaoundé II, 2021, p. 299.

[26] Article 48, alinéas 1 et 2 de la loi de 2017 portant statut général des établissements publics.

[27] À titre illustratif, il est écrit dans le *Projet de performance administrative 2023* (p. 4) de l'Agence d'Électrification rurale : « *Le projet de performance des administrations 2023 de l'AER met en exergue dans une logique de cohérence sectorielle, l'évaluation de l'exécution de l'exercice 2022 et énonce les perspectives de l'exercice 2023.* » Pour plus de détails, lire le décret n° 2022/110 du 04 mars 2022 portant réorganisation et fonctionnement de cet établissement public.

[28] Article 16, alinéa 1 de la loi de 2018 portant régime financier de l'État et des autres entités publiques.

de l'organe délibérant et de celui tutélaire, à tout mettre en œuvre pour propulser l'établissement vers l'atteinte de résultats probants[29].

Au demeurant, la performance s'accommode de l'équilibre obligatoire des prévisions budgétaires.

B. La prescription de la performance dans l'équilibre prévisionnel

Au Cameroun, l'élaboration du budget des établissements publics à l'ère de la performance accorde une importance accrue à la prévision des ressources et des dépenses. Il s'agit de déterminer leur nature et leurs montants, avec l'obligation d'une prévision budgétaire respectueuse de l'équilibre.

Globalement, on peut considérer que la complexité de l'opération réside dans la question de la mobilisation des ressources financières. On est loin de l'époque des finances publiques classiques où Gaston Jèze, juriste financier français, mettait l'emphase sur l'utilité des dépenses en affirmant avec autorité : « *Il y a des dépenses publiques, il faut les couvrir* »[30]. Les ressources sont mentionnées aussi bien dans la définition du budget que dans celle de la performance par le législateur camerounais[31], mais sans qu'aucune précision ne soit donnée quant à leur typologie. En réalité, la forme juridique que peut revêtir un établissement public[32] n'est pas sans lien étroit avec sa capacité à générer des ressources

---

[29] Lire utilement Kitona NGO YAP LIBOCK, *L'obligation de performance de l'ordonnateur dans les établissements publics en droit camerounais*, thèse de Doctorat/Ph. D. en Droit public, Université de Yaoundé II, 2021, p. 85.

On peut s'interroger sur le régime de sanction de l'engagement en cas de résultats non probants. Certes, le Conseil d'administration peut sanctionner le Directeur général d'une suspension, éventuellement assortie d'une demande de révocation adressée à l'autorité investie du pouvoir de nomination. Mais la loi n'a pas mentionné le motif des sanctions (*cf.* article 40 de la loi de 2017 portant statut général des établissements publics). La sanction (positive ou négative) de la performance par le dirigeant de l'établissement relève donc du Président de la République qui détient le pouvoir constitutionnel de nommer aux emplois civils et militaires, de manière discrétionnaire.

[30] Lire Matthieu CONAN, « Gaston Jèze et l'utilité de la dépense publique, L'élaboration d'une théorie générale des dépenses publiques », *in* Philippe BEZES, Florence DESCAMPS, Sébastien KOTT, Lucile TALLINEAU (dir.), *L'invention de la gestion des finances publiques. Du contrôle de la dépense à la gestion des services publics (1914-1967)*, Volume 2, Paris, Comité pour l'histoire économique et financière de la France/IGPDE, 2013, p. 75.

[31] *Cf.* article 4 de la loi de 2017 portant statut général des établissements publics.

[32] Les dispositions de l'article 2, alinéa 1 de la loi de 2017 portant statut général des établissements publics prévoient 9 formes juridiques, à savoir :

- l'établissement public à caractère administratif ;
- l'établissement public à caractère social ;

substantielles, et la capacité d'autofinancement est plus à même de garantir l'équilibre prévisionnel. Ainsi, on peut prétendre que la contrainte d'équilibre prévisionnel est de degré variable, en fonction de la nature juridique de chaque entité.

L'obligation d'équilibre semble moins contraignante pour certains établissements à caractère spécial. Si l'on se réfère à l'Agence de Régulation des Télécommunications (ART), outre le produit des prestations, les dons et legs, les ressources proviennent d'abord de quotités des droits (droits d'entrée et/ou de renouvellement des autorisations pour les activités relevant du secteur des télécommunications), des pénalités (instituées par la loi régissant les communications électroniques), des redevances (d'utilisation des fréquences radioélectriques, d'utilisation des adresses, des préfixes et des numéros ou blocs de numéros). Ensuite, on y trouve la redevance de fonctionnement de l'ART due par les opérateurs de réseaux et les fournisseurs de services de communication électronique, ainsi que des taxes parafiscales. Ces ressources financières proviennent essentiellement de prélèvements publics et de pénalités dont le caractère autoritaire est prononcé[33]. À la différence de l'ART, la Caisse Nationale de Prévoyance Sociale (CNPS) peut bénéficier de subventions à côté de ressources variées : cotisations des employeurs et des travailleurs, majorations et pénalités de retard, produits des placements de fonds, dons et legs, et participations versées par les bénéficiaires des œuvres sociales et sanitaires[34]. En raison de leur typologie, ces ressources s'avèrent très consistantes, d'où des budgets substantiels et bien équilibrés[35], avec la possibilité, dans certains cas,

---

- l'établissement public à caractère hospitalier ;
- l'établissement public à caractère culturel ;
- l'établissement public à caractère scientifique ;
- l'établissement public à caractère technique ;
- l'établissement public à caractère professionnel ;
- l'établissement public à caractère économique et financier ;
- l'établissement public à caractère spécial.

À préciser qu'un même établissement peut revêtir une ou plusieurs de ces formes.

[33] Voir l'article 34 du décret n° 2020/727 du 03 décembre 2020 portant réorganisation et fonctionnement de l'Agence de Régulation des Télécommunications.

[34] Voir l'article 38, alinéa 1 du décret n° 2018/354 du 07 juin 2018 portant réorganisation et fonctionnement de la Caisse Nationale de Prévoyance Sociale.

[35] À titre d'illustration, le Conseil d'administration a, au cours de sa 53e session, tenue le 8 décembre 2023, examiné et adopté le Projet de Performance des Administrations de l'ART pour l'exercice 2024, arrêté en recettes et en dépenses à soixante-dix milliards cinq cents millions (70 500 000 000) de FCFA (cf. Communiqué de presse de la présidente du Conseil d'administration dans le quotidien *Cameroon Tribune* du 12 décembre 2023, p. 25). Au cours de sa session ordinaire tenue le 22 novembre 2023, le Conseil d'administration a, par résolution

d'alimenter les caisses de l'État[36]. Il est à noter que ces deux établissements publics à caractère spécial bénéficient d'une prérogative exorbitante de droit commun, en l'occurrence, le privilège du Trésor, pour le recouvrement prioritaire, voire forcé, de leurs créances[37].

À l'inverse, l'obligation d'équilibre semble plus contraignante pour les autres formes d'établissements publics ayant en commun une mission sociale. Ici, les ressources financières sont moins consistantes. En droit positif camerounais, les institutions publiques d'enseignement supérieur sont, à titre d'illustration, des établissements publics cumulant les caractères administratif, économique, social, hospitalier, scientifique, technique, professionnel et culturel[38]. Il est frappant que l'énumération de leurs ressources financières commence par les subventions de l'État avant même les droits universitaires et les frais de formation payés par les étudiants des diverses filières[39]. Les ressources ainsi mises en exergue sont celles sur lesquelles les universités d'État et les établissements publics d'enseignement supérieur à statut particulier n'ont prise ni sur la fixation de leur montant, ni sur leur recouvrement. En effet, depuis trente ans, le montant forfaitaire annuel des droits universitaires est stable. Il est de 50 000 FCFA pour les étudiants camerounais ; pour les étudiants de nationalité étrangère, sous réserve de réciprocité et des conventions en vigueur, il est de 300 000 FCFA dans les facultés des sciences sociales, 600 000 FCFA dans les facultés des sciences et les IUT, 1 000 000 de FCFA dans les facultés de médecine et pharmacie, dans les écoles et établissements de formation professionnelle[40]. Par conséquent,

---

n° 51/23, adopté le budget de la CNPS pour l'exercice 2024 en recettes et en dépenses à deux cent quarante-six milliards cinq cent trois millions neuf cent mille (246 503 900 000) FCFA.

[36] C'est notamment le cas de l'ART, dont le montant ci-dessus de soixante-dix milliards cinq cent millions (70 500 000 000) de FCFA comprend les quotes-parts s'élevant à la rondelette somme de quarante-cinq milliards cinq cent soixante-onze millions huit cent soixante-cinq mille (45 571 865 000) FCFA, destinée au Trésor public, au Fonds Spécial des Télécommunications et aux autres organismes bénéficiaires.

[37] Cf. article 35, alinéa 3 du décret n° 2020/727 du 03 décembre 2020 et article 48 du décret n° 2018/354 du 07 juin 2018. Il faut dire que la CNPS dispose en plus des prérogatives et privilèges prévus par les Actes uniformes de l'OHADA. De manière globale, se reporter à la loi n° 2023/011 du 25 juillet 2023 régissant les garanties et le recouvrement des créances par les entités publiques bénéficiaires du privilège du Trésor.

[38] Article 34, alinéa 1 de la loi n° 2023/007 du 25 juillet 2023 portant orientation de l'Enseignement supérieur au Cameroun.

[39] Les autres ressources proviennent des activités de production des biens et des prestations de service intellectuelles, des dons et legs, des concours divers provenant des Collectivités territoriales décentralisées, de la coopération bilatérale, multilatérale ou internationale, de toute autre ressource créée par la loi et des emprunts. *Cf.* article 61, alinéa 1 de la loi n° 2023/007 du 25 juillet 2023 précitée. Il faut souligner que le décret n° 2005/383 du 17 octobre 2005 fixant les règles financières applicables aux universités maintient la même logique énumérative.

[40] *Cf.* décret n° 93/033 du 19 janvier 1993 modifiant certaines dispositions du décret n° 79/186 du 17 mai 1979 fixant les taux de paiement des droits universitaires.

l'autofinancement des universités publiques est problématique, la part de la subvention de l'État dans leurs budgets étant importante[41]. Il s'ensuit une autonomie financière résiduelle.[42] La situation des universités d'État peut paraître reluisante si on la rapproche de certains établissements publics à caractère technique dont la subvention de l'État constitue parfois l'essentiel des ressources[43]. Le réalisme devrait être de mise ; fondé sur l'insuffisance des ressources financières, il a amené l'un d'eux à réduire considérablement son budget d'un exercice à l'autre[44].

En somme, l'équilibre budgétaire prévisionnel s'avère plus aisé lorsque l'établissement dispose de ses propres ressources et d'autres ressources dont la productivité est garantie. Cela dit, si l'impératif de performance financière est aujourd'hui au cœur de la gestion des établissements publics, il n'incombe pas seulement au top management. L'action de ce dernier est contrôlée car l'objectif est de s'assurer une prise en compte de la performance dans la budgétisation.

II. LA BUDGÉTISATION CONTRÔLÉE POUR LA PERFORMANCE

L'impératif de performance dans les établissements publics passe notamment par l'amélioration de la qualité de service, qui se traduit par l'introduction de la philosophie de la gestion du secteur privé, où le client est roi, et ce faisant, les usagers du service public doivent recevoir des services avec soin[45]. Il serait

---

[41] Le budget de l'Université de Yaoundé I pour l'exercice 2023 était 14 155 321 000 FCFA, dont 6 944 008 000 FCFA au titre de la subvention de l'État. Les droits et produits des principales prestations, à savoir les droits universitaires, se chiffrent à 5 042 872 000 FCFA. Cf. Procès-verbal du Conseil d'administration, session du 23 décembre 2022, pp. 24-25.

[42] Lire avec intérêt Sedena AKONO ONGBA, « L'autonomie financière des établissements publics universitaires en Afrique noire francophone », *RAMRES-CAMES*, numéro spécial, avril 2019, pp. 89-120.

[43] Le budget pour l'exercice 2024 du Bureau Central des Recensements et des Études de la Population (BUCREP) est équilibré en recettes et en dépenses à la somme de 697 103 201 FCFA. La subvention de l'État est de 650 000 000 de FCFA (600 000 000 pour le fonctionnement et 50 000 000 pour l'investissement), pour des ressources propres de 1 961 951 FCFA. Le texte organique de cet établissement est le décret n° 2005/309 du 1er septembre 2005.

[44] À la Centrale Nationale d'Approvisionnement en Médicaments et Consommables Médicaux Essentiels (CENAME), le budget de l'exercice 2024 est équilibré en recettes et en dépenses à la somme de cinq milliards huit cent soixante-trois millions (5 863 000 000) de FCFA contre neuf milliards neuf cent quarante-quatre millions (9 944 000 000) de FCFA pour l'exercice 2023. La baisse est de 41,03 % en valeur relative et quatre milliards quatre-vingt-un millions (4 081 000 000) de FCFA en valeur absolue. *Cf.* Projet de Performance annuel, exercice 2024, p. 4.

[45] Léon-Bertrand NGOUO, *La réforme administrative dans les services publics en Afrique*, Paris, L'Harmattan, 2008, p. 26.

erroné de considérer le Directeur général comme l'architecte budgétaire d'un établissement. En réalité, il est l'un des architectes de l'élaboration du budget, l'organe délibérant (**A**) et l'organe tutélaire (**B**) ayant un pouvoir de contrôle dans la recherche de la performance.

A. L'intervention de l'organe délibérant

Le travail de budgétisation initié par le Directeur général d'un établissement public s'inscrit dans un processus structuré dont l'étape immédiate et déterminante appelle l'intervention de l'organe délibérant.

En effet, le projet préparé par le Directeur général de l'établissement est adopté par le Conseil d'administration. Ce projet est obligatoirement accompagné du projet de performance, y compris les plans d'investissement, et présenté sous la forme de sous-programmes cohérents avec les objectifs de politiques publiques nationale ou locale[46]. L'analyse attentive de cette prescription législative permet d'y déceler un objet et un objectif précis.

D'une part, l'objet est relatif à l'information de l'organe délibérant. Les annexes budgétaires produites par le Directeur général y concourent également. De même, le mode de présentation du projet de budget exigé tend à la bonne édification des administrateurs. Il convient de rappeler que ces derniers viennent d'horizons divers et peuvent être regroupés en quatre groupes : les représentants des deux administrations d'impulsion stratégique et de coordination[47], ceux des administrations de tutelle financière et technique[48], ceux des administrations sectorielles[49], et un représentant élu du personnel. Cette composition laisse apparaître une pluralité d'appartenances institutionnelles, gage d'une « digestion » multisectorielle des informations contenues dans les annexes budgétaires.

D'autre part, le législateur vise probablement, à travers ces annexes, l'objectif de performance dans la décision du Conseil d'administration. L'adoption du budget incombe à une instance collégiale dont la qualité des membres est déterminante. L'origine hétérogène et les connaissances plurisectorielles des administrateurs présument d'une contribution efficace aux délibérations. Comme on le sait, le projet de budget des établissements publics est présenté sous forme de sous-programmes cohérents avec les objectifs de politiques

---

[46] Article 48, alinéas 1 et 2 de la loi de 2017 portant statut général des établissements publics.

[47] Présidence de la République et Services du Premier ministre, respectivement.

[48] La tutelle financière est assurée par le ministère des Finances et la tutelle technique par le ministère sectoriel compétent. Une autre peut s'y ajouter en cas de triple tutelle.

[49] Il s'agit d'administrations publiques dont le domaine d'activité est proche ou connexe à celui de l'établissement public. On peut aussi y retrouver des administrations relevant du secteur privé.

publiques sectorielles, tant au niveau national que local. Si la cohérence ainsi recherchée n'est pas sauvegardée par le Directeur général, il revient au Conseil d'administration de corriger les écarts. Il ne faut point oublier que celui-ci « *a les pouvoirs les plus étendus pour définir, orienter la politique générale, et évaluer la gestion de l'établissement public, dans les limites fixées par son objet social (...) notamment le pouvoir de fixer les objectifs et d'approuver les projets de performance, conformément aux objectifs globaux du secteur concerné* »[50].

Au total, la résolution du Conseil d'administration donne force juridique au budget préparé et soumis par le Directeur général. Néanmoins, ce pouvoir est encadré dans le temps. De plus, la session obligatoire du Conseil, consacrée à l'examen du projet de performance et à l'adoption du budget, se tient impérativement avant le début de l'exercice budgétaire suivant[51]. On peut y voir la prise en compte du paramètre temporel dans la budgétisation irradiée par la performance. Il reste que l'intervention du Conseil d'administration, organe suprême au sein de l'établissement, précède celle de la tutelle.

B. L'intervention de l'organe tutélaire

Au Cameroun, le législateur a prévu que le budget d'un établissement public adopté par son organe délibérant soit transmis, pour approbation, au ministre des Finances[52]. Pourtant, la réception de cette prescription dans les textes organiques des établissements publics connaît des variations. D'abord, cette réception peut être ineffective, soit parce qu'aucune transmission n'est instituée[53], soit parce que

[50] Loi de 2017 portant statut général des établissements publics, article 24, alinéa 1. À titre d'illustration, lire l'article 11 du décret n° 2022/384 du 17 août 2022 portant création, organisation et fonctionnement de l'Office National des Infrastructures et Équipements Sportifs (ONIES). Précisons que ce décret ne qualifie pas formellement l'ONIES d'établissement public, mais la loi de 2017 est mentionnée dans les visas et on y retrouve divers éléments qui rappellent cette personne morale de droit public.

[51] Voir article 26, alinéa 1 de la loi de 2017 portant statut général des établissements publics. En cas de refus du Président du Conseil de convoquer la session ou en cas d'incapacité permanente (constatée par le Conseil), les deux tiers des administrateurs saisissent le ministre de tutelle financière qui convoque le Conseil. Dans les faits, cette obligation temporelle n'est pas observée de manière stricte ; certaines sessions se tiennent au début de l'exercice budgétaire pour lequel le budget doit être adopté (par exemple, la 48e session du Conseil d'administration de l'Université de Douala tenue le 04 février 2022 pour examiner et adopter le budget pour l'exercice 2022). L'absence de véritables sanctions y est sans doute pour beaucoup.

[52] Article 51 de la loi de 2017 portant statut général des établissements publics.

[53] Elle ne figure pas dans les dispositions de l'article 43 du décret n° 2022/411 du 1er septembre 2022 portant création, organisation et fonctionnement de l'Hôpital Général de Garoua. On est bien en présence d'un établissement public hospitalier créé par l'État.

la diligence d'approbation est remplacée par celle d'information[54]. Ensuite, l'approbation par la tutelle financière peut être combinée à l'information de la tutelle technique[55]. On comprend pourquoi le caractère exécutoire du budget, dès son adoption par le Conseil, n'est valable que sous réserve des dispositions contraires des lois et règlements en vigueur[56].

Au demeurant, la contribution des administrations tutélaires dans la recherche de la performance doit être soulignée à grands traits. Il convient de les aborder distinctement, considération faite de la double tutelle[57].

La tutelle technique veille à la conformité des résolutions des établissements publics aux orientations des politiques de son secteur[58]. La nécessité d'une cohérence d'ensemble des politiques publiques commande un alignement technique compréhensible des actions et activités des sous-programmes des établissements sur ceux des programmes élaborés au niveau du ministère de tutelle technique. Comme l'affirme un auteur, la tutelle « *permet que les politiques spécifiques adoptées par les établissements publics soient conformes à la politique sectorielle élaborée par la collectivité publique de rattachement* »[59].

Pour sa part, la tutelle financière s'assure de la soutenabilité des engagements financiers et de la cohérence générale des plans de performance desdits établissements aux programmes de l'État[60]. La vérification de l'alignement financier semble indispensable. Les subventions de fonctionnement et/ou d'investissement attendues de l'État constituent des ressources substantielles pour la couverture des charges de certains établissements publics camerounais. Dans l'ensemble, ces derniers affichent une « santé financière » peu reluisante

---

[54] Aux termes des dispositions de l'article 45, alinéa 1 du décret n° 2023/500 du 8 novembre 2023 portant réorganisation de l'Imprimerie Nationale : « *Le budget adopté par le Conseil d'administration est transmis, pour information, au ministre chargé de la Communication et au ministre chargé des Finances* ».

[55] Aux termes des dispositions de l'article 39, alinéa 1 du décret n° 2020/727 du 03 décembre 2020 portant réorganisation et fonctionnement de l'Agence de Régulation des Télécommunications : « *Le budget adopté par le Conseil d'administration est transmis, pour information, au ministre chargé des Télécommunications et pour approbation au ministre chargé des Finances* ».

[56] Article 52, alinéa 2 de la loi de 2017 portant statut général des établissements publics.

[57] La législation camerounaise est constante sur ce point. Voir Cyrille MONEMBOU, *La double tutelle des établissements publics administratifs au Cameroun*, Mémoire de DEA en droit public, Université de Yaoundé II, 2007, 70 p.

[58] *Idem*, article 13.

[59] Cyrille MONEMBOU, « Les personnes publiques spécialisées en droit administratif camerounais », *RBSJA*, n° 38, 2017, p. 241.

[60] *Idem*, article 14.

depuis au moins une décennie, alors même qu'ils ont un « *poids important sur les finances publiques, à travers des opérations (...) de subvention par l'État* »[61].

Pour crédibiliser cette vérification *ex ante* lors de l'élaboration du budget, les deux tutelles bénéficient d'un droit de communication documentaire : tout établissement public est tenu de leur adresser son projet de performance[62]. En effet, en tant que démembrement de l'État, l'établissement public est lié à celui-ci relativement aux finalités des politiques publiques. Le législateur camerounais y a scrupuleusement veillé.

Cependant, peut-on se réjouir de ce double alignement technique et financier ? La question n'est pas dénuée de pertinence. La double tutelle, qui se veut souple et flexible[63], pourrait se révéler pesante et préjudiciable aux initiatives visant la performance. En toute logique, il y a le risque que les insuffisances conceptuelles des programmes ministériels déteignent sur les sous-programmes des établissements sous tutelle et en compromettent l'efficacité.

En tout état de cause, l'aménagement d'une double tutelle, au-delà d'être perçu comme un risque, peut également apparaître comme un gage de sécurité en matière de suivi-évaluation de la réalisation des programmes. La préservation des intérêts de l'État passe également par l'exercice d'une tutelle de proximité, fût-elle duale. Toutefois, toute tutelle dans un contexte de gestion par la performance se veut rationalisée, en ce sens qu'elle devrait tenir compte de la nécessaire autonomie formellement garantie aux établissements publics. Le bénéfice de cette autonomie ne fonde pas pour autant leur affranchissement du cadrage fixé par l'État. C'est ce qui justifie l'exigence de conformité des résolutions des établissements publics aux orientations des politiques publiques étatiques. Il en va également de la cohérence générale des plans de performance desdits établissements aux programmes de l'État. Cet assujettissement non seulement se manifeste, mais aussi se justifie, par le bénéfice des subventions que leur procurent les ministères de tutelle. C'est le cas du ministère des Finances.

---

[61] Lire Circulaire n° 00004918/MINFI du 05 juillet 2022 régissant les contrats de performance entre l'État et les établissements et entreprises publics, p. 1 ; ministère des Finances/Commission technique de réhabilitation des entreprises du secteur public et parapublic, *Rapport sur la situation des entreprises publiques et établissements publics*, Yaoundé, novembre 2021, pp. 45-59 ; pp. 65-67 ; pp. 104-108.

[62] *Idem*, article 12, alinéas 2 et 3.

[63] Voir notre article « Les établissements publics indépendants : une innovation fondamentale du droit administratif camerounais », *op. cit.*, p. 170.

CONCLUSION

C'est évident que la performance a été formalisée et institutionnalisée dans le paysage des établissements publics au Cameroun. Cette réalité peut donc justifier les innovations observées dans leur budgétisation, qui apparaît sans doute performative, mais aussi problématique, en raison de sa contingence. La contingence découle de l'hétérogénéité des différents établissements publics ; la capacité financière, selon qu'elle est substantielle ou résiduelle, constitue l'élément discriminant entre eux.

Loin d'être une panacée, la budgétisation par la performance doit y être consolidée, à l'effet de permettre aux établissements publics d'atteindre leurs objectifs statutaires. Comment y parvenir de façon optimale dans un contexte de crise ? La stratégie de résilience et de transcendance adoptée par l'État du Cameroun rassure, au-delà des logiques de réajustements qui s'imposent eu égard au caractère ininterrompu des réformes. Ces réajustements sonnent, d'ailleurs, comme une invitation formulée à l'endroit du dédicataire des présents *Mélanges*, dont la notoriété de l'expertise fait écho au-delà du continent africain.

LE CARACTÈRE PRIMORDIAL DES LIENS ENTRE PERFORMANCE ET PLURIANNUALITÉ

Jean-Pierre DUPRAT

Professeur émérite de droit public à l'Université de Bordeaux (France)

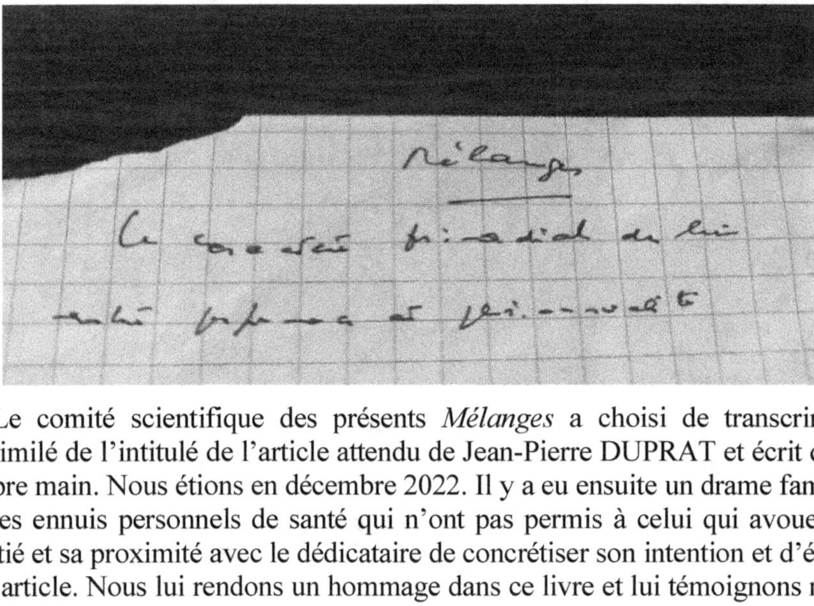

Le comité scientifique des présents *Mélanges* a choisi de transcrire le facsimilé de l'intitulé de l'article attendu de Jean-Pierre DUPRAT et écrit de sa propre main. Nous étions en décembre 2022. Il y a eu ensuite un drame familial et des ennuis personnels de santé qui n'ont pas permis à celui qui avoue son amitié et sa proximité avec le dédicataire de concrétiser son intention et d'écrire son article. Nous lui rendons un hommage dans ce livre et lui témoignons notre compassion.

L'ANGLE MORT DU DROIT FRANÇAIS DES FINANCES PUBLIQUES

Jean-Luc ALBERT

Professeur des universités
Aix-Marseille Université
Centre d'Études Fiscales et Financières (CEFF – UR 891)

S'il pouvait y avoir un terme, un mot, qualifiant le professeur Nicaise MÉDÉ, c'est celui d'explorateur ; explorateur dans les différentes branches de la matière financière, finances publiques, finances locales, fiscalité… et même en douane, explorateur sous une dimension purement nationale, régionale ou même plus globale, et en particulier africaine.

Ce faisant, cette globalisation de la réflexion et de l'analyse en finances publiques fait apparaître les interactions, influences… des différents systèmes financiers et amène à s'interroger sur son sens. Ses travaux ont été particulièrement diversifiés, nonobstant la direction d'ouvrages permettant d'appréhender cette problématique sous un angle pluriel d'analyses et de réflexions parfois initiées en l'honneur d'autres universitaires[1].

C'est à partir de ce constat que l'idée d'une réflexion synthétique sur le droit français des finances publiques est apparue comme une nécessité en regard de la dynamique africaine. Il est en effet des évènements qui donnent à peine lieu à une ligne d'information ou de communication dans la presse. Et pourtant…

Le rejet par le Sénat français, d'abord, le 19 juillet 2022, puis, et surtout, par l'Assemblée nationale française le 3 août 2022, de la loi de règlement et

[1] Cf. *Les finances publiques entre globalisation et dynamiques locales. Mélanges en l'honneur de Diarra Eloi et Yanaba Salifou*, Dakar, L'Harmattan, 2021, Nicaise MÉDÉ et Marc DEBENE (dir.).

d'approbation des comptes[2], d'ailleurs déposée hors délai par le Gouvernement, n'a guère soulevé de commentaires, d'aucuns se limitant à une analyse ou à un constat purement politique : la coalition des oppositions. Mais quelle est la conséquence d'un tel rejet ? Nul ne paraît s'en être inquiété.

Dans son rapport rendu en mars 2021, la Commission pour l'avenir des finances publiques, présidée par Jean Arthuis, qui avait été missionnée par le Premier ministre Jean Castex en décembre 2020, s'interrogeant notamment sur le pilotage des finances publiques sur l'ensemble des administrations publiques, mettait en avant un phénomène majeur : la crise de la loi.

De fait, le droit français des finances publiques paraît dans sa globalité relever d'une interrogation : quelle en est l'effectivité, au-delà des questions purement gestionnaires ?

Depuis l'avènement de la Ve République, les finances publiques ont, au moins en apparence, acquis une place textuelle significative dans la norme suprême sans pour autant bénéficier d'une entrée spécifique sous la forme d'un titre en propre, à l'instar de la Constitution allemande[3].

De façon graduelle, ponctuelle, au fil des révisions constitutionnelles et notamment de 1996, 2003, et 2008, les finances publiques ont obtenu une forme de consécration alors même que s'affirmait et se développait un droit européen des finances publiques et que le droit organique des finances publiques connaissait un développement majeur.

Le paradoxe français est de noter l'absence d'un code des finances publiques alors même que les finances locales sont régies par le Code général des collectivités territoriales, les finances de la Sécurité sociale par le Code de la Sécurité sociale, et qu'il existe aussi un Code des juridictions financières ; une telle interrogation pourrait, en outre, conduire aussi à s'interroger sur la dualité normative entre loi de finances et loi de financement de la Sécurité sociale.

En somme, le schéma juridique construit depuis 1958 n'est-il pas en réalité à bout de souffle en dépit des réformes importantes adoptées ces dernières années ? En ce sens, les réformes majeures qui viennent d'être opérées en 2021 et 2022 s'agissant de la justice financière, de la responsabilité des gestionnaires publics, de la responsabilité pécuniaire et personnelle du comptable public, vont-elles dans le bon sens et dans celui de la défense ou de la protection des intérêts financiers de la collectivité nationale ?

---

[2] Devenue, avec la loi 2021-1577 du 6 décembre 2021 portant diverses dispositions relatives au Haut Conseil des finances publiques et à l'information du Parlement sur les finances publiques, la loi relative aux résultats de la gestion et portant approbation des comptes.

[3] Titre X – Les finances.

Or, il faut constater l'échec de nombre de projets de révision constitutionnelle dont, parmi les plus contraignants, le projet de loi constitutionnelle relatif à l'équilibre des finances publiques, enregistré à la présidence de l'Assemblée nationale le 16 mars 2011[4] et comportant un exposé des motifs des plus explicites au vu de l'extrait suivant :

« *Le diagnostic sur la situation des finances publiques établi au printemps dernier par Paul CHAMPSAUR et Jean-Philippe COTIS démontre que la France est confrontée à des déséquilibres budgétaires de grande ampleur. Au-delà de l'impact de la récession mondiale de 2008-2009, c'est l'insuffisante maîtrise de nos comptes publics au cours des trente dernières années, notamment en période de croissance, qui a conduit aux déséquilibres budgétaires actuels.*

Cette situation ne peut s'expliquer simplement par la faiblesse de la volonté politique de tel ou tel gouvernement. Elle démontre que la France souffre d'un problème structurel pour maîtriser ses comptes sur le moyen terme. Or, la maîtrise de notre endettement et le retour à l'équilibre de nos finances publiques ne représentent pas seulement une nécessité économique. Ils constituent un impératif moral si nous voulons réduire la charge transmise à nos enfants, préserver notre liberté de choix pour la préparation de l'avenir, protéger notre modèle social et garantir notre souveraineté. »

On ne saurait être plus clair et cela soulève une question essentielle : comment assurer une telle maîtrise dans un contexte marqué par la permanence d'un encadrement européen des finances nationales, une surveillance attentive des institutions internationales comme le FMI, mais aussi des marchés financiers, des agences de notation, tout en conservant la maîtrise de « ses » finances publiques ? Le rapport précité de la commission présidée par Jean Arthuis mettait en exergue une citation de Pierre MENDÈS FRANCE : « *Un pays qui n'est pas capable d'équilibrer ses finances publiques est un pays qui s'abandonne.* »[5]

Edgard ALLIX avait souligné, dans l'édition de son traité de 1931, que « *le régime parlementaire, s'il est la sauvegarde essentielle des libertés publiques, est, d'autre part, enclin à des prodigalités fâcheuses* »[6] ! En tout état de cause, le droit des finances publiques de la Ve République n'a, pas plus que ses devanciers de la IVe ou de la IIIe République, réussi dans l'entreprise, et pourtant…

Le paradoxe de la Ve République est que cette Constitution dont on a longtemps énoncé qu'elle était rigide, non réformable, est celle qui a le plus été

---

[4] n° 3253.

[5] Commission pour l'avenir des finances publiques, *Nos finances publiques post-covid-19 : pour de nouvelles règles du jeu*, mars 2021, p. 3.

[6] Edgard ALLIX, *Traité élémentaire de science des finances et de législation financière française*, 6e éd. 1931, éd. Rousseau et Cie, Paris, p. 14.

révisée (**I**) sans pour autant que cette évolution ait eu une incidence déterminante sur la gouvernance des finances publiques françaises (**II**).

I. UNE DIMENSION NORMATIVE APPAREMMENT RENFORCÉE

Si les finances publiques ont trouvé une place grandissante dans le champ constitutionnel et en particulier au sein de la Constitution de la Ve République, c'est paradoxalement une situation inverse pour la place de l'impôt dont le « statut » n'a pas évolué depuis 1958, restant cantonné à l'article 34 de la Constitution au travers du concept, en lui-même réducteur, des impositions de toute nature.

Pas de vision conceptuelle de l'impôt, pas de réflexion sur son rôle et son champ, comme si tout reposait sur les principes énoncés avec la Déclaration des droits de l'homme et du citoyen de 1789. Sur ce terrain, la Constitution française actuelle est particulièrement éloignée d'autres Constitutions, comme la Constitution espagnole, ou encore celle des Pays-Bas.

Il en résulte un renforcement des approches budgétaires et comptables (A) dans une posture préservant la « matrice » constitutionnelle originelle (B).

A. Un remodelage partiel du schéma normatif

Une double transformation a marqué le droit français des finances publiques : une mutation constitutionnelle en plusieurs étapes, le développement d'un droit organique des finances publiques, alors même que le droit comptable public est resté très largement dans le champ du pouvoir réglementaire autonome.

Le premier temps est marqué par l'intrusion, dans la Constitution, de deux espaces financiers jusque-là absents ou peu présents : la Sécurité sociale, à travers des lois de finances de la Sécurité sociale apparues avec la révision constitutionnelle de 1996[7], et les finances locales, au travers de la révision de 2003[8]. Ces avancées font ainsi apparaître dans une logique « administrations publiques » les trois dimensions relevant du schéma financier consolidé imposé par les avancées « disciplinaires » du droit européen en matière de finances publiques nationales[9]. Ces « avancées » se doublent d'une approche « gestionnaire » qui relève en réalité d'une approche similaire d'abord centrée

[7] Articles 34 et 47-1C.

[8] Article 72-2 C.

[9] Cf. Jean-Luc ALBERT, *Finances publiques*, Paris, Dalloz, 2022, 12e éd., pp. 328 et s.

sur le renforcement du rôle de la Cour des comptes, qui a ainsi acquis un véritable statut constitutionnel (ce qui peut poser aussi une question tenant à sa place institutionnelle) à la fois sur le terrain de l'évaluation des politiques publiques et sur un terrain inaperçu depuis les premières constitutions révolutionnaires, à savoir, les comptes des administrations publiques. Elles introduisent les principes comptables de régularité, sincérité, fidélité, des comptes et induisant à terme une certification des comptes publics[10], ensuite fondée sur l'apparition des lois de programmations définissant les orientations pluriannuelles des finances publiques.

Le paysage constitutionnel français des finances publiques n'est, de fait, pas bouleversé, mais largement conforté et consolidé dans une démarche fédératrice.

Or, dans le même temps, et parfois avec la « complicité » que certains ont pu trouver « laxiste » du Conseil constitutionnel, un droit organique des finances publiques s'inscrit dans le prolongement de l'article 34 de la Constitution et de ses adaptations successives.

Le développement de ce droit organique à valeur quasi constitutionnelle a connu une sorte de « signal de départ » avec la loi organique relative aux lois de finances du 1er août 2001, nouvelle « constitution financière » qui a « enfin » remplacé l'ordonnance du 2 janvier 1959 ! Il en est résulté un droit organique propre à la Sécurité sociale au travers surtout de la loi organique du 2 août 2005, tandis que sous l'influence du TSCG de 2012 et avec la complicité du Conseil constitutionnel était adoptée une loi organique du 17 décembre 2012 relative aux lois de programmation et à la gouvernance des finances publiques. Depuis, ce droit s'est renforcé dans une démarche politique, parfois quelque peu confuse, par exemple, au travers des deux dernières lois organiques que sont la loi organique du 28 décembre 2021 relative à la modernisation de la gestion des finances publiques, ou encore celle du 14 mars 2022 relative aux lois de financement de la Sécurité sociale.

Le droit comptable des finances publiques a lui aussi connu une mutation importante grâce à la LOLF pour les finances de l'État dans un sens « gestionnaire » avec l'affirmation pour modèle l'entreprise, pour ensuite une consécration constitutionnelle au travers de l'article 47-2 initié en 2008 ; si le cadre référentiel est désormais le modèle comptable entrepris[11], la norme comptable publique, pour sa part, repose très largement sur la permanence d'un pouvoir réglementaire autonome ; on a ainsi assisté à la fin du vieux décret du

[10] Article 47-2 C.

[11] Article 30 LOLF : « Les règles applicables à la comptabilité générale de l'État ne se distinguent de celles applicables aux entreprises qu'en raison des spécificités de son action » ; cf. Sébastien KOTT (dir.), *Droit et comptabilité. Les spécificités des comptes publics*, Paris, Economica, 2017 ; Sébastien KOTT, Jean-Paul MILOT, *Les comptes publics : objet et limites*, Paris, LGDJ, coll. « Systèmes », 2019.

29 décembre 1962, lui-même héritier d'un décret impérial de 1862, avec l'affirmation de l'important décret du 7 novembre 2012 relatif à la gestion budgétaire et comptable publique (GBCP).

Le droit des finances publiques, dans sa seule dimension nationale, a ainsi acquis une place formelle importante même si elle demeure dispersée, voire éparse.

Les traités européens ont peu contribué à l'évolution de la dimension constitutionnelle de ce droit.

En ce sens, la décision du 9 août 2012 relative au TSCG comporte plusieurs considérants qui ont permis à la majorité de l'époque de recourir à la norme organique plutôt qu'à la norme constitutionnelle : « *28. Considérant qu'il résulte de tout ce qui précède que, si, pour respecter l'engagement énoncé au paragraphe 1 de l'article 3, la France fait le choix de prendre, sur le fondement de la seconde branche de l'alternative de la première phrase du paragraphe 2 de l'article 3, des dispositions organiques ayant l'effet imposé par ce paragraphe 2, l'autorisation de ratifier le traité ne devra pas être précédée d'une révision de la Constitution.* »[12]

Le choix fut vite fait : le droit organique !

B. La préservation de la matrice originelle

Jamais une Constitution comme celle de la Ve République n'avait connu autant de dispositions intéressant les finances des administrations publiques. La problématique est sans doute nouvelle en regard des textes du XIXe et du XXe siècle.

Cette transformation n'a cependant pas conduit à un bouleversement du schéma construit en 1958 dans les rapports de force entre le pouvoir exécutif et le Parlement.

Certes, ce dernier est parfois présenté comme « gagnant » en matière de compétences ; son champ législatif s'est élargi au travers de l'article 34 de la Constitution ; la Cour des comptes voit son rôle se renforcer et celle-ci peut appuyer le Parlement sur le terrain non pas seulement du contrôle de l'exécution des lois de finances, mais aussi sur celui de l'évaluation des politiques publiques nationales, et pourtant…

Le choix opéré lors de la révision constitutionnelle du 23 juillet 2008 est évident : sur les textes financiers, la préservation des choix initiaux.

---

[12] Conseil const., Décision 2012-653 DC, Traité sur la stabilité, la coordination et la gouvernance au sein de l'Union économique et monétaire, *JORF*, 11 août 2012, p. 13283, texte n° 70.

Il en résulte une conservation des instruments prévus en 1958 : article 39 sur les projets de loi financiers, article 40 en matière d'irrecevabilité financière, article 42 sur les discussions en séance, article 44 sur le vote bloqué, article 47 sur le vote des lois de finances et les délais afférents[13], article 49, al. 3, en matière de question de confiance… L'élément le plus marquant est bien sûr la question de confiance, qui est préservée pour tous les textes de nature financière ; en effet, avec la réforme en question, la question de confiance ne peut plus être déposée qu'une fois par texte législatif (projet ou proposition) sur une session parlementaire. Or, telle n'est pas la situation pour les projets de lois de finances et les projets de loi de financement de la Sécurité sociale qui demeurent ainsi protégés comme par le passé, ce qui ne s'applique pas textuellement aux lois de programmation des finances publiques.

De la même façon, si l'ordonnance du 2 janvier 1959 portant loi organique et relative aux lois de finances peut apparaître comme novatrice en son temps en intégrant en réalité, sur le plan budgétaire, les apports de la IVe République, et en particulier le décret du 19 juin 1956, la loi organique relative aux lois de finances du 1er août 2001 s'inscrit dans un schéma juridique novateur sur le terrain des dépenses publiques, mais peu évolutif en regard des dispositions constitutionnelles existantes.

Certes, les textes législatifs sont désormais soumis à un contrôle régulier sur saisine du Conseil constitutionnel au travers de l'article 61, mais les décisions rendues ont rarement conduit à remettre en cause un tel texte sur le fondement du droit budgétaire et leur vocation première paraît de protéger la « pureté » de la loi financière en regard de son contenu[14].

---

[13] La même approche ayant été retenue pour les projets de loi de financement de la Sécurité sociale (articles 39, 44, 47-1…).

[14] La décision 79-110 du 24 décembre 1979 censurant intégralement la loi de finances pour 1980 est un cas particulier ; a contrario, on note la permanence des censures tenant aux cavaliers budgétaires et sociaux ; ainsi, par sa décision 2021-832 du 16 décembre 2021 relative à la LFSS pour 2022, le Conseil avait censuré 27 dispositions de la loi de financement de la Sécurité sociale pour 2022, pour l'essentiel issues d'amendements parlementaires ; pour la loi de finances, ce sont 10 dispositions qui sont censurées : « *Ces dispositions ne concernent ni les ressources, ni les charges, ni la trésorerie, ni les emprunts, ni la dette, ni les garanties ou la comptabilité de l'État. Elles n'ont pas trait à l'assiette, au taux et aux modalités de recouvrement des impositions de toutes natures affectées à des personnes morales autres que l'État. Elles n'ont pas pour objet de répartir des dotations aux collectivités territoriales ou d'approuver des conventions financières. Elles ne sont pas relatives au régime de la responsabilité pécuniaire des agents des services publics ou à l'information et au contrôle du Parlement sur la gestion des finances publiques. Dès lors, elles ne trouvent pas leur place dans une loi de finances. Sans que le Conseil constitutionnel préjuge de la conformité du contenu de ces dispositions aux autres exigences constitutionnelles, il y a lieu de constater que, adoptées selon une procédure contraire à la Constitution, elles lui sont donc contraires* », Cons. const. 2021-833 du 28 décembre 2021 LF pour 2022.

Là encore, le Conseil constitutionnel a réduit la portée des dispositifs en vigueur par sa décision n° 2012-658 DC du 13 décembre 2012, loi organique relative à la programmation et à la gouvernance des finances publiques en son article 63 : « *pour cette application* », les orientations pluriannuelles auxquelles il est fait référence (dans une loi de programmation) n'ont pas pour effet de porter atteinte à la liberté d'appréciation et d'adaptation que le gouvernement tient de l'article 20 de la Constitution dans la détermination et la conduite de la politique de la Nation ; qu'elles n'ont pas davantage pour effet de porter atteinte aux prérogatives du Parlement lors de l'examen et du vote des projets de loi de finances et des projets de loi de financement de la Sécurité sociale ou de tout autre projet ou proposition de loi[15].

Ce « laxisme » juridique du Conseil constitutionnel, parfois dénoncé, éminemment discutable, a débuté avec la LOLF notamment au travers de sa décision du 29 décembre 2005[16] s'agissant des indicateurs de performance, des missions et programmes, de celle du 9 avril 2009 en matière d'études d'impact…[17]

Le Conseil d'État a, pour sa part, par une décision du 6 novembre 2013, considéré que l'obligation faite à certains organismes d'établir des documents de programmation pluriannuelle transmis au Parlement avec les prévisions des crédits correspondants lors du dépôt des projets de loi de programmation des finances publiques, ainsi que la saisine du Parlement sur les répartitions annuelles lors du dépôt des projets de lois de finances, relevaient de la volonté du législateur d'assurer l'information du Parlement sur la définition « *par le pouvoir réglementaire, des emplois et des enveloppes…* », mais n'a pas « *entendu faire de l'élaboration et de la transmission préalables de ces documents au Parlement une condition de la régularité des décrets définissant ces emplois et enveloppes* »[18].

Quant à la QPC née aussi avec la révision de 2008 et reposant sur l'article 61-1 C, elle n'a conduit à aucune affirmation jurisprudentielle majeure en particulier pour les principes budgétaires, le Conseil d'État ayant ici « verrouillé » les

---

15 *JORF*, 18 déc. 2012, p. 19856, texte n° 3.

16 Cons. const., Déc. n° 2005-530 DC, Loi de finances pour 2006, *JORF*, 31 décembre 2005, p. 20705.

17 Cons. const., Déc. n° 2009-579 DC, Loi organique relative à l'application des articles 34-1, 39 et 44 de la Constitution, *JORF*, 16 avril 2009, p. 6530.

18 CE, 6 nov. 2013, n° 359157, *Union d'économie sociale du logement (UESL)*, inédit.

contestations en estimant qu'ils ne relèvent pas des droits et libertés que la Constitution garantit[19].

En ce sens, les tentatives du Parlement pour s'immiscer, à l'occasion de certaines réformes essentiellement tenant au droit organique, dans le champ des attributions d'autres pouvoirs ont été clairement écartées ; il s'agit alors d'assurer la protection de la séparation des pouvoirs, principe qu'invoquera fréquemment le Conseil constitutionnel.

Cette protection des pouvoirs peut être identifiée au travers de deux exemples. En premier lieu, l'avis du Conseil d'État rendu le 21 décembre 2000[20] à propos de la proposition de loi organique relative aux lois de finances : le juge suprême administratif rappelle que l'élaboration du projet de loi de finances relève de la compétence exclusive du gouvernement, les assemblées ne pouvant y être associées. En second lieu, la décision du Conseil constitutionnel du 25 juillet 2001 rendue sur ce même texte censure la disposition qui imposait à la Cour des comptes de communiquer aux présidents ou rapporteurs généraux des commissions des finances parlementaires son projet de programme de contrôle[21] !

Le cadre originel est ainsi protégé !

II. Une dimension normative de conviction

Y aurait-il fondamentalement un renouveau des finances publiques nationales, puisque tel a été l'intitulé d'un numéro thématique publié en 2022 par la *Revue française d'administration publique*[22] ?

---

[19] À tout le moins, s'agissant des finances locales. Tel est le cas s'agissant des principes budgétaires d'annualité, d'universalité, ou encore de péréquation financière (CE, 23 décembre 2010, *CNES Lisses*).

[20] Avis n° 365546. « *Il résulte de l'article 47 de la Constitution que la loi de finances est issue d'un projet dont l'initiative revient, en application de l'article 39, au Premier ministre. La possibilité pour le Premier ministre d'exercer la plénitude de ses compétences, qui est un des éléments essentiels de la séparation des pouvoirs, interdit de le contraindre à associer les commissions des finances du Parlement à l'élaboration des projets de loi de finances.* »

[21] « *La Cour des comptes est une juridiction administrative ; (...) la Constitution garantit son indépendance par rapport au pouvoir législatif et au pouvoir exécutif* », Décision n° 2001-448 DC.

[22] Aurélien BAUDU, Xavier CABANNES, Michel LE CLAINCHE (dir.), « Le renouveau des finances publiques nationales », *Revue Française d'administration publique*, n° 182, 2022/2, pp. 353-540.

En dépit de l'enthousiasme des contributeurs à ce numéro spécial de la revue de l'ancienne ENA, on peut en réalité en douter, voire s'interroger sur une accumulation textuelle dont les conséquences sur la gestion des finances publiques relèvent plus d'un grand progrès, en matière de transparence, d'information démocratique et de politiques publiques, que de mutations en profondeur des rapports de « force » entre les pouvoirs publics ou même d'une discipline accrue au profit d'une gestion plus rigoureuse des deniers publics.

Il est vrai que dans la période de crise que la France, et bien d'autres, traversent dans les temps présents, un concept nouveau « inventé » ou « redécouvert » selon les analyses, par le Conseil constitutionnel, celui des « *circonstances particulières de l'espèce* »[23] est venu au secours des décideurs publics.

De fait, deux idées, sans doute discutées et discutables, peuvent être mises en avant : d'une part, la faiblesse normative des dispositifs juridiques progressivement institués (A), et d'autre part, une approche novatrice de transparence qui donne aux politiques publiques une lecture plus « démocratique » de la gestion des deniers publics (B).

A. Une normativité sans dimension contraignante

Les normes constitutionnelles ou organiques en matière de finances publiques n'ont jamais été aussi conséquentes, diverses et accumulées. Quelle en est l'autorité ? Sans doute aucune.

Le paysage juridique, voire organisationnel, des finances publiques françaises a été remodelé ; il n'a pas été reconstruit. Brique après brique, on perçoit une démarche, fruit d'accumulations successives de réformes, de volontés, d'impulsions parfois tenant à l'insistance de certaines personnalités très investies dans le champ des finances publiques. Le résultat est-il à la hauteur des initiatives prises et des attentes ?

On peut ici avoir une approche interrogative autour de six axes qui montrent bien les limites pratiques des différentes réformes engagées.

En premier lieu, on peut sans doute être amené à s'interroger, d'abord, sur le rôle et l'autorité des lois de programmation des finances publiques ; sur les cinq premières lois de programmation, quatre n'ont donné lieu à aucune contestation devant le Conseil constitutionnel, la cinquième, celle du 2018-2022 ayant fait l'objet d'une contestation constitutionnelle n'ayant débouché sur aucune

---

[23] Conseil const., Décision n° 2020-799 DC du 26 mars 2020, *Loi organique d'urgence pour faire face à l'épidémie de covid-19*, *JORF*, *n°* 78, du 31 mars 2020, texte n° 5.

censure, même formelle[24]. Or, ces lois de programmation traduisant d'abord des engagements pluriannuels politiques relatifs aux finances publiques ne sont pas, par elles-mêmes, bénéficiaires d'un « statut » protecteur afin d'asseoir leur autorité : simples lois « ordinaires », elles ne s'imposent pas par rapport aux lois de finances qui peuvent ne pas les respecter ; de même, leur adoption suppose la possibilité d'un recours à l'article 49-3 C dans le cadre du droit commun et ne bénéficie pas de la protection reconnue aux lois financières. La crise sanitaire a, d'ailleurs, vu certaines dispositions suspendues durant cette période, pour ne plus être remises en vigueur par la suite, à l'instar des discutées dispositions relatives aux « contrats de Cahors » en matière de dépenses publiques locales.

En deuxième lieu, il est possible de s'interroger sur le rôle du Haut Conseil des finances publiques (HCFP). Répondant aux attentes européennes et internationales, disposant d'une réelle indépendance d'analyse, le HCFP, qui fait partie des institutions financières indépendantes[25], n'a sans doute pas acquis l'autorité et l'indépendance ni même les moyens lui permettant d'asseoir une « lecture » économico-financière telle que l'exécutif puisse en tenir compte. Rendant un avis préalable, à l'instar du Conseil d'État sur le plan juridique, sur l'ensemble des projets de lois de nature financière, ses avis sont teintés d'une volonté de contournement permanent d'un terme que l'on n'ose pas employer, celui d'insincérité budgétaire ; les avis rendus par le HCFP à l'automne 2022 à propos des deux projets de loi financière et du projet de loi de programmation des finances publiques pour 2023-2027 sont révélateurs des limites de l'exercice : les hypothèses gouvernementales sont optimistes, le redressement des finances publiques s'annonce lent et incertain, une amélioration au mieux limitée du solde structurel, la soutenabilité à moyen terme des finances publiques, continuent donc à appeler la plus grande vigilance.[26] Le scénario macroéconomique s'appuie sur des hypothèses très avantageuses, la trajectoire de finances publiques est peu ambitieuse, mais aussi et peut-être surtout vis-à-vis des institutions européennes : « *Le projet de loi de programmation n'inscrit pas de retour rapide vers l'objectif d'équilibre des finances publiques à moyen terme, auquel la France s'est engagée, et l'inflexion visée de la trajectoire de dette est limitée et tardive, alors même que les hypothèses de croissance sont optimistes…* »[27]

---

[24] Conseil const., Décision n° 2017-60 du 18 janvier 2018, Loi de programmation des finances publiques 2018-2022, *JORF*, 23 janvier 2018, texte n° 2.

[25] Cf. Les institutions financières indépendantes, numéro thématique revue *Gestion & finances publiques*, n° 4, juillet-août 2019.

[26] Avis n° HCFP-2022-4 relatifs aux projets de lois de finances et de financement de la Sécurité sociale pour l'année 2023, 21 septembre 2022.

[27] Avis HCFP-2022-5, relatif au projet de loi de programmation des finances publiques pour les années 2023 à 2027, 21 septembre 2022.

En troisième lieu, cette hésitation rejoint la lecture du Conseil constitutionnel s'agissant du principe de sincérité budgétaire, lequel, en regard des conditions posées pour en démontrer la violation, a de fortes chances de ne jamais donner lieu à quelque censure que ce soit[28]. Plus globalement, c'est la jurisprudence du Conseil constitutionnel qui peut conduire à certaines interrogations sur la portée de ce droit national. Cette jurisprudence du Conseil constitutionnel est relativiste en matière de finances publiques, comme indiqué précédemment.

Or, et alors même que pour la première fois depuis le XIXe siècle, une loi de règlement n'a pas été adoptée.

En quatrième lieu, c'est la question de la certification des comptes publics qui est aussi posée au travers de l'article 47-2 C. Quelle en est la portée en regard de quinze années de mise en œuvre ?

La Cour des comptes a été conduite à certifier globalement, chaque année, les comptes de l'État et de la plupart des régimes généraux de sécurité sociale, mais a pu refuser de certifier certains comptes ou à émettre un ensemble de réserves parfois substantielles, comme à l'égard des comptes 2021 de l'État et de la Sécurité sociale. Au titre de 2021, la Cour mettait en avant cinq anomalies significatives, par exemple, en matière d'équipements militaires, avec le non-provisionnement des charges de « gros entretien » et de « grandes visites » les concernant (au moins 3 Md€)[29]. Dans le domaine des comptes des régimes de Sécurité sociale, la Cour refusait de certifier les comptes de l'activité de recouvrement, tout en certifiant avec réserve ceux des organismes nationaux[30]. Ces refus ou réserves n'ont pas eu par eux-mêmes d'incidence majeure sur la gouvernance des finances publiques et de certaines administrations.

En cinquième lieu, ce sont les dernières réformes adoptées en matière de justice financière et de responsabilité financière des gestionnaires publiques qui peuvent interpeller : suppression du débet pour les comptables publics, suppression de la fonction juridictionnelle au niveau des chambres régionales des comptes, suppression de la Cour de discipline budgétaire et financière avec création de juridictions spécialisées au sein de la Cour des comptes, suppression des formes de sanctions actuelles au profit d'un régime général d'amendes

---

[28] En ce sens, Décision Conseil const., 2022-842 du 12 août 2022, Loi de finances rectificative pour 2022, *JORF*, 17 août 2022, texte n° 4 : « cons. 3 : Selon l'article 32 de la loi organique du 1er août 2001 mentionnée ci-dessus : « *Les lois de finances présentent de façon sincère l'ensemble des ressources et des charges de l'État. Leur sincérité s'apprécie compte tenu des informations disponibles et des prévisions qui peuvent raisonnablement en découler* ». Il en résulte que la sincérité de la loi de finances rectificative se caractérise par l'absence d'intention de fausser les grandes lignes de l'équilibre qu'elle détermine.

[29] C. des comptes, Rapport : Certification des comptes de l'État, exercice 2021, mai 2022.

[30] C. des comptes, Rapport : Certification des comptes du régime général de sécurité sociale, exercice 2021, mai 2022.

financières plafonnées, réforme de la gestion de fait. Ces éléments sont autant d'évènements marquants, conséquences de l'article 168 de la LFI pour 2022.

En sixième lieu, et contrairement aux idées préconçues, les autorités européennes ou internationales n'ont finalement encore jamais exercé à l'égard de la France quelque réelle démarche contraignante en raison de la situation de ses finances publiques ; le FMI publie chaque année une note d'analyse par pays qui paraît relever d'un assentiment ou d'un conseil sur les orientations à adopter pour l'année à venir, voire de conseils structurels, mais non d'une volonté d'imposer (et comment ?) une politique budgétaire. L'Union européenne, pour sa part, avait l'occasion, en 2004, de sanctionner la France et l'Allemagne, mais la Cour de justice de l'Union européenne (CJUE) a constaté que, si le Conseil européen avait lui-même violé ses décisions à l'égard de ces deux pays, la Cour ne disposait pas d'un pouvoir d'injonction à l'égard du Conseil[31]. Le Pacte de stabilité et de croissance a en outre été corrigé en 2011, après la crise de 2008-2009, pour tenir compte des situations de crise en introduisant une clause dérogatoire ; le cadre européen alors défini permet aux États membres d'échapper, avec la crise sanitaire, aux conséquences du pacte de stabilité. En ce sens, ce n'est qu'en 2023-2024 que l'on pourrait revenir au droit commun européen en matière de finances publiques dans une vision optimiste.

Il résulte de ces différentes dimensions que si les avis ou conseils se sont multipliés, ils n'emportent pas en eux-mêmes de conséquences majeures, et ce, tant que la dette publique nationale sera honorée.

B. Une dimension renouvelée

Les lois de programmation des finances publiques s'inscrivent dans un objectif d'équilibre des comptes des administrations publiques, énonce l'article 34 de la Constitution, fruit de la révision constitutionnelle de 2008. Cet objectif à valeur constitutionnelle, déjà consacré par la jurisprudence constitutionnelle, a été caractérisé par une double démarche : la volonté textuellement affichée d'atteindre cet objectif dans un cadre pluriannuel, objectif régulièrement affirmé vis-à-vis des instances européennes, alors même que les prévisions figurant dans les lois de programmation successives n'ont quasiment jamais été respectées. À cette enseigne, la dernière loi de programmation pour 2018-2022 a été atteinte d'obsolescence en raison des conséquences financières de la crise sanitaire et personne n'a jugé utile de modifier les dispositions de ce texte.

---

[31] CJUE, 13 juillet 2004 (Ass. Plénière), aff. C-27/04, Commission contre Conseil, *Rec. 2004 I-06649.*

« Quoi qu'il en coûte ! », avait déclaré le Président de la République M. Emmanuel MACRON, formule largement commentée et disséquée[32] et qui pouvait trouver son aboutissement avec la déclaration, en 2022, du ministre de l'Économie et des Finances, M. Bruno LEMAIRE : « Le quoi qu'il en coûte, c'est fini ! » Et pourtant…

Les juristes ont toujours tendance à ne voir dans une norme sa pleine effectivité que si celle-ci débouche sur une approche contraignante consacrée par les tribunaux. Les développements qui précèdent tendent à montrer que le droit des finances publiques est nettement moins contraignant qu'attendu ou souhaité. Serait-ce l'angle mort de ce droit ?

Et si, en matière de finances publiques, le débat n'était pas là ?

Si l'on fait l'effort, et faut-il encore vouloir le faire, d'analyser la production juridique financière prise dans sa globalité, jamais une telle transparence gestionnaire n'a été réalisée permettant d'appréhender l'efficacité des politiques engagées, de les identifier, d'en appréhender le coût, en particulier pour les finances de l'État ; la chose est sans doute moins évidente en matière de finances sociales, voire locales.

Le débat, la *disputatio* politique, peut ainsi être alimenté par les rapports et avis de la Cour des comptes, du Haut Conseil des finances publiques[33], les rapports parlementaires, dont il faut ici souligner l'intérêt et la qualité, et ce, sans compter les travaux, publications et analyses du FMI, de la Commission européenne, les innombrables *think tank* de toutes obédiences[34] qui se sont emparés de cette matière au service de leur vision des finances publiques ; tout citoyen qui veut un tant soit peu faire l'effort de les appréhender constatera que les finances publiques françaises n'ont rien de secret. Faut-il encore le vouloir ! Il est possible d'estimer que cette situation a un double mérite :

- une pression externe exercée, par la transparence et les contre-analyses, sur les décideurs publics,
- une appréhension interne induisant chez tout citoyen une capacité d'interrogation si, à tout le moins, la complexité financière et textuelle ne vient pas brouiller la lecture des choix retenus en matière de finances publiques.

C'est le sens même de la Déclaration des droits de l'homme et du citoyen en ses articles 13, 14, et 15 qui s'en trouve ici conforté. L'ouvrage publié en 2017

[32] Cf. *Quoi qu'il en coûte !*, numéro thématique de la revue *Gestion & Finances publiques*, n° 3, Mai-Juin 2021.

[33] Cf. Maxime SBAIHI, « Pourquoi il faut muscler le Haut Conseil des finances publiques », *in Les Échos*, 5 octobre 2019, p. 12.

[34] À l'instar de Terra Nova, de l'IFRAP, de l'Institut Montaigne…

sous la direction de Jean-François BOUDET et Xavier CABANNES, *Finances publiques citoyennes*[35], est révélateur des perspectives offertes à tout citoyen, dans une réflexion renouvelée qui ne peut rester entre spécialistes de la matière. Les finances publiques sont, certes, une matière juridique, économique, comptable, gestionnaire, mais aussi éminemment politique et citoyenne.

Paul AMSELEK, dans l'avant-propos[36] de cet ouvrage, pouvait alors souligner l'existence d'une sorte d'exigence éthique dans la gestion des deniers publics, appelant à une plus grande moralisation et, ajoutait-il, « *à un supplément d'âme* », reprenant ainsi ce concept « *d'âme des finances publiques* » que mettait en avant, en son temps, Henry LAUFENBURGER, mais c'était sans doute un autre temps[37] !

---

35 LGDJ, 2017.

36 Paul AMSELEK, « Vous avez dit "Finances publiques citoyennes" », pp. 1-3, *in Finances publiques citoyennes*, *ibid.*, p. 2.

37 *Théorie économique et psychologique des finances publiques*, T1, Sirey, 1956.

La rationalisation de la dépense publique dans l'Union Économique et Monétaire Ouest-Africaine

Pélagie THÉOUA-N'DRI

Professeure Titulaire
Agrégée de Droit public
Vice-Présidente de SOAFiP
Directrice du Centre de Recherches et d'Études sur le Droit et les Finances Publiques (CREDFiP)
Université Alassane Ouattara de Bouaké

Introduction

Le dédicataire de ces mélanges, le professeur Nicaise MÉDÉ, a consacré une bonne partie de ses écrits scientifiques aux finances publiques. Dans cette abondante production doctrinale, l'Union Économique et Monétaire Ouest-Africaine (UEMOA)[1] a constitué un point d'ancrage[2]. Il s'avère, dès lors, intéressant de lui rendre un hommage à travers une contribution sur l'un des objets de la réforme financière en cours au sein de cette organisation

[1] L'Union Économique et Monétaire Ouest-Africaine (UEMOA) regroupe huit (8) États : la Côte d'Ivoire, le Bénin, le Togo, le Mali, le Burkina Faso, le Niger, le Sénégal et la Guinée-Bissau.

[2] Quelques travaux du professeur Nicaise MÉDÉ sur les finances publiques dans l'espace UEMOA : N. MÉDÉ, « La nouvelle gestion budgétaire : l'expérience des budgets de programme au Bénin », *Afrilex*, n° 4, décembre 2004, pp. 56-86 ; N. MÉDÉ, « Réflexions sur le cadre harmonisé des finances publiques dans l'UEMOA », *Afrilex*, 2e numéro spécial, juin 2012, pp. 1-26 ; N. MÉDÉ, *Finances publiques. Espace UEMOA/UMOA*, Dakar, L'Harmattan, 2016 ; N. MÉDÉ et *al.*, « Défis de cohérence de la réforme du budget axé sur la performance dans l'espace UEMOA », *RAFiP*, n° 8, 2e semestre 2020, pp. 137-172.

communautaire : la dépense publique. Une réflexion sur la rationalisation de celle-ci dans l'Union[3] permet de mettre en perspective sa performance actuelle à l'aune du long parcours d'assainissement dont elle a fait l'objet.

Les États de l'UEMOA ont, en effet, connu plusieurs expériences de restructuration de leurs dépenses publiques. D'un côté, les divers contextes de raréfaction des ressources publiques et d'accumulation de la dette, avec leur ampleur particulière sur le continent africain, en ont été les catalyseurs. De l'autre, les idées du *New public management*, impliquant une réforme générale de l'administration publique à travers l'introduction de la logique managériale privée dans la gestion publique[4], n'ont pas non plus manqué d'impacter les processus budgétaires nationaux sous l'impulsion des bailleurs de fonds. À l'évidence, la dépense publique a été placée « *au cœur de la stratégie des finances publiques* »[5] dans l'Union. Aussi, la quête d'une plus grande rationalité constitue-t-elle le pilier de la réflexion sur leurs dépenses publiques, autant qu'elle l'est au niveau mondial.

Au demeurant, évoquer la rationalisation de la dépense publique, c'est s'inviter dans la pluralité des méthodes, des outils et surtout des idéologies que cela renferme. Déjà, la définition même des dépenses publiques ne fait pas l'unanimité. D'une manière générale, elles sont appréhendées comme l'ensemble des dépenses, c'est-à-dire les sorties d'argent affectées à la réalisation d'une opération effectuée par les administrations publiques[6]. Cette définition organique a l'avantage de la simplicité. Toutefois, elle ne précise pas le champ de l'administration publique dont le contenu est pourtant « *profondément hétérogène* »[7]. Il est donc indispensable de convenir, comme évoqué par certains, que « *la notion de dépense publique dépend d'abord du périmètre que l'on assigne à l'espace public* »[8]. Ainsi, il est apparu nécessaire de distinguer entre dépense publique et secteur public, en excluant des administrations concernées par celle-là les administrations des entreprises publiques. Ne sont donc retenues que les administrations publiques centrales,

---

[3] Dans un souci de simplification, ce terme sera quelquefois utilisé pour faire référence à l'Union Économique et Monétaire Ouest-Africaine (UEMOA).

[4] G. PETERS, « Le nouveau management public », *in* Laurie BOUSSAGET et *al.*, *Dictionnaire des politiques publiques*, Paris, Presses des Sciences po, 2019, p. 411.

[5] A. DIOUKHANÉ, « Les Fondements communautaires de la nouvelle gestion budgétaire (le cas de l'UEMOA) », *Annales Africaines*, Numéro spécial, 2018, p. 4.

[6] J. KISSANGOULA, « Dépenses publiques », *in* Gilbert ORSONI (dir.), *Finances publiques. Dictionnaire encyclopédique*, Paris, Economica, 2e édition, 2017, p. 26.

[7] D. ALLAND et S. RIALS (dir.), *Dictionnaire de la culture juridique*, Paris, PUF, 2003, p. 26.

[8] M. BOUVIER, M.-C. ESCLASSAN, J.-P. LASSALE, *Finances publiques*, Paris, LGDJ, 13e édition, 2014, p. 60.

locales et celles de la Sécurité sociale[9]. C'est une délimitation qui correspond à celle retenue dans le cadre communautaire UEMOA[10]. Toutefois, elle demeure superficielle eu égard à la variété des opérations financières des administrations publiques, tantôt définitives, tantôt temporaires ou encore extrabudgétaires. De là découle la volonté d'y voir inclure, à la fois, les dépenses budgétaires, les dépenses extrabudgétaires et celles issues des budgets annexes[11].

Sur ce fondement, les initiatives de rationalisation de la dépense publique dans les États de l'Union s'insèrent dans les efforts d'adaptation des compétences des acteurs, des outils et des procédures pour plus d'efficacité, d'efficience et d'économie. Elles marquent, avant tout, la volonté de changer les normes ou pratiques budgétaires jugées irrationnelles par rapport aux objectifs poursuivis pour en adopter de nouvelles. Certes, le concept même de *rationalité* s'appréhende diversement du point de vue des méthodes, voire des disciplines[12]. Toutefois, il s'intègre toujours dans la quête d'un idéal s'appuyant, d'une part, sur une mutation des démarches et des techniques et, d'autre part, sur un changement de culture. De ce point de vue, dans le cadre de l'action publique, la rationalité a été associée à la recherche de la réalisation d'un objectif spécifique de rendement, en utilisant au mieux les moyens dont on dispose[13]. Elle s'apprécie donc à plusieurs niveaux de l'action publique : au niveau du comportement des acteurs et de leurs interactions, au niveau des processus, et à un niveau systémique pour saisir l'action publique dans sa globalité[14]. La notion de *performance* en est un aspect clé. Perçue de façon générale comme « *la bonne gestion appréciée par rapport aux résultats obtenus* »[15], elle se traduit, en matière de finances publiques, comme l'aptitude à atteindre les objectifs fixés avec une mobilisation optimale des ressources, selon les modalités d'action les plus appropriées. Le Planning Programming Budgeting System (PPBS) américain et ses dérivés, notamment le Management by Objectives (MBO), le Budget Base Zéro (BBZ) et la Rationalisation des Choix Budgétaires (RCB) en France, ont constitué des tournants décisifs dans cette dynamique[16].

---

[9] *Ibidem.*

[10] Directive n° 10/2009/CM/UEMOA portant tableau des opérations financières de l'État (TOFE) au sein de l'UEMOA, articles 2 et 9.

[11] P.-M. GAUDEMET et J. MOLINIER, *Finances publiques : Budget/Trésor*, Tome I, Paris, Montchrestien, 7e édition, 1996, p. 96.

[12] R. BALME, « La rationalité », *in* Laurie BOUSSAGET et *al.*, *op. cit.*, p. 519.

[13] E. MORIN, « La crise de la rationalité », *in Raison présente*, n° 61, 1982, p. 87.

[14] R. BALME, *op. cit.*, pp. 519- 520.

[15] J.-P. DUPRAT, « La dynamique des réformes budgétaires : globalisation des problèmes, unification des outils et adaptation nationale des solutions », *RFFP*, n° 98, juin 2007, p. 10.

[16] Sur leurs fondements, le choix des dépenses publiques devait s'effectuer selon une démarche basée sur la cohérence dans leur préparation, dans leur exécution et dans leur contrôle. L'affectation des crédits budgétaires devait, également, être justifiée, étant assortie d'objectifs

Dans les sillons de ces orientations financières, les Programmes de stabilisation et les Programmes d'Ajustement Structurel (PAS)[17] des années 1980 avaient été l'occasion pour les bailleurs de fonds, notamment la Banque Mondiale (BM) et le Fonds Monétaire International (FMI), de soumettre les États membres de l'Union à une réorganisation de leurs finances publiques. Celles-ci étaient marquées par le niveau élevé des dépenses de fonctionnement et l'absence de contrôle des dépenses publiques en général, dans un contexte de récession économique du fait de la crise de la dette. Une réforme profonde s'était dès lors avérée indispensable. Les PAS proposaient, à cet égard, des engagements contraignants pour les États dans la structure de leurs dépenses publiques, à travers une réorientation de celles-ci. Il s'agissait surtout de réduire les dépenses de fonctionnement et celles relatives à la consommation au profit des dépenses d'investissement[18] dans les secteurs dits productifs.

Cependant, plutôt que de produire les effets de relance souhaités, les restructurations budgétaires et économiques des PAS n'ont permis ni de juguler les déficits des États membres de l'Union, ni de maintenir l'équilibre de la balance des paiements[19]. Au contraire, elles ont empêché la réalisation des dépenses structurelles et aggravé les inégalités socio-économiques[20]. Parallèlement, les rééchelonnements successifs de la dette des États membres, accolés aux PAS, n'ont pas vraiment contribué à faciliter les cycles de remboursement d'une dette ayant déjà atteint des masses critiques. Dans ce contexte, les schémas assez révolutionnaires de l'Initiative des Pays Pauvres Très Endettés (IPPTE) et de l'Initiative d'Allègement de la Dette Multilatérale (IADM) se sont présentés comme un début de réponse pour parvenir à des réductions ou suppressions de dettes publiques. Quoi qu'il en soit, l'échec des PAS à endiguer la pauvreté par une optimisation de la dépense publique a mis en

---

clairs dont la réalisation devrait passer au crible de l'évaluation. Nonobstant leurs nuances conceptuelles, ces méthodes visaient donc à introduire de la rationalité scientifique dans la prévision et l'exécution des dépenses publiques.

[17] Les Programmes d'Ajustement Structurel (PAS) comportaient à la fois des aspects économiques, monétaires et budgétaires. Ils reposaient sur les théories économiques libérales soutenues par le FMI. Ces théories préconisent une intervention limitée de l'État dans l'économie et le maintien strict des équilibres monétaire et budgétaire.

[18] M.-F. JARRET et F.-R. MAHIEU, « Ajustement structurel, croissance et répartition : l'exemple de la Côte d'Ivoire », *Tiers-Monde*, tome 32, n° 125, 1991, p. 47.

[19] *Idem*, pp. 49-50.

[20] Lire B. SARRASIN, « Les coûts sociaux de l'ajustement structurel en Afrique subsaharienne : évolution des critiques externes et des réponses de la Banque Mondiale », *Revue Canadienne des Études Africaines*, Vol. 31, n° 3, 1997, pp. 517-553.

évidence la nécessité d'introduire plus de performance dans l'action financière de l'État[21].

Face à des systèmes nationaux de gouvernance jugés peu respectueux de la discipline budgétaire[22], la première étape de la nouvelle dynamique engagée, sous l'impulsion communautaire, a été constatée à partir de 1999. L'adoption d'un Pacte de convergence, de stabilité, de croissance et de solidarité[23] a scellé la volonté des États de l'Union d'instaurer une discipline budgétaire pour maîtriser les dépenses publiques. Prioritairement adopté pour stabiliser la monnaie commune, le Pacte constitue le premier outil de mise sous contrôle des dépenses publiques.

La seconde étape est celle de la transposition, par tous les États membres, des nouvelles directives communautaires de 2009 relatives aux finances publiques[24]. Elle repose, pour l'essentiel, sur l'élaboration de budgets de programmes orientés vers les résultats et la performance. Le budget de programme s'appréhende comme un moyen approprié d'assurer l'adéquation entre objectifs, moyens et résultats. Cette approche, importée des États développés dans le mouvement généralisé de la nouvelle gouvernance financière publique, prévoit notamment la réforme de la nomenclature des dépenses publiques, le renforcement des mécanismes de contrôle, la responsabilisation des acteurs, et contribue à poser les bases d'une culture de l'évaluation. À l'analyse, ces innovations consacrent une modification structurelle de l'élaboration et de l'exécution des budgets, particulièrement des dépenses publiques. L'objectif formellement affiché est d'« *améliorer l'efficacité de la dépense et, à travers elle, les politiques*

---

21 N. MÉDÉ, « La nouvelle gestion budgétaire : l'expérience des budgets de programme au Bénin », *op. cit.*, p. 59.

22 S. YONABA, « Le système financier des États africains au sud du Sahara à l'épreuve de l'impératif de discipline budgétaire », *in Réformes des Finances publiques et modernisation de l'administration. Mélanges en l'honneur de Robert HERTZOG*, Paris, Économica 2011, p. 620.

23 L'Acte additionnel n° 04/9 du 8 décembre 1999 portant Pacte de convergence, de stabilité, de croissance et de solidarité entre les États membres de l'Union Économique et Monétaire Ouest-Africaine (UEMOA) a été remplacé par l'Acte additionnel 01/2015/CCEG/UEMOA instituant un Pacte de convergence, de stabilité, de croissance et de solidarité entre les États membres de l'Union Économique et Monétaire Ouest-Africaine.

24 Elles viennent remplacer les directives adoptées en 1999 et 2000. Les six directives adoptées en 2009 sont les suivantes : Directive n° 01/2009/CM/UEMOA du 27 mars 2009, portant Code de transparence dans la gestion des Finances publiques de l'UEMOA ; Directive n° 06/2009/CM/UEMOA du 26 juin 2009 relative aux lois de finances ; Directive n° 07/2009/CM/UEMOA du 26 juin 2009 portant règlement général sur la comptabilité publique ; Directive n° 08/2009/CM/UEMOA du 26 juin 2009 portant nomenclature budgétaire des États ; Directive n° 09/2009/CM/UEMOA du 26 juin 2009 portant plan comptable de l'État ; Directive n°10/2009/CM/UEMOA du 26 juin 2009 portant tableau des opérations financières de l'État.

publiques »[25]. Les réformes engagées s'inscrivent ainsi dans une logique de modélisation de la dépense publique sur le fondement de la rationalité à travers une approche par budget programme.

Il y a lieu néanmoins de se poser la question de savoir si ce nouveau processus de rationalisation présente une viabilité suffisante pour lui permettre d'atteindre les résultats escomptés. Il faut admettre que les acquis sont manifestes. La surveillance multilatérale et la transposition des directives communautaires par les États membres ont permis à ceux-ci d'engager des réformes salutaires d'amélioration de la qualité de leurs dépenses publiques. Cependant, des difficultés demeurent au niveau des deux pans du processus. La maîtrise de la dépense publique par la surveillance multilatérale des politiques budgétaires est sous contrainte (I) et l'objectif d'efficacité connaît des infléchissements à surmonter (II).

I. Les contraintes à la maîtrise de la dépense publique

Maîtriser la dépense publique, c'est la contrôler en tant qu'outil de politique budgétaire, afin d'éviter les débordements dommageables qui pourraient résulter de son accroissement excessif. L'institution, dans l'UEMOA, d'une surveillance multilatérale des politiques budgétaires répond à cet objectif. Adopté d'emblée pour assurer la convergence des économies en vue de garantir la stabilité de la monnaie commune, le Pacte de convergence, de stabilité, de croissance et de solidarité entre les États membres de l'UEMOA impose une discipline budgétaire impliquant un encadrement strict de la dépense publique. Cette démarche est justifiée pour plusieurs raisons (A). Toutefois, elle se heurte dans la pratique à des pressions multiformes (B).

A. Des choix de raison

Conformément à l'article 3 de la directive communautaire relative aux lois de finances[26] et transposée par les États membres[27], ceux-ci adoptent leurs lois de

---

[25] Commission de l'UEMOA, *Guide de la directive n° 06/2009/CM/UEMOA du 26 juin 2009 portant lois de finances au sein de l'UEMOA*, p. 10.

[26] L'article 3 de la directive énonce que « *les lois de finances déterminent la nature, le montant et l'affectation des ressources et des charges de l'État ainsi que l'équilibre budgétaire et financier qui en résulte, compte tenu de la situation et des objectifs macroéconomiques des États membres et des obligations du Pacte de convergence, de stabilité, de croissance et de solidarité* ».

[27] Les États membres ont tous transposé cette directive en maintenant cette disposition.

finances en tenant compte des obligations du Pacte de convergence. L'obligation de respecter les critères de convergence dans la détermination de leurs ressources et de leurs charges résulte de la volonté communautaire de relever deux défis majeurs : contenir le volume des dépenses publiques nationales et s'assurer que celles-ci ont une structuration appropriée à l'atteinte des objectifs communautaires.

Sans nul doute, la question de la maîtrise du volume des dépenses publiques demeure une question constante des réflexions sur les finances publiques. La conception libérale du rôle de l'État et son corollaire qu'est la neutralité des finances publiques en furent les fondements. Dans la même logique, l'adoption du principe de l'équilibre budgétaire ainsi que la limitation du pouvoir d'amendement des parlementaires traduisent la volonté de limiter les niveaux des dépenses publiques. Cependant, il a bien été admis que toutes ces restrictions ne pourraient empêcher l'accroissement continu des dépenses publiques, conformément à la théorie de Wagner. Il n'en demeure pas moins qu'un accroissement démesuré et incontrôlé par rapport aux disponibilités de ressources publiques propres constitue à la fois une menace à la soutenabilité des finances publiques et une source de déséquilibre économique. Ces risques sont davantage dommageables lorsqu'il s'agit de garantir la stabilité d'une monnaie communautaire commune, comme c'est le cas dans l'UEMOA. L'urgence d'une maîtrise du niveau des dépenses était donc réelle dès la création de l'organe communautaire en 1994.

L'article 65 du traité créateur de l'Union fait obligation aux États d'éviter tout déficit budgétaire excessif. Cela marque ainsi la priorité accordée à la maîtrise du niveau de la dépense publique, dans le contexte de stabilité de la monnaie commune[28]. En application de cette exigence fondamentale, certains critères institués par le Pacte de convergence établissent une discipline en matière de déficit public et, naturellement, en matière de recours à la dette. Tous les critères clés retenus dans les différents pactes de convergence adoptés visent à contenir les déficits budgétaires dans les États membres. Le premier critère clé retenu dans le Pacte de 1999 portait sur le solde budgétaire de base[29] rapporté au PIB nominal. Son ratio devait être supérieur ou égal à 0 %. L'injonction était ainsi faite aux États de couvrir leurs besoins primaires sur ressources propres[30]. Il en

---

[28] A. DIOUKHANÉ, *op. cit.*, pp. 4-5.

[29] Conformément à l'article 18 du Pacte, il renvoie aux recettes totales (hors dons) desquelles sont extraites les dépenses courantes et les dépenses d'investissements publics financés sur ressources internes.

[30] Ce critère, selon l'UEMOA, « *permet d'évaluer l'équilibre des finances publiques indépendamment de l'aide au développement* ». Voir Union Économique et Monétaire Ouest-Africaine, *Guide didactique de la directive n° 06/2009/CM/UEMOA du 26 juin 2009 portant loi de finances au sein de l'UEMOA*, p. 94.

découlait qu'une part des investissements publics devait impérativement être financée sur ressources internes[31].

Pour respecter ce critère, deux niveaux de pression sur le pouvoir budgétaire des États sont à considérer, pour autant qu'ils ont la possibilité d'utiliser les deux outils de la politique budgétaire : les recettes et les dépenses. Le premier consisterait à dégager suffisamment de ressources propres pour les mettre au niveau des dépenses publiques. Il faudrait alors que les ressources fiscales soient à un niveau relativement élevé pour couvrir les dépenses. Le second serait de réduire le niveau des dépenses publiques. Il était cependant difficile pour eux d'agir sur les recettes publiques pour réaliser les équilibres nécessaires au respect des critères de convergence, leur marge de manœuvre sur les recettes étant étroite, compte tenu de leurs systèmes fiscaux assez défaillants[32] et peu productifs. Le mouvement d'élargissement de l'assiette fiscale dans les États membres demeure un processus complexe et l'accroissement du taux d'imposition reste délicat. L'essentiel du prélèvement fiscal repose sur un secteur formel restreint. Face aux contraintes liées aux recettes publiques, la dépense est par conséquent le levier par lequel ils pouvaient parvenir à réaliser l'équilibre budgétaire. Aussi, l'adoption de ce critère impliquait-elle *in fine* un resserrement du volume des dépenses publiques.

Le remplacement de ce critère clé par le critère du solde budgétaire global, dons y compris, par le nouveau Pacte de 2015[33], quoiqu'introduisant un changement dans les exigences communautaires en ce qu'il favorise une appréciation globale du budget, est également un élément de contrainte sur le niveau des dépenses. Le ratio du solde budgétaire global, dons y compris, doit être supérieur ou égal à moins de 3 % du PIB nominal. Ce critère vise à garantir le financement sur ressources internes des investissements publics.

À côté du critère clé, le ratio de l'encours de la dette intérieure et extérieure rapporté au PIB nominal, autre critère de premier rang, ne doit pas excéder 70 %. Il en résulte que les États ne peuvent engager un niveau élevé de dépenses, surtout si celles-ci doivent être financées sur l'emprunt. Autrement dit, les dépenses ne doivent pas augmenter beaucoup plus rapidement que la production nationale. C'est le gage d'une croissance économique durable. Ce critère exprime la volonté de l'UEMOA de contenir les velléités d'endettement de ses

---

[31] Union Économique et Monétaire Ouest-Africaine, *Note de présentation du Pacte de convergence, de stabilité, de croissance et de solidarité entre les États membres de l'UEMOA*, p. 9.

[32] A. DIOUKHANÉ, *op. cit.*, p. 4.

[33] L'Acte additionnel n° 4/9 du 8 décembre 1999 portant Pacte de convergence, de stabilité, de croissance et de solidarité entre les États membres de l'UEMOA a été remplacé par l'Acte additionnel de 2015 portant Pacte de convergence, de stabilité, de croissance et de solidarité entre les États membres de l'UEMOA.

États membres. Les avantages sont multiples. Outre la contribution à la stabilité de la monnaie, ce critère permet de réduire l'accumulation des arriérés de dépenses[34] due à un défaut de liquidité et d'éviter des budgets fragiles élaborés essentiellement sur la base de ressources incertaines. Au fond, c'est l'architecture du financement des dépenses publiques que les États sont invités à repenser. Ces restrictions sont d'autant plus importantes que pour faire face à leur développement, le niveau des dépenses publiques a fortement augmenté ces dernières années. La raison est que la plupart des États ont élaboré plusieurs plans colossaux de développement[35] financés en partie sur des ressources extérieures.

Il est important de relever, par ailleurs, que le niveau des dépenses publiques fait l'objet de plusieurs critiques. Dressant un bilan de celui-ci en Afrique, le professeur Eloi DIARRA portait une critique acerbe sur le niveau de gaspillage, de dépenses inutiles et « *sans intérêt pour le progrès social et économique des pays* »[36] ; des maux qu'il qualifie de « *maladies infantiles des finances publiques africaines* »[37]. Il en découle que le niveau élevé des dépenses n'est pas toujours la matérialisation de la prise en compte des énormes besoins de développement. Il est également dû à une mauvaise gestion des ressources, voire à une mauvaise réglementation. En témoigne, en guise d'illustration, la prolifération des fonds communs dans les administrations publiques. Leur fondement juridique confus fait le lit de la gestion occulte de fonds faramineux aux objectifs dévoyés[38]. La rationalisation passe, dès lors, par la réduction du train de vie de l'État et la fin du gaspillage pour une utilisation optimale des ressources, afin de faire face aux besoins réels des populations contribuables. C'est le défi de la sélection des dépenses prioritaires à fort impact au détriment des dépenses à faible impact,

---

[34] « *Les arriérés de dépenses publiques sont des obligations financières d'une administration publique dont le paiement n'a pas été effectué à l'échéance* ». Voir S. FLYNN et M. PESSOA, *Prévention et gestion des arriérés de dépenses publiques*, FMI, Notes et manuels techniques, n° 14/01, 2014, p. 3.

[35] Ces États ont, en effet, élaboré des plans de développement aux montants colossaux. Il s'agit, entre autres, du Plan national de développement 2030 de l'Afrique du sud, Notre avenir – Réussir, du Plan Sénégal Émergent (Sénégal), du Plan stratégique Gabon émergent 2025 (Gabon), du Plan national de développement 2016- 2020 et du Plan national de développement 2021-2025 (Côte d'Ivoire), du Plan de Développement économique et social 2016-2020 et du Plan de développement économique et social 2021-2025 (Burkina Faso), et enfin du Plan national de développement 2018-2025 Bénin révélé (Bénin). Le Plan national de développement 2021-2025 de la Côte d'Ivoire est par exemple estimé à 59 000 milliards de FCFA.

[36] É. DIARRA, « Pour un observatoire des finances publiques africaines », *Revue Afrilex*, 2e numéro spécial finances publiques, 2012, p. 4.

[37] *Idem*, p. 2.

[38] Lire sur le sujet S. YONABA, « Les fonds communs et avantages assimilés servis à certains agents publics au sein de l'administration burkinabè : facteur de solidarité ou pomme de discorde ? », *in* N. MÉDÉ (dir.), *Les nouveaux chantiers de finances publiques en Afrique. Mélanges en l'honneur de Michel Bouvier*, Dakar, L'Harmattan Sénégal, 2019, pp. 245-268.

voire inutiles. De sorte que, bien plus que le niveau de la dépense, c'est aussi la qualité de sa structuration qu'il s'est avéré indispensable de suivre de près[39].

La volonté d'influencer l'affectation des ressources s'est matérialisée par l'adoption des critères de second rang. Ils sont relatifs à la masse salariale et à la part des ressources propres dans le financement des investissements publics. Le ratio de la masse salariale sur les recettes fiscales ne doit pas excéder 35 %. Ce critère est à juste titre qualifié de « *fossoyeur du pouvoir de décision des organes nationaux* »[40]. Il vise la diminution des dépenses salariales au profit des domaines ayant un rôle essentiel dans la croissance économique. L'impact sur la structure des budgets nationaux est réel. Les dépenses d'investissement sont jugées plus productives, avec un impact plus élevé sur la croissance. Elles sont donc à privilégier. De même, le ratio des investissements publics financés sur ressources internes rapportés aux recettes fiscales doit atteindre au moins 20 %. En définitive, privilégier les dépenses qui répondent au mieux aux besoins des populations dans la limite des capacités financières réelles de l'État, et ce, sans abuser de l'emprunt et des aides publiques extérieures, tel est l'enjeu de la maîtrise des dépenses publiques dans l'UEMOA.

L'entreprise s'avère néanmoins complexe au regard de l'existence de nombreuses pressions.

B. Des pratiques sous pression

Qu'ils choisissent de maîtriser leurs dépenses à travers la restriction de leur progression au rythme de celle de la production nationale de richesse ou de les réduire afin d'accroître la part du secteur privé, les contraintes qui s'imposent aux États de l'Union sont à la fois budgétaires et sociopolitiques.

D'un point de vue budgétaire, les aspirations contradictoires entre l'accroissement des besoins structurels et la nécessité d'une maîtrise de la dépense commandent la recherche d'un équilibre difficile à trouver. Selon une note conceptuelle de la Banque Africaine de Développement, l'Afrique connaît un déficit élevé de financement des infrastructures[41] face à un besoin élevé d'infrastructures et de dépenses sociales[42]. Pour rappel, la crise sanitaire issue de

[39] J. G. SANON, « L'objectif de performance dans la politique d'harmonisation des finances publiques dans l'Union Économique et Monétaire Ouest-Africaine », *RFFP*, n° 98, juin 2007, p. 63.

[40] P. SÈGO, *La décision financière publique en Afrique de l'Ouest. Le cas du Bénin*, Dakar, L'Harmattan Sénégal, 2020, p. 318.

[41] Banque Africaine de Développement et Institut Africain de Développement, *La gestion des finances publiques en temps de crise en Afrique*, 28 février 2022, p. 1.

[42] *Idem*, p. 2.

la pandémie de covid-19 a mis en exergue les insuffisances et l'incapacité des infrastructures sanitaires africaines disponibles à faire face à la pandémie. Au constat, les dépenses primaires des États membres de l'UEMOA croissent beaucoup plus rapidement que leur PIB. Les hausses des taux d'imposition et le processus contrarié[43] d'élargissement de l'assiette fiscale[44] ne permettent pas de suivre le rythme de croissance des dépenses publiques, pas plus qu'ils ne permettent de suivre le rythme de l'accroissement des besoins des contribuables. Les capacités de financement sont compromises par l'étroitesse de l'assiette fiscale, la réduction de l'aide publique au développement et les fuites devant la charge fiscale. L'optimisation du rendement fiscal demeure, par conséquent, un processus éprouvé. Donc si le potentiel fiscal est énorme, il attend encore d'être exploité de manière efficiente.

Or, le retour en force de l'État social, la multiplication des fonds de soutien face à la propagation de la maladie à coronavirus hier et la constance des besoins en infrastructures ont mis le processus de maîtrise des dépenses publiques en questionnement. Si l'atteinte des points d'achèvement des IPPTE par les États membres a favorisé une baisse drastique du niveau de la dette[45], le redécollage du rythme de réendettement a été quasi simultané. Avec les nombreuses dépenses d'investissements qu'ils ont entreprises, le recours aux financements extérieurs pour faire face aux dépenses structurelles mises en berne par les PAS connaît un regain. Nonobstant la stabilisation du niveau de leurs dettes publiques, en conformité avec les exigences communautaires[46], les montants ne sont pas moins importants. Les sollicitations d'appuis financiers extérieurs pour financer les plans de riposte contre la covid-19 ont constitué un facteur d'exacerbation des déficits[47]. L'appel du Président sénégalais à l'annulation de la dette des États

---

[43] L'allusion est ici faite à la prolifération des dépenses fiscales. Voir notre contribution : « Financement des budgets et pratiques de dépenses fiscales dans l'espace UEMOA : réflexion sur un couple contesté », *Afrilex*, décembre 2021, pp. 1- 29.

[44] Voir la procédure de restructuration des systèmes fiscaux dans les États membres sous l'impulsion communautaire.

[45] La plupart des États membres de l'UEMOA ont bénéficié d'un allègement de leurs dettes après avoir atteint le point d'achèvement de l'Initiative des Pays Pauvres Très Endettés.

[46] En 2021, tous les États de l'UEMOA ont maintenu l'encours de leur dette publique totale rapporté au PIB nominal à un niveau inférieur ou égal à 70 % du produit intérieur brut, conformément à la norme communautaire. Commission de l'Union Économique et Monétaire Ouest-Africaine, *Rapport semestriel d'exécution de surveillance multilatérale*, décembre 2021, p. 96.

[47] Le déficit budgétaire global s'est établi à 5,7 % du PIB en 2021 contre 3,0 % en 2019 et 3,8 % en 2018. Le déficit budgétaire global est supérieur à la norme communautaire de 3 % du PIB dans tous les États membres. « Commission de l'Union Économique et Monétaire Ouest-Africaine », *op. cit.*, pp. 96 et 102.

africains[48] et le moratoire du G20 sur la dette des pays pauvres sont révélateurs. L'on a pu également observer que la Conférence des chefs d'État et de Gouvernement de l'Union a suspendu l'application du Pacte de convergence, de stabilité, de croissance et de solidarité entre les États membres de l'Union[49]. Dans sa déclaration[50], il a été rappelé à dessein que le critère clé relatif au déficit budgétaire peut ne pas être respecté conformément aux circonstances exceptionnelles prévues par le Pacte susmentionné. Sur cette base, elle a exhorté les États membres à poursuivre leurs politiques budgétaires permettant un retour à la consolidation budgétaire après la crise. L'augmentation des déficits[51] et la course à l'endettement[52] qui ont suivi ont porté un coup au processus.

Hormis cet état de fait, le ratio retenu pour le niveau d'endettement des États membres n'échappe pas à la critique. Il est considéré comme peu contraignant, compte tenu de sa largesse par rapport à ceux en vigueur dans d'autres zones communautaires[53]. Il est, en effet, élevé par rapport « *aux seuils de viabilité estimés dans les études empiriques et utilisés par exemple dans les analyses de viabilité de la dette réalisées par le FMI et la Banque mondiale* » – ces seuils se situant au plus à 60 % du PIB[54]. Certes, le taux de 70 % a été retenu pour tenir compte des besoins importants de la zone UEMOA en investissements, mais à l'inverse, il ne garantit pas un niveau moindre de la dette publique.

D'un point de vue socio-politique, les choix stratégiques des dépenses publiques et leur adéquation aux besoins des citoyens sont éprouvés. Il est

---

[48] Face aux effets financiers des plans de riposte contre le coronavirus, le Président Macky SALL a lancé le 25 mars 2020 un appel à l'annulation de la dette des États africains.

[49] Acte additionnel n° 01/2015/CCEG/UEMOA du 19 janvier 2015 instituant un Pacte de convergence, de stabilité, de croissance et de solidarité entre les États membres de l'Union.

[50] Déclaration de la Conférence des chefs d'État et de Gouvernement sur le Pacte de convergence, de stabilité, de croissance et de solidarité, 27 mars 2020.

[51] À titre d'illustration, la nouvelle répartition du budget rectificatif du Sénégal adopté par ordonnance affiche un déficit qui est passé de 3 % à 6,1 %. D'une manière générale, le déficit budgétaire est estimé dans les États de l'UEMOA à 6,1 % du PIB au premier semestre 2020 contre 2,7 % à la même période en 2019. La norme communautaire est fixée à 3 % au plus du PIB par le Pacte de convergence de stabilité, de croissance et de solidarité entre les États membres de l'Union.

[52] Lire sur le sujet F. TANO, « Les moyens financiers des États à l'épreuve de l'urgence sanitaire en Afrique », *in* P. KIPRÉ (dir.), *Oser les ruptures. L'Afrique de l'après-COVID-19*, Paris, Terra Mater International, 2020, pp. 328- 349.

[53] S. DIARRA, *Dynamique de convergence dans la zone UEMOA : du Pacte de 1999 aux nouveaux critères de 2015*, Commission de l'UEMOA, Document de Réflexion, octobre 2015, pp. 15-16.

[54] *Idem*, p. 16.

difficile pour les États membres de limiter le niveau de la masse salariale[55]. Surtout que certaines dépenses, comme celles relatives au personnel ou à l'aide sociale, sont irréductibles. Les revendications syndicales dans les États membres concernent presque toujours des hausses de salaires. Encore que la masse salariale est, tout compte fait, importante pour la fourniture des services publics. De plus, la réduction des effectifs est difficilement concevable en cas de chômage. Le problème se situe surtout au niveau de la qualité des recrutements et de l'effectivité des postes de dépenses (la question des emplois fictifs ou à faible valeur ajoutée). Il faut, par conséquent, admettre que « *les montants de dépenses dépendent toujours, in fine, des options choisies par les Gouvernements — ou qui, bien sûr, leur sont imposées ou, à tout le moins très instamment préconisées* »[56]. La réduction du train de vie de l'État, la lutte contre la corruption et le gaspillage ne sont pas moins complexes lorsque la volonté politique est absente. Les difficultés des États à respecter les critères de convergence témoignent du poids de ces différents écueils. Pourtant, la suppression des dépenses inefficaces est indispensable pour éviter que la dépense publique ne devienne l'ennemie de la dépense publique, en réduisant de manière inopportune les marges de manœuvre en matière d'investissement.

On comprend que les nouvelles règles de budgétisation déployées dans l'espace communautaire répondent au besoin d'adjoindre à la maîtrise de la dépense publique une gestion optimale de celle-ci. Cependant, l'efficacité recherchée de la dépense publique n'est pas totalement consolidée.

II. Les infléchissements à l'efficacité de la dépense publique

Conformément au guide didactique de la directive sur les lois de finances, l'adoption de la directive communautaire a pour objectif « *d'améliorer l'efficacité de la dépense et, à travers elle, les politiques publiques* »[57]. Le budget

---

[55] Le ratio de la masse salariale sur les recettes fiscales de l'Union en 2021 était estimé à 41,0 %, soit plus de 6 points au-dessus de la norme communautaire. Commission de l'UEMOA, *op. cit.*, p. 103.

[56] G. ORSONI, « L'encadrement des dépenses publiques. Quelle pertinence ? Quelle efficacité ? », *Revue générale du droit*, Colloque annuel lavallois sur les finances publiques : « La gouvernance financière publique après 2022 : rupture ou continuité ? », Université du Mans, Faculté de droit de Laval, vendredi 11 mars 2022, p. 14.

[57] *Guide didactique de la directive n° 06/2009/CM/UEMOA du 26 juin 2009* portant lois de finances au sein de l'UEMOA, p. 10.

de programme[58] se présente comme l'instrument clé pour atteindre cet objectif. Ce faisant, il convient de préciser qu'au-delà de l'indication du guide, l'efficacité recherchée est une efficacité auréolée de la quête simultanée d'efficience et d'économie, ces trois aspects complémentaires étant les fondements de la logique de budgétisation par programme. Plus d'une décennie après l'adoption des directives communautaires, l'atteinte de l'efficacité des dépenses est toujours compromise par les limites des outils de réalisation du programme budgétaire (A). De même, le choix du système de responsabilité des agents est un niveau supplémentaire d'insuffisance (B).

A. Les limites inhérentes aux outils

La spécialisation des crédits budgétaires par programme est le principal outil de la rationalisation de la dépense publique dans la nouvelle gouvernance financière publique. Avec cette réforme importée, le programme est devenu l'instrument d'autorisation, d'exécution et de contrôle de la dépense publique. La portée de cette mesure est sans équivoque : « *au classique budget de moyen succède un budget de résultat, c'est-à-dire un budget dans lequel les crédits ne sont plus présentés par nature de dépenses mais par objectif, et ce, selon une démarche qui met au premier plan la notion de performance de la dépense publique* »[59]. La rationalité introduite repose sur le fait que cette option oblige les décideurs à « *définir d'abord des politiques d'action, en vue d'obtenir les crédits nécessaires, et qu'ils devront par ailleurs, une fois l'opération effectuée, en évaluer l'efficacité* »[60].

Le nouveau circuit de la dépense publique comprend ainsi trois étapes : des objectifs précis à élaborer et à poursuivre, des résultats précis à atteindre avec des moyens mobilisés et gérés rationnellement, et une évaluation de la réalisation de la dépense. Il ne s'agit plus seulement d'autoriser la dépense et de la contrôler, mais aussi d'apprécier les moyens mobilisés pour atteindre les objectifs fixés, donc de les évaluer. En outre, cette programmation s'effectue sur la base de la pluriannualité. Il en découle l'obligation pour les États d'élaborer des documents de programmation pluriannuels et des rapports annuels de performance. Les travaux élaborés sur la mise en œuvre de ces réformes démontrent que, bien

---

[58] Selon l'article 26 de la Directive relative aux lois de finances précité : « *Un programme regroupe les crédits destinés à mettre en œuvre une action ou un ensemble cohérent d'actions représentatif d'une politique publique clairement définie dans une perspective de moyen terme. À ces programmes sont associés des objectifs précis, arrêtés en fonction de finalités d'intérêt général et des résultats attendus.* »

[59] M. BOUVIER, « La loi organique du 1er août 2001 relative aux lois de finances », *AJDA*, octobre 2001, p. 878.

[60] *Ibidem.*

qu'ayant connu des difficultés[61] dans leur implantation, l'impact positif de ce nouveau schéma de gestion est perceptible dans les États membres. Les mécanismes d'élaboration et d'exécution des budgets sont désormais tournés vers la quête de la performance. L'architecture institutionnelle est de même restructurée.

Cependant, les travaux sur l'implémentation nationale de la nouvelle logique de budgétisation ont mis en exergue les difficultés à surmonter pour garantir la qualité de la dépense publique. Dans un article collectif[62] conduit par le dédicataire des présents mélanges, les incohérences internes et externes décelées par les auteurs dans les innovations introduites par la réforme sont confirmées par d'autres travaux. D'abord, les difficultés de formulation des programmes[63], ou plus généralement, de pilotage de la performance[64], sont réelles. Ensuite, la posture ambiguë du responsable de programme[65], clé de voûte de l'exécution de la dépense publique, le place dans une position inconfortable pour assurer l'atteinte des résultats assignés au programme, face à la « *permanence de l'ordonnateur et du comptable public* »[66]. De même, l'insuffisance de la transparence dans le processus budgétaire[67], tout en affectant la qualité de l'information, complique le processus d'évaluation. Enfin, l'absence d'arrimage entre la procédure de passation des marchés publics et la nouvelle architecture budgétaire exclut une part considérable des dépenses publiques du dispositif de gestion par la performance[68].

Cela étant, une dimension quelque peu passée sous silence est celle de la corrélation entre les priorités de dépenses définies et les besoins objectivement

---

[61] S. YONABA, « La difficile intégration des règles budgétaires et comptables des États membres de l'Union Monétaire et Ouest-Africaine (UEMOA) », *RFFP*, n° 79, 2002.

[62] N. MÉDÉ et *al.*, « Défis de cohérence de la réforme du budget axé sur la performance dans l'espace UEMOA », *Revue africaine de finances publiques*, n° 8, 2e semestre 2020, pp. 137-172.

[63] Y. OUÉDRAOGO, « Le chantier de la nouvelle architecture budgétaire dans l'espace UEMOA », *in* N. MÉDÉ (dir.), *Les nouveaux chantiers de finances publiques en Afrique. Mélanges en l'honneur de Michel Bouvier*, *op. cit.*, pp. 175-178.

[64] M. DIAKHATÉ, « Le pilotage de la performance des finances publiques dans les États membres de l'UEMOA, *RAFiP*, n° 9, 1er semestre 2021, pp. 8-47.

[65] Le professeur PÉKASSA N'DAM évoque l'existence d'une dialectique dans la fonction de responsable de programme. G. PÉKASSA N'DAM, « La dialectique du responsable de programme en finances publiques camerounaises : recherche sur les nouveaux acteurs budgétaires », *in* N. MÉDÉ (dir.), *Les nouveaux chantiers de finances publiques en Afrique. Mélanges en l'honneur de Michel Bouvier*, *op. cit.*, pp. 303-312.

[66] N. MÉDÉ et *al.*, « Défis de cohérence de la réforme du budget axé sur la performance dans l'espace UEMOA », *Revue africaine de finances publiques*, n° 8, 2e semestre 2020, pp. 148-151.

[67] A. ISSOUFOU, « La transparence budgétaire dans l'Union Économique et Monétaire Ouest-Africaine (UEMOA) », *in* N. MÉDÉ (dir.), *Les nouveaux chantiers de finances publiques en Afrique. Mélanges en l'honneur de Michel Bouvier*, *op. cit.*, pp. 269-312.

[68] N. MÉDÉ et *al.*, *op. cit.*, p. 155-160.

prioritaires des destinataires de la dépense publique. En fait, l'efficacité, l'efficience et l'économie de la dépense mettent l'évaluation au cœur du processus. Or, en tant qu'« *outil de connaissance et d'aide à la décision publique* »[69], l'évaluation « *relève de la rationalité des preuves, mais également de la dialectique du débat social, car s'exprimant souvent sous une pression polémique* »[70]. Évaluer des dépenses à l'étape de la préparation des projets de budgets, c'est faire des choix de trajectoire : c'est mesurer et juger[71]. L'évaluation est ainsi aux prises avec la priorisation, et si, en tant que jugement de valeur et d'appréciation objective, elle est confiée à des organes administratifs, à l'évaluation administrative s'oppose quelquefois l'évaluation populaire, ou des citoyens.

On sait que dans nos systèmes politiques, le Président de la République définit la politique de la nation. Ce faisant, la détermination des priorités de dépenses relève de sa compétence. Si la dépense efficace est celle qui est réalisée conformément aux résultats prédéfinis, l'adhésion citoyenne à cette priorisation ne peut être négligée. Lorsque des considérations électorales prennent le pas sur la définition objective des priorités de dépenses, la qualité de celles-ci peut être problématique. Il en découle la nécessaire corrélation entre priorité politique et priorité citoyenne. Cette exigence se rapproche d'une certaine conception de la dépense publique. Il s'agit de celle qui la définit, entre autres, comme l'« *emploi d'une somme d'argent pour le compte d'un patrimoine administratif afin de satisfaire un besoin public* »[72]. Presque dans la même logique, elle est également perçue comme une « *dépense de deniers publics pour le compte d'un patrimoine administratif dans un but d'utilité publique* »[73]. Ces définitions ont l'avantage de mettre l'accent, à la fois, sur l'auteur, la destination et le but de la dépense publique. Bien qu'il ne faille pas perdre de vue l'impossibilité de confondre dépense publique et dépense d'intérêt public, il est indéniable que l'idée d'utilité publique ne peut se départir de la notion de *dépense publique*. D'une part, l'administration elle-même, d'un point de vue fonctionnel, s'appréhende par rapport à la poursuite d'un but d'intérêt général dont le lien avec l'utilité publique est établi. D'autre part, la recherche d'une plus grande utilité de la dépense publique traverse tous les efforts de rationalisation observés dans les États de

---

69 G. ORSONI (dir.), « Finances publiques : Dictionnaire encyclopédique », *op. cit.*, p. 429.

70 N. CHEURFA, « Le projet de réforme budgétaire en Algérie : qu'en est-il du contrôle budgétaire du Parlement ? », *in Les nouveaux chantiers de finances publiques en Afrique. Mélanges en l'honneur de Michel Bouvier*, *op. cit.*, p. 192.

71 F. RANGEON, « La notion d'évaluation », *in* François RANGEON, *L'évaluation dans l'administration*, Paris, PUF, Centre Universitaire de Recherches Administratives et Politiques de Picardie, Actes du Colloque du 17 avril 1992, 1993, p. 12.

72 M. CONAN, « Gaston Jèze et l'utilité de la dépense publique : l'élaboration d'une théorie générale de la dépense publique », *La Revue du Trésor*, n° 2, février 2008, p. 161.

73 G. CORNU, *op. cit.*, p. 331.

l'UEMOA. De cette subtilité découle la nécessaire rencontre entre l'utilité selon l'auteur de la dépense et l'utilité selon le destinataire de la dépense. Cette rencontre devrait influencer le processus de priorisation. En fait, il convient de soutenir qu'autant « *ce n'est pas parce qu'une dépense est publique qu'elle est socialement utile* »[74], autant ce n'est pas parce qu'une dépense est utile qu'elle est prioritaire. En réalité, l'évaluation ex ante se retrouve aux prises avec différents niveaux de priorisation. La rationalisation de la dépense publique de façon systémique implique donc une cohérence d'ensemble des méthodes, des outils et de la finalité politico-sociale qui la porte. Aussi, une appréciation critique du processus de rationalisation de la dépense dans les États de l'UEMOA ne peut-elle s'effectuer en dehors de l'analyse de cette corrélation.

Sous ce rapport, la prise en compte et le suivi participatif du citoyen sont indispensables. Celui-ci doit être en « *capacité de comparer les autorisations budgétaires accordées par le Parlement avec les réalisations du Gouvernement, en vue d'apprécier par lui-même les écarts éventuels, les imperfections, voire les dérives qui pourraient en résulter* »[75]. Malgré quelques expérimentations au niveau des budgets locaux et l'élaboration constatée des budgets citoyens, l'implication citoyenne au niveau du budget de l'État reste très timide dans l'espace communautaire. Cette insuffisance doit être corrigée, surtout que des carences sont perceptibles dans le système actuel de mise en jeu de la responsabilité des acteurs financiers.

B. Des carences du système de responsabilité

Dans ses deux composantes, la notion de *responsabilité* subit une transfiguration imposée par la nouvelle gestion financière publique. En tant qu'autonomie d'action ou dans l'action, elle connaît une extension liée à l'accroissement du rôle des gestionnaires publics. En tant que capacité à répondre de ses actions, elle devient plus importante à mesure que la redevabilité et l'imputabilité connaissent une nouvelle vigueur face à la responsabilisation accrue des agents. Autrement dit, l'extension de la responsabilisation des agents dans la gestion des dépenses devrait s'accompagner d'un mécanisme plus rigide de reddition des comptes. D'une manière générale, les ordonnateurs et les comptables publics sont soumis, d'une part, à un régime de responsabilité de droit commun et, d'autre part, à une responsabilité financière rattachée à titre principal à la réparation d'une situation qui porte atteinte aux finances

---

[74] Y. CANNAC, « Dépense privée, dépense publique », *RFFP*, n° 77, La dépense publique, Mars 2002, p. 65.

[75] A. MANSARE, « L'émergence d'un contrôle citoyen des finances publiques en Afrique francophone », *Note d'analyse politique*, n° 87, avril 2020, p. 5.

publiques[76]. Mais cette responsabilité, surtout pour les ordonnateurs, a toujours été considérée comme illusoire ou difficile à engager. Si l'on était en droit de s'attendre à un changement compte tenu de la volonté affirmée de garantir l'optimisation de la dépense publique, ce changement n'a pas eu lieu. La réforme financière est demeurée autant porteuse de ses propres contradictions qu'elle atteste de son incomplétude sur la question.

Certes, en contrepartie de la responsabilisation des agents, l'élargissement des pouvoirs de contrôle du Parlement et de la Cour des comptes est appréciable. Il est indiscutable que la qualité du contrôle parlementaire connaît un regain avec la spécialisation des crédits par programme, l'élaboration des Projets Annuels de Performance (PAP) et la production des Rapports Annuels de Performance (RAP). La tendance à la constitutionnalisation des pouvoirs d'évaluation du Parlement est également à saluer[77]. De même, l'autonomisation acquise des juridictions financières[78], portée par l'extension de leur champ matériel d'action, consacre l'existence d'un ordre juridique financier représentatif de la place fondamentale qu'occupent les finances publiques. Cependant, au-delà de l'extension de leurs missions respectives, voire de leur statut, il y a la véritable question de leur poids, c'est-à-dire de leur capacité à contribuer à l'efficacité de la dépense publique.

D'emblée, l'extension des pouvoirs parlementaires et juridictionnels à l'évaluation des politiques publiques attend encore d'être renforcée par la disponibilité effective des moyens d'action. Les insuffisances de transparence dans l'exécution de plusieurs dépenses publiques[79] à travers la prolifération des dépassements de crédits ou le défaut de traçabilité de l'exécution de toutes les dépenses, tel que rapporté par les rapports généraux des Cours des comptes des États membres, compromettent les dispositifs de contrôle et d'évaluation. Par ailleurs, on peut s'inquiéter de la tiédeur de la consécration de ces nouvelles missions dans certains cas. L'exemple de la Côte d'Ivoire est évocateur. À la lecture de la lettre de la loi organique de 2018 portant création de la Cour des comptes, la mission d'évaluation des politiques publiques, des programmes et projets apparaît comme une option. La Cour « *peut l'inscrire dans ses*

---

[76] J.-L. ENGOUTOU, S. NGUECHE, A. C. ELOUNDOU, « La responsabilité financière des ordonnateurs en droit public camerounais », *RFFP*, n° 157, février 2022, pp. 95-96.

[77] Des États, tels que le Sénégal et la Côte d'Ivoire, ont inséré dans leurs Constitutions le pouvoir d'évaluation des politiques publiques par le Parlement. Voir respectivement les articles 59, alinéa 2, et 93, alinéa 2, des Constitutions sénégalaise et ivoirienne.

[78] Lire sur le sujet : D. OUÉDRAOGO, « L'autonomisation des juridictions financières dans l'espace UEMOA. Étude sur l'évolution des Cours des comptes », Thèse de droit public, Université Montesquieu Bordeaux IV, 2013.

[79] A. ISSOUFOU, *op. cit.*, pp. 190-191.

programmes d'activités »[80]. Cela signifie qu'elle peut ne pas l'inscrire dans ses programmes d'activités. Il y a donc un risque que la mission d'évaluation demeure plus un vœu qu'une compétence effectivement mise en œuvre par ladite Cour.

Atteint de surcroît du « *syndrome de l'universalisation de l'irresponsabilité financière* »[81], tout le système de responsabilité des acteurs financiers dans l'UEMOA met en berne l'un des piliers de la garantie d'une exécution effective des dépenses publiques basée sur la démarche de performance : la sanction. De la remise gracieuse ou la décharge de responsabilité du comptable public à la difficile responsabilisation financière des ordonnateurs, les moyens de pression sur les acteurs budgétaires pour répondre de la mauvaise exécution des dépenses publiques se rétrécissent comme une peau de chagrin. La répression des fautes de gestion demeure laxiste. Cette répression sélective ou cloisonnée[82], selon qu'il s'agit des ordonnateurs politiques ou des ordonnateurs civils, est une manifestation de la défiance à la reddition des comptes. À l'évidence, la réforme aurait dû être le moment de traiter des déconvenues de cette collision entre le statut politique et le statut financier des ordonnateurs politiques. Cela aurait pu se faire en admettant la distinction à valeur égale de la responsabilité politique leur incombant et de leur responsabilité financière face aux contribuables. Ainsi, leur responsabilité pénale devant la Haute cour de justice[83] n'empêcherait pas la mise en jeu de leur responsabilité financière devant la Cour des comptes. Il est donc établi que « *de l'ordonnateur au comptable public, le risque de devoir payer pour ses fautes, les irrégularités commises, devient mince face au dispositif qui couvre chacun d'eux, lorsqu'il a la couverture des gouvernants, des détenteurs de l'autorité politique* »[84].

---

[80] Article 150 de la loi organique n° 2018-979 déterminant les attributions, la composition, l'organisation et le fonctionnement de la Cour des comptes.

[81] N. MÉDÉ, « Réflexion sur l'autorité de la chose jugée au financier », *Nouvelles annales africaines*, p. 140.

[82] A. S. DIOMANDÉ, « La faute de gestion en Côte d'Ivoire : une répression cloisonnée », *RFFP*, n° 157, pp. 71-73.

[83] Les lectures combinées des textes relatifs aux lois de finances et des Constitutions de la plupart des États de l'UEMOA révèlent que les juridictions financières ne sont pas compétentes pour juger les ordonnateurs politiques, mais plutôt une juridiction pénale : la Haute Cour de justice. C'est le cas du Sénégal (article 101 de la Constitution), du Bénin (article 136 de la Constitution) et de la Côte d'Ivoire (articles 156 et 158 de la Constitution).

[84] N. MÉDÉ, « Réflexion sur l'autorité de la chose jugée au financier », *op. cit.*, p. 142.

Le laxisme de la position adoptée est contraire à celle qui est exprimée par les États membres à travers le Code de transparence. De la lecture des articles 73 et 82 du Code, il ressort la volonté d'une répression particulièrement renforcée des infractions financières à travers l'érection d'un régime disciplinaire spécial [85] en matière de finances publiques. En théorie donc, outre la répression pour faute de gestion, « *les règles et procédures disciplinaires sont renforcées en ce qui concerne les infractions en matière de finances publiques* »[86].

Somme toute, des pas importants ont été faits. Mais le processus est inachevé. L'urgence d'inscrire la dépense publique dans la pleine logique de performance implique de faire d'autres pas de géant. D'une part, les montages de déresponsabilisation des comptables publics, quoique fondés en partie, doivent être revus. D'autre part, le régime de responsabilité des ordonnateurs ne doit plus être considéré comme demeurant à l'état de simple principe[87].

CONCLUSION

Pour conclure, il est approprié de mettre en lumière cette citation du célèbre dédicataire de ces mélanges. Le professeur MÉDÉ soutient que « *le syndrome de l'État mou se manifeste à travers la contreperformance de la dépense publique* »[88]. Les développements qui précèdent autorisent à penser que pour les États de l'UEMOA, c'est l'heure de la décision : le choix de la consolidation du processus de rationalisation de la dépense publique ou celui du maintien des acquis en pointillés avec des effets dommageables. La tâche n'est pas aisée. Mais il est difficile de ne pas adhérer à l'idée d'un auteur[89] que nous adaptons ici à notre contexte ouest-africain : la dépense publique est l'alpha et l'omega de nos systèmes de finances publiques, qui justifie la construction de l'ensemble. Tout l'édifice institutionnel, politique, normatif et administratif créé au fil de l'histoire moderne de nos États ne se justifie que pour mettre en œuvre des dépenses

---

[85] Notre article « La sanction disciplinaire des gestionnaires publics pour faute de gestion en Côte d'Ivoire », *RFFP*, n° 157, février 2022, pp. 19-34.

[86] Article 82 de la loi organique n° 2014-337 du 5 juin 2014 portant Code de transparence dans la gestion des finances publiques.

[87] M. BOUVIER et *al.*, *Finances publiques*, 20e édition, LGDJ, 2021, p. 479.

[88] N. MÉDÉ, « La nouvelle gestion budgétaire : l'expérience des budgets de programme au Bénin », *op. cit.*, p. 58.

[89] B. CHEVAUCHEZ, « La dépense publique, au cœur de nos systèmes de finances publiques », *RFFP*, n° 77, mars 2002, p. 28. La citation d'origine est la suivante : « *La dépense publique est l'Alpha et l'Omega de nos systèmes de finances publiques, qui justifie la construction de l'ensemble (...) tout l'édifice institutionnel, politique, normatif et administratif créé au fil de l'histoire des États modernes ne se justifie que pour mettre en œuvre des dépenses.* »

susceptibles de porter notre développement. Aussi, aucune « *pagaille financière* »[90] ne saurait rencontrer une once d'assentiment. C'est certainement l'heure d'être des États forts, en poursuivant les efforts pour des dépenses publiques de qualité.

---

[90] S. YONABA, « La difficile intégration des règles budgétaires et comptables des États membres de l'Union Économique et Monétaire Ouest-Africaine (UEMOA) », *op. cit.*, p. 131.

La lente marche de l'État financier : les finances publiques dans la construction de l'État en Afrique de l'Ouest francophone

Moussa ZAKI

Agrégé des facultés de droit
Université Gaston Berger de Saint-Louis (Sénégal)

Rendre hommage au dédicataire de ces lignes est pour moi un plaisir et un devoir de reconnaissance. Plaisir d'être associé à l'une des plus nobles traditions de nos humanités, qui replace l'universitaire, par son œuvre, dans son temps, parmi ses pairs. À ce titre, Nicaise MÉDÉ a, par son engagement pour l'Université et pour la science des finances publiques, contribué au rayonnement de notre champ disciplinaire à la fois par sa production scientifique et par les institutions-personnes dont il est l'un des principaux initiateurs. La gratitude constitue la manifestation d'intelligence émotionnelle que je lui dois en raison de sa générosité intellectuelle et sociale. Il n'est sans doute pas superflu de mentionner sa sollicitude et son engagement résolu dans ma préparation au concours d'agrégation quand, au-delà de me recevoir à Cotonou et de me consacrer son temps, il m'envoyait, par lots entiers au Sénégal, ouvrages, dictionnaires encyclopédiques et autres publications thématiques. Maintes fois il effectua le déplacement à l'université Gaston-Berger pour m'apporter son soutien et, lorsqu'il arrivait pour autre chose à Dakar, il me signalait sa présence afin que nous nous y retrouvassions pour échanger.

Le choix d'un thème n'est jamais aisé en matière d'hommage, surtout lorsque l'activité scientifique du dédicataire est dense mais étalée sur divers aspects d'un champ transdisciplinaire nécessairement vaste et en constante mutation. Aussi devrais-je me limiter, assez modestement, à retracer la lente marche de l'État financier en Afrique de l'Ouest francophone, pour faire écho à ce que « *le plus sûr, pour qui s'essaye à la prospective, est de chercher à repérer les effets de système, car les rythmes des institutions et des finances publiques sont lents* »[1].

Pour l'aborder, j'emprunterai le constat de Jean-Pierre LASSALE qui, il y a une vingtaine d'années, affirmait que : « *Nous sommes en train de changer d'État, non pour des raisons politiques, mais pour des raisons d'ordre structurel* » et relevait à l'occasion, que : « *Cet État "historiquement administratif" a été (...) dominé par trois traits : (...) le paradoxe du contrôle, le formalisme des structures et des classifications qui en découlait et la logique conjoncturelle qui dominait la gestion publique* »[2], avant d'aboutir à la conclusion que : « *À partir de l'État administratif, nous évoluons vers "l'État-entreprise" et "l'État-stratège"* » ; évolution qui, selon l'auteur, conduirait « *à de nouvelles exigences dans trois domaines : l'adoption d'une culture du management, d'une culture de la transparence et d'une culture de la responsabilité* »[3]. En réalité la mutation structurelle de l'État s'est amorcée beaucoup plus tôt, dès le moment où, pour reprendre une formule du doyen VEDEL, l'économie de marché fut une sorte de traitement homéopathique qui a répondu à la complexité du monde par la complexité des interactions au sein, en deçà et au-delà de l'État. Ordre global d'évolution sociale, l'État en marche a besoin d'une organisation adéquate de son système financier afin de s'adapter à toutes les contingences.

C'est rappeler ici que les finances publiques sont « *au cœur des processus de construction et de transformation des États* »[4]. Elles sont d'ailleurs, suivant une acception très répandue, à l'origine des institutions et du système démocratique. Historiquement liées à la conquête de leur pouvoir législatif par les parlements libéraux, elles ont continué à façonner le périmètre, le rôle et la nature sociale de l'État. Elles se caractérisent par l'ambivalence de leur rapport aux institutions et à la situation économique, sociale et politique, validant ainsi cet autre constat de Gaston JÈZE, suivant lequel « *(...) de tout temps la plupart des réformes politiques et sociales ont eu des causes financières, et de très importants problèmes financiers ont été posés et résolus sous l'influence des causes politiques* »[5].

---

[1] R. HERTZOG, « La fin de l'État protecteur », *RFFP*, n° 38, 1992, p. 137.

[2] J.-P. LASSALE, « De l'État administratif à l'État stratège », *RFFP*, n° 73, 2001, pp. 87-91.

[3] *Idem.*

[4] P. BEZES & A. SINE (dir.), *Gouverner (par) les finances publiques*, Paris, Presses de science po, 2011, p. 17.

[5] M. BOUVIER, *RFFP*, n° 94, 2006, La LOLF et les institutions politiques, Éditorial, p. 2

Sur le plan interne, « *l'État administratif* », intelligent[6] ou stratège, ne peut assumer ses prérogatives de régulation économique et sociale, sa mission d'intérêt général et de production du service public, son obligation de préservation de la paix et de la sécurité publiques que par la mise en œuvre de moyens financiers.

Sur la scène internationale, l'affirmation de la souveraineté et le jeu des alliances entre États sont fonction de leurs performances économiques et de leurs capacités militaires, conditionnées, chacune, par des moyens financiers conséquents, une bonne organisation et un faible niveau de dépendance.

Prosaïquement, l'*État-capable* existe tout simplement par ses finances. Sa nature se décline en fonction des conditions qui président au choix de la dépense et aux modalités de mobilisation des moyens pour la couvrir.

La mondialisation et la globalisation des économies ont cependant démontré que, quelque capables ou intelligents qu'ils soient, les États ne pourraient garantir leur viabilité que s'ils acquièrent une dimension stratégique collective dans un ensemble relativement vaste et structuré autour de règles communes, notamment en matière de régulation des systèmes financiers publics et de gestion des finances publiques, face à un contexte d'explosion des besoins et de raréfaction des ressources, contexte amplifié par la concurrence internationale. Ainsi, la recherche de performance et d'efficacité de l'action de l'État a ouvert la voie à une dynamique de regroupement d'États dans des ensembles économiques relativement vastes, parfois sous forme de cercles concentriques, où l'harmonisation des règles semble se confondre au fédéralisme budgétaire, et au sein desquels la viabilité de chacun est fonction de la solidité de l'ensemble. L'État ne se construit plus alors seul et isolé, mais au sein d'un ensemble soumis aux mêmes règles en matière de politique économique, notamment budgétaire.

Vu sous le prisme des finances publiques, la construction de l'État s'est historiquement opérée dans un mouvement de flux et reflux, dicté par la conjoncture, suivant un processus en trois étapes : à la période dite de « l'État-gendarme » où l'État n'avait qu'un rôle résiduel dans le domaine économique et social, succéda « l'État-interventionniste » avec un rôle affirmé du budget. Cette forme se transforma vite en État-providence. Puis, s'est amorcée une mutation, brutale certes, mais inéluctable, de l'État-providence à l'État post-moderne. Chacune de ces formes se caractérise par une réalité spécifique du droit des finances publiques.

L'examen de la situation en Afrique de l'Ouest francophone montre que, des expériences solitaires et isolées qui ont suivi la période post-indépendances à la communautarisation issue du traité de l'UEMOA, la construction de l'État a

---

[6] M. BOUVIER, « L'État intelligent et la nouvelle gouvernance financière publique », *RFFP*, n° 102, 2008.

connu une évolution en deux étapes principales : de l'indépendance à l'Union monétaire, de l'Union monétaire à l'Union économique et monétaire, se caractérisant notamment par la modernisation et l'harmonisation du cadre juridique des finances publiques.

Ceci s'explique d'autant que l'État est un processus continu de construction d'un ordre juridique certes national et local, mais de plus en plus projeté sur des normes communautaires et internationales.

Dès leur accession à la souveraineté internationale, les États francophones d'Afrique de l'Ouest ont hérité des réalités de l'État-providence. Alternative libérale au socialisme et au communisme naissants, il constituait une forme alors singulière d'organisation politique dans laquelle « *garantir les individus contre la pauvreté, ou les prémunir contre les conséquences de certains risques sociaux sont d'une manière ou d'une autre des objectifs de gouvernement* »[7].

Correspondant en Europe à la période dite des « trente glorieuses », il est, en tant qu'extension et approfondissement de l'État classique, le résultat d'une évolution à la fois historique, politique, sociale et juridique : « *après la diffusion des droits civils au XVIIIe siècle, celle des droits politiques dans le courant du XIXe siècle, le XXe siècle est (...) celui d'un troisième stade dans la transformation de la forme étatique, qui se caractérise par une généralisation des droits sociaux constitutive d'une forme plus pleine de (...) citoyenneté sociale* »[8]. Sa caractéristique principale réside dans la mise en place de dispositifs spécifiques puis universels d'assistance aux populations démunies. Sa forme la plus achevée est celle qui s'est dessinée dans les pays nordiques au cours des années 1970. En effet, « *universaliste et redistributif, déplaçant l'attention de la lutte contre la pauvreté à la lutte contre les inégalités, le modèle scandinave supplante (...) le* welfare state *britannique comme idéal-type de l'État-providence* »[9]. Cependant, le terme même d'« État-providence » est un singulier qui masque mal la diversité des contextes et des situations nationales. Il y aurait donc *des* États-providence[10].

La conséquence logique de l'État-providence se traduit dans la loi dite de Wagner, loi d'accroissement continu des dépenses publiques. Système critiqué

---

[7] D. RENARD, « Les trois naissances de l'État-providence », *Pouvoirs*, n° 94, 2000, p. 19.

[8] *Idem*, p. 22.

[9] *Ibid.*, p. 25.

[10] Pour D. RENARD, en effet, même dans le contexte européen, « *on peut, comme donnée empirique représentée, lui attribuer (...) trois naissances, la première, britannique et programmatique, la deuxième, comparative et rétrospective, la troisième, polémique et politique. Prises ensemble, elles le dessinent tel qu'on le voit aujourd'hui, sans qu'il soit bien assuré que cette définition des politiques de protection sociale aide à clarifier le débat public dont elles sont l'objet* », *op. cit.*, p. 29.

et négativement connoté parce que dispendieux, la mise en doute de sa viabilité financière finit par le déconstruire et l'emporter à la fin des années 1970.

Dans le contexte des États francophones d'Afrique de l'Ouest, l'histoire de l'État-providence reste une histoire au long cours, atténuée par les programmes d'ajustement structurel. En effet, leur accession à la souveraineté internationale s'est réalisée dans une situation d'ensemble où l'État était le maître d'œuvre de tout ce qui a trait à la vie individuelle et collective, dans ses moindres détails, de la construction nationale à la recherche d'un développement économique accéléré, avec comme corollaire une mise à contribution hardie de la dépense budgétaire. Cela s'est traduit par la mise en place des infrastructures et des services, d'un système de fonction publique de carrière, et la création d'un tissu industriel relativement adapté au marché local. Essoufflé suite à la crise économique des années 1970-1980, ce modèle s'est écrasé sur les vagues de l'ajustement structurel.

La crise de l'État-providence donna alors naissance à une nouvelle organisation des systèmes financiers publics, avec le « moins d'État, mieux d'État » et une projection vers les problématiques du local et du global.

Comme le montre ce bref aperçu historique, la construction de l'État est un processus continu d'organisation du système financier public, allant de sa naissance en tant qu'institution aux transformations que lui dicte son environnement. C'est donc du rôle des finances publiques dans la formation de l'État francophone ouest-africain (**I**), et de leur contribution aux transformations dont ce dernier est l'objet (**II**) que traitera la présente contribution.

I. UNE GESTATION DIFFICILE : LE RÔLE DES FINANCES PUBLIQUES DANS LA FORMATION DE L'ÉTAT

La formation de l'État par les finances publiques s'est faite, dans les États francophones d'Afrique de l'Ouest comme ailleurs, à partir des deux variables budgétaires que sont les recettes et les dépenses. Concernant les recettes, spécifiquement grâce à la mise en place, certes difficile, d'un système fiscal centralisé (A), et l'utilisation de la dépense budgétaire comme facteur de développement et de progrès (B).

A. La difficile mise en place d'un système fiscal centralisé

« *Dans l'histoire, c'est en se construisant comme l'attribut d'un pouvoir universel que la fiscalité a permis la construction des États les plus forts* »[11]. Évoquer la fiscalité dans la formation de l'État, c'est tout d'abord rappeler que les institutions et le système démocratiques se sont consolidés à partir du principe du consentement à l'impôt, que traduit parfaitement l'article 14 de la Déclaration des droits de l'Homme et du citoyen de 1789 : « *Tous les citoyens ont le droit de constater par eux-mêmes ou par leurs représentants, la nécessité de la contribution publique, de la consentir librement, d'en suivre l'emploi, et d'en déterminer la quotité, l'assiette, le recouvrement et la durée.* » Ce principe consolide non seulement la légitimité politique du prélèvement fiscal, mais assure également l'ancrage social de l'institution.

Affirmer l'importance de la fiscalité dans le processus de construction de l'État, c'est établir ensuite que depuis l'époque antique, les grands empires se sont constitués et ont assuré leur rayonnement grâce à l'organisation d'un système de prélèvements obligatoires, d'abord pour lever et entretenir une armée, ensuite pour assurer protection et bien-être aux populations. En effet : « *Les États-nations se sont construits au moyen d'appareils fiscaux centralisés dont on trouve les racines dans l'histoire antique et médiévale même si les impôts modernes se distinguent aussi bien du "tribut" des cités grecques et de l'Empire romain que du prélèvement seigneurial.* »[12]

Mais la formation de l'État en Afrique de l'Ouest francophone n'a pas suivi un tel processus. Néanmoins, il est possible de soutenir que l'impôt a joué, certes dans la douleur, un rôle dans la formation de l'État. En effet, « *au lendemain des indépendances, en dépit des tâtonnements dans la construction d'un système fiscal adapté, il est évident que l'impôt est à la fois un moyen de financement des nouveaux États et un outil de politique économique et sociale* »[13].

Nés de la succession à l'état de fait colonial, ces États ont directement été confrontés à la réalité de l'État-providence. De ce fait, la configuration de leurs

---

[11] M. BOUVIER, Éditorial, *RFFP*, n° 108, octobre 2009, p. 6.

[12] R. PELLET, *Droit financier public*, t. 2, Paris, PUF, Thémis droit, 2021, p. 31. L'auteur précise que « *jusqu'au début des années quatre-vingt, la thèse de Max Weber a prévalu, selon laquelle les États modernes – définis par la détention du "monopole de la violence légitime" au moyen d'une administration centralisée, de corps de fonctionnaires spécialisés et de budgets réguliers – se sont formés au XVI*^e^ *siècle lorsque les guerres ont justifié l'augmentation de la pression fiscale pour financer l'expansion des forces armées, la répression des rébellions populaires et le versement de rétributions sociales diverses* ».

[13] P. THEOUA-N'DRI, « Perceptions africaines et conception de l'impôt », *in* N. MÉDÉ et M. DEBENE (dir.), *Les finances publiques entre globalisation et dynamiques locales. Mélanges en l'honneur de Diarra Eloi et Yonaba Salifou*, Dakar, L'Harmattan, p. 324.

systèmes fiscaux, héritée de l'époque coloniale, restait souvent inadaptée et décalée de la réalité sociale. L'examen des situations nationales laisse cependant apparaître quelques particularités : « *il existe parfois* (des) *systèmes fiscaux nationaux cohérents et bien pensés alors que certaines législations sont plus chaotiques et en chantier permanent* »[14]. Toutefois, l'impôt y a conservé ses fonctions principales traditionnelles, quoiqu'imparfaitement assumées. Pour que le système fiscal joue un rôle significatif dans la construction et la consolidation de l'État, il doit réaliser un équilibre entre les trois fonctions essentielles de l'impôt. Là réside la complexité dans la mise en adéquation des systèmes fiscaux avec les réalités spécifiques des États et la construction d'une fiscalité socialement juste et économiquement rentable : la fonction financière originelle, la fonction économique et la fonction sociale. La fonction financière ou fonction budgétaire constitue la fonction première du prélèvement fiscal, celle dans laquelle les libéraux souhaitaient le cantonner, notamment dans une position de neutralité par rapport à l'économique et au social. Ici, l'impôt est considéré comme un moyen d'allocation de ressources au Trésor, ressources sans lesquelles le contrat ne tiendrait plus entre les individus et l'État. En effet, les défaillances de ce dernier dans ses tâches régaliennes, surtout la justice, la sécurité et la protection des personnes et de leurs biens, pourraient constituer autant de facteurs de conflits qui accroîtraient la défiance des individus envers l'État et créer des situations favorables à la rupture de la paix et de la tranquillité. La définition même de l'impôt[15] fait état de sa nécessité pour la couverture des charges publiques, c'est-à-dire « *celles qui découlent, pour les autorités publiques, de l'exercice de fonctions indispensables à l'organisation de la vie en société et au maintien de l'ordre* »[16]. Cette fonction reste essentiellement prégnante dans les États francophones d'Afrique de l'Ouest. Au Burkina Faso par exemple, la fiscalité est, selon Sylvain OUEDRAOGO, « *un système à rendement modéré, la course au recouvrement des recettes étant privilégiée au détriment de la justice fiscale* »[17], avec toutefois un taux de pression fiscale de l'ordre de 12 % à 14 %, en deçà de la norme communautaire de 20 %. En réalité, cette moyenne masque mal une pression qui « *repose essentiellement sur la fiscalité d'entreprise* », qui supporte 84 % des recettes fiscales nationales rien que pour les seules grandes entreprises[18]. La fiscalité des personnes physiques,

---

[14] Th. OBRIST, T.-G., KALONJI (dir.), *Droit fiscal en Afrique subsaharienne francophone*, Bruylant, 2022, p. 2.

[15] Conçu par P. BELTRAME et L. MEHL comme « *une prestation pécuniaire, requise des personnes physiques ou des personnes morales de droit privé, voire de droit public, d'après leurs facultés contributives, par voie d'autorité, à titre définitif et sans contrepartie déterminée, en vue de la couverture des charges publiques ou à des fins d'intervention publique* », *Techniques, politiques et institutions fiscales comparées*, Paris, PUF, 1997, pp. 45-46.

[16] P. BELTRAME, L. MEHL, *Ibid.*, p. 42.

[17] S. OUEDRAOGO, *in* Th. OBRIST, T.-G., KALONJI (dir.), *op. cit.*, p. 43.

[18] *Idem*, p. 94.

« *surtout liée aux impôts fonciers, demeure le grand défi à relever pour l'administration fiscale, qui peine à atteindre un recouvrement de 10 % au regard du potentiel existant* »[19]. Néanmoins, relève l'auteur, « *il faut reconnaître que l'administration fiscale est dans un vaste chantier de modernisation de ses procédures avec les nouvelles technologies de l'information et de la communication après avoir traversé une période de gestion assez archaïque qui a eu des effets pervers non seulement sur la mobilisation des recettes mais également sur la sécurité des fonds collectés* »[20].

Un des axes majeurs de la stratégie de mobilisation des recettes prend forme dans la mise en place de factures certifiées ou normalisées, notamment pour contrer les fraudes à la TVA, d'en avoir une traçabilité et faire échec aux déductions indues et aux fausses facturations sur la base d'opérations fictives[21]. Cela permettrait également de limiter, voire d'éradiquer, les phénomènes de minoration de chiffre d'affaires ou tout autre maquillage du bilan des entreprises. C'est notamment le cas au Bénin[22], au Burkina Faso, au Niger, tout comme en Côte d'Ivoire ou au Sénégal.

Cependant, si la fonction financière de l'impôt permet à l'État de couvrir les charges publiques au sens strict[23], elle n'est pas suffisante pour la consolidation du vivre-ensemble, qui passe par une jonction nécessaire entre justice fiscale et justice sociale.

La fonction économique voudrait que l'impôt soit un moyen d'action sur l'économie, notamment sous la forme d'un interventionnisme conjoncturel, par pression ou par dépression. Elle s'analyse au fait que, « *en modifiant, par des mesures temporaires ou permanentes, le volume et la répartition du prélèvement fiscal, et en influençant ainsi le niveau des activités, l'importance de la consommation et le montant des épargnes individuelles, l'État peut agir sur la conjoncture (...) ou sur les structures (...)* »[24].

---

[19] *Ibid.*

[20] *Ibid.*

[21] Un mode opératoire, qui a fait perdre à l'État burkinabè 16 953 658 631 francs CFA, consistait, pour certains opérateurs, à « *recourir à des facturations croisées, la délivrance de fausses factures sur la base d'opérations fictives entre leurs entreprises et leurs clients (composés d'une soixantaine de sociétés), dans l'intention de déduire indûment la TVA. Ils utilisaient également les numéros IFU de leurs entreprises pour des importations frauduleuses au profit d'autres entreprises qui ne désiraient pas s'immatriculer auprès de l'administration publique* ». Voir S. OUEDRAOGO, *op. cit.*, p. 97.

[22] Au Bénin, les factures sont éditées à partir de la plateforme en ligne de la DGID ou à partir de machines électroniques de facturation agréées.

[23] Celles découlant de l'exercice des fonctions indispensables à l'organisation de la vie en société et au maintien de l'ordre.

[24] P. BELTRAME, L. MEHL, *op. cit.*, p. 315.

Dans l'espace francophone d'Afrique de l'Ouest, ces leviers sont peu ou mal usités, malgré l'impulsion de l'Union économique et monétaire. Cela s'explique par l'importance d'un secteur informel peu maîtrisé, la faible diversification des activités et des secteurs économiques, mais également par un déficit en matière de ressources humaines, et surtout en matière de fiscalité internationale. En effet, « *les lacunes dans la formation des fonctionnaires fiscaux sont particulièrement mises en évidence dans le contexte des prix de transfert. Alors même que ce domaine (...) est d'importance primordiale en lien avec les activités extractives et le commerce des matières premières* »[25], les compétences techniques dans le pays d'Afrique de l'Ouest francophone demeurent faibles. Ceci, explique l'auteur, « *est particulièrement préoccupant quand on sait que de nombreux budgets étatiques trouvent un équilibre déjà précaire uniquement par l'exploitation des ressources naturelles* »[26]. Au Bénin par exemple, « *jusqu'en 2019, il n'existait pas (...) un cadre juridique spécifique aux prix de transfert* »[27]. La solution juridiquement et pratiquement convenable a alors consisté, pour le législateur béninois, à l'occasion du vote de la loi de finances initiale pour 2020, d'effectuer une greffe de l'article 57 du Code général des impôts français. Ce qui pose, du point de vue même des auteurs d'un rapport sur le droit fiscal en République du Bénin, « *la question de son efficacité dans le contexte béninois* »[28].

La fonction sociale est plus diversifiée et entre constamment en opposition avec la fonction financière. En effet, si l'interventionnisme social par l'impôt atteint sa cible, l'impact pourrait se révéler résiduel sur le rendement du prélèvement fiscal. Elle suppose en effet que l'impôt soit un instrument au service de la justice et de l'équité. Pour ce faire, une juste répartition de la charge fiscale entre contribuables est nécessaire. La notion de « facultés contributives » qui fait corps avec la définition contemporaine de l'impôt suppose un aménagement de son assiette et/ou de son champ d'application pour tenir compte des situations particulières, et imposer à la fois en fonction de la capacité économique et des charges sociales de l'assujetti.

Les systèmes fiscaux des États d'Afrique de l'Ouest francophone contiennent de tels dispositifs, ne serait-ce qu'en matière d'imposition des revenus. La réalité est cependant que, globalement, la fonction sociale se rétrécit au profit de la fonction budgétaire. S'y ajoute le phénomène pervers de la fraude et de l'évasion

---

[25] *Idem*, p. 5.

[26] *Ibid.*

[27] N. MÉDÉ, S. C. HOUNDEFFO, I. M. MÉDÉ, *in* Th. OBRIST et T-G. KALONJI, *op. cit.*, p. 25, qui précisent que : « *Des échanges avec des cadres de l'administration fiscale, il ressort qu'ils ne sont pas friands de dossiers de fiscalité internationale encore moins de ceux relatifs aux prix de transfert parce qu'ils sont trop complexes* ».

[28] *Idem.*

fiscales à grande échelle, qui fausse le principe d'égalité devant l'impôt et prive les États de ressources substantielles pour leur développement. En effet, les systèmes fiscaux des États membres de l'UEMOA se caractérisent essentiellement par leur iniquité. Ceci se traduit par une pression fiscale globalement faible, mais comprimée sur un nombre très réduit de contribuables. Au Sénégal, par exemple, en dépit de l'ambition affichée de mettre en place « *un système fiscal plus équitable et transparent qui favorise le développement durable* » conformément au programme Tax Equity, sur 6 000 000 d'assujettis à l'impôt recensés, 85 000 seulement s'acquittent de leurs obligations fiscales[29]. Il s'agit là d'une préoccupation majeure pour les systèmes fiscaux d'Afrique subsaharienne dans son ensemble.

Pour Eloi DIARRA, « *si (la) pression fiscale demeure ridiculement basse, c'est aussi que la fuite devant l'impôt est un fléau largement partagé dans ces États et qui se traduit par les sous-déclarations des particuliers, des entreprises et des sociétés* »[30], notamment les multinationales qui « *mettent en œuvre des opérations intra-groupes afin de réaliser des optimisations fiscales qu'il n'est pas toujours aisé de déceler et de redresser quand elles confinent à l'abus de droit* »[31]. En outre, la perspective des Accords de Partenariat Économique (APE) est porteuse de perte de recettes pour les budgets nationaux, notamment en matière de fiscalité de porte. La mobilisation des recettes internes reste de ce fait un objectif principal de la « transition fiscale » des États. L'exemple de la Côte d'Ivoire montre « *qu'en dépit des réformes engagées depuis 2012, le ratio des recettes fiscales au PIB est demeuré relativement faible, à environ 16,5 % en 2017* ». Ainsi, « *les estimations de l'effort fiscal et du taux de pression fiscale optimale suggèrent que la Côte d'Ivoire dispose d'une marge importante pour collecter davantage de recettes* »[32]. Le débat technique est de ce fait aujourd'hui « *alimenté par la transition fiscale de deuxième génération, avec ses nombreuses contraintes. Il s'agit pour les États de procéder à la réforme de la structure de leurs recettes fiscales en privilégiant la mobilisation de la fiscalité intérieure, en vue d'un transfert progressif de la pression fiscale, de la fiscalité de porte vers la fiscalité intérieure* »[33].

---

[29] Chiffres avancés par le Directeur général des Impôts et domaines lors d'une « Journée de réflexion scientifique » intitulée « Regards croisés sur la mobilisation des ressources fiscales à travers le programme Yaatal », organisée le mercredi 05 octobre 2022 au Radisson Blu, à Dakar.

[30] E. DIARRA, « Forces et faiblesses des finances publiques ou heurs et malheurs des finances publiques en Afrique noire francophone », *in* Nicaise MÉDÉ et Marc DEBENE (dir.), *Les finances publiques entre globalisation et dynamiques locales. Mélanges en l'honneur de Diarra Eloi et Yonaba Salifou, op. cit.*, p. 174.

[31] *Idem.*

[32] N.-F. KOUAME, P. DAGOU, *in* Th. OBRIST et T.-G. KALONJI, *op. cit.*, p. 317.

[33] P. THEOUA-NDRI, *op. cit.*, p. 332

Il s'agit ici d'un véritable paradoxe au regard de l'énorme potentiel en matière de recettes fiscales, pourtant inexploité, que constitue la fiscalité internationale, spécifiquement dans le domaine du pétrole, des mines, et des prix de transfert. Les États ont adopté, sous l'égide de l'UEMOA, un programme dit de « transition fiscale », avec les décisions 10/2006/CM/UEMOA[34], 34/2009/CM/UEMOA[35] et 35/2009/CM/UEMOA[36] du 17 décembre 2009 dont l'objectif est de relever le niveau de pression fiscale afin de faire face aux défis de l'explosion des besoins et de la raréfaction des ressources, notamment en matière de fiscalité de porte.

La centralisation du système fiscal et sa capacité à remplir l'ensemble de ses fonctions seraient virtuelles dans la formation et la consolidation de l'État si les ressources ainsi générées n'étaient pas dépensées pour améliorer le bien-être des populations. C'est donc également à travers la dépense budgétaire que se construit l'État, en ce sens qu'elle constitue un facteur de développement et de progrès.

B. L'utilisation de la dépense budgétaire comme facteur de développement et de progrès

La dépense budgétaire est au centre de la problématique des finances publiques. « *Tout l'édifice institutionnel, politique, normatif et administratif créé au fil de l'histoire des États modernes ne se justifie que pour mettre en œuvre des dépenses.* »[37] Instrument de financement des politiques publiques, la dépense budgétaire participe à la formation et à la consolidation de l'État. À condition toutefois, conformément au nouveau cadre harmonisé des finances publiques au sein de l'UEMOA, de résoudre les équations liées à son utilité et à sa soutenabilité.

Utilité en ce sens que l'utilisation de la richesse collective doit avoir un impact sur la vie des populations, sur la production du service public et, au-delà, sur le bien-être collectif. D'une part, « *on ne peut comprendre, et donc piloter nos systèmes de finances publiques qu'après avoir clarifié la place et le contenu de*

[34] Portant adoption du programme de transition fiscale au sein de l'UEMOA, dont l'objectif affiché est de porter la pression fiscale dans chacun des États membres de 14,5 % à 20 % du PIB, sur la période 2006-2020.

[35] Portant adoption des critères et des indicateurs de la transition fiscale au sein de l'UEMOA.

[36] Portant création du dispositif institutionnel de suivi du programme de transition fiscale au sein de l'UEMOA.

[37] B. CHEVAUCHEZ, « La dépense publique, au cœur de nos systèmes de finances publiques », *RFFP*, n° 77, 2002, p. 28.

la dépense »[38], d'autre part, « *la première urgence est de se donner les moyens de mesurer l'utilité des dépenses publiques* »[39]. Dans cette perspective, la structure des dépenses publiques doit être adaptée à la conjoncture économique et aux circonstances historiques et politiques des États, dans le temps et dans l'espace. Les dépenses de souveraineté, notamment celles liées à la défense nationale, à l'ordre et à la sécurité publics prennent une part significative dans l'allocation des ressources budgétaires des États d'Afrique de l'Ouest francophone, en raison de la recrudescence de l'insécurité intérieure et transfrontalière. Dans cette perspective, de nombreux pans de production de service public, comme la santé et l'éducation, en subissent les contrecoups.

Soutenabilité au regard du hiatus entre l'explosion des besoins et la stagnation, voire le rétrécissement, des ressources. La loi d'accroissement des dépenses a eu pour conséquence directe un tassement des perspectives budgétaires, et le niveau atteint par la dépense budgétaire bute sur une contrainte de financement. Cela s'est traduit, dans les États d'Afrique de l'Ouest francophone au moins, par un triple paradoxe. D'un côté, le « moins d'État » s'est matérialisé par le retrait de l'État de certains secteurs de la vie collective alors même que les besoins étaient de plus en plus affirmés. De l'autre, en dépit de la recommandation du Conseil d'administration du FMI, lors de sa session du 31 mars 2017 à Washington, de « *se concentrer sur les réformes visant à accroître la mobilisation des recettes budgétaires et à contenir les dépenses courantes tout en protégeant les dépenses sociales et d'investissement prioritaires* », le « mieux d'État » s'est traduit par une paupérisation de la vie sociale et des leviers du développement économique. Au nom d'une classification économique des dépenses[40] contestable, les secteurs de l'éducation, de la santé et l'aide aux populations ont subi les foudres de l'ajustement structurel. En même temps et paradoxalement, les contraintes du financement de la dépense se sont traduites par une accumulation de déficits qui ne peuvent être financés ni exclusivement par l'impôt ni accessoirement par la création monétaire en raison, d'un côté, du niveau de pauvreté des populations et d'une administration fiscale encore tatillonne dans certains États, et d'un autre côté, des engagements internationaux de la zone UEMOA. Enfin, en dépit d'un accroissement significatif de la dépense, la qualité des services rendus aux citoyens demeure particulièrement médiocre, ce qui pose à la fois le problème de son efficience et celui de son efficacité.

---

[38] *Idem*, p. 29.

[39] *Ibid*, p. 30.

[40] Qui voudrait que les dépenses consacrées à l'éducation et à la santé notamment ne soient pas des dépenses d'investissement mais des dépenses de consommation improductives et devraient de ce fait être discriminées dans l'allocation des crédits budgétaires.

Le recours au déficit supposerait alors un financement alternatif par la dette, ce qui constitue, pour les États sous étude, une contrainte particulière, surtout envisagée sur le moyen et le long terme. Or, « *le recours permanent au déficit entraîne le basculement dans une dérive auto-entretenue de la dette et des charges d'intérêts, conduisant l'État à emprunter à la seule fin d'assurer le service de la dette* »[41]. Pour pallier une telle situation qui impacterait négativement les finances publiques, ne faudrait-il pas, encore une fois, emprunter aux collectivités territoriales[42] le principe de prudence, formellement consacré par la directive 01/2011 de l'UEMOA ?[43] C'est-à-dire tendre vers une stratégie consistant à fixer les perspectives de dépenses à un niveau inférieur à la croissance attendue, afin d'en mieux maîtriser l'accroissement. La raison tient au fait que « *le choix d'un objectif d'évolution des dépenses indépendant de la conjoncture, et non d'un objectif de solde, permet aux finances publiques de jouer un rôle régulateur de l'activité économique en laissant fonctionner "les stabilisateurs automatiques" en recettes* »[44]. La conséquence ultime produirait un effet d'éviction des dépenses utiles pour le bien-être des populations par les charges d'intérêts de la dette. De ce fait, l'assainissement des finances publiques devrait prioritairement passer par la maîtrise des déficits et la recherche de l'efficacité de la dépense.

Pour ces raisons, il est important de porter une attention particulière sur la mise en ordre des finances publiques, notamment sur l'orthodoxie selon laquelle l'emprunt devrait exclusivement être consacré à des dépenses d'investissement, au nom à la fois de la soutenabilité des finances publiques et de l'équité entre les générations.

---

[41] *Idem.* Les États d'Afrique de l'Ouest francophone étaient entrés dans un cycle si pernicieux de la dette qu'ils ont dû bénéficier, y compris les mieux « nantis », du programme Pays pauvres très endettés (PPTE) et bénéficier d'une remise de dettes.

[42] Déjà, la démarche de performance entamée par le nouveau cadre harmonisé des finances publiques a emprunté aux collectivités territoriales le débat d'orientation budgétaire, la consécration en droit positif du principe de sincérité, voire une conception de l'équilibre budgétaire, le « cercle vertueux » vote du compte administratif/vote du budget primitif ainsi que d'autres principes comptables.

[43] Portant régime financier des collectivités territoriales au sein de l'UEMOA.

[44] S. MAHIEUX, « La maîtrise des dépenses publiques », *RFFP*, n° 77, mars 2002, p. 42. L'auteure précise « *dans les phases de ralentissement de l'activité, la stabilité de l'évolution des dépenses combinée au ralentissement spontané des recettes creuse temporairement le solde des administrations. Cette baisse du solde injecte du revenu dans l'économie et soutient (...) l'activité. Symétriquement, dans les phases d'accélération de l'activité, la stabilité de l'évolution des dépenses et la hausse des recettes aboutissent à une hausse du solde, qui tend à réduire les tensions inflationnistes. A contrario, avec un objectif de solde, un ralentissement imprévu de l'activité conduirait à compenser la baisse des recettes par une restriction non programmée des dépenses ou par des hausses d'impôts, contribuant à accroître la dépression de l'activité. En phase haute de la conjoncture, l'ancrage des finances publiques sur une norme de dépenses permet d'éviter la dilapidation des recettes de nature exceptionnelle par des dépenses pérennes* ».

Le deuxième aspect de cette marche inexorable de l'État financier s'est traduit, sous le poids de contraintes diverses, par une mutation structurelle : l'explosion des besoins et le rétrécissement des ressources pour y faire face ont généré un nouveau paradigme et accéléré la transformation de l'État. La recherche de performance dans la gestion et d'efficacité dans l'action s'est traduite par un redéploiement et une organisation du système financier public en deçà et au-delà de l'État.

II. Une croissance sous contraintes : la contribution des finances publiques aux transformations de l'État

Si la formation de l'État s'est opérée par le moyen de la recette et de la dépense budgétaires, sa transformation s'est faite suivant un double mouvement : d'abord, un mouvement descendant, avec la décentralisation et une tendance à la territorialisation des politiques publiques ; ensuite, un mouvement ascendant de communautarisation, dans le cadre de l'Union économique et monétaire. Historiquement, l'évolution s'est faite en premier lieu en deçà de l'État, par l'aménagement d'un espace local de proximité (A), dans un deuxième temps au-delà, à travers la création d'un espace global de solidarité (B), matérialisé par la mise en place d'un cadre harmonisé, notamment en matière de finances publiques. Cela soulève de nouvelles problématiques, relativement bien maîtrisées, mais mal assumées.

A. L'aménagement d'un espace local de proximité : transformation en deçà de l'État

C'est à partir du local que s'est amorcée la transformation de l'État. Conformément au constat du doyen VEDEL, « *l'expérience décentralisatrice a fait naître des types de gestion financière en progrès sur l'archaïsme des modes administratifs traditionnels* »[45]. Entamée pour répondre à une démocratisation à la base et pour rationaliser la gouvernance territoriale de l'État, la décentralisation est, historiquement, la première mutation de l'État unitaire tel que connu en Afrique de l'Ouest francophone. Les premières expériences remontent à 1872 avec notamment la création des communes de Dakar, Rufisque, Gorée et Saint-Louis. Le mouvement s'est poursuivi par la suite dans

---

[45] G. VEDEL, « Décentralisation et finances locales : clés pour la réflexion », *RFFP*, n° 38, 1992, p. 13.

l'ensemble des territoires d'outre-mer pour se perfectionner après l'accession des États à l'indépendance. À l'époque cependant, la décentralisation poursuivait plus des objectifs politiques d'assimilation et d'exclusion qu'un agencement du cadre de gestion des finances publiques. Néanmoins, tout phénomène de société ayant un aspect économique et financier qui le structure, la décentralisation a inévitablement évolué vers l'octroi aux collectivités ainsi créées d'une autonomie financière et de gestion, compatible avec la réorganisation de l'État. Il s'agit alors de l'aménagement d'un espace de proximité pour mieux distiller les droits liés à l'État territorial, répartir les compétences et les ressources dans une perspective de développement à la base. En adaptant les solutions aux lieux et aux milieux, cette réorganisation répond aux contraintes d'efficacité du service public et conduit à une approche transversale du développement et à la promotion du bien-être des citoyens. En effet, « *la territorialisation de l'action publique est (...) un gage d'efficacité, surtout si elle donne une visibilité interne et externe à des périmètres dans lesquels se réveillera et se développera un sentiment d'appartenance qui renforcera la valorisation des ressources locales* »[46]. L'objectif est ici de promouvoir un développement harmonieux et durable sur l'ensemble du territoire à travers la convergence des efforts des collectivités décentralisées dont l'État assure la coordination des objectifs et la définition des moyens. Décentraliser, c'est donner un second souffle à l'État, c'est concevoir une nouvelle dynamique de développement, c'est rapprocher, au-delà de la déconcentration, la décision des populations qu'elle concerne.

La décentralisation implique aujourd'hui une réorganisation financière et un partage du portefeuille fiscal entre les collectivités territoriales et l'État, dans une perspective de contention de la pression fiscale globale[47]. Il s'agit, dans les États francophones d'Afrique de l'Ouest, d'une évolution encore inachevée. Elle a ses propres exigences en matière de redéploiement du système financier public. Le rôle de l'État pourrait se résumer ici dans la garantie de trois principes essentiels[48] : le respect des règles et la transparence, la mise en œuvre de la solidarité financière entre les collectivités, et l'articulation de l'ensemble du processus de financiarisation du local en fonction d'objectifs à long terme[49]. Ainsi, pour qu'elles prennent une part active dans la transformation de l'État, les finances des collectivités territoriales doivent répondre, essentiellement, à une

---

[46] J.-P. JAMBES et P. TIZON, « Projets et territoire : vers de nouveaux modes de gouvernement local ? », *in* R. Le SAOUT, *L'intercommunalité, logiques nationales et enjeux locaux*, Presses universitaires de Rennes, 1997, p. 150.

[47] Le contribuable local étant en même temps un contribuable national.

[48] Voir J.-P. SUEUR, « Les relations financières avec l'État », *RFFP*, n° 38, 1992, p. 19.

[49] Notamment la prise en compte de l'intercommunalité et la spécialisation fiscale des niveaux de collectivités territoriales et une péréquation fiscale horizontale.

double exigence : celle du financement et celle de l'organisation des mécanismes de solidarités territoriales.

D'abord, en matière de financement, le constat est que les Constitutions ont consacré un principe de libre administration[50] sans autonomie financière véritable[51]. Or, « *il ne peut y avoir exercice d'attributions effectives sans un minimum d'autonomie financière, indissociable (...) de la libre administration* »[52]. Cela se traduit par un périmètre budgétaire réduit et obsolète qui obère la capacité des collectivités à prendre en charge le développement à la base, un niveau très faible de mobilisation des ressources, ainsi que le poids des compétences transférées et mal compensées par l'État.

Ensuite, un des traits caractéristiques des finances des collectivités territoriales dans les États d'Afrique de l'Ouest francophone réside dans les inégalités horizontales de richesses, induites à la fois par des facteurs géographiques et naturels[53], la localisation des potentiels fiscaux et les effets déstructurants de la fiscalité sur les politiques d'aménagement du territoire. Ici, la conséquence se traduit par la difformité de l'État territorial avec le développement des îlots d'opulence dans une mer de pauvreté, la désertification des périphéries et l'exode des populations vers les centres urbains, avec comme conséquence les phénomènes d'entassement, d'insécurité et de paupérisation des banlieues.

La décentralisation serait une véritable amorce de développement global si, dès le départ, les enjeux de développement et de gestion économique des territoires l'avaient emporté sur les considérations politiques. Par cercles concentriques, le développement de chaque terroir aurait un impact déterminant sur le développement national. À cette fin, une bonne organisation du système local est nécessaire grâce non seulement à une répartition équitable du portefeuille des impôts entre État et collectivités territoriales[54], mais également à un mécanisme de solidarités territoriales dont l'État assurerait la définition des

---

[50] Art. 102 de la Constitution sénégalaise du 22 janvier 2001, art. 164 de la Constitution nigérienne du 25 novembre 2010, art. 145 de la Constitution burkinabè du 02 juin 1991, art. 151 de la Constitution béninoise du 11 décembre 1990.

[51] Voir M. ZAKI, « Les entraves à l'autonomie financière des collectivités locales au Sénégal », *Afrilex*, 2014 (en ligne).

[52] L. PHILIP, « L'autonomie financière des collectivités territoriales », *Les cahiers du Conseil constitutionnel*, n° 12/2002, p. 96.

[53] Richesse des territoires, position centrale ou périphérique, facteurs liés à la démographie et à la géographie physique, etc.

[54] En articulant toutefois cette nécessité avec les engagements des États à travers le Pacte de convergence, de stabilité, de croissance et de solidarité de l'UEMOA. Au surplus, cela exige évidemment une bonne maîtrise de tels enjeux ainsi que de l'économie et de la gestion financière des territoires. Ce qui, pour le moment, constitue une véritable contrainte pour les États d'Afrique noire francophone.

règles et la coordination des objectifs. Or, en Afrique noire francophone, les déterminants des systèmes de décentralisation semblent avant tout politiques : le découpage territorial, autant que le mode de fonctionnement des communes, sont pleins d'arrière-pensées politiques.

Même s'il n'est pas exempt de tout reproche, l'exemple sénégalais pourrait constituer une grille de lecture médiane de la quête de l'État territorial à travers la réorganisation de son système local financier. Des tentatives plus ou moins couronnées de succès ont abouti à une série de réformes, introduites d'abord par la loi 2013-10 du 28 décembre 2013 portant Code général des collectivités locales[55]. Ensuite, à partir de 2018 s'est amorcée une réorganisation des interventions de l'État et un réaménagement du dispositif fiscal, avec une réforme de la patente[56]. La création d'un ministère de l'Équité territoriale et de la Solidarité nationale participe de cette entreprise.

L'État intervient à partir du fonds de dotation de la décentralisation[57] et du fonds d'équipement des collectivités territoriales[58]. Ce dernier a subi, avec la loi 2018-16 du 08 juin 2018 et le décret 2018-1250 du 06 juillet 2018, une réforme d'envergure : afin de le mettre en adéquation avec les objectifs de développement des collectivités territoriales et les impératifs de solidarité, le rapport de présentation du décret précise que l'objectif visé, qui s'inscrit en droite ligne de l'Acte III de la décentralisation, est de « *doter le Sénégal de territoires viables, compétitifs et porteurs de développement durable* » dans le cadre d'une refondation majeure de l'action territoriale de l'État. Dans cette perspective, précise le décret, « *il convient de mettre l'accent sur la mise en place d'un système intégré et pérenne de financement des collectivités territoriales, tout en procédant à la réforme des mécanismes de transfert financier, notamment le Fonds d'Équipement des Collectivités territoriales* ». Il s'agit ainsi de « *promouvoir les principes d'équité, de solidarité et de coopération territoriale, ainsi que la prévisibilité dans les transferts financiers dont il faut procéder au*

[55] La suppression des communautés rurales et la communalisation intégrale instituée par la loi ont réintroduit dans le système local sénégalais d'importantes ressources fiscales qui lui échappaient, du fait de la localisation de l'assiette dans le ressort des communautés rurales qui ne pouvaient prélever qu'une « taxe rurale » sur les assujettis.

[56] Abrogée par l'article 60 de la loi 2018-10 du 30 mars 2018 portant modification de certaines dispositions du Code général des impôts, instituant une contribution économique locale.

[57] Institué en vue de la compensation des charges induites par les compétences transférées et financé par un versement de 3,5 % du montant de la TVA collectée au profit du budget de l'État « *telle qu'elle résulte de la dernière gestion connue* ».

[58] Censé apporter aux collectivités territoriales des ressources pour leurs investissements, notamment en matière d'équipements collectifs.

recentrage, pour en faire un mécanisme adapté à l'amélioration de la gouvernance budgétaire et à l'offre de services publics aux populations »[59].

Aux termes de l'article 2 du décret, le fonds a désormais pour objectif non seulement d'accroître les capacités d'investissement des collectivités territoriales, mais également d'assurer leur autonomie.

Les ressources du fonds sont désormais octroyées sur la base d'enveloppes ciblées, entre communes et structures de coopération intercommunale, départements et villes.

À cet effet, l'Agence nationale de la statistique et de la démographie est sollicitée pour fournir des indicateurs, par la combinaison de trois critères : la population de chaque collectivité territoriale, pour déterminer une allocation minimale par habitant, le taux de pauvreté afin de favoriser les collectivités les plus démunies, et la densité de la population, dans le but de favoriser les territoires ruraux en ciblant les communes de moins de deux cent cinquante (250) habitants au km^2. Ces données permettent de calculer un Coefficient annuel d'équité territoriale par habitant qui servira de base à la répartition de chacune des enveloppes du fonds. Pour les départements, le coefficient annuel d'équité territoriale est calculé sur la base de la moyenne pondérée des coefficients annuels d'équité territoriale des communes qui les composent. Les enveloppes instituées par la réforme sont au nombre de quatre :

- Une enveloppe à titre d'allocation globale d'équipement, constituée de 70 % du montant global du fonds. 15 % reviennent aux villes, 70 % aux communes et 15 % aux départements. Elle est subdivisée en deux sous-enveloppes : une part fixe, également répartie entre ordres de collectivités territoriales (villes/communes/départements), et une part variable, calculée en fonction de critère démographique pondéré d'un coefficient annuel d'équité. La part fixe allouée aux départements représente 80 % de l'enveloppe globale qui leur est affectée[60]. Pour les communes et les villes, elle représente 25 % de l'enveloppe globale affectée à ces ordres de collectivités territoriales[61].

- Une enveloppe à titre d'allocation spéciale, constituée de 15 % du montant global du fonds et destinée aux communes, « *en fonction de situations particulières ou exceptionnelles* ». Elle peut leur être versée à travers des projets exécutés par des agences ou autres structures intervenant dans le développement local.

- Une enveloppe à titre d'allocation d'interterritorialité, représentant 5 % du montant global du fonds, pour encourager les structures de coopération

---

[59] Exposé des motifs.

[60] 20 % de part variable.

[61] 75 % de part variable.

interterritoriale, c'est-à-dire une mutualisation des compétences, des services et des ressources entre collectivités.

- Une enveloppe à titre d'allocation de performance, représentant 10 % du montant global du fonds. Elle est, à l'instar de l'allocation globale d'équipement, composée d'une part fixe et d'une part variable. La part variable est répartie sur la base d'une dotation par habitant, compte tenu du coefficient annuel d'équité. Elle est destinée à récompenser les efforts des Conseils locaux en matière de gouvernance à partir de critères arrêtés par le ministre chargé des Collectivités territoriales.

La réforme de la patente par la loi 2018-10 du 30 mars 2018[62] poursuit les mêmes objectifs : veiller à une équité territoriale entre collectivités en créant, à partir de la valeur ajoutée des entreprises contributrices, un ensemble de trois enveloppes destinées à la répartition équitable d'une contribution qui naguère introduisait un élément de distorsion importante de richesses : un « *guichet allocation minimale* »[63], un « *guichet stabilisation* »[64] au profit de celles qui, par le fait de la réforme, subiraient des pertes de recettes[65], et un « *guichet équité territoriale* »[66]. La vocation affichée est l'introduction d'un mécanisme de péréquation qui s'effectue sur la base de deux critères : l'indice de population et l'indice de pauvreté des communes, avec un coefficient de pondération de 40 % sur la base du critère démographique, 60 % en fonction de la pauvreté[67]. À cet effet, au plus tard au 31 janvier de chaque année, le ministre chargé des Collectivités territoriales saisit l'Agence nationale de la statistique et de la démographie, ou tout autre organisme, aux fins de disposer des données utiles à la détermination des coefficients de pondération.

Il s'agit là certes de réformes importantes, mais le mécanisme semble limité dans la mesure où l'aspect « équité territoriale » et l'incitation à la coopération territorialement intégrée[68] restent, en dépit de l'affirmation du législateur et du pouvoir réglementaire, somme toute, résiduels.

---

[62] Loi 2018-10 du 30 mars 2018 modifiant certaines dispositions du Code général des impôts, JORS, n° 7082.

[63] Dont la part revenant uniformément à chaque collectivité territoriale ne peut être inférieure à 12 millions de FCFA.

[64] Constitué par 70 % de l'enveloppe globale diminuée du prélèvement au profit du « guichet allocation minimale ».

[65] Instituée en principe pour une période de quatre années, conformément au décret, nécessaire pour les collectivités territoriales concernées afin de s'adapter au nouveau contexte.

[66] 30 % de l'enveloppe globale diminuée du prélèvement au profit du « guichet allocation minimale ».

[67] Attestée notamment par la faiblesse du potentiel fiscal.

[68] Qui ne reçoit que 5 % des ressources du fonds.

Le dernier aspect que je souhaite aborder dans la présente contribution est sans nul doute l'un des plus importants en matière de redéploiement et de transformation de l'État financier en Afrique de l'Ouest francophone. Il s'agit de la communautarisation des règles en matière de finances publiques, à travers l'organisation, entre les États membres de l'UEMOA, d'un espace global de solidarité.

B. La création d'un espace global de solidarité : transformation au-delà de l'État

Il s'agit ici d'une solidarité économique entre États membres, dans sa double dimension monétaire et budgétaire. La création de l'Union économique et monétaire a été un moment déterminant de la transformation de l'État en Afrique de l'Ouest francophone. Celui-ci ne se construit plus seul et isolé, mais en convoi, dans le cadre d'une union. D'abord, avec la coordination des politiques économiques, afin de garantir la stabilité monétaire, ensuite, par la projection du cadre juridique des finances publiques et la convergence des politiques budgétaires des États membres. En mentionnant que « *les lois de finances déterminent la nature, le montant et l'affectation des ressources et des charges de l'État ainsi que l'équilibre budgétaire et financier qui en résulte, compte tenu de la situation et des objectifs macroéconomiques de l'État et des obligations du Pacte de convergence, de stabilité, de croissance et de solidarité des États membres de l'UEMOA* »[69], la directive communautaire relative aux lois de finances[70] projette les finances publiques des États membres sur un plan plus large, en ce sens qu'elles doivent tenir compte des engagements communautaires de chacun, notamment ceux induits par le Pacte de convergence, de stabilité, de croissance et de solidarité[71] qui les lie en matière de politique budgétaire et d'endettement.

L'Union Économique et Monétaire Ouest-Africaine (UEMOA) a d'abord procédé à l'harmonisation des règles de gouvernance économique, spécifiquement celles relatives au droit budgétaire, au droit de la comptabilité publique et aux contrôles exercés sur les opérations financières de l'État. Ainsi furent initiées les directives de première, puis de deuxième génération avec la directive n° 06/2009/CM/UEMOA du 26 juin 2009, qui institua une réforme du cadre législatif des finances publiques des États membres, dont l'objectif principal est l'institution d'une gouvernance financière tournée vers la

[69] Disposition reprise par l'article 3 de la loi 2020-07 du 26 février 2020, portant LOLF du Sénégal.

[70] Directive 06/2009/CM/UEMOA, du 26 juin 2009.

[71] Acte additionnel 04/99, portant Pacte de convergence, de stabilité, de croissance et de solidarité entre les États membres de l'UEMOA, modifié par l'Acte additionnel 01/2015/CCEG/UEMOA du 29 janvier 2015.

performance, en substituant les budgets de programmes aux classiques budgets de moyens. La recherche de performance, de l'efficience et de l'efficacité de la dépense est recherchée ici à travers le cadre logique du programme budgétaire, conçu par la directive comme un regroupement de crédits « *destinés à mettre en œuvre une action ou un ensemble cohérent d'actions représentatif d'une politique publique clairement définie dans une perspective de moyen terme* ». La loi 2020-07 du 26 février 2020[72] précise que « *chaque programme est assorti d'objectifs précis, arrêtés en fonction de finalités d'intérêt général et des résultats attendus (...) mesurés notamment par des indicateurs de performance* ». L'Union prend également en compte l'organisation des systèmes fiscaux des États membres ; il s'agit dans ce cas de concilier la fonction financière originelle de l'impôt et ses fonctions économiques et sociales, et de concilier justice fiscale et maîtrise des déficits budgétaires, avec un taux de pression fiscale raisonnable.

L'institutionnalisation des Cours de comptes devrait auréoler le processus, constituer un contrepoids à une éventuelle complicité du pouvoir politique et garantir la transparence et la reddition des comptes grâce à un organe supérieur de contrôle mixte, administratif et juridictionnel, indépendant à la fois de l'exécutif et du législatif.

Il faut néanmoins préciser que cette réforme fait partie d'un attelage institutionnel et normatif global né de la prise de conscience par les instances communautaires qu'une zone économiquement intégrée devrait, pour sa viabilité, coordonner et harmoniser les politiques budgétaires des États membres afin de les rendre compatibles avec la politique monétaire commune. En effet, fondée le 16 mai 1962 avec la création d'une union monétaire (UMOA), la zone, constituée alors de sept États francophones, se particularisait par une paradoxale démarche de ses fondateurs : d'une part, un espace intégré sur le plan monétaire, d'autre part, des politiques budgétaires nationales divergentes. Cette dualité constituait à terme une menace pour la monnaie commune et l'économie de la zone.

Pour pallier ces incohérences qui ont abouti en 1994 à la dévaluation du franc CFA, les chefs d'État et de Gouvernement, réunis à Dakar, ont signé, le 10 janvier 1994, le traité instituant une union économique et monétaire dont l'entrée en vigueur en août 1994 répondait à la double exigence de consolider l'union monétaire instituée par l'UMOA et garantir la compétitivité des économies des États membres. Un tel programme nécessite des référentiels communs et un dispositif d'évaluation pertinent. Dans cette perspective, le traité fut complété par l'adoption de l'acte additionnel n° 04/99/CM/UEMOA du

---

[72] Portant LOLF du Sénégal.

08 décembre 1999[73], afin de renforcer la surveillance multilatérale des politiques économiques des États, à travers le Pacte de convergence, de stabilité, de croissance et de solidarité. Le mécanisme repose désormais sur la définition de critères et de programmes pluriannuels de convergence auxquels doivent se conformer les États dans l'élaboration et la mise en œuvre de leur politique budgétaire. L'édifice fut davantage renforcé par l'adoption, le 19 juin 2000, d'un Code de transparence dans la gestion des finances publiques, modifié par la directive n° 01/2009[74], afin d'instaurer dans l'Union des règles permettant une gestion transparente et rigoureuse des finances publiques et de conforter la croissance économique.

La réforme porte à la fois sur la structure du budget, les méthodes comptables et les outils de gestion, avec un changement de paradigme dans l'élaboration et la conduite des politiques publiques. Elle consacre une nouvelle architecture de présentation des crédits budgétaires, un mode de préparation et de présentation des projets de lois de finances rigoureux et une procédure de vote rationalisée.

Désormais, l'allocation de crédits budgétaires demandés au Parlement recoupe les politiques publiques confiées aux ministères sectoriels sous la forme de programmes, eux-mêmes déclinés en actions, puis en activités. Elle se caractérise également par la projection pluriannuelle des finances publiques, dans le moyen terme[75]. Cette nouvelle démarche « *postule que la gestion publique doit d'abord être conduite en fonction d'objectifs, et que la décision ne se résume pas à une allocation de moyens budgétaires, mais porte sur leur adéquation au regard des finalités de l'action de l'État* »[76].

Vecteurs de la performance, les programmes sont assortis d'indicateurs qui permettent de mesurer l'impact de l'action de l'État sur l'environnement économique et social.

Une telle architecture budgétaire implique nécessairement des réformes institutionnelles, notamment l'adaptation des organigrammes des départements ministériels. Ainsi, en même temps que la déconcentration de la fonction d'ordonnateur principal en dépenses[77], la mise en œuvre des politiques publiques

---

[73] Révisé.

[74] Directive 01-2009/CM/UEMOA du 27 mars 2009 portant Code de transparence dans la gestion des finances publiques au sein de l'UEMOA.

[75] Le Document de programmation budgétaire et économique pluriannuelle et le Document de programmation pluriannuel de dépenses sont calibrés pour un horizon de trois années.

[76] J.-P. CAMBY, « La LOLF et les rapports entre les institutions », *RFFP*, n° 97, 2007, p. 18.

[77] Reconnue désormais aux ministres dépensiers et aux présidents d'institution constitutionnelle pour les crédits affectés à leurs départements et institutions, le ministre chargé des Finances conservant la fonction d'ordonnateur principal pour les recettes du budget de l'État.

repose sur le responsable de programme, les responsables d'actions et d'activités, avec une cellule de coordination.

Au-delà du processus d'élaboration, de présentation et de vote, la réforme de l'État introduite par les lois de finances est également perceptible à travers l'exécution et le contrôle des opérations budgétaires. L'enregistrement comptable s'effectue désormais sur la base d'une comptabilité multiforme, associant comptabilité générale, comptabilité budgétaire, comptabilité des matières, des valeurs et des titres et comptabilité d'analyse des coûts. Ces référentiels comptables ont pour finalité une mise en ordre des comptes de l'État grâce à une visibilité plus affirmée sur son patrimoine et sa situation financière, en temps réel.

Par ailleurs, les méthodes de contrôle ont évolué pour permettre de passer d'un simple contrôle de régularité à un véritable contrôle de gestion et à l'évaluation des politiques avec une hiérarchisation entre contrôles internes et externes. La LOLF induit principalement une internalisation des contrôles et un allègement du contrôle *a priori.* Ainsi, le contrôle de la dépense se focalise désormais, en amont, sur l'identification et la prévention des risques financiers, ainsi que sur l'analyse des facteurs explicatifs de la dépense et des coûts associés aux différentes politiques publiques.

Cependant, si le dispositif et les outils de la performance ne manquent pas d'attrait, cette nouvelle dynamique pose de nombreux défis, spécifiquement en matière de « domestication du politique », de la qualité des ressources humaines et d'adaptation des systèmes administratifs. La configuration des programmes budgétaires autant que leur pilotage par les responsables désignés, la déconcentration de l'ordonnancement des dépenses, la mise en place des dispositifs de contrôle tout autant que les référentiels comptables constituent en effet d'importants chantiers dans le processus concerté de construction de l'État en Afrique de l'Ouest francophone.

Repenser la géométrie de la démarche de performance dans le système budgétaire français

Damien CATTEAU

Maître de conférences en droit public
Membre de l'Équipe de droit public de Lyon (EDPL EA 666)

La loi organique relative aux lois de finances du 1er août 2001 (LOLF) a été une véritable révolution du système budgétaire français du fait de l'introduction d'une démarche de performance censée opérer un changement profond de la gouvernance publique en passant, suivant la formule désormais célèbre, d'une logique de moyens à une logique de résultats. Face à une telle ambition, un tel changement de paradigme, force est de constater que l'introduction d'une budgétisation axée sur la performance a été un véritable succès[1] puisque dès 2005, un système pleinement opérationnel et conceptuellement parmi les plus aboutis au monde[2], a pu être déployé en vue d'un premier exercice 2006 intégralement « en mode LOLF ». Pourtant, si la LOLF de 2001 a constitué une « *contribution majeure [...] pour nos finances publiques* »[3], il ressort également de son bilan, plus de vingt ans après son adoption, « *des motifs de déception* »[4],

---

[1] D. CATTEAU, « LOLF et modernisation de la gestion publique : le regard de l'universitaire, dix ans plus tard », *Gestion et Finances publiques*, numéro spécial : La LOLF, 10 ans de pratique, novembre-décembre 2016, pp. 116-122.

[2] À tout le moins fréquemment cité comme un modèle du genre par les organismes internationaux. V. par exemple, THE WORLD BANK, *Results, Performance Budgeting and Trust in Government*, june 2010, pp. 103-110.

[3] D. MIGAUD, « Audition de la mission d'information relative à la mise en œuvre de la loi organique relative aux lois de finances (LOLF) », *Commission des finances de l'Assemblée nationale*, 6 mars 2019, p. 2.

[4] *Ibidem*, p. 3.

au premier rang desquels figure, selon D. MIGAUD, père fondateur de la LOLF, la gestion par la performance promue par la LOLF dont la « *greffe n'a pas encore pris* »[5].

En effet, en mai 2019, la Cour des comptes consacrait un chapitre entier de son rapport sur les résultats et la gestion au bilan de la démarche de la performance[6] et ce dernier apparaissait « *globalement décevant* »[7] du fait de l'absence d'« *une véritable appropriation de la démarche de performance par le Parlement* »[8] qui « *utilise peu les données de performance* »[9]. La numérotation doit être continue dans chaque contribution, du manque d'impact de la performance sur le processus de budgétisation ou encore en raison du fait que le « *dispositif de performance [semble] sans effet significatif sur l'allocation des ressources et les processus de modernisation de l'action publique* »[10].

Face à ce bilan relativement mitigé[11], la réponse du législateur organique aura été, hélas, elle aussi quelque peu décevante. En effet, en dépit des nombreuses critiques et recommandations formulées en 2019 par la Cour et de la place centrale de la performance au sein de la LOLF, et plus généralement du système budgétaire français, la proposition de loi organique déposée en mai 2021[12] et adoptée en décembre[13], aura pu surprendre dès lors qu'elle contenait assez peu de dispositions relatives au dispositif de performance[14]. Ainsi, en dehors d'une disposition, assez anecdotique, sur la mise en place d'un dispositif d'évaluation de l'efficacité des prélèvements sur recettes[15], la seule véritable proposition en la matière concernait l'extension du droit d'amendement des parlementaires aux

---

[5] *Idem.*

[6] C. COMPTES, « Chapitre IV : Refonder la démarche de performance » *in Le Budget de l'État en 2018*, rapport sur les résultats et la gestion 2018, mai 2019, pp. 164-202.

[7] *Ibidem*, p. 173.

[8] *Ibidem*, p. 201.

[9] *Ibidem*, p. 174.

[10] *Ibidem*, p. 184.

[11] V. également V. PALMA-AMALRIC, « Mesure du résultat et évaluation des politiques publiques : échec ou réussite de la LOLF ? », *in* V. DUSSART, S. MOUTON et V. PALMA (dir.), *La LOLF a 20 ans !*, Institut Fédératif de Recherche – Université Toulouse 1 Capitole, coll. « Actes de colloque », novembre 2022, pp. 205 et s.

[12] L. SAINT-MARTIN et E. WOERTH, « Proposition de loi organique relative à la modernisation de la gestion des finances publiques », n° 4110 rectifié, 4 mai 2021, 32 p.

[13] Loi organique n° 2021-1836 du 28 décembre 2021 relative à la modernisation de la gestion des finances publiques, *JORF*, n° 0302 du 29 décembre 2021, texte n° 1.

[14] On notera d'ailleurs que c'était également, et de manière assez surprenante, le cas de la contribution de la Cour préalable à la réforme. C. COMPTES, « Finances publiques : pour une réforme du cadre organique et de la gouvernance », *Rapport public thématique*, novembre 2020, 159 p.

[15] Article 4 de la proposition. L. SAINT-MARTIN et E. WOERTH, *op. cit.*, p. 6.

objectifs et indicateurs de performance[16]. Pour ce faire, l'article 15 de la loi organique du 21 décembre 2021[17] vient ajouter un article 34-II-4° bis à l'article 34 de la LOLF qui dispose : « *[Dans la seconde partie, la loi de finances de l'année] définit, pour chaque mission du budget général, chaque budget annexe et chaque compte spécial, des objectifs de performance et des indicateurs associés à ces objectifs* ». Les objectifs et indicateurs feraient ainsi l'objet d'un nouvel état législatif annexé à la loi de finances[18] et pourraient être amendés par les parlementaires au cours de l'examen de cette seconde partie de la loi de finances. Or, sans même envisager le caractère assez peu praticable de cette extension du droit d'amendement des parlementaires[19], il est certes possible de considérer que ce dispositif, qui aboutit à « transférer » (ou à « dupliquer ») les objectifs et indicateurs depuis les annexes explicatives (projets annuels de performance) vers le dispositif même de la loi de finances, renforce, à tout le moins symboliquement, la place de la performance dans le dispositif budgétaire[20].

Néanmoins, force est de constater que ce renforcement est, au-delà du symbole, à la fois involontaire et plutôt incertain[21] et ne saurait constituer la réforme profonde qu'appelait de ses vœux la Cour des comptes par la voix de son premier président de l'époque, et par ailleurs père fondateur de la LOLF, Didier MIGAUD, en 2019. Aussi faut-il envisager, au contraire, de repenser en profondeur la place de la performance dans le système budgétaire et ainsi redéfinir la « géométrie » de la démarche de performance dans le système *lolfien* à la fois pour lui apporter une plus grande verticalité **(I)**, pour recentrer les processus budgétaires sur le dispositif de performance **(II)**, mais également pour mieux articuler la logique de moyens et la logique de résultats qui, loin de s'opposer, devraient être mises en parallèle dans le processus de modernisation de la gestion publique **(III)**.

---

16 Article 5 de la proposition, *idem.*

17 Loi organique n° 2021-1836 du 28 décembre 2021 relative à la modernisation de la gestion des finances publiques, *JORF*, n° 0302 du 29 décembre 2021, Texte n° 1.

18 « *Liste des objectifs et des indicateurs* », créé par l'article 134 de la loi de finances pour 2023 qui d'ailleurs ne fait que reprendre la liste des objectifs et indicateurs issus des projets annuels de performance.

19 V. D. CATTEAU, « La performance au cœur du système budgétaire français », *in* V. DUSSART, S. MOUTON et V. PALMA (dir.), *op. cit.*, pp. 229 et s.

20 *Ibidem*, pp. 233 et s.

21 *Idem.*

I. Apporter de la verticalité à la démarche de performance

L'une des principales critiques formulées à l'égard de la démarche de performance en France, notamment par la Cour des comptes en 2019, réside dans le fait que la démarche de performance est sujette à un phénomène, du reste assez commun, de « surabondance d'informations » (*information overload*)[22] caractérisée, d'une part, par un trop grand nombre d'objectifs et d'indicateurs de performance[23], dès lors parfois jugés trop complexes, insuffisamment renseignés ou manquant de fiabilité[24] et, d'autre part, par un manque de hiérarchisation des ces objectifs et indicateurs[25] qui entraîne un certain manque de lisibilité tant à l'égard des parlementaires que des citoyens[26]. Le dispositif devient alors difficile à exploiter tant pour les gestionnaires, car jugé trop « *lourd et chronophage* »[27], que pour les décideurs, car « *déconnecté des priorités politiques de l'action publique* » en raison d'une trop grande stabilité des indicateurs[28]. Or, cette surabondance d'informations provient essentiellement d'une certaine « horizontalité » du dispositif. En effet, dans le système *lolfien*, si on met de côté le cadrage stratégique[29], le dispositif de performance repose essentiellement sur la définition d'objectifs et d'indicateurs de performance qui vont être associés, en principe, aux différentes actions, plus exceptionnellement aux programmes, dans la nouvelle nomenclature « Missions, Programmes, Actions » (MPA)[30]. Ainsi, les quelque 429 objectifs et 856 indicateurs[31], pour l'ensemble du budget et ses quelque 779 actions[32], seront ainsi, d'une part, éparpillés au fil des 183 projets annuels de performance (PAP) pour l'ensemble des programmes du

---

22 R. DOWNES, D. MORETTI and S. NICOL, « Budgeting and performance in the European Union: A review by the OECD in the context of EU budget focused on results », *OECD Journal on Budgeting*, vol. 17/1, sept. 2017, p. 11.

23 C. COMPTES, *Le Budget de l'État en 2018, op. cit.*, pp. 175.

24 *Ibidem*, pp. 176-177.

25 *Ibidem*, pp. 184-186.

26 *Ibidem*, p. 174.

27 *Ibidem*, p. 180.

28 *Ibidem*, pp. 186-187.

29 D. CATTEAU, *La LOLF et la modernisation de la gestion publique. La performance, fondement d'un droit public financier rénové*, Paris, Dalloz, Bibliothèque parlementaire et constitutionnelle, 2007, pp. 106 et s.

30 D. CATTEAU, « La LOLF et la modernisation de la gestion publique », *op. cit.*, pp. 112 et s.

31 Données pour le PLF 2022 issues du *Rapport sur l'évolution de l'économie nationale et sur les orientations des finances publiques*, Tome 2, juin 2021, p. 5. On rappellera que le débat d'orientation des finances publiques 2022 n'a pas eu lieu pour cause d'élections législatives.

32 Selon la nomenclature par destination pour le PLF 2022.

budget et, d'autre part, et tout au plus, regroupés les uns à la suite des autres sous forme de liste dans le nouvel État G créé par la loi de finances 2023. Certes, parmi ceux-ci, certains objectifs et indicateurs seront, depuis 2010, mis en avant et identifiés comme des « *indicateurs de niveau mission* » (185 en 2021), c'est-à-dire « *considérés comme particulièrement représentatifs des politiques publiques* »[33], mais on rappellera que ces derniers ne sont, pour l'essentiel[34], qu'une sélection des objectifs et indicateurs présents dans les PAP. Qui plus est, cette « horizontalité » s'illustre également s'agissant de la typologie des outils de mesure de la performance. En effet, dans le système *lolfien*, la performance est mesurée au travers de trois catégories d'objectifs et indicateurs concernant l'efficacité socio-économique, du point de vue du citoyen, la qualité de service, du point de vue de l'usager, et l'efficience, du point de vue du contribuable[35]. Or, quand bien même il n'y aurait pas réellement d'équilibre entre ces trois catégories[36], on notera surtout qu'il n'y a aucune forme de hiérarchisation entre ces différents types d'indicateurs alors même que les indicateurs d'efficacité socio-économique, largement majoritaires, reflètent une dimension plus « politique » de la performance alors que la qualité de service et l'efficience, quant à elles, relèvent d'une logique plus « gestionnaire ».

Dès lors, tant la Cour des comptes[37] que les parlementaires[38] vont donc appeler à une refondation du dispositif de performance essentiellement basée sur une simplification et une hiérarchisation des outils de la performance. Cette nécessaire « verticalisation » du dispositif de performance passe tout d'abord par un « rétrécissement de la base », c'est-à-dire une simplification et une réduction importante du nombre d'objectifs et d'indicateurs. Certes, comme la Cour a pu le noter, le nombre d'objectifs et d'indicateurs a d'ores et déjà été sensiblement diminué depuis la mise en œuvre de la LOLF en 2005[39], mais il convient de noter

---

[33] C. COMPTES, « Le Budget de l'État en 2018 », *op. cit.*, p. 171.

[34] Depuis 2015, des « indicateurs spécifiques », principalement à partir des indicateurs de richesse mis en place par la loi du13 avril 2015, ont été déployés en complément. Cependant, ils ne représentaient en 2021 que 20 % de l'ensemble de ces indicateurs.

[35] D. CATTEAU, « La LOLF et la modernisation de la gestion publique », *op. cit.*, pp. 127 et s.

[36] Pour 2022, on dénombre 50 % d'indicateurs d'efficacité socio-économiques contre 17 % d'indicateurs de qualité de service et 33 % d'indicateurs d'efficience. « Rapport sur l'évolution de l'économie nationale et sur les orientations des finances publiques » (PLF 2022), *op. cit.*, p. 5.

[37] C. COMPTES, « Le Budget de l'État en 2018 », *op. cit.*, pp. 194 et s.

[38] J. -F. HUSSON, *Rapport sur le projet de loi de règlement du budget et d'approbation des comptes de l'année 2021*, Tome 1 : Exposé général et examen des articles, *R.S.*, n° 792, juillet 2022, p. 82.

[39] Passant de 637 objectifs et 1295 indicateurs de performance en 2007 à 385 objectifs et 751 indicateurs en 2017, le nombre d'objectifs et indicateurs repartant à la hausse depuis 2017. C. COMPTES, « Le Budget de l'État en 2018 », *op. cit.*, p. 171.

que cette tendance semble s'inverser ces dernières années[40], qu'elle semble largement insuffisante au regard des exemples étrangers[41] et que cette simplification demeure quelque peu contrebalancée par une complexification, masquant du reste une hiérarchisation relativement artificielle du dispositif, au travers de l'augmentation des indicateurs de niveau mission (185 en 2021) et du maintien d'un nombre très important de sous-indicateurs (1873 en 2021[42]). Il conviendrait donc, en s'inspirant des exemples étrangers, de poursuivre ces efforts de simplification soit en s'appuyant sur un resserrement de la maquette budgétaire (missions) autour d'un concept plus proche des départements ministériels britanniques[43], soit en adoptant une logique plus sélective de la performance, comme c'est le cas aux Pays-Bas dans le cadre du système *Accountable Budgeting*[44], ou encore, et sans exhaustivité, en fixant *ab initio* un nombre fixe et resserré d'objectifs par programme, comme c'est le cas dans le cadre du système de pyramide de la performance autrichien[45]. Du point de vue de la typologie des indicateurs, force est de constater qu'il serait possible de se focaliser, au niveau de la programmation et du cadrage stratégique, sur les objectifs et indicateurs d'efficacité socio-économique pour reléguer la qualité de service et l'efficience à un niveau plus opérationnel de gestion des programmes, ce qui rejoint du reste les recommandations formulées par la Cour des comptes[46].

Pour autant, on peut se rendre compte que ces mesures de simplification, assez naturellement du reste, aboutissent, se combinent voire parfois procèdent

---

[40] 429 objectifs et 856 indicateurs en 2022, « Rapport sur l'évolution de l'économie nationale et sur les orientations des finances publiques (PLF 2022) », *op. cit.*, p. 5.

[41] La Cour des comptes a pu ainsi mettre en avant le cas des Pays-Bas, de l'Autriche, du Royaume-Uni et du Canada ayant considérablement réduit leur dispositif de performance ces dernières années, C. COMPTES, *Le Budget de l'État en 2018, op. cit.*, p. 171.

[42] Dont 309 sous-indicateurs niveau mission, ce qui illustre bien le caractère quelque peu artificiel de la hiérarchisation. J. -F. HUSSON, « Rapport sur le projet de loi de règlement du budget 2021 », *op. cit.*, p. 73.

[43] Dans le cadre des *Single Departmental Plans*, transformés en 2021 en *Outcome Delivery Plans*. HM TREASURY, « *The government's planning and performance framework* », June 2021 (https://www.gov.uk/government/publications/planning-and-performance-framework/the-governments-planning-and-performance-framework).

[44] Le système néerlandais consiste à supprimer des données sur la performance dans la documentation budgétaire (réduction de 30 % du volume en 2013) en contrepartie de la mise en place de « revues de politique » (*policy review*) produites régulièrement par les différents ministères. M. de JONG, I.VAN BEEK and R. POSTHUMUS, « Introducing accountable budgeting: Lessons from a decade of performance-based budgeting in the Netherlands », *OECD Journal on Budgeting*, vol. 12/3, 2013, pp. 71 et s.

[45] Dans le système autrichien, chaque chapitre budgétaire (*Untergliederung*) comporte un maximum de cinq objectifs stratégiques (*Wirkungsziele) dans le* cadre d'une « *pyramide de la performance* ». R. DOWNES, L. von TRAPP *and* J. JANSEN, « Budgeting in Austria », *OECD Journal on Budgeting*, vol. 18/1, 2018, p. 45.

[46] C. COMPTES, « Le Budget de l'État en 2018 », *op. cit.*, p. 194.

directement d'une hiérarchisation du dispositif de performance. En effet, apporter de la « verticalité » au dispositif de performance c'est, avant toute chose, prioriser les besoins en matière de mesure de la performance et adapter la structuration du système de mesure de la performance en fonction de ces derniers. Qui plus est, que ce soit dans le cadre d'un système « pyramidal » tel que le modèle autrichien, de « poupées gigognes » comme le modèle malaisien[47] ou même dans le système « sélectif » néerlandais, l'idée maîtresse est moins de se passer d'outils de mesure de la performance que d'adapter ces outils aux finalités de chaque niveau stratégique et/ou opérationnel du processus budgétaire. Dans ce cadre, en France, la nomenclature MPA, et au-delà, la déclinaison opérationnelle des programmes[48], pourrait constituer, comme dans le modèle malaisien, un cadre structurel propice à une telle hiérarchisation qui viendrait dissocier, d'un côté, un cadrage stratégique autour d'un nombre resserré d'objectifs et d'indicateurs stratégiques, d'efficacité socio-économique, au niveau des missions qui pourraient alors être mises en avant en matière de programmation et de reporting dans la documentation budgétaire, et d'un autre côté, un dispositif plus large d'objectifs et d'indicateurs à vocation plus opérationnelle, de qualité de service et d'efficience, au niveau des programmes et des actions qui, tournés vers la gestion interne des programmes, serviraient surtout de tableaux de bord aux gestionnaires publics. Sur ce point, alors même que la réforme de la loi organique de 2021 laissait entrevoir la possibilité d'une telle hiérarchisation « naturelle » du fait de la mise en place d'objectifs et d'indicateurs associés à la mission dans la seconde partie de la loi de finances[49], la mise en place de l'État G, figurant la liste de l'ensemble des objectifs et indicateurs, par la loi de finances pour 2023 laisse quelque peu perplexe quant aux chances de voir aboutir une telle restructuration. C'est d'autant plus regrettable que cette hiérarchisation, dès lors qu'elle apporterait plus de

---

[47] Dans le cadre du *Outcome Based Budgeting (OBB)* mis en place en 2011 par la Malaisie, le système budgétaire est structuré en 4 niveaux : un cadrage stratégique pluriannuel (le niveau national), aligné sur le Plan de développement de la Malaisie sur 5 ans et qui va définir 5 à 6 leviers stratégiques nationaux (*National Strategic Thrusts*), déclinés en 5 à 6 résultats clés/domaines d'intervention (*Key results/Focus Areas*) qui feront l'objet d'objectifs de résultats nationaux (*National Outcomes*) mesurés par des indicateurs de performance nationaux (*Key Performance Indicators*). Ce cadre sera ensuite décliné pour 34 ministères/agences, en 116 programmes et quelque 740 activités avec la définition, à chaque niveau, de quelques objectifs et indicateurs clés (*outcomes/key indicators*). WORLD BANK GROUP, *Budgeting for Performance in Malaysia. A Review of the Design, Implementation and Application of Malaysia's Outcome Based Budgeting System*, coll. *Knowledge & Research*, March 2018, p. 16.

[48] On notera néanmoins que la déclinaison opérationnelle procède, elle, d'ores et déjà d'une logique de hiérarchisation puisque les objectifs stratégiques du programme sont déclinés, au niveau des budgets opérationnels de programme, en objectifs opérationnels. D. CATTEAU, « La LOLF et la modernisation de la gestion publique », *op. cit.*, pp. 119 et s.

[49] D. CATTEAU, « La performance au cœur du système budgétaire français », *in* V. DUSSART, S. MOUTON et V. PALMA (dir.), *op. cit.*, pp. 229 et s.

simplicité et de lisibilité à la démarche de performance, apparaît comme un élément préalable à un recentrage des processus budgétaires autour de la performance.

II. RECENTRER LES PROCESSUS BUDGÉTAIRES SUR LA PERFORMANCE

En matière de budgétisation axée sur la performance, l'OCDE distingue quatre modèles d'intégration plus ou moins importante de la performance à tous les niveaux du processus budgétaire[50] : la budgétisation par la performance de type formel (*presentational performance budgeting*), la budgétisation éclairée par la performance (*performance informed budgeting*), le modèle le plus répandu, la budgétisation par la performance à des fins de gestion (*managerial performance budgeting*), et enfin, la budgétisation directe par la performance (*performance-based budgeting* ou *direct performance budgeting*). En 2001, le choix du législateur organique avait été de mettre en place une budgétisation « orientée par la performance » voire, grâce au nouveau cadre d'exécution budgétaire que constitue la déclinaison opérationnelle[51] et aux nouveaux outils d'exécution tels que la fongibilité, une véritable « gestion orientée par la performance ». Pourtant, en 2019, le constat de la Cour des comptes sur l'intégration de la performance est assez sévère : « *La performance apparaît ainsi comme une question relativement subsidiaire, les objectifs et les indicateurs étant examinés en fin de processus budgétaire, sans cohérence avec les montants de crédits et sans lien avec les objectifs que chaque administration s'assigne à elle-même* »[52] et plus encore, la Cour relève un « *développement inabouti de la culture de résultats au sein de l'administration* »[53], semblant ainsi reléguer le système français dans la catégorie des systèmes de budgétisation par la performance de type formel.

Aussi, la Cour des comptes appelait-elle de ses vœux à une véritable « *refondation* »[54] visant à recentrer les processus budgétaires et notamment la préparation du budget autour de la performance. En effet, selon elle, « *si le lien entre les résultats des politiques mesurés par des indicateurs et les moyens qui leur sont alloués ne peut être direct et automatique, il n'en reste pas moins*

---

50 OECD, *OECD Good Practices for Performance Budgeting*, OECD Publishing, Paris, 2019, p. 15.

51 D. CATTEAU, « La LOLF et la modernisation de la gestion publique », *op. cit.*, pp. 410 et s.

52 C. COMPTES, « Le Budget de l'État en 2018 », *op. cit.*, p. 189.

53 *Ibidem*, p. 179.

54 *Ibidem*, p. 194.

souhaitable d'introduire un lien nécessaire entre la négociation des moyens budgétaires et les résultats obtenus »[55]. En effet, si la budgétisation directe par la performance, qui établit un lien direct entre les données sur la performance et les allocations budgétaires qui vont dépendre directement des résultats constatés, représente un modèle quelque peu utopiste dès lors qu'aucun pays ne revendique utiliser un tel système[56], il est néanmoins possible d'adopter une démarche plus volontariste visant à mettre la performance au cœur du processus d'allocation des crédits budgétaires. Pour illustrer une telle pratique, sous une approche récente, on peut prendre pour exemple le système adopté par la Corée du Sud, largement inspiré de l'ancien système américain Program Assessment Rating Tool (PART). La Corée du Sud, en 2005, a en effet mis en place le Self-Assessment of Budgetary Programs (SAPB) dans lequel chaque programme fait l'objet d'une évaluation pondérée sur ses qualités en matière de programmation (*planning*), de gestion (*management*) et de résultats (*results*), permettant de définir un score sur 100 et ainsi de classer les programmes en 5 catégories (depuis 2008). Ce classement sert alors de base pour les négociations entre les agences (*agency*) et le ministère du Budget (MBP), donc sans lien direct et automatique entre les crédits obtenus et les résultats, mais avec néanmoins un effet de récompense/sanction autour de la performance obtenue assez visible[57]. On notera d'ailleurs que la Malaisie a pu également introduire en 2007 un système de notation assez similaire[58], le Star Rating Index (SRI)[59], évaluant la performance des ministères et administrations même si le SRI est en réalité moins un outil de négociation des crédits budgétaires qu'un instrument visant à mettre en place une « *saine compétition* »[60] entre les administrations, dans une logique de benchmarking, s'agissant des bonnes pratiques en matière de performance.

Sans aller aussi loin, la Cour préconise, quant à elle, de s'appuyer sur les revues de dépenses (*Spending Reviews*)[61], qu'elle définit comme un « *examen de la dépense publique, annuel ou cyclique, ciblé ou systématique, avec pour*

---

[55] *Ibidem*, p. 199.

[56] OECD, *OECD Good Practices for Performance Budgeting*, *op. cit.*, p. 15. Certains pays néanmoins ont pu s'essayer à des systèmes d'allocation budgétaire étroitement liés aux données sur la performance, à l'instar du Royaume-Uni, de l'Australie ou des États-Unis, qui est sans doute le pays qui a le plus développé cette approche avec le Program Assessment Rating Tool (PART). Tous ces pays ont néanmoins fini par abandonner un tel système pour un système plus souple.

[57] N. PARK, et J. JANG, « Performance budgeting in Korea: Overview and assessment », *OECD Journal on Budgeting*, vol. 14/3, sept. 2015, pp. 1-16.

[58] *Ibidem*, p. 39.

[59] Par ailleurs dédoublé d'une notation par le vérificateur général (*Auditor General's Accountability Index – AI – rating system*) apportant une dimension externe à l'évaluation. WORLD BANK GROUP, « Budgeting for Performance in Malaysia », *op. cit.*, p. 37.

[60] *Ibidem*, p. 39.

[61] C. COMPTES, « Le Budget de l'État en 2018 », *op. cit.*, p. 194.

objectifs d'analyser l'efficience d'une politique publique (examen des possibilités d'économies grâce à une meilleure efficacité) et/ou de définir une stratégie (économies réalisées en réduisant les services ou les prestations) »[62]. Il est vrai que la pratique de revue de dépenses s'est très largement généralisée au sein des pays de l'OCDE[63] (notamment). Appréhendées initialement comme un outil de maîtrise des dépenses, voire de pures économies, suivant une logique de moyens, les revues de dépenses se sont enrichies au fil du temps de données sur la performance pour embrasser une dimension plus stratégique[64] qui a eu tendance à se généraliser, à tel point que l'OCDE a fait de l'examen des dépenses l'un des éléments caractéristiques des *« bonnes pratiques en matière de budgétisation orientée par la performance »*[65]. Or, sans revenir ici sur l'ensemble des bonnes pratiques en matière de revues des dépenses[66], on notera la nécessité pour celles-ci d'être intégrées dans l'ensemble des processus budgétaires, que ce soit la préparation du budget en lui-même ou, en amont, le cadrage pluriannuel[67], et de s'appuyer sur le dispositif d'évaluation de la performance en particulier pour mettre en adéquation les orientations budgétaires avec les grandes priorités gouvernementales en matière d'efficacité et d'efficience[68].

Comme a pu le noter la Cour, la France, depuis la mise en œuvre de la LOLF, a pu multiplier les tentatives visant à mettre en place des processus plus ou moins inspirés des revues de dépenses, souvent en lien avec le chantier de la réforme de l'État, depuis les stratégies ministérielles de réforme en 2002 jusqu'aux plans de transformation ministériels du processus Action publique 2022 en passant par la Revue Générale des Politiques Publiques (RGPP) de 2007 ou l'examen des dépenses 2014-2017[69]. Pourtant, ce qui explique l'échec relatif de ces démarches c'est qu'elles avaient en commun « *de s'être déroulé[e]s de façon entièrement*

---

[62] *Ibidem*, p. 239.

[63] En 2020, 31 pays de l'OCDE sur 37 (84 %) déclaraient effectuer des revues de dépenses (ou examens des dépenses) soit annuels (20 pays), soit périodiques (11 pays). OCDE, *Panorama des administrations publiques 2021*, éditions OCDE, Paris, 2021, p. 140.

[64] Ainsi, il était possible de distinguer les simples examens des dépenses (*Spending Reviews*) basés sur cette seule logique d'économies des revues « stratégiques » des dépenses (*Comprehensive Spending Reviews*) qui adoptaient, quant à elles, un périmètre plus large tendant vers la recherche de performance. La généralisation de la performance dans les pays de l'OCDE semble néanmoins avoir mis fin à cette distinction.

[65] OECD, « OECD Good Practices for Performance Budgeting », *op. cit.*, p. 47.

[66] Á. TRYGGVADOTTIR, « OECD Best Practices for Spending Reviews », *OECD Journal on Budgeting*, vol. 22/1, 2022, 12 p.

[67] Cadre des dépenses à moyen terme (CDMT) ou Medium-Term Expenditure Framework (MTEF).

[68] Á. TRYGGVADOTTIR, « OECD Best Practices for Spending Reviews », *op. cit.*, p. 8.

[69] C. COMPTES, « Le Budget de l'État en 2018 », *op. cit.*, pp. 189 et s.

parallèle et distincte par rapport au dispositif de performance de la LOLF »[70] et d'être, le plus souvent, déconnectées des processus budgétaires. Aussi faut-il considérer, comme le fait la Cour, qu'il serait des plus opportuns de s'inspirer une fois de plus des nombreux exemples étrangers en la matière pour mettre en place une véritable revue « stratégique » des dépenses, intégrée dans les processus budgétaires et centrée, pas nécessairement exclusivement du reste, sur la démarche de performance. En particulier, un tel processus pourrait, comme le souhaitait la Cour, être articulé autour de la loi de programmation des finances publiques (LPFP)[71], ou même, pour aller plus loin, la LPFP pourrait devenir le support de cette revue stratégique des dépenses, comme c'est le cas notamment au Royaume-Uni avec les *Comprehensive Spending Reviews*[72].

Sur ce point, on ne pourra une fois de plus que regretter que le législateur organique de 2021 n'ait pas saisi l'opportunité de la réforme de la LOLF pour mettre en place un tel processus, et ce, alors même que la programmation pluriannuelle[73] semblait au cœur de la réforme souhaitée tant par le législateur organique[74] que par la Cour elle-même[75]. D'ailleurs, si les parlementaires, dans le cadre d'une réflexion préalable à la réforme de 2021, avaient évoqué, assez timidement du reste, la possibilité de compléter le Printemps de l'évaluation avec un exercice de revue des dépenses[76], cette suggestion ne sera pas reprise dans la proposition de loi organique. Certes, la mise en place d'un tel processus ne nécessitait pas l'intervention d'une loi organique, sauf justement à vouloir intégrer formellement un tel exercice dans la LPFP, ou plus largement, dans le processus budgétaire, et à cet égard, la loi organique de 2021 semble dès lors

---

[70] *Idem.*

[71] La Cour préconisait en effet que « *la démarche de performance issue de la LOLF [soit] complétée par la réalisation régulière de revues de dépenses, selon un calendrier défini en loi de programmation des finances publiques (LPFP)* », *Ibidem*, p. 199.

[72] I. LAPSLEY et A. MIDWINTER, « Moderniser l'État : les aspects financiers des *Programme Reviews* au Royaume-Uni », *RFAP*, n° 136, 2010, pp. 821 à 835.

[73] En témoigne le rapport Woerth-Saint-Martin de 2019 dont une volumineuse première partie est consacrée à la *« définition des stratégies pluriannuelles des finances publiques »*. E. WOERTH et L. SAINT-MARTIN, « Rapport relatif à la mise en œuvre de la loi organique relative aux lois de finances », *RIAN*, n° 2210, 11 septembre 2019, pp. 23-52.

[74] D'ailleurs, l'une des dispositions essentielles de la loi organique du 28 décembre 2021 était de fusionner dans la LOLF la loi organique du 17 décembre 2012 relative à la programmation et à la gouvernance des finances publiques, fixant le régime des lois de programmation des finances publiques.

[75] Le rapport développant la contribution de la Cour à la réforme de 2021 consacrait également son premier chapitre à la nécessité de « *renforcer la programmation pluriannuelle et le pilotage des finances publiques* ». C. COMPTES, « Finances publiques : Pour une réforme du cadre organique et de la gouvernance », *op. cit.*

[76] E. WOERTH et L. SAINT-MARTIN, « Rapport relatif à la mise en œuvre de la loi organique relative aux lois de finances », *op. cit.*, p. 21.

constituer une occasion manquée d'articulation de la programmation budgétaire sur le dispositif de performance, contribuant par ailleurs à mettre en parallèle la logique de moyens et la logique de résultats.

III. METTRE EN PARALLÈLE LA LOGIQUE DE RÉSULTATS ET LA LOGIQUE DE MOYENS

Lors de son audition par la Commission des finances en 2019, Didier MIGAUD jugeait avec une certaine amertume le relatif échec de l'introduction d'une logique de résultats dans l'administration française : « *Malgré ses ambitions initiales, la culture du résultat que la LOLF voulait infuser n'y a [...] pas complètement prospéré* »[77]. Implicitement, il constatait, au contraire, la persistance d'une « logique de moyens » qui continue d'être omniprésente dans la gestion budgétaire française à tous les stades de la procédure budgétaire, tant s'agissant des parlementaires que de l'Exécutif[78], notamment du fait de l'importance cardinale de l'objectif de maîtrise des dépenses, notamment au stade de la loi de programmation des finances publiques, et qui va peser tant sur les modalités de préparation du budget, que l'on songe à la prévalence des conférences budgétaires sur celles consacrées à la performance dans le processus gouvernemental[79], que sur son exécution pour laquelle « *la technique du rabot indifférencié, du monologue de gestion et d'une régulation budgétaire infra-annuelle déresponsabilisante — pour ne pas dire parfois, infantilisante — sont demeurés l'alpha et l'oméga* »[80]. On peut alors avoir le sentiment non seulement que la logique de moyens et la logique de résultats viendraient s'opposer dans le mouvement de modernisation de la gestion publique, mais plus encore, qu'il y aurait en quelque sorte un choix à opérer entre ces deux logiques.

Pourtant, dès les origines de la LOLF, la volonté du législateur organique, au-delà de la formule qui en définitive aura peut-être contribué à alimenter la confusion, « *substituer à une logique de moyens une culture de résultats* »[81], était plutôt de mettre en parallèle les deux logiques. Rappelons en effet que dans le

---

[77] D. MIGAUD, « Audition de la mission d'information relative à la mise en œuvre de la loi organique relative aux lois de finances (LOLF) », *op. cit.*, p. 4.

[78] *Ibidem*, p. 119, ou D. CATTEAU, « La LOLF et la mise en équation de la gestion publique : une analyse critique », *in* ASSOCIATION DE DROIT PUBLIC DE LYON (dir.), *Chiffre(s) et droit public*, Mare et Martin, coll. « Droit public », 2021, pp. 174 et s.

[79] C. COMPTES, « Le Budget de l'État en 2018 », *op. cit.*, pp. 189 et s.

[80] D. MIGAUD, « Audition de la mission d'information relative à la mise en œuvre de la loi organique relative aux lois de finances (LOLF) », *op. cit.*, p. 4.

[81] Rappelée d'ailleurs par D. MIGAUD lui-même lors de son audition, *Ibidem*, p. 2.

cadre du *New Public Management*, si les réformes du système budgétaire (budgétisation orientée par la performance) sont souvent mises en avant, elles se sont généralement accompagnées, lorsqu'elles n'ont pas été précédées d'ailleurs, de réformes du système comptable (comptabilité en droits constatés)[82]. Pour se limiter même au cas français, rappelons que la nouvelle nomenclature budgétaire, dite « matricielle », ô combien emblématique de la réforme budgétaire en 2001, visait justement à concilier ces deux logiques en articulant une présentation des crédits par nature et par destination[83]. Plus fondamentalement encore, on rappellera que le choix français d'un système de budgétisation orientée par la performance, singulier, consiste en réalité en la mise en place d'une budgétisation principalement axée sur le coût complet des politiques, matérialisée par la justification des crédits au premier euro, laissant toutefois une place à des priorités ou arbitrages décidés en fonction de la performance[84], notamment par le biais, à l'époque, de la comptabilité d'analyse du coût des actions (CAC) introduite par l'article 27 de la LOLF et en définitive conciliant donc les deux approches.

La Cour des comptes avait d'ailleurs pu s'émouvoir de l'échec de la CAC à permettre une véritable évaluation de l'efficience des politiques publiques[85] et ainsi à alimenter la prise de décision budgétaire. Au contraire, depuis la suppression de la CAC en 2018, fondue désormais dans la comptabilité analytique[86], la Cour considère que « *le développement de la comptabilité analytique ainsi que des études d'impact des nouvelles mesures et dépenses associées ex ante, contribuerait à accroître la performance de l'action publique* ». Notons d'ailleurs qu'avec le développement par l'Agence pour l'Informatique Financière de l'État (AIFE) du module Chorus CAN (comptabilité analytique), la France tente de renforcer les outils décisionnels du progiciel intégré Chorus au service des entités publiques de sorte que la « *comptabilité publique tente de s'inscrire pleinement dans la LOLF* »[87]. Quant à la comptabilité générale, et comme le relevait la Cour des comptes dans un rapport thématique en 2016[88], malgré un indéniable succès, que ce soit s'agissant de la meilleure connaissance du patrimoine, de sa fiabilisation, par le

---

[82] Citons, parmi bien des exemples, la réforme *Resource Accounting and Budgeting (RAB)* au début des années 90 au Royaume-Uni.

[83] D. CATTEAU, « La LOLF et la modernisation de la gestion publique », *op. cit.*, p. 55.

[84] *Idem*, p. 46.

[85] C. COMPTES, « Le Budget de l'État en 2018 », *op. cit.*, p. 178.

[86] Décret n° 2018-803 du 24 septembre 2018 modifiant le décret n° 2012-1246 du 7 novembre 2012 relatif à la gestion budgétaire et comptable publique. Article 6.

[87] S. KOTT, « LOLF, Comptabilité publique et décision financière », *in* V. DUSSART, S. MOUTON et V. PALMA (dir.), *op. cit.*, p. 253.

[88] C. COMPTES, « Bilan de la comptabilité générale de l'État, 10 ans après. Une nouvelle étape à engager », *Rapport public thématique*, févr. 2016, 145 p.

développement des contrôles internes et de la certification des comptes ou encore des gains en matière de transparence et en dépit du fait que le système de comptabilité français soit considéré comme l'un des systèmes disposant d'une maturité comptable parmi les plus élevées en Europe[89], son impact comme outil de gestion s'agissant de la prise de décision, pour les décideurs comme pour les parlementaires, demeure limité[90], dès lors, « *elle [n'exerce] encore qu'une influence limitée sur ses procédures de budgétisation* »[91].

Pourtant, la Cour, déjà en 2016, évoquait la nécessité de mieux exploiter la comptabilité générale dans le cadre des processus de budgétisation. En effet, outre le développement de la comptabilité analytique mentionné précédemment, la Cour mettait en avant les outils d'optimisation des fonctions horizontales à des fins budgétaires tels que la maîtrise des risques budgétaires liés aux provisionnements, l'analyse a posteriori des causes de sous-budgétisation et de débudgétisation afin de les limiter, la prise en compte des amortissements pour éclairer les décisions en matière d'investissements, ou encore la définition systématique de l'horizon d'exigibilité des provisions afin d'assurer que le décaissement anticipé des provisions corresponde à la trajectoire budgétaire[92]. Elle révèle également que la comptabilité générale pourrait être davantage exploitée en vue d'éclairer « *l'analyse rétrospective de la gestion de l'État et la soutenabilité de sa trajectoire financière à terme* », notamment par le biais de divers indicateurs de soutenabilité inspirés de la comptabilité locale tels que le ratio d'autofinancement, le délai de désendettement, le ratio actif/dette financière, entre autres[93].

Avec certes un peu plus de réserve, la Cour[94] évoque également, pour aller plus loin dans cette logique, la possibilité de basculer d'une budgétisation de caisse vers une budgétisation en droits constatés (à l'instar du Royaume-Uni et de la Nouvelle-Zélande)[95], ce qui permettrait, non seulement et à l'évidence, de renforcer l'utilisation de la comptabilité générale, mais aussi de mieux articuler la logique de moyens et la logique de performance dès lors que la gestion « budgétaire » et la gestion de la performance seraient nécessairement dissociées et autonomes. On peut citer ici comme exemple le système Resource Accounting and Budgeting (RAB) britannique, dans lequel le volet budgétaire, à travers des

---

[89] *Ibidem*, p. 113.

[90] *Ibidem*, p. 54.

[91] *Ibidem* p. 56.

[92] *Ibidem*, pp. 86 et s.

[93] *Ibidem*, p. 92.

[94] C. COMPTES, « Bilan de la comptabilité générale de l'État, 10 ans après. Une nouvelle étape à engager », *op. cit.*, p. 102.

[95] OECD/IFAC, *Accrual Practices and Reform Experiences in OECD Countries*, OECD Publishing, Paris, p. 20.

Main Supply Estimates et le volet performance à travers désormais des *Outcome Delivery Plans*, sera développé parallèlement pour chaque département ministériel[96]. Ainsi, plutôt que d'essayer, telle la « quadrature du cercle », de concilier et d'articuler les deux logiques entre elles, avec les difficultés conceptuelles et pratiques que cela entraîne, il s'agirait plutôt de les développer chacune en parallèle, afin de tirer un maximum de profit des deux approches au service de la modernisation de la gestion publique.

[96] NATIONAL AUDIT OFFICE, *Improving government's planning and spending framework*, Report by the Comptroller and Auditor General, Nov. 2018, pp. 16 et s.

La pluriannualité budgétaire dans les réformes des finances publiques de l'espace UEMOA[1] : l'exception qui confirme la règle

Dakor DA

Docteur en droit public
Ancien professeur à l'École Nationale des Régies Financières (ENAREF),
Consultant en Finances publiques,
Ouagadougou (Burkina Faso)

Introduction

La promotion de la pluriannualité est souvent présentée comme l'une des innovations majeures du nouveau cadre harmonisé des finances publiques[2] des États membres de l'UEMOA[3] qui instaure, par ailleurs, la gestion budgétaire par la performance dans cet ensemble sous-régional. En effet, la pluriannualité peut être considérée comme l'un des « *fondamentaux de la gestion performancielle des finances publiques* »[4] auxquels adhèrent les auteurs des réformes portées par

---

[1] UEMOA : Union Économique et Monétaire Ouest-Africaine. Créée le 10 janvier 1994, elle regroupe les huit (8) États suivants : Bénin, Burkina Faso, Côte d'Ivoire, Guinée-Bissau, Mali, Niger, Sénégal et Togo.

[2] Ce nouveau cadre harmonisé est constitué principalement de six (6) directives adoptées en 2009 et portant sur divers aspects de la gestion des finances publiques : code de transparence, lois de finances, règlement général sur la comptabilité publique, nomenclature budgétaire, comptabilité de l'État, tableau des opérations financières de l'État (TOFE).

[3] L'annexe n° 1 du Guide didactique de la directive n° 6/2009/CM/UEMOA du 26 juin 2009 portant lois de finances au sein de l'UEMOA est consacrée à « La pluriannualité ».

[4] N. MÉDÉ, « Réflexion sur le cadre harmonisé des finances publiques dans l'espace UEMOA », *Revue Afrilex*, juin 2012, 2e numéro spécial Finances publiques, p. 12.

les directives communautaires. Ainsi, à la suite de la directive portant Code de transparence[5], la nouvelle directive portant lois de finances impose que des documents de programmation pluriannuelle accompagnent désormais le projet de loi de finances soumis au Parlement, conférant par là même à la pluriannualité une juridicité certaine[6]. En réalité, ce principe n'a jamais été totalement absent du droit budgétaire en vigueur dans cette Union. Dans leurs législations financières d'après l'accession à l'indépendance en 1960, la quasi-totalité de ces États avaient intégré des mécanismes de pluriannualité inspirés de ceux consacrés par l'ordonnance française de 1959[7] que le premier cadre harmonisé des finances publiques[8] ne remettra pas en cause. On peut retenir en particulier les autorisations de programme et les crédits de paiement[9] qui sont mis en œuvre de façon complémentaire, mais aussi les reports de crédits qui ont pour effet de prolonger l'exécution des crédits concernés au-delà d'une année. Dans la pratique, alors que ces techniques de pluriannualité juridiquement organisées n'ont pas connu un succès notable[10], de nouveaux documents de programmation pluriannuelle ont été développés dans certains États[11], au début des années 2000, à la suite des stratégies de lutte contre la pauvreté[12] mises en œuvre après l'échec

---

[5] Directive n° 01/2009/CM/UEMOA portant Code de transparence dans la gestion des finances publiques au sein de l'UEMOA.

[6] Les articles 52 et 53 de la directive portant lois de finances instituent respectivement le Document de Programmation Économique et Budgétaire (DPBEP) et le Document de Programmation Pluriannuelle des Dépenses (DPPD) comme nouveaux documents budgétaires qui accompagnent le projet de loi de finances.

[7] Il s'agit de l'ordonnance organique du 2 janvier 1959 relative aux lois de finances, remplacée par la loi organique du 1er août 2001 relative aux lois de finances (LOLF) actuellement en vigueur.

[8] Le premier cadre harmonisé des finances publiques au sein de l'UEMOA est constitué par un ensemble de six (6) directives élaborées entre 1997 et 2000 et portant sur plusieurs aspects de la gestion financière : lois de finances, règlement général sur la comptabilité publique, nomenclature budgétaire, plan comptable de l'État, tableau des opérations financières, code de transparence.

[9] Au couple « autorisation de programme », « crédits de paiement » était associée la « loi de programme » qui était destinée à regrouper des autorisations de programme. Dépourvue en elle-même de valeur juridique contraignante, la loi de programme a été abandonnée par la nouvelle directive portant lois de finances, mais la notion subsiste dans les Constitutions de la plupart des États membres. De même, dans la pratique, on assiste à une résurgence de la notion avec le vote de « lois de programmation militaire » qui définissent les objectifs de moyen terme et les ressources à mobiliser durant la période retenue pour l'exécution des politiques de défense.

[10] Une étude menée en 2004 sous la direction du professeur M. BOUVIER sur « La gestion de la dépense publique dans les pays de l'Afrique francophone subsaharienne » ne relevait la pratique de la pluriannualité fondée sur les autorisations de programme et les crédits de paiement que dans quelques États, à savoir, la Côte d'Ivoire, la Mauritanie et le Cameroun, sur une quinzaine de pays concernés. Voir document cité, p. 145.

[11] On peut citer en particulier le Bénin, le Burkina Faso et le Mali, qui apparaissent en la matière comme des précurseurs.

[12] Les Documents de Stratégie de Réduction de la Pauvreté (DRSP) se sont substitués aux PAS, au début des années 2000, en tant que nouvelles conditionnalités pour l'obtention de financements dans le cadre de l'allègement de la dette. Le mécanisme mis en place par la Banque Mondiale

des Programmes d'Ajustement Structurel (PAS) de la décennie précédente[13]. Ils répondaient à l'impérieuse nécessité d'aligner le budget sur les priorités gouvernementales, afin que les dotations budgétaires assurent l'exécution des politiques publiques et l'atteinte des objectifs de développement du pays. Ce sont d'abord ces outils budgétaires, expérimentés sous des dénominations et sur des périmètres divers[14], qui ont été harmonisés et formalisés juridiquement dans la nouvelle directive portant lois de finances que l'ensemble des pays a internalisée par l'adoption de lois organiques[15]. Ensuite, la directive communautaire consacre également la technique du report de crédits qui donne la faculté de prolonger l'exécution de certaines autorisations budgétaires au-delà d'une année, dans un dispositif qui tient compte du nouveau mode de budgétisation des crédits[16] institué par la réforme budgétaire.

C'est au regard de ces quelques considérations que sera appréciée la portée de cette innovation introduite dans le droit budgétaire des États de l'UEMOA, par le nouveau cadre harmonisé des finances publiques. On peut en particulier s'interroger sur l'impact que la pluriannualité est susceptible de produire sur les procédures et les autorisations budgétaires. S'applique-t-elle avec la même vigueur aussi bien dans l'élaboration que dans l'exécution de la loi de finances ? Dans quelle mesure remet-elle en cause le caractère annuel de l'exécution budgétaire ? La pluriannualité se positionne-t-elle alors comme un nouveau principe budgétaire, au même titre que celui de l'annualité, ou demeurera-t-elle une exception, l'annualité étant la règle ?[17]

En réalité, si l'on s'en tient aux objectifs primordiaux visés, cette innovation ne pouvait pas conduire à une remise en cause fondamentale du cadre temporel

---

(BM) et le Fonds Monétaire International (FMI) repose sur une approche des questions de développement qui se veut plus globale. Il intègre notamment les dimensions sociales à côté de celles macroéconomiques, de même que les principes de gestion axée sur les résultats, la vision à long terme, la participation et la bonne gouvernance.

[13] Les Programmes d'Ajustement Structurel (PAS) ont été décidés par le sommet du G7 en 1979 pour faire face à la crise de l'endettement. Mis en place par le Fonds Monétaire international (FMI) et la Banque Mondiale (BM), ils ont été imposés dans les années 1990 à de nombreux pays africains en tant que conditionnalités pour le rééchelonnement de leur dette et comme réponse à leur insolvabilité. Sous-tendues par une politique néolibérale, les mesures préconisées ont conduit à des impacts sociaux négatifs importants.

[14] Cadre Budgétaire à Moyen Terme (CBMD) ; Cadre de Dépense à Moyen Terme Global (CDMT global) ; Cadre Budgétaire à Moyen Terme sectoriel (CDMT sectoriel).

[15] Le DPBEP se substitue à l'ancien Cadre Budgétaire à Moyen Terme (CBMT) encore appelé CDMT global, alors que le DPPD remplace le CDMT Sectoriel.

[16] Les nouvelles règles de budgétisation prévoient que les crédits budgétaires sont constitués d'autorisations d'engagement, pour les dépenses d'investissement et les contrats de PPP, et de crédits de paiement pour les autres natures de dépenses (voir article 17 de la directive portant lois de finances).

[17] Il est pratiquement impossible de parler de l'une de ces deux notions sans l'autre, chacune étant en quelque sorte le contraire de l'autre.

de traitement des opérations budgétaires. Aussi, le dispositif mis en place révèle-t-il une pluriannualité pleinement consacrée en phase d'élaboration de la loi de finances (I), alors qu'en exécution budgétaire, elle s'avère plutôt nuancée (II).

I. Une pluriannualité pleinement consacrée en phase d'élaboration de la loi de finances

L'un des objectifs majeurs de la seconde vague de réformes des finances publiques au sein de l'UEMOA est, sans conteste, de faire du budget de l'État un véritable instrument de mise en œuvre des politiques publiques, en réponse aux attentes des citoyens[18]. Or, la satisfaction de ces besoins requiert généralement des actions qui, pour produire des effets d'amélioration notables sur les conditions de vie des bénéficiaires, s'inscrivent nécessairement dans la durée. En effet, outre les investissements qui demandent des efforts financiers soutenus, des questions fondamentales telles que l'accès universel à l'eau potable, à l'éducation, ou encore à des soins de santé de qualité, peuvent difficilement trouver des solutions durables dans le cadre temporel étroit d'une seule année budgétaire. Une réponse pertinente à ces problèmes de développement implique non seulement une bonne connaissance de la situation existante, mais aussi la définition de priorités, la mobilisation de moyens et la réalisation d'actions planifiées qui se déroulent dans un délai plus ou moins long.

Dans ce contexte, le développement de la pluriannualité apparaît comme un corollaire de la gestion par la performance. Elle permet de synchroniser le moyen ou long terme adopté dans les documents de cadrage du développement avec celui de la programmation budgétaire pour plus de visibilité, de cohérence et d'efficacité dans le pilotage des politiques publiques. C'est notamment au nom de cette nécessaire cohérence que la pluriannualité est omniprésente dans la confection des documents qui ponctuent les différents moments de l'élaboration de la loi de finances. Affirmée au stade de la programmation globale du budget de l'État, elle est également confirmée au moment de la programmation budgétaire sectorielle qui se déroule essentiellement dans les ministères et institutions constitutionnelles.

---

[18] Le passage d'une logique de moyens à une logique de résultats, qui est au cœur de la réforme, doit permettre, à travers la budgétisation par programme, d'établir le lien entre les dotations budgétaires et les finalités des politiques publiques portées par les programmes.

A. L'affirmation de la pluriannualité dans la programmation budgétaire globale

La réforme budgétaire entamée depuis 2009 par les autorités communautaires impose, avant la préparation de la loi de finances proprement dite, une phase préalable de réflexion prospective sur les finances publiques permettant de dégager les orientations budgétaires de l'année à venir, en tenant compte des objectifs de développement du pays et des perspectives d'évolution du cadre macroéconomique. Cette innovation dans le processus budgétaire des États membres se concrétise par l'élaboration obligatoire d'un Document de Programmation Budgétaire et Économique Pluriannuelle (DPBEP) qui procède, en plus de la définition des orientations budgétaires sur le moyen terme, à une allocation stratégique des ressources publiques[19] permettant la programmation des dépenses au niveau sectoriel.

1. L'élaboration des stratégies budgétaires à moyen terme

La formulation de la politique budgétaire[20] est l'une des fonctions assurées par le Document de Programmation Budgétaire et Économique Pluriannuelle (DPBEP), dont l'élaboration est rendue obligatoire par la directive portant lois de finances au sein de l'UEMOA. Dans ce sens, tous les États membres élaborent chaque année ce document de cadrage économique et budgétaire qui donne les grandes orientations de la préparation du budget annuel. En effet, dans cette Union : « *La politique budgétaire est du ressort des États, la Commission de l'UEMOA en assurant la coordination.* »[21] Aussi, en s'appuyant sur une analyse de l'évolution récente de la situation macroéconomique du pays et en fonction d'hypothèses sur l'évolution future de l'environnement économique aussi bien

---

[19] L'article 52 de la directive n° 06/2009/UEMOA portant loi de finances au sein de l'UEMOA rend obligatoire l'élaboration du Document de Programmation Budgétaire et Économique Pluriannuelle (DPBEP) qui sert de référence à la formulation du projet de loi de finances. Il consacre juridiquement et harmonise un document de cadrage économique et budgétaire que certains États avaient introduit dans leur processus budgétaire sous des dénominations variables (CBMT, ou CDMT global, notamment).

[20] Selon la Circulaire budgétaire 2021 pour l'élaboration du budget de l'État, exercice 2021, au Burkina Faso : « *La politique budgétaire regroupe l'ensemble des mesures influant sur l'ensemble des recettes et/ou des dépenses inscrites au budget de l'État et visant à agir sur la conjoncture. Elle est bâtie à partir de la définition de priorités et choix stratégiques aussi bien en matière de mobilisation de ressources que de leur allocation efficace aux différents secteurs en matière de dépenses.* »

[21] Félicien ARIGBO, Chargé de la Surveillance multilatérale, « Critères de convergence et conduite des politiques monétaires et de finances publiques : quelles articulations ? », Commission UEMOA, Séminaire sur : « Politique monétaire et financement de l'État », Lomé, 19-23 janvier 2004, p. 5.

international que national, il est établi des projections budgétaires par grandes catégories de recettes et de dépenses pour les trois (3) prochaines années.

Éclairées par cette analyse prospective, les autorités budgétaires peuvent alors définir les objectifs de politique budgétaire et opérer les choix de stratégies budgétaires les plus pertinents, en lien avec la réalisation de leurs ambitions en matière de développement économique et social, en tenant toutefois compte de leurs engagements communautaires et de ceux souscrits auprès des partenaires techniques et financiers. Ainsi, dans le DPBEP de l'État malien pour la période 2022-2024, le gouvernement s'engage, pour sa part, à « *poursuivre la mise en œuvre d'une politique budgétaire plus soutenable et propice à une croissance économique solide en s'inscrivant toujours dans la perspective de respecter à moyen terme les critères de convergence communautaire de l'UEMOA et de la CEDEAO* »[22]. Ce faisant, le gouvernement se conforme aux engagements pris dans le cadre des traités instituant ces deux communautés et aux mécanismes de coordination des politiques économiques et budgétaires mis en place en vue de la réalisation de l'intégration économique.

En ce qui concerne particulièrement l'UEMOA, le processus d'intégration repose sur cinq (5) objectifs majeurs, dont celui consistant à « *assurer la convergence des performances et des politiques économiques des États membres par l'institution d'une procédure de surveillance multilatérale* »[23]. Or, depuis les deux (2) actes additionnels adoptés successivement en 1999 et en 2015 et visant à rendre plus fonctionnel le mécanisme de surveillance multilatérale, les États considérés inscrivent clairement l'intégration de leurs économies dans des perspectives à moyen, voire à long terme[24]. À cet égard, le second Pacte de convergence qui se présente comme « *un engagement formel des États membres pour assurer la convergence des performances macroéconomiques des États membres de l'Union* »[25] prévoit une démarche progressive qui se décline en deux (2) phases : une phase de convergence et une phase de stabilité[26]. Les principaux

---

[22] CEDEAO : Communauté Économique des États de l'Afrique de l'Ouest. Créée en mai 1975, elle regroupe, outre les huit (8) États de l'UEMOA, le Cap-Vert, la Gambie, le Libéria, le Nigéria, la Guinée (Conakry) et la Sierra Leone.

[23] Article 4, paragraphe b) du Traité de l'UEMOA.

[24] En effet, les deux Pactes de convergence se sont succédé sans que les objectifs de convergence aient été pleinement atteints, malgré les reports successifs d'échéances. Du reste, avec la crise sanitaire déclenchée par le covid-19, les autorités communautaires ont décidé en 2020 de suspendre l'application du Pacte.

[25] Article 2 de l'acte additionnel n° 01/2015/CGEC/UEMOA du 19 janvier 2015 instituant un Pacte de convergence, de stabilité, de croissance et de solidarité entre les États membres de l'UEMOA.

[26] Aux termes de l'article 3 du Pacte de convergence, de stabilité, de croissance et de solidarité entre les États membres de l'UEMOA, la mise en œuvre de ce Pacte comporte les deux phases suivantes :

« *-la phase de convergence allant du 1er janvier 2015 au 31 décembre 2019, au plus tard ;*

outils de mise en œuvre des objectifs du Pacte sont constitués essentiellement par les indicateurs de convergence désormais quantifiés[27], mais aussi par les programmes pluriannuels de convergence, de stabilité, de croissance et de solidarité. Chaque critère étant accompagné d'une valeur cible à réaliser au bout d'une échéance donnée, les programmes de convergence que les gouvernements ont l'obligation d'élaborer et de mettre en œuvre chaque année sont des documents de programmation à horizon quinquennal glissant[28] par lesquels ils indiquent le parcours qu'ils entendent suivre dans la progression vers la réalisation des critères de convergence, dont le critère clé est le ratio du solde global de base rapporté au PIB nominal[29]. Ainsi, la pluriannualité apparaît comme un cadre adapté pour maîtriser les déficits budgétaires[30]. Dans ce sens, le DPBEP, qui définit les orientations budgétaires de l'année, consacre également des développements à l'analyse des soldes budgétaires des trois années à venir et, à partir de la valeur de référence, définit les cibles intermédiaires en progression vers la norme communautaire[31].

-la phase de stabilité commençant le 1er janvier 2020, au plus tard ».

[27] Les principaux instruments de mesure de la convergence sont constitués par les critères de convergence définis au chapitre II du Pacte de 2015 en distinguant :

1°) les critères de premier rang, au nombre de trois (3), qui sont les suivants :

- ratio du solde global dons compris, rapporté au PIB nominal, le critère clé : il doit être supérieur ou égal à -3 % en 2019 ;
- taux d'inflation annuel moyen : il doit être de 3 % au maximum par an ;
- ratio de la dette intérieure et extérieure rapporté au PIB nominal : il ne doit pas excéder 70 % en 2019.

2°) les critères de second rang, au nombre de deux (2), qui sont les suivants :

- ratio de la masse salariale sur les recettes fiscales : il ne doit pas excéder 35 % en 2019 ;
- taux de pression fiscale : il doit être supérieur ou égal à 20 % en 2019.

[28] Article 10 du Pacte.

[29] L'évaluation de la performance des États en matière de convergence économique est assurée principalement à l'aide d'une batterie d'indicateurs parmi lesquels on distingue « les critères de premier rang » (dont le non-respect donne lieu à sanctions) et « les critères de second rang ».

[30] Depuis l'initiative américaine en 1985 de mise en place d'un dispositif de traitement de l'équilibre budgétaire dans un cadre pluriannuel avec le Gram-Rudman-Hollings Balanced Budget and Emergency Deficit Control Act, remplacé en 1987 par le Budget and Emergency Deficit Control Reaffirmation Act, des initiatives similaires ont été prises dans le monde pour rétablir progressivement l'équilibre dans la gestion des finances publiques des États. On peut citer en particulier celles émanant des ensembles régionaux et sous-régionaux d'intégration économique tels que l'UEMOA, avec son Pacte de convergence, de stabilité, de croissance et de solidarité (adopté en 1999, renouvelé en 2015, suspendu depuis 2020), la CEMAC, avec également son Pacte de convergence, de stabilité, de croissance et de solidarité (adopté en 1999), ou encore l'Union européenne, avec son Pacte budgétaire institué par traité en mars 2012, qui imposent aux États membres la prise de mesures visant la maîtrise de leurs déficits publics dans le moyen terme.

[31] Ainsi, concernant le critère clé, le DPBEP 2022-2024 du Mali projetait les valeurs suivantes de son solde global : -4,5 % en 2022, 3,5 % en 2023 et 3 % en 2024.

Le respect de cette trajectoire d'équilibre budgétaire et financier nécessite non seulement la définition d'actions pertinentes en matière de mobilisation des recettes et des dépenses budgétaires, mais aussi une stratégie crédible en matière d'endettement. En recettes, les États s'efforcent depuis des décennies à accroître leurs recettes propres budgétaires, notamment par la modernisation des administrations fiscales et la diversification des recettes budgétaires. En effet, un accroissement des ressources budgétaires nationales permet de dégager, après couverture des dépenses de fonctionnement, une épargne budgétaire[32] qui pourrait être utilisée pour le financement d'une partie des investissements, réduisant ainsi la dépendance par rapport aux bailleurs de fonds. En matière de dépenses, des actions récurrentes tendant à maîtriser les charges de fonctionnement de l'État sont menées en vue de dégager des espaces budgétaires pour les investissements. Elles s'inscrivent de plus en plus dans une approche de gestion marquée par quelques préoccupations de qualité[33]. Quant aux charges financières de la dette, un Règlement communautaire impose à chaque État, dans le cadre d'une politique d'endettement public, l'élaboration d'un document qui retrace sa stratégie en la matière. Ce document, qui définit les modalités permettant à l'État de se procurer les ressources nécessaires à la couverture des déficits budgétaires tout en préservant sa solvabilité, doit être annexé à la loi de finances[34].

Le DPBEP se présente ainsi comme le principal document qui, au début de la procédure budgétaire, donne les informations les plus utiles sur la politique budgétaire à moyen terme de l'État. À ce titre, il sert de document de base à l'organisation du Débat d'Orientation Budgétaire (DOB) qui permet aux députés d'être informés des ambitions qui sous-tendent le projet de loi de finances qui sera déposé ultérieurement au Parlement. En effet, les analyses prospectives qu'il comporte sur l'évolution future des finances publiques visent à démontrer la congruence entre les orientations budgétaires et le cadre macroéconomique du pays. Pour faciliter leur prise en compte dans les documents budgétaires plus opérationnels, elles sont complétées par une allocation stratégique des ressources budgétaires entre les secteurs, en fonction de leur contribution respective à l'atteinte des objectifs globaux de développement.

---

[32] L'épargne budgétaire résulte du solde positif des opérations courantes, les recettes étant supérieures aux dépenses.

[33] L'implémentation des budgets programmes dans l'ensemble des États membres de la zone UEMOA s'inscrit dans cette perspective.

[34] Règlement n° 09/2007/CM/UEMOA du 04 juillet 2007 portant cadre de référence de la politique d'endettement public et de gestion de la dette publique dans les pays membres de l'UEMOA.

2. L'allocation stratégique des ressources budgétaires

Outre les éléments de stratégie qu'il comporte, le DPBEP assure une fonction essentielle de cadrage budgétaire. Sous cet angle, il se présente comme un document de programmation pluriannuelle des recettes et des dépenses budgétaires regroupées par grandes catégories. À cet égard, il procède d'abord à une évaluation prospective des recettes et des dépenses présentées par nature, suivant la nomenclature définie par la directive portant lois de finances[35]. Cette projection de l'évolution des grandes masses budgétaires permet ensuite non seulement de dégager l'équilibre budgétaire et financier sur le moyen terme, mais aussi d'évaluer l'enveloppe globale de ressources à répartir entre les différents ministères et institutions.

La répartition intersectorielle consiste en une allocation stratégique des ressources qui tient compte du changement d'optique opéré dans la gestion budgétaire, avec l'avènement du budget-programme qui est un budget axé sur les résultats. À ce stade, il s'agit, avant tout, de procéder à une allocation efficace des ressources, sans remettre en cause la soutenabilité des finances publiques qui se traduit notamment dans les soldes budgétaires projetés[36]. Aussi, le respect de l'enveloppe budgétaire globale qui se dégage de la projection des recettes constitue une contrainte qui s'impose aux services chargés de l'élaboration du DBPEB et aux autorités chargées des arbitrages budgétaires au niveau central. En effet, la somme des montants inscrits dans les enveloppes sectorielles doit être au plus égale au montant de cette enveloppe globale.

Quant à la détermination des montants des enveloppes qui reviennent aux différents secteurs, il est tenu compte, non seulement de la contrainte budgétaire globale et des dotations indispensables pour le fonctionnement des services, mais également de la nécessité d'établir la cohérence entre les dotations budgétaires et les politiques de développement du pays. Dans ce sens, les différents documents nationaux et sectoriels de planification[37] donnent des informations

---

[35] Articles 11 et 12 de la directive n° 06/2009/CM/UEMOA portant lois de finances au sein de l'UEMOA.

[36] Au-delà de l'équilibre budgétaire, la soutenabilité repose sur une démarche de gestion prudentielle de l'endettement qui couvre les déficits budgétaires sans remettre en cause la solvabilité des finances publiques.

[37] Depuis la mise en place des Cadres stratégiques de lutte contre la pauvreté (CLSP) au début des années 2000 sous les auspices de la Banque Mondiale, le développement de la réflexion prospective dans les États membres a permis l'élaboration de nombreux documents de cadrage du développement illustrant les différents stades de la planification :

- prospective (Étude prospective Sénégal 2035, Bénin 2025…) ;
- planification stratégique (niveau national : Plan National de Développement Économique et Social au Burkina. Niveau sectoriel : Politiques et Stratégies sectorielles) ;
- planification opérationnelle : plans d'action triennaux glissants, DPBEP et DPPD.

qui permettent aux autorités gouvernementales d'élaborer des critères permettant d'opérer des choix stratégiques entre les ministères et d'encadrer la répartition de l'enveloppe globale. Elles sont conduites à une hiérarchisation des secteurs, au regard de leur contribution respective à l'atteinte des objectifs définis dans les référentiels de développement et de la place qui leur est assignée par le gouvernement dans sa stratégie globale. On aboutit à une distinction entre ministères prioritaires et ceux qui le sont moins, la faveur étant accordée aux premiers en cas d'arbitrages budgétaires.

La pluriannualité qui préside à la répartition intersectorielle des ressources facilite l'alignement de la programmation budgétaire globale sur les référentiels de développement qui s'inscrivent généralement dans une perspective de moyen terme. De par sa souplesse, cette programmation pluriannuelle des ressources ne fait pas obstacle à la prise en compte des conséquences financières découlant de la survenance d'évènements imprévisibles tels que les crises sécuritaires et sanitaires qui, du reste, tendent à s'inscrire dans la durée[38]. L'élaboration du DPBEP, qui demeure un exercice annuel, permet non seulement d'actualiser les projections financières en rapport avec l'évolution du cadre macroéconomique, mais aussi d'apporter les inflexions éventuelles à la politique budgétaire pour tenir compte des nouveaux défis auxquels il faut faire face d'une année à l'autre. Dans ce contexte, la clé de répartition qui découle de la priorisation des secteurs constitue certainement un facteur d'amélioration de la qualité de la décision budgétaire à ce stade de l'allocation des ressources. Elle permet, au-delà des vicissitudes de l'évolution du cadrage macroéconomique et budgétaire, de maintenir les ressources allouées aux secteurs prioritaires à un niveau qui assure la continuité de l'exécution des programmes se rapportant aux grandes options définies en matière de développement, même si l'enveloppe globale venait à diminuer, suite à la détérioration de la situation économique.

Les données du DPBEP, qui sont présentées par nature de dépenses, permettent ainsi aux ministères et à toute institution publique dotée d'une individualité financière de disposer précocement d'informations sur la portion de l'enveloppe globale qui leur revient et elles sont d'une grande utilité pour la préparation du projet de loi de finances[39]. Certes, ces informations ne portent pas encore sur des dotations budgétaires définitives ; elles indiquent cependant le niveau de ressources que les préparateurs du budget sont susceptibles de recevoir durant les trois (3) années budgétaires à venir et ces derniers doivent en tenir compte dans la mise au point de leurs avant-projets de budgets. Elles donnent des indications sur les plafonds de ressources dans la limite desquels les autorités

---

[38] Il s'agit d'une programmation triennale dite glissante.

[39] Pour faciliter sa prise en compte dans la préparation du projet de loi de finances, le cadrage budgétaire qui figure en annexe du DPBEP doit parvenir aux services techniques concernés des ministères et institutions au plus tard au même moment que la lettre de cadrage ou circulaire budgétaire.

budgétaires sectorielles doivent contenir leurs ambitions en matière d'objectifs de politiques publiques à atteindre au cours de la période projetée. C'est en cela que le DPBEP sert de référence à l'élaboration des Documents de Programmation Pluriannuelle des Dépenses (DPPD) qui sont essentiels dans la programmation budgétaire intrasectorielle, confirmant ainsi l'insertion de la pluriannualité dans la préparation des documents budgétaires.

B. La confirmation de la pluriannualité dans la programmation budgétaire sectorielle

L'approche stratégique de l'allocation des ressources se poursuit au niveau sectoriel. C'est un aspect de la discipline budgétaire que le gouvernement s'impose à toutes les étapes de la préparation de la loi de finances[40], afin d'assurer la cohérence des documents budgétaires produits entre eux et avec les plans et stratégies de développement existants. Dans ce sens, cet exercice de répartition des ressources constitue une condition préalable à la mise en œuvre réussie des politiques publiques qui s'inscrivent nécessairement dans la durée. Il s'agit d'accorder aux programmes définis dans les ministères, conformément aux documents de stratégie du secteur, les ressources nécessaires pour atteindre les objectifs projetés qui s'inscrivent également dans le moyen terme[41]. Dans ces conditions, la pluriannualité s'impose dans la confection des documents budgétaires comme un cadre temporel de programmation permettant d'optimiser aussi bien la répartition intrasectorielle des ressources que la budgétisation des programmes, qui sont les cadres d'opérationnalisation des politiques publiques.

1. L'allocation intrasectorielle des ressources budgétaires

Elle constitue la première phase de la programmation budgétaire au niveau sectoriel et se justifie par les limites de la programmation budgétaire globale qui se déroule au niveau central. En effet, les enveloppes budgétaires qui résultent du cadrage économique et budgétaire sont présentées par nature de dépenses, regroupées par grandes catégories. En outre, ces ressources sont allouées globalement à la réalisation de l'ensemble des politiques publiques qui sont pilotées par chacun des ministères et institutions bénéficiaires, sans autre forme d'affectation. Aussi, il revient aux autorités budgétaires ministérielles de procéder à une répartition de l'enveloppe globale reçue de manière à ce que les

---

40 Les prévisions budgétaires contenues dans ces documents budgétaires n'ont pas de valeur juridique contraignante.

41 Le programme constitue la nouvelle unité de spécialisation des crédits budgétaires (article 12 de la directive portant lois de finances). Par exception, certains crédits peuvent être regroupés en dotations.

interventions nécessaires à la réalisation des objectifs prioritaires du secteur soient assurées.

D'où le recours à un outil de cadrage des dépenses qui permet de réaliser la cohérence entre les allocations budgétaires et les priorités du secteur qui sont inscrites dans des stratégies à moyen terme[42]. À cet égard, le DPPD se présente comme la traduction budgétaire des politiques et stratégies sectorielles[43]. C'est un outil de programmation budgétaire à moyen terme qui vise à optimiser l'emploi des ressources d'un ministère en vue d'atteindre les objectifs assignés au secteur d'intervention considéré. Les ressources y sont allouées par programme, avec indication des crédits de l'année de budgétisation et ceux des deux années suivantes.

Tout comme au stade de la programmation globale, celle sectorielle prend appui non seulement sur le montant de l'enveloppe reçue, mais aussi sur les informations contenues dans les documents qui retracent les stratégies de développement, aussi bien sur le plan national que sectoriel[44]. Dans ce contexte de multiplicité des documents de référence, le succès du DPPD réside dans une synthèse qui concilie les objectifs définis aux différents niveaux de planification du développement et l'élaboration d'une structure de programmes qui soit compatible avec l'organigramme du ministère, afin de faciliter la mise en œuvre des actions prioritaires définies, sous la conduite de responsables clairement identifiés. En effet, sans une cohérence avérée des différents outils de planification et de programmation entre eux, il est impossible de réussir la synergie des interventions nécessaire à l'atteinte des objectifs globaux de développement dans un délai déterminé.

Aussi, le DPPD n'est pas seulement un document de programmation financière qui donne une lisibilité sur la répartition des dotations budgétaires dans un secteur donné. Il comporte également des informations utiles pour mettre en place une gestion efficace des ressources publiques allouées. Ainsi, les programmes[45], décompositions de l'enveloppe sectorielle, sont des ressources

---

[42] On peut rappeler que l'obligation d'élaborer des Documents de Programmation Pluriannuelle des Dépenses est consacrée par l'article 53 de la directive portant lois de finances. Comme l'article 52 (à propos du DPBEP), il institutionnalise et généralise également un document budgétaire qui était d'utilisation courante dans certains États membres, sous la dénomination de Cadre Budgétaire à Moyen Terme Sectoriel (CDMT sectoriel).

[43] Pour faciliter l'alignement du document budgétaire sur les objectifs et les programmes prioritaires du ministère, il a été recommandé, notamment au Burkina Faso, que les politiques et stratégies sectorielles soient élaborées en architecture budget-programme.

[44] Au niveau du ministère, on peut rappeler les politiques et stratégies sectorielles, ou encore les documents de programmation budgétaire pluriannuelle.

[45] Selon les termes de l'alinéa 3 de l'article 12 de la directive portant lois de finances au sein de l'UEMOA : « *Un programme regroupe les crédits destinés à mettre en œuvre une action ou un*

budgétaires destinées à des politiques publiques prévues pour être réalisées dans le moyen terme. La concrétisation de ces actions nécessite la définition d'objectifs et de résultats dont la réalisation, dans un délai déterminé, peut être évaluée à l'aide d'indicateurs également arrêtés à l'avance. Ces informations, qui portent sur les progrès à réaliser dans le cheminement vers les finalités des interventions des pouvoirs publics, constituent les éléments essentiels d'une gestion budgétaire orientée vers la performance. Aussi, le DPPD, à travers la vision globale qu'il donne sur l'ensemble des programmes d'un secteur donné, avec leur dispositif de performance respectif, est le document de programmation budgétaire pluriannuelle qui incarne le mieux le budget-programme.

Du point de vue de son contenu, le DPPD n'a donc pas vocation à informer sur les détails des programmes. Il en donne une présentation succincte permettant une vision globale de la stratégie et des priorités de l'ensemble du secteur[46]. C'est la budgétisation par programme qui, dans une approche plus opérationnelle de la conduite des politiques publiques, révèle les coûts prévisibles des actions et leur agencement dans le temps en vue de l'atteinte des cibles de résultats attendus au cours de la période considérée.

2. La budgétisation par programme

La budgétisation peut être définie comme l'opération qui consiste à inscrire au budget les crédits permettant aux administrations publiques de couvrir les dépenses se rapportant à la réalisation de leurs missions d'intérêt général, au cours d'une année. Dans le cadre du budget programme, qui repose sur une programmation pluriannuelle des dépenses, elle se ramène à l'allocation des ressources nécessaires à l'exécution de la première tranche annuelle du programme. En effet, la détermination des dotations budgétaires se rapportant à une année donnée s'opère en prenant en compte celles prévisibles pour les deux années suivantes, ce qui permet de mieux apprécier le réalisme observé dans les allocations budgétaires au regard de l'enveloppe globale accordée au secteur. Ainsi, « *pour chaque programme, il est procédé à une programmation ayant pour objet de mettre en adéquation l'activité prévisionnelle avec les crédits prévus ou attendus* »[47].

---

ensemble cohérent d'actions représentatif d'une politique publique clairement définie dans une perspective de moyen terme. »

[46] Le secteur désigne ici le domaine d'intervention d'un département ministériel.

[47] A. J. NGAYA, « La soutenabilité budgétaire dans les États membres de la CEMAC », *Revue Africaine de Finances Publiques*, n° 11, 1er semestre 2022, p. 34.

La budgétisation se matérialise par l'élaboration d'un nouveau document budgétaire[48] qui permet d'établir la corrélation entre les dotations budgétaires et la politique publique portée par le programme. En effet, le Projet Annuel de Performance (PAP), qui est élaboré pour chaque programme, comporte toutes les informations nécessaires pour gérer le programme[49]. Ainsi, au programme est associé un objectif stratégique qui correspond à l'un des objectifs prioritaires du ministère. L'objectif stratégique doit présenter une certaine pérennité[50]. Sa réalisation requiert la mise en place d'une stratégie pour indiquer comment organiser, dans le temps, l'ensemble des interventions des directions et services afin qu'elles convergent vers l'atteinte des résultats attendus. Pour ce faire, le Responsable de programme, principal artisan du pilotage du programme, décline l'objectif stratégique en objectifs opérationnels[51] qui sont associés à des actions.

Les actions représentent précisément le contenu fondamental du programme auquel elles donnent véritablement un sens. Elles expriment, chacune, une partie de la politique publique considérée, et précisent quelles interventions le ministère compte réaliser dans le cadre du programme en vue de répondre aux attentes des citoyens. Outre les objectifs opérationnels qui, en général, se projettent dans le moyen terme, la conduite des actions dans le temps est balisée par des résultats découpés en cibles annuelles dont la réalisation peut être mesurée, à l'échéance, à l'aide d'indicateurs prévus dans le Projet Annuel de Performance (PAP). Du point de vue budgétaire, les actions sont les cadres d'évaluation des coûts de réalisation des programmes[52]. C'est à travers les actions que s'établit le lien entre les dotations budgétaires et les résultats attendus du programme. Mais pour son opérationnalisation, dans les pays membres de l'UEMOA tout comme en France, le programme doit être décliné successivement en Budgets Opérationnels de Programme (BOP) et en Unités Opérationnelles de Programme (UOP), pilotés respectivement par des responsables de BOP et d'UOP, sous le leadership du responsable de programme[53].

---

[48] Il s'agit du Projet annuel de performance (PAP).

[49] Dans la pratique, le DPPD et les PAP d'un même ministère sont présentés dans un document unique qui comporte, outre une synthèse des informations de l'ensemble des programmes, une présentation individualisée de chaque programme.

[50] L'objectif stratégique du programme est aligné sur les objectifs des politiques sectorielles qui se déroulent sur le long terme, soit une durée comprise entre 5 et 10 ans.

[51] Les objectifs opérationnels quant à eux se déroulent sur le moyen terme, soit une durée comprise entre 3 et 5 ans.

[52] Chaque action est déclinée en activités auxquelles sont directement associés les coûts de réalisation.

[53] Sur le rôle des BOP dans le système budgétaire français, voir J.-P. DUPRAT, M. SIMMONEY, « Les budgets opérationnels de programme », *Revue Française de Finances Publiques*, n° 93, février 2006, pp. 127-145.

Certes, la budgétisation dans le cadre du PAP est centrée sur l'exercice auquel se rattache la loi de finances en préparation, mais les considérations de pluriannualité ne sont jamais loin. En effet, tout comme la projection des réalisations, la budgétisation procède également au découpage des ressources allouées au programme en tranches annuelles sur une durée de trois (3) ans. Toutefois, seule la tranche affectée à la première année est considérée comme ferme. Après l'adoption de la loi de finances par le Parlement, cette dotation devient un crédit budgétaire, c'est-à-dire une autorisation donnée au gouvernement de dépenser dans la limite du montant déterminé[54]. Quant aux allocations budgétaires inscrites au titre des deux (2) années suivantes, elles ne sont programmées qu'à titre indicatif. En effet, les montants affichés sont susceptibles d'être réajustés pour tenir compte de l'évolution favorable ou défavorable du cadre macroéconomique, ou encore, en fonction de l'état d'exécution réel des activités de l'année écoulée. De même, dans les tableaux présentant les dotations budgétaires par nature de dépenses, les investissements sont budgétisés en autorisations d'engagement et en crédits de paiement pour tenir compte du caractère pluriannuel de leur exécution.

En définitive, la pluriannualité apparaît bien établie en matière d'élaboration de la loi de finances depuis la mise en œuvre du nouveau cadre harmonisé des finances publiques de l'UEMOA. Elle s'inscrit dans des documents de programmation budgétaire qui font l'objet de publication après présentation au Parlement au cours du Débat d'Orientation Budgétaire, qui se tient chaque année, renforçant ainsi la transparence budgétaire tout en contribuant à l'alimentation du débat démocratique sur les finances publiques. À ce stade du processus budgétaire, la pluriannualité s'impose en particulier au gouvernement, qui doit présenter les principaux documents budgétaires sous forme de projections budgétaires couvrant les trois années à venir. Ce faisant, les autorités communautaires et nationales se rallient à ce courant de modernisation de la gestion des finances publiques dans lequel la gestion axée sur les résultats va de pair avec la pluriannualité comme cadre temporel adapté au pilotage de la performance[55]. Paradoxalement, en matière d'exécution budgétaire, le dispositif communautaire porteur de la pluriannualité paraît nuancé.

---

[54] L'article 20 de la directive portant lois de finances consacre le caractère limitatif des crédits, que ce soient les autorisations d'engagement ou les crédits de paiement. Il en est de même des plafonds d'autorisation d'emplois rémunérés par l'État.

[55] Ph. JOSSE, « La pluriannualité, un outil adapté pour retrouver des marges de manœuvre dans le pilotage de nos finances publiques », *Revue Française de Finances Publiques*, n° 158, mai 2022, p. 73.

II. UNE PLURIANNUALITÉ PLUTÔT NUANCÉE EN MATIÈRE D'EXÉCUTION BUDGÉTAIRE

L'application de la pluriannualité en phase d'exécution budgétaire pose, avant tout, la problématique de la durée de validité des autorisations budgétaires. Concernant les recettes fiscales, la directive rappelle le principe de l'annualité dans une formule péremptoire qui ne laisse plus beaucoup de place pour de longs commentaires.[56] Or, dans l'ensemble des États considérés, les impôts constituent la principale source de recettes budgétaires. En outre, les lois de finances comportent chaque année des dispositions qui autorisent la poursuite du recouvrement des recettes des exercices antérieurs, soulignant ainsi l'annualité des autorisations en matière de recettes. C'est donc concernant les dépenses que la pluriannualité mérite une attention particulière, car la gestion des crédits budgétaires représente un enjeu important pour le pilotage des programmes. Elle se ramène en particulier à la question de savoir si les crédits affectés aux programmes pour l'exécution des dépenses couvrent une ou plusieurs années budgétaires.

Sur cette question, le dispositif mis en place dans l'espace UEMOA peut être qualifié de prudentiel[57]. En effet, la pluriannualité est aménagée de manière à rendre possible l'exécution des dépenses dont la réalisation dépasse le cadre d'une année tout en préservant l'annualité budgétaire, qui demeure la règle[58]. En l'absence d'autorisation budgétaire couvrant plusieurs années, la pluriannualité se résout en pouvoir de prolonger la durée d'un crédit budgétaire au-delà de l'année d'autorisation par le mécanisme de report de crédits[59]. Certes, les autorisations d'engagement, une fois consommées[60], peuvent produire des effets sur plusieurs années, permettant de poursuivre l'exécution des dépenses à travers les crédits de paiement. Mais l'autorisation d'engager la dépense ne demeure valable que durant une année. Ainsi, la pluriannualité fait l'objet d'une

---

[56]Aux termes de l'article 9 de la directive portant lois de finances : « *L'autorisation de percevoir les impôts est annuelle. Le rendement des impôts dont le produit est affecté à l'État est évalué par les lois de finances.* »

[57] En effet, en son annexe n° 1, page 27, le Guide didactique de la Directive portant lois de finances au sein de l'UEMOA recommande : « *De façon générale, le volume des reports d'un exercice sur l'autre doit être limité autant que possible* ».

[58] Voir article 24 de la directive portant lois de finances.

[59] Le report de crédits consiste à majorer les crédits ouverts dans la loi de finances de l'année par les crédits non consommés de l'année précédente. Les modalités du report varient selon qu'il porte sur les autorisations d'engagement ou sur les crédits de paiement.

[60] L'autorisation d'engagement est consommée une fois pris l'acte d'engagement juridique de la dépense.

application limitée concernant les autorisations d'engagement[61] prévues pour la budgétisation des dépenses pluriannuelles alors que les crédits de paiement[62], mode de budgétisation appliqué aux autres catégories de dépenses [63], ne peuvent, en principe, être reportés. Leur prolongation au-delà d'une année n'est acceptée qu'à titre exceptionnel.

A. La portée limitée de la pluriannualité dans la gestion des autorisations d'engagement

En matière d'exécution budgétaire, seules les autorisations d'engagement peuvent, en principe, faire l'objet d'une prolongation au-delà d'une année par la technique des reports de crédits. Or, les dépenses dont les crédits peuvent comporter des autorisations d'engagement ont été strictement définies. Ensuite, les reports de crédits portant sur les autorisations d'engagement ont été soumis à des conditions qui en limitent également la portée.

1. Le périmètre restreint des autorisations d'engagement

Dans le nouveau cadre juridique harmonisé des finances publiques de l'UEMOA, les autorisations d'engagement se substituent aux autorisations de programme prévues dans le précédent cadre harmonisé, sans que le régime qui leur était applicable soit entièrement restitué. Tout comme les autorisations de programme, les autorisations d'engagement portent également sur les investissements. Mais la nouvelle réglementation communautaire y joint les contrats de Partenariats Public-Privé (PPP), ce qui peut paraître comme un élargissement du champ d'application de cette technique. En réalité, la réforme en cours ne devrait pas, dans l'immédiat, modifier considérablement les

---

[61] Les autorisations d'engagement constituent la limite supérieure des dépenses pouvant être juridiquement engagées au cours de l'exercice pour la réalisation des investissements prévus par la loi de finances.

[62] Les crédits de paiement constituent la limite supérieure des dépenses pouvant être ordonnancées ou payées pendant l'année. Ils permettent de prendre tous les actes de la phase administrative et comptable de l'opération de dépense. Pour les investissements, les crédits de paiement permettent de poursuivre et de payer les dépenses juridiquement engagées dans le cadre des autorisations d'engagement.

[63] Aux termes de l'article 11 de la directive portant lois de finances, les dépenses budgétaires de l'État comprennent, outre les investissements et les transferts en capital, les dépenses de :

- personnel,
- charges financières de la dette,
- acquisition de biens et services,
- transferts courants,
- en atténuation de recettes.

pratiques budgétaires. Bien que les PPP soient considérés, du point de vue budgétaire, comme un mode de financement, les fonds mobilisés ne sont pas généralement mis à la disposition de l'État, mais employés par le partenaire lui-même, pour la réalisation des investissements et les prestations de services convenus par voie contractuelle. En effet, l'État devrait recourir aux contrats de PPP lorsqu'il « *fait appel à des prestataires privés pour financer et gérer un équipement assurant ou contribuant au service public* »[64]. C'est donc principalement la contrepartie financière due au partenaire privé[65] qui devrait être inscrite en charges dans la loi de finances, en se conformant aux nouvelles règles de budgétisation.[66]

Cependant, alors que les autorisations de programme, une fois votées dans la loi de finances, demeuraient valables pour une durée maximale de six (6) ans, les autorisations d'engagement ne sont pas des crédits valant autorisation pluriannuelle de dépenser. Elles doivent être consommées juridiquement au cours de l'exercice considéré pour permettre la réalisation des dépenses auxquelles elles se rapportent ou être annulées en fin d'année, sauf recours à la procédure de report de crédits prévue à cet effet[67]. C'est donc la simple faculté reconnue aux gestionnaires de pouvoir transférer les autorisations d'engagement non utilisées au cours de l'exercice sur l'année suivante qui constitue la touche de pluriannualité qui devrait, à l'évidence, permettre la continuité de l'exécution du programme considéré. Or, à l'examen, cette possibilité de prolonger l'exécution des crédits budgétaires au-delà d'une année n'est pas utile pour la gestion efficace des seules dépenses d'investissements. En effet, la plupart des dépenses publiques portent sur des opérations récurrentes qui sont nécessaires pour assurer l'exécution continue des missions des pouvoirs publics. Ainsi, de nombreuses dépenses budgétaires prennent leur source dans des engagements pluriannuels souscrits par l'État[68]. Aussi, M. BOUVIER affirme que « *même si l'autorisation parlementaire est formellement annuelle, les dépenses de l'État sont le plus souvent pluriannuelles par nature* »[69].

---

[64] Commission UEMOA, *Glossaire du Cadre harmonisé des finances publiques de l'UEMOA*, Ouagadougou, p. 50.

[65] Ceci dans l'hypothèse d'un PPP à paiement public et non à paiement assuré par les usagers.

[66] La plupart des opérations réalisées par des contrats de PPP s'analysent comme de grands travaux d'investissement financés et exécutés par les partenaires privés. Ils se distinguent ainsi de ceux réalisés directement par l'État sur ressources budgétaires.

[67] Voir article 24 de la directive portant lois de finances.

[68] Les plus caractéristiques sont constituées par les dépenses de personnel et les dépenses liées au service de la dette publique qui découlent respectivement des décisions portant sur le recrutement des agents et des contrats d'emprunt, actes pris hors du périmètre de la loi de finances.

[69] M. BOUVIER, M.-C. ESCLASSAN et J.-P. LASSALE, *Finances Publiques*, Paris, L.G.D.J, 8e édition, 2006, p. 272.

Du reste, dans le système de la gestion axée sur les résultats, il est attendu de la pluriannualité, mieux que la seule assurance, de pouvoir poursuivre l'exécution des investissements d'une année budgétaire à l'autre. En effet, les programmes qui portent des politiques publiques s'exécutent dans le moyen terme et sont soutenus par une programmation triennale des ressources budgétaires. Aussi, sans qu'il soit même besoin de généraliser les autorisations d'engagement à toutes les dépenses, le maintien de leur validité durant une période maximale de trois (3) ans[70], par exemple, aurait pu être considéré comme une solution qui relève simplement du bon sens.[71] En harmonisant la durée des autorisations avec la perspective pluriannuelle adoptée dans la programmation budgétaire, les gestionnaires de programmes échapperaient aux contraintes de l'annualité, auraient davantage d'autonomie et de visibilité pour actionner efficacement les leviers d'action mis à leur disposition pour atteindre les objectifs fixés, au regard de la responsabilité et de la redevabilité qu'impose la gestion axée sur la performance[72].

La délimitation du périmètre des autorisations d'engagement, et partant, la restriction de la possibilité de report aux seuls crédits se rapportant aux dépenses d'investissement, est une réponse qui pourrait être qualifiée de minimaliste au regard de la nécessité d'assurer la continuité dans l'exécution des actions programmées afin d'obtenir les résultats attendus. Admissible dans la gestion budgétaire classique, cette solution n'apporte pas de valeur ajoutée évidente en matière d'efficacité dans le cadre d'un budget de performance qui poursuit des effets réalisables dans le moyen terme. Cette réticence des autorités communautaires[73] à élargir le champ des dépenses dont les crédits peuvent être prolongés au-delà d'une année s'observe particulièrement à travers les conditions restrictives qui encadrent l'usage des reports de crédits.

---

[70] Correspondant aux trois (3) années de la budgétisation du programme.

[71] A. LAMBERT, « S'appuyer sur les trois piliers de la LOLF pour réaliser les objectifs qui ont engendré sa naissance », *Revue Française de Finances Publiques*, n° 158, mai 2022, p. 49.

[72] La solution consistant à limiter la pluriannualité aux dépenses d'investissements et de PPP pourrait constituer une première étape dans une démarche de généralisation de la pluriannualité conduisant éventuellement à l'adoption de budgets pluriannuels comme aux Pays-Bas, en Suède ou au Royaume-Uni.

[73] Cette réticence pourrait s'expliquer, comme le suggère N. MÉDÉ à propos de la complexification des contrôles a priori et de la mise en œuvre décalée de la réforme des marchés publics, par « *le climat de méfiance* » qui caractérise les rapports au sein des administrations publiques des États concernés. Voir N. MÉDÉ, D. E ABODJAN, W. AGUEMON, M. ATINMAKAN, O. OKOTCHE, P. KOUDJROHEDE, « Défis de cohérence de la réforme du budget axé sur la performance dans l'espace UEMOA », *Revue Africaine de Finances Publiques*, n° 8, second semestre 2020, pp. 137-172.

2. La prorogation sous condition des autorisations d'engagement

Dans l'exécution des dépenses publiques, les autorisations d'engagement se distinguent des crédits de paiement par la possibilité reconnue au gestionnaire de prolonger leur exécution au-delà d'une année. Toutefois, il ne s'ensuit pas une prolongation systématique des autorisations d'engagement non consommées en fin d'année. Pour ce faire, il est nécessaire de recourir au report de crédits, technique qui consiste à transférer sur le budget suivant les crédits non consommés de l'année précédente. Le gestionnaire ne dispose donc pas d'une autorisation générale pour poursuivre l'exécution des autorisations d'engagement sur l'année suivante, mais d'une simple faculté à laquelle il peut recourir ou non. Et, lorsqu'il décide d'en faire usage, il est astreint au respect d'un ensemble de conditions qui rend complexe une technique pourtant destinée à atténuer la rigueur du principe de l'annualité, qui est une règle classique du droit budgétaire.

En effet, pour que la prolongation des autorisations d'engagement soit valable, l'opération de report de crédits envisagée doit d'abord respecter un certain nombre de conditions de fond. La principale exigence est que les autorisations d'engagement reportées doivent servir à abonder les dotations prévues dans le même programme au titre de la loi de finances en cours[74]. Aux termes de l'alinéa 2 de l'article 24 de la directive portant lois de finances, le recours au report de crédits doit être justifié par la nécessité de poursuivre l'exécution du même programme et non d'un autre. L'exécution complète des dépenses juridiquement engagées étant subordonnée à la disponibilité de crédits de paiement, il s'ensuit que ces derniers devraient également faire l'objet de report[75]. Le report de crédits est ensuite soumis au respect de conditions de forme et procédure qui sont plus contraignantes.

Ainsi, alors que sous l'empire de la directive relative aux lois de finances de 1997, l'intervention d'un arrêté du ministre chargé des Finances suffisait pour reporter des crédits non consommés[76], le report requiert désormais l'intervention d'un décret en Conseil des ministres. Si cette exigence de forme souligne bien l'importance accordée au traitement des questions financières, elle soumet en revanche la procédure du report aux contraintes du calendrier gouvernemental rendant complexe, voire aléatoire, sa mise en pratique. En effet, le report des autorisations d'engagement d'un programme, question éminemment technique,

---

[74] Au Burkina Faso, l'article 26 de la LOLF autorise le report des autorisations d'engagement sur le même programme « *ou, à défaut, sur un programme poursuivant les mêmes objectifs* » s'alignant sur ce point sur la LOLF française.

[75] Cette pratique est également une recommandation du Guide didactique de la directive portant lois de finances.

[76] Article 18, alinéa 2, de la directive 05/97/CM/UEMOA du 16 décembre 1997 relative aux lois de finances.

entrerait en concurrence avec des sujets tels que la sécurité ou encore la définition des stratégies de développement, questions hautement politiques qui auraient certainement la faveur du gouvernement dans l'élaboration de son programme de travail. En outre, du responsable de programme à la tenue de l'instance gouvernementale, la demande de report de crédits pourrait être victime, dans son cheminement, de la lourdeur de la procédure administrative faite de nombreuses étapes, alors que les délais de traitement des dossiers ne sont pas toujours bien maîtrisés dans les administrations publiques concernées. Pour éviter d'éventuelles déconvenues[77], la gestion des reports de crédits pourrait être assurée par arrêtés du ministre chargé des Finances, « *responsable de l'exécution de la loi de finances et du respect des équilibres budgétaires et financiers…* »[78], avec obligation d'en informer le Parlement, auteur des autorisations budgétaires initiales[79], et la Cour des comptes.

Toujours sur le plan procédural, le décret portant report de crédits doit être pris après la clôture de l'exercice budgétaire précédent, c'est-à-dire à un moment où les services compétents peuvent établir avec certitude l'état d'exécution des opérations budgétaires, permettant de dégager le montant des autorisations d'engagement non consommées par programme[80]. Dans tous les cas, il est souhaitable que les responsables de programmes puissent disposer des crédits reportés dans les premiers mois ou semaines de la nouvelle année budgétaire[81] pour poursuivre l'exécution des programmes concernés. Aussi, l'ensemble des gestionnaires sectoriels intéressés pourraient être tentés, dès la clôture de l'exercice, de soumettre leurs projets de report de crédits. Et le risque est grand que l'on aboutisse à un encombrement des services techniques du ministère des Finances chargé de la centralisation et du traitement des dossiers de reports de crédits, si des mesures pertinentes ne sont pas prises pour assurer le respect strict des autorisations budgétaires et un traitement diligent des dossiers relatifs aux reports de crédits.

---

[77] Au Burkina, par exemple, les demandes de reports de crédits présentées jusqu'à ce jour ont essuyé des refus. Les principales raisons tiennent à la non-appropriation de la procédure par les acteurs et la crainte des abus. Aussi, la procédure de report de crédits fait l'objet d'une description détaillée dans le *Guide de réaménagement des crédits budgétaires adapté à l'approche budget-programme*, élaboré en octobre 2020, pp. 27-29.

[78] Article 67 de la directive portant lois de finances.

[79] Au Sénégal, la nouvelle loi organique n° 2020-07 abrogeant et remplaçant la loi organique n° 2011-15 du 8 juillet 2011 relative aux lois de finances, modifiée par la loi organique n° 2016-34 du 23 décembre 2016, maintient le caractère exceptionnel de la technique de report des crédits de paiement, mais en confie la gestion au ministre chargé des Finances, qui intervient par arrêté.

[80] À cet effet, les administrations financières des États membres ont développé de nombreuses applications informatiques couvrant les principales opérations qui se réalisent aux différentes étapes du processus budgétaire.

[81] De préférence durant la phase de mise en place du nouveau budget.

Ainsi, la pluriannualité se fraie difficilement un chemin en matière d'exécution budgétaire. Dans le souci de préserver l'équilibre budgétaire défini dans la loi de finances de l'année, le report des autorisations d'engagement a été soumis à des règles de fond et de forme qui en réduisent la portée, alors que les crédits de paiement ne peuvent pas, en principe, faire l'objet de report.

B. L'interdiction de principe de la prorogation des crédits de paiement

La gestion des dépenses budgétisées en crédits de paiement se caractérise par une application plus stricte du principe de l'annualité qui signifie non seulement que les autorisations budgétaires sont accordées chaque année, mais encore, que leur exécution dure une année. Aussi, le respect de la durée annuelle des autorisations budgétaires implique l'impossibilité de poursuivre l'exécution des crédits de paiement au-delà d'une année, c'est-à-dire douze mois. Toutefois, pour permettre la continuité de l'exécution des dépenses qui, par nature, se déroulent sur plusieurs années, les organes communautaires ont été conduits à concéder exceptionnellement le report des crédits de paiement, assorti de conditions limitatives de mise en œuvre[82].

1. La règle de l'exécution annuelle des crédits de paiement

Le principe de l'annualité budgétaire est consacré par plusieurs dispositions de la directive portant lois de finances, dont l'une des plus expressives est, sans doute, l'article 24 qui précise en son alinéa 1er : « *Sous réserve des dispositions concernant les autorisations d'engagement, les crédits ouverts et les plafonds des autorisations d'emplois fixés au titre d'une année ne créent aucun droit au titre des années suivantes.* » Il en ressort que les autorisations de dépenser contenues dans les crédits de paiement ont un caractère strictement annuel. Elles doivent être consommées au cours de l'année considérée, sans aucune conséquence sur les années suivantes. Ainsi, contrairement aux autorisations d'engagement, les actes d'exécution des crédits de paiement ont une portée strictement annuelle[83]. Par conséquent, l'année budgétaire coïncidant avec l'année civile, les crédits de paiement doivent être utilisés au plus tard le 31 décembre.

---

[82] Voir alinéa 3 de l'article 24 de la directive portant lois de finances.

[83] Certes, les autorisations de programme sont consommées en une fois par l'engagement de la dépense au cours de l'exercice budgétaire. Elles permettent toutefois de poursuivre la réalisation de la dépense au cours des exercices suivants par la consommation des crédits de paiement autorisés chaque année dans la loi de finances, jusqu'à l'extinction de la dette. Tel est le cas notamment pour les contrats de PPP.

Les dispositions communautaires sur l'annualité budgétaire ont été intégrées dans les législations budgétaires des États, souvent complétées par diverses mesures de caractère réglementaire visant à assurer la clôture à bonne date des opérations d'exécution de la loi de finances. Elles consistent, pour l'essentiel, à ériger des dates butoirs au-delà desquelles les actes d'exécution de la phase administrative de la dépense ne seraient plus admis. Les dates retenues varient avec le positionnement de l'acte considéré dans la procédure d'exécution et la nature de la dépense en cause[84]. Le dispositif juridique mis en place varie également selon les pays. Ainsi, alors que certains États ont mis en place des dispositifs permanents qui balisent les actes d'exécution en fin d'année[85], d'autres confient au ministre chargé des Finances la charge d'édicter chaque année, à l'adresse des agents de la chaîne d'exécution de la dépense, des instructions qui précisent les dates d'arrêt des opérations[86].

Sur le plan comptable, à la suite de la directive portant Règlement Général sur la Comptabilité Publique, les réglementations nationales sur le même sujet comportent également des dispositions qui renforcent l'application du principe de l'annualité. Ainsi, tout comme au Burkina Faso ou au Niger, le décret portant Règlement Général de la Comptabilité Publique au Togo précise que « *la période couverte par la comptabilité budgétaire est la gestion, sans période complémentaire* »[87]. Or, le système de la gestion est réputé plus rigoureux que celui de l'exercice qui, dans les pays membres de l'UEMOA, est appliqué à la comptabilité générale de l'État, car il consiste à rattacher les opérations budgétaires à l'année de leur réalisation effective, indépendamment de leur année d'autorisation. En fin d'année, les opérations budgétaires prennent fin en même temps que les autorisations, ce qui conduit à un respect strict de l'année budgétaire. En outre, il est appliqué sans journée complémentaire qui consisterait à prolonger fictivement la dernière journée de l'année budgétaire à une date au-delà du 31 décembre pour les opérations de régularisation[88]. C'est précisément

---

[84] Successivement et dans l'ordre sont arrêtées : les opérations d'engagement, de liquidation et d'ordonnancement.

[85] Au Niger et au Burkina Faso notamment, avec respectivement :

- l'arrêté n° 0351/PRN/MEF/F du 23 septembre 2015 portant Système de gestion du budget national ;
- le décret n° 2017-0106/PRES/PM/MINEFID du 15 mars 2017 portant régime juridique des ordonnateurs de l'État et des autres organismes publics.

[86] Cas du Bénin et du Sénégal.

[87] Article 74 du décret n° 2015-/PR/du 27 août 2015 portant règlement général de la comptabilité publique au Togo.

[88] En comptabilité générale, le système de l'exercice, qui rattache les opérations à l'année budgétaire pour laquelle elles ont été autorisées, quelle que soit leur date de réalisation, est assorti d'une période complémentaire d'une durée maximum d'un mois à compter de la fin de l'exercice budgétaire. Voir alinéa 2 de l'article 78 de la directive portant Règlement Général sur la Comptabilité Publique.

pour prévenir le dépassement de l'année budgétaire que des dispositions sont prises pour interdire la réalisation des opérations d'engagement, de liquidation et d'ordonnancement au-delà de certaines dates.

Ainsi, les dépenses qui sont budgétisées en crédits de paiement font l'objet d'une application stricte de la règle de l'annualité budgétaire. En principe, leur exécution ne saurait se poursuivre au-delà de l'année budgétaire à laquelle elles se rattachent. C'est donc à titre exceptionnel que la technique du report de crédits pourra leur être appliquée, prolongeant ainsi la durée de leur réalisation.

2. Le report exceptionnel des crédits de paiement

Tous les crédits de paiement autorisés par la loi de finances ne peuvent pas faire l'objet de report lorsqu'ils n'ont pas été consommés en fin d'année. En effet, contrairement aux autorisations d'engagement, les crédits de paiement s'étendent sur un périmètre budgétaire très vaste. Toutes les natures de dépenses qui figurent dans la nomenclature budgétaire sont concernées. Or, les crédits reportés viennent en augmentation des dotations accordées au programme concerné au titre de la loi de finances de l'année suivante. Dans ces conditions, on peut estimer que permettre l'application de la technique du report à l'ensemble des crédits budgétaires, sans aucune distinction, accroîtrait les risques de perturbation de l'équilibre budgétaire sans que les avantages de cette facilité de prolongation des autorisations budgétaires soient bien établis. On peut également considérer que la plupart des dépenses de l'État, bien que récurrentes, s'accommodent bien de l'annualité, qui constitue un cadre temporel maîtrisable pour leur exécution tout en facilitant un contrôle parlementaire régulier des autorisations budgétaires, en conformité avec les principes de la démocratie moderne. Du reste, les expériences de pluriannualité juridiquement organisée dans la sous-région, avec notamment la technique des autorisations de programme, ne semblent pas avoir fait recette[89]. Quoi qu'il en soit, ce sont de telles considérations, qui relèvent davantage des conceptions en vigueur dans la gestion budgétaire classique, qui semblent avoir pourtant guidé les autorités communautaires dans leur option de restriction du champ d'application des reports de crédits.

Ainsi, seuls les crédits de paiement se rapportant à des investissements peuvent faire l'objet de report, parce que la nature singulière de ces dépenses appelle un traitement spécifique. En effet, l'admission du report des crédits de paiement affectés aux investissements s'explique, avant tout, par le caractère pluriannuel des dépenses considérées. Aussi, elles présentent la particularité d'être budgétisées non seulement en crédits de paiement comme les autres natures de dépenses, mais aussi en autorisations d'engagement, qui sont

---

[89] Voir supra.

susceptibles de report. Dans ces conditions, le report des crédits de paiement apparaît comme un accompagnement nécessaire du report des autorisations d'engagement. En effet, si les autorisations d'engagement permettent de réaliser l'engagement juridique de la dépense, la procédure ne saurait être conduite à son terme sans la disponibilité de crédits de paiement correspondants[90]. Le report des crédits de paiement permet donc d'éviter que celui des autorisations d'engagement ne demeure sans effet sur le plan pratique, mettant ainsi en péril des investissements déjà commencés. Paradoxalement, le report des crédits de paiement est soumis au respect des conditions de fond et de forme qui peuvent paraître, à certains égards, plus contraignantes que celles requises pour le report des autorisations d'engagement, confirmant son caractère exceptionnel.

Certes, tout comme les autorisations d'engagement, les crédits de paiement affectés aux investissements d'un programme qui n'ont pas été consommés en fin d'année peuvent être reportés sur le même programme, au titre de l'année suivante. Toutefois, ce report ne pourra aboutir que s'il est établi que la majoration des crédits du programme considéré ne contribuera pas à une dégradation de l'équilibre budgétaire défini dans la loi de finances. En outre, l'alinéa 3 de l'article 24 de la directive portant lois de finances précise : « ... *Les reports s'effectuent par décret pris en Conseil des ministres, en majoration des crédits de paiement pour les investissements de l'année suivante, sous réserve de la disponibilité des financements correspondants* ».

Outre la complexité résultant de la nécessité de recourir à un décret en Conseil des ministres[91], les exigences liées à la préservation de l'équilibre budgétaire ne manqueront pas de soulever, dans la pratique, des difficultés supplémentaires en matière de mise en œuvre des reports de crédits de paiement. De par leur positionnement dans la chaîne d'exécution des dépenses budgétaires, ce sont les autorités sectorielles qui paraissent les mieux indiquées pour apprécier l'opportunité de recourir ou non au report des crédits de paiement non consommés dans leur Département ministériel. Responsables de la gestion quotidienne des programmes, elles devraient être à même d'établir, à tout moment, l'état d'exécution des dépenses et de dégager en fin d'année, le montant des crédits non consommés, aussi bien en autorisations d'engagement qu'en crédits de paiement. En revanche, elles sont mal outillées pour apprécier les conditions relatives à l'équilibre budgétaire et à la « *disponibilité des financements correspondants* », qui relèvent davantage de la gestion globale du budget, mission principale du ministère des Finances. Aussi, c'est tout naturellement au ministre chargé des Finances que la directive communautaire

---

90 Ce sont les crédits de paiement qui permettent de liquider, d'ordonnancer et de payer les dépenses d'investissement dont les autorisations d'engagement sont consommées par l'engagement juridique de la dépense.

91 Voir supra.

confie la charge d'introduire le dossier du projet de décret de report de crédits par un rapport qui doit expliquer dans quelles conditions des ressources peuvent être mobilisées pour assurer le financement des reports, sans dégrader le solde budgétaire[92].

En l'absence d'indications plus précises, les autorités nationales pourraient aménager des dispositifs de gestion concertée des reports de crédits autour du ministère des Finances afin de rendre opérationnel le report des crédits de paiement, qui se veut un mécanisme adapté à la gestion des investissements. Enfin, comme tout mouvement portant sur des crédits ouverts par la loi de finances, les décrets de report sont également soumis à la procédure de transmission au Parlement et à la Cour des comptes dès leur signature, de même qu'à la ratification parlementaire[93]. Mais il s'agit là de formalités qui, si elles introduisent un peu de transparence dans la gestion budgétaire et contribuent à l'amélioration des contrôles, ne remettent nullement en cause la rigueur qui caractérise l'encadrement des reports de crédits, et partant, la pluriannualité en matière d'exécution budgétaire.

CONCLUSION

En définitive, la juridicité de la pluriannualité dans les finances publiques des États de l'UEMOA ne fait l'objet d'aucun doute. Toutefois, sa portée varie selon les différentes phases du cycle budgétaire. En effet, la démarche communautaire de juridicisation de ce principe relève davantage du souci de trouver une solution technique à la nécessité d'assurer la cohérence entre les instruments nationaux et sectoriels de cadrage du développement, d'une part, et la loi de finances, d'autre part, que celui d'allonger la durée de validité des autorisations budgétaires pour donner plus de visibilité dans le pilotage des programmes, en cohérence avec les principes de la gestion par la performance. Aussi, bien établie en préparation budgétaire, la pluriannualité peine cependant à s'affirmer dans la phase d'exécution de la loi de finances. Au moment de l'élaboration de la loi de finances, la pluriannualité apparaît comme un principe qui s'incarne bien dans les principaux documents budgétaires qui sont produits à toutes les étapes de la procédure budgétaire, grâce à un dispositif qui synthétise et consacre en droit des pratiques budgétaires bien éprouvées de longue date dans certains États membres. Elle impose que, en cohérence avec les documents de cadrage du développement et les politiques budgétaires qui s'inscrivent dans le moyen terme, les projections budgétaires annuelles soient présentées dans des

[92] La directive ne précise pas le délai dans lequel le projet doit être présenté au gouvernement après la clôture de l'exercice budgétaire. Il revient donc aux États membres de préciser ce délai dans leurs droits nationaux en tenant compte de leur culture administrative respective.

[93] Voir article 26 de la directive portant lois de finances.

documents de programmation pluriannuelle couvrant une période minimale de trois (3) ans.

Cependant, si ces documents doivent nécessairement s'inscrire dans une perspective pluriannuelle, leurs contenus, qui ne sont que des prévisions, ne comportent aucune valeur juridique contraignante[94]. En phase d'exécution, cependant, l'application de la pluriannualité est entravée par une réglementation plutôt tatillonne. Cette réticence à faciliter la pluriannualité dans l'exécution budgétaire, qui s'analyse comme une adhésion à moitié des organes communautaires à cette norme, se manifeste en particulier par l'interdiction de principe du report en matière de crédits de paiement, qui sont pourtant nécessaires pour conduire à son terme toute dépense juridiquement engagée. Aussi, l'opérationnalité de la pluriannualité dans la gestion budgétaire est conditionnée par un approfondissement nécessaire de la réflexion sur les conditions permettant de proroger les autorisations budgétaires pouvant aboutir à leur allègement, voire une réforme globale du temps budgétaire[95], en tenant compte évidemment des objectifs de modernisation de l'Administration et de réforme de l'État[96]. Pour l'heure, son statut n'a pas considérablement évolué dans le droit budgétaire des États membres de l'UEMOA. La pluriannualité demeure une exception au principe de l'annualité qui est toujours la règle, aussi bien pour le vote de la loi de finances que pour son exécution et le contrôle politique assuré par le Parlement[97]. Toutefois, se situant dans le sillage de la gestion budgétaire par la performance[98], son périmètre dans les finances publiques devrait s'étendre et se préciser davantage avec le développement de la Nouvelle Gestion Publique (NGP)[99].

---

94 En ce qui concerne sa judiciarisation, ni la directive ni les lois organiques nationales qui l'internalisent ne comportent d'indications particulières.

95 Sur la nécessité d'une réflexion sur le temps budgétaire en France, voir notamment A. PARIENTE, « L'annualité budgétaire à l'épreuve de la Constitution », *RFFP*, n° 150, mai 2020, p. 49.

96 A. COLSON, « La conduite du changement au sein du secteur public : une contribution pour l'action », *Rapport public*, n° 13, Vie publique, 1er septembre 2005, 66 p.

97 Sur ce point, la LOLF sénégalaise de 2020 n'a pas apporté d'améliorations innovantes. Elle prévoit, à terme, la généralisation des autorisations d'engagement à toutes les natures de dépenses tout en maintenant le caractère annuel de toutes les autorisations budgétaires.

98 R. DEGRON, « Pluriannualité et performance : droit budgétaire européen et national, fertilisation croisée », *Gestion et Finances Publiques*, n° 3, 2017, pp. 11-19.

99 La Nouvelle Gestion Publique (ou *New Public Management* en anglais) se présente comme un nouveau mode de gouvernance visant l'amélioration des performances de l'État et des administrations publiques, par un transfert de principes et méthodes qui ont fait leurs preuves dans les entreprises. S'appuyant sur des conceptions néolibérales, elle a été appliquée dans les années 1980 pour réformer la gestion publique de quelques pays développés (OCDE notamment). Aujourd'hui, elle sert de fondement à la plupart des réformes de l'État et des finances publiques qui se déroulent dans de nombreux pays.

La modernisation du cadre technique de l'exécution du budget de l'État au Mali : une stratégie de changement pour une gestion performante des finances publiques

Dr. Paul TRAORÉ

Recteur de l'Université des Sciences Juridiques et Politiques de Bamako (Mali)

Introduction

« *Le passage d'une logique de moyens à une logique de résultats* »[1], telle est la première ambition de la réforme budgétaire adoptée par le Conseil des ministres de l'Union Économique et Monétaire Ouest-Africaine (UEMOA) en mars et juin 2009, rénovant le cadre harmonisé des finances publiques au sein de l'UEMOA[2]. Cette profession de foi en matière financière, remarquablement

---

[1] Commission UEMOA, *Guide didactique de la directive n° 06/2009/CM/UEMOA du 26 juin 2009 portant lois de finances au sein de l'UEMOA*, p. 10, disponible sur le site de l'UEMOA, www.uemoa.int

[2] Cette réforme a adopté six directives. Il s'agit de :

- directive n° 01/2009/CM/UEMOA du 27 mars 2009 portant Code de transparence dans la gestion des finances publiques au sein de l'UEMOA ;

- directive n° 06/2009/CM/UEMOA portant lois de finances au sein de l'UEMOA ;

- directive n° 07/2009/CM/UEMOA portant règlement général sur la comptabilité publique au sein de l'UEMOA ;

- directive n° 08/2009/CM/UEMOA portant nomenclature budgétaire de l'État au sein de l'UEMOA ;

traduite dans le langage du droit public financier par le professeur Nicaise MÉDÉ en ces termes : « *le cadre harmonisé des finances publiques dans les pays membres de l'UEMOA marque le passage d'une régulation par le droit à une régulation par les résultats* »[3], résume à elle seule la problématique de la modernisation du cadre technique de l'exécution du budget comme une stratégie de changement pour une gestion performante des finances publiques au Mali[4]. Par *cadre harmonisé des finances publiques*, on entend ici l'ensemble des démarches et manœuvres techniques qui participent à la procédure budgétaire et comptable. Quant au phénomène proprement dit de modernisation du cadre technique des finances publiques, il peut être appréhendé comme « *l'ensemble des mesures nouvelles, issues ou non du nouveau cadre harmonisé des finances publiques de l'UEMOA, visant à l'amélioration des démarches ou procédés techniques qui participent à la gestion efficace et efficiente des finances publiques* »[5]. C'est vrai, comme l'affirmaient des auteurs français : « *Toutes les sociétés, développées ou en développement, sont confrontées à la réforme de leurs finances publiques et, par effet systémique, ces réformes rétroagissent, se répercutent de pays à pays si bien que l'on peut constater un rapprochement progressif des dispositifs.* »[6] Cependant, c'est la pertinence des solutions proposées qui apparaît aujourd'hui comme le problème majeur auquel les réformes de finances publiques restent confrontées[7]. Dans le cas des États membres de l'UEMOA, l'ambition de la réforme budgétaire s'est traduite par l'instauration de nouvelles règles relatives au contenu, à la présentation, à l'élaboration, à l'adoption, à l'exécution et au contrôle du budget de l'État, avec

- directive n° 09/2009/CM/UEMOA portant plan comptable de l'État au sein de l'UEMOA ;

- directive n° 10/2009/CM/UEMOA portant tableau des opérations financières de l'État au sein de l'UEMOA.

[3] N. MÉDÉ, « Réflexion sur le cadre harmonisé des finances publiques dans l'espace UEMOA », *Revue électronique Afrilex,* 2e numéro spécial finances publiques, juin 2012, http:// afrilex.u-bordeaux4.fr, p. 1.

[4] Voir Plan de réforme de la gestion des finances publiques au Mali (PREM), 2e partie : Cadre de programmation opérationnelle triennale 2017-2019, août 2016, p. 10.

[5] Sory Ibrahim COULIBALY, « La modernisation de la gestion des finances publiques au sein de l'espace UEMOA : cas du budget d'État sous la troisième République au Mali », mémoire, Université Catholique de l'Afrique de l'Ouest/Unité Universitaire de Bamako (UCAO/UUBa), 2018-2019, p. 4.

[6] Michel BOUVIER, Marie-Christine ESCLASSAN, Jean-Pierre LASSALE, *Finances publiques*, Paris, LGDJ, Manuel, 17e édition, 2018-2019, p. 19.

[7] Plusieurs réformes ont été entreprises ces dernières années par les États de l'Union Économique et Monétaire Ouest-Africaine pour améliorer la gestion des finances publiques. À cet effet, des actions sont proposées pour améliorer la gestion des finances, notamment pour plus d'efficacité de la dépense publique. Cependant, à la fin de ces réformes, on constate que la gestion des finances publiques s'est peu améliorée. Les mêmes problèmes persistent. Ce qui nous amène à nous interroger sur la pertinence des solutions apportées.

pour objectif d'améliorer l'efficacité de la dépense[8] et, à travers elle, les politiques publiques[9].

Jusqu'à la réforme budgétaire en juin 2009, les règles encadrant la formulation des budgets se focalisaient sur le volume des moyens consacrés à l'action des pouvoirs publics : les crédits étaient articulés et présentés selon l'organisation administrative, service ou ensemble de services, et le vote parlementaire se concentrait sur la reconduction des dotations précédentes et services votés[10], par le biais d'un vote d'ensemble, et l'autorisation des nouvelles dépenses par ministère. Désormais, le budget doit non seulement mettre en avant les moyens liés à l'activité des pouvoirs publics, mais également justifier la répartition des allocations par rapport à la réalisation d'objectifs définis ex ante pour chaque poste de dépense[11].

En clair, le passage d'une régulation par le droit à celle fondée sur le résultat se manifeste en premier lieu dans la technique de présentation du budget de l'État. Les ministres ne présentent plus leur budget par chapitre[12] regroupant les crédits en services votés et mesures nouvelles, mais par programme[13]. Le budget est présenté par programme[14], d'où l'appellation « budget-programme »[15]. En second lieu, il se traduit par la réforme de l'exécution. La stratégie de changement pour une gestion performante à ce niveau a consisté, d'abord, en une déconcentration de la fonction d'ordonnateur principal en matière de dépenses à l'ensemble des ministres et présidents d'institutions constitutionnelles[16], ensuite,

---

[8] *Idem*, p. 10.

[9] Une politique publique est un ensemble d'actions conduites par les institutions et les administrations publiques, ou par le biais de financements publics, afin de faire évoluer une situation donnée (Guide didactique de la directive n° 06/2009/CM/UEMOA du 26 juin 2009 portant lois de finances au sein de l'UEMOA).

[10] L'article 48 de la loi n° 96-060 du 04 novembre 1996 abrogée distinguait d'un côté les services votés et de l'autre les mesures nouvelles. Les services votés « *représentent le minimum de dotations que le Gouvernement juge indispensable pour poursuivre l'exécution des missions des services publics dans les conditions qui ont été approuvées l'année précédente par l'Assemblée nationale* ».

[11] Voir Commission UEMOA, *Guide didactique de la directive n° 06/2009/CM/UEMOA du 26 juin 2009 portant lois de finances au sein de l'UEMOA*, p. 10.

[12] Les chapitres groupent les dépenses selon leur nature et leur destination.

[13] « *Regroupement de crédits destinés à mettre en œuvre une action ou un ensemble cohérent d'actions représentatif d'une politique publique clairement définie dans une perspective de moyen terme et qui relève d'un même ministère.* »

[14] Ce dernier étant défini comme un « *regroupement de crédits destinés à mettre en œuvre une action ou un ensemble cohérent d'actions représentatif d'une politique publique clairement définie dans une perspective de moyen terme et qui relève d'un même ministère* ».

[15] Le budget-programme est une nomenclature de présentation du budget de l'État qui permet de mettre en relation l'utilisation de crédits budgétaires et les politiques publiques mises en œuvre.

[16] Article 8 de la directive n° 06/2009/CM/UEMOA

en la liberté offerte à chaque gestionnaire de modifier la répartition de ses crédits (dans un cadre prédéfini) afin de mettre en œuvre son programme de manière performante, et enfin, le renforcement du pouvoir de régulation budgétaire du ministre des Finances[17].

En troisième lieu, le passage d'une logique de moyens à une logique de résultats se traduit par le renforcement des contrôles parlementaires et juridictionnels[18]. Les budgets de programmes traduisent ainsi les efforts et la volonté de modernisation et de conduite du changement du processus budgétaire. Les changements introduits sont motivés par les insuffisances des anciens systèmes budgétaires. Ces limites, quoique nombreuses, portent généralement sur l'absence d'évaluation et de vision à long terme et sur une allocation budgétaire plutôt basée sur les besoins en équipements et en personnel que sur les objectifs.

Au Mali, le point d'ancrage des nouvelles pratiques budgétaires axées sur la performance a sans doute été l'expérimentation depuis près d'une décennie des Cadres de Dépenses à Moyen Terme (CDMT) avec pour objectifs notamment le rapprochement et la mise en cohérence des cadrages macroéconomique et budgétaire. En d'autres termes, la programmation budgétaire devrait être en phase avec les hypothèses de projections macroéconomiques. Les CDMT intègrent une logique basée sur la performance. Dans cette conception, le budget s'insère dans une perspective pluriannuelle (3 ans). Les formats détaillés de cette approche correspondent aux cadres de dépenses sectorielles à moyen terme (CDSMT).

Ces modèles consacrent les premiers pas de l'évolution du processus budgétaire vers une optique basée sur les résultats dont les budgets de programmes devraient constituer l'aboutissement. En effet, cette nouvelle conception met la performance et la qualité de la dépense au cœur des décisions d'allocations budgétaires. Le principe désormais retenu consiste à affecter les ressources suivant les programmes qui reflètent les politiques publiques. Des responsables de programmes, nommés au sein des ministères dépensiers, s'engagent sur les objectifs à atteindre auxquels sont assignés des indicateurs de performance. En d'autres termes, l'ambition est de lier les affectations budgétaires à des résultats quantifiables. Les budgets programmes constituent

---

[17] Le ministre chargé des Finances est responsable de l'exécution de la loi de finances et du respect des équilibres budgétaires et financiers définis par celle-ci. À ce titre, il dispose du pouvoir de régulation budgétaire qui lui permet, au cours de l'exécution du budget, d'annuler un crédit devenu sans objet au cours de l'exercice, d'annuler un crédit pour prévenir une détérioration des équilibres budgétaire et financier de la loi de finances, et en outre, de subordonner l'utilisation des crédits par les ordonnateurs aux disponibilités de trésorerie de l'État. Voir l'article 66 de la loi n° 2013-028 du 11 juillet 2013 portant lois de finances.

[18] À ce niveau, les rôles de l'Assemblée nationale et de la Section des comptes de la Cour suprême se sont accrus.

une innovation de la conception du management public qui introduit les notions d'évaluation et de rationalisation des choix budgétaires au sein de l'administration publique. Toutefois, une observation majeure de ce processus de modernisation de la gestion des finances publiques au sein de l'espace UEMOA fait apparaître l'importance prise par la phase de l'exécution[19]. La phase de l'exécution est importante en ce sens qu'elle est révélatrice de la réalité des pouvoirs en matière budgétaire, comme le faisait remarquer le professeur Michel BOUVIER[20].

En effet, cette phase tenue pendant longtemps sous la budgétisation axée sur les moyens pour secondaire et d'un intérêt relativement mineur par rapport à la phase d'élaboration n'en est plus ainsi sous la budgétisation axée sur les résultats. On peut même être tenté de parler d'un mouvement de balancier[21]. Déjà, certains auteurs, à la suite d'analyses approfondies, semblaient justifier en partie l'inefficacité de la dépense publique dans les pays d'Afrique francophone subsaharienne par la complexité de sa procédure d'exécution[22].

Au nombre des faiblesses constatées, on peut relever, entre autres, une concentration excessive des pouvoirs dans les seules mains du ministre des Finances[23], leur longueur[24] et la multiplicité des opérations[25]. Dans le contexte du passage d'une exécution fondée sur une logique de moyens à une exécution fondée sur la logique de résultats, la phase de l'exécution présente un intérêt d'actualité renouvelé. En effet, dans cette nouvelle technique de budgétisation, ce qui compte désormais, ce sont les résultats et non plus seulement les objectifs affichés. Les objectifs des programmes sont réalisés à travers les projets annuels de performance et évalués par un rapport annuel de performance en articulation avec le document de politique nationale de référence[26]. L'atteinte des objectifs du programme passe nécessairement par la mise en œuvre opérationnelle des actions et des activités du programme dont le budget est l'expression financière.

---

[19] On peut désigner par le terme « exécution » « *l'ensemble des opérations qui consistent à mettre en œuvre les dispositions de la loi de finances à dater du 1er janvier qui suit son vote définitif et sa promulgation au journal officiel* », in Michel BOUVIER, Marie-Christine ESCLASSAN, Jean-Pierre LASSALE, *Finances publiques*, Paris, LGDJ, manuel, 2002, p. 33.

[20] *Ibid.*, p. 333.

[21] Expression employée par Guy GILBERT, « Dépense publique/dépense privée : un point de vue d'économiste », *RFFP*, n° 77, mars 2002, p. 18.

[22] Michel BOUVIER, *La gestion de la dépense publique dans les pays de l'Afrique francophone subsaharienne*, Paris, ministère des Affaires étrangères, 2004, p. 170.

[23] *Idem*, p. 174.

[24] *Ibidem*, p. 177.

[25] BOUVIER (M.), *La gestion de la dépense publique…*, *op. cit.*, p. 177.

[26] Au Mali, le document de référence des politiques de développement en vigueur est le cadre stratégique pour la relance économique et le développement durable (CREDD 2019-2023).

Ainsi, l'exécution budgétaire apparaît comme une des conditions indispensables à l'atteinte des résultats, d'où la justification de sa réforme en 2009. Dans cet ordre d'idées, la réforme de l'exécution est perçue comme une stratégie de changement pour une gestion performante des finances publiques.

Ce faisant, la question principale est de savoir dans quelle mesure la modernisation du cadre technique de l'exécution du budget est une stratégie pertinente pour une gestion performancielle des finances publiques au Mali.

L'analyse de la procédure d'exécution du budget au Mali sous la période de la gestion axée sur les moyens mettait déjà en exergue un certain nombre d'insuffisances, notamment la concentration des pouvoirs au niveau de l'organisation des acteurs de l'exécution budgétaire, la lourdeur des opérations et l'insuffisance de recettes budgétaires engendrant des coupes intempestives des crédits budgétaires par le ministre chargé des Finances[27].

Au-delà du grand réaménagement apporté aux règles budgétaires en général, la stratégie adoptée en matière d'exécution du budget pour une gestion performante des finances publiques au Mali consiste dans une profonde modification de l'exécution budgétaire. Les deux piliers principaux de cette modernisation reposent, d'une part, sur un changement notoire dans le rôle des acteurs de l'exécution du budget **(I),** et d'autre part, sur l'adoption de nouveaux outils de gestion budgétaire **(II).**

I. Le rôle rénové des acteurs

La culture de la performance exigée par ce nouveau processus de modernisation issu de la réforme du cadre budgétaire dans la zone UEMOA implique la définition d'objectifs et des engagements sur des résultats à atteindre. Cela suppose bien entendu des services dotés d'une certaine autonomie de gestion disposant d'enveloppes globalisées. L'accent mis sur les résultats nécessite, entre autres, la déconcentration des prises de décision dans le but d'octroyer plus de liberté aux échelons subordonnés pour faire face à la diversité des cas[28]. Alors que le modèle de gestion traditionnelle des administrations publiques de l'État au Mali, de façon générale, hérité du système français, était basé sur un système de déconcentration non accompagné d'un changement de leur mode de gestion, comme le constatait déjà Bernard ABATE, « *on a voulu*

---

[27] BOUVIER (M.), *La gestion de la dépense publique…*, *op. cit.*, p. 177.

[28] ABATE (B.), *La nouvelle gestion publique, ce que nous avons appris*, Paris, LGDJ, collection « Système », 2014, 2e éd., p. 20.

déconcentrer sans changer le mode de gestion des administrations... et c'est impossible »[29].

Ainsi, le nouveau processus de modernisation implique nécessairement de restructurer l'organisation du mode de gestion des administrations. Il entraîne l'émergence de nouveaux acteurs exerçant de nouvelles fonctions administratives, appelés de manière générique « gestionnaires ». Mais la gestion publique n'étant pas une matière juridique[30], il va falloir rechercher un équilibre entre performance et régularité en ce sens que la réforme ne remet pas en cause l'organisation traditionnelle de l'exécution budgétaire[31]. En clair, comme l'affirmait le professeur Michel BOUVIER : « *Il s'agit en somme de parvenir à concilier la recherche de l'efficacité de gestion et celle du respect des règles juridiques.* »[32] La nécessité de trouver un équilibre harmonisé entre ces deux impératifs nous impose d'analyser en premier lieu, l'émergence de ces nouveaux acteurs **(A)**, et en second lieu, la réorganisation des acteurs traditionnels **(B).**

A. Une émergence de nouveaux acteurs

Le principe véhiculé par le nouveau mode de gestion est celui de la responsabilisation d'une chaîne de managers opérationnels, c'est-à-dire disposant d'une enveloppe de moyens fongibles pour réaliser des objectifs mesurables par des indicateurs[33]. Le but final de ce mode d'organisation est la recherche d'efficacité. La logique de performance nécessite donc une distinction claire entre les organes de décision et les organes d'exécution.

---

29 ABATE (B.), *La nouvelle gestion publique*, Paris, LGDJ, collection « Système », 2000, p. 19.

30 MORDACQ (F.), *La LOLF : un nouveau cadre budgétaire pour réformer l'État*, Paris, LGDJ, collection « Systèmes », 2006, p. 214.

31 Sur le terrain de la responsabilité, la coexistence de ces deux catégories d'acteurs (nouveaux et traditionnels) pose nécessairement la question de la mutation des régimes de responsabilité. Les systèmes traditionnels de responsabilité, c'est-à-dire des acteurs budgétaires et comptables traditionnels, sont maintenus, mais une nouvelle responsabilité dite managériale est à construire. La démarche du budget-programme est managériale car elle recherche avant tout l'amélioration de la qualité de la gestion publique. André BARILARI définit cette responsabilité managériale comme « *la jonction dans une même main d'objectifs (cible de résultat) et de moyens (enveloppe de crédits) et dans la liberté d'emploi de ces moyens (fongibilité et marge de manœuvre) avec pour contrepartie le fait d'assumer ces résultats, c'est-à-dire les conséquences du succès et de l'échec* ».

BARILARI (A.), « La réforme de la gestion publique, quel impact sur la responsabilité des acteurs ? », *RFFP*, n° 92, novembre 2005, p. 26 ; voir également MORDACQ (F.), *La LOLF : un nouveau cadre budgétaire pour réformer l'État*, *op. cit.*, p. 209.

32 Michel BOUVIER *et al.*, *Finances publiques*, *op. cit.*, p. 34.

33 BARILARI (A.), « La réforme de la gestion publique, quel impact sur la responsabilité des acteurs ? », *op. cit.*, p. 26.

1. Une nouvelle structure décisionnelle

Le rôle principal dans l'exécution des politiques publiques revient toujours au ministre, en tant que responsable politique, qui met en œuvre un pan de l'action gouvernementale. Mais c'est désormais un rôle qu'il devrait partager avec le responsable de programme[34].

Le ministre joue un rôle important dans la nouvelle gestion publique. Il intervient aussi bien dans la définition de la politique publique poursuivie dans le cadre des programmes qui sont du ressort de son ministère que dans le pilotage de l'action de ses services[35]. En effet, les crédits budgétaires ouverts par les lois de finances se répartissent au sein des ministères et des institutions constitutionnelles. C'est à l'intérieur de ces ministères que les crédits sont décomposés en programmes. C'est au ministre que revient donc la responsabilité de cette décomposition.

C'est le ministre qui fixe les objectifs généraux sur lesquels se fonde le responsable de programme pour déterminer les objectifs spécifiques de son ministère, affecte les moyens et contrôle les résultats des services chargés de la mise en œuvre du programme[36]. En outre, dans le cadre de l'exécution des programmes relevant de son ministère, le ministre dispose d'un pouvoir de nomination des organes chargés de cette exécution. C'est lui, en effet, qui nomme le responsable de programme[37]. Ce dernier est donc placé sous l'autorité du ministre.

Sous le cadre technique modernisé des finances publiques, le responsable de programme est un nouvel acteur dans le processus de gestion du budget par la performance dans lequel il occupe une place stratégique. Il apparaît en effet comme « *un maillon charnière entre la responsabilité politique et la responsabilité de gestion* »[38]. En vertu de l'alinéa 1 de l'article 12 de la loi n° 2013-028 modifiée portant lois de finances, il est nommé par le ministre sectoriel dont il relève. Il intervient à la fois dans l'élaboration et le pilotage des programmes. Dans la conduite de ces missions, le responsable de programme pourra être assisté des responsables de fonctions d'appui telles que la Direction des Finances et du Matériel et la Direction des Ressources humaines. Ces derniers s'occupent de fonctions transversales, c'est-à-dire communes à

---

[34] Voir sur ce point les dispositions des articles 2 et 12 du décret n° 2017-0697 P-RM du 14 août 2017 portant organisation budgétaire en mode budget-programmes.

[35] CATTEAU (D.), « La LOLF et la modernisation de la gestion publique : la performance, fondement d'un droit public financier rénové », thèse, Université de Lille, 2005, p. 203.

[36] Décret n° 0697/P-RM du 14 août 2017 portant organisation de la gestion budgétaire en mode budget-programmes.

[37] Article 2 du décret n° 0697/P-RM du 14 août 2017 précité.

[38] MORDACQ (F.), « Nouveaux acteurs de la gestion publique et responsabilité », *op. cit.*, p. 71.

plusieurs programmes du ministère. Un souci d'optimisation des moyens justifie en effet que ne soit pas créée une Direction des Finances et du Matériel ou une Direction des Ressources humaines pour chaque programme[39].

Par ailleurs, il importe de s'interroger sur l'importance de l'acte de nomination du responsable de programme dans la mesure où « *le mode de nomination des responsables de programme constitue le premier facteur d'incertitude qui peut compromettre le renforcement de leur rôle* »[40]. Ce dernier peut être nommé soit par arrêté du ministre sectoriel, soit par arrêté du Premier ministre, soit par arrêté interministériel entre le ministre sectoriel et, par exemple, le ministre des Finances, soit par décret[41]. La nomination par arrêté place le responsable de programme en position de faiblesse vis-à-vis des directeurs et des directeurs généraux d'administration qui sont nommés par décret. Par conséquent, sa nomination par décret aura l'avantage de l'élever à « la même dignité » que les directeurs nationaux ou directeurs généraux[42].

2. Les acteurs opérationnels de l'exécution budgétaire

Les rédacteurs des directives de l'UEMOA n'ont pas voulu s'immiscer dans l'organisation administrative interne des États. Les détails de la chaîne de responsabilité dans la gestion des programmes sont donc passés sous silence dans les directives relatives aux finances publiques[43]. Cependant, pour plus d'efficacité dans la gestion budgétaire, une initiative nationale au Mali a conduit à l'adoption d'une technique de déclinaison opérationnelle des programmes. Cette déclinaison opérationnelle constitue un cadre de gestion des crédits à un niveau interne à l'administration, dont la finalité est d'expliciter la manière dont le responsable de programme organise l'activité de ses services pour atteindre les objectifs qui lui sont fixés[44]. La déclinaison opérationnelle des programmes permet d'établir un lien entre la fourniture des services et la conception des politiques publiques, mais elle nécessite également que soit mis en place un mécanisme qui permette d'éviter les conflits entre ces deux processus, à savoir, le dialogue de gestion. La déclinaison opérationnelle est donc une innovation non pas de la loi de finances elle-même, mais des travaux de sa mise en application.

---

[39] BA (D. B.), « Finances publiques et gestion par la performance dans les pays membres de l'UEMOA. Étude du cas du Sénégal », Thèse de doctorat en Droit public, Université de Bordeaux, 30 mars 2015, p. 239.

[40] Cour des comptes française, *Rapport sur les résultats et la gestion budgétaire*, exercice 2005, p. 37.

[41] BA (D. B.), thèse, *op. cit.*, p. 241.

[42] *Ibidem.*

[43] Elvis Flavien SAWADOGO, « Les instruments de la convergence des politiques budgétaires dans la zone UEMOA », thèse, Université de Bordeaux, 2016, p. 354.

[44] CATTEAU (D.), thèse, *op. cit.*, p. 165.

En effet, c'est le décret n° 0697 du 14 août 2017 qui prévoit une déclinaison opérationnelle des programmes au Mali. Aux termes de l'article 4 dudit décret, le programme, en tant que centre de responsabilité managériale, se décline en trois niveaux de gestion associés à trois types d'acteurs :

- un niveau de gestion stratégique rattaché au ministre sectoriel géré par le Responsable de programme ;
- un niveau intermédiaire rattaché au niveau stratégique qui correspond au budget opérationnel de programme géré par le Responsable de budget opérationnel de programme ;
- un niveau de gestion opérationnelle rattaché au niveau intermédiaire, qui correspond à l'Unité opérationnelle de programme géré par le Responsable de l'unité opérationnelle de programme.

Le programme se décline en un ou plusieurs niveaux intermédiaires selon les critères géographiques ou fonctionnels. De même, le niveau intermédiaire se décline en un ou plusieurs niveaux de gestion opérationnelle, et les objectifs, les indicateurs et les résultats attendus sont fixés pour chaque niveau de gestion. Par ailleurs, cette technique moderne de déclinaison opérationnelle des programmes est inspirée largement du système d'agences qu'on retrouve dans les pays anglo-saxons (Royaume-Uni) ou scandinaves (Suède). C'est un système qui vise à séparer le niveau politique, décisionnel, de la programmation et de la gestion budgétaire du niveau administratif, opérationnel de l'exécution du budget.

Afin d'éviter que la liberté de gestion accordée aux différents responsables des déclinaisons opérationnelles des programmes n'entraîne une déconnexion entre la conception et l'exécution de ces programmes, il est utile de mettre en place un véritable dialogue de gestion entre les différents acteurs. Le processus d'échanges et les modalités d'interactions qui s'établissent à la fois selon un axe vertical et un axe horizontal constituent le dialogue de gestion[45]. L'axe vertical représente le dialogue entre les niveaux stratégique, intermédiaire et opérationnel[46], et l'axe horizontal prend en compte les échanges avec les services transversaux[47]. Le dialogue de gestion intervient dès la phase d'élaboration du budget opérationnel de programme. Ceci permet de maintenir la cohérence d'ensemble du système, notamment durant la phase d'exécution.

Par ailleurs, en dépit de tous les espoirs qui fondent ce nouveau dispositif de gestion, il se heurte à plusieurs obstacles parmi lesquels la réticence des acteurs classiques de la gestion budgétaire (comme les Directeurs des Finances et du

---

[45] Article 10 du décret n° 0697.

[46] *Idem.*

[47] *Idem.*

Matériel) et l'absence de ressources humaines qualifiées pour la mise en œuvre effective du nouveau système.

B. Une déconcentration des acteurs traditionnels

L'émergence de nouveaux acteurs managériaux dotés d'une compétence budgétaire pose nécessairement la question des compétences respectives des acteurs traditionnels de l'exécution budgétaire. En effet, si cette réforme intègre les services de l'État dans une dynamique gestionnaire, elle ne fait pas table rase des structures existantes. La nouvelle réforme au Mali réaffirme son attachement à ces acteurs traditionnels et les confirme dans leurs fonctions, mais ces fonctions sont appelées à évoluer du fait des attributions des nouveaux acteurs de la dépense publique. Des deux principaux acteurs du processus d'exécution budgétaire[48], la fonction de l'ordonnateur semble subir l'évolution la plus évidente, même si celle du comptable public pourrait également être amenée à s'adapter à la nouvelle logique de gestion par la performance.

1. Une fonction d'ordonnateur déconcentrée

La fonction d'ordonnateur est celle qui semble directement touchée par l'émergence de nouveaux acteurs dotés de compétences budgétaires. Celui-ci « *doit trouver sa place au sein d'une administration réformée, de même qu'au sein d'un processus budgétaire remodelé* »[49].

Ainsi, sous le nouveau régime financier du Mali, on assiste à une déconcentration de la fonction d'ordonnateur. En effet, l'ancien régime financier faisait du ministre en charge des Finances *l'ordonnateur* principal unique des recettes et des dépenses du budget de l'État, des budgets annexes et des comptes spéciaux du Trésor. Désormais, dans le cadre de la nouvelle logique de gestion, les compétences d'ordonnateur principal ont été réparties entre l'ensemble des ministres et présidents d'institutions constitutionnelles[50].

---

[48] Le rôle du contrôleur financier, un autre acteur essentiel du processus d'exécution budgétaire intervenant entre les actes de l'ordonnateur et celui du comptable, sera étudié dans la partie consacrée au contrôle financier.

[49] THÉBAULT (S.), *L'ordonnateur en droit public financier*, Paris, LGDJ, coll. « Thèses », sous-coll. « Bibliothèque Finances publiques et fiscalité », 2007, tome 47, p. 192.

[50] Il s'agit dans le cas du Mali des 8 institutions constitutionnelles prévues à l'article 25 de la Constitution du 25 février 1992, à savoir :

- le Président de la République ;
- le Gouvernement ;
- l'Assemblée nationale ;
- la Cour suprême ;

Cette répartition varie cependant selon qu'il s'agit d'opérations de recettes ou de dépenses. En matière de recettes, le ministre en charge des Finances reste « *ordonnateur principal unique des recettes du budget général, des comptes spéciaux du Trésor, et de l'ensemble des opérations de trésorerie* »[51]. En matière de dépenses, le ministre en charge des Finances n'est plus l'ordonnateur principal unique de l'ensemble des crédits du budget de l'État. En tant que responsable de son ministère, il est ordonnateur principal des crédits de son seul ministère. En ce qui concerne les autres ministres et présidents d'institutions constitutionnelles, ceux-ci ne sont plus de simples administrateurs de crédits comme le prévoyait l'ancien régime financier, mais sont désormais également ordonnateurs principaux des crédits des programmes et des budgets annexes de leur ministère ou de leur institution[52].

La modernisation du cadre technique des finances publiques au Mali introduit une nouvelle logique, et « *il est de bonne pratique, dans un contexte des budgets de programmes, que le pouvoir de l'ordonnateur principal soit délégué afin de permettre une exécution plus fluide du budget de l'État* »[53]. L'absence de délégation du pouvoir de l'ordonnateur principal peut être source de lenteur dans l'exécution budgétaire sans pour autant que la responsabilité de la mise en œuvre des dépenses publiques soit mieux exercée[54]. À ce titre, chaque responsable de programme dispose des fonctions d'ordonnateur principal délégué pour l'exécution des crédits de son programme. Ces compétences lui sont conférées à travers l'acte de nomination de l'ordonnateur principal dont il relève[55].

2. Un service comptable réorganisé

La modernisation du cadre technique de l'exécution du budget ne pouvait ignorer un autre acteur principal de l'exécution budgétaire qu'est le comptable public. L'objectif d'efficacité de la gestion publique a conduit au renforcement du système comptable au Mali. Sans aborder l'aspect technique des différents types de comptabilité en vigueur, il conviendrait d'en donner les caractéristiques

---

- la Cour constitutionnelle ;
- la Haute Cour de justice ;
- le Haut Conseil des collectivités territoriales ;
- le Conseil économique, social et culturel.

[51] Article 65 de la loi n° 2013-028.

[52] Article 67, alinéa 1, de la loi n° 2013-028, *op. cit.*

[53] Guide didactique de la directive n° 07/2009/CM/UEMOA portant règlement général sur la comptabilité publique, p. 18.

[54] *Ibidem.*

[55] Article 13 du décret n° 0697 portant organisation de la gestion budgétaire en mode Budget-programmes.

principales, car celles-ci permettraient de comprendre l'évolution des attributions du comptable public. Le souci de clarté du système comptable dans la zone UEMOA[56], et en particulier au Mali, a conduit à mettre en place plusieurs types de comptabilité permettant d'appréhender la réalité de l'exécution du budget. La nouvelle comptabilité de l'État s'appuie sur une comptabilité budgétaire, et une comptabilité générale. Par ailleurs, une comptabilité analytique des coûts et une comptabilité des matières, valeurs et titres sont prévues.

Il convient de rappeler que la comptabilité budgétaire est tenue par l'ordonnateur, qui y retrace la phase administrative des opérations, renseignée par les comptables publics, afin que soient prises en compte les opérations d'encaissement et décaissement[57]. La comptabilité des matières est également tenue sous le contrôle de l'ordonnateur. La comptabilité générale est tenue par le comptable public de deniers et valeurs[58]. Les comptables directs du Trésor et les comptables des administrations financières sont donc des comptables publics en deniers et valeurs. Dans le cadre de cette comptabilité générale, un nouveau principe a été arrêté, celui de « *la déconcentration de la comptabilité générale,*

---

[56] Les articles 69 de la directive n° 07/2009/CM/UEMOA et 74 du décret n° 2018-0009/P-RM.

« *La comptabilité de l'État a pour objet la description de ses opérations financières.*

À cet effet, elle est organisée en vue de permettre :

- l'information des autorités de contrôle et de gestion ;

- la connaissance et le contrôle des opérations budgétaires et des opérations de trésorerie ;

- la connaissance de la situation du patrimoine ;

- la détermination des résultats annuels ;

- le calcul du prix de revient, du coût et du rendement de l'activité des services ;

- l'intégration des opérations dans la comptabilité économique nationale ;

- des analyses économiques et financières en vue de l'établissement de ratios et tableaux de bord. »

[57] Article 15 de la directive RGCP : « *Les actes des ordonnateurs, engagement, liquidations et ordonnancement sont retracés dans une comptabilité budgétaire permettant de suivre le déroulement des opérations budgétaires et d'effectuer le rapprochement avec les écritures des comptables publics.* »

[58] Selon la nature de leur comptabilité, l'article 17 du décret n° 2018-0009 portant RGCP distingue en effet deux catégories de comptables publics : les comptables deniers et valeurs et les comptables d'ordre.

« *Les comptables deniers et valeurs sont des personnes habilitées, affectées au maniement et à la conservation des fonds publics, des valeurs qui sont des valeurs de portefeuille, bons, traites, obligations, rentes et actions de société. Les comptables deniers et valeurs sont :*

- les comptables directs du Trésor ;

- les comptables des administrations financières ;

- les agents comptables des établissements publics.

Les comptables d'ordre sont ceux qui centralisent et présentent dans leurs écritures et leurs comptes les opérations financières exécutées par d'autres comptables. Toutefois, les fonctions de comptable d'ordre ne sont pas incompatibles avec celles de comptable deniers et valeurs. »

en vue de la rapprocher du fait générateur et des ordonnateurs ainsi que leurs services gestionnaires »[59]. Ce principe concerne plus particulièrement l'organisation des comptables directs du Trésor[60]. Ces derniers, placés sous l'autorité du ministre en charge des Finances, « *exécutent toutes les opérations budgétaires, financières, et de trésorerie de l'État, des budgets annexes et des comptes spéciaux du Trésor* »[61]. Le principe de déconcentration vise en premier lieu à rapprocher la comptabilité générale du fait générateur qui semble être interprété essentiellement du point de vue de la dépense publique, mais pourrait également avoir une déclinaison du point de vue des recettes[62]. Le rapprochement des lieux où s'effectuent le recouvrement des recettes et l'exécution des dépenses suppose la présence du comptable public auprès des ordonnateurs et leurs services gestionnaires[63]. Cette déconcentration pourrait comporter deux aspects. En effet, d'une part, les ordonnateurs principaux étant les ministres et présidents des institutions constitutionnelles, cette déconcentration pourrait consister à placer auprès de chacun d'eux un comptable principal. D'autre part, des comptables secondaires rendant compte aux comptables principaux pourraient être placés auprès des ordonnateurs secondaires. La question se pose cependant de savoir comment rendre cette déconcentration effective. Évidemment, « *cette organisation ne signifie pas que les comptables directs du Trésor doivent être présents physiquement sur tout le territoire, mais que leur gestion comptable doit couvrir tout le territoire national* »[64]. Le recours croissant à l'outil informatique permettrait de rationaliser cette organisation[65]. En effet, sous l'effet de la modernisation du cadre technique des finances publiques au Mali, la déconcentration de la comptabilité publique est aujourd'hui assurée par l'informatisation croissante

---

[59] Article 82 du décret n° 2018-0009 portant RGCP.

[60] La question de l'adaptation de l'organisation du réseau du Trésor public au niveau ministériel comme au niveau déconcentré avait déjà été soulevée dès 2001 en France, voir BASSÈRES (J.), « La comptabilité publique et la réforme », *RFFP*, n° 76, novembre 2001, p. 105.

[61] Article 19 de la directive n° 07/2009/CM/UEMOA.

[62] BA (B. D.), thèse, *op. cit.*, p. 276.

[63] Ce principe de déconcentration se justifie sans doute par l'émergence d'une fonction comptable partagée. En effet, dans le cadre d'une comptabilité d'exercice, en amont, l'ordonnateur est à l'origine des écritures comptables puisque les dettes et les créances de l'État acquièrent une valeur certaine avec la certification du service fait. En aval, si le comptable reste le seul habilité à établir les états financiers de l'État, il ne pourra le faire qu'avec l'aide des informations détenues par le gestionnaire, notamment les informations relatives aux charges et produits à rattacher à l'exercice ou aux amortissements, dépréciations et provisions. Voir GUILLERMINET (C.), « Du RGCP au GBCP, les nouvelles règles budgétaires et comptables de l'État », *RFFP*, n° 124, novembre 2013 ; MORIN (N.), « La nouvelle comptabilité de l'État, une dynamique partagée au service de la gestion publique », *RFFP*, n° 94, février 2006, p. 29.

[64] Guide didactique directive portant RGCP, p. 82.

[65] Elvis Flavien SAWADOGO, thèse, *op. cit.*, p. 378.

dans le domaine. Il a ainsi été créé le Système Intégré de Gestion des Dépenses (SIGD), autrement appelé SIGD-PRED5, et l'Application Intégrée de la Comptabilité de l'État (AICE).

Créé en 1996, le SIGD n'a été effectivement déployé que dans les années 2009-2010 ; cet outil informatique est une initiative du Programme de Réforme Économique pour le Développement (PRED) en vue de garantir une meilleure lisibilité de la comptabilité budgétaire. Selon les dires de M. DIARRA, Directeur Général du Budget en 2012, ce système permet notamment le suivi en temps réel de l'exécution des dépenses dans toutes les régions du Mali, et la fourniture en temps réel de la situation d'exécution de l'ensemble des ordonnateurs du budget[66]. Dans la même perspective, l'AICE est un outil développé par la DNTCP en vue d'optimiser les dépenses à travers une meilleure lisibilité des opérations de paiement.

Par ailleurs, il importe de signaler que ces deux logiciels sont non seulement interfacés entre eux, mais également avec les logiciels de gestion au niveau de la douane (SYDONIA) et de la DGI (SIGTAS).

II. Un outil de gestion budgétaire rénové

En plus de la déconcentration des fonctions d'ordonnateur, la réforme de l'exécution du budget introduite par les directives de l'UEMOA et transposée dans le droit financier malien se caractérise aussi par une rénovation importante des outils de gestion budgétaire. À ce niveau, on observe que la réforme accorde non seulement une nouvelle marge de manœuvre aux gestionnaires **(A),** mais aussi, renforce le ministre des Finances en lui attribuant un pouvoir de régulation budgétaire **(B).**

A. Une nouvelle marge de manœuvre reconnue

La spécialisation des crédits au sein d'une enveloppe globalisée implique une liberté de gestion reconnue aux gestionnaires en vue de les responsabiliser. Les gestionnaires disposent désormais d'une marge de manœuvre assez importante dans la gestion des crédits budgétaires du programme, mais l'exécution budgétaire ne devant pas s'écarter de l'équilibre budgétaire définie dans la loi de finances, des mécanismes visant à la maîtrise de la dépense publique en exécution ont été institués. Le principe qui sous-tend la modernisation du cadre technique des finances publiques consiste en une globalisation du budget alloué

[66] Cf. le site www.maliweb.net/pressejouranalisme

à la mise en œuvre d'un programme sous la responsabilité d'un responsable de programme, doté d'une liberté de gestion, en contrepartie de l'engagement de celui-ci sur des résultats à atteindre[67]. Cette liberté se traduit par le principe de fongibilité des crédits entre les mains du gestionnaire. Une gestion efficace des programmes nécessitant que ceux-ci se déclinent sur le plan opérationnel, il serait intéressant d'analyser comment pourrait s'opérer la fongibilité des crédits dans ce cadre.

1. La fongibilité des crédits

Les crédits sont désormais spécialisés par programme. Comme sus-évoqué, la fongibilité des crédits désigne les mouvements de crédits à l'intérieur du programme. En clair, la fongibilité est la liberté offerte à chaque gestionnaire de modifier la répartition de ses crédits dans un cadre prédéfini afin de mettre en œuvre son programme de manière performante[68]. Elle permet de modifier les affectations prévues initialement afin de les adapter à l'évolution des besoins. Ainsi, à l'intérieur d'un même programme, les crédits, s'ils sont libres d'emploi, sont redéployables sur arrêté du ministre sectoriel ou du président de l'institution constitutionnelle sur proposition ou après avis du responsable de programme[69]. Mais la nature particulière de certaines dépenses a conduit à limiter cette liberté de mouvement. La logique de moyens, qui prévalait au Mali, emportait une certaine rigidité dans l'exécution des dépenses dans la mesure où un crédit budgétaire n'était utilisé que pour l'objet pour lequel il avait été prévu[70]. Ainsi, des crédits pouvaient être encore disponibles pour la réalisation de certaines dépenses alors que, dans le même temps, d'autres chapitres étaient vides, interdisant que l'on poursuive les dépenses en ces domaines[71]. Désormais, les crédits ouverts pour chaque programme, donc d'enveloppes globales plus larges

---

[67] Cet engagement se matérialise généralement par la signature d'un contrat annuel de performance. Le contrat de performance est un acte écrit, non juridique, passé entre deux ou plusieurs parties. Il constitue un engagement managérial portant sur un certain niveau de performance en échange de la mise à disposition de ressources, dans le respect de règles préétablies. Il permet de mieux cerner les objectifs des programmes, de développer de nouveaux moyens de contrôle et de gestion comprenant le suivi des produits et des résultats, tout en garantissant aux gestionnaires une certaine autonomie et la responsabilité des opérations courantes.

[68] Direction Générale du Budget, *Manuel de procédures de préparation et d'exécution du budget en mode programmes*, version définitive, 12 mai 2017, p. 204.

[69] Voir article 14 de la loi n° 2013-028 du 11 juillet 2013 modifiée relative aux lois de finances.

[70] LASCOMBE (M.) et VANDENDRIESSCHE (X.), « La loi organique relative aux lois de finances (LOLF) et le contrôle des finances publiques », *RFAP*, n° 117, 2006, pp. 131-132.

[71] Ce qui avait pour conséquence que le contrôle qui était mis en place n'était qu'un contrôle de régularité.

que les anciens chapitres, sont décomposés selon leur nature en crédits de personnel, biens et services, investissements et transferts[72].

Les crédits étant spécialisés par programme, cela implique que la présentation des crédits à l'intérieur du programme par nature ne soit qu'indicative. C'est dans ce sens d'ailleurs qu'il est prévu qu'à l'intérieur du programme, la nature de ces crédits puisse être modifiée s'ils sont libres d'emploi[73]. Mais en réalité, cette fongibilité par nature des crédits prévue par la nouvelle loi de finances doit être combinée, en gestion, par un second axe de fongibilité, celle par destination des crédits. La fongibilité au sein du programme s'effectue également, en effet, entre les actions. En outre, la fongibilité permise par les nouvelles marges de manœuvre accordées aux gestionnaires de programmes comporte toutefois une limite conduisant à la qualifier de fongibilité asymétrique. Dans la zone UEMOA, et en particulier au Mali, cette fongibilité asymétrique comporte deux volets essentiels.

Ces deux volets démontrent la spécificité des dépenses de personnel et des dépenses d'investissements. En effet, il est imposé pour les dépenses de personnel un plafond de crédits, et pour les dépenses d'investissement, au contraire, un plancher de crédits. Deux raisons principales peuvent expliquer la volonté de rendre intangibles les crédits d'investissements. D'abord, lorsqu'une marge est dégagée sur les dépenses d'investissement, il ne s'agit pas forcément d'une économie dans la mesure où elle peut tout simplement provenir d'un retard dans la réalisation de l'investissement en question. On est dans ce cas en face d'un simple report des crédits dans le temps[74]. Ensuite, « *toute économie réelle dégagée sur un équipement doit (...) prioritairement être utilisée à accélérer la réalisation des investissements décidés dans le cadre de la programmation pluriannuelle* »[75].

Le principe de fongibilité, simple dans son énoncé, semble toutefois complexe dans sa mise en œuvre concrète, surtout dans un contexte de déclinaison opérationnelle des programmes. L'enjeu est de déterminer à quel niveau d'exécution des programmes est mise en œuvre la fongibilité des crédits. Certes, ni les autorités communautaires ni le Mali n'ont institué une telle déclinaison, mais cette éventualité est à prévoir, surtout que le pilotage efficace des programmes en dépend. Et à l'évidence, l'institution d'une déclinaison opérationnelle des programmes pose nécessairement la question de l'articulation

---

[72] Article 11, alinéa 7 de la loi n° 2013-028, *op. cit.*

[73] Article 14, alinéa 2 de la loi n° 2013-028, *op. cit.*

[74] Burkina Faso, *Guide méthodologique pour l'élaboration du budget programme*, *op. cit.*, p. 25.

[75] *Ibidem.*

de celle-ci avec le principe de fongibilité des crédits. La question qui se pose est la détermination des autorités habilitées à effectuer cette fongibilité[76].

Pour déterminer les autorités qui ont compétence pour effectuer la fongibilité des crédits, en nous fondant sur l'exemple français, il convient tout d'abord de ne pas confondre l'action et le budget opérationnel de programme. L'action détaille au sein du programme la politique publique mise en œuvre, tandis que le budget opérationnel de programme est un cadre managérial qui décline les actions du programme sur un périmètre ou un territoire donné. Ensuite, il est utile de préciser comment s'effectue la déclinaison des moyens budgétaires nécessaires à la mise en œuvre des actions du programme. À l'issue du vote parlementaire, le responsable de programme reçoit une enveloppe globale qu'il délègue dans les mêmes formes au responsable de budget opérationnel de programme. Ainsi, « *la partie crédits budgétaires du budget opérationnel de programme sera exprimée sous forme matricielle, à la fois par actions et par nature de dépenses* »[77]. La différence ici est que le budget opérationnel de programme ne mettant pas forcément en œuvre toutes les actions et toutes les natures de dépenses du programme, il ne recevra donc que ce qui correspond à sa compétence fonctionnelle dans le programme[78]. De la même manière, les principes de déclinaison restent les mêmes pour ce qui est des unités opérationnelles. Mais, la spécialisation étant plus grande au niveau des unités opérationnelles, il y aura moins de natures de dépense et moins d'actions du programme concernées dans la matrice de déclinaison des crédits d'un budget opérationnel vers une unité opérationnelle programme[79]. On aura donc une structure composée du programme, du budget opérationnel de programme et de l'unité opérationnelle, chacun contenant des crédits selon la destination ou selon la nature.

La destination des crédits constitue le fondement de la déclinaison opérationnelle, et il ressort que la fongibilité suivant cet axe pourra s'exercer sur l'ensemble des niveaux de déclinaison, ce qui aboutira à une fongibilité à étages[80]. « *En effet, le responsable de budget opérationnel de programme aura la possibilité, en cours d'exercice, si la réalisation de son plan d'action l'exige, de réaffecter des crédits d'une unité opérationnelle à l'autre, et, de la même*

---

[76] La directive n° 06/2009/CM/UEMOA ne prévoit aucune exigence de forme pour le changement de destination des crédits. Par contre, la fongibilité par nature des crédits budgétaires est décidée par arrêté du ministre concerné qui est simplement tenu d'informer le ministre en charge des Finances. Voir article 15, alinéa 3.

[77] Guide méthodologique pour l'élaboration du budget programme, Burkina Faso, *op. cit.*, p. 34.

[78] *Ibidem*, pp. 34-35.

[79] *Ibidem*, p. 35.

[80] CATTEAU (D.), thèse, *op. cit.*, p. 415.

façon, le responsable de programme pourra toujours transférer des crédits d'un budget opérationnel de programme à l'autre. »[81]

S'agissant de la fongibilité suivant l'axe par nature des crédits, d'abord au niveau du budget opérationnel, la question principale qui se pose est celle de savoir si le caractère limitatif des crédits de dépenses de personnel qui s'impose au programme s'impose également au niveau du BOP. Il semble logique en tout cas, « *pour que le programme, en son entier, respecte ce plafond (...) que chaque gestionnaire qui en reçoit une partie respecte la partie correspondante du plafond* »[82]. Le responsable de budget opérationnel de programme pourra disposer en ce sens de la faculté d'effectuer la fongibilité asymétrique sur autorisation du responsable de programme[83]. Il peut donc effectuer, au sein de son budget opérationnel de programme, des mouvements de crédits entre les différentes catégories de dépenses, dans les limites de fongibilité autorisées. Pour ce qui est ensuite du niveau le plus fin qu'est l'unité opérationnelle, la grande spécialisation des services à ce niveau complexifie la mise en œuvre de la fongibilité des crédits du fait du faible montant des enveloppes budgétaires.

En effet, « *gérer plus librement suppose des masses financières qui permettent de faire des choix* »[84]. Au-delà de cette limite d'ordre pratique, le choix fait en France par la Direction de la Réforme budgétaire est de ne pas autoriser le responsable d'unité opérationnelle à exercer la fongibilité asymétrique[85].

En vertu du principe de parallélisme des formes, l'autorisation budgétaire donnée par le Parlement ne peut en principe être modifiée que par une autre loi de finances. Cependant, réduire la gestion budgétaire au strict respect de l'autorisation parlementaire conduirait inéluctablement à une paralysie de l'action administrative, et donc du service public. Ainsi, bien que légèrement encadrés, des dispositifs permettant à l'exécutif de modifier la répartition des crédits budgétaires par voie réglementaire ont été institués afin de permettre une gestion adaptée aux changements en cours d'année. De plus, la nécessité de contenir les dérapages dans la gestion du budget, et donc d'assurer une certaine discipline budgétaire, a conduit à conférer un pouvoir fondamental au ministre en charge des Finances, celui de la régulation budgétaire.

---

[81] *Ibidem.*

[82] Burkina Faso, Guide méthodologique pour l'élaboration du budget programme, *op. cit.*, p. 35.

[83] CATTEAU (D.), thèse, *op. cit.,* p. 415.

[84] TROSA (S.), « La LOLF, les RGPP et l'évaluation des politiques publiques : bilan et perspectives », *RFFP*, n° 121, février 2013, p. 243.

[85] Voir notamment CATTEAU (D.), thèse, *op. cit.*, p. 415.

2. L'encadrement des mouvements de crédits

Le droit budgétaire prévoit plusieurs mécanismes permettant à l'exécutif de procéder en cours d'année à l'adaptation de l'exécution du budget. Ces mécanismes vont de la modification de la répartition des crédits à la modification des montants arrêtés en loi de finances. Sans prétendre épuiser l'ensemble de ces mécanismes, il convient tout de même de s'arrêter sur quelques-uns dont l'encadrement par les textes maliens, bien que permettant tout au moins d'atténuer les atteintes portées à la spécialisation des crédits, reste insuffisant. Ainsi, on s'intéressera aux règles traditionnelles de mouvements de répartition des crédits, d'une part, et en ce qui concerne les montants, à la technique de report de crédits, d'autre part.

Si la fongibilité des crédits permise à l'intérieur même des programmes, innovation majeure de la nouvelle réforme, contribue à renforcer le principe de spécialité, les risques liés à la sous-estimation, ou au contraire, à la majoration des crédits alloués aux dépenses, a conduit au maintien dans le droit budgétaire de mécanismes permettant de modifier la répartition des crédits. Ces mécanismes se révèlent particulièrement à travers les procédures de transferts de crédits, et de virements de crédits. Les transferts de crédits « *modifient la répartition des crédits budgétaires entre programmes de ministères distincts* »[86], tandis que les virements de crédits « *modifient la répartition des crédits budgétaires entre programmes d'un même ministère* »[87]. Ces mouvements sont interdits d'une dotation vers un programme, à l'exception des crédits globaux pour des dépenses accidentelles et imprévisibles[88].

Les transferts de crédits, intervenant entre programmes de ministères distincts, sont opérés par voie de décret pris en Conseil des ministres sur rapport conjoint du ministre chargé des Finances et des ministres concernés. Les virements de crédits, quant à eux, peuvent ou non modifier la nature des crédits des programmes à l'intérieur d'un même ministère. S'ils modifient la nature des crédits, ils doivent être autorisés par décret sur rapport conjoint du ministre chargé des Finances et du ministre concerné. S'ils ne modifient pas la nature des crédits, ils sont autorisés par simple arrêté interministériel du ministre en charge des Finances et du ministre concerné[89]. On remarque ici le formalisme qui est exigé lorsque le mouvement modifie la nature du crédit.

---

[86] Article 20, alinéa 2 de la loi n° 2013-028.

[87] Article 20, alinéa 3 de la loi n° 2013-028.

[88] Article 20, alinéa 5 de la loi n° 2013-028.

[89] En France, aussi bien les virements que les transferts sont effectués par décret pris sur le rapport du ministre chargé des Finances, après information des commissions de l'Assemblée nationale et du Sénat chargées des Finances et des autres commissions concernées.

Par *crédits budgétaires*, il faut comprendre, à la fois, les autorisations d'engagement et les crédits de paiement. En ce sens, dans l'hypothèse où le mouvement ne modifie pas la nature des crédits (cas des dépenses d'investissement), tout transfert des crédits de paiement sans le transfert des autorisations d'engagement associées empêchera le service destinataire du mouvement de consommer les crédits transférés[90]. Les plafonds d'emplois étant limitatifs, ceux-ci ne sont donc pas concernés par les mouvements de crédits, et leur modification ne peut s'effectuer par voie réglementaire, mais plutôt par une loi de finances rectificative[91].

À l'inverse de la LOLF française, les parlementaires du Mali ne sont aucunement associés à l'utilisation de ces deux procédés qui portent visiblement atteinte à l'autorisation parlementaire et au principe de spécialité[92]. Parce que portant essentiellement atteinte au principe de spécialité, les textes maliens prévoient tout de même que le montant cumulé des transferts de crédits et virements affectant un programme ne peut dépasser dix pour cent (10 %) des crédits votés de ce programme[93]. Cette limite est largement au-dessus de celle prévue par la loi organique portant lois de finances françaises, qui est de 2 %.

Dans le même sens, plusieurs mécanismes permettent au Gouvernement de modifier le montant des crédits budgétaires en cours d'exécution. Mais l'un d'eux mérite une attention particulière, en ce sens qu'il permet de maintenir le lien entre les exercices budgétaires.

Le report de crédits est une exception au principe d'annualité budgétaire[94] qui permet de reporter sur une année les crédits non consommés de l'année précédente. Une annulation de ces crédits non consommés peut avoir des effets pervers, notamment l'impossibilité d'une gestion pluriannuelle, la surconsommation des crédits en fin d'année, la constitution de réserves parallèles, la pénalisation des investissements[95]. Dans la pratique, la technique du report de crédits peut être utilisée à des fins de régulation budgétaire, pour

---

[90] Guide didactique de la directive n° 06/2009/CM/UEMOA, p. 39.

[91] Le caractère limitatif des plafonds d'autorisations d'emplois découle de l'article 20 de la directive 2009 portant lois de finances.

[92] Les parlementaires français sont informés avant l'adoption du décret de transfert ou de virement via les commissions, puis reçoivent un compte rendu spécial par le ministre concerné dans le rapport annuel de performance. Au Mali, ceux-ci sont informés a posteriori conformément à l'article 25 de la loi n° 2013-028.

[93] Article 20, alinéa 3 de la loi n° 2018-028, *op. cit.*

[94] En vertu du principe de l'annualité budgétaire, « *les crédits ouverts et les plafonds des autorisations d'emplois fixés au titre d'une année ne créent aucun droit au titre des années suivantes* ». Article 24, alinéa 1 de la loi n° 2013-028.

[95] ALBERT (J.-L.), *Finances publiques, op. cit.*, p. 418.

freiner le déficit budgétaire de l'exercice[96]. En effet, les reports de crédits résultent le plus souvent du « *blocage ou de la mise en réserve de crédits ouverts pour l'année, soit du blocage de crédits déjà reportés, et du report de ceux-ci dans le temps* »[97]. L'encadrement dont fait l'objet la procédure de report de crédits varie selon qu'il s'agit d'autorisations d'engagement ou de crédits de paiement. Les autorisations d'engagement ne concernent que les seules dépenses d'investissement et contrats de partenariat public-privé, alors que les crédits de paiement concernent toutes les catégories de dépenses[98].

S'agissant ainsi des autorisations d'engagement, leur report n'est pas automatique, car contrairement aux anciennes autorisations de programmes, celles-ci sont annuelles et sont en principe annulées en fin d'exercice si elles n'ont pas été utilisées. Toutefois, par décret pris en Conseil des ministres, il peut être autorisé d'effectuer un report de crédits sur le même programme d'une année à l'autre. Pour ce qui concerne les crédits de paiement, leur report est en principe interdit, mais s'agissant des dépenses d'investissements pour lesquelles l'ouverture d'autorisations d'engagement n'a de sens que si elles sont accompagnées de crédits de paiement, il peut être autorisé exceptionnellement d'en opérer un.

B. La régulation budgétaire

Au Mali, la reconnaissance d'un pouvoir de régulation budgétaire au ministre en charge des Finances vise en particulier la faculté de ce dernier de soustraire l'utilisation de crédits budgétaires de façon temporaire ou définitive à l'usage des ministères dépensiers et de leurs gestionnaires. Il convient d'analyser les fondements de ce redoutable outil aux mains du ministre en charge des Finances, avant d'aborder son impact sur les acteurs de la gestion budgétaire.

1. Les fondements du pouvoir de régulation

Sous le cadre technique modernisé des finances publiques au Mali, le ministre en charge des Finances n'est certes plus l'ordonnateur principal unique de l'ensemble du budget de l'État, mais il dispose toujours d'un rôle d'acteur budgétaire central. À ce titre, il est « *responsable de l'exécution de la loi de finances et du respect des équilibres budgétaire et financier définis par celle-ci* »[99]. Cette responsabilité se traduit par la reconnaissance à ce dernier d'un

---

[96] BOUVIER (M.) et *al.*, *Finances publiques*, *op. cit.*, p. 386.

[97] *Ibidem*, p. 434.

[98] Cf. article 16 de la loi n° 2013-028.

[99] Article 66 de la loi n° 2013-028.

pouvoir de « régulation budgétaire ». Ce pouvoir de régulation se justifie essentiellement par des motifs qui tiennent soit au réglage conjoncturel de la situation économique, soit à la maîtrise de la dépense publique, et consiste donc pour le Gouvernement à infléchir le rythme de la dépense publique en cours d'exercice budgétaire[100].

Au-delà des nécessités conjoncturelles, la régulation budgétaire apparaît clairement comme un instrument de politique budgétaire à moyen terme, car s'inscrivant dans une politique de redressement structurel des finances publiques, « *en vue de maintenir l'équilibre budgétaire dans les limites préalablement définies par la loi de finances initiale* »[101]. La reconnaissance du pouvoir de régulation au ministre en charge des Finances « *participe de l'observation d'une certaine précaution en matière budgétaire* »[102]. Concrètement, ce pouvoir de régulation se traduit par la possibilité reconnue à ce dernier d'annuler les crédits, ou de les rendre momentanément indisponibles. Ainsi, il peut, d'une part, soit « *annuler un crédit devenu sans objet au cours de l'exercice* », soit « *annuler un crédit pour prévenir une détérioration des équilibres budgétaire et financier de la loi de finances* ». Il peut, d'autre part, « *subordonner l'utilisation des crédits par les ordonnateurs aux disponibilités de trésorerie de l'État* ».

2. Les acteurs budgétaires face au pouvoir de régulation

La régulation budgétaire, qui découle avant tout d'un choix politique[103], est une pratique nécessaire, voire indispensable pour éviter tout dérapage de la dépense globale. Chacun convient en effet qu'« *un budget ne peut s'exécuter sans modifications et que la maîtrise des Finances publiques est en elle-même un objectif politique* »[104]. La loi de finances n'ouvrant alors qu'une faculté de dépenser, le respect de l'équilibre budgétaire issu du vote parlementaire nécessite d'adapter l'exécution budgétaire aux réalités conjoncturelles.

---

[100] CANÉPA (D.), « La régulation budgétaire dans la nouvelle gestion de l'État », *in* BOUVIER (M.) (dir.), *Innovations, créations et transformations en Finances publiques*, Actes de la IIe Université de printemps de Finances publiques du GERFIP, Paris, LGDJ, 2006, p. 26.

[101] CARREZ (G.), *Rapport au nom de la Commission spéciale chargée d'examiner le projet de loi organique, adopté avec modifications par le Sénat (1995), modifiant la loi organique n° 2001-692 relative aux lois de finances*, AN, Douzième législature, Rapport n° 2377, enregistré à la présidence de l'AN le 15 juin 2005, p. 20

[102] OUEDRAOGO (Y.), « L'influence de la démarche de performance sur le droit public financier des États membres de l'UEMOA », Thèse droit, Université de Rouen, 2015, p. 392.

[103] CANÉPA (D.), « La régulation budgétaire dans la nouvelle gestion de l'État », *op. cit.*, p. 26.

[104] ADAM (F.) et *al.*, *Finances publiques*, *op. cit.*, p. 120.

Si la légitimité de la régulation budgétaire n'est pas remise en cause, elle reste tout de même critiquée, car considérée comme non démocratique, ne favorisant pas la responsabilisation des gestionnaires, et surtout, génératrice de mauvaise gestion[105].

Ainsi, sous la modernisation du cadre technique des finances publiques au Mali, la régulation budgétaire se présente comme des obstacles majeurs à surmonter pour le nouveau gestionnaire[106]. Lorsque cette régulation intervient au fil de l'eau, elle nourrit l'incompréhension des services, une démobilisation des responsables de programmes, et des tensions éventuelles avec le ministre en charge des Finances[107]. La logique issue de la nouvelle gestion publique repose sur l'engagement des gestionnaires à atteindre des résultats en contrepartie d'une liberté de gestion, se traduisant notamment par la faculté de redéployer librement leurs crédits à l'intérieur d'enveloppes globales. Elle semble relativiser l'impact de la régulation budgétaire sur la responsabilisation des gestionnaires. Elle offre en effet un cadre nouveau pour la mise en œuvre de la régulation budgétaire.

L'exercice de la fongibilité des crédits à l'intérieur des programmes permettra ainsi aux responsables de programmes d'identifier eux-mêmes, en fonction des orientations ministérielles, les priorités dont ils souhaitent le maintien en cas de régulation[108]. Cependant, la liberté de gestion ainsi consacrée ne suffit pas pour autant à garantir l'efficacité de la gestion.

La régulation budgétaire reste décidée par une autorité extérieure, à savoir, le ministre en charge des Finances. Ainsi, la qualité de la gestion, objectif principal des gestionnaires, s'en trouve affectée, puisque la régulation budgétaire peut entraîner le blocage de la mise en œuvre des politiques publiques[109].

CONCLUSION

D'une manière générale, la réforme de l'exécution du budget au Mali, en plus de la nouvelle méthode de budgétisation, est perçue comme une stratégie de changement pour une gestion performante des finances publiques. La déconcentration de l'ordonnancement, en ce qu'elle simplifie et allège les

---

105 CANÉPA (D.), « La régulation budgétaire dans la nouvelle gestion de l'État », *op. cit.,* pp. 26-30.

106 *Idem,* p. 26.

107 WALINE (C.) et *al., Le budget de l'État, nouvelles règles nouvelles pratiques*, Paris, La Documentation Française, 2006, p. 120.

108 Ce travail s'effectue dans le cadre du dialogue de gestion. Cf. CANÉPA (D.), « La régulation budgétaire dans la nouvelle gestion de l'État », *op. cit.*, p. 28.

109 *Ibidem*, p. 27.

fonctions budgétaires, est à même de favoriser l'atteinte des résultats escomptés. De même, la fongibilité des crédits par la liberté qu'elle accorde aux responsables de programme introduit plus de flexibilité dans leur gestion, aboutissant à l'atteinte des objectifs des programmes. Enfin, l'exercice du pouvoir de régulation budgétaire par le ministre des Finances, qui lui permet, au cours de l'exécution du budget, de prévenir une détérioration des équilibres budgétaire et financier de la loi de finances, apporte un changement notoire dans l'exécution budgétaire. Toutefois, ces changements escomptés ne seront obtenus en l'absence de volonté politique affirmée et de ressources budgétaires suffisantes pour mettre en œuvre les activités du programme par les responsables de programme. Compte tenu de ce qui précède, la disponibilité de ressources budgétaires suffisantes pourrait constituer la problématique essentielle à laquelle la réforme de l'exécution du budget au Mali devrait faire face dans les années à venir.

LE TEMPS DANS LA PERFORMANCE DU TRAVAIL PARLEMENTAIRE EN DROIT BUDGÉTAIRE CAMEROUNAIS

Long Christ Papy NKOUAYEP

Ph.D en Droit public
Maître-Assistant à la Faculté des Sciences Juridiques et Politiques
Université de Yaoundé II (Cameroun)

INTRODUCTION

Le temps est le cadre de toute chose[1]. La société moderne est régulée et coordonnée par la force silencieuse des normes temporelles[2]. « *Le temps est consubstantiel au droit* »[3], c'est pourquoi l'évidence de l'existence des rapports étroits entre le droit et le temps n'est plus à établir. La propension est désormais à la redéfinition contemporaine de ces rapports[4]. Il s'agit de mettre en lumière un double mouvement *d'emprise* du droit sur le temps et *d'emprise* du temps sur le

---

[1] Anne ETIENNEY DE SAINTE-MARIE, « Le temps et le contrat », *in Le temps et le droit, Journées nationales organisées par l'Association Henri Capitant à Dijon*, Paris, Dalloz, 2014, p. 42.

[2] Hartmut ROSA, *Accélération. Une critique sociale du temps*, Paris, La Découverte, 2010, p. 17 ; *Aliénation et accélération. Vers une théorie critique de la modernité tardive*, Paris, La Découverte, 2012, p. 41.

[3] Michel VERPEAUX, « Présentation du troisième numéro consacré au temps », *Jurisdoctoria*, n° 3, 2013, p. 14.

[4] Cf. Cécile CHAINAIS (Avant-propos), Rapport public 2014 de la Cour de cassation : « Le temps », Centre de Recherche sur la Justice et le Règlement des Conflits, p. 2.

droit[5]. Jean-Louis BERGEL, relevant l'évolution du droit dans le temps, souligne qu'« *aucune branche du droit ne peut échapper à ces mutations, même les institutions les plus fondamentales du droit public et du droit privé* »[6].

La question du temps parlementaire est une question intemporelle, elle s'est ainsi posée par le passé et se pose encore aujourd'hui[7]. Ce qui soulève le problème de l'existence ou non d'un temps parlementaire juste et qui se posera encore dans le futur au niveau des États détenant un Parlement. À la lecture du *Vocabulaire juridique* de l'Association Henri Capitant, on constate qu'il n'est pris en considération que le *temps durée*[8]. Quant à la plupart des livres de Droit, le vocable *temps* n'apparaît pas dans l'index. En cela, ils rejoignent la sagesse de PASCAL qui estimait que le temps fait partie de ces concepts qu'il est impossible de définir ou même inutile de définir[9].

Partant de la théorie de l'efficacité du droit, l'occasion est ainsi permise d'apprécier la performance parlementaire à l'aune du temps. Sur le plan théorique, la réflexion donne une occasion de se faire une idée sur l'apport du temps dans la performance du travail parlementaire au Cameroun. Sur le plan pratique, la présente étude est opportune dans un contexte où les parlementaires sont soumis non seulement aux contraintes liées à la rationalisation du régime politique, mais aussi à des exigences de cohésion partisane qui les mettent sous une pression temporelle peu favorable à la sérénité du travail tant en Commission qu'en Assemblée plénière ainsi qu'à la logique de performance tant recherchée par la loi de finances.

La notion de temps n'est pas toujours évidente dans son appréhension. Parce que le phénomène juridique se situe dans le temps et que le temps lui échappe parfois, il est important de définir le temps en général et le temps juridique en particulier. Bien que constamment usité dans le langage courant, le vocable *temps* n'est pas toujours aisé à définir[10]. SAINT AUGUSTIN résume bien cette difficulté dans sa célèbre formule : « *Qu'est-ce donc le temps ? Si personne ne*

---

[5] Moise NLEND NTONGA, « Le temps et le budget au Cameroun : contribution à l'étude du cadre juridique des finances publiques camerounaises », Thèse de Doctorat/Ph.D en droit public, Université de Douala, 2020, p. 2.

[6] Jean-Louis BERGEL envisage le temps comme un facteur d'évolution et de continuité du droit. Lire *Méthodes du droit. Théorie générale du droit*, Paris, Dalloz, 2014, p. 111.

[7] Gilles TOULEMONDE, « Le temps parlementaire », *Constitutions*, 2016, p. 40.

[8] Gérard CORNU (dir.), *Vocabulaire juridique*, Paris, PUF, coll. « Quadrige », 2018, 12e éd., p. 2149.

[9] Catherine KESSEDJIAN, « Le temps du droit au 21e siècle. Comptabilité avec la codification ? », *Les cahiers de droit*, vol. 46, n° 1-2, p. 550.

[10] Jean-Mermoz BIKORO, « Le temps en droit constitutionnel africain : le cas des États africains d'expression française », Thèse de Doctorat/Ph.D en droit public, Université de Yaoundé II, 2018, p. 22.

me le demande, je le sais, mais si on me le demande et que je veuille l'exprimer, je ne le sais plus »[11]. Prolongeant l'idée de SAINT AUGUSTIN, Norbert ELIAS va confirmer la difficulté à clarifier le temps en affirmant que « *le temps ne se laisse ni voir, ni toucher, ni entendre, ni goûter, ni respirer comme une odeur* »[12]. Selon Patrick SERLOOTEN, pour chacun d'entre nous, le temps se présente comme une réalité concrète, comme une notion familière, bien qu'il nous soit impossible de la définir avec précision. La seule variable que tout homme est à même d'énoncer pour caractériser ce phénomène, c'est que le temps passe et qu'il n'a pas d'autres actions[13].

Il faut noter que la notion de temps a évolué au fur et à mesure que les générations se sont succédé. De nos jours, elle est polysémique. On peut l'appréhender à la fois comme une « *durée mesurée en minutes, heures, jours, mois et années* »[14], comme « *un moment de l'histoire* »[15] symbolisé par des évènements, et par métaphore, comme un état de l'atmosphère à un moment donné. Cette définition permet de distinguer le temps physique, qui correspond à la durée mesurée, du temps social, qui repose sur une succession d'évènements. Le temps apparaît d'abord comme le cadre des évènements du milieu, tel l'espace ; mais, à la différence de l'espace, il est un cadre orienté par la succession du passé, du présent et du futur et un cadre structuré par l'instant et la durée[16]. La présente étude retient le temps physique. Dans sa dimension juridique, le temps a un double sens, soit comme « *un milieu organisé dans lequel les situations juridiques se succèdent, soit alors comme un espace mesuré avec lequel les situations juridiques se déroulent* »[17]. Dans la première appréhension, le temps juridique désigne un temps chronologique[18], celui des dates et de l'ordre des situations juridiques qui va de l'antérieur vers le postérieur. La seconde appréhension quant à elle correspond à la chronométrie qui est une technique de construction de la durée du temps juridique. L'orientation du temps juridique retenue dans cette réflexion est le temps chronométrique qui va mettre en exergue

---

[11] SAINT AUGUSTIN cité par Emmanuelle CHEVREAU, « Le temps et le droit : la réponse de Rome. L'approche du droit privé », Thèse de Doctorat en droit privé, Université Panthéon-Assas Paris 2, 2001, p. 1.

[12] Norbert ELIAS, *Du temps*, Paris, Folard, 1984, p. 7.

[13] Patrick SERLOOTEN, « Le temps et le droit fiscal », *RTD com.*, 1997, p. 177.

[14] Dictionnaire Hachette, 2011, p. 758.

[15] *Ibid.*

[16] Anne ETIENNEY DE SAINTE-MARIE, « Le temps et le contrat », *in Le temps et le droit*, *op. cit.*, p. 44.

[17] Marie CRESP, « Le temps juridique en droit privé. Essai d'une théorie générale », Thèse de Doctorat en droit privé, Université Montesquieu-Bordeaux IV, 2010, p. 13.

[18] *Ibid.*, p. 105.

la durée impartie ou non aux parlementaires lors de la session consacrée à l'adoption des lois.

La question de la performance constitue un point d'attention dans l'analyse systémique de la problématique des finances publiques contemporaines[19], elle est même un intrant de la qualité dans la gouvernance démocratique[20]. La performance est aujourd'hui la cible de l'action de l'État dans la gestion des deniers publics[21]. La performance renvoie à une assimilation, même du point de vue morphologique, du concept anglais de *performance*, signifiant « accomplissement », « réalisation », « résultat réel ». Progressivement étendu dans l'usage courant, ce terme sert à exprimer « *la manière de faire quelque chose de manière optimale, voire exceptionnelle* »[22]. La performance est dorénavant une donnée constante et permanente des finances publiques d'Afrique aussi bien au niveau communautaire[23] qu'au niveau national[24]. D'ailleurs, le Professeur Nicaise MÉDÉ note que les États de ce continent, notamment ceux de l'espace francophone, ont été saisis par la fièvre de la

[19] Meissa DIAKHATÉ, « Le pilotage de la performance des finances publiques dans les États membres de l'Union économique et monétaire ouest-africaine (UEMOA) », *RAFiP*, n° 9, 1er semestre 2021, p. 9.

[20] Marc LEROY, « Paradigme démocratique et réforme des finances publiques », *in* Jean-Luc ALBERT (dir.), *Mélanges en l'honneur de Jean-Pierre Lassale, Gabriel Motagnier et Luc Saidj. Figures lyonnaises des finances publiques*, Paris, L'Harmattan, 2012, pp. 215-229.

[21] Firmin Mirabo NGOUNMEDJE, « Loi de règlement et contrôle de l'exécution du budget : contribution à l'étude de la pertinence de la loi de règlement dans les États d'Afrique noire francophone », *RAFiP*, n° 3 et 4, 2018, p. 157.

[22] Roland GORI, « Normes, performance et soumission », *in* Nicolas MATYJASIK, Marcel GUENOUN (dir.), *En finir avec le new public management*, IGPDE, 2019, p. 137.

[23] Pour illustrations, voir entre autres l'article 45 al. 6 et l'article 50 al. 3 de la directive n° 01/11-UEAC-190-CM-22 du 19 décembre 2011 relative aux lois de finances. Lire également les articles 46, al. 1 (a) et 50 et 63 de la directive n° 06/2009/CM/UEMOA portant lois de finances au sein de l'UEMOA.

[24] *Cf.* articles 45 al. 1er, 49, 62 de la loi n° 2020-07 du 26 février 2020 portant loi organique relative aux lois de finances au Sénégal ; articles 15 al. 1er, 16 et 21 al. 1 (c) de la loi n° 2018/012 du 11 juillet 2018 portant régime financier de l'État et des autres entités publiques en République du Cameroun (ci-après loi de 2018 portant régime financier de l'État et des autres entités publiques) ; articles 45 al. 1er, 50, 51 et 65 de la loi organique n° 2014-336 du 05 juin 2014 relative aux lois de finances en République de Côte d'Ivoire ; articles 46 al. 1er, 50 et 63 de la loi organique n° 2014-013 relative aux lois de finances en République du Togo ; articles 49 al. 1er et 53 de la loi organique n° 2013-14 du 27 septembre 2013 relative aux lois de finances en République du Bénin ; articles 13 al. 13 et 18 al. 4 du décret n° 0270/PR portant promulgation de la loi organique n° 020/2014 relative aux lois de finances et à l'exécution du budget en République gabonaise ; articles 56 al. 6 et 61 al. 3 de la loi organique n° 36-2017 du 03 octobre 2017 relative aux lois de finances en République du Congo.

performance[25] à la suite d'un changement de philosophie managériale[26]. Il était question d'intégrer la logique de performance dans la gestion publique non seulement dans l'optique de rationaliser la gouvernance financière puisqu'elle « *redéfinit en profondeur le rapport de l'administration avec le citoyen* »[27], mais aussi pour renforcer son caractère obligatoire en tant que norme de gestion.

La performance est plus proche de la gestion publique, de la science administrative ou de l'analyse économique du droit qu'elle ne l'est en droit public[28], toute chose qui rend plus complexe son appréhension. On peut dès lors comprendre pourquoi, en consacrant la logique de performance, les législateurs des États d'Afrique ont évité de lui donner un contenu précis. Toutefois, la doctrine considère que la performance est à la fois un principe et un objectif[29]. Si le principe est une norme, la norme quant à elle est une prescription d'une conduite à tenir. C'est alors que la formalisation de la performance lui confère un habillage juridique. En tant qu'objectif, la performance est un but, voire un ensemble d'indicateurs définis au préalable, que les gestionnaires de crédits publics doivent atteindre dans la réalisation des programmes que leur confie l'État. Dès lors, la performance exprime le degré d'accomplissement des objectifs d'un programme en matière de résultats. Elle a comme implications « *la capacité à atteindre les objectifs d'efficacité socio-économique (adaptation de l'environnement économique, social, écologique, sanitaire, culturel, etc., pour satisfaire les citoyens), de qualité du service public (amélioration du fonctionnement des services et des prestations fournies pour satisfaire les usagers) et d'efficience de la gestion (optimisation du coût des services et des prestations pour satisfaire les contribuables)* »[30]. La quête de la performance devient en quelque sorte un défi de justice sociale[31]. Pour le Professeur Meissa

---

[25] Nicaise MÉDÉ, « L'Afrique francophone noire saisie par la fièvre de la performance », *RFFP*, n° 135, 2016, pp. 349-357.

[26] André AKONO OLINGA, « La juridicisation de la performance dans les finances publiques des États africains d'expression française : intelligence des expériences camerounaise, béninoise et sénégalaise », *RAFiP*, n° 10, Second semestre 2021, p. 81.

[27] Grégory HOUILLON, « Performance publique et ordre juridique », *in Entre les ordres juridiques. Mélanges en l'honneur du Doyen HERVOUET*, Paris, LGDJ, 2015, p. 598.

[28] Lire Jean-Éric GICQUEL (dir.), *La performance en droit public et science politique*, Rennes, PUR, 2019, p. 192.

[29] Voir André AKONO OLINGA, « L'apport de la performance au contrôle des finances locales au Cameroun », Thèse de Doctorat/Ph.D en droit public, Université de Yaoundé II, 2020, p. 18.

[30] Marie-Christine STECKEL-ASSOUERE, « Performance », *in* Nicolas KADA, Martial MATHIEU (dir.), *Dictionnaire d'administration publique*, Grenoble, PUG, coll. « Droit et Action publique », 2014, p. 372.

[31] Jean-Fabien SPITZ, « John Rawls et la question de la justice sociale », *Études*, 2011/1, pp. 55-65.

DIAKHATÉ, il s'agit de la performance opérationnelle, qui n'est cependant pas dissociable de la performance organisationnelle[32].

En effet, les leviers traditionnels d'une action publique gouvernée par les moyens ne suffisent plus à assurer l'utilisation transparente des deniers publics et l'accès équitable aux services publics. Bien plus, l'explosion de la demande adressée aux pouvoirs publics a fini d'ébranler le confort d'une administration garnie de prérogatives de puissance publique. Sans doute, la conception de la gestion est-elle appelée à évoluer en vue de répondre aux exigences de la performance[33]. Dans cette perspective, la réforme du processus gestionnaire est manifestement inéluctable. Le budget doit non seulement mettre en avant les moyens liés à l'action publique, mais également justifier la répartition des allocations par rapport à la réalisation d'objectifs préalablement définis pour chaque poste de dépense[34]. De ce point de vue, les agents d'exécution du budget, y compris les « *nouveaux acteurs budgétaires* »[35], pour emprunter une expression du Professeur Gérard PEKASSA NDAM, sont appelés à adopter un dispositif de pilotage de la performance, en complément du système de programmation des finances publiques[36]. Cette démarche faciliterait entre autres le travail parlementaire.

Le travail désigne l'effort physique ou intellectuel qui doit être accompli pour faire quelque chose ou obtenir un résultat recherché. En tant qu'occupation rémunérée, le travail est synonyme d'emploi. Le terme *travail* peut aussi s'appliquer à des activités non rémunérées. Du point de vue économique, le travail est l'un des facteurs de production, avec le capital et la terre. Fourni par des employés en échange d'un salaire, il est organisé et dirigé vers la réalisation de biens ou de services. Le travail est en définitive perçu comme une activité de l'homme appliquée à la production, à la création, à l'entretien de quelque chose. La notion de *parlementaire* désigne simultanément une institution et un statut. En tant qu'institution, elle renvoie à un organe politique incarnant le pouvoir législatif. Ainsi, les parlementaires sont appréhendés comme étant « *des institutions destinées par la Constitution à donner accord à des mesures de*

---

[32] Meissa DIAKHATÉ, « Le pilotage de la performance des finances publiques dans les États membres de l'Union économique et monétaire ouest-africaine (UEMOA) », *op. cit.*, pp. 15 et 29.

[33] *Ibid.*, p. 10.

[34] Steve Thiery BILOUNGA, *Finances publiques camerounaises. Budgets-Impôts-Douanes-Comptabilité publique*, Paris, L'Harmattan, coll. « Finances publiques », 2020, pp. 219-253.

[35] Gérard Martin PEKASSA NDAM, « La dialectique du responsable de programme en finances publiques camerounaises : recherches sur les nouveaux acteurs budgétaires », *in* Nicaise MÉDÉ (contributions réunies par), *Les nouveaux chantiers des finances publiques en Afrique. Mélanges en l'honneur de Michel Bouvier*, Dakar, L'Harmattan Sénégal, 2019, p. 303.

[36] Lamine KOTE, « Les instruments juridiques de la programmation pluriannuelle des finances publiques : l'avènement d'un nouveau temps financier », Thèse de Doctorat en droit, Université de Toulouse I Capitole, 2015, 465 p.

politiques publiques exécutoires, accord donné au nom d'une communauté politique qui va au-delà de l'élite gouvernementale responsable de la formation de telles mesures »[37]. De manière générale, il s'agit d'une institution politique de l'État, assurant une fonction de représentation, de caractère délibérant, détenant une compétence législative et de contrôle. En tant que statut, le vocable *parlementaire* renvoie à la qualité de membre de l'institution. Dès lors, le parlementaire est une personnalité politique exerçant des fonctions dévolues aux membres du Parlement. En somme, le travail parlementaire désigne l'activité politique et intellectuelle dans le cadre professionnel, contre rémunération, exercée par les représentants de la Nation.

Ainsi, la question suivante a été retenue : **quelle est l'influence du temps sur la performance du travail parlementaire en droit budgétaire camerounais ?** Il en ressort que le temps a une influence ambivalente sur la performance du travail parlementaire en droit budgétaire camerounais. L'étude des grands problèmes sociaux aujourd'hui fait face à un obstacle : le manque d'une méthode qui aille au fond des choses[38]. L'idée que l'on se fait de la relation entre le temps et la performance du travail parlementaire est la résultante d'une démarche qui met un accent particulier sur la science du droit. Il convient de souligner que cette dernière s'accommode de l'interprétation et de l'analyse des textes qui meublent l'ordre juridique. Le succès de toute recherche dépend en grande partie de la méthode utilisée par le chercheur dans la manipulation de ses outils, afin de mieux rendre compte de la réalité ou de la vérité scientifique, et parvenir ainsi rationnellement à ses conclusions[39]. Ainsi, l'interprétation des textes juridiques servira de boussole dans le cadre de cette réflexion avec un recours aux droits étrangers, notamment ceux des États d'Afrique francophone. L'objectif est de conforter la démonstration. L'analyse de la pratique parlementaire permettra de consolider l'idée de la double influence du temps sur la performance parlementaire. Il s'agit de soutenir que le temps est d'abord un facteur d'amélioration de la performance (**I**), mais également un vecteur de fragilisation de ladite performance (**II**).

---

[37] Philip NORTON, « La nature du contrôle parlementaire », *Pouvoirs*, n° 134, 2010/3 p. 7.

[38] Georg JELLINEK, *L'élément juridique dans la science de l'État et la méthode juridique*, Paris, Albert Fontemoing, 1903, p. 5.

[39] Robert MAGER, *Comment définir les objectifs pédagogiques*, Paris, Bordas pédagogie, coll. « Science de l'éducation », 1984, p. 17.

I. UN FACTEUR D'AMÉLIORATION DE LA PERFORMANCE DU TRAVAIL PARLEMENTAIRE

L'accroissement du travail parlementaire est en grande partie imputable à l'élaboration de la loi[40]. C'est pourquoi le noyau dur de la fonction parlementaire réside toujours dans le pouvoir législatif des Assemblées. Missions essentielles du Parlement, le vote de la loi et le contrôle de l'action gouvernementale apparaissent comme des impératifs dans un État de droit[41]. Les Parlements sont « *destinés par la Constitution à donner leur accord à des mesures de politiques publiques exécutoires, accord donné au nom d'une communauté politique qui va au-delà de l'élite gouvernementale responsable de la formulation de telles mesures* »[42]. Les parlementaires ont dorénavant une responsabilité qui est celle de gardiens de la performance dans la gouvernance financière. Mesurer la performance est devenu une exigence dans la gouvernance publique, non seulement pour des raisons de contraintes des finances publiques présentes dans la majorité des pays qui s'engagent dans cette démarche, mais également dans l'optique maintenir des services publics de qualités et si possible à moindres coûts. De façon plus générale, c'est une exigence démocratique impliquant un changement de culture et une modification sensible des comportements[43]. Il appartient dès lors au Parlement, à l'instar d'autres institutions, notamment les institutions administratives et juridictionnelles, de veiller à des périodes bien précises, au respect par diverses administrations, de la logique de performance. Ainsi, le temps deviendra pour la représentation nationale un élément d'évaluation des politiques publiques **(A)** et un instrument de rationalisation du débat budgétaire **(B).**

---

[40] Michel COUDERC, « Le législateur parlementaire : pour en finir avec un pléonasme », *Pouvoirs*, n° 64, 1993, p. 51.

[41] Aimé TATIDOUNG KUETE, « Le contrôle parlementaire en droit public camerounais depuis 1960 : contribution à l'étude de l'évolution des relations entre les organes législatif et exécutif au Cameroun », Thèse de Doctorat/Ph.D en droit public, Université de Yaoundé II, 2021, p. 2.

[42] Philip NORTON, « La nature du contrôle parlementaire », *op. cit.*, p. 7.

[43] Marc SIMMONY, « La démarche de performance dans le cadre des finances publiques », *RFFP*, n° 98, juin 2007, p. 31.

A. Un élément d'évaluation des politiques publiques

Théoriquement, les finances publiques et les politiques publiques qu'elles portent sont soutenues et encadrées par des institutions de diverses sortes[44]. « *La fonction de contrôle des finances publiques est devenue un des standards du droit et de la gestion des finances publiques.* »[45] En Afrique, les législateurs communautaires ont prévu une temporalité nécessaire pour évaluer, par les parlementaires, l'efficacité des politiques publiques en matière financière. Il est généralement mis en exergue le fait qu'après la phase de l'élaboration des programmes et budgets programmes suivent non seulement la phase d'exécution, mais également la phase du contrôle de cette exécution. C'est justement à ce dernier niveau que doit intervenir la mesure de la performance des programmes mis en œuvre, en recourant à des indicateurs de performance, par rapport à leur utilité socio-économique, à la qualité des services offerts aux usagers et au rapport qualité et coût du service[46]. Sur la base de ces instruments de performance, le Parlement peut procéder à une évaluation a priori (1) et a posteriori (2) des politiques.

1. L'évaluation a priori

Dans les systèmes financiers africains, le principe de défiance dans la théorie des finances publiques a consisté à établir et à faire asseoir les contrôles de la gestion des finances publiques[47] à travers une évaluation des politiques publiques. Les politiques publiques, à tous les niveaux, passent à la fois par des mesures financières et par des lois et des réglementations, ou des directives pour l'action de l'administration. L'évaluation d'une politique publique a pour objet d'apprécier l'efficacité de cette politique en comparant ses résultats aux objectifs assignés et aux moyens mis en œuvre[48]. Plus précisément, il s'agit de mieux

---

[44] Hilaire AKERKORO, « L'efficacité des contrôles de la nouvelle gestion budgétaire axée sur les résultats et la performance dans les États de l'Union Économique et Monétaire Ouest-Africaine », *RAFiP*, n° 11, Premier semestre 2022, p. 17.

[45] Nicaise MÉDÉ, *Finances publiques. Espace UEMOA/UMOA*, Dakar, L'Harmattan Sénégal, 2016, p. 323.

[46] Alain PARIENTE et Abou Saib COULIBALY, « Programmes et mesures de la performance en France et dans les pays africains », *RFFP*, n° 98, juin 2007, p. 40.

[47] Hilaire AKEREKORO, « Reddition de comptes et réforme des finances publiques en Afrique de l'Ouest francophone », *Revue Béninoise des Sciences Juridiques et Administratives*, n° 38, 2017, p. 123.

[48] Dans son principe, l'évaluation se distingue d'autres activités plus classiques : ce n'est ni du contrôle de régularité de la dépense, ni de l'audit interne organisationnel, ni une fonction d'inspection générale des services ou, a fortiori, un contrôle juridictionnel tel que celui des juridictions des comptes, qui répondent à d'autres questions. Au lieu d'être orientée vers le contrôle et la sanction, l'évaluation est, pour sa part, une démarche ouverte, de recherche de

comprendre son fonctionnement réel et ses résultats. Il est aussi question de rendre compte à l'opinion publique et aux parties prenantes de cette action publique en référence aux objectifs fixés par les autorités publiques concernées. L'évaluation permet ainsi d'informer les citoyens dans le cadre d'un débat public et pluraliste, de redonner du sens à l'action politique en la fondant sur des constats objectifs, et d'obtenir l'adhésion ou au moins la participation des acteurs aux évolutions souhaitables. L'évaluation des politiques publiques est même considérée par la doctrine comme étant parmi les principes de bonne gouvernance[49].

Dans le timing de l'évaluation a priori des politiques publiques, les législations communautaires et nationales permettent une telle activité lors de l'examen des projets de loi de finances[50] en s'appuyant sur les textes annexés auxdits projets. « *(...) Ces annexes sont accompagnées du projet annuel de performance de chaque programme présentant les objectifs poursuivis et les résultats attendus, mesurés au moyen d'indicateurs d'activité et de résultat.* »[51] Les projets de performance annuels annexés à la loi de finances initiale présentent, pour chaque programme, les objectifs poursuivis et les résultats attendus, mesurés au moyen d'indicateurs d'activités et de résultats[52]. Ils sont produits par les responsables de programme[53] sous l'autorité des chefs de département ministériel ou assimilés. L'objectif est de s'assurer de la bonne exécution des lois de finances.

Si le législateur a prescrit l'évaluation a priori lors de l'examen du projet de loi de finances, ce dernier doit être déposé au Parlement au plus tard quinze jours avant l'ouverture de la Session budgétaire[54]. Les Commissions parlementaires ont tout pouvoir pour entreprendre toute investigation et enquête relatives à l'exécution du budget. Les informations ou les investigations sur place que ces Commissions demandent ne peuvent leur être refusées. Elles peuvent procéder à l'audition des hautes autorités en charge des institutions constitutionnelles, des

---

connaissance pluraliste, orientée vers le progrès dans l'action, et appuyée en principe sur les acteurs chargés de la mettre en œuvre.

[49] Voir Christian GAMBOTTI, « L'évaluation des politiques publiques en Côte d'Ivoire », *Géoéconomie*, n° 77, 2015/5, pp. 125-138.

[50] *Cf.* article 70 de la directive n° 01/11-UEAC-190-CM-22 du 19 décembre 2011 relative aux lois de finances.

[51] Lire l'article 45 al 6 *ibid.* Voir aussi article 15 al. 1er de la loi de 2018 portant régime financier de l'État et des autres entités publiques (Cameroun).

[52] Article 16 al. 1er de la loi de 2018 portant régime financier de l'État et des autres entités publiques.

[53] Sur le responsable de programme, voir Gérard Martin PEKASSA NDAM, « La dialectique du responsable de programme en finances publiques camerounaises… », *op. cit.*, pp. 303-312.

[54] Article 57 al. 1er de la loi de 2018 portant régime financier de l'État et des autres entités publiques.

ministres et de leurs subordonnés, dans les conditions déterminées par les Constitutions nationales. Toute personne entendue par ces Commissions est, en ce qui concerne les questions financières, budgétaires et comptables, déliée du secret professionnel. Comme le législateur communautaire CEMAC, celui de l'UEMOA donne aux Commissions des finances, la responsabilité de veiller au cours de la gestion annuelle, à la bonne exécution des lois de finances[55].

Dans son mécanisme de fonctionnement, les évaluations au cours de l'adoption du budget se font conformément aux prescriptions législatives[56]. Ainsi, les évaluations de recettes font l'objet d'un vote d'ensemble pour le budget général, les budgets annexes et les comptes spéciaux[57]. Les évaluations de ressources et de charges de trésorerie ainsi que de financement font l'objet d'un vote unique. Chaque compte de prêt ou de garantie fait toutefois l'objet d'un vote séparé. L'évaluation se fonde sur des instruments de mesure souvent quantitatifs, comme les résultats bruts ou nets de la politique considérée, le bilan coûts-avantages, l'impact sur des variables économiques ou sociales. L'évaluation est une démarche qui peut exiger du temps lorsqu'elle est réalisée a posteriori, car les effets des politiques publiques peuvent eux-mêmes être longs à apparaître et à se stabiliser.

2. L'évaluation a posteriori

L'établissement a posteriori de la réalité financière de l'État est une préoccupation très ancienne. Dans le temps de l'évaluation des politiques publiques, le Parlement le fait aussi bien pendant l'adoption de la loi de finances qu'après l'exécution intégrale de celle-ci. La période d'évaluation après exécution complète de la loi de finances voit la mobilisation du mécanisme de la loi de règlement et éventuellement les Commissions ad hoc. S'agissant de la loi de règlement, elle permet au Parlement d'apprécier après exécution du budget, la performance réalisée par le Gouvernement. Le projet de loi de règlement et ses annexes sont déposés et distribués au Parlement au plus tard le 30 septembre de l'année suivant celle de l'exercice auquel il se rapporte. Le Parlement engage l'examen du projet de loi de règlement dès la première session qui suit son dépôt[58]. Il s'agit pour le législateur de conférer non seulement du temps au Gouvernement pour procéder à l'exécution entière de la loi de finances, mais

[55] Article 74 de la directive n° 06/2009/CM/UEMOA du 26 juin 2009 portant lois de finances au sein de l'UEMOA.

[56] Article 60, *ibid.*

[57] Sur la question des comptes spéciaux, lire Gérard Martin PEKASSA NDAM, « Les comptes spéciaux du trésor dans les États d'Afrique francophone », *Cahiers juridiques et politiques*, 2009, pp. 203-236.

[58] Article 61, *ibid.*

aussi donner assez de temps au Parlement pour apprécier la performance réalisée et se projeter par rapport à l'adoption de la future loi de finances annuelle.

Généralement, plusieurs documents sont joints au projet de loi de finances[59]. Ils permettent aux parlementaires de voir plus clair sur l'exécution et d'apprécier à travers des indicateurs si la performance a été atteinte ou pas. De manière classique, la loi de règlement est constituée, en plus de l'état de la gestion des crédits votés, d'un rapport de performance annexé par programme. Parmi les documents annexés, l'on note « *les rapports annuels de performance présentant, sous le même format que les projets annuels de performance, pour chaque programme les résultats obtenus comparés aux objectifs fixés, les actions développées et les moyens utilisés, accompagnés d'indicateurs d'activité et de résultats ainsi que d'une estimation des coûts des activités ou des services rendus* »[60]. Des rapports de performance doivent établir la liste des résultats obtenus et la différence avec des objectifs. Ceci permettra au Parlement de se livrer à « *un véritable contrôle de la légalité budgétaire en examinant la régularité des dépenses. En d'autres termes, il envisage dans quelle mesure le budget a été correctement exécuté compte tenu de la conjoncture politique, économique et sociale* »[61].

Au regard de cette fonction dévolue au Parlement par l'entremise de la loi de règlement, il est évident que cette dernière devrait jouer un rôle majeur dans la consolidation de la démocratie et la confortation de la bonne gestion des finances publiques. Mais la loi de règlement peine véritablement à jouer son rôle ontologique de contrôle[62]. Si l'on observe une grande ferveur lors du vote de la loi de finances initiale, la situation est plutôt différente au moment de l'adoption de la loi de règlement, car les parlementaires affichent plutôt l'image d'un relâchement, d'où l'idée d'une « *fonction dégradée de la loi de règlement en matière de contrôle* »[63]. Faut-il le rappeler, la fonction classique de la loi de règlement est le contrôle de l'exécution du budget par le Gouvernement. Il s'agit de surveiller l'utilisation que fait l'exécutif des crédits octroyés, ce qui permet un contrôle indirect du fonctionnement des services publics. Le vote de la loi de règlement est dans ce sens un moment important de ce contrôle dans la mesure

---

[59] *Cf.* article 50 de la directive n° 01/11-UEAC-190-CM-22 du 19 décembre 2011 relative aux lois de finances. Voir aussi les articles 21 et 22 de la loi de 2018 portant régime financier de l'État et des autres entités publiques.

[60] Article 50, al. 3, *ibid.*

[61] Raymond MUZELLEC, « Un exemple de contrôle parlementaire a posteriori : la loi de règlement », *in Revue de science financière*, 1973, p. 28.

[62] Firmin Mirabo NGOUNMEDJE, « Loi de règlement et contrôle de l'exécution du budget : contribution à l'étude de la pertinence de la loi de règlement dans les États d'Afrique noire francophone », *op. cit.*, p. 112.

[63] *Ibid.*, p. 113.

où les parlementaires discutent de la gestion de la loi de finances de l'exercice précédent faite par l'exécutif[64].

L'évaluation a posteriori des politiques publiques peut aussi aboutir à la mobilisation soit des commissions d'enquête sur des faits déterminés, soit des commissions de contrôle sur la gestion des services publics et même des entreprises publiques[65]. Malheureusement, dans les États d'Afrique, il faut déplorer la rareté de ces moyens d'évaluation de la performance de l'action de l'exécutif dont disposent les Parlements. Dans certains États, ces commissions n'ont jamais été mises en œuvre. « *Au Mali, de telles Commissions n'ont jamais été mises sur pieds, ce qui, du reste, est très étonnant, vu les malversations financières qui sont très souvent dénoncées par la presse, qu'il s'agisse des détournements des ressources douanières, de deniers publics dans les sociétés et entreprises d'États.* »[66]

Au Sénégal, où le même constat est fait, la doctrine indexe le fait majoritaire. « *Le phénomène majoritaire est pour une large part, responsable de cet affaiblissement de la fonction parlementaire en général et de sa fonction financière en particulier.* »[67] Au Cameroun, l'on observe une inertie en ce qui concerne la mobilisation des commissions d'enquête. Pourtant, « *le Parlement peut désigner des Commissions d'enquête sur un sujet intéressant les finances publiques, pour une durée n'excédant pas six mois. Cette durée est renouvelable en tant que de besoin* »[68]. Seulement, depuis les indépendances, si l'on compte une multitude de demandes d'enquêtes parlementaires, à ce jour, seule une a été véritablement mise en place[69]. Le sort qui lui a malheureusement été réservé montre que sa constitution n'avait finalement pas servi à quelque chose[70] dans

---

[64] Les données contenues dans la loi de finances et les différents documents comptables permettent d'évaluer la gestion gouvernementale par le Parlement. Pour que le contrôle soit effectif et efficace, il est nécessaire que les parlementaires s'impliquent véritablement et qu'ils fassent un examen approfondi des données mises à leur disposition par le Gouvernement à travers le projet de loi de règlement en les confrontant aux données contenues dans la loi de finances de l'exercice concerné.

[65] Lire article 85 al. 4 et suivants de la loi de 2018 portant régime financier de l'État et des autres entités publiques.

[66] Cheickna TOURÉ, « Le système de contrôle des finances publiques au Mali », *Afrilex*, n° 4, déc. 2004, p. 162.

[67] Ibrahima DIALLO, « Pour une appréciation concrète des pouvoirs du Parlement sénégalais en matière budgétaire », *Afrilex*, 2004, p. 28.

[68] Article 85 al. 4 de la loi de 2018 portant régime financier de l'État et des autres entités publiques.

[69] Créé en 1993 pour clarifier les causes de la faillite de la Société Cellulose du Cameroun (CELLUCAM), entreprise dans laquelle l'État avait investi 1200 milliards de FCFA en 1976 pour produire de la pâte à papier.

[70] Présidée par le député Hilarion ETONG, cette Commission d'enquête était allée en Asie pour mener ses investigations, mais le rapport final n'a jamais été rendu public.

l'évaluation de la performance. Cette dernière peut aussi être atteinte à travers la rationalisation du débat budgétaire par l'instrument temporel.

B. Un instrument de rationalisation du débat budgétaire

L'optimisation et la rationalisation du budget sont une quête permanente au Cameroun[71]. Le législateur a pris le soin d'encadrer le déroulement du débat budgétaire afin d'éviter que sa tenue impacte négativement la performance du travail parlementaire. L'institution parlementaire semble idoine pour l'expression du débat. Cela se justifie par le fait qu'elle est l'organe prééminent du jeu démocratique[72]. Ainsi perçue, sa force vient de ce qu'elle représente dans sa pleine légitimité le peuple[73] dont elle se veut garante des intérêts. Dans l'optique d'éviter l'enlisement des débats, les textes ont procédé à une rationalisation du droit à la parole (1) et du droit d'amendement (2).

1. La rationalisation du droit à la parole

Dans une enceinte dont la dénomination même consacre la parole, l'encadrement du droit d'expression ne peut qu'être délicat. Appliqué à la procédure législative, le dilemme illustre la difficile conciliation des intérêts des acteurs législatifs : la liberté de parole et l'expression de toutes les opinions peuvent paralyser le processus décisionnel[74]. Selon l'acteur concerné, l'attente légitime varie. *Gloire au pays où l'on parle, honte au pays où l'on se tait*. Cette réponse célèbre de CLÉMENCEAU au Général BOULANGER est celle du « *simple député, qui ne pouvait défendre avec plus d'éloquence la démocratie parlementaire* »[75]. Pourtant, comme le relève judicieusement Raymond FORNI, « *vingt ans après, le même Clémenceau, cette fois Président du Conseil, ne*

---

[71] Joseph BELL LAMAGO, « L'apport du débat d'orientation budgétaire au pouvoir budgétaire du Parlement camerounais », *RAFiP*, n° 10, second semestre 2021, p. 135.

[72] Socrate Jacobi NTYAMA ONDO, « Le débat parlementaire en droit camerounais », *RRC*, n° 21, mai 2022, p. 22.

[73] Patrick Edgard ABANE ENGOLO, « Le temps de travail parlementaire en Afrique », *in* Epiphane SOHOUENOU, Hygin Faust KAKAI et Marc OLIVIER (dir.), *Le Parlement en Afrique. Actes du Colloque international organisé au Bénin du 23 au 26 septembre 2019*, Paris, L'Harmattan, 2021, p. 185.

[74] Bruno BEAUFUME, *Le droit d'amendement et la Constitution sous la cinquième République*, Paris, LGDJ, 1993, p. 324. « *Deux impératifs contradictoires régissent la discussion d'un amendement : la liberté de parole qui est le principe par excellence de l'institution parlementaire ; la nécessité de conduire le processus législatif à terme satisfaisant, c'est-à-dire le vote.* »

[75] Rapport de l'Assemblée nationale en France, fait au nom de la Commission des lois sur la proposition de Résolution de Laurent FABIUS tendant à modifier le règlement intérieur, n° 1744, 11e Législature, 29 juin 1999, par Raymond FORNI, p. 5.

manquait pas de se plaindre des débats sans fin qui se tenaient à la chambre »[76], d'où la nécessité d'une rationalisation du temps de parole. De façon plus ou moins formelle, la demande de prise de parole adressée au Président[77] peut en pratique être émise en cours de débat ou formulée en amont de la séance, si l'intervention souhaitée s'inscrit dans une discussion organisée. Elle doit en outre être affectée à un débat précis et correspondre à une ouverture réglementaire du droit de parole. Les principales possibilités d'intervention orale sont, en l'occurrence : la participation à la discussion générale, le soutien ou l'opposition à un article ou à un amendement, les explications de vote, les motions de procédure et les rappels au règlement. Francis HAMON et Michel TROPER expliquent dans cet esprit qu'« *en principe, nul ne peut prendre la parole sans avoir été inscrit ou, s'il s'agit d'une brève intervention ou d'une explication de vote, sans l'autorisation du Président et éventuellement de l'orateur interrompu* »[78].

L'autorisation de prendre la parole dépend en pratique d'un principe de pluralisme de la discussion et répond, en règle générale, à une séquence imposée, fondée sur l'appartenance politique et organique des orateurs et sur la représentation des différentes opinions. Les parlementaires qui demandent la parole sont inscrits suivant l'ordre de leur demande. Ils peuvent céder leur tour de parole à l'un de leurs collègues ou intervenir dans l'ordre de leur inscription. Le temps de parole de chaque orateur est limité à dix minutes. Toutefois, au regard du nombre d'orateurs inscrits, le Président de la Chambre peut décider de limiter ce temps de parole à trente minutes par groupe parlementaire. L'orateur s'exprimera ainsi à la tribune. Si ce dernier parle sans avoir obtenu la parole ou s'il prétend la conserver après que le Président la lui a retirée, ledit Président peut déclarer que ses propos ne figurent pas au procès-verbal, surtout lorsqu'ils se détournent de l'objet.

Une fois le droit d'intervention reconnu, les orateurs doivent se soumettre à la seconde règle essentielle de la discussion budgétaire, celle du rattachement au sujet débattu. La parole n'est pas accordée de manière absolue, mais doit développer la question pour laquelle elle a été autorisée. À l'instar des tentations offertes par le droit d'amendement, ce droit d'expression peut, en effet, être détourné de son affectation par le biais de « *cavaliers oratoires* »[79]. Si l'orateur

---

[76] *Ibid.*

[77] Articles 51 al. 1er de la loi n° 2014/016 du 09 septembre 2014 portant règlement intérieur de l'Assemblée nationale et 62 al. 1er de la loi n° 2016/011 du 27 octobre 2016 modifiant et complétant certaines dispositions de la loi n° 2013/006 du 10 juin 2013 portant règlement intérieur du Sénat.

[78] Francis HAMON et Michel TROPER, *Droit constitutionnel*, Paris, LGDJ, 1999, 2e éd., p. 608.

[79] Murielle MAUGUIN HELGESON, *L'élaboration parlementaire de la loi. Étude comparative (Allemagne, France, Royaume-Uni)*, Paris, Dalloz, 2006, p. 249.

tente de sortir du cadre réglementaire, le Président de séance responsable de la police des débats peut donc lui retirer le droit de parole. Il peut ainsi rappeler à l'objet du débat et recourir à des sanctions plus draconiennes si cet orateur persiste[80]. Dans les différentes chambres, le rappel à l'ordre relève néanmoins largement de la discrétion du Président, de son degré de tolérance intimement lié aux conditions du débat.

L'appréciation de l'abus porte une part de subjectivité et le Président peut se voir rétorquer par l'orateur « *qu'il conduit sa démonstration comme il l'entend* »[81]. Le détournement du droit de parole se présente en pratique comme une arme de l'opposant, qui cherche un moyen de se faire entendre. Le rappel au règlement est son meilleur terrain, dans la mesure où son statut lui assure une priorité sur les autres interventions. Arnaud MARTIN souligne en effet que, dès lors que « *la régularité des délibérations est en cause, le rappel au règlement ne peut voir son exercice limité* », ajoutant que « *la procédure est banalisée à l'extrême, d'autant plus que les règlements n'en fournissent de définition juridique précise* »[82]. L'intervention est néanmoins restreinte et peut être interrompue par le Président de séance qui sanctionne aussi son utilisation abusive[83], du fait de son influence dans l'exercice du droit d'amendement.

2. La rationalisation du droit d'amendement

L'exercice du droit d'amendement s'apparente à une fenêtre donnant la possibilité aux parlementaires d'imprimer leurs marques sur le processus de fabrication de la loi[84]. Ils apportent ainsi leur pierre à la construction du délicat édifice qu'est l'écriture de la loi, voire l'amélioration de sa qualité[85]. Le droit d'amendement permet d'enrichir un texte par un regard pluriel et fécond. Lorsqu'il s'agit d'un texte soumis par le Gouvernement, il permet aux parlementaires de le modifier dans le sens de l'aboutissement à un consensus. Si l'écriture parlementaire de la loi de finances se fait véritablement par la formulation des amendements, il faut dire que leur exercice est soumis à certaines conditions. L'amendement doit se rattacher matériellement, ce qui ne soulève

---

[80] *Idem.*

[81] Pierre AVRIL et Jean GICQUEL, *Droit parlementaire*, Paris, Montchrestien, 2004, 3e éd., p. 125.

[82] Arnaud MARTIN, *Le Président des assemblées parlementaires sous la cinquième République*, Paris, LGDJ, 1996, p. 195.

[83] Articles 51 al. 6 et 7 du règlement intérieur de l'Assemblée nationale et 63 al. 3 et 4 du règlement intérieur du Sénat.

[84] Aristide Aymar TEME, *La mise en place du Sénat au Cameroun*, Paris, L'Harmattan, 2015, p. 121.

[85] Alain Didier OLINGA, *La Constitution de la République du Cameroun*, Yaoundé, Presses de l'UCAC, 2006, p. 131.

aucune difficulté, et intellectuellement, ce qui en soulève, au projet de loi de finances. Il s'agit de garantir l'homogénéité des débats en évitant qu'à l'occasion d'une discussion du projet de loi de finances, on tombe dans le hors sujet[86], car les parlementaires ont très peu de temps. L'objectif étant la performance, le débat doit être cohérent. Il est donc nécessaire que soient respectées, lors de l'exercice du droit d'amendement, une liaison matérielle de l'amendement, et une liaison intellectuelle, tout en respectant les règles de présentation et les délais de dépôt.

L'amendement est le principal outil du parlementaire et, partant, un truchement efficace pour avancer les propositions. Qu'ils soient ciselés de manière artisanale ou fabriqués sur le mode industriel, leur dépôt laisse présager le climat des débats. Dès lors, la question du délai de dépôt a toujours été cruciale. Il n'est d'amendement qu'à un texte préexistant : son existence et sa connaissance conditionnent leur rédaction, donc le moment après lequel le dépôt d'amendements n'est pas possible. À l'inverse, il est raisonnable que le dépôt des amendements soit limité dans le temps. C'est semble-t-il la meilleure façon d'éviter l'anarchie dans les débats. Lorsque la discussion en séance publique s'ouvre, il est souhaitable que chacun des participants ait connaissance des modifications qui seront proposées au projet de loi de finances. La hâte, l'improvisation, sont mauvaises conseillères, particulièrement lorsque la discussion a pour fonction de parvenir à l'élaboration d'un texte dont c'est le minimum exigible, pour que la cohérence et la lisibilité soient préservées. Aussi, les Assemblées se sont dotées de dispositions limitant dans le temps le droit de déposer les amendements au projet de loi de finances dont la discussion est envisagée, l'idée fondamentale de cette réglementation étant d'empêcher le dépôt, au cours des débats, d'amendements nouveaux.

Il s'agit d'un effort d'autodiscipline. C'est pourquoi les amendements ne sont recevables que s'ils ont été antérieurement soumis à la Commission des finances[87] par les soins du Président de la chambre[88]. Le principe est celui d'une recevabilité des amendements en dehors de la séance publique. Toutefois, ce principe connaît des inflexions avec la possibilité pour les parlementaires de formuler des amendements au projet de loi de finances en séance publique. Il est question aussi des amendements dont le Gouvernement ou la Commission des finances accepte la discussion[89], des amendements déposés au nom d'une Commission saisie pour avis sous réserve de leur examen préalable par la

[86] À ce titre, les articles 64 al. 3 du règlement intérieur du Sénat et 73 al. 3 de l'Assemblée nationale disposent que « *les amendements ne sont recevables que s'ils s'appliquent effectivement au texte en discussion, ou s'agissant d'article additionnel, s'ils sont proposés dans le cadre dudit texte* ».

[87] Article 61 al. 3 du règlement intérieur de l'Assemblée nationale et article 73 al. 3 du règlement intérieur du Sénat.

[88] Articles 61 al. 2 et 73 al. 2, *Ibid.*

[89] Articles 61 al. 5 (a) et 73 al. 5 (a), *Ibid.*

Commission des finances[90], des amendements se rapportant directement à des dispositions modifiées par l'Assemblée en cours de discussion sous réserve de leur acceptation par le Gouvernement ou par la Commission des finances[91]. Mais tout cela doit se faire de manière réglementée, sinon l'on court le risque d'une fragilisation de la performance du travail parlementaire.

II. UN VECTEUR DE FRAGILISATION DE LA PERFORMANCE DU TRAVAIL PARLEMENTAIRE

Dans le constitutionnalisme contemporain, le temps est une dimension essentielle de l'activité parlementaire[92], d'une part, parce que ce dernier est un outil qui permet de classer les régimes politiques[93], selon que le Parlement siège en permanence ou en intermittence, d'autre part, du fait que la marge de temps dont il dispose permette de quantifier son pouvoir[94]. Par ailleurs, le temps permet d'encadrer les séances en Assemblée au point que la doctrine considère ce dernier comme un obstacle[95] contre lequel les élus de la Nation doivent batailler. Autant une meilleure maîtrise du temps par les représentants du peuple leur permet d'asseoir une certaine autonomie, autant le problème du manque de temps constitue le tourment de tous les Parlements contemporains[96]. Ce qui aura alors une influence sur la performance du travail parlementaire. Cette situation s'explique à la fois par l'imprécision **(A)** et l'instrumentalisation **(B)** du temps d'adoption du budget.

---

[90] Articles 61 al. 5 (b) et 73 al. 5 (b), *Ibid.*

[91] Articles 61 al. 5 (d) et 73 al. 5 (d), *Ibid.*

[92] Michel COURDEC, « La bataille parlementaire contre le temps », *RFSP*, n° 1, 1981, p. 85.

[93] Jean GIQUEL, « Le temps parlementaire », *in* Bertrand MATHIEU et Michel VERPEAUX (dir.), *La réforme du travail législatif*, Paris, Dalloz, coll. « Thèmes et commentaires », 2006, p. 13.

[94] Michel COUDERC, « La bataille parlementaire contre le temps », *RFSP*, 1981, p. 85.

[95] *Ibid.*, p. 86.

[96] Jean GICQUEL, « Le temps parlementaire », *op. cit.*, p. 16.

A. Une performance limitée par l'imprécision du temps d'adoption

La précision temporelle peut revêtir une double dimension, notamment le temps juridique chronologique[97] et le temps juridique chronométrique. Cette dernière dimension du temps juridique, qui intéresse cette étude, n'est pas prise en compte dans le régime financier de l'État au Cameroun, notamment en ce qui concerne le temps consacré à l'adoption du budget. L'on y constate une imprécision temporelle dans le régime financier **(1)** avec des implications particulières **(2)**.

1. L'affirmation de l'imprécision

Au Cameroun, le régime financier *stricto sensu*[98] est imprécis sur le temps d'adoption du budget, il faut s'attendre non seulement à une impasse, mais davantage à une manipulation du temps par l'exécutif en défaveur des élus de la Nation, avec des conséquences sur la qualité de la loi de finances[99] ainsi que la performance desdits élus. Sur le plan communautaire, l'article 53 de la Directive n° 01/11-UEAC-190-CM-22 du 19 décembre 2011 relative aux lois de finances se borne simplement à indiquer le moment consacré à l'adoption du budget sans préciser le temps d'adoption dudit budget. On peut lire en substance que « *le Parlement doit se prononcer sur ce projet de loi de finances au plus tard avant la date de clôture de la session budgétaire. À défaut, il peut être mis en vigueur par ordonnance* ».

Si l'on peut admettre à la suite du Professeur Joseph KANKEU que le système de contrôle rénové à côté de la modernisation de la gestion publique a été un axe fort de la réforme de 2007[100], cette dernière se voit un peu diluée en 2018 par l'incertitude temporelle qu'elle instaure. À cela, il faut ajouter que les parlementaires reçoivent toujours les projets de loi de finances après l'ouverture de la session budgétaire en violation de l'article 57 alinéa 1er de la loi portant régime financier de l'État et des autres entités publiques qui dispose que : « *le*

---

97 « Chronologie », sens 1 et 2, *in Le Petit Larousse illustré*, 2008, p. 200. « *1. science qui vise à établir les dates et les faits historiques 2. Succession dans le temps des évènements historiques ou d'évènements pertinents relatifs à un individu, à une famille, à un mouvement, etc.* »

98 Le régime financier *stricto sensu* désigne le texte spécial applicable aux finances des personnes morales de droit public en général et l'État en particulier. Dans le contexte camerounais, il s'agit principalement de la loi de 2018 portant régime financier de l'État et des autres entités publiques.

99 Allen SCHICK, « Les Parlements peuvent-ils retrouver un rôle effectif dans la politique budgétaire ? », *in Processus budgétaire : vers un nouveau rôle du parlement*, Sénat-OCDE, 2001, p. 20.

100 Joseph KANKEU, *La réforme de l'État par la performance*, Bafoussam, Presses universitaires de la périphérie, 2012, p. 101.

projet de loi de finances initiale, y compris le rapport et les annexes explicatives (...) est déposé au Parlement au plus tard quinze jours avant l'ouverture de la session budgétaire ». Ce retard dans la transmission du projet de loi de finances est perceptible à la session budgétaire de 2021. À l'ouverture de la session, le 11 novembre, le Parlement n'avait pas encore reçu le projet de loi de finances. Cette pratique répétée plonge les parlementaires dans une séance de « *marathon budgétaire* »[101] lors de l'adoption de la loi de finances.

Le législateur camerounais doit impérativement préciser le délai d'adoption du budget, autrefois déterminé dans le régime financier en vigueur en 2007. Par ce fait, il doit rejoindre bon nombre d'États d'Afrique à l'instar du Maroc. Le régime financier de ce royaume dispose que « *la Chambre des représentants se prononce sur le projet de loi de finances de l'année dans un délai de trente (30) jours suivant la date de son dépôt (...). La Chambre des conseillers se prononce sur le projet dans un délai de vingt-deux (22) jours suivant sa saisine. La Chambre des représentants examine les amendements votés par la Chambre des conseillers et adopte en dernier ressort le projet de loi de finances dans un délai n'excédant pas six (6) jours* »[102]. Une telle précision temporelle est consacrée dans les régimes financiers de la République démocratique du Congo[103], de la Côte d'Ivoire[104] et du Mali[105]. En tout état de cause, l'imprécision du temps observée dans le régime financier *stricto sensu* de l'État est aussi constatée dans le régime financier *lato sensu*[106].

Au Cameroun, l'ensemble des textes constituant le régime financier *lato sensu* ne font aucune précision sur le temps imparti aux parlementaires pour l'adoption de la loi de finances. Cela peut paraître surprenant lorsqu'on sait que de nos jours, l'encadrement du temps est inscrit dans les Constitutions[107] et que le temps se décompose entre la législature, les sessions parlementaires et les séances[108]. La Constitution prend le soin de déterminer le temps des sessions, qui

---

[101] Paul AMSELEK, « Le budget de l'État et le Parlement sous la Ve République », *RDP*, n° 5-6, 1998, p. 1465.

[102] Lire article 49 du Dahir n° 1-15-62 du 14 chaabane 1436 (2 juin 2015) portant promulgation de la loi organique n° 130-13 relative à la loi de finances.

[103] Article 83 de la loi n° 11/011 du 13 juillet 2011 relative aux finances publiques.

[104] Article 60 de la loi organique n° 2014-336 du 05 juin 2014 relative aux lois de finances.

[105] Article 57 de la loi n° 2013-028 du 11 juillet 2013 relative aux lois de finances.

[106] Le régime financier *lato sensu* désigne l'ensemble des textes applicables en matière budgétaire en dehors de la loi portant régime financier de l'État et des autres entités publiques. Il s'agit pour l'essentiel de la Constitution, des règlements intérieurs des chambres parlementaires et de tout autre texte applicable en matière budgétaire.

[107] Murielle MAUGUIN HELGESON, *L'élaboration parlementaire de la loi. Étude comparative (Allemagne, France, Royaume-Uni), op. cit.*, p. 104.

[108] Olivier DUHAMEL et Yves MENY, *Dictionnaire constitutionnel*, Paris, PUF, 1992, p. 982.

est de trente (30) jours pour la session ordinaire[109] et quinze (15) jours pour la session extraordinaire[110]. À l'instar de la loi portant régime financier de l'État et des autres entités publiques, la Constitution camerounaise n'a pas déterminé le temps imparti aux parlementaires pour l'adoption de la loi de finances. Cette imprécision n'est pas le seul fait de la loi fondamentale, il en est de même pour les Règlements intérieurs des Chambres parlementaires qui ont déterminé le temps de parole[111], à l'exception du temps global imparti à la Chambre pour l'adoption du budget. La situation n'est pas identique dans les pays étrangers où l'on note avec satisfaction l'action du Constituant qui a procédé à une précision du temps imparti aux parlementaires pour l'adoption de la loi de finances. En République du Togo, par exemple, la Constitution dispose que « *l'Assemblée nationale vote les projets de loi de finances dans les conditions prévues par une loi organique. Les dispositions du projet peuvent être mises en vigueur par ordonnance si l'Assemblée ne s'est pas prononcée dans un délai de quarante-cinq (45) jours suivant le dépôt du projet et que l'année budgétaire vient à expirer. Dans ce cas, le Gouvernement demande la convocation d'une session extraordinaire, pour la ratification* »[112]. La fixation du temps est également une réalité dans les États comme le Sénégal[113], le Niger[114], le Mali[115], le Gabon[116], Djibouti[117], la Côte d'Ivoire[118], le Congo[119], le Burundi[120], le Burkina Faso[121], le

[109] Article 16 al. 2 de la Constitution.

[110] Article 16 al. 3, *Ibid.*

[111] « *Le temps de parole de chaque orateur est limité à dix (10) minutes. Toutefois, au regard du nombre d'orateurs inscrits, le Président de l'Assemblée nationale peut décider de limiter ce temps de parole à trente (30) minutes par Groupe parlementaire.* » *Cf.* article 51 al. 3 de la loi n° 2014/016 du 09 septembre 2014 portant règlement intérieur de l'Assemblée nationale.

[112] Article 91 de la Constitution du 14 octobre 1992 révisée par la loi n° 2002-029 du 31 décembre 2002.

[113] Article 68 de la Constitution du 7 janvier 2001.

[114] Article 114 de la Constitution de la République du Niger.

[115] Article 77 de la Constitution du 27 février 1992.

[116] Article 48 de la Constitution de la République gabonaise révisée par la loi n° 13/2013 du 19 août 2013.

[117] Article 70 de la Constitution du 4 septembre 1992.

[118] Article 80 de la Constitution de la République de Côte d'Ivoire du 23 juillet 2000.

[119] Articles 152 et 153 de la Constitution de la République du Congo de 2015.

[120] Articles 176 et 177 de la loi n° 1/010 du 18 mars 2005 portant promulgation de la Constitution de la République du Burundi.

[121] Article 103 de la Constitution de la République du Burkina Faso du 11 juin 2012.

Bénin[122], le Tchad[123], le Royaume du Maroc[124], l'Algérie[125], Madagascar[126] et la Tunisie[127], pour ne citer que ces quelques exemples.

Dans certains États africains, si le Constituant a procédé à une clarification du temps d'adoption, cette précision a également été faite dans les règlements intérieurs des Assemblées parlementaires. C'est ainsi qu'au Burkina Faso, le règlement intérieur de la Chambre parlementaire dispose que « *si l'Assemblée nationale ne s'est pas prononcée dans les soixante jours du dépôt du projet et que l'année budgétaire vient à expirer, les dispositions de ce projet peuvent être mises en vigueur par ordonnance* »[128]. La précision est également faite dans le règlement intérieur du Sénat de la République démocratique du Congo[129]. D'autres règlements intérieurs des Chambres, ayant constaté que la Constitution et les régimes financiers au sens strict ont pris le soin de préciser les délais impartis aux Parlements pour l'adoption du budget, ont fait le choix du silence sur lesdits délais. C'est notamment le cas dans les États tels que le Togo[130], le Bénin[131], l'Algérie[132], la Tunisie[133], le Burundi[134] et le Sénégal[135]. En tout état de cause, l'imprécision observée au Cameroun a une implication particulière.

2. L'implication de l'imprécision

L'imprécision du temps dans le régime financier de l'État a pour conséquence une impasse dans les délais d'adoption du budget. L'impasse dans la détermination des délais de vote résulte de l'obsolescence des dispositions de la loi n° 2007/006 du 26 décembre 2007 portant régime financier de l'État, mais

---

[122] Article 110 de la Constitution du 20 septembre 2004.

[123] Article 146 de la Constitution de la République du Tchad du 04 mai 2018 révisée par la loi constitutionnelle n° 017/PR/2020 du 14 décembre 2020.

[124] Article 75 du Dahir nº 1-11-91 du 27 chaabane 1432 (29 juillet 2011) portant promulgation du texte de la Constitution.

[125] Article 146 de la Constitution de 1996 révisée le 30 décembre 2020.

[126] Article 92 de la Constitution du 11 décembre 2010.

[127] Article 66 de la Constitution de 2015.

[128] Lire article 125 al. 2 de la Résolution n° 001-2016/AN portant règlement de l'Assemblée nationale.

[129] *Cf.* article 144 du Règlement intérieur du Sénat.

[130] *Cf.* Règlement intérieur de l'Assemblée nationale.

[131] Lire Règlement intérieur du Conseil de la Nation.

[132] Règlement intérieur de l'Assemblée nationale.

[133] Règlement intérieur de l'Assemblée nationale constituante tunisienne de 2012 et Règlement intérieur de l'Assemblée des représentants du peuple.

[134] Voir Règlement intérieur de l'Assemblée nationale de 2008.

[135] Parcourir loi n° 2002-20 du 15 mai 2002 modifiant et complétant le règlement intérieur.

surtout du mutisme de la loi n° 2018/012 du 11 juillet 2018 portant régime financier de l'État et des autres entités publiques. Pourtant, le Professeur Gérard PEKASSA NDAM et le Docteur Patrick NGANGUE NEMALEU notent que « *la loi n° 2018/012 du 11 juillet 2018 portant régime financier de l'État et des autres entités publiques s'inscrit dans la perspective de modernisation du système de gestion des finances publiques* »[136]. Le législateur de 2007 donne un délai de vingt (20) jours au Parlement à compter de l'ouverture de la session budgétaire pour se prononcer définitivement sur la loi de finances. Toutefois, au moment du dépôt du texte, le Gouvernement peut déclarer l'urgence et ramener ce délai à dix (10) jours. Avec l'avènement du Sénat, cette disposition créait une véritable impasse quant à la détermination du délai d'adoption, car si le Parlement ne disposait que de vingt (20) jours en procédure normale pour se prononcer définitivement sur la loi de finances, quelle marge de temps serait accordée respectivement à l'Assemblée nationale et au Sénat ? Qu'en serait-il de la procédure d'urgence, avec un délai ramené à dix (10) jours ?

La difficulté s'accentue lorsqu'on sait qu'en vertu de l'article 30, alinéa 3 de la Constitution, le Sénat dispose en procédure normale d'un délai de dix (10) jours à partir de la réception des textes et d'un délai de cinq (5) jours pour les textes dont le Gouvernement déclare l'urgence. Ainsi, l'Assemblée nationale qui devrait bénéficier d'un temps supérieur à celui du Sénat pour l'adoption en première lecture de la loi de finances ne disposerait plus que de dix (10) jours seulement ou quinze (15) jours au maximum pour procéder à la fois au débat budgétaire et au vote. Un tel délai s'avère anormalement court lorsqu'on considère l'objet et les différentes phases procédurales du débat parlementaire ainsi que les divers mécanismes de vote[137].

L'éventualité d'une absence de consensus entre les deux chambres ne ferait que renforcer l'impasse temporelle. Il se poserait alors la question de savoir de quel délai disposerait la Commission mixte paritaire dont la réunion serait provoquée le cas échéant par le Président de la République afin de proposer un texte commun sur les dispositions rejetées par le Sénat. De quel délai disposeraient les deux Chambres pour donner leur approbation au texte élaboré

---

[136] Gérard PEKASSA NDAM et Patrick NGANGUE NEMALEU, « Les finances publiques camerounaises à l'épreuve de la crise sanitaire à coronavirus », *LE NEMRO*, octobre-décembre 2020, p. 67.

[137] Le rythme de travail des Assemblées n'a cessé de s'intensifier sans que cela permette pour autant aux Assemblées de mener et finir plus sereinement leurs différentes tâches. Le lien entre les conditions de la concrétisation normative des initiatives législatives et les limites générales du temps parlementaire peut sembler un peu lâche. On peut évidemment préciser que l'activité législative des Assemblées occupe la majorité de leur temps pendant les sessions. Si la volonté politique détermine la concrétisation normative des initiatives, c'est d'abord sous la forme de temps concédé qu'elle se manifeste. Il se trouve que le temps concédé est étroit du fait d'un certain nombre de facteurs.

par la Commission Mixte Paritaire ? Toutes ces questions restent sans réponses non pas seulement au regard de la loi de 2007, mais également à la lecture de celle de 2018 portant régime financier de l'État et des autres entités publiques. Manifestement, plusieurs dispositions de la loi de 2007 entrent en obsolescence avec la mise en place du Sénat en 2013, puisque le législateur ne tenait compte que d'un Parlement monocaméral. On se serait attendu à un réaménagement normatif complet avec la promulgation de la loi n° 2018/012 du 11 juillet 2018 portant régime financier de l'État et des autres entités publiques. Dans ses dispositions transitoires et finales[138], la loi de n° 2018/012 du 11 juillet 2018 n'a pas maintenu en vigueur l'article 39 de la loi n° 2007/006 du 26 décembre 2007 portant régime financier de l'État qui consacrait un délai de vingt (20) jours pour l'adoption de la loi de finances en procédure normale et dix (10) jours en procédure d'urgence.

Cependant, le silence de la nouvelle loi relativement aux délais dont dispose le Parlement pour se prononcer définitivement sur la loi de finances reste étonnant et questionnable. Le législateur de 2018 se contente de rappeler le délai de quinze (15) jours avant l'ouverture de la session budgétaire dont dispose le Gouvernement pour déposer au Parlement le projet de loi de finances initiale, y compris le rapport et les annexes explicatives l'accompagnant. Les Règlements intérieurs des Chambres parlementaires n'apportent également pas de précisions sur les délais dont dispose le Parlement pour l'adoption de la loi de finances[139]. Cette situation invite à partager la position selon laquelle « *la doctrine est unanime même à l'échelle universelle et dans les États dits développés ou à tradition démocratique que le Parlement a vu ses pouvoirs notamment financiers s'amenuiser de plus en plus* »[140]. C'est pourquoi « *la complexité des projets de lois de finances, la multiplicité des documents qui les composent, la rapidité des délais de leurs examens, sont tous des éléments qui portent à conclure que le processus budgétaire n'est qu'une formalité* »[141] très éloignée de la tempérance du temps, sinon de la sagesse du temporel[142]. La conséquence en est la limitation de la performance du fait de l'instrumentalisation du temps d'adoption.

---

[138] *Cf.* article 92 de la loi de 2018 portant régime financier de l'État et des autres entités publiques.

[139] L'incertitude du délai d'adoption de la loi de finances au Cameroun amène à s'interroger sur le rôle du Sénat dans le processus budgétaire de l'État. L'interrogation peut d'ailleurs concerner l'étendue et la portée de l'autorisation budgétaire au Cameroun, car comment comprendre qu'en si peu de temps, le Parlement parvient à se prononcer sur la loi de finances chaque année ? N'est-il pas simplement à la solde du Gouvernement du fait de la majorité parlementaire de sorte qu'en matière budgétaire, on soit dans un « gouvernement de législature » ?

[140] Nissaf JARBOUI, « Le pouvoir financier de l'organe législatif. Étude de droit comparé », Thèse de Doctorat en droit public, Université d'Aix-en-Provence, 2020, p. 42.

[141] Paul AMSELEK, *Le budget de l'État sous la Ve République*, Paris, LGDJ, coll. « Bibliothèque de science financière », tome 5, 1967, p. 370.

[142] François OST, *Le temps du droit*, Paris, éd. Odile Jacob, 1999, p. 16.

B. Une performance limitée par l'instrumentalisation du temps d'adoption

L'habitude a été prise de considérer que le nouvel enjeu des débats budgétaires au Parlement était de « *remporter la victoire sur le temps* »[143]. Les textes taillés à la mesure du Gouvernement permettent à ce dernier de manipuler le temps **(1)**, ce qui révolte parfois les parlementaires qui sont très souvent tentés de perturber le déroulement des séances **(2)**.

1. La manipulation du temps par l'exécutif

La manipulation du temps par l'exécutif se fait à deux niveaux. Il s'agit de la fixation de l'ordre du jour de la séance budgétaire par le Gouvernement et la déclaration d'urgence pour restreindre le temps d'adoption du budget. L'ordre du jour désigne l'ensemble des questions qu'une Assemblée délibérante doit successivement examiner au cours de ses assises. En d'autres termes, « *l'ordre du jour est la liste des sujets que l'Assemblée doit aborder au cours d'une séance* »[144]. Sa fixation est un élément important de la vie parlementaire puisqu'elle traduit à la fois la hiérarchie des préoccupations et la durée qu'il convient de leur accorder[145]. Le souci de rationaliser le parlementarisme a permis d'attribuer au Gouvernement la maîtrise de l'ordre du jour aux Assemblées. Le pouvoir exécutif dans les régimes africains favorables à un exécutif dominant n'a retenu que le système de fixation de l'ordre du jour des Assemblées tel qu'il a été établi en 1958 en France[146]. Face à la crainte des Gouvernements de devoir affronter les retards de la procédure budgétaire, le Constituant a « *donné au Gouvernement la maîtrise totale de l'ordre du jour et réduit la Conférence des Présidents au rôle de greffier* »[147]. Sur ce point, Moctar TALL note que c'est au nom de la conduite des affaires publiques de l'État, dans laquelle est insérée la législation, que l'exécutif justifie politiquement la dépossession de la fixation de l'ordre du jour au Parlement[148].

La détermination de l'agenda parlementaire par le Gouvernement influence à coup sûr le temps d'adoption du budget. Les textes prévoient que « *l'ordre du*

---

143 Jean-Claude BECANE, « Le règlement du Sénat à la recherche du temps maîtrisé », *Pouvoirs*, n° 44, 1998, p. 79.

144 Didier MAUS, *Le Parlement sous la Ve République*, Paris, PUF, 1985, p. 67.

145 *Ibid.*

146 Moctar TALL, « Les parlements dans les États d'Afrique noire francophone. Essai sur le Burkina Faso, la Côte d'Ivoire, le Sénégal et le Togo », Thèse de Doctorat en droit public, Université de Poitiers, 1986, p. 275.

147 Hugues PORTELLI, « Le temps parlementaire », *Pouvoirs*, n° 146, 2013, p. 71.

148 Moctar TALL, *Les parlements dans les États d'Afrique noire francophone…*, *op. cit.*, p. 276.

jour comporte en priorité et dans l'ordre que le Gouvernement a fixé, la discussion des projets de loi ou propositions de loi qu'il a acceptées »[149]. Le Cameroun n'est pas le seul État à avoir consacré une telle emprise de l'exécutif sur l'ordre du jour à travers sa Constitution, qui dispose que : « *l'ordre du jour comporte en priorité et dans l'ordre que le Gouvernement a fixé, la discussion des projets de loi ou des propositions de loi qu'il a acceptées. Les autres propositions de loi retenues par la Conférence des Présidents sont examinées par la suite* »[150]. L'on retrouve également cette option dans les Constitutions du Gabon[151], de Djibouti[152], du Togo[153] et du Sénégal[154]. Au-delà du constituant, certains règlements intérieurs des Assemblées africaines ont consacré une domination gouvernementale sur l'ordre du jour. C'est notamment le cas dans les États tels que le Burkina Faso[155], le Togo[156] et le Burundi[157].

En ce qui concerne la déclaration d'urgence, la loi de 2007 portant régime financier de l'État prévoyait qu'au moment du dépôt du projet de loi de finances, le Gouvernement pouvait en déclarer l'urgence et ramener le délai à dix (10) jours au lieu de vingt (20) jours conformément à la procédure ordinaire. La condition était que l'urgence soit motivée par des évènements à caractère exceptionnel qui ont empêché le fonctionnement normal des institutions. À travers cette condition, la déclaration d'urgence devient un outil entre les mains du Gouvernement du fait des « évènements à caractère exceptionnel », qui peuvent être interprétés par le Gouvernement à sa guise. Les textes n'ont pas clarifié l'expression « évènements à caractère exceptionnel » en dégageant ses éléments constitutifs. À partir de ce cas, la déclaration d'urgence devient une prérogative gouvernementale inconditionnée[158]. Bien plus, à partir de quoi sera déterminé le fonctionnement normal ou anormal des institutions ?

De nos jours, si l'on peut faire le constat selon lequel cette précision des délais relatifs aussi bien à la procédure ordinaire qu'à la procédure d'urgence ne figure

---

149 Articles 18 al. 4 de la Constitution, 39 al. 4 du règlement intérieur de l'Assemblée nationale et 48 al. 5 du règlement intérieur du Sénat.

150 Article 18 al. 4 de la loi n° 96/06 du 18 janvier 1996 portant révision de la Constitution du 2 juin 1972, modifiée et complétée par la loi n° 2008/001 du 14 avril 2008.

151 Article 57 de la Constitution de la République gabonaise révisée par la loi n° 13/2003 du 19 août 2003.

152 Lire article 68 de la Constitution de Djibouti du 4 septembre 1992.

153 Article 82 de la Constitution du 14 octobre 1992 révisée par la loi n° 2002-029 du 31 décembre 2002.

154 Article 84 de la Constitution du 7 janvier 2001.

155 Article 60 al. 2 du règlement intérieur de l'Assemblée nationale.

156 Article 95 du règlement intérieur de l'Assemblée nationale.

157 Article 55 du règlement intérieur de l'Assemblée nationale.

158 Olivier FUCHS, « La procédure législative d'urgence », *RDP*, n° 3, 2009, p. 764.

pas dans la loi de 2018 portant régime financier de l'État et des autres entités publiques, il reste tout de même constant que la procédure d'urgence demeure consacrée par la Constitution uniquement devant le Sénat[159] et par les Règlements intérieurs des chambres parlementaires[160]. Du fait d'une absence de critères objectifs énumérés par les textes, tout ceci reste relatif et dépend largement d'une appréciation discrétionnaire du Gouvernement. C'est ainsi que va planer le risque d'une utilisation abusive de la procédure budgétaire d'urgence[161], qui deviendra « *un quasi-réflexe du Gouvernement dans une sorte de précipitation permanente et banalisée alimentant en outre les fléaux de l'inflation législative et de la mauvaise qualité de la loi* »[162]. En réaction, les parlementaires décident parfois de recourir à l'obstruction.

2. La perturbation du temps par l'obstruction parlementaire

L'obstruction parlementaire est le fait « *d'entraver systématiquement l'œuvre législative, d'en empêcher la discussion et le vote de la loi* »[163]. Plus largement, c'est l'emploi des techniques parlementaires ou la menace d'y recourir en vue de ralentir la prise de décision[164]. L'une des techniques employées lors de l'obstruction est l'usage du droit d'amendement. Constitutionnellement garanti, le droit d'amendement apparaît comme l'accessoire du droit de parole : « *Si je puis discuter verbalement des mérites ou des défauts d'un texte, je dois également être en mesure de matérialiser ces préoccupations critiques dans un écrit.* »[165] En matière d'obstruction, la bataille d'amendements est également l'accessoire des prises de parole prolongées. En tant que tel, le vote d'un amendement peut aller très vite. Mais la multiplication d'amendements n'en reste pas moins une technique appréciée de ceux qui veulent ralentir les débats budgétaires. Dans la pratique, l'on observe très peu d'amendements au Parlement camerounais en dépit du fait que cet instrument soit mobilisé par les parlementaires pour ralentir le temps d'adoption du budget. Les rapports parlementaires font généralement état de très peu de propositions

---

[159] Article 30 al. 3 de la Constitution du Cameroun.

[160] « *L'urgence peut être demandée, sur des affaires soumises à l'examen de l'Assemblée nationale, soit par le Gouvernement, soit par un député.* » Lire article 56 al. 1er de la loi n° 2014/016 du 09 septembre 2014 portant règlement intérieur de l'Assemblée nationale.

[161] Sylvia CALMES-BRUNET, « Le temps du débat législatif », *CRDF*, n° 10, 2012, p. 87.

[162] *Ibid.*

[163] Henri MASSON, *De l'obstruction parlementaire : étude de droit public et d'histoire politique*, Montauban, Imprimerie Générale de Bonneville, 1902, p. 17.

[164] Mathias El BERHOUMI, John PITSEYS, Alexandra WOELFLE, « L'obstruction parlementaire en Belgique », *Courrier hebdomadaire du CRISP*, n° 2289-2290, 2016, p. 11.

[165] *Cf.* Francis DELPEREE, *Le droit constitutionnel de la Belgique*, Bruxelles/Paris, Bruylant-LGDJ, 2000, p. 792.

d'amendements. Quand bien même des amendements sont formulés, ils sont consciemment soit des amendements irrecevables[166] en vertu de la Constitution, ou encore des amendements qui ne s'intéressent qu'à l'orthographe[167], véritable dilatoire sans impact substantiel sur le projet de loi de finances en examen.

En dehors de l'abus du droit d'amendement, plusieurs techniques peuvent être mobilisées par les parlementaires en matière d'obstruction. Celle qui a marqué récemment les esprits au Cameroun est la suspension de séance. Les Règlements des chambres parlementaires prévoient que les Présidents peuvent à tout moment suspendre la séance[168]. La suspension de séance peut aussi résulter d'un choix forcé du Président de la chambre concernée. C'est ce qui s'est produit lors de la session budgétaire de novembre 2017 au cours de laquelle les députés du Social Democratic Front[169] (SDF) et ceux de l'Union démocratique du Cameroun (UDC) se sont livrés à des actes de perturbation empêchant ainsi la sérénité des débats et la présentation du Rapport économique, social et culturel de la Nation par le Premier ministre. L'ordre qui avait jusqu'ici prévalu dans les pratiques parlementaires au Cameroun a connu une rupture sous la neuvième législature de l'Assemblée nationale. La violation des codes de conduite en la matière a ouvert la voie à de véritables scènes de guérilla parlementaire[170]. Les conduites des élus du SDF et de l'UDC à l'Assemblée nationale ainsi que l'attitude du Sénateur du Rassemblement démocratique du peuple camerounais (RDPC) au Sénat, lors de la session budgétaire de novembre 2017, sont des incivilités dûment proscrites par les Codes parlementaires en vigueur. Dans cet ordre d'idées, les dérives discursives[171], les jets de projectiles[172], le bruitage et l'obstruction, les affrontements, les chahuts, les chants, les danses, les sifflets et

---

[166] Rapport n° 54/R/S/1 présenté au nom de la Commission des Finances et du Budget par monsieur Benjamin AMAMA AMAMA, Rapporteur général sur le projet de loi n° 054/PJL/SEN/1 portant loi de finances de la République du Cameroun pour l'exercice 2016, p. 170.

[167] Rapport n° 54/R/S/1 (Commission des Finances et du Budget du Sénat du Cameroun) sur le projet de loi n° 054/PJL/SEN/1 portant loi de finances de la République du Cameroun pour l'exercice 2016, p. 123.

[168] Articles 46 al. 1er du règlement intérieur de l'Assemblée nationale et 57 al. 1er du règlement intérieur du Sénat.

[169] Le Social Democratic Front est un parti politique de l'opposition au Cameroun. Il dispose des sièges à l'Assemblée nationale à côté du Rassemblement démocratique du peuple camerounais, qui est le parti majoritaire. L'on peut en dire autant de l'Union démocratique du Cameroun.

[170] Bertrand-Michel MAHINI et Sakinatou DAOUDA, « Quand la violence se déchaîne dans les séances d'assemblée : essai sur la dé-sportisation des enceintes parlementaires au Cameroun », *Le grenier des savoirs*, vol. 1, n° 2, 2019, p. 37.

[171] On notera les altercations et joutes verbales entre les sénateurs Obam ASSAM du RDPC et Jean TSOMELOU du SDF, le second accusant le premier de « *propos génocidaires* » en séance du mardi 5 décembre. Lire *La Nouvelle Expression*, 4622, 11 décembre 2017, p. 7.

[172] Les chevalets lancés par Patricia TOMAINO NDAM NJOYA, député de l'UDC.

l'usage des vuvuzelas[173] sont des inconduites au regard des instruments de prohibition de la violence physique et discursive institués dans le fonctionnement des Assemblées camerounaises.

CONCLUSION

Le temps constitue un atout majeur pour le processus budgétaire, car il permet de donner du sens et de la qualité à la performance de l'activité parlementaire. Il peut devenir un véritable obstacle à la performance lorsque les acteurs parlementaires l'instrumentalisent. Ainsi, la temporisation devient un moyen d'influer sur le contenu de la décision législative, la prolongation du débat public pouvant faire évoluer les termes du débat, notamment au regard de l'opinion publique. Cela peut complexifier la tâche des parlementaires, car il leur sera difficile de contribuer significativement au processus budgétaire de l'État dont l'objectif permanent et constant est la performance.

[173] Employé par les députés du SDF au cours des séances des 23 et 29 novembre 2017 à l'Assemblée nationale.

L'INTROUVABLE PERFORMANCE DANS LE SECTEUR PUBLIC ÉCONOMIQUE EN AFRIQUE : RECHERCHES SUR LES CONTRAINTES JURIDIQUES DE LA PERFORMANCE FINANCIÈRE DES ENTREPRISES PUBLIQUES AU CAMEROUN

Théophile NGUIMFACK VOUFO

Docteur en Droit public,
Chargé de Cours à la Faculté des Sciences Juridiques et Politiques
Université de Dschang (Cameroun)

INTRODUCTION

L'entreprise publique au Cameroun s'enlise dans la faillite depuis la décennie 1980[1]. Pourtant, sa promotion post-indépendance avait suscité beaucoup d'optimisme quant au développement de l'État. À peine deux décennies plus tard, ce modèle interventionniste n'a pu prospérer dans un contexte réfractaire aux standards de la gouvernance[2]. Sur le terrain des faits comme sur celui des idées, la rhétorique en vogue dans les années 1980 et 1990 est celle de la crise de l'État et de son modèle économique[3]. Des mesures d'ajustement, voire de désengagement de l'État du secteur productif, adoptées

[1] P. J. TEDGA, *Entreprises publiques, État et crise au Cameroun. Faillite d'un système*, Paris, L'Harmattan, 1990, 303 p.

[2] E. ASSIGA ATEBA, « Les entreprises publiques au Cameroun : bilan économique et renouveau du débat », *Juridis Périodique*, n° 81, janvier-février-mars 2010, pp. 62-70.

[3] J. DU BOIS DE GAUDUSSON, « Crise de l'État interventionniste et libération de l'économie en Afrique », *RJPIC*, t. 38, n° 1, janvier 1984, p. 2.

sous la pression des bailleurs de fonds, ont montré leurs limites et l'État s'est engagé dans une spirale de réformes dont le bilan demeure négatif du point de vue de la performance des entreprises publiques.

Ayant pris conscience du déficit de gouvernance dans le secteur des entreprises publiques au début des années 1990, l'État leur a consacré une réforme en 1995, laquelle introduisait la logique de performance dans leur régime juridique sans indiquer les outils et mécanismes de mise en œuvre[4]. L'idée avait été avancée que l'État s'engage à conclure des contrats de performance avec ces organismes[5]. Bien qu'inappliquée, cette logique a été maintenue dans la réforme de 1999 dont la principale plus-value fut de concilier les règles de droit public et celles du droit OHADA pour former le régime de l'entreprise publique[6]. Il a semblé évident qu'en arrimant ce régime de l'entreprise publique aux règles et standards applicables au secteur privé, le législateur était sur la bonne voie pour assurer la performance des entreprises publiques. Toutefois, les inefficiences de gestion exacerbées par une approche prédatrice de la gestion de ces organismes publics au détriment du service rendu au citoyen ont accéléré le déséquilibre de ce modèle économique en l'absence d'un système de responsabilité efficace[7].

Au fil des années, les pouvoirs publics ne se sont guère préoccupés de la rentabilité financière des entreprises publiques et apprécié leur poids financier sur le budget de l'État. Pour renouer avec une gestion financièrement équilibrée de ces organismes publics, le législateur a entrepris la réforme du 12 juillet 2017, laquelle met un accent particulier sur les notions de *performance* et de *soutenabilité financière*[8]. Cette réforme est la résultante d'un long processus et

---

[4] Ordonnance n° 95/003 du 17 août 1995 portant statut général des entreprises publiques et parapubliques.

[5] M. ONDOA, « Les contrats de performance au Cameroun », *Penant*, n° 821, 1996, pp. 174-201.

[6] Loi n° 99/016 du 22 décembre 1999 portant statut général des établissements publics et des entreprises du secteur public et parapublic.

[7] T. NGUIMFACK VOUFO, « Aspects de l'évolution récente du régime des organismes publics non étatiques au Cameroun : l'apport des décrets d'application des lois du 12 juillet 2017 portant statut des entreprises et établissements publics », *Gestion et Finances Publiques*, n° 3, mai-juin 2022, p. 79.

[8] Loi n° 2017/011 du 12 juillet 2017 portant statut général des entreprises publiques. Pour une analyse d'ensemble de cette réforme, KEUDJEU DE KEUDJEU J. R., NGNITEYA DJIOLIEU B., « Regard sur les innovations des lois de 2017 sur les établissements publics et les entreprises publiques au Cameroun », *Le NEMRO, Revue Trimestrielle de Droit Économique*, janvier-mars 2020, pp. 81-118.

capitalise les aménagements initiés depuis les années 1990 en réaction aux faillites généralisées des entreprises du portefeuille de l'État[9].

En effet, face aux dérives managériales des entreprises publiques, le Gouvernement a d'abord opté pour une politique de privatisations ou de subventions, selon le niveau de déficit. Après évaluation, cette approche n'a pas été favorable à leur stabilité financière[10]. Les faillites répétitives des entreprises publiques ont conduit à poursuivre le train des réformes sous la pression des bailleurs de fonds internationaux[11]. L'adoption de la loi n° 2017/011 du 12 juillet 2017 portant statut général des entreprises publiques est le résultat d'une quête de performance dans la gouvernance de l'entreprise publique au Cameroun[12]. Les modalités d'application de ce statut général ont été précisées par les décrets n° 2019/320 et 2019/321 du 19 juin 2019. Le premier prévoit les modalités d'application de certaines dispositions des lois n° 2017/010 et 2017/011 du 12 juillet 2017 portant respectivement statut général des établissements publics et statut des entreprises publiques, tandis que le second fixe les catégories d'entreprises publiques, la rémunération, les indemnités et les avantages de leurs dirigeants.

Ce nouveau dispositif juridique, complété par deux arrêtés[13] du ministre en charge des Finances, ambitionne de redresser le secteur des entreprises publiques complètement à la dérive, ainsi qu'en témoignent leur déficit et leur niveau d'endettement consolidé par le ministère des Finances[14], et largement dénoncé par le Fonds Monétaire International (FMI)[15]. Il paraît donc urgent de renforcer la gouvernance des entreprises publiques afin qu'elles ne constituent plus une

---

[9] P. NGUIHE KANTE, « Réflexions sur le régime juridique de dissolution et de liquidation des entreprises publiques et parapubliques au Cameroun depuis la réforme OHADA », *Afrilex*, n° 4, 2004, pp. 221-250.

[10] La société de transport aérien (actuellement dénommée Camair-Co) est l'exemple patent de cette instabilité financière, celle-ci ayant été liquidée à plusieurs reprises, elle se maintient en vie grâce aux subventions de l'État.

[11] Voir Cameroun-FMI, *Mémorandum de politique économique et financière*, triennat 2017-2019.

[12] S. TAMETONG NGUEMO, « Optimiser la gouvernance et la performance des entreprises publiques au Cameroun : une impérieuse nécessité », Nkafu Policy Intitute, septembre 2021, disponible sur www.nkafu.org.

[13] Arrêté n° 0201/MINFI du 04 mai 2020 portant classification des entreprises publiques au Cameroun.

[14] À s'en tenir au rapport de la Commission technique de réhabilitation des entreprises du secteur public et parapublic (CTR) publié en 2020, le déficit global net des performances de 50 entités publiques analysées s'établit à hauteur de moins 59,5 milliards de FCFA.

[15] FMI, *Cameroun. Renforcer la surveillance, la gouvernance et la maîtrise des risques budgétaires dans la gestion des entreprises publiques*, Rapport Technique, mai 2021, 66 p.

charge insupportable pour le budget de l'État[16]. Cette solution a été mise en place sur le plan juridique à travers des clarifications conceptuelles qui donnent un aperçu des nouvelles missions de l'entreprise publique.

D'abord, l'entreprise publique est définie comme « *une unité économique* » dotée d'une autonomie juridique et financière, exerçant une activité industrielle et commerciale, et dont le capital social est détenu entièrement ou majoritairement par une personne morale de droit public[17]. La vocation économique, industrielle et commerciale de l'entreprise publique est renforcée par les précisions apportées sur la performance, qu'elles doivent atteindre. Aux termes de la loi du 12 juillet 2017, la performance est la « *capacité de mener une action pour obtenir des résultats, conformément à des objectifs fixés préalablement, en minimisant les coûts des ressources et des processus de mise en œuvre* »[18]. Enfin, la soutenabilité des engagements financiers, consacrée par la loi du 12 juillet 2017 et les plans de performance associés aux programmes sectoriels de l'entreprise publique, confortent l'approche du législateur résolument tournée vers la recherche de performance dans la gestion de cette entité publique[19].

En effet, la soutenabilité traduit la capacité pour une entité de rester solvable, c'est-à-dire de conserver des marges de manœuvre budgétaires suffisantes pour honorer ses engagements[20]. Elle permet d'apprécier la capacité d'une entité publique à supporter la charge de sa dette à moyen ou long terme[21]. Cette conception connaît une extension dans la loi du 12 juillet 2017 et ses décrets d'application, lesquels consacrent la soutenabilité des engagements financiers et des plans de performance[22], la soutenabilité des indemnités et autres avantages dont bénéficient les dirigeants des entreprises publiques[23] et la soutenabilité de la masse salariale[24]. Au demeurant, il s'agit d'une soutenabilité par type d'opérations, même si l'expression « engagements financiers » est suffisamment flexible pour traduire l'idée d'équilibre financier de l'entreprise. Il apparaît que la soutenabilité financière a pour finalité la performance des entreprises

[16] L. P. GUESSELLE ISSEME, « La question de l'épurement des dettes entre l'État et les entreprises publiques en droit camerounais », *RAFIP*, n° 9, 1er semestre 2021, p. 60.

[17] Article 3 de la loi n° 2017/011 du 12 juillet 2017 portant statut général des entreprises publiques.

[18] *Idem.*

[19] Article 4 al. 3 de la loi n° 2017/011 précitée.

[20] E. JONDEAU, « La soutenabilité de la politique budgétaire », *Économie et prévision*, n° 104, 1992, pp. 1-17.

[21] *Idem.*

[22] Article 4 al. 3 de la loi n° 2017/011 du 11 juillet 2017 précitée.

[23] Article 14 du décret n° 2019/321 précité.

[24] Article 24 al. 2 du décret n° 2019/320 précité.

publiques, l'objectif étant de rompre avec une gestion déficitaire de ces entités publiques.

L'adoption de ces mesures ambitieuses du point de vue de la performance paraît justifiée, car le bilan financier en demi-teinte des entreprises publiques est censé interpeller les pouvoirs publics sur leur rôle de garant de l'intérêt général par le truchement du service public[25]. Or, d'un point de vue statistique, ce rôle est forcément mis à mal lorsque près de 27 sociétés d'État sont dissoutes et 24 autres privatisées en l'espace d'une quinzaine d'années dans un État[26]. Il en va de même quand les entreprises maintenues dans le portefeuille de l'État cumulent des bilans déficitaires et absorbent des subventions colossales sur son budget général. La question se pose de savoir si les prescriptions du nouveau régime de l'entreprise publique en matière de performance peuvent améliorer leur gestion au Cameroun.

En procédant à l'interprétation du régime juridique des entreprises publiques, il apparaît que la recherche de soutenabilité financière peut restaurer leur performance. Cette hypothèse est basée sur le postulat selon lequel les engagements financiers, les indemnités des dirigeants et la masse salariale de ces entreprises étaient au-dessus de leurs capacités financières. Davantage, les engagements financiers consentis par les dirigeants des entreprises publiques s'inscrivent dans une logique de consommation et non de production. La rentabilité reléguée au second plan était supplantée par une politique de redistribution des prébendes[27]. En privilégiant une approche axée sur la soutenabilité financière et la performance de l'entreprise publique, l'on peut assurer leur performance économique. À cet effet, la quête de soutenabilité des engagements financiers doit inspirer l'intégralité du régime de l'entreprise publique et innerver les interactions des organes agissant pour le compte de cette entité. L'option pour une approche parcellaire de la performance financière semble laisser des angles morts qui remettent finalement en cause l'effet recherché par le régime juridique en vigueur.

Au demeurant, il convient de noter que les objectifs assignés à la soutenabilité et à la performance financières ne sont pas toujours de nature à assurer une gestion équilibrée des entreprises publiques au Cameroun. La gestion financière de ces entreprises devra encore surmonter certains obstacles pour que la

---

[25] H. D. MODI KOKO BEBEY, « La gouvernance des entreprises publiques camerounaises : un échec réversible », *in* Jeanne Claire MEBU NCHIMI (dir.), *Le droit au pluriel. Mélanges en l'honneur du Doyen Stanislas Melone*, Yaoundé, PUA, 2018, pp. 325-339.

[26] J. NZOMO, J. NZONGANG, « The process of privatization of public and parapublic enterprises in Cameroon: an assessment», *Journal of sustainable development in Africa*, vol. 9, n° 4, pp. 119-146.

[27] V. ONDOUA BIWOLE, J. C. TCHEUWA (dir.), *Lois sur les établissements et les entreprises publics au Cameroun, Innovations et reculades,* Yaoundé, éditions Afrédit, Juin 2019, pp. 1 et s.

performance puisse s'affirmer. Il importe d'y émettre quelques réserves qui se rapportent, pour l'essentiel, à la décision financière au sein des entreprises publiques **(I)** et au contrôle de leur gestion financière **(II)**.

I. L'AMÉNAGEMENT D'UNE DÉCISION FINANCIÈRE PEU RATIONALISÉE

Il est indéniable que la loi du 12 juillet 2017 portant statut général des entreprises publiques met un accent particulier sur le renforcement de leur autonomie financière. Cette autonomie consiste, pour l'entreprise, à gérer librement les biens constituant son patrimoine en vue de la réalisation de son objet social[28]. C'est pour cela que le Conseil d'administration, qui est un organe interne, est investi des pouvoirs les plus étendus pour orienter la gestion de l'entreprise publique[29].

Ces bonnes intentions sont pourtant remises en cause par l'aménagement d'un processus budgétaire soumis aux contraintes externes **(A)** et un encadrement relativement maîtrisé des engagements financiers **(B)**.

A. L'adoption d'un processus budgétaire subordonné aux contraintes externes

Dans ses grandes lignes, le processus budgétaire au sein des entreprises publiques est marqué par l'intervention du directeur général, qui prépare un projet de budget, lequel sera examiné et voté par le Conseil d'administration, puis approuvé par la tutelle financière. Au-delà de cette vue simplifiée, le processus budgétaire au sein de l'entreprise publique subit l'influence de la tutelle financière **(1)**, l'intervention inopportune du président de la République **(2)** et l'imprécision de la structure budgétaire **(3)**.

---

[28] Article 3 de la loi n° 2017/011 précitée.

[29] Article 56 de la loi n° 2017/011 précitée et article 6 du décret n° 2019/320 précité. Voir P. C. NGUE BIKOI, « L'étendue des pouvoirs du Conseil d'administration dans l'entreprise publique au Cameroun », *Le NEMRO, Revue Trimestrielle de Droit Économique*, avril-juin 2021, pp. 188-190.

1. L'influence de la tutelle financière sur le pouvoir de décision des organes internes

Aux termes de la loi du 12 juillet 2017, la tutelle financière dispose d'une fonction de contrôle de la régularité des résolutions du Conseil d'administration ayant une incidence financière, de la soutenabilité des engagements financiers et de la cohérence générale des plans de performance des entreprises publiques aux programmes sectoriels[30]. Il est même indiqué que la tutelle n'a pas vocation à s'ingérer dans la gestion quotidienne des entreprises publiques[31].

Toutefois, l'exercice de la tutelle financière nécessite pour le Conseil d'administration de transmettre au ministre en charge des Finances des documents et rapports sur la vision, la stratégie et les objectifs de développement de l'entreprise publique, le plan d'investissement et la situation du patrimoine. Or, dans le même temps, la tutelle est appréhendée comme le pouvoir dont dispose l'État ou toute autre personne morale de droit public, pour définir et orienter la politique nationale ou locale dans le secteur où évolue l'entreprise publique[32].

Si l'on admet que la tutelle financière s'assure de la conformité des résolutions du Conseil d'administration à ses orientations politiques, il va sans dire que le ministre en charge des Finances dispose de la faculté de prescrire l'orientation du budget de l'entreprise publique. Pourtant, ni la loi de 2017 ni les décrets d'application de 2019 ne se sont intéressés à ce qu'il adviendrait si les orientations budgétaires de la tutelle semblaient insoutenables pour les dirigeants de l'entreprise publique. Aucune précision n'est donnée sur le recours que ces dirigeants peuvent exercer pour contester les instructions de la tutelle financière. C'est dire qu'il y a là un vide qui donne la prééminence au ministre des Finances dans le processus d'élaboration du budget des entreprises publiques. Pourtant, cette prééminence aurait pu être atténuée par la possibilité offerte aux dirigeants de l'entreprise de contester les mesures qui paraissent excessives devant une juridiction.

Cette situation est d'autant plus perplexe que le représentant du ministre des Finances assure la présidence de l'Assemblée générale où les décisions à incidence financière sont prises[33]. En outre, les membres du Conseil d'administration dans les sociétés à capital public sont tous nommés par décret présidentiel, et peuvent être enclins à s'aligner sur les instructions et les orientations de la tutelle qui remontent jusqu'au président de la République.

---

[30] Article 4 al. 3 de la loi n° 2017/011 précitée.

[31] Article 3 al. 2 du décret n° 2019/320 précitée.

[32] Article 3 de la loi n° 2017/011 précitée.

[33] Article 33 al. 2 de la loi n° 2017/011 précitée.

2. L'intervention du Président de la République dans les prévisions financières

L'intervention du président de la République dans le processus budgétaire et la gestion financière de l'entreprise publique est la conséquence d'une extrême centralisation de l'Administration au Cameroun. Elle remet complètement en question la volonté des pouvoirs publics à concéder aux entreprises publiques la liberté de gérer librement leur patrimoine en vue de la réalisation de l'objet social qu'elles poursuivent, selon les termes de la loi du 12 juillet 2017.

D'abord, les ministres qui assurent les tutelles technique et financière adressent au président de la République un rapport annuel sur la situation des entreprises dont ils ont la charge[34]. Il est curieux de noter qu'il en est le seul destinataire à l'exclusion du Parlement et de la juridiction des comptes. Cela suppose que le président de la République demeure l'autorité qui détient le pouvoir de décision le plus absolu sur le fonctionnement des entreprises publiques. La démarche consiste alors à s'assurer qu'il n'y ait pas de contrepoids à l'exercice de ce pouvoir présidentiel.

Cette influence du président de la République est davantage poussée dans le fonctionnement des sociétés à capital public. La loi du 12 juillet 2017 dispose à cet égard que « *l'affectation des résultats, dans les sociétés à capital public, est soumise à l'approbation préalable du président de la République* »[35]. À l'analyse de cette disposition, il est permis de penser que les organes de décision de la société à capital public qui procèdent à l'affectation des résultats ne font en réalité que des propositions pouvant être entérinées ou modifiées par le président de la République.

Il est clair que cette intervention du président de la République, non justifiée par l'urgence ou des circonstances particulières, ne saurait garantir à l'entreprise publique un fonctionnement optimal. Au contraire, elle anéantit les avantages que procure une autonomie financière ou de gestion sur la base d'objectifs contractualisés avec l'État. Ces interventions sont aggravées par l'imprécision de la structure budgétaire harmonisée à l'usage des entreprises publiques.

3. L'imprécision de la législation sur la nomenclature budgétaire des entreprises publiques

Le législateur camerounais fait souvent allusion à l'élaboration du budget des entreprises publiques[36]. Cette terminologie propre à l'État et aux personnes

[34] Article 9 al. 3 de la loi n° 2017/011 précitée.

[35] Article 122 de la loi n° 2017/011 précitée.

[36] Article 72 al. 1 de la loi n° 2017/011 précitée.

morales de droit public semble inappropriée pour les entreprises publiques à vocation économique. Cela est d'autant plus logique que la loi du 12 juillet 2017 emploie souvent la terminologie « *documents de gestion prévisionnelle* »[37] en lieu et place du budget. Mais l'on peut comprendre que la logique budgétaire maintenue dans le régime des entreprises publiques est la preuve d'une approche étatiste de la gestion financière de ces organismes. Quoi qu'il en soit, il était important d'en tirer toutes les conséquences du point de vue de la prévision budgétaire.

D'une part, il est donné de constater qu'aucune précision n'est faite à propos du terme « budget » si ce n'est qu'il est préparé par le directeur général. Or, le budget est le document qui a pour vocation de fixer les ressources qui serviront à financer le fonctionnement d'un organisme et de prévoir l'affectation des crédits pour la mise en œuvre de son programme d'action. Contrairement à cette approche, tantôt il apparaît que le Conseil d'administration est chargé de « *préciser les objectifs de la société et l'orientation qui doit être donnée à son administration* »[38], tantôt l'Assemblée générale ordinaire a compétence pour « *décider de l'affectation du résultat* »[39]. En revanche, il n'est pas précisé si l'exercice de ces compétences se fait sur la base des prévisions budgétaires ou non. Au demeurant, il devient difficile de savoir si les actions mises en œuvre au cours de l'exercice résultent exclusivement des prévisions budgétaires ou des multiples résolutions prises par le Conseil d'administration et les délibérations de l'Assemblée générale.

D'autre part, le législateur n'a pas cru devoir préciser le format et la nomenclature du budget. Ce manquement a une incidence déterminante sur la lisibilité des objectifs de l'entreprise publique. Il est vrai que la loi de 2017 a introduit la notion de programme dans le régime des entreprises publiques en conservant la même définition qu'ils ont dans le régime financier de l'État et des autres entités publiques[40]. Mais par la suite, aucune indication ne permet d'affirmer que les entreprises publiques sont dotées d'un budget constitué de programmes. Ce devrait pourtant être le cas, parce que la loi de 2017 mentionne aussi la soutenabilité des plans de performance[41].

En l'absence de précisions sur la nomenclature budgétaire, chaque entreprise publique élabore son plan d'action avec un risque accru d'opacité et de

---

[37] Article 57 al. 1 de la loi n° 2017/011 précitée.

[38] *Idem.*

[39] Article 22 A de la loi n° 2017/011 précitée.

[40] Article 3 de la loi n° 2017/011 du 12 juillet 2017 précitée, et article 30 al. 3 de la loi n° 2018/012 du 11 juillet 2018 précitée.

[41] Article 4 al. 3 de la loi n° 2017/011 précitée.

navigation à vue. On peut justifier cette situation par le fait que les engagements financiers soient relativement maîtrisés.

B. L'encadrement approximatif des engagements financiers des entreprises publiques

Les entreprises publiques se maintiennent dans une gestion déficitaire, sans doute parce que leurs engagements financiers sont au-dessus de leurs capacités financières. En transposant la logique administrative publique dans la gestion des entreprises publiques, les pouvoirs publics ont engagé ces organismes dans des opérations financièrement ruineuses. La loi du 12 juillet 2017 a pris le soin d'encadrer ces opérations afin que les entreprises publiques parviennent à maîtriser leur incidence financière.

Toutefois, l'objectif ne semble pas atteint dans la mesure où il existe un risque élevé pour la soutenabilité des rémunérations et autres avantages **(1)**, celle de la masse salariale **(2)** et des subventions systématiques de l'État **(3)**.

1. L'exorbitance des rémunérations, indemnités et avantages des dirigeants

L'objectif de la réforme des entreprises publiques est, entre autres, de rationaliser les rémunérations et autres avantages perçus par les dirigeants des entreprises publiques. La société civile avait d'ailleurs pris l'initiative de dénoncer ces avantages faramineux à travers les médias[42]. Aussi, la Chambre des comptes de la Cour suprême avait jugé excessifs les rémunérations et autres avantages octroyés à certains directeurs généraux et présidents des Conseils d'administration, à hauteur de 3 500 000 FCFA en moyenne[43].

Pour rationaliser ces rémunérations, indemnités et avantages perçus par les dirigeants des entreprises publiques, le décret n° 2019/321 qui fixe leur régime s'appuie sur deux indices cumulatifs. Le premier consiste à appliquer un pourcentage sur le chiffre d'affaires, tandis que le second repose sur la soutenabilité financière, elle-même étant subordonnée aux performances de l'entreprise[44].

---

[42] Cette dénonciation a parfois pris des tournures violentes comme ce fut le cas dans le journal *La Tribune de l'Est* dans son édition du 24 juillet 2017.

[43] Cour suprême/Chambre des Comptes, arrêt n° 06/AD/S3/12 du 30 mai 2012, Compte de gestion de l'Office National du Cacao et du Café (ONCC), Exercices, 2006 et 2007.

[44] Articles 12 et 13 du décret n° 2019/321 pour le PCA et articles 20 et 21 du même texte pour le DG et le DGA.

En appliquant ces indices, il apparaît que le directeur général d'une entreprise publique de la première catégorie (chiffre d'affaires annuel moyen supérieur à 100 milliards) a droit à une rémunération brute de 6 000 000 de FCFA, une indemnité de responsabilité de 1 200 000 FCFA, des avantages forfaitaires mensuels de 3 000 000 de FCFA, soit un total de 10 200 000 FCFA majoré des frais d'hôtel particulier, des prises en charge médicales et éventuellement des primes de résultat. En faisant le même calcul pour la cinquième catégorie, qui est « la moins nantie », la rémunération mensuelle et autres avantages du directeur général s'élèvent à 3 400 000 FCFA majorés des frais d'hôtel particulier, des prises en charge médicales et éventuellement des primes de résultat. La situation des présidents des Conseils d'administration n'est pas très éloignée de celle qui vient d'être décrite[45]. Il faut également noter que ces dirigeants ont droit aux véhicules de fonction. De même, le Conseil d'administration fixe les indemnités de session pour ses membres.

L'écart entre ces rémunérations et avantages perçus par les dirigeants des entreprises publiques et le traitement réservé aux agents de la haute fonction publique est saisissant et ne se justifie guère. Tout se passe comme si les dirigeants des entreprises publiques en étaient des propriétaires qui doivent s'offrir tous les plaisirs dans la caisse de l'entreprise. Or, l'entreprise publique s'inscrit dans la théorie de l'agence selon laquelle les dirigeants ne sont que des mandataires gérant une propriété publique[46]. Dans un État où les entreprises publiques peinent à assurer le service pour lequel elles ont été créées, de telles rémunérations ne se justifient point.

2. Le risque de pérennisation d'une masse salariale insoutenable

Par une approche clientéliste, le recrutement dans les entreprises publiques a très souvent été en déphasage avec les besoins réels de ces organismes. Une telle politique de recrutement conduisait les entreprises publiques à disposer des effectifs pléthoriques constituant une charge insoutenable sur leur budget.

Le décret n° 2019/320 du 19 juin 2019 prescrit désormais aux dirigeants, avant tout recrutement, de vérifier la soutenabilité budgétaire de la masse salariale, le directeur général devant prévoir un plan de recrutement qu'il soumet au préalable au Conseil d'administration[47]. De plus, le Conseil d'administration veille à la soutenabilité budgétaire de la masse salariale et à l'adéquation entre le profil et le poste de travail du personnel recruté.

---

[45] Articles 14, 15 et 16 du décret n° 2019/320 précité.

[46] H. BIDIASSE, « La théorie de l'agence et la concession des services publics : le cas des chemins de fer au Cameroun », *Mondes en développement*, n° 177, 2017/1, pp. 121-137.

[47] Article 24 al. 2 du décret n° 2019/320 précité.

Pour autant, il y a un risque que des dérogations admises atténuent les effets de ces prescriptions. En effet, il est recommandé au directeur général de l'entreprise publique de tenir compte d'autres facteurs tels que l'équilibre régional, le genre, les personnes vulnérables et handicapées[48]. Ces dernières prescriptions suscitent des appréhensions, en ce qu'il serait complexe d'établir, par exemple, un équilibre objectif entre la compétence et la politique de l'équilibre régional. En outre, le respect de ces exigences peut simplement donner lieu à une augmentation des effectifs par souci d'équilibre social ou ethnique. C'est dire que l'esprit de discernement et d'objectivité des dirigeants doit être mis à contribution pour rationaliser la masse salariale dans les entreprises publiques et limiter les subventions étatiques.

3. Le revers d'une politique de subvention systématique des entreprises par l'État

Pour éviter la liquidation de nombreuses entreprises publiques, l'État du Cameroun leur accorde des subventions prélevées sur son budget. Cette stratégie, bien que salvatrice, affecte leur performance financière[49]. Notamment, elle conforte les dirigeants des entreprises publiques dans une gestion ruineuse et leur inculque une culture de gestion administrative. En d'autres termes, les dirigeants des entreprises publiques appréhendent ces entités comme des services publics administratifs et non des unités de production économiques.

Il est même permis d'affirmer que l'État, par ses appuis budgétaires, encourage les entreprises publiques dans les inefficiences de gestion, car son budget est suffisamment mis à contribution pour supporter les charges qu'elles génèrent sans produire les bénéfices conséquents[50]. À ce sujet, l'on peut noter que le budget de l'État reconduit systématiquement des crédits au titre des chapitres relatifs aux « *participations de l'État dans les entreprises publiques* » (chapitre 92), aux « *subventions et contributions* » (chapitre 60) et à la « *réhabilitation/restructuration des entreprises publiques* » (chapitre 93). Depuis l'exercice budgétaire 2018, les subventions aux organismes publics sont maintenues au-dessus de 140 milliards de FCFA et ont même atteint 197 milliards de FCFA en 2020[51]. Les crédits pour réhabilitation des entreprises publiques sont passés de 10 milliards en 2018 à 15 milliards en 2021[52]. Les

---

48 Article 25 al. 1 et 2 du décret n° 2019/320 précité.

49 P. PESTIEAU, H.-J. GATHON, « La performance des entreprises publiques. Une question de propriété ou de concurrence ? », *Revue économique*, vol. 47, n° 6, 1996, p. 1227.

50 Voir FMI, *Cameroun, Renforcer la surveillance, la gouvernance et la maîtrise des risques budgétaires dans la gestion des entreprises publiques,* Rapport technique, mars 2021, pp. 39-43.

51 Loi de finances pour 2020.

52 Loi de finances pour 2021.

crédits pour participation de l'État sont aussi reconduits systématiquement chaque année et cumulent à 20 milliards en 2021[53].

De ce qui précède, l'État s'engage chaque année à mettre d'importants crédits à la disposition des entreprises publiques pour financer leur fonctionnement[54]. Or, le décret 2019/320 du 19 juin 2019 indique clairement que l'application des nouveaux textes vise à garantir la performance ainsi que la compétitivité et la rentabilité des entreprises publiques[55]. L'objectif est de donner un sens à l'autonomie financière consacrée dans la loi du 12 juillet 2017[56]. Comment proclamer cette autonomie et justifier la dépendance des entreprises publiques aux subventions et autres appuis budgétaires de l'État ? Il convient simplement d'admettre qu'il y a toujours confusion, au Cameroun, entre la gouvernance des services publics administratifs et celle des entreprises publiques. Au reste, cette situation est exacerbée par les carences observées dans le contrôle de la gestion financière.

II. La consécration d'un contrôle de la gestion financière mitigé

Les prescriptions d'une soutenabilité des engagements pris par les entreprises publiques demeureront lettre morte s'il n'existe pas un dispositif de contrôle efficace. Certes, les décrets du 19 juin 2019 sur les entreprises publiques ont prévu des mécanismes de contrôle. Mais il ressort de l'analyse que ces textes font le choix de la profusion des contrôles financiers sans suites contentieuses **(A)** tout en émasculant les contrôles sanctionnateurs **(B)**.

A. La profusion des contrôles financiers sans suites contentieuses

Plusieurs contrôles ont été mis en place pour veiller à la soutenabilité de la gestion financière des entreprises publiques au Cameroun. Au regard de leur nombre, il est permis de penser que les pouvoirs publics disposent des solutions adéquates pour faire face aux dérives financières dans les entreprises publiques.

---

[53] *Idem.*

[54] L. P. GUESSELLE ISSEME, « La question de l'épurement des dettes entre l'État et les entreprises publiques en droit camerounais », *op. cit.*, p. 52.

[55] Article 2 du décret n° 2019/320 précité.

[56] Article 3 de la loi n° 2017/011 précitée.

Toutefois, quelle efficacité pour un contrôle qui ne débouche pas sur des sanctions ?

À la vérité, la réforme institue un suivi de la performance sans suites juridiques **(1)**, un rapport au président de la République marqué par une propension à la politisation **(2)** et la neutralisation du contrôle citoyen **(3)**.

1. L'absence de suites contentieuses au contrôle de la performance

La soutenabilité financière des entreprises publiques dépend étroitement du contrôle de la performance de leurs activités. À travers le contrôle de performance, l'entreprise dispose d'une grille d'appréciation de l'évolution de la situation financière et patrimoniale ainsi que de ses capacités de financement. À cette fin, des procédures spéciales ont été consacrées dans le décret n° 2019/320 du 19 juin 2019.

Il ressort de ce décret que le Conseil d'administration doit « *procéder à une évaluation des performances du directeur général et du directeur général adjoint* », puis « *veiller à la mise en place d'une fonction d'audit interne et de contrôle de gestion au sein de l'entreprise publique* »[57]. Il est clair que l'audit est une « *activité indépendante et objective qui donne à une organisation une assurance sur le degré de maîtrise de ses opérations, lui apporte ses conseils pour les améliorer, et contribue à créer de la valeur ajoutée* »[58]. Le contrôle de gestion a le même objet que l'audit, à la différence notable qu'il est mis en place par le gestionnaire pour son propre suivi des activités de son administration. L'audit aboutit à l'évaluation de la performance des administrations[59], laquelle est une « *activité permettant de s'assurer de la réalisation des objectifs avec efficacité, efficience et économie, sur la base d'indicateurs prédéfinis, après mise en œuvre des stratégies, des programmes et des actions de l'administration avec l'allocation conséquente des ressources publiques* »[60].

Après avoir consacré ces différents contrôles, le régime des entreprises publiques demeure silencieux sur les conséquences juridiques qui peuvent en découler. Il aurait été avisé d'indiquer les suites du contrôle de gestion, de l'audit et du contrôle de performance. Nul doute que les rapports élaborés seront transmis au Conseil d'administration et à la tutelle, mais pour quelles fins ? Il est attendu que le législateur fasse un pas pour consacrer la responsabilité

---

[57] Article 6 du décret n° 2019/320 précité.

[58] Article 2 du décret n° 2013/159 portant régime particulier du contrôle administratif des finances publiques.

[59] Article 23 al. 2 du décret n° 2013/159 précité.

[60] Article 2 du décret n° 2013/159 précité.

managériale effective des dirigeants des entreprises publiques au Cameroun, car il n'est pas certain que le Conseil d'administration imagine et découvre spontanément toutes les conséquences liées à ces contrôles. Que dire du rapport au président de la République ?

2. Le risque d'une politisation du rapport au président de la République

Le président de la République exerce une influence déterminante sur le fonctionnement des entreprises publiques. À ce titre, il est logique qu'il puisse apprécier les performances que ces dernières enregistrent et en tirer toutes les conséquences relatives à la responsabilité des dirigeants en poste.

En effet, les tutelles techniques et financières concourent au suivi de la performance des entreprises publiques, en liaison avec le Conseil d'administration[61]. À cet égard, elles reçoivent tous les documents et informations relatifs à la vie de l'entreprise publique, notamment les états financiers, le rapport du commissaire aux comptes et les rapports d'activité[62]. Après avoir analysé et compilé ces informations, les ministres concernés adressent au président de la République un rapport annuel sur la situation des entreprises dont ils assurent la tutelle[63].

Il en ressort que le président de la République ne reçoit pas directement les informations sur la situation des entreprises publiques. Les informations qui lui parviennent sont préalablement traitées par les ministères concernés, étant précisé que leur réflexe de faire bonne figure auprès du président de la République est quasi automatique. Dans ces conditions, il est probable que la perception du président de la République sur la situation concrète des entreprises publiques soit toujours biaisée. En outre, l'intervention du président de la République dans une matière aussi éminemment économique soumet celle-ci à un risque de politisation élevé, compte tenu du statut de ce dernier et du rapport qu'il doit rendre aux citoyens selon ses ambitions politiques.

3. La neutralisation du contrôle citoyen

Les citoyens sont les premières victimes du dysfonctionnement des entreprises publiques. Par conséquent, il aurait été intéressant d'élaborer des procédures qui permettent à ces citoyens de soumettre ces dysfonctionnements à

---

[61] Article 9 al. 1 de la loi n° 2017/011 précitée.

[62] Article 9 al. 2 de la loi n° 2017/011 précitée.

[63] Article 9 al. 3 de la loi n° 2017/011 précitée

la sanction des organes de contrôle et de sanction compétents sans avoir à justifier d'un intérêt personnel[64].

En tout état de cause, les prémices d'un contrôle citoyen des entreprises publiques ont été posées par le décret n° 2019/320 du 19 juin 2019, bien que ce texte n'ait pas poussé la logique jusqu'au bout. De fait, ce décret prévoit que le Conseil d'administration doit « *faire publier un rapport annuel sur les résultats opérationnels de l'entreprise publique ou de l'établissement public, au moins une fois par an, sur son site web et dans un journal d'annonces légales* »[65]. De même, le Conseil d'administration doit « *communiquer sur les activités de contrôle de gestion et d'audit interne* »[66].

Pour quelles fins cette transparence est-elle instituée si ce n'est pour permettre aux citoyens d'apprécier les dysfonctionnements des entreprises publiques et entreprendre des actions ou des procédures afin d'y remédier ? Il devient alors important de mettre en place des passerelles permettant aux citoyens de saisir des institutions disposant du pouvoir de sanction sur les entreprises publiques.

B. L'émasculation des contrôles sanctionnateurs

Outre le contrôle effectué en interne par le Conseil d'administration, l'Assemblée générale et le commissaire aux comptes, l'entreprise publique est également soumise à des contrôles externes. Au-delà du contrôle de la tutelle, la loi du 12 juillet 2017 dispose que ces contrôles « *ne font pas obstacle au contrôle exercé par les organes compétents de l'État, conformément aux lois et règlements en vigueur* »[67]. Cette disposition renvoie à la juridiction des comptes, au CDBF et au Parlement.

Or, il importe d'observer que la juridiction des comptes est privée du pouvoir de sanction **(1)**, le CDBF paralysé par la restriction du droit de saisine **(2)**, tandis que le Parlement aurait pu affiner son contrôle par un organe spécialisé sur les entreprises publiques **(3)**.

---

[64] S. NGUECHE, « Le contrôle citoyen des finances publiques en droit camerounais », *RAFiP*, n° 8, second semestre 2020, p. 181 ; C. MINFEGUE, « La participation citoyenne en contexte local au Cameroun : entre demande de légitimité, efficacité versatile et tensions politiciennes », *African sociological Review,* vol. 20, 2016, pp. 62-88.

[65] Article 6 du décret n° 2019/320 précité.

[66] *Idem.*

[67] Article 81 de la loi du 12 juillet 2017 précitée.

1. La juridiction des comptes privée d'un pouvoir de sanction

La compétence de la juridiction des comptes sur les entreprises publiques a un fondement constitutionnel[68]. Mais en fixant les modalités d'application, la loi n° 2003/005 du 21 avril 2003 sur la Chambre des comptes prévoit que cette juridiction contrôle et juge les comptes des comptables publics. Les états financiers des entreprises publiques étant produits par le directeur général, l'idée a été avancée qu'ils ne seraient pas justiciables devant la juridiction des comptes.

Méthodiquement, cet argument a été écarté par la Chambre des comptes au motif que « *ce n'est pas la présence du comptable public qui détermine la compétence de la Chambre, mais le caractère public des deniers gérés par la société* »[69]. Pour autant, le seul compromis admis pour justifier la compétence de la juridiction des comptes a été d'instituer un contrôle non contentieux des entreprises publiques. En ce sens, la Chambre des comptes a dû concéder à propos des états financiers des entreprises publiques : « *bien que compétente pour les contrôler, la Chambre ne peut les juger en l'absence de comptable public dans ces structures. Dès lors, elle se limite à la formulation des observations dans un Rapport adressé aux organes de tutelle* »[70]. Mais la tutelle n'est pas le seul destinataire de ce rapport. Après des échanges avec les dirigeants des entreprises publiques, le rapport devenu définitif est « *transmis à Monsieur le Procureur Général près la Cour Suprême du Cameroun pour les poursuites pénales, au ministre des Finances et au Président du Conseil d'Administration de l'entreprise* »[71].

La loi du 11 juillet 2018 portant régime financier de l'État et des autres entités publiques semble ouvrir la perspective d'une sanction des dirigeants d'entreprises publiques sur le fondement de la faute de gestion. Alors que la loi du 21 avril 2003 est toujours en vigueur, le nouveau régime financier des entités publiques dispose que la faute de gestion est commise par « *tout représentant, administrateur ou agent d'organismes, soumis à un titre quelconque au contrôle de la juridiction des comptes (...)* »[72]. La sanction encourue est l'amende, mais encore faut-il que la loi du 21 avril 2003 sur la Chambre des comptes soit révisée. Cette révision ne sera pas sans conséquence sur la compétence du CDBF.

---

[68] Article 41 de la loi constitutionnelle n° 96/06 du 18 janvier 1996.

[69] *Rapport annuel de la Chambre des comptes*, 2006, p. 35.

[70] *Rapport annuel pour 2006*, p. 59.

[71] Cour suprême/Chambre des Comptes, *Rapport d'observations définitives sur les comptes de la Caisse Autonome d'Amortissement du Cameroun*, Exercices 2004, 2005 et 2006.

[72] Article 87 al. 3 de la loi n° 2018/012 précitée.

2. Le CDBF paralysé par la restriction du droit de saisine

Aux termes du décret n° 2008/028 du 17 janvier 2008 portant organisation et fonctionnement du CDBF, cet organisme sanctionne les irrégularités et fautes de gestion commises, entre autres, par des gestionnaires de crédits des entreprises et organismes publics et parapublics[73].

Mais la fréquence des contrôles de cet organisme dépend de la volonté des autorités détentrices du droit de saisine. Il s'agit essentiellement du président de la République, du Premier ministre, du ministre en charge du Contrôle supérieur de l'État, des ministres supérieurs hiérarchiques des agents mis en cause ou ceux chargés de la tutelle des entreprises et organismes publics et parapublics concernés[74].

L'on se rappelle que les ministres exerçant les tutelles technique et financière sur les entreprises publiques doivent faire transmettre un rapport sur le fonctionnement de ces organismes au président de la République. Cette obligation a pour conséquence de paralyser toute initiative de sanction, car en pratique, les ministres ont tendance à attendre les suites que le président de la République réserve à ces rapports. Dès lors que le président de la République ne juge pas de l'opportunité d'engager des procédures de sanction, le CDBF est rarement saisi des dysfonctionnements observés dans les entreprises publiques. C'est l'une des conséquences de la forte centralisation de l'administration camerounaise autour du président de la République au détriment du Parlement.

3. Le Parlement handicapé par l'absence d'un organe technique de contrôle

Il serait inexact d'affirmer que le Parlement ne dispose pas des pouvoirs de contrôle sur les entreprises publiques.

En effet, toutes les fois que cela semble nécessaire, le Parlement peut créer des commissions d'enquête sur un sujet intéressant les finances publiques, pour une durée n'excédant pas six mois, renouvelable en cas de nécessité[75]. Du point de vue de la responsabilité des dirigeants, les biens des entreprises publiques sont des biens publics et peuvent donc être soumis au contrôle du Parlement[76]. Outre les commissions d'enquête, les rapporteurs des commissions de finances au Parlement peuvent investiguer sur la gestion des fonds publics au sein des

---

[73] Article 2 al. 2 du décret 2008/028 portant organisation et fonctionnement du Conseil de Discipline Budgétaire et Financière.

[74] Article 14 du décret n° 2008/028 précité.

[75] Article 85 al. 4 de la loi n° 2018/012 précitée.

[76] Article 13 de la loi du 12 juillet 2017 précitée.

entreprises publiques. Bien plus, les ministres exerçant la tutelle sur les entreprises publiques peuvent être soumis aux questions écrites ou orales des parlementaires.

En dépit de cette multitude de mécanismes de contrôle, le Parlement camerounais s'intéresse peu au contrôle des entreprises publiques, nonobstant les dérives financières dont elles sont l'objet depuis des décennies. Sans doute cette inertie s'explique-t-elle par le fait majoritaire au Parlement. Mais face à une telle situation, il devient impératif d'adjoindre au Parlement un organe technique exclusivement chargé du contrôle des entreprises publiques. Cet organe spécialisé pourrait avoir pour rôle de soumettre un rapport au Parlement, lequel peut susciter le débat sur la situation des entreprises publiques au Cameroun. Ce rapport peut être confronté à celui adressé au président de la République, l'objectif étant de dresser la situation exacte des entreprises publiques et les recommandations susceptibles d'en améliorer la gestion. De même, le Parlement doit être en mesure de s'appuyer sur les irrégularités, fautes de gestion et infractions relevées dans son rapport pour saisir la juridiction des comptes ou le juge pénal.

Conclusion

En définitive, la soutenabilité financière est un véritable levier sur lequel peut s'appuyer la gouvernance des entreprises publiques au Cameroun pour atteindre ses objectifs de performance. Consacrée de manière laconique, elle doit constituer la pierre d'angle de cette réforme construite autour de l'impératif de performance financière. Mais pour ce faire, les acteurs de l'entreprise publique doivent implémenter l'exigence de soutenabilité financière à toutes les opérations de gestion et l'intégrer de manière systématique aux mécanismes de contrôle de ces entités publiques. L'appui du législateur paraît déterminant pour corriger les angles morts des nouvelles modalités et outils de gestion des entreprises publiques. C'est, sans aucun doute, l'un des chantiers qui viendra compléter la réforme de l'entreprise publique au Cameroun.

LE RENOUVEAU DU CONTRÔLE INTERNE EN FINANCES ET GESTION PUBLIQUES AFRICAINES

Boubacar BA

Agrégé de Droit public
Université Cheikh Anta Diop de Dakar (Sénégal)

Toute organisation mettant en œuvre des moyens dans le cadre de la poursuite des objectifs que lui assigne sa mission a le souci du bon emploi de ces moyens. Pour s'assurer d'une utilisation correcte, à bon escient, de ses ressources, elle met en place un dispositif de contrôle.

Parlant du cas spécifique de l'État, l'Inspection générale des Finances de France dit que « *le contrôle évoque la problématique globale à laquelle est confrontée toute administration s'agissant de l'emploi de ses ressources* »[1].

Si le terme « contrôle » est donc connu de toutes les organisations sociales et correspond, généralement, à la fonction de veille, de garantie d'un bon emploi des ressources, ses acceptions, ses déclinaisons, sa traduction concrète sont des plus variées. Pour M. LASOMBE et X. VANDENDRIESSCHE, « *dire que le contrôle est protéiforme constitue un véritable truisme* »[2].

Au vu de sa polysémie, une définition de la notion de contrôle, du moins dans ses acceptions les plus répandues dans les matières qui nous concernent ici (les finances et la gestion publiques), s'impose donc, « *pour que l'on se comprenne* ».

---

[1] FRANCE, INSPECTION GÉNÉRALE DES FINANCES, *Rapport de la Mission de comparaisons internationales relative à l'audit et à l'évaluation dans les administrations de cinq pays de l'OCDE et de la Commission européenne*, n° 2008-M-052-01, Paris, 2008.

[2] M. LASCOMBE et X. VANDENDRIESSCHE, « La loi organique relative aux lois de finances (LOLF) et le contrôle des finances publiques », *RFAP*, n° 117, 2006, pp. 131-148 (spécialement pp. 131-132).

Pour parvenir à cette définition, il ne serait pas dépourvu d'intérêt didactique de se prévaloir des diptyques ou triptyques de classification de la notion de contrôle. Dans ce sens, on peut distinguer les classifications suivantes, dont certaines sont maintenant classiques, et d'autres plus modernes.

I. LES DISTINCTIONS CLASSIQUES RELATIVES À LA NOTION DE CONTRÔLE

A. Contrôle interne – contrôle externe

De façon classique, le (souvent *les*) contrôle interne est celui qui est effectué sur l'Administration par des agents, organes ou corps qui se trouvent en son sein. Dans cette acception, le caractère interne du contrôle peut s'apprécier à l'échelle de toute l'Administration, à l'échelle d'un ministère ou à l'échelle d'une administration (direction générale, direction, etc.) d'un ministère. Ce contrôle peut alors être interne au niveau de l'Administration tout entière, mais pas à celui des ministères ou, en tout cas, de tous les ministères (exemple : contrôle de l'IGE, contrôle de l'IGF, sauf pour le MEFP). Il peut être interne au niveau d'un ministère, mais pas à celui de toutes ses structures (exemple : inspections générales dans certains ministères). Il peut enfin être interne à une seule administration d'un ministère (exemple : Directions du contrôle interne au sein des directions générales du MFB).

À l'opposé, le ou les contrôle(s) externe(s) sont opérés sur l'organisation et/ou le fonctionnement de l'Administration par des organes ou institutions qui lui sont extérieurs. C'est le cas des contrôles que peuvent effectuer l'Assemblée nationale ou la Cour des comptes sur l'Administration.

B. Contrôle administratif – contrôle juridictionnel – contrôle parlementaire

Cette classification est on ne peut plus claire. Elle distingue le contrôle selon qu'il est l'œuvre d'agents, d'organes ou de corps de l'Administration, ou celle d'organes ou institutions juridictionnels ou parlementaires.

C. Contrôle de régularité – contrôle d'opportunité

Le contrôle de régularité est celui qui apprécie la conformité des actes accomplis (activités réalisées, dépenses effectuées, etc.) à la législation ou à la réglementation qui les régit. Il lui est souvent reproché de se cantonner au formalisme extérieur des actes, sans égard à leur nécessité à l'origine ou leur résultat à terme. C'est, la plupart du temps, la forme de contrôle effectuée dans le cadre de la procédure de dépense publique.

A contrario, le contrôle d'opportunité est celui qui permet d'apprécier si un acte – ou une activité – envisagé est opportun, s'il est le meilleur que l'on puisse réaliser en considération du résultat souhaité, ou si le résultat que l'on pourrait obtenir justifie la réalisation de cet acte ou de cette activité, eu égard aux moyens qu'il ou elle requiert. C'est un contrôle que ne peut effectuer, a priori, que l'autorité qui a un pouvoir hiérarchique sur les agents chargés de la réalisation opérationnelle des actes ou activités.

D. Contrôle a priori – contrôle a posteriori

Le contrôle est dit *a priori* (ou *ex ante*, ou d'autorisation) lorsqu'il est effectué avant la réalisation des activités. Une approbation de l'autorité de contrôle est alors nécessaire pour que l'activité puisse se poursuivre.

Il est dit *a posteriori* (ou *ex post*, ou d'entérinement) lorsqu'il a lieu après réalisation des activités. Il permet de juger de ce que l'Administration s'est conformée aux lois et règlements dans la réalisation d'une activité donnée. Si tel n'était le cas, cela n'empêche que l'activité est déjà effective. Tout ce que l'autorité de contrôle peut faire, c'est appliquer ou faire appliquer des sanctions le cas échéant. Or, ces sanctions sont rarement à la hauteur du préjudice subi. C'est la faiblesse de ce type de contrôle. Il ne prévient pas les défaillances. Il les sanctionne seulement.

E. Contrôle budgétaire – autres contrôles classiques des deniers publics

Le contrôle budgétaire est celui qui « *intervient dans le cadre de la procédure budgétaire et dont le défaut de réalisation est de nature à entacher cette procédure d'irrégularité* ».

L'objet « procédure budgétaire » permet de le distinguer d'autres contrôles portant sur les deniers publics sans être, pour autant, des contrôles budgétaires. C'est le cas, par exemple, des contrôles effectués par l'IGF, les IAAF, ou des contrôles menés par l'IGE et portant sur des aspects financiers[3].

---

[3] IGF = Inspection générale des Finances ; IAAF = Inspection des Affaires administratives et financières ; IGE = Inspection générale d'État.

Le contrôle budgétaire est souvent réduit à celui qu'effectuent les contrôleurs des opérations financières (devenus d'abord contrôleurs budgétaires ministériels, puis contrôleurs budgétaires seulement)[4], les ordonnateurs et les comptables sur les dossiers de dépense. C'est une partie, mais ce n'est pas tout le contrôle budgétaire. C'est la partie du contrôle budgétaire qui porte sur l'exécution du budget. Or, tant en amont qu'en aval de son exécution, le budget fait aussi l'objet de contrôle. C'est celui qui porte sur sa préparation et celui qui porte sur la reddition des comptes.

En amont, le contrôle est l'œuvre des services chargés de la préparation du budget qui veillent, par exemple, au respect, par les ministères et institutions, des cadrages macroéconomique et budgétaire, des plafonds de crédits, de la nomenclature budgétaire, etc. En aval, le contrôle est effectué conjointement par la Cour des comptes (jugement des comptes des comptables principaux, rapport sur l'exécution de la loi de finances et déclaration générale de conformité) et par l'Assemblée nationale (vote de la loi de Règlement).

F. Contrôle inopiné – contrôle annoncé

Le contrôle inopiné est effectué sans en avertir l'agent, l'organe ou le service contrôlé. Le contrôle annoncé est fait dans la forme contraire, c'est-à-dire en informant l'agent, l'organe ou le service de l'arrivée prochaine d'une mission de contrôle.

En conclusion sur ces distinctions classiques, il convient de préciser qu'une caractéristique donnée du contrôle parmi celles-ci n'est pas exclusive de toutes les autres. C'est ainsi, par exemple, que le contrôle budgétaire peut être interne, administratif, de régularité (il l'est toujours d'ailleurs), a priori (le plus souvent) et annoncé (toujours, puisque prévu à l'avance par des textes). Il faut préciser aussi que ces contrôles sont du type vérification ou inspection. Ils ne sont pas préventifs ou de performance, comme peuvent l'être d'autres types de contrôle, tels que les contrôles dits managériaux que l'on va voir dans les distinctions suivantes.

---

[4] L'appellation « contrôleurs des opérations financières » (« contrôleurs » au pluriel donc, parce que « contrôleur » [au singulier] des opérations financières a aussi existé et date du Règlement général sur la comptabilité publique [RGCP] de 2003) est intervenue à la faveur du RGCP de 2011. Celle de « contrôleurs budgétaires ministériels » a été introduite par le décret n° 2017-480 du 03 avril 2017 modifiant un décret de 2014 portant organisation du MEFP. Ensuite, se rendant compte que les agents de contrôle de la procédure d'exécution du budget sont aussi présents ailleurs que dans les ministères, notamment dans d'autres institutions de la République, le ministère chargé des Finances a abandonné le qualificatif « ministériel » dans le RGCP de 2020 (décret n° 2020-978 du 23 avril 2020) pour n'appeler ces agents désormais que « contrôleurs budgétaires ».

II. LES DISTINCTIONS MODERNES RELATIVES À LA NOTION DE CONTRÔLE

En effet, les contrôles managériaux, de type moderne (pour la sphère publique, mais pas tant que ça dans le monde de l'entreprise où ils sont éprouvés depuis fort longtemps), sont axés sur la maîtrise et donc sur la prévention des risques et le pilotage de l'entité. S'il en est un qui est axé sur la vérification, ce n'est pas tant pour juger d'une conformité à des lois et règlements, mais pour apprécier la solidité, la pertinence, la performance des dispositifs de contrôle dans la maîtrise des risques et le pilotage. L'idée de contrôle véhiculée dans les notions de contrôle interne, de contrôle de gestion ou d'audit que l'on va voir ci-dessous est donc un vrai faux ami de la notion de contrôle telle que nous l'avons vue dans les contrôles de type classique.

A. Contrôle interne – contrôle de gestion – audit interne

Le contrôle interne de type moderne (à distinguer de celui que nous avons vu précédemment) signifie la maîtrise des risques intrinsèques des différentes dimensions de l'entité (personnel, processus, procédures, patrimoine, etc.), qui peuvent compromettre ou menacer l'atteinte de ses objectifs. C'est pourquoi d'ailleurs, dans cette acception, on ne met pas en place un contrôle interne, mais un ou des dispositifs de contrôle interne. L'adjectif « interne » ici n'a rien de géographique qui renvoie à l'espace intérieur ou extérieur de l'entité. Il qualifie le risque intrinsèque qui menace une dimension donnée de l'entité ou dont celle-ci est porteuse, risque qu'il convient donc de maîtriser par un dispositif approprié.

Le contrôle de gestion est un outil de pilotage à la disposition des managers. Il leur permet d'orienter les actions opérationnelles pour les mettre en cohérence avec la stratégie. On l'a défini comme un « *ensemble de processus et dispositifs qui, dans les organisations, orientent les décisions, les actions et les comportements pour les rendre cohérents avec les objectifs à long et moyen termes tout en s'appuyant sur des systèmes d'information* »[5].

L'audit interne est défini par l'IIA (Institute of Internal Auditors) comme « *une activité indépendante et objective qui donne à une organisation une assurance sur le degré de maîtrise de ses opérations, lui apporte ses conseils pour les améliorer, et contribue à créer de la valeur ajoutée. Il aide cette organisation à atteindre ses objectifs en évaluant, par une approche systémique et méthodique, ses processus de management des risques, de contrôle et de*

[5] H. BOUQUIN, *Le contrôle de gestion : contrôle de gestion, contrôle d'entreprise et gouvernance*, Paris, PUF, 2006.

gouvernement d'entreprise et en faisant des propositions pour renforcer son efficacité »[6].

L'audit interne, comme il en est largement convenu, est le contrôle (au sens de vérification) des contrôles (contrôle interne, contrôle de gestion, et même d'autres types de contrôle)[7]. Il permet d'apprécier les dispositifs (de contrôle interne, de contrôle de gestion par exemple) mis en place et de juger de leur efficacité, de leur solidité, de leur pertinence à assurer le rôle qui leur est assigné (maîtrise des risques dans le cadre du contrôle interne, pilotage pour le contrôle de gestion).

La définition uniforme, voire universelle, de l'audit interne ne peut toutefois pas cacher la diversité qui le caractérise et qui trouve son origine dans la diversité des objets de contrôle interne. En effet, dans la mesure où chaque fonction, chaque activité, chaque structure, chaque processus, chaque procédure, etc., de l'organisation peut avoir son dispositif de contrôle interne, chacune de ces unités peut aussi recevoir une catégorie d'audit dédiée. On peut ainsi distinguer une infinité de catégories d'audit. Toutefois, « *la classification la plus répandue est celle qui distingue entre audit de régularité (ou de conformité), audit de performance (ou d'efficacité), audit de stratégie et audit de management* ».

L'audit interne est à distinguer de l'audit externe.

B. Audit interne – audit externe

L'audit interne, on l'a vu, est une appréciation des dispositifs de contrôle interne dans toutes les dimensions de l'entreprise ou de l'organisation.

Quant à l'audit externe, il permet aussi, dans sa définition *lato sensu*, d'apprécier toutes les fonctions, toutes les dimensions de l'organisation, mais seulement dans « *leurs aspects qui influencent les résultats et l'élaboration des états financiers* ». Pour Jacques RENARD, « *le champ d'application de l'audit externe englobe tout ce qui concourt à la détermination des résultats, à l'élaboration des états financiers et rien que cela ; mais dans toutes les fonctions de l'entreprise* »[8]. Cette prééminence de l'aspect financier dans les activités d'audit externe fait que celui-ci est aujourd'hui plus connu dans son acception stricte, c'est-à-dire comme une activité d'appréciation extérieure des comptes et états financiers, ou certification des comptes d'une organisation. Ainsi, pour

---

[6] Alain-Gérard COHEN, *La nouvelle gestion publique : concepts, outils, structures, bonnes et mauvaises pratiques, contrôle interne et audits publics*, Paris, Gualino-Lextenso éd., 2012.

[7] Boubacar D. BA, *Finances publiques et gestion par la performance dans les pays membres de l'UEMOA : étude du cas du Sénégal*, Paris, L'Harmattan, 2015, p. 269.

[8] J. RENARD, *Théorie et pratique de l'audit interne*, Paris, Eyrolles, 2013, p. 81.

Bertrand HUBY, « *l'un des aspects essentiels de l'audit [externe] est un contrôle de type financier qui concerne la légalité de la dépense et la régularité de l'imputation. L'un des objectifs importants que ce contrôle assigne à l'ISC est de veiller par tous les moyens mis à sa disposition à ce que le budget et les comptes couvrent toute la réalité financière de l'État et qu'il n'y ait aucune lacune dans cet ensemble* »[9].

III. Le contrôle interne en général

Le contrôle interne de type managérial, on l'a vu précédemment, est un dispositif de maîtrise des risques qui peuvent compromettre la réalisation des objectifs d'une organisation. Il est à l'origine appliqué par les entreprises, dans le secteur privé, mais tend de plus en plus à s'imposer dans la sphère publique.

C'est ainsi que la directive n° 06/2009/CM/UEMOA du 26 juin 2009 et, à sa suite, pour le cas du Sénégal, la loi organique n° 2011-15 du 8 juillet 2011 relative aux lois de finances (LOLF)[10] institutionnalisent le contrôle interne dans la gestion publique. La LOLF sénégalaise dispose par exemple, en son article 13, que « *sur la base des objectifs fixés par le ministre sectoriel, le responsable de programme détermine les objectifs spécifiques, affecte les moyens et contrôle les résultats des services chargés de la mise en œuvre du programme. Il s'assure du respect des dispositifs de contrôle interne et de contrôle de gestion* »[11].

Toutefois, la LOLF sénégalaise pas plus que la directive qu'elle internalise ne définit la notion de « contrôle interne » adaptée à la sphère publique. Une proposition de définition de la notion peut être trouvée dans le décret français n° 2011-775 du 28 juin 2011 relatif à l'audit interne dans l'Administration. Aux termes de l'alinéa 2 de l'article 1er de ce décret, « *le contrôle interne est l'ensemble des dispositifs formalisés et permanents décidés par chaque ministre, mis en œuvre par les responsables de tous les niveaux, sous la coordination du secrétaire général du département ministériel, qui visent à maîtriser les risques liés à la réalisation des objectifs de chaque ministère* ».

---

[9] B. HUBY, *La certification des comptes de l'État*, Paris, L'Harmattan, 2010, p. 77.

[10] LOLF de 2011 abrogée et remplacée par la LOLF n° 2020-07 du 26 février 2020.

[11] Article 13 de la LOLF de 2020.

A. Les caractéristiques du contrôle interne

Le contrôle interne managérial revêt un certain nombre de caractéristiques, parmi lesquelles l'universalité, la relativité, la diversité et la dimension culturelle.

L'universalité du contrôle interne revêt deux sens. D'une part, elle signifie que le contrôle interne a vocation à s'appliquer dans toute organisation : entreprise, État, collectivité locale, voire une « *association de malfaiteurs qui, elle aussi, a ses risques qu'il lui faut maîtriser pour réussir* »[12]. D'autre part, l'universalité du contrôle interne signifie aussi sa ramification dans toutes les composantes de l'organisation. Qu'il s'agisse d'organes (exemples : usine, conseil d'administration, direction générale, direction, service, etc.), de fonctions (exemples : achats, gardiennage, ressources humaines, finances, administration générale, communication, etc.), d'éléments matériels (exemples : produit entrant dans la fabrication, mobilier, matériel roulant, matériel de bureau, etc.), de processus (exemple : processus de paie), de procédures (exemple : procédure de dépense publique), tous les éléments imbriqués dans l'organisation peuvent, chacun, avoir son dispositif de contrôle interne.

C'est d'ailleurs l'impossibilité d'inventorier tous les éléments imbriqués dans l'organisation qui donne au contrôle interne cette autre caractéristique : sa diversité. La diversité du contrôle interne, c'est donc la diversité des éléments en interaction dans l'organisation qu'il faut – ou dont il faut se– prémunir des risques.

Le contrôle interne est aussi caractérisé par sa relativité. Cela veut dire que ce n'est pas un système de protection achevé ni parfait. Les risques dont il est censé prémunir étant multiples, non dénombrables en totalité, d'inégale importance et sans cesse changeants, le système de contrôle interne mis en place à un moment donné peut devenir inefficace à un autre. Il doit donc être constamment adapté aux risques actuels. La relativité du contrôle interne signifie aussi son opportunité au regard de son coût. Cela veut dire, en termes clairs, qu'il n'est pas recommandé de mettre en place un système de contrôle interne lorsque son coût risque d'être plus élevé que l'impact du risque dont il est censé prémunir. En somme donc, même s'il existe partout, le contrôle interne ne s'impose pas à toute organisation.

La dimension culturelle du contrôle interne renvoie au fait que celui-ci est influencé par la culture de l'organisation qui l'applique. La localisation géographique de l'entité, son activité, son mode d'organisation, entre autres, sont autant de facteurs qui déterminent un système de contrôle interne.

---

[12] J. RENARD, *Comprendre et mettre en œuvre le contrôle interne*, Paris, Éditions Eyrolles, 2012, p. 1.

B. Les composantes du contrôle interne

Dans la conception de tout système de contrôle interne, il faut réfléchir à ces trois éléments fondamentaux : ses objectifs, les préalables à connaître et les dispositifs de contrôle interne.

1. Les objectifs d'un système de contrôle interne

Les objectifs, généralement admis, d'un système de contrôle interne sont les suivants :

- « *la fiabilité et l'intégrité des informations financières et opérationnelles ;*
- *l'efficacité et l'efficience des opérations ;*
- *la protection du patrimoine ;*
- *le respect des lois, règlements et contrats* »[13].

2. Les préalables d'un système de contrôle interne

Les préalables à la mise en place d'un système de contrôle interne consistent dans :

- la connaissance de la mission de l'organisation : c'est la connaissance des tâches qu'elle implique, la finalité de ces tâches et leurs limites ;
- la connaissance des facteurs clés de succès. Ceux-ci peuvent être des facteurs d'ordre humain, matériel, technique, logistique, financier, etc. ;
- la connaissance des règles à respecter : il ne s'agit pas de connaître toute la production législative ou réglementaire dans un pays, mais de répertorier et suivre l'évolution des dispositions juridiques qui régissent le domaine d'activité de l'organisation concernée.

3. Les dispositifs d'un système de contrôle interne

Les dispositifs (ou familles de dispositifs, pour certains auteurs) de contrôle interne sont « *les leviers sur lesquels s'appuie la maîtrise du pilotage et qui mettent l'organisation sous contrôle* »[14]. Ces familles de dispositifs sont les suivantes :

---

[13] J. RENARD, *Comprendre et mettre en œuvre le contrôle interne*, Paris, Éditions Eyrolles, 2012.

[14] S. HUTEAU, *La nouvelle gestion publique locale : LOLF et collectivités territoriales*, Paris, Dexia, 2008.

- les objectifs (de l'organisation) : ils sont le guide de l'organisation, le fil conducteur de son action, ses buts, sa destination, son cap. Ils sont le guide de l'organisation tant au niveau général qu'au niveau de chacune de ses composantes, organiques (directions, services, etc.) ou matérielles (activités). Le concepteur du dispositif de contrôle interne d'une organisation doit s'assurer que celle-ci se dote d'objectifs dits SMART (*Specific*, c'est-à-dire cohérents avec la mission de l'organisation, *Mesurable*, c'est-à-dire quantifiables ou qualifiables, *Achievable*, c'est-à-dire réalistes, réalisables par les participants à l'action, *Relevent*, c'est-à-dire pertinents, *Timed*, c'est-à-dire dont la réalisation est prévue dans un délai défini). La connaissance des objectifs de l'organisation permet une correcte évaluation des moyens qu'elle devrait y consacrer ;

- les moyens : ce sont les moyens de toutes natures : humains, matériels, techniques, financiers, etc. Ils sont calibrés par rapport aux objectifs, sauf si l'organisation n'a pas les moyens de ses ambitions. Dans ce cas, c'est le calibrage inverse qu'il convient d'opérer, c'est-à-dire redimensionner les objectifs aux moyens disponibles ;

- le système d'information : le système de contrôle interne à mettre en place doit offrir les garanties d'un système de qualité. Il s'agit d'un système qui permet de produire des informations fiables, exhaustives, pertinentes et disponibles ;

- l'organisation : le système de contrôle interne doit permettre de s'assurer d'une organisation adaptée, objective, respectant la séparation des tâches incompatibles, définissant les pouvoirs et donc les délégations et les relations de pouvoir, ainsi qu'un organigramme adapté (pour les entités d'une certaine taille) et offrant une description des postes ;

- les procédures : pour d'aucuns, elles constituent le « *mode d'emploi* »[15] de l'organisation, c'est-à-dire « *les éléments explicatifs de la façon d'accomplir les tâches répertoriées au sein de celle-ci* ». Ainsi comprises, les procédures doivent être écrites, organisées et hiérarchisées, connues de tout le personnel de l'organisation et régulièrement révisées et adaptées ;

- la supervision : c'est le contrôle au sens de vérification. Il ne s'agit toutefois pas d'une reprise systématique du travail du supervisé, mais d'une suggestion de la possibilité de cette reprise. Cela veut dire que le supervisé doit avoir constamment à l'esprit que son travail peut faire l'objet, à toute époque, de contrôle de la part d'un agent ou d'un organe interne ou externe à l'organisation. Un bon dispositif de contrôle interne devrait déterminer, dans sa partie consacrée aux procédures au sein de l'organisation, diverses

---

[15] *Comprendre et mettre en œuvre le contrôle interne*, Paris, éditions Eyrolles, 2012, p. 146.

modalités liées à la supervision : son temps (vérification a priori, concomitante ou a posteriori), son intensité (vérification intégrale ou partielle), sa méthode (vérification inopinée ou annoncée), son ou ses auteurs (une personne, une instance, un corps, une institution, la hiérarchie), etc.

Ainsi conçu pour s'appliquer à l'organisation en général, le contrôle interne s'adapte toutefois, on l'a dit, à tout organe, à toute fonction, à tout processus, à toute procédure sujet à — ou source de — risques dont on souhaiterait se prémunir afin de mettre l'organisation sous contrôle. C'est dans ce sens que l'on va parler, ci-dessous, du contrôle interne budgétaire.

IV. Le contrôle interne budgétaire

Le contrôle interne budgétaire est donc le dispositif mis en place pour maîtriser les risques liés au processus budgétaire, aux procédures budgétaires, à la fonction budgétaire en général. Ainsi compris, il devrait concerner toutes les parties prenantes à ce processus, à ces procédures, à cette fonction. Au point 2 de l'annexe I de l'arrêté français du 17 décembre 2015[16], il est indiqué que « *le contrôle interne budgétaire et le contrôle interne comptable relèvent de l'ensemble des acteurs impliqués dans les champs budgétaires et comptables* ».

Pour le cas du Sénégal, il devrait donc concerner aussi bien les autorités bénéficiaires de l'autorisation budgétaire du Parlement et consommatrices des crédits que celles qui sont chargées de la préparation et de l'exécution du budget, ainsi que de la reddition des comptes. En somme, le dispositif de contrôle interne budgétaire devrait, dans l'idéal, être commun au ministère chargé des Finances et aux ministères dits sectoriels. Il devrait être transversal.

Toutefois, en ce qui concerne la conception et l'application de dispositifs de contrôle interne, la LOLF ne semble pas mettre en avant la caractéristique fonctionnelle de celui-ci, mais plutôt sa caractéristique organique. Aux termes de son article 13, « *sur la base des objectifs généraux fixés par le ministre sectoriel, le responsable de programme détermine les objectifs spécifiques, affecte les moyens et contrôle les résultats des services chargés de la mise en œuvre du programme. Il s'assure du respect des dispositifs de contrôle interne et de contrôle de gestion* ». La LOLF conçoit donc le contrôle interne au niveau du programme, même si une politique d'ensemble pourrait placer la question au niveau du cabinet du ministre ou du président d'institution constitutionnelle.

---

[16] Arrêté n° 1529241 du 17 décembre 2015, relatif au Cadre de référence des contrôles internes budgétaire et comptable, pris en application de l'article 215 du décret n° 2012-1246 du 7 novembre 2012, relatif à la gestion budgétaire et comptable publique.

A. Les objectifs du contrôle interne budgétaire

1. Objectif global

L'objectif majeur du contrôle interne budgétaire est de mettre à la disposition des managers publics et des responsables de programme un outil efficace leur permettant de mieux maîtriser les risques inhérents à leurs activités, et ainsi favoriser l'atteinte de leurs objectifs en ce qui concerne la gestion budgétaire.

Dans le cadre du budget et de la dépense publique, ces objectifs renvoient à deux préoccupations majeures :

- le respect de la réglementation, notamment en matière de procédures budgétaires et de dépense ;
- et la recherche de performance liée à la mise en œuvre de la gestion axée sur les résultats.

Ainsi, la démarche de contrôle interne, dans un contexte de budget-programme, ne se limite pas uniquement à effectuer des vérifications de type classique ou réglementaire sur les dispositifs et les procédures budgétaires et de dépense ; elle inclut également une identification des risques potentiels qui planent au-dessus de ces dispositifs et procédures centrés sur la performance, ainsi que sur les moyens efficaces pour les réduire (sécurité du système d'information, fiabilité du *reporting*, etc.).

2. Objectifs spécifiques

Le contrôle interne budgétaire, qui relève de la compétence et de la responsabilité de chaque ministère, poursuit deux objectifs principaux : la **qualité de la comptabilité budgétaire**, qui permet de rendre compte de l'autorisation parlementaire et de son exécution, et la **soutenabilité budgétaire**, qui a vocation à s'assurer du respect des autorisations budgétaires grâce, notamment, à la qualité de la programmation des activités.

- **La qualité de la comptabilité budgétaire**

Une comptabilité budgétaire de qualité facilite la reddition des comptes (justification de l'usage fait de l'autorisation du Parlement). Elle fournit également aux acteurs financiers des éléments suffisamment fiables pour l'analyse, le pilotage et l'évaluation de la gestion.

La qualité de la comptabilité budgétaire est nécessaire à la correcte appréciation du respect de l'autorisation budgétaire. La comptabilité budgétaire présente les autorisations budgétaires fixées par le Parlement et leur exécution. Elle traduit ainsi les ouvertures de crédits en autorisations d'engagement (AE) et en crédits de paiement (CP), les plafonds d'emplois et les découverts autorisés, les évaluations de recettes. Elle retrace également les consommations d'AE, de CP et d'emplois en équivalent temps plein travaillé (ETPT), les découverts autorisés et les recettes constatées, ainsi que le suivi des affectations d'AE dans le cadre des opérations d'investissement.

La qualité de la comptabilité budgétaire est basée sur six (06) critères :

- la régularité : les opérations financières conduisant à des enregistrements en comptabilité budgétaire sont conformes aux lois et règlements en vigueur (contrôle juridique de la dépense) ;
- l'exactitude : la correcte évaluation des engagements, des paiements, des encaissements et des consommations d'emplois ;
- l'exhaustivité : la totalité des engagements, des paiements, des consommations d'emplois et des encaissements de l'entité est enregistrée sans contraction entre eux ;
- l'imputation : la correcte et régulière imputation par nature et par destination, s'agissant des engagements, des dépenses, des consommations d'emplois sur un fonds de concours ou une attribution de produits, sur le budget général, sur un compte spécial du Trésor ou sur un budget annexe, par ligne de recettes pour les recettes et, le cas échéant, par destination ;
- le rattachement au bon exercice budgétaire ;
- la sincérité, c'est-à-dire la traduction de la réalité et de l'importance des éléments comptabilisés par l'application stricte des règles de la comptabilité budgétaire.

- **La soutenabilité budgétaire**

La soutenabilité budgétaire renvoie à la capacité d'un ministère à mettre en œuvre les politiques qu'il conduit dans le respect des autorisations budgétaires, tant dans leur cadre annuel que dans leur trajectoire pluriannuelle. Elle s'appuie ainsi sur la qualité de la programmation initiale (mise en adéquation des prévisions avec les moyens alloués) ainsi que sur celle de son suivi et de son actualisation.

La soutenabilité budgétaire s'apprécie à travers trois (03) critères fondamentaux :

- la qualité de la programmation budgétaire initiale : établie selon une nomenclature d'activités pertinente, elle doit permettre d'assurer l'adéquation entre la mise en œuvre opérationnelle des objectifs stratégiques du programme et la loi de finances publiques en vigueur, notamment au DPBEP qui lui est annexé ;

- la qualité du suivi et l'actualisation de la programmation : elles permettent d'assurer la mise en cohérence, dans le respect des enveloppes fixées, de la programmation avec les actes de gestion et la prise en compte des modifications d'hypothèses en cours de gestion ;
- la soutenabilité de la gestion : elle se traduit par l'adéquation des projets de dépense d'un responsable administratif avec les droits d'engagement et de paiement qui lui sont notifiés ou qui sont susceptibles d'être mis à sa disposition, ainsi que par la maîtrise de leur impact sur les années ultérieures, compte tenu de la couverture des dépenses obligatoires ou inéluctables.

B. Les outils du contrôle interne budgétaire

De façon concrète, le manager ou responsable de programme élabore une **cartographie des principaux risques budgétaires** auxquels la structure ou le programme est exposé. Une fois identifiés et systématisés, les risques sont hiérarchisés en fonction de leur criticité, suivant deux critères : leur **impact** et leur **probabilité d'occurrence**. À partir de ce travail de stratification des risques, un **plan d'action** est conçu pour mettre en place les dispositifs de maîtrise des risques adaptés.

Cette procédure, en plus de conférer aux responsables ministériels la capacité d'appréhender l'impact budgétaire des risques identifiés et les enjeux qui s'y rapportent, leur permet de dégager les priorités ministérielles et d'optimiser les choix de gestion.

1. La cartographie des risques

La cartographie des risques est l'outil de base du dispositif de contrôle interne en général, et donc, du contrôle interne budgétaire. Elle permet de répertorier la plupart des risques auxquels le ministère est exposé, compte tenu des processus et des contrôles qu'il met en œuvre.

S'agissant des processus métiers ou budgétaires, cartographier les risques consiste à recenser et hiérarchiser les risques identifiés dans la conduite des activités ayant un lien avec les objectifs de qualité budgétaire, à la fois auprès des agents en charge de celles-ci et dans les rapports des instances de contrôle ou d'évaluation.

Certains risques seront :

- une déclinaison des risques génériques listés dans les fiches d'aide à l'élaboration des matrices ministérielles de contrôle interne budgétaire associées aux macro-processus budgétaires ;
- liés aux métiers du ministère ;

- endogènes ou exogènes ;
- liés à l'environnement de contrôle du ministère, à sa gestion des risques, à son système d'information et de communication ou à son pilotage du contrôle interne.

Cette étape comprend les phases suivantes :

- le découpage des activités ou des processus en tâches élémentaires ;
- l'identification de celles qui ont un impact budgétaire ou qui correspondent à une activité des processus budgétaires ;
- l'identification, dans la réalisation de ces activités, des risques de ne pas atteindre les objectifs de qualité de la comptabilité budgétaire et de soutenabilité budgétaire ;
- l'évaluation et la hiérarchisation de ces risques en matière d'impact et de probabilité d'occurrence, et ce, avant toute prise en compte de dispositifs de contrôle mis en place par le ministère ;
- la qualification de ces risques (critique, majeur, modéré, mineur, infime ou autre échelle) en fonction de leur criticité (le cas échéant, en matière d'impact et de probabilité d'occurrence) ;
- l'identification, pour les risques principaux retenus à la suite de la qualification opérée, des dispositifs de contrôle existants et l'évaluation de leur capacité à les maîtriser.

La cartographie des risques doit faire l'objet d'une mise à jour au moins annuelle. Elle doit répertorier l'ensemble des risques actuellement redoutés, qu'ils soient endogènes ou exogènes.

Cette méthode de cartographie des risques, développés selon les principes théoriques du contrôle interne, peut apparaître très conceptuelle et complexe à mettre en œuvre pour une première démarche, s'agissant notamment de la phase d'évaluation des risques, abstraction faite des dispositifs de contrôle existants (risques inhérents).

Une méthode de cartographie simplifiée peut être utilisée lorsqu'elle favorise l'appropriation de la démarche et l'adhésion aux travaux. Il apparaît ainsi possible de ne pas évaluer les risques inhérents (c'est-à-dire abstraction faite des dispositifs de contrôle existants) pour évaluer directement les risques résiduels (c'est-à-dire compte non tenu des dispositifs de contrôle).

2. Les plans d'action

Le travail de recensement, de hiérarchisation et de qualification des risques débouche sur l'élaboration d'un plan d'action. Celui-ci identifie les dispositifs-cibles de contrôle qui doivent venir, le cas échéant, compléter les dispositifs existants et qu'il convient de mettre en place.

Il procède à l'évaluation des moyens à mettre en œuvre pour déployer ces dispositifs-cibles.

La politique de contrôle interne budgétaire du ministère et son plan d'action associé ont vocation à faire l'objet d'un document formalisé (référentiel ou instruction) de contrôle interne budgétaire. Ce dernier précise :

- les objectifs poursuivis ;
- l'organisation mise en place ;
- le calendrier, les étapes, les jalons et les modalités de suivi du plan d'action ;
- les ressources auxquelles les entités peuvent recourir (assistance, conseil, cadres et supports méthodologiques, correspondants, cellule d'appui).

Ce document fait l'objet d'une diffusion à l'ensemble des acteurs concernés.

Le plan d'action est mis en œuvre sous la responsabilité du ministère. Sa validation par l'instance de pilotage du contrôle interne budgétaire permet notamment au CBM de déterminer les modalités d'exercice de son contrôle.

C. Apports réciproques entre le contrôle budgétaire et le contrôle interne budgétaire

Lorsque la nouvelle gestion publique (la gestion par la performance) atteindra sa vitesse de croisière et que les dispositifs de contrôle interne fonctionneront correctement, le contrôle interne devrait remplacer, au sein d'un même ministère, les contrôles de type classique, pour deux raisons au moins.

La première tient au fait que le contrôle de type classique, c'est-à-dire le contrôle-vérification, est déjà pris en compte dans le contrôle interne : il correspond à la composante « supervision » de tout dispositif de contrôle interne. Il se trouve seulement que la vérification est sélective (temps, degré, méthode, acteurs) dans le cadre du contrôle interne, alors qu'elle est systématique dans les contrôles de type classique. La deuxième raison se trouve dans le fait que les contrôles managériaux (y compris donc le contrôle interne), parce que préventifs dans leur principe, sont plus sécurisants pour le patrimoine public et gage de plus de performance pour l'action publique. C'est ce qu'affirmait l'autre en disant qu'« *il est plus avantageux pour le citoyen et plus performant pour la gestion des dirigeants que [les] risques soient prévenus par des dispositifs de contrôle interne adéquats, régulièrement soumis à l'audit, que sanctionnés, à la suite de contrôles-inspections maintes fois mis en œuvre après-coup, lorsqu'ils se produisent* ».

Afin d'en arriver là, il faudrait que les structures et agents du contrôle classique prennent, peu à peu, connaissance des avantages du contrôle interne et apprennent à en concevoir les dispositifs pour en faire bénéficier le patrimoine et l'action publics. D'un autre côté, la longue pratique de contrôle classique peut aussi aider à mettre en place, à assurer le suivi ou à améliorer les dispositifs de contrôle interne dans le cadre de la nouvelle gestion publique.

À titre d'exemple, et en ce qui concerne la gestion budgétaire, l'article 91 de la directive portant RGCP dispose que : « [...] *le contrôleur financier adapte, dans les conditions définies par la réglementation nationale, les modalités de mise en œuvre de ses contrôles au regard de la qualité et de l'efficacité du contrôle interne [...] mis en œuvre par l'ordonnateur* ». C'est cette disposition que semble transposer la LOLF sénégalaise quand elle dispose, à l'alinéa 3 de son article 13, que « *les modalités de mise en œuvre des contrôles budgétaires et comptables prévus par la présente loi organique ainsi que par le décret portant règlement général sur la comptabilité publique tiennent compte tant de la qualité et de l'efficacité du contrôle interne que du contrôle de gestion pour chaque programme* ».

L'exercice du contrôle budgétaire bénéficie donc de la mise en place d'un CIB, dès lors que ce dernier est effectif et efficace, donne des assurances sur la qualité de la comptabilité budgétaire. Le CIB fiabilise ainsi les informations financières à la disposition du contrôleur budgétaire. Un bon dispositif de contrôle interne budgétaire contribue également à améliorer la qualité de la programmation budgétaire et de son suivi en exécution, en facilitant la surveillance de la soutenabilité à partir des documents soumis au contrôleur budgétaire.

Ici donc, bien que mis en œuvre par deux administrations distinctes (ministère chargé des Finances pour les contrôles budgétaires et ministère sectoriel pour le contrôle interne), il est suggéré que contrôle budgétaire et contrôle interne (budgétaire) puissent se compléter plutôt que de se superposer, au risque de redondances nuisibles à la célérité souhaitée de l'action publique dans le cadre de la nouvelle gestion publique.

Inversement, les services de contrôle budgétaire contribuent à améliorer l'efficacité du dispositif de CIB en apportant au ministère leur éclairage sur les risques budgétaires auxquels il est confronté et en lui proposant des pistes de maîtrise tirées de leur expérience.

V. L'AUDIT DE CONTRÔLE INTERNE

La relativité du contrôle interne fait qu'aucun dispositif de maîtrise des risques ne peut être conçu à titre définitif. Il doit être constamment évalué pour être adapté à la nature et à la gravité des risques dont il est censé protéger. L'évaluation de la validité d'un dispositif ou d'un système de contrôle interne est l'objet de l'audit interne.

Paradoxalement cependant, la LOLF, qui prévoit la mise en place de dispositifs de contrôle interne et de contrôle de gestion, ne dispose pas sur l'audit interne. Cela est peut-être dû au fait qu'on considère comme une évidence que tout dispositif de contrôle interne sous-entend son audit. Si tel était le cas, il valait mieux le prévoir explicitement car, comme l'affirmait Charles MAURICE, « *ce qui va sans dire va encore mieux en le disant* ».

Si elle avait prévu l'audit, la LOLF aurait peut-être contribué à la définition de la notion et l'identification de ses acteurs dans le cadre de la gestion publique.

A. Définition et classification de l'audit de contrôle interne

L'audit de contrôle interne, ou audit interne, à la différence, peut être, d'autres types d'audit (exemple : audit externe), bénéficie d'une seule et unique définition au niveau international : c'est celle de l'IIA (*Institute of International Auditors*). Suivant cet institut, « *l'audit interne est une activité indépendante et objective qui donne à une organisation une assurance sur le degré de maîtrise de ses opérations, lui apporte ses conseils pour les améliorer, et contribue à créer de la valeur ajoutée. Il aide cette organisation à atteindre ses objectifs en évaluant, par une approche systématique et méthodique, ses processus de management des risques, de contrôle et de gouvernance d'entreprise et en faisant des propositions pour renforcer son efficacité* ».

Adaptant la définition internationale de l'audit à l'administration française, le décret français n° 2011-775 du 28 juin 2011 relatif à l'audit interne dans l'Administration dispose, à l'alinéa 4 de son article 1er, que l'« *audit interne est une activité exercée de manière indépendante et objective qui donne à chaque ministre une assurance sur le degré de maîtrise de ses opérations et lui apporte ses conseils pour l'améliorer. L'audit interne s'assure ainsi que les dispositifs de contrôle interne sont efficaces* ».

L'audit interne ainsi défini revêt certaines caractéristiques qu'il est important de rappeler ici. Tout d'abord, l'audit interne est une activité qui se mène au sein de l'organisation et par un personnel de l'organisation. Il se distinguerait ainsi, par exemple, de l'audit externe, ou certification des comptes, qui est mené par des prestataires extérieurs à l'organisation et indépendants d'elle. Ensuite, le rapport de l'auditeur interne est destiné exclusivement au responsable de l'organisation. Il sert, en effet, à informer celui-ci des dysfonctionnements, insuffisances et faiblesses notés dans son dispositif de contrôle, afin qu'il y apporte les corrections et améliorations nécessaires. Il se distingue, ici aussi, de l'audit externe dont le rapport peut en principe être communiqué à toute personne qui s'intéresse à la situation financière ou au patrimoine de l'organisation (autorité de tutelle et autres autorités hiérarchiques, bailleurs, prêteurs, investisseurs, etc.).

L'audit interne fait l'objet de plusieurs —voire d'une infinité de— classifications, à l'image du contrôle interne, du fait notamment de la diversité des objets du contrôle interne. Toutefois, la principale classification est celle qui distingue entre :

- audit de régularité (ou de conformité) : il permet d'apprécier le « *respect d'une instruction, d'une règle ou d'une norme, que celle-ci soit interne à l'entité ou qu'elle lui soit imposée par son environnement* »[17]. Mais pour d'autres auteurs, plutôt que de l'appréciation du respect des règles, il s'agit de « *s'assurer que les dispositifs mis en place pour l'application des règles internes (...) et de la réglementation externe (...) sont appliqués et fonctionnent parfaitement* »[18] ;
- audit de performance (ou d'efficacité, *lato sensu*, c'est-à-dire incluant à la fois l'efficacité au sens strict et l'efficience) : sa définition est plus lâche et dépend de l'appréciation de chaque auditeur, suivant « *ce qu'il considère comme devant être la meilleure des solutions, la plus efficace, la plus productive, la plus sûre* »;
- audit de management (ou de direction) : il porte un regard sur l'unité de pilotage de l'organisation mais « *ne cherche nullement à remettre en cause, ni même à apprécier les choix opérés par les dirigeants qui sont souverains en la matière* ». Il amène l'auditeur seulement à « *observer les choix et les décisions, les comparer, les mesurer dans leurs conséquences et attirer l'attention sur les risques ou les incohérences* »[19]. Il s'agit donc ici d'une observation de la forme et non du fond ;

---

[17] FRANCE, INSPECTION GÉNÉRALE DES FINANCES, *Rapport de la Mission de comparaisons internationales relative à l'audit et à l'évaluation dans les administrations de cinq pays de l'OCDE et de la Commission européenne*, n° 2008-M-052-01, Paris, 2008.

[18] J. RENARD, *Théorie et pratique de l'audit interne*, Paris, Eyrolles, 2013.

[19] *Idem*, note 18.

- audit de stratégie : porté aussi sur la forme et non sur le fond, il permet une « *confrontation de l'ensemble des politiques et stratégies de [l'organisation] avec le milieu dans lequel elles se situent pour en vérifier la cohérence globale* ».

B. Les acteurs de l'audit de contrôle interne

Il s'agit de voir quelles structures, au sein de l'administration, seraient chargées de l'activité d'audit interne.

Si l'on se réfère aux caractéristiques de l'audit interne, notamment à celles qui en fait une activité interne à l'organisation, l'activité devrait être menée, pour chaque ministère (considéré ici comme l'organisation de base dans le cadre de la nouvelle gestion), par des services, structures ou personnes qui lui sont internes. Cela pourrait être les services ou unités chargés du management dans les ministères (les CEP actuelles). Au niveau infraministériel, certaines grandes directions (des directions générales notamment) ont l'habitude, depuis quelques années, de se doter de services dits « Directions du Contrôle interne » : c'est le cas dans les grandes régies financières. Sous condition d'un changement de nom et du contenu de leurs attributions (une structure ou une personne qui a mis ou contribué à mettre en place un dispositif de contrôle interne ne doit, en aucun cas, être mêlée à l'audit de ce dispositif, parce que son indépendance risque d'être fortement compromise), lesdites directions peuvent parfaitement assurer des missions d'audit.

Pour les ministères ou administrations qui ne peuvent pas se doter de structures propres d'audit interne (personnel insuffisant, crédits insuffisants aussi pour recruter et payer des auditeurs internes, manque d'attractivité pour les professionnels de l'audit interne, etc.), il est possible de mettre en place une structure centrale d'audit interne.

Cette structure aurait donc comme compétence, tout d'abord, d'effectuer des missions d'audit interne pour lesdits ministères ou administrations. Elle serait ensuite, dans le cadre d'une autre compétence, chargée de l'élaboration, de l'actualisation et de la diffusion des normes d'audit interne, ainsi que de « l'encadrement méthodologique de la fonction d'audit ». La structure centrale d'audit interne serait, enfin, chargée de veiller à l'indépendance des auditeurs internes. C'est un rôle important car l'auditeur interne, quoique compris dans le personnel de l'organisation et livrant son rapport au responsable de celle-ci (qui doit même approuver son programme d'audit), ne doit pas pour autant subir l'influence de ce responsable dans la conduite même de la mission d'audit interne. Le Code de déontologie (ou les principes, notamment intégrité, objectivité) et les normes (notamment normes de qualification, parmi lesquelles on retrouve l'indépendance de l'auditeur interne) de l'activité s'y opposent.

La LOLF nigérienne de 2012 à 2022 : une décennie à la recherche de la performance dans la gestion des finances publiques

Abdoulaye HAMADOU

Agrégé de droit public
Enseignant-chercheur à la Faculté de Droit
Université Djibo Hamani de Tahoua (Niger)

Introduction

Il y a dix ans de cela, en juin 2012, le Professeur Nicaise MÉDÉ, dédicataire de ces mélanges, annonçait la couleur de ce qui va changer avec le nouveau cadre harmonisé des finances publiques dans l'espace UEMOA : « *Le cadre harmonisé des Finances publiques dans les États de l'UEMOA marque le passage d'une régulation par le droit à une régulation par les résultats* »[1]. Trois ans auparavant, l'UEMOA avait entrepris une réforme majeure pour moderniser la gestion des finances publiques de ses États membres en adoptant des directives qui harmonisent les législations et les pratiques dans divers domaines de la gestion des finances publiques[2]. Ainsi, six directives ont été adoptées en 2009, couvrant

[1] N. MÉDÉ, « Réflexion sur le cadre Harmonisé des Finances publiques dans l'espace UEMOA », *Revue électronique Afrilex*, 2e numéro spécial finances publiques, juin 2012, p. 10 et s.

[2] LUX-DEV, « La réforme des finances publiques en Afrique de l'Ouest : les innovations, les enjeux et les enseignements », p. 6.

les lois de finances[3], la transparence dans la gestion des finances publiques[4], le Règlement général de la Comptabilité Publique[5], la nomenclature budgétaire de l'État[6], le Plan Comptable[7] et le Tableau des Opérations financières de l'État[8]. Ces nouvelles directives font l'objet de transposition progressive dans l'ordonnancement juridique de l'État du Niger depuis 2012 et les nouveaux textes de base sont les suivants : la loi n° 2012-09 du 26 mars 2012 portant Loi organique relative aux lois de finances (LOLF), la loi n° 2014-07 du 16 avril 2014 portant adoption du Code de transparence dans la gestion des finances publiques, le décret n° 2013-83/PRN/MF du 1er mars 2013 portant Règlement général de la Comptabilité Publique, le décret n° 2013-84/PRN/MF du 1er mars 2013 portant nomenclature budgétaire de l'État, le décret n° 2013-85/PRN/MF du 1er mars 2013 portant plan comptable de l'État et le décret n° 2013-86/PRN/MF du 1er mars 2013 portant tableau des opérations financières de l'État (TOFE).

La présente réflexion porte sur la loi n° 2012-09 du 26 mars 2012 portant (LOLF) dont l'adoption au Niger a suscité beaucoup d'espoir pour un renouveau dans la gestion des finances publiques, autour des principes de reddition des comptes, de performance et de transparence. Elle s'intéresse plus particulièrement à l'articulation entre la LOLF et la recherche de performance dans la gestion des finances publiques pendant une décennie d'application. Mais, pour saisir le sens de la réflexion, il convient au préalable d'élucider les notions clés qui en constituent l'ossature telles que « LOLF nigérienne », « la performance » et « finances publiques ».

Le vocabulaire « LOLF nigérienne » renvoie ici à la loi n° 2012-09 du 26 mars portant loi organique relative aux lois de finances en République du Niger[9]. Dans la forme, il s'agit d'une loi organique, c'est-à-dire dont la procédure d'élaboration, d'adoption et de mise en œuvre est particulière. Du fait qu'elles complètent la Loi fondamentale, les lois organiques en droit nigérien font l'objet d'un contrôle automatique de constitutionnalité avant leur promulgation[10]. Dans

---

[3] Directive n° 06/CM/UEMOA du 26 juin 2009 relative aux lois de finances.

[4] Directive n° 01/2009/CM/UEMOA du 27 mars 2009 portant Code de transparence dans la gestion des finances publiques au sein de l'UEMOA.

[5] Directive n° 07/CM/UEMOA du 26 juin 2009 portant règlement général sur la comptabilité publique.

[6] Directive n° 08/CM/UEMOA du 26 juin 2009 portant Nomenclature budgétaire de l'État.

[7] Directive n° 09/CM/UEMOA du 26 juin 2009 portant Plan comptable de l'État (PCE) au sein de l'UEMOA.

[8] Directive n° 10/CM/UEMOA du 26 juin 2009 portant Tableau des opérations financières de l'État (TOFE) au sein de l'UEMOA.

[9] *JORN*, Spécial n° 1, en date du 23 mai 2012, pp. 648-657.

[10] « *Les lois organiques, avant leur promulgation, et le Règlement intérieur de l'Assemblée nationale, avant sa mise en application ainsi que leurs modifications, doivent être soumis à la*

son contenu, elle comprend quatre-vingt-six (86) articles et dix (10) titres portant chacun une importante rubrique d'ensemble : la classification des lois de finances (Titre 2), le contenu des lois de finances de l'année (Titre 3), la présentation et des dispositions des lois de finances (Titre 3), du cadrage macroéconomique des lois de finances (Titre 5), de la procédure d'élaboration et de vote (Titre 6), des règles fondamentales de mise en œuvre des budgets publics (Titre 7), du contrôle parlementaire et juridictionnel (Titre 8), des responsabilités en matière d'exécution des budgets publics (Titre 9). Dans une perspective comparative, le texte reproduit fidèlement la directive communautaire dans sa lettre comme dans son contenu, ce qui lui confère sa « *pleine légitimité* »[11]. En substance, c'est un texte qui régit les lois de finances tant dans leurs préparation, adoption, exécution, que dans le contrôle des opérations exécutées. Il contient les grandes dispositions en ce qui concerne les procédures d'exécution des opérations financières des collectivités publiques[12].

Le terme « performance », issu de l'ancien français « parformer », qui renvoyait aux notions d'« accomplissement », de « réalisation » ; « achèvement »[13] et qui renvoie à la capacité d'atteindre les objectifs de résultats préalablement fixés, apparaît comme l'un des enjeux principaux du nouveau cadre harmonisé des finances publiques de l'UEMOA. En matière de gestion, il faut convenir, avec M. Mahrez ZAHED, que la performance ne consiste pas à dépenser moins ou plus, mais à simplement dépenser mieux afin que le citoyen contribuable ressente l'impact et les effets de sa contribution, tout en assurant une gestion rationnelle des deniers publics[14]. Pour résumer et simplifier, la performance signifie que les autorités publiques, en matière de dépenses publiques, *doivent faire mieux* avec les moyens financiers et humains mis à leur disposition. Aujourd'hui, cette notion de performance se profile derrière des euphémismes largement usités dans la littérature financière[15], l'efficacité, l'efficience, l'économie et la reddition des comptes[16].

Cour constitutionnelle qui se prononce sur leur conformité à la Constitution. (...) » (Art. 131, Constitution du 25 novembre 2010).

[11] Dans son contenu, le texte reproduit fidèlement la directive communautaire dans sa lettre comme dans son fond. Ce qui paradoxalement lui confère sa pleine légalité et même sa légitimité.

[12] F. J. J. AVANHOUNDJE, « La LOLF et les LOLF de l'UEMOA », *in* N. MÉDÉ (dir.), *La LOLF dans tous ses états*, Cotonou, Centre des publications Universitaires, UAC, 2015, p. 332.

[13] D. HURON et J. SPINDLER, *Management et finances publiques*, L'Harmattan, Paris, 2019, p. 25.

[14] M. ZAHED, « La démarche de performance dans la gestion publique », *GFP*, n° 5-2016/Septembre-Octobre 2016, p. 1.

[15] M. DIAKHATÉ, « Le pilotage de la performance des finances publiques dans les États membres de l'Union Économique et Monétaire Ouest-Africaine (UEMOA) », *RAFiP,* n° 9, Premier semestre 2021, p. 11.

[16] OCDE, La budgétisation axée sur la performance dans les pays de l'OCDE, Paris, OCDE, 2007.

L'expression « finances publiques » est considérée ici dans un sens restreint[17] et renvoie aux règles et aux opérations liées à la dépense publique, dans son élaboration et sa mise en œuvre. Dans ce sens, certains auteurs évoquent précisément la « *quête de la performance de la dépense publique* » qui repose sur l'idée que les ressources allouées par les budgets doivent être utilisées de façon optimale pour atteindre des objectifs prédéfinis, mesurables au moyen d'instruments de suivi des résultats. Elle procède d'une conception renouvelée des finances publiques, qui considère que la légitimité de la dépense publique repose davantage sur les missions ou finalités d'intérêt général qu'elle poursuit que sur le fonctionnement des services et administrations publiques qui en ont la charge[18].

L'articulation de ces notions est donc pertinente et de constante actualité. La recherche de la performance est devenue universelle, ou du moins, elle tend à devenir un référentiel commun des démocraties comme des systèmes totalitaires, des entreprises comme des États. Initialement, cette *exigence de toujours faire mieux* était confinée dans le secteur privé. À l'échelle étatique, elle a émergé avec le *New public Management*, très répandu dans le monde anglosaxon, plus particulièrement dans les pays membres de l'Organisation de Coopération et de Développement Économiques (OCDE), qui recoupe la notion française de « *réforme de l'État* »[19]. Elle poursuit divers objectifs, dont trois principaux : « *l'adaptation de l'environnement économique, social, écologique, sanitaire, culturel, etc., pour satisfaire les citoyens ; l'amélioration des services et des prestations fournis pour satisfaire les usagers et l'optimisation du coût des services et des prestations pour satisfaire les contribuables* »[20]. En Afrique de l'Ouest, et sur un plan strictement juridique, c'est le nouveau cadre harmonisé de l'UEMOA qui a permis d'irriguer le champ des finances publiques de cette démarche à partir de 2009. Depuis là, la fièvre de la quête de performance[21] dans

---

[17] Lato sensu, les finances publiques renvoient à « *l'ensemble des ressources et des dépenses des personnes morales de droit public, effectuées suivant des normes, la plupart du temps, exorbitantes du droit commun et destinées à la satisfaction des besoins d'intérêt général* » : E. DIARRA, *Cours de droit budgétaire, 2017-2018*, Master 2, Services et politiques publics, document d'enseignement à distance, Université de Rouen, p. 1.

[18] Y. OUEDRAOGO, *L'influence de la démarche de performance sur le droit public financier des États membres de l'UEMOA*, LGDJ Lextenso, 2018, p. 3.

[19] D. HURON et J. SPINDLER, *Management et finances publiques*, Paris, L'Harmattan, 2019, p. 26.

[20] M.-Ch. STECKEL-ASSOUERE, « Performance », *in* Nicolas KADA, Martial MATHIEU (dir.), *Dictionnaire d'administration publique*, PUG, coll. « Droit et Action publique », 2014, p. 372.

[21] N. MÉDÉ, « L'Afrique francophone saisie par la fièvre de la performance financière », *Revue Française de Finances Publiques*, n° 135, septembre 2016, pp. 349-360.

la gestion des finances a gagné progressivement les États de l'organisation communautaire ouest-africaine.

La LOLF nigérienne découle donc de cette dynamique sous-régionale et subsidiairement des bonnes pratiques issues d'autres mécanismes[22]. En adoptant la réforme budgétaire, l'un des enjeux pour l'État du Niger était de passer à un nouveau paradigme dans la gestion des finances publiques, c'est-à-dire passer d'une logique de moyens qui ne prend en compte que le montant des crédits alloués, à une logique de résultats qui s'appuie sur les objectifs à atteindre. Dans l'exposé des motifs du projet de ladite loi, le Gouvernement soutient que le cadre de gestion classique n'est pas en mesure de répondre aux objectifs de la gestion des finances publiques, à savoir : la fourniture adéquate des prestations publiques, la gestion pluriannuelle des crédits, la budgétisation par programme, la déconcentration de l'ordonnancement, l'allocation stratégique des ressources à des fins précises, la discipline budgétaire garantissant l'harmonie d'ensemble, l'allégement du contrôle a priori et le renforcement du contrôle externe sur les finances publiques par la Cour des comptes et l'Assemblée nationale.

Dans les faits, il a fallu attendre le projet de loi de finances au titre de l'année 2018 pour la mise en œuvre effective, mais progressive, de la LOLF. En effet, le basculement en mode « budget-programme » a exigé une préparation conséquente du terrain, c'est-à-dire de nouvelles façons de faire pour les acteurs publics. Ainsi, de nouvelles modalités de préparation du budget ont été mises en œuvre, de nouvelles règles et de nouveaux outils de gestion ont été fixés et mis en place. Aussi, d'autres dispositions de la nouvelle constitution financière doivent graduellement être mises en place pour s'arrimer à la nouvelle approche de programmation, de budgétisation, d'exécution et de contrôle du budget-programme[23]. Ainsi donc, si la LOLF nigérienne est vieille de dix ans, sa mise en œuvre effective n'en est qu'à sa cinquième année.

Mais, une loi, organique soit-elle, peut-elle améliorer à elle seule la gouvernance des finances publiques dans un pays où la règle de droit est généralement peu respectée ? Où la corruption est tentaculaire ? Où le détournement des deniers publics et autres malversations financières sont monnaie courante ? Dans un tel contexte, la recherche de la performance dans la

---

[22] Il faut rappeler que depuis les années 2004 et à l'instar d'autres pays de l'Afrique subsaharienne, le Niger a souscrit aux mécanismes de la *Revue de la Gestion des Dépenses Publiques et de la Responsabilité financière* (PEMFAR) pour renforcer son système de gestion des dépenses publiques : RN/MF, Direction générale des opérations financières et des réformes, *Diagnostic de la gestion des finances publiques au Niger*, Rapport provisoire, *WBG Governance*, mai 2021, p. 20.

[23] RN/MF, *Diagnostic de la gestion des finances publiques au Niger*, Rapport provisoire, *WBG Governance*, mai 2021, p. 19.

gestion des finances publiques, qui sous-tend la logique *lolfienne*[24], est de toute évidence spécifique. En effet, elle répond à de nombreux enjeux qui incluent non seulement la maîtrise des dépenses publiques et l'efficacité de la gestion publique[25], mais également un combat sans faiblesse contre les pratiques sus-évoquées. Des efforts devraient également être faits dans le domaine de la formation des cadres de la hiérarchie administrative censés assurer les fonctions de responsables de programme. Certainement, la recherche de la performance des finances publiques sous le prisme de la LOLF devrait inclure tous ces éléments propres au Niger.

L'intérêt de cette contribution est double. Il est d'abord pratique, en ce sens qu'il s'agit pour nous de dépasser les incantations inscrites dans la loi, et de nous intéresser à l'examen des résultats acquis au bout d'une décennie de pratique : nombre de politiques publiques financées, efficacité des dépenses publiques, réduction des déficits, reddition et transparence des comptes publics, contrôle parlementaire et juridictionnel effectif, etc. De ce point de vue, on peut même évoquer, humblement, l'idée d'une évaluation de la LOLF. La réflexion présente également un intérêt théorique dans le sens où nous proposons une relecture de la recherche de la performance des finances publiques en l'adaptant aux réalités nigériennes : insuffisances de ressources (incivisme fiscal et faible mobilisation de ressources) alors que tout est prioritaire (sécurité, éducation, santé, alimentation, etc.), très faible application des sanctions contre les auteurs des malversations financières exacerbées, un taux de corruption très élevé dans l'administration publique, etc.

À partir de ces éléments de constat, il devient possible de s'interroger : la mise en œuvre de la LOLF a-t-elle permis de mettre au diapason de la performance la gestion des finances publiques ? En d'autres termes, la gestion des finances publiques sous le régime de la LOLF de 2012 est-elle plus performante, plus satisfaisante ; a-t-elle produit de meilleurs résultats qu'avant son avènement ? Si le Niger a effectivement basculé dans un nouveau cadre de gestion des finances publiques, le cadre institutionnel et les compétences déployées ne sont pas encore à la hauteur des enjeux. Au chapitre des réformes engagées effectivement depuis l'entrée en vigueur de la LOLF, il faut retenir que de nombreux chantiers sont ouverts sur la voie de la quête de performance des finances publiques **(I)**. Dans la pratique cependant, les chantiers ouverts ne progressent pas suffisamment

---

[24] N. MÉDÉ, « Rapport introductif : la LOLF, scénarios pour aujourd'hui », *in* MÉDÉ. N. (dir.), *La LOLF dans tous ses états*, Cotonou, Centre des Publications Universitaires de l'Université d'Abomey-Calavi, 2015, pp. 17-18.

[25] De manière classique, ces deux objectifs constituent les enjeux les plus admis de la démarche de performance en finances publiques, selon Marie-José TULARD, « La LOLF : un modèle pour les collectivités territoriales ? », *in* Michel BOUVIER (dir.), *La bonne gouvernance des finances publiques dans le monde*, Paris, LGDJ, 2009, p. 299.

pour permettre un changement radical. La performance tant recherchée demeure, pour une large part, éprouvée **(II)**.

I. Une gouvernance des finances publiques performante engagée

La mise en œuvre de la LOLF a permis d'accomplir des progrès plus ou moins tangibles dans la gestion des finances publiques. En préparant son budget, le Gouvernement raisonne désormais en termes de *budget-programme*, *pluriannualité*, de *projet annuel de performance*, de *politiques publiques à l'échelle ministérielle*, *débat d'orientation budgétaire*, etc. La transformation est radicale. La meilleure preuve du basculement qu'a opéré ce texte, c'est qu'avant la LOLF, on ne maîtrisait pas le coût réel des politiques publiques. On pouvait seulement connaître le montant des dépenses, le montant des dépenses exécutées sur le budget de chaque ministère. Aujourd'hui, les gestionnaires des deniers publics, à l'exception des institutions constitutionnelles[26], sont jugés, en théorie, en fonction des indicateurs de performance[27]. Si la mise en œuvre de tout le dispositif de la LOLF n'est pas encore achevée[28], il faut retenir que plusieurs chantiers sont ouverts sur la voie de la performance dans la gestion des finances publiques. On en retiendra essentiellement deux ici : la gouvernance budgétaire axée sur les objectifs **(A)** et la déconcentration de l'ordonnancement à travers l'opérationnalisation des responsables de programme **(B)**.

A. Une gouvernance budgétaire axée sur les objectifs

L'année 2018 restera singulière dans les annales des réformes dans le domaine des finances publiques au Niger. En effet, c'est le 1er janvier 2018 que l'État du Niger est passé officiellement et juridiquement du budget de moyens au budget de programmes. Pour célébrer l'instant, une cérémonie empreinte

---

[26] Les institutions constitutionnelles ne sont pas évaluées, a priori, sur la base d'objectifs de politiques publiques. Elles n'ont pour vocation que la mise en œuvre de leurs missions constitutionnelles.

[27] Un indicateur de performance en finances publiques est conçu pour mesurer la réalisation de l'objectif, le plus objectivement possible. Un indicateur doit être pertinent (c'est-à-dire cohérent avec l'objectif), utile, solide et vérifiable : https://www.budget.gouv.fr/reperes/performance/articles/strategie-objectifs-et-indicateurs-de-performance, consulté le 25 janvier 2023.

[28] RN/MF (Direction générale des opérations financières et des réformes), *op. cit.*, p. 19.

d'une remarquable solennité a été organisée au ministère des Finances[29]. Ainsi donc, depuis cette date, la budgétisation a basculé vers un recentrage des activités des services publics sur les résultats et la mesure de la performance. Il ressort de cette nouvelle gestion budgétaire axée sur les résultats et la performance que le budget de l'État est désormais aligné sur des politiques publiques **(1)**. Dans cette dynamique et pour concrétiser davantage les options de la LOLF en matière de déconcentration de la dépense publique[30], on assiste à une installation progressive des responsables de programmes dans les ministères **(2)**.

1. Le budget de l'État aligné sur des politiques publiques

« Nouveau paradigme, nouveaux concepts », est-on tenté de chanter ! La réalité est qu'avec la LOLF, ce sont aussi les concepts qui changent, notamment dans le domaine de l'autorisation des crédits budgétaires. On parle désormais de « répartition de crédits par programme et dotations » : « *Les crédits ouverts par les lois de finances sont affectés à une institution constitutionnelle ou à un ministère. Ils sont spécialisés par programme et par dotation* »[31]. Selon les mots du législateur nigérien, un programme regroupe les crédits destinés à mettre en œuvre une action ou un ensemble cohérent d'actions représentatif d'une politique publique clairement définie dans une perspective de moyen terme[32]. C'est la clé de la réforme dès lors qu'il pose le principe de la budgétisation par objectifs, et donc conduit les décideurs publics à cesser de raisonner strictement en termes de moyens. La portée de cette réforme est claire : la mise en exergue des politiques publiques[33] comme unité d'autorisation des crédits budgétaires. La

---

[29] C'était en présence des membres du Gouvernement nigérien, des membres du corps diplomatique, des représentants des institutions régionales et internationales, des représentants de la société civile, etc.

[30] « *Les ministres et les présidents des Institutions constitutionnelles sont ordonnateurs principaux des crédits, des programmes et des budgets annexes de leur ministère ou de leur institution. Ils peuvent déléguer leur pouvoir d'ordonnateur dans les conditions définies à l'article 65 de la présente loi* » (article 68, LOLF). Cette disposition de la LOLF consacre, de fait, le principe de la déconcentration de l'ordonnancement avec le transfert, du ministère des Finances vers les ministères sectoriels et les institutions constitutionnelles, des compétences d'exécution de toute la phase administrative (engagement, liquidation et ordonnancement) de la dépense.

[31] Article 12 de la LOLF.

[32] Art. 13 : « *Un programme regroupe les crédits destinés à mettre en œuvre une action ou un ensemble cohérent d'actions représentatif d'une politique publique clairement définie dans une perspective de moyen terme. À ces programmes sont associés des objectifs précis, arrêtés en fonction de finalités d'intérêt général et des résultats attendus. Ces résultats, mesurés notamment par des indicateurs de performance font l'objet d'évaluations régulières et donnent lieu à un rapport de performance élaboré en fin de gestion par les ministères et institutions constitutionnelles concernés.* »

[33] Une politique publique est définie par l'effet réel sur la société ou les citoyens et suppose donc qu'elle soit évaluée en y incluant les dépenses et stratégies de tous les acteurs de ladite politique :

notion de dotation se différencie de celle de programme par le fait qu'elle ne concourt pas à une politique publique définie[34]. Par conséquent, aucun objectif et indicateur n'est associé à ces dotations[35]. Les dotations affectées aux institutions constitutionnelles comme la Présidence de la République, l'Assemblée nationale, le Conseil économique, social et culturel ou les hautes juridictions[36], sont regroupées dans des enveloppes globalisées appelées « dotations ». Du reste, cette répartition des crédits budgétaires par dotations peut être critiquable en raison des risques de détournement de deniers publics qu'elle présente. En tout cas, il ne nous semble pas prudent d'accorder des montants globaux, ne concourant pas à des objectifs de politique publique, à des institutions dirigées par des acteurs dont le respect du principe de transparence ne constitue pas un point fort.

C'est en octobre 2017 que le ministère des Finances a présenté au Parlement le premier projet de loi de finances en mode budget-programme. Ce projet de loi de finances a suivi toutes les étapes pour son adoption et sa mise en exécution en janvier 2018. L'ambition du Gouvernement, en optant pour ce basculement, était de marquer une rupture dans la quête de la qualité de la dépense publique, en faisant en sorte que toute somme dépensée contribue clairement à la résolution de problématiques de politiques publiques, conformément aux dispositions de l'article 13 de la LOLF. Le nombre de programmes n'est pas fixe et évolue selon la composition du Gouvernement. On en dénombre trois à quatre en moyenne par ministère. Par exemple, en 2018, première année de mise en œuvre, la loi de finances comportait 129 programmes majeurs, assortis de plus de 200 indicateurs[37]. Les programmes d'un même ministère doivent regrouper tous les moyens que l'État a consacrés à la politique publique suivie.

Aujourd'hui, l'impact, plutôt positif, de la budgétisation axée sur les politiques publiques est perceptible à la fois sur le plan procédural, mais aussi dans le contenu des documents budgétaires. En effet, la mise en œuvre effective du budget-programme suppose que l'administration centrale, les ministères en tête, s'approprie cette nouvelle façon de préparer et d'exécuter le budget de l'État. Les capacités des acteurs ont été progressivement renforcées, ce qui peut se constater dans l'amélioration continue du contenu des documents budgétaires.

Sylvie TROSA, « La LOLF, les RGPP et l'évaluation des politiques publiques : bilan et perspectives », *RFFP*, n° 121, 2013, p. 247.

[34]Article 15, al. 2 LOLF : « *Une dotation regroupe un ensemble de crédits globalisés destinés à couvrir des dépenses spécifiques auxquelles ne peuvent être directement associés des objectifs de politiques publiques ou des critères de performance.* »

[35] F. MORDACQ (dir.), *La LOLF : un nouveau cadre budgétaire pour réformer l'État*, Paris, LGDJ, coll. « Systèmes », 2006, p. 24.

[36] Cour constitutionnelle, Cour de Cassation, Conseil d'État et Cour des Comptes.

[37] http://www.finances.gouv.ne/index.php/une/486-finances-publiques-au-niger : consulté le 17 décembre 2022.

Les échanges que nous avons eus au cours de nos recherches avec certains cadres de la Direction Générale du Budget confortent ces propos. Les acteurs de la chaîne managériale (ministre, responsables de programme, gestionnaires[38], etc.) ont ainsi développé une expertise technique aussi bien dans l'élaboration que dans l'exécution du budget. Au fur et à mesure de la maturité du processus, l'organisation et le déroulement des conférences budgétaires se sont progressivement améliorés en qualité. Des canevas et guides didactiques ont été fournis à toutes les équipes des ministères sectoriels afin d'encadrer les discussions, faciliter la rédaction et la présentation de documents pour défendre leurs projets annuels de performance. En matière de contenu des documents budgétaires, on peut observer la capacité d'identifier, de manière exhaustive, les opérations à réaliser, tout en estimant leurs coûts ; la répartition des crédits budgétaires sur la base des priorités nationales, de la pertinence des programmes formulés, et les orientations de la politique budgétaire de l'année. En d'autres termes, il ne s'agit plus de remettre à jour les montants et reconduire les lignes traditionnelles du budget mais de concevoir des activités à partir des actions retenues dans les programmes définis dans les documents de programmation pluriannuelle de dépenses (DPPD)[39].

Même si tout le dispositif n'est pas appliqué de manière satisfaisante, et nous en sommes loin, on peut au moins relever une culture de performance qui est progressivement partagée entre les acteurs de la chaîne budgétaire : capacité de formuler des politiques publiques détaillées, production des projets annuels de performance qui déclinent les programmes en actions, les actions en activités, et les activités en tâches, et justifient les allocations budgétaires selon le principe de la justification des crédits au premier franc, des rapports annuels de performances pour justifier que les crédits ont été conséquemment utilisés[40].

---

[38] Tout comme le responsable de programme, les gestionnaires du premier niveau opérationnel du programme gèrent une enveloppe globale des crédits et d'emplois et s'engagent sur des objectifs opérationnels assortis d'indicateurs de performance à atteindre en fonction de leur budget. Il s'agit concrètement des Directeurs techniques (au niveau central) et des Directeurs régionaux (au niveau local).

[39] Le Guide didactique de la directive n° 06/2009/CM/UEMOA du 26 juin 2009 présente le DPPD comme un « *vecteur principal de la performance* » pour chaque ministère, car il décline, sur le moyen terme, l'évolution des crédits et des résultats associés aux différentes politiques publiques conduites par un ministère ou une institution. Voir en ce sens : RN/MF (Direction générale des opérations financières et des réformes), *op. cit.*, p. 57.

[40] Annexés au projet de loi de règlement, les rapports annuels de performance permettent de juger sur des indicateurs précis, pour chaque politique publique, l'adéquation des résultats atteints et des moyens mis en œuvre.

2. L'opérationnalisation des responsables de programme

La réforme budgétaire introduite par la LOLF de 2012 crée le cadre d'un nouveau mode de gestion publique : les responsables de programme[41]. Si la LOLF ne définit pas la notion de responsable de programme[42], elle précise néanmoins l'objet de son institution, les conditions de sa nomination et les marges de manœuvre qui lui sont reconnues[43]. Pour combler ce vide, la doctrine propose une définition par attribution-compétence qui présente l'intérêt de distinguer nettement le responsable de programme des ordonnateurs principaux. C'est ainsi que Michel BOUVIER et André BARILARI estiment que le responsable de programme est investi de marges de manœuvre pour lui permettre d'agir au mieux afin d'atteindre les cibles de résultat mesurables par les indicateurs représentatifs des objectifs du programme et exposés dans le projet annuel de performance[44]. Dans ce sillage, Nicaise MÉDÉ pense que « *le responsable de programme, pour conforter l'approche managériale adoptée par les nouveaux textes, dispose d'un pouvoir non négligeable de faire des réallocations de crédit au sein d'un programme* »[45]. Dès lors, on peut retenir que le responsable de programme, dans la nouvelle chaîne managériale du budget de l'État, est une autorité de la haute hiérarchie administrative nommée par un ministre et qui a vocation à devenir, à terme, un ordonnateur délégué pour son programme. Au sein de son ministère, il est appelé à assumer de nombreuses responsabilités : l'élaboration de la stratégie du programme, des objectifs et indicateurs de performance (matérialisé dans le PAP), la définition du schéma d'organisation financière du programme en identifiant les responsables de la

---

[41] L'expression est du professeur Michel BOUVIER, *in* A. BARILARI et M. BOUVIER, *La LOLF et la nouvelle gouvernance financière de l'État*, Paris, LGDJ, coll. « Systèmes », 2010, p. 116.

[42] Le constat est partout le même dans l'espace UEMOA. Même le Guide didactique de la Directive n° 06/2009/CM/UEMOA du 26 juin 2009 portant lois de finances au sein de l'UEMOA (p. 11) se contente de décliner les marges de manœuvre dont il dispose : le responsable de programme peut disposer, à la faveur de la délégation du pouvoir d'ordonnancement, des leviers indispensables à la mise en œuvre (exécution, suivi-évaluation) des politiques publiques et à la coordination des services en charge desdites politiques.

[43] « *Le responsable de programme est nommé par ou sur proposition du ministre sectoriel dont il relève. L'acte de nomination précise, le cas échéant, les conditions dans lesquelles les compétences d'ordonnateur lui sont déléguées, ainsi que les modalités de gestion du programme. Sur la base des objectifs généraux fixés par le ministre sectoriel, le responsable de programme détermine les objectifs spécifiques, affecte les moyens et contrôle les résultats des services chargés de la mise en œuvre du programme. Il s'assure du respect des dispositifs de contrôle interne et de contrôle de gestion* » (art. 14, LOLF).

[44] A. BARIALARI et M. BOUVIER, *La LOLF et la nouvelle gouvernance financière de l'État*, *op. cit.*, p. 116.

[45] N. MÉDÉ, « L'Afrique francophone saisie par la fièvre de la performance financière », *op. cit.*, p. 350.

mise en œuvre et les opérateurs qui lui sont rattachés, la répartition les crédits entre les budgets des budgets et institutions constitutionnelles, le pilotage de la mise en œuvre du programme et sa performance, en suivant l'évolution de la consommation des crédits et des emplois, ainsi que des indicateurs de performance, et enfin, il rend compte de sa gestion au ministre[46].

S'il convient de retenir un fait marquant de l'opérationnalisation de la LOLF depuis 2018, c'est bien la mise en place effective des responsables des programmes à l'échelle des ministères. Considérés comme les maillons centraux du nouveau dispositif, les responsables de programmes ont été nommés au niveau de tous les ministères[47]. D'un point de vue procédural, c'est le ministre sectoriel, porteur de la politique publique, qui prend un arrêté de nomination. Dans la pratique cependant, on observe que leur implication est restée timide dans la mise en œuvre technique et financière des programmes, et ce, dans l'écrasante majorité des cas[48].

En réalité, deux contraintes majeures handicapent l'opérationnalisation des responsables de programmes dans les ministères. La première est liée au fait qu'il n'existe pas encore de texte juridique fixant les conditions de désignation des Responsables de programmes et clarifiant les modalités d'exercice de leurs fonctions. Malgré quelques formations, le rôle de responsable de programme n'est pas assez bien appréhendé par les acteurs. En effet, le problème de clarification du cadre juridique des fonctions du responsable de programme n'est pas résolu. La désignation des responsables de programmes se fait souvent en dehors de toute considération technique. Aussi, leurs actes de nomination ne précisent pas les conditions dans lesquelles les compétences d'ordonnateurs leur sont déléguées, ce qui n'est pas conforme aux dispositions de l'article 14 de la LOLF. La deuxième contrainte, plus pratique, tient à la persistance des vieilles habitudes. En effet, le rôle d'ordonnateur des dépenses est toujours joué par le ministre en charge des Finances alors qu'en application de l'article 68 de la

[46] Dans les faits, il convient cependant de reconnaître qu'à l'échelle ministérielle, le Directeur des Ressources financières et matérielles ne laisse pas suffisamment de marge de manœuvre au responsable de programme.

[47] Il faut relever ici qu'il y a une variation dans la désignation du responsable de programme dans les États membres de l'UEMOA. Cette variation porte soit sur l'acte de nomination (au Niger, c'est un simple arrêté ministériel, en Côte d'Ivoire, c'est un décret pris en Conseil des ministres sur proposition du ministre dont il relève : l'article 8 du décret n° 2019-81 du 23 janvier 2019 portant charte de gestion des programmes et des dotations), soit sur l'autorité de rattachement du responsable de programme (en droit sénégalais, les responsables de programme sont nommés par arrêté du ministre ou décision du Président d'institution constitutionnelle dont ils relèvent : article 13, alinéa 1er de la loi organique n° 2020-07 du 26 février 2020) ; voir en ce sens M. DIAKHATÉ, « Le pilotage de la performance des finances publiques dans les États membres de l'Union Économique et Monétaire Ouest-africaine (UEMOA) », *RAFiP*, n° 9, premier semestre 2021, p. 18.

[48] RN/MF (Direction générale des Opérations financières et des réformes), *op. cit.*, p. 66.

LOLF, les ministres et les présidents des institutions constitutionnelles doivent être des ordonnateurs principaux des crédits des programmes et des budgets annexes de leur ministère ou de leur institution. N'ayant pas la qualité d'ordonnateurs dans les faits, les ministres sectoriels se voient privés de la possibilité de redéployer les crédits à l'intérieur des programmes qui sont sous leurs responsabilités. Ils ne peuvent pas non plus déléguer une partie de la fonction d'ordonnateur aux responsables de programmes.

La liberté d'action des responsables de programmes est donc plus théorique que pratique. C'est une déception. Mais il existe quelques raisons d'espérer. D'autres outils se mettent en place timidement, par exemple, la mise en jeu de la responsabilité des gestionnaires.

B. La mise en jeu de la responsabilité des gestionnaires

La question de la responsabilité en matière financière publique est au cœur des débats publics de nos jours, tant au Niger qu'ailleurs. C'est une question fondamentale en ce sens qu'elle exige des acteurs du système financier public de rendre compte de ce qu'ils font de l'argent public, d'assumer leurs actes et d'en supporter les conséquences. C'est aussi une exigence démocratique et de bonne gouvernance, et comme l'a si bien dit Stéphane THEBAULT, la responsabilité en matière financière constitue le pendant de l'exigence citoyenne de bonne gestion des deniers publics à laquelle répondent les outils de réforme de la gestion publique[49]. Le régime de la responsabilité des gestionnaires publics figure en bonne place dans la LOLF de 2012. Le titre X qui est le siège de cette rubrique prévoit un régime de responsabilité pour les ordonnateurs, y compris les responsables de programmes[50] et un autre pour les comptables publics[51]. En combinant les diverses dispositions de ce titre, on peut relever quatre dimensions de responsabilité des acteurs publics financiers au Niger (civile, disciplinaire, politique et juridictionnelle) à et plusieurs conditions de mise en œuvre. C'est dire que la responsabilisation des acteurs financiers publics doit être appréhendée comme un des éléments d'une bonne gouvernance financière, et partant, d'une quête de performance dans la gestion des finances publiques. Dans cette dynamique, on peut observer que la responsabilisation des gestionnaires a

---

[49] S. THEBAULT, « La responsabilité des gestionnaires : responsabilité managériale et responsabilité juridictionnelle, approche comparée », *in* M. BOUVIER (dir.), *La bonne gouvernance des finances publiques dans le monde*, Paris, LGDJ, 2009, p. 284.

[50] « *Les ordonnateurs de l'État et des autres organismes publics encourent une responsabilité qui peut être disciplinaire, pénale et civile sans préjudice des sanctions qui peuvent leur être infligées par la Cour des comptes à raison de fautes de gestion dans les conditions définies par les articles 77 à 80 de la présente loi* » (article 76, LOLF 2012).

[51] « *Les comptables publics patents sont personnellement et pécuniairement responsables des opérations dont ils ont la charge et des contrôles qu'ils sont tenus d'effectuer* » (art. 81, LOLF).

d'abord pris une dimension juridictionnelle avec le contrôle de la Cour des comptes **(1)**. Ensuite, et de façon très timide, on assiste à l'engagement de la responsabilité managériale à travers les contrats de performance **(2)**.

1. La responsabilité des gestionnaires devant le juge des comptes

La responsabilité juridictionnelle des gestionnaires des fonds publics est-elle un critère de performance des finances publiques ? Ou du moins, participe-t-elle à la recherche de la performance des finances publiques ? Si nous considérons que la responsabilité juridictionnelle répond par nature à une exigence de régularité, de respect des textes juridiques, elle ne peut que contribuer à la bonne gouvernance des finances publiques[52], et donc à leur performance. En effet, en dépit des critiques formulées à son encontre, fondées notamment sur son inadéquation avec l'exigence d'une gestion performante dans d'autres contextes[53], nous considérons qu'en droit nigérien, le contrôle juridictionnel de la régularité de la dépense publique est l'une des conditions nécessaires d'une gestion performante des finances publiques[54]. Nul ne contestera d'ailleurs le fait que la logique de performance ne peut ignorer l'impératif juridique propre à tout État de droit et sur lequel elle s'appuie. La norme constitue le cadre juridique de la gestion, elle en assure et délimite l'autonomie et permet d'en mesurer la dimension.

Le contrôle juridictionnel des activités financières publiques est assuré au Niger par la Cour des comptes[55]. À ce titre, elle contrôle l'exécution des lois de finances, les rapports annuels de performance et la Déclaration Générale de Conformité entre le compte de l'ordonnateur et les comptes des comptables principaux de l'État, conformément aux dispositions de la loi organique n° 2020-035 du 30 juillet 2020 la régissant. Depuis quelques années maintenant,

---

[52] Voir à ce sujet N. MÉDÉ, « Contributions des juridictions financières à la bonne gouvernance des États africains », *Cahiers de l'AA-HJF*, 11e publication.

[53] S. THEBAULT, « La responsabilité des gestionnaires : responsabilité managériale et responsabilité juridictionnelle, approche comparée », *op. cit.*, p. 286.

[54] La Cour des comptes revient très souvent et largement sur cette question de performance à travers des observations sur les rapports annuels de performance. Voir en ce sens Cour des comptes, *Rapport général Public*, 2021, pp. 85 et s.

[55] Consacrée par la Constitution du 25 novembre 2010, la Cour des comptes est la plus haute juridiction de contrôle des finances publiques. En effet, l'article 141, alinéas 1 et 2, de la loi fondamentale dispose que la Cour des comptes « *[...] exerce une compétence juridictionnelle, une compétence de contrôle ainsi qu'une compétence consultative. Elle est juge des comptes de l'État, des collectivités territoriales, des établissements et entreprises publics, des autorités administratives indépendantes et de tout organisme bénéficiant du concours financier de l'État et de ses démembrements* ». Cette disposition est reprise à l'identique à l'article 3, alinéa 1, de la loi organique n° 2020-035 du 30 juillet 2020 déterminant les attributions, la composition, l'organisation et le fonctionnement de la Cour des comptes.

l'exercice de tous ces contrôles se traduit par la publication d'un Rapport Général Public (RGP) chaque année[56], et qui rend compte de la gestion des fonds publics aux citoyens et aux pouvoirs publics. La Cour considère cet exercice comme « *une exigence de la bonne gouvernance ; s'il est ancré et bien pratiqué, renforce la démocratie, l'État de droit et instaure la confiance entre les citoyens et les institutions de la République* »[57]. En s'acquittant de son obligation d'information du grand public, à travers son RGP, qui s'appuie sur les observations et recommandations issues de ses contrôles, la contribution de la Cour des comptes à la transparence financière aura été remarquable au cours de ces dernières années. Il faut le dire, ce sont les RGP qui ont permis de porter à la connaissance de la population des cas de surfacturation dans certains ministères, de non-respect des principes de sincérité et de spécialité budgétaire, de dépenses interdites dans certaines entreprises publiques, etc.[58] La Cour des comptes jouit, dans l'opinion publique, de la réputation d'institution moderne, indépendante et totalement vouée à sa mission de promotion de la bonne gouvernance financière et à l'amélioration de la reddition des comptes par les gestionnaires publics.

Dans le domaine de la responsabilisation des gestionnaires publics, la Cour exerce un contrôle sur la discipline budgétaire et financière. Ce contrôle lui permet de sanctionner les fautes de gestion constituées par « *toutes violations des règles relatives à l'exécution des recettes et des dépenses de l'État et des autres organismes publics commises par les gestionnaires publics autres que les membres du Gouvernement* »[59]. En d'autres termes, c'est « *toute action transgressant les règles régissant les deniers publics de façon active, par négligence ou par non-application* »[60]. Il faut cependant préciser que, et c'est l'intérêt de la définition proposée par le législateur organique nigérien[61], la Cour des comptes n'est pas compétente pour connaître des fautes commises par les membres du Gouvernement. Sur le plan procédural, les fautes de gestion peuvent être déférées à la Cour par le Président de l'Assemblée nationale, le Premier ministre, les membres du Gouvernement, la Cour des comptes et le Procureur général près ladite Cour. Dans cette perspective la Cour s'est prononcée sur quelques cas de fautes ayant engagé la responsabilité de certains gestionnaires publics ces dernières années, même si le nombre est bien maigre[62]. Par exemple,

---

[56] Tous les rapports publiés par la haute juridiction financière nigérienne depuis 2011 sont disponibles ici : http://www.courdescomptes.ne/index.php/publications/rapports-2.

[57] Cour des Comptes, *Rapport général Public,* 2021, p. 1.

[58] Le RGP 2021 de la Cour contient une mine d'informations à ces sujets.

[59] Voir à ce sujet les articles 76 à 80 de la LOLF nigérienne.

[60] Guide Directive n° 06/2009 relative aux lois de finances au sein de l'UEMOA, p. 77.

[61] Pour une analyse d'ensemble de la « Faute de gestion en Afrique de l'Ouest francophone », voir utilement *RFFP*, n° 157, 2022, pp. 3-95.

[62] La situation nigérienne sur ce point n'est pas fondamentalement différente de la tendance qui se dégage au niveau des juridictions financières en Afrique de l'Ouest francophone. À titre

sur toute la période 2017, 2018 et 2019, la Cour a jugé un seul cas de faute de gestion[63], qui a porté sur la faute reprochée à l'administrateur délégué de la Commune rurale de Liboré au titre des exercices 2011 et 2012. En 2021, la Cour a jugé également des fautes de gestion se rapportant à quatre (4) griefs faits à deux (2) maires et à un (1) administrateur délégué en tant qu'ordonnateurs successifs du budget de la collectivité au cours de la période examinée.

Certes, le bilan du contrôle des fautes de gestion par la Cour est très maigre, mais les décisions rendues méritent qu'on s'y attarde le temps d'un commentaire. Deux enseignements peuvent être tirés de ces décisions. Le premier concerne la catégorie des gestionnaires impliqués, qui se trouvent être tous des ordonnateurs des collectivités territoriales : deux administrateurs délégués et deux maires. Le second concerne le domaine dans lequel la faute est commise. Dans le premier arrêt rendu, la Cour a retenu le non-respect de la réglementation relative aux marchés publics et l'irrégularité quant au mode de paiement (en nature) d'un contrat liant la Commune à une entreprise. Dans les décisions rendues en 2021, elle a retenu quatre (4) griefs contre les accusés qui concernent l'utilisation irrégulière des recettes provenant de la vente de parcelles, les mauvaises imputations des dépenses, le défaut de mandatement de la Taxe sur la Valeur Ajoutée, et le non-respect des règles régissant les marchés publics. On retiendra ici que le dénominateur commun des affaires jugées se trouve être le non-respect des règles applicables aux marchés publics.

Comme on peut le constater, les « *mailles du filet* »[64] du juge des comptes nigérien n'ont pu prendre que du menu fretin. Aucun gros calibre n'est encore pris, malgré la cascade de malversations financières que la Cour relève elle-même dans ses RGP[65]. Comment pouvait-il en être autrement si la Cour ne peut pas juger les principaux ordonnateurs des dépenses publiques que sont les ministres et les présidents des institutions constitutionnelles, dont la responsabilité est plutôt politique ? Elle aurait pu, certainement, mieux faire si les responsables de programmes, justiciables devant elle, géraient effectivement des crédits. Pour le moment, gageons que ses efforts en matière de suivi de la mise en œuvre des recommandations et d'émission d'avis sur les rapports

---

illustratif, les Cours des comptes du Bénin et du Mali n'ont rendu aucune décision jusqu'en fin 2021. Seules les juridictions financières de la Côte d'Ivoire et du Sénégal ont pu développer une production appréciable sur le contrôle des ordonnateurs des dépenses publiques. Voir à ce sujet N. MÉDÉ, « Faute de gestion et gestion de la faute en Afrique de l'Ouest francophone », *op. cit.*, p. 12.

[63] Cour des comptes, n° 001-2019-CDBF, 06 février 2019. La Cour a condamné l'Administrateur délégué de la Commune à une amende d'un montant de 100 000 FCFA.

[64] N. MÉDÉ, « Faute de gestion et gestion de la faute en Afrique de l'Ouest francophone », *op. cit.*, p. 9.

[65] Tous les Rapports généraux publics rendus par la Cour des comptes de 2010 à 2021 sont accessibles ici : http://www.courdescomptes.ne/index.php/publications/rapports-2

annuels de performance (RAP) ainsi que le dispositif de contrôle interne dans les ministères et institutions changent les mentalités pour implémenter une culture de la performance dans la gestion des finances publiques.

2. L'évaluation de la performance managériale des gestionnaires publics

L'idée d'une évaluation de la performance managériale des gestionnaires publics renvoie à celle de « redevabilité » qui impose aux gestionnaires publics de rendre compte de la gestion budgétaire. Au fond, elle rappelle le principe de la responsabilité managériale qui s'impose comme la responsabilité naturelle inhérente au concept de gestionnaire. Il s'agit d'une responsabilité qui se fonde sur l'appréciation de la qualité des actions menées au regard des critères de performance préalablement déterminés. Dans l'évaluation de la performance, elle repose donc sur une appréciation à la fois objective, s'appuyant sur une mesure, et sur une appréciation subjective, car tous les éléments relatifs au contexte de la gestion peuvent être pris en compte. La responsabilité managériale répond donc par nature à une exigence gestionnaire[66].

Dans la nouvelle gouvernance budgétaire au Niger, l'évaluation de la performance managériale des gestionnaires publics découle d'un double fondement juridique. Elle découle d'abord et principalement des dispositions de l'article 13.3 de la LOLF, qui prévoit que « *les résultats attendus des programmes sont mesurés par des indicateurs de performance qui font l'objet d'évaluations régulières et donnent lieu à un rapport de performance élaboré en fin de gestion par les ministères et les institutions* ». Elle découle ensuite et subsidiairement du point 47 du Code de transparence qui stipule qu'une comparaison des résultats et des objectifs, tant financiers que physiques, des principaux programmes budgétaires représentatifs des politiques publiques est communiquée au Parlement chaque année[67]. De la combinaison de ces dispositions, il ressort que les ministères sectoriels ainsi que les autres institutions font l'objet d'évaluations régulières à travers un nouvel outil de la gouvernance moderne des finances publiques : le rapport annuel de performance (RAP). En d'autres termes, pour rendre compte de l'exécution du budget, les gestionnaires publics ont l'obligation d'élaborer un RAP, ce qui permet d'accroître la responsabilisation de tous les acteurs de la chaîne d'exécution des programmes[68].

---

[66] S. THEBAULT, « La responsabilité des gestionnaires : responsabilité managériale et responsabilité juridictionnelle, approche comparée », *op. cit.*, p. 284.

[67] Loi n° 2014-07 du 16 avril 2014 portant adoption du Code de transparence dans la gestion des finances publiques au sein de l'UEMOA.

[68] Cette obligation est de plus en plus respectée par les ministères sectoriels au Niger. En effet, dans le cadre de la présente recherche, nous avons pu accéder à deux rapports annuels de

Préparé sous la responsabilité de l'ordonnateur principal du ministère sectoriel ou, éventuellement, de l'institution, le rapport annuel de performance est un document annexé à la loi de règlement. Il s'agit du compte rendu des résultats de chaque programme. Les rapports annuels de performance, joints au projet de loi de règlement, permettent de connaître par programme, en mettant en évidence les écarts avec les prévisions des lois de finances de l'année considérée[69]. Conformément au canevas type de l'UEMOA[70], le rapport annuel de performance doit comporter les éléments ou informations clés suivants : le contexte, les résultats d'analyse globale de la performance, l'utilisation des ressources, les difficultés majeures rencontrées, les perspectives et les recommandations. L'exposé de ces éléments d'information doit être précédé d'un message de l'ordonnateur principal de l'organe public. Ce message a pour objet de présenter le rapport annuel de performance et d'exposer succinctement les grands enjeux et les commentaires au sujet des principaux résultats atteints au cours de l'année. Ainsi, à travers ce message, il peut présenter les grandes réussites, les enseignements tirés des résultats moins satisfaisants, les préoccupations majeures et les perspectives.

De tous les éléments clés du RAP, c'est la partie consacrée aux « *résultats d'analyse globale de la performance* » qui évalue de façon pertinente la performance des gestionnaires publics. En effet, structurée en deux sections, elle présente de façon précise les réussites et les échecs de l'exécution des crédits budgétaires mis à la disposition de l'organisme public, notamment les ministères. La première section présente les résultats des programmes du ministère sectoriel. Il s'agit pour chaque résultat de rappeler sa contribution aux résultats stratégiques, de présenter les indicateurs utilisés, les cibles attendues et les réalisations, de faire une analyse des résultats en présentant notamment les écarts entre les cibles fixées et les réalisations. Les commentaires font également état des solutions et/ou des mesures à prendre pour redresser toute situation qui aura fait obstacle à l'atteinte des résultats. La deuxième section porte sur les leçons apprises dans l'exécution de chaque programme[71]. En outre, et pour apprécier plus globalement la performance du point de vue de l'efficacité et de l'efficience, le RAP présente la façon dont les ressources[72] ont été utilisées par programme.

---

performance préparés par le ministère des Affaires étrangères et de la Coopération, ainsi que par celui de la Culture, du Tourisme et de l'Artisanat, pour le compte de l'année 2021.

[69] N. HOMEGNON, « Le PAP et le RAP : une évaluation ex ante », *in* N. MÉDÉ (dir.), *La LOF dans tous ses états*, Cotonou, Centre des publications Universitaires, UAC, 2015, p. 484.

[70] Commission de l'UEMOA, DSE, janvier 2020 : https://e-docucenter.uemoa.int/sites / default/files/2021-11/Tableau%20Annexe%2013%20GUIDE%20GAR%20UEMOA%202021.pdf, consulté le 26 de juin 2023.

[71] *Ibidem.*

[72] Il s'agit des ressources humaines, financières et informationnelles.

Dans un contexte où le rapport doit démontrer la performance dans l'atteinte des résultats, des liens devront être établis, dans la mesure du possible, entre les résultats atteints et les ressources utilisées.

II. UNE GOUVERNANCE DES FINANCES PUBLIQUES PERFORMANTE ÉPROUVÉE

En dépit des acquis capitalisés depuis la mise en œuvre effective de la LOLF, il convient de reconnaître que la culture de la performance dans la gestion des finances au Niger est une « *greffe qui n'a pas encore pris dans la sphère publique* »[73]. Sur ce point, aussi bien le Gouvernement[74] que la Cour des comptes[75] convergent pour relever les difficultés qui handicapent l'élan de la LOLF. On retient, entre autres, la faible implication des responsables de programme dans le processus de budgétisation, la non-prise en compte des structures déconcentrées dans la budgétisation, la faible maîtrise de la technique de budgétisation par activité par les services opérationnels, l'évaluation erronée du coût de certaines activités, le contrôle insuffisant du Parlement, etc. Partant de ces éléments de diagnostic, on peut arguer que la gouvernance des finances publiques performante est mise à rude éprouve d'abord par des résistances de l'échelon administratif **(A)**, et ensuite par un contrôle parlementaire insuffisant **(B)**.

A. Les résistances de l'échelon administratif

Bien que la LOLF n'entraîne pas de bouleversement des statuts de la fonction publique, elle doit faire naître un profond changement en matière de gestion des ressources humaines et, plus globalement, de management de l'État et de ses agents[76]. La question ici est de savoir si les gestionnaires publics sont prêts à remettre en question leurs pratiques, ancrées dans l'histoire de l'administration, une histoire faite de conservatisme. Au regard des enseignements tirés de la mise en œuvre effective de la LOLF, des résistances au changement à tous les niveaux hiérarchiques, à commencer par les ministres eux-mêmes, peuvent naître et provenir d'une difficulté majeure à tirer les conséquences de la recherche de

[73] Expression empruntée à Didier MIGAUD : *Revue Gestion et Finances*, « Entretien avec Didier Migaud, Premier président de la Cour des comptes », *in Lavoisier*, 2019/3, n° 3, pp. 74-81.

[74] Voir à ce sujet : RN/MF (Direction générale des opérations financières et des réformes), *op. cit.*, 175 pages.

[75] Cour des comptes du Niger, Rapport général Public, pp. 1-32.

[76] F. J. J. AVANHOUNDJE, « *La LOLF et les LOLF de l'UEMOA* », *op. cit.*, p. 349.

transparence et de performance qu'induit la LOLF sur les pratiques managériales et la gestion des ressources humaines dans la fonction publique[77]. Pour rester dans la logique managériale et relativement à la mise en œuvre effective du budget programme, les principales difficultés relevées, que nous considérons ici comme des résistances à l'implémentation de la culture de la performance, tiennent d'abord à l'ineffectivité de la déconcentration de l'ordonnancement de la dépense publique **(1)** et ensuite, par voie de conséquence, à la faible implication des responsables de programme dans le processus de budgétisation **(2)**.

1. L'ineffectivité de la déconcentration de l'ordonnancement

Aux termes de l'article 68 de la LOLF, « *les ministres et les présidents des Institutions constitutionnelles sont ordonnateurs principaux des crédits, des programmes et des budgets annexes de leur ministère ou de leur institution. Ils peuvent déléguer leur pouvoir d'ordonnateur dans les conditions définies à l'article 65 de la présente loi* ». Cette disposition consacre, de fait, le principe de la déconcentration de l'ordonnancement avec le transfert, du ministère des Finances vers les ministères sectoriels et les institutions constitutionnelles, des compétences d'exécution de toute la phase administrative (engagement, liquidation et ordonnancement) de la dépense. La déconcentration de l'ordonnancement des dépenses, qui est donc une des innovations de la LOLF, n'est pas encore effective au Niger. En effet, le rôle d'ordonnateur des dépenses est toujours joué par le ministre en charge des Finances. N'ayant pas la qualité d'ordonnateurs dans les faits, les ministres sectoriels se voient privés de la possibilité de redéployer les crédits à l'intérieur des programmes qui sont sous leur responsabilité. Ils ne peuvent pas non plus déléguer une partie de la fonction d'ordonnateur aux autres acteurs de la chaîne de la dépense publique dont les responsables de programmes[78]. Pour ces derniers, leurs actes de nomination ne précisent pas les conditions dans lesquelles les compétences d'ordonnateur leur sont déléguées, ce qui n'est pas conforme aux dispositions de l'article 14 de la LOLF.

En ce qui concerne les délégations de crédits aux services déconcentrés, le constat est peu satisfaisant. Pour quelques rares ministères, comme celui de la Santé publique, les inscriptions destinées aux services déconcentrés apparaissent clairement dans la loi de finances, et même dans ce cas de figure les inscriptions budgétaires se limitent au niveau de la région. Il est ainsi impossible de savoir (sur la base de la loi des finances) les montants destinés aux différents services départementaux. De même, les crédits sont de moins en moins délégués vers les

---

[77] *Ibidem.*

[78] RN/MF (Direction générale des opérations financières et des réformes), *op. cit.*, p. 67.

services déconcentrés. Et le plus souvent, les autorisations de dépenses sont effectuées au cours du dernier trimestre de l'année, ce qui ne donne pas assez de marge pour réaliser les dépenses, compte tenu des délais de passation des marchés et surtout, de la trésorerie, qui est très tendue en général en fin d'année[79].

Ces deux illustrations montrent qu'au sein de l'administration, les habitudes ont, à vrai dire, la vie dure. En effet, pendant longtemps, l'espoir était fondé qu'avec la mise en œuvre de la LOLF, la déconcentration de la dépense publique allait être effective. L'espoir était si grand que la globalisation des crédits dans la loi de finances comporte le risque d'une centralisation des crédits, dans les mains d'une seule autorité, ce qui ouvrirait la voie à une gestion peu ou pas performante de la dépense publique. Ce risque s'est malheureusement confirmé avec la non-prise en compte des activités des services déconcentrés dans plusieurs PAP.

2. La faible implication des responsables de programme dans le processus de budgétisation

Aux termes des dispositions de l'article 14 de la LOLF, le responsable de programme, sur la base des objectifs généraux fixés par le ministre sectoriel, doit déterminer les objectifs spécifiques, affecter les moyens et contrôler les résultats des services chargés de la mise en œuvre du programme. De ce fait, les responsables de programme doivent être aux premiers rangs dans l'élaboration des DPPD et des PAP, mais tel n'est toujours pas le cas dans la plupart des ministères. Par conséquent, il n'y a pas eu de dialogue de gestion entre les RP et les responsables des services techniques intervenant dans leur programme, d'où l'absence d'une véritable gestion axée sur les résultats dans l'exécution des programmes.

Sur le plan normatif, il n'existe encore aucun texte juridique fixant les conditions de désignation des responsables de programme et clarifiant les modalités d'exercice de leurs fonctions. Aussi, malgré quelques formations, le rôle de responsable de programme n'est pas assez bien appréhendé par les acteurs. En effet, le problème de clarification du cadre juridique des fonctions du responsable de programme n'étant pas résolu, la désignation des responsables de programme se fait souvent en dehors de toute considération technique.

[79] *Idem.*

B. Un contrôle parlementaire insuffisant

Aux termes de l'article 94 de la Constitution, le Parlement est, en plus du vote de la loi et du consentement de l'impôt, chargé du contrôle de l'action gouvernementale, ce qui inclut évidemment les finances publiques. Avec la LOLF de 2012, les compétences du Parlement sont renforcées en matière financière publique : procédure de vote rationalisée, renforcement des principes de transparence et de participation à travers l'institution et la tenue effective du Débat d'orientation budgétaire[80] , contrôle budgétaire en lien avec les politiques publiques mises en œuvre par le Gouvernement. Cependant, dans la pratique, l'Assemblée nationale ne semble pas avoir compris cette évolution juridique de son rôle. Les parlementaires n'exercent pas pleinement toutes les compétences reconnues par la LOLF pour améliorer leur contrôle. Pour mieux comprendre ce contrôle minimum **(2)**, il convient au préalable de rappeler quelques nouvelles attributions majeures qui devraient placer le Parlement au cœur de la recherche de performance dans la gestion des finances **(1)**.

1. Des prérogatives juridiques étendues

Dans un contexte de méfiance face au pouvoir politique, le pouvoir législatif nigérien ne jouit pas d'une bonne réputation dans l'opinion publique. Les parlementaires sont généralement vus comme un corps corrompu[81], déconnecté de certaines réalités du pays, insensible à certaines souffrances et parfois incompétent dans l'analyse des problèmes sur lesquels il se prononce. En fin 2017, face au tollé qu'a suscité le très controversé projet de loi de finances de l'année 2018[82], une bonne partie de l'opinion avait fondé l'espoir que le Parlement allait convaincre le Gouvernement de revenir sur certaines mesures

---

[80] Pour le professeur Nicaise MÉDÉ, le débat d'orientation budgétaire est « *un exercice participatif qui doit permettre de ne plus faire des choix fondamentaux en matière financière, la chose exclusive de la technostructure des administrations financières, mais de faire contribuer la représentation nationale, et donc le peuple souverain* », *in* « Réflexion sur le Cadre harmonisé des finances publiques dans l'espace UEMOA », *Afrilex*, *op. cit.*

[81] Rien qu'à la session budgétaire ordinaire de l'année 2022, la presse et les réseaux sociaux ont révélé que les députés de la majorité ont empoché chacun la somme de trois cent cinquante mille francs CFA en contrepartie d'une approbation du projet de loi de finances sans remettre en cause une seule ligne. Voir à ce sujet : journal ***Nigerdiaspora***, « Vote de la loi des Finances 2023 : Quand la corruption gagne l'Assemblée nationale » : https://www.nigerdiaspora.com/les-nouvelles-du-pays/32-politique-niger/17570-vote-de-la-loi-des-finances-2023-quand-la-corruption-gagne-l-assemblee-nationale, consulté le 28 décembre 2022.

[82] A. HAMADOU, « Le recouvrement de l'impôt et la protection du contribuable au Niger », *in* MÉDÉ Nicaise (dir.), *Les nouveaux chantiers de finances publiques en Afrique. Mélanges en l'honneur de Michel Bouvier*, Dakar, L'Harmattan Sénégal, 2019, pp. 461-486.

impopulaires[83]. Peine perdue, et conséquence du fait majoritaire brutalement appliqué, le Parlement a approuvé, tel que présenté, ledit projet. L'Assemblée nationale se devait donc de corriger progressivement une aussi gênante réputation. Pourtant, elle dispose juridiquement, de par la LOLF, des prérogatives juridiques étendues pour mieux discuter en amont les projets de loi de finances et de contrôler en aval leur exécution.

Pour rappel, la Constitution du 25 novembre 2010 a prévu trois catégories de pouvoirs à l'Assemblée nationale en matière financière publique : un pouvoir fiscal[84], un pouvoir budgétaire[85] et un pouvoir de contrôle[86]. Dans le domaine spécifique du contrôle, et en vue d'une gestion régulière, et peut-être performante des finances publiques, le constituant nigérien désigne l'Assemblée nationale comme l'organe qui « *règle les comptes de la Nation* »[87], c'est-à-dire qui est chargé de suivre et de contrôler l'emploi des crédits votés. Pour ce faire, elle dispose de plusieurs moyens : questions orales et écrites, interpellations des membres du Gouvernement, questions d'actualité, enquêtes et contrôles parlementaires et la mise en jeu de la responsabilité du Gouvernement (motion de censure). Ainsi que l'écrit Richard KAKESA MALUNDANGOU dans un contexte comparable à celui du Niger, « *le contrôle budgétaire parlementaire est une fonction essentielle pour renforcer la bonne gouvernance des finances publiques qui constitue un élément essentiel pour les États qui voudraient renforcer leurs capacités nécessaires pour le développement économique et la réduction de la pauvreté. Le Parlement doit veiller à ce que la mise en œuvre du budget se fasse en toute transparence* »[88].

Dans le cadre de la réforme induite par la LOLF, il est reconnu à l'Assemblée nationale d'exercer trois nouveaux types de contrôle : le débat d'orientation budgétaire (DOB), dont le premier a été organisé en juin 2018, conformément au règlement intérieur de l'Institution, le contrôle physique, à travers des visites de

---

[83] A. YACOUBA BARMA, « Niger : nouvelles manifestations contre une loi des finances déjà adoptée » : https://afrique.latribune.fr/economie/conjoncture/2018-01-14/niger-nouvelles-manifestations-contre-une-loi-des-finances-deja-adoptee-764592.html, consulté le 18 novembre 2022.

[84] Articles 90 et 99 de la Constitution.

[85] Articles 111, 113 et 114 de la Constitution.

[86] Articles 94 et 115 de la Constitution.

[87] L'Assemblée nationale règle les comptes de la Nation selon les modalités prévues par la loi de finances (art. 115). On retrouve le même principe dans la Constitution béninoise du 11 décembre 1990 révisée (art. 112 nouveau al. 1er).

[88] R. KAKESA MALUNDANGOU, « Le contrôle parlementaire comme vecteur de bonne gouvernance des finances publiques, outil de lutte contre l'impunité et d'adhésion populaire du citoyen à l'impôt en République Démocratique du Congo », *International Journal of Innovation and Applied Studies*, juillet 2017, n° 4, pp. 1210-1220.

terrain pour constater les réalisations effectuées en matière d'investissement de l'État, et l'examen du rapport trimestriel sur l'exécution du budget de l'État.

D'autres modifications ont également été introduites dans la Constitution et dans le règlement intérieur de l'Assemblée nationale pour faciliter l'examen des documents budgétaires. Ainsi, la session ordinaire (session des lois) a été avancée pour démarrer en avril et finir en fin juin, afin de permettre le respect de la tenue du Débat d'orientation budgétaire (DOB), qui doit être fait au plus tard en fin juin. Il faut également retenir que la durée de la session budgétaire a été portée à quatre-vingt-dix (90) jours (à partir de la dernière semaine de septembre) au lieu des soixante (60) jours initialement prévus dans la Constitution du 25 novembre 2010[89], pour garantir le temps nécessaire à l'examen des documents budgétaires dont le volume a considérablement augmenté du fait du budget-programme.

Cette série de réformes a sensiblement renforcé les prérogatives de l'Assemblée nationale, mais les parlementaires n'en font qu'un usage minimal.

2. Un contrôle pratique minimal

En matière de contrôle de gestion des finances publiques, les parlementaires nigériens n'exercent pas la plénitude de leurs compétences. Le fossé entre l'étendue des prérogatives qui leur sont reconnues et la pratique du contrôle est abyssal. Pour s'en convaincre, il suffit d'observer le déroulement des sessions budgétaires et parfois les rapports qui en découlent ; il est aisé de relever que la chose financière publique ne les intéresse que l'instant de l'approbation du texte. Les débats sont pauvres et ne portent souvent que sur des éléments périphériques du texte. À titre illustratif et à l'occasion de l'adoption du projet de loi de finances pour l'année 2023, sur un effectif de 171 députés, seuls vingt-trois ont effectivement pris la parole (10 de l'opposition et 13 de la majorité), et pour la plupart, c'était pour encenser le Gouvernement. Or, il faut savoir qu'avec la révision du règlement intérieur de l'Assemblée nationale, désormais, les documents budgétaires (projet de loi de finances, rapport de présentation et annexes explicatives) déposés à l'Assemblée nationale sont immédiatement transmis à la Commission des finances et du budget pour examen au fond. Les documents budgétaires font l'objet d'examen par les différentes Commissions qui peuvent entendre les Responsables des institutions et ministères[90]. C'est donc l'occasion pour les représentants du peuple d'exercer un contrôle serein et sérieux sur les services de l'État qui sont mal gérés à travers notamment le droit

---

[89] La modification est introduite par la loi n° 2018-49 du 12 juillet 2018, *JORN* n° 14 du 15 juillet 2018.

[90] RN/MF (Ministère des Finances : Direction générale des opérations financières et des réformes), *op. cit.*, p. 76.

de communication de tout renseignement ou document, y compris les rapports des services chargés du contrôle de l'administration ou le droit de procéder à toutes les auditions estimées utiles. À l'épreuve des faits cependant, peu ou aucun de ces moyens de contrôle n'est utilisé par les parlementaires nigériens[91].

Ce laxisme, ou ce « peu d'intérêt », est encore plus prononcé en matière de contrôle du projet de loi de règlement, dont l'examen n'est considéré que comme une simple formalité à accomplir. En effet, le texte est parfois adopté de manière expéditive (en moins d'une semaine en 2022 pour la loi de règlement de 2020)[92]. Il s'agit là d'un paradoxe[93] que l'on retrouve aussi dans d'autres pays, souvent d'une forte tradition démocratique et des parlementaires compétents[94]. Pour ce qui est notamment des pays membres de l'UEMOA, on peut convenir avec Hilaire AKEREKORO que ces lacunes constatées dans le contrôle parlementaire viennent, en partie, du fait que les parlementaires manquent de connaissances en matière financière. Ce qui, après tout, ne devrait pas beaucoup surprendre quand on sait que le droit des finances publiques n'est pas du tout facile d'accès et de compréhension tant il comprend des termes très techniques auxquels s'ajoute la technique financière elle-même[95].

CONCLUSION

Au terme de cette réflexion évaluative sur les dix ans de la LOLF nigérienne en matière d'impacts sur les finances publiques et en lien avec la performance, il ressort un bilan mitigé. Pour schématiser et en pratique, la mayonnaise n'a pu prendre que difficilement. En d'autres termes, si l'implémentation performancielle de la LOLF dans la gestion des finances publiques au Niger a été timide pendant les premières années (de 2012 à 2017), elle s'est

---

[91] À la décharge des parlementaires cependant, il faut noter que l'Assemblée nationale n'arrive pas à disposer des rapports dans les délais, ou à en disposer du tout. Certains rapports ne sont pas faciles à exploiter du fait de la mauvaise qualité du contenu et de la forme des documents fournis. Il est également noté l'absence d'assistance technique des professionnels du contrôle aux parlementaires dans le cadre du contrôle de l'action gouvernementale.

[92] http://www.anp.ne/article/assemblee-nationale-le-president-de-la-commission-des-finances-et-du-budget-presente-le, consulté le 25 décembre 2022.

[93] Le paradoxe, c'est que les pouvoirs publics, notamment le Parlement, disposent, en partie grâce à la LOLF et aux travaux de la Cour des comptes, d'une information budgétaire étoffée sur les résultats de l'action publique.

[94] D. MIGAUD, « La LOLF du 1er août 2001 : des avancées considérables, une application qui s'est éloignée peu à peu des objectifs initiaux, des évolutions souhaitables », *RFFP*, n° 158, 2022, pp. 1 à 2.

[95] M. BOUVIER, M.-C. ESCLASSAN, J.-P. LASSALE, *Finances publiques*, Paris, LGDJ, 2022-2023, 21e édition, pp. 21-22.

progressivement accélérée entre 2018 et 2022. Au nombre des acquis capitalisés avec la réforme sur la gestion des finances publiques, il y a lieu de souligner deux types d'avancées majeures : la réforme du cadre institutionnel dans le contexte de la gestion budgétaire par programme, d'une part, et la mise en œuvre des nouveaux outils de gestion budgétaire, d'autre part. Concrètement, on aura observé qu'au titre de la réforme du cadre institutionnel, les avancées suivantes furent réalisées : la refonte du système d'information budgétaire et comptable en un système intégré de gestion des finances publiques adapté à la mise en œuvre des innovations préconisées par la LOLF de 2012, la mise en place de la comptabilité des droits constatés en dépenses avec une bonne maîtrise des engagements de l'État et une meilleure appropriation des documents budgétaires par cadres intervenant dans le processus du budget-programme aussi bien du côté du ministère des Finances que du côté des ministères sectoriels et des institutions constitutionnelles. Au titre de la mise en œuvre des nouveaux outils de gestion budgétaire, on retient l'élaboration et l'amélioration sensible de la qualité des documents budgétaires (le DPBEP, le DPPD et le PAP), l'élaboration d'une nouvelle nomenclature budgétaire conformément à la LOLF, l'amélioration du reporting avec la production des rapports annuels de performance et la publication régulière des rapports trimestriels d'exécution du budget (en recettes et en dépenses), etc.

Mais, il faut admettre aussi que l'effectivité de la mise en œuvre de toute la réforme découlant de la LOLF en lien avec les exigences de la performance demeure confrontée à des défis majeurs : le dialogue de gestion entre responsables de programme et ministres, l'adoption de tous les arrêtés fixant et précisant les attributions des responsables de programme, la responsabilisation sur le double plan gestionnaire et pénal des gestionnaires des deniers publics, etc. S'il faut ajouter à ces défis la corruption au sein de l'administration publique, les détournements et le gaspillage des deniers publics, et la faible implication du Parlement dans le contrôle de la gestion performante des deniers publics, on peut aisément affirmer que la problématique de l'amélioration de la gouvernance des finances publiques à l'aune de la LOLF reste encore d'une pertinente actualité.

Le document de programmation budgétaire et économique pluriannuelle (DPBEP) : une invention utile

Eloi DIARRA

Professeur émérite à l'Université de Rouen (France)
Président honoraire de la Société Ouest-Africaine de Finances Publiques (SOAFiP)

Il est très heureux que des Mélanges soient offerts au Professeur MÉDÉ Nicaise dont la vie professionnelle aura été consacrée à l'acquisition et à la transmission de la science juridique, de la science juridique financière en particulier, avec rigueur et humanisme. Par la longue amitié qui nous lie, on trouvera ci-dessous ma modeste contribution qui porte sur un point bien particulier des finances publiques ouest-africaines d'aujourd'hui. On sait l'intérêt de la personne ici honorée pour cette matière.

Introduction

« *Le projet de loi de finances de l'année est élaboré par référence à un document de programmation budgétaire et économique pluriannuelle couvrant une période minimale de trois ans* » (article 52 de la directive n° 06/2009/CM/UEMOA du 26 juin 2009). Dans la suite des développements, ce document sera désigné, la plupart du temps, par l'acronyme DPBEP. Conformément au Traité de l'Union économique et monétaire ouest-africaine

(UEMOA)[1], cette directive entend contribuer à « *harmoniser, dans la mesure nécessaire au bon fonctionnement du marché commun, les législations des États membres* »[2]. Elle entend le faire en matière de finances publiques, c'est-à-dire dans l'élaboration et l'exécution des lois de finances des États membres. En effet, cette directive a dû être transposée dans le droit interne des États membres.[3]

Le document de programmation budgétaire et économique pluriannuelle (DPBEP) est prévu pour être mis en œuvre au stade de la préparation du projet de loi de finances. Dans le cadre de l'harmonisation des règles régissant les lois de finances des États membres, le document en cause veut manifestement insister sur un aspect, celui de la pluriannualité.

En effet, l'une des plus vieilles règles[4] régissant les finances publiques des États est celle de l'annualité, qui signifie que les lois de finances sont prévues, autorisées et exécutées en une année. À l'épreuve du temps, ce principe budgétaire est apparu comme présentant un certain nombre d'inconvénients, en particulier le manque de perspective sur le moyen et le long terme, au regard du développement de l'interventionnisme financier de l'État.

Ainsi, dès les années 1960, plusieurs techniques ont été éprouvées pour tenter de faire des prévisions de dépenses à moyen et long terme. Les États-Unis entreprirent le Planning Programming-Budgeting System (PPBS) en 1962[5],

---

[1] Cette Union a été créée par le traité signé à Dakar le 10 janvier 1994, traité modifié le 29 janvier 2003. L'Union regroupe aujourd'hui le Bénin, le Burkina Faso, la Côte d'Ivoire, la Guinée-Bissau, le Mali, le Niger, le Sénégal et le Togo.

[2] Article 4 du traité modifié.

[3] Les États membres ont intégré la directive de l'UEMOA dans leur droit positif, selon un calendrier qui a varié, par le canal de la loi : au Bénin, par la loi organique n° 2013-14 du 27 septembre 2013, au Burkina Faso, par la loi organique n° 073-2015 du 21 avril 2016 adoptée par le Conseil national de la Transition ; en Côte d'Ivoire, par la loi organique n° 2014-336 du 5 juin 2014 ; au Mali, par la loi n° 2013-028 du 11 juillet 2013 ; au Niger, par la loi organique n° 2012-09 du 26 mars 2012 ; au Sénégal, par la loi organique n° 2011-15 du 8 juillet 2011, et au Togo, par la loi organique n° 2014-013 du 27 juin 2014. Hélas, nous n'avons pas trouvé d'indication en ce qui concerne la Guinée-Bissau.

[4] Certains auteurs n'hésitent pas à la faire coïncider avec la Magna Carta, la Grande Charte de 1215, octroyée par le roi Jean Sans Terre à ses barons contre leur acceptation du prélèvement de l'impôt. Or, cette acceptation du prélèvement fiscal est corrélée au principe de l'annualité (voir Loïc PHILIP, *Finances publiques, problèmes généraux et droits budgétaire et financier*, Paris, Cujas, 1983, p. 179). Quelque cent ans plus tard, les États généraux français avaient aussi adopté, en 1314, le principe du consentement à l'impôt, mais sans que celui-ci ne fût appliqué par la suite de façon suivie (voir Michel PAUL, *Les finances de l'État, budget, comptabilité*, Paris, Economica, 1983, p. 13). Néanmoins, dans la tradition des finances publiques françaises, on fixe à 1789 la date effective d'établissement du principe de l'annualité budgétaire qui ne devint réalité qu'à partir de 1817, à la Restauration.

[5] Voir Charles FOURRIER, *Finances publiques du Sénégal*, Paris, A. Pédonne, 1975, pp. 244-246.

devenu la « Rationalisation des Choix Budgétaires (RCB) » en France[6], en 1968. De façon quasi concomitante, ils mirent en œuvre le Zero Base Budgeting (ZBB)[7]. Si ces pratiques eurent un certain succès, elles n'en furent pas moins abandonnées, mais revinrent en force dans les années 1990 sous l'impulsion, cette fois-ci, des organisations financières internationales[8]. L'idée de programmation budgétaire qu'elles avaient engendrée s'imposa désormais non plus à quelques États, mais à tout leur ensemble. Il est vrai que le leitmotiv porteur invoqué était « *la performance de la dépense publique* », dans une période de rareté des recettes fiscales et d'expansion de la dette publique. D'ailleurs, la réduction de cette dernière constituait le mot d'ordre à appliquer par tous.

C'est donc dans ce contexte que les méthodes de prévision budgétaire ont été totalement revues, tant par les États que par les organisations intergouvernementales, comme c'est le cas pour l'UEMOA. L'idée centrale est que, pour mieux dépenser, la prévision budgétaire ne doit pas se centrer sur une juxtaposition des exercices financiers, mais avoir une coordination entre eux, créer un lien[8] qui permette une continuité dans les actions entreprises. Seules l'évaluation et la prévision pluriannuelles des recettes et des dépenses peuvent rendre efficace cette vision.

L'UEMOA a donc décidé de choisir une période pluriannuelle de trois ans, soit une période dite de moyen terme, et l'a proposée aux différents États membres à travers diverses directives[9]. L'élément charnière en est le « *document de programmation budgétaire et économique pluriannuelle* », le DPBEP. Il

---

[6] Voir Hubert LEVY-LAMBERT et Henri GUILLAUME, *La rationalisation des choix budgétaires*, Paris, PUF, 1971, ou encore, Philippe HUET et Jacques BRAVO, *L'expérience française de la rationalisation des choix budgétaires*, Paris, PUF, 1971.

[7] Traduit en français par Budget base zéro (BBZ), ce système refuse la reconduction automatique de crédits d'une année sur l'autre. Il s'agit essentiellement de la Banque internationale pour la reconstruction et le développement (BIRD), plus communément dénommée la Banque mondiale (BM), et du Fonds monétaire international (FMI). Les responsables de ces organisations avaient été nourris aux théories néolibérales reaganiennes et surtout de l'économiste, philosophe et sociologue Friedrich Von HAYEK (1899-1992), pour qui l'interventionnisme étatique promu par John Maynard KEYNES (1883-1946) devait être proscrit. L'idée essentielle est donc celle de la réduction de la dépense publique, justifiée par l'adage : *Moins dépenser pour mieux dépenser*. D'où l'idée de « performance de la dépense publique » ou de « gestion axée sur les résultats ».

[8] Le monde anglophone emploierait volontiers ici le verbe *link*.

[9] Parmi ces directives, la directive n° 06/2009/CM/UEMOA du 26 juin 2009 portant lois de finances au sein de l'UEMOA est certes la plus directement concernée, mais d'autres entrent également en ligne de compte : la directive n° 01/2009/CM/UEMOA du 27 mars 2009 portant Code de transparence dans la gestion des finances publiques au sein de l'UEMOA, la directive n° 07/CM/UEMOA du 26 juin 2009 portant règlement général sur la comptabilité publique au sein de l'UEMOA, la directive n° 08/CM/UEMOA du 26 juin 2009 portant nomenclature budgétaire de l'État, la directive n° 10/CM/UEMOA du 26 juin 2009 portant tableau des opérations financières de l'État au sein de l'UEMOA.

s'agit d'une compilation de données sur les agrégats de la production et de la distribution des biens dans une perspective d'anticipation permettant ensuite d'extraire des informations portant sur les recettes potentielles du pays sur la période concernée. À partir de ces données serait bâtie une vision, à un horizon de trois ans, une estimation des recettes, et par la suite, de l'ensemble des dépenses publiques, à charge, pour le document, de les répartir entre les différentes politiques publiques conduites par les autorités publiques.

À propos de ce document, on peut logiquement se poser plusieurs questions : comment pourrait-on le définir ? Quels en sont les éléments constitutifs ? S'agit-il d'une nouvelle « invention » extravertie pour divertir les États africains de leurs problèmes fondamentaux comme les organisations et la communauté internationales en ont pris l'habitude depuis plus de soixante ans, imposant des logiques totalement extérieures et inadaptées aux situations africaines, ou s'agit-il d'une création autochtone ? Et comment fonctionne le système ainsi imaginé ? Une autre question non moins importante est celle de savoir quelle est la force juridique de ce document : dans quelle mesure lie-t-il les pouvoirs publics ? En d'autres termes, quelle est sa nature juridique ? Dans une période où la « *soft law* » est privilégiée, peut-on dire qu'il entre dans ce cadre ? Ou bien, faut-il le comprendre comme un simple acte administratif interne n'emportant de conséquences que celles que l'Administration veut bien lui reconnaître ? On le constate : on se trouve en face d'un document plus complexe qu'il n'y paraît. On va donc tenter de répondre à ces différentes interrogations au travers de développements ainsi structurés : **(I)** le Document de programmation budgétaire et économique pluriannuelle, invention de l'UEMOA, contenu et originalité ; **(II)** la nature et la force juridiques du DPBEP.

I. Le document de programmation budgétaire et économique pluriannuelle : une invention de l'UEMOA, contenu et originalité

L'article 52 de la directive introduit, dans le cadre de la préparation budgétaire, deux idées principales. La première est celle d'évaluation des recettes probables dont l'État va pouvoir disposer, et la deuxième est celle de programmation pluriannuelle, en fait triennale, dans la répartition de ces recettes pour couvrir les besoins des personnes morales de droit public, du secteur public, de la Sécurité sociale, des entreprises du secteur public marchand. Cet ensemble constitue le contenu que tout DPBEP **(A)** doit avoir.

Ce contenu est-il différent de ce que la théorie récente des finances publiques basée sur la performance des finances publiques et sur la gestion axée sur les résultats présente désormais comme l'*alpha* et l'*oméga* de la gestion vertueuse des finances publiques ou leur horizon indépassable ? Assurément, à première vue, la réponse est négative. Et pareillement, le DPBEP est-il sorti du néant ? En soi, il ne paraît pas tant que cela une création totalement autonome. Quelles sont donc ses sources d'inspiration **(B)** ? Ce sont donc les deux aspects qu'il faut examiner ici.

A. Le contenu du document de programmation budgétaire et économique pluriannuelle

Il est fort diversifié, comme tout ce qui touche aux finances publiques. Cependant, la mission première dévolue au DPBEP est de réaliser une évaluation aussi précise ou probable que possible des recettes publiques à attendre sur les trois années à venir. Il s'agit principalement des recettes fiscales, mais aussi des autres recettes qui peuvent être attendues.

1. L'évaluation des recettes publiques

En schématisant, on pourrait dire qu'il existe quatre séries de recettes publiques. La première catégorie, la plus importante, est la recette fiscale, la deuxième est constituée par les recettes d'activité des administrations publiques, la troisième, par le retour sur investissement des entreprises publiques, et la quatrième, par la recette d'emprunt.

Évoquons tout d'abord le cas des recettes fiscales. Si l'objectif du DPBEP est de déterminer les ressources financières dont pourront disposer les personnes publiques, la première catégorie de recettes concernées est celle des recettes fiscales.

Pour parvenir à cette étape, d'autres, nombreuses et importantes, doivent être franchies. En effet, dans son l'article 52, la directive dispose : « *sur la base d'hypothèses économiques précises et justifiées, le document de programmation budgétaire et économique*[10] *pluriannuelle évalue le niveau global des recettes attendues de l'État* ».

- **La première recette à évaluer est la recette fiscale**

La formulation de l'article 52 laisse bien entendre que le document de programmation budgétaire et économique doit être assis sur des hypothèses économiques fiables. Ces hypothèses ne pourront être produites par personne d'autre que les services de la statistique. À ce titre, il existe dans tous les États

[10] Notons au passage que dans l'ordre, les adjectifs « budgétaire » et « économique » devraient être intervertis. Car c'est à partir des prévisions économiques que l'on pourra déterminer les recettes, éléments fondamentaux de la programmation budgétaire.

membres de l'UEMOA un organisme principal, au statut divers, chargé d'effectuer les missions de collecte, de production, d'analyse et de diffusion de l'information économique. La plupart du temps, il porte la dénomination d'Institut national de la statistique[11]. À cet organisme, il faut adjoindre toute une série de directions d'études et de statistiques sectorielles, souvent directement rattachées au ministère de l'Économie et des Finances, par exemple, le Service des statistiques des relations commerciales, commerce intérieur et commerce international, le Service des statistiques de la douane, de la Direction générale des Impôts et les statistiques des autres ministères, selon leur champ de compétences. Bref, pour effectuer des prévisions économiques, le ministère des Finances dispose d'outils très variés et les recoupements d'informations fournis par les uns et autres permettent d'obtenir des prévisions fiables.

Bien entendu, les secteurs pour lesquels ces informations sont les plus pertinentes sont les différents secteurs économiques, à savoir, le secteur primaire dans ses différentes composantes, l'agriculture, l'élevage et la pêche, le secteur secondaire, c'est-à-dire les extractions minières, la production manufacturière, la production d'eau et d'assainissement, d'électricité, la construction, le secteur tertiaire, à savoir, les activités d'hébergement, de restauration, de tourisme, de transport, de communication téléphonique, le secteur quaternaire, qui correspond à la production des administrations publiques.

À ces paramètres, il convient aussi d'ajouter ceux qui sont relatifs à l'accroissement de la population, à la natalité, et à l'accès aux soins de santé. Enfin, parmi les autres indicateurs économiques à prendre en considération figurent ceux de l'inflation, de la dette privée (celle des ménages et des entreprises) et de la dette publique.

La compilation de toutes ces données d'une année sur l'autre permet de déterminer le taux de croissance économique, indicateur fondamental dans la prévision des recettes fiscales, pourcentage du produit intérieur brut. On essaie de quantifier ce pourcentage en évoquant l'idée de pression fiscale. Seule l'analyse des différents agrégats économiques et sociaux permet de déterminer quel sera le produit de ces prélèvements fiscaux.

Comme on le voit, c'est la tenue d'éléments statistiques qui permet d'obtenir ces données économiques fiables. C'est la condition de la sincérité de la prévision des recettes publiques et dont on sait l'importance pour la vie des

---

[11] Institut national de la statistique (Côte d'Ivoire, Mali, Niger), Institut national de la statistique et de la démographie (Burkina Faso), Institut national de la statistique et de la démographie (décret n° 2021-523 du 13 octobre 2021), Instituto nacional de estatistica e censos (Guinée-Bissau), Agence nationale de la statistique et de la démographie (Sénégal), Direction générale de la statistique et de la comptabilité nationale (Togo).

institutions publiques, au sens large du terme, car, généralement, elles représentent, dans les États modernes, entre 80 % et 90 % de leurs ressources.

Parmi les recettes publiques qu'il faut évaluer, dans le cadre du DPBEP, figurent également les **recettes provenant de l'activité des administrations publiques.** Il s'agit des administrations au sens le plus large, y compris les services d'assainissement et de distribution de l'eau, de prévention et de lutte contre les incendies, les services de délivrance des documents administratifs les plus divers. Aussi infimes que soient ces ressources, elles doivent être évaluées. En réalité, elles sont aussi diverses que variées : droits d'établissement de documents administratifs, consignations diverses lors des procès devant les juridictions, redevances pour services rendus par des structures administratives de protection civile, etc.

D'autres recettes doivent également être évaluées. Il s'agit de celles qui résultent de **l'exploitation du domaine public,** soit des locations en tout genre, soit de la vente d'immeubles fonciers ou de bâtiments, ou d'exploitations de forêts.

Les personnes publiques disposent également d'entreprises publiques. Celles-ci, on le sait, connaissent plus souvent des déficits d'exploitation, mais il arrive qu'elles dégagent des **bénéfices.** Leurs revenus viennent abonder les ressources publiques à prendre en compte dans l'établissement du DPBEP.

Enfin, les **recettes provenant de dons,** soit de personnes privées, soit d'autres personnes publiques, qu'elles soient affectées ou non, doivent être prises en compte dans l'établissement des recettes publiques. Pareillement, d'autres ressources publiques, tels les emprunts à court, moyen ou long terme, doivent être intégrées au DPBEP.

Comme on peut le constater, si l'accent est mis sur les recettes fiscales, il en existe une grande variété dont l'évaluation est indispensable pour bien bâtir le document de programmation budgétaire et économique pluriannuelle. Cependant, elle n'est pas la seule indication que le document doit contenir. Il en existe bien d'autres.

2. Les autres éléments du contenu du DPBEP

À lire l'article 52, le document de programmation budgétaire et économique doit comporter de nombreux autres éléments d'information pour les parlementaires, tels que l'évaluation de la dette publique, la perspective des dépenses du même secteur public, les perspectives financières des entreprises, les perspectives d'équilibre budgétaire ou des services de sécurité, etc.

En premier lieu, nous avons la perspective des dépenses du secteur public. Sur la période triennale concernée, il s'agit des **dépenses étatiques, des collectivités territoriales et des services de sécurité et de santé publiques.** Et lorsque l'on évoque leurs « perspectives financières », il ne s'agit pas de leurs diversités, mais plutôt de leur tendance, à la hausse ou à la baisse, à moins qu'on ne présage d'un niveau constant. Plus souvent, la tendance est haussière, mais dans quelle proportion ? Minime, moyenne ou forte ? Déterminer le niveau de la tendance, c'est déterminer l'impact que cela aura sur les ressources publiques et leur éventuelle répartition. Si cette donnée est la principale, il reste que la perspective des dépenses du secteur public concerne également les introductions de champs nouveaux qu'il faut couvrir ou les suppressions d'interventions publiques devenues sans objet. De la sorte, l'esquisse de ces perspectives des dépenses du secteur public préfigure ce que seront les futurs documents pluriannuels de programmation des dépenses (DPPD)[12]. Mais ce qui est le plus important, c'est que cette esquisse permet de discerner la part de consommation du secteur public dans le produit intérieur brut et le reste qui pourrait faire l'objet d'épargne et d'investissements tant des acteurs privés que des entreprises et administrations publiques. Car, ne l'oublions pas, les finances publiques ne sont qu'un sous-système d'un ensemble plus vaste comprenant l'économie. Avec ce pattern, les décideurs politiques savent donc de quels leviers ils disposent pour leurs diverses politiques économiques.

Au sein du dessin grossier des dépenses publiques, il en est une que le DPBEP doit mettre en exergue, c'est celle de **la dette publique.** En effet, le document doit dresser le tableau de « *l'évolution (...) de la dette du secteur public* »[13]. On entend bien sûr la dette de l'État, celle des établissements publics administratifs, des entreprises publiques et de la Sécurité sociale.

L'inventaire se doit donc d'être complet afin de donner une image aussi fidèle que possible des obligations financières du secteur public, tant à l'égard des acteurs économiques nationaux qu'à l'égard des acteurs internationaux. Cependant, il n'est pas précisé si cette dette du secteur public doit être catégorisée en dette à court, moyen ou long terme. Aussi faut-il sans doute exclure de cette évaluation la dette courante des administrations, c'est-à-dire celle qui résulte « *des décalages comptables ou des opérations de crédit-bail* »[14]. La dette dont il s'agit est donc celle qui, en principe, ne concerne que des dépenses passées, présentes ou à venir ayant porté ou devant porter sur des investissements. En effet, il est clairement spécifié que les budgets de fonctionnement de tout le

---

[12] Ces documents, décrits à l'article 53 de la directive, sont présentés comme les dépenses réparties « *par ministère, budgets annexes et comptes spéciaux* ». Ils « *prévoient pour une période minimale de trois ans, à titre indicatif, l'évolution des crédits* » ; ils doivent être en cohérence avec le DPBEP.

[13] Article 52, alinéa 3.

[14] Ces expressions concernant les finances publiques françaises sont également applicables aux finances publiques des États membres de l'UEMOA : voir Gilbert ORSONI (dir.), *Finances publiques, dictionnaire encyclopédique*, Paris, Economica, 2e édition, p. 316, article de François CHOUVEL.

secteur public doivent être « *équilibrés sans avoir recours à l'emprunt* »[15]. En fait, il s'agit de déterminer la soutenabilité[16] de la dette publique. Il s'agit donc d'un indicateur important pour l'économie de chaque État membre, mais aussi pour la cohérence du projet d'intégration que l'UEMOA entend porter.

Le troisième volet que le document de programmation budgétaire et économique pluriannuelle doit contenir porte sur « ***la situation financière des entreprises publiques** sur la période considérée* »[17], en d'autres termes, sur leurs perspectives financières. Il s'agit pour le DPBEP de déterminer si les entreprises publiques vont connaître une croissance suffisante pour leur permettre d'assurer leur équilibre financier ou bien si elles devront tendre la sébile à l'État pour obtenir des subventions d'équilibre. En effet, on le sait, les entreprises publiques, parce que souvent chargées d'assurer une mission de service public, doivent contenir leurs prix et, par suite, leur marge bénéficiaire ; souvent, on leur demande juste de tendre vers l'équilibre, l'État s'engageant à venir à leur secours dès qu'elles connaissent un déficit. C'est pourquoi le DPBEP invite les États à prévoir, sur le moyen terme, les transferts financiers éventuels qu'ils devront effectuer en direction de ces entreprises.

Pour terminer, la directive donne une prescription aux États membres : le document « *fixe enfin **les objectifs d'équilibre budgétaire** et financier sur le moyen terme en application des dispositions du Pacte de convergence, de stabilité, de croissance et de solidarité* »[18]. Notons que la directive distingue bien l'équilibre budgétaire qui est relatif aux budgets publics, celui de l'État et ceux des collectivités territoriales d'une part, et l'équilibre financier d'autre part, ce dernier incluant d'autres éléments du patrimoine des personnes publiques, telles les entreprises publiques.

Parmi **les critères de ce pacte de convergence** de 1999 figurent plusieurs éléments, dont le déficit budgétaire, qui doit être compris dans une fourchette n'excédant pas 3 % ; de même, la dette globale publique, y compris donc celle des collectivités territoriales et de la Sécurité sociale, ne doit pas dépasser 60 % ; le taux d'inflation doit régresser progressivement pour tendre vers des taux les plus bas, selon la situation de départ du pays. Par exemple, si le taux d'inflation

[15] Article 55 de la directive.

[16] Par cette expression, on entend que l'État doit être à même, à tout moment, en capacité de rembourser toute dette échue. Aussi un plafond est-il fixé, en pourcentage du produit intérieur brut, que la dette publique ne devrait pas dépasser, soit 60 %.

[17] Article 52, alinéa 4.

[18] Article 52, alinéa 5. Ce Pacte de convergence, de stabilité, de croissance et de solidarité a été introduit dans le droit communautaire de l'UEMOA par un acte additionnel au traité n° 4/99 du 8 décembre 1999 et par un règlement du 21 décembre 1999 portant mise en œuvre dudit acte. Ce Pacte détermine un certain nombre de critères de performance économique, financière et budgétaire que chaque État doit respecter. Il comporte la mise en place d'un mécanisme de surveillance multilatérale donnant lieu à un rapport semestriel.

du Mali est de 6 %, il doit tendre, sur une période donnée de trois ans, vers 3,5 %. Il est également déterminé un taux des prélèvements fiscaux qui doit être en croissance, pour tendre vers 20 % à l'horizon 2010. Enfin, le pacte comprend une indication du taux des dépenses publiques dans le produit intérieur brut national. Dès son instauration, ce pacte incluait, pour chaque État, l'élaboration d'un programme pour déférer à ces différents critères, c'est-à-dire s'engager à les atteindre. Pour en faire la preuve devant l'Union, chaque État a l'obligation de transmettre, chaque semestre, à la Commission de l'Organisation, les performances réalisées. Le DPBEP intègre donc ce Pacte de convergence dans sa démarche.

Par son contenu, le document de programmation budgétaire et économique pluriannuelle est-il différent des pratiques antérieures ou qui ont été expérimentées ailleurs sur la période récente, on pense en particulier à l'Union européenne ou à la France ? Il n'est pas certain que la réponse soit négative ; il semble qu'elles auront été ses véritables sources d'inspiration. Il importe de les présenter pour avoir une idée exacte de l'héritage du DPBEP.

B. Les sources d'inspiration du document de programmation budgétaire et économique pluriannuelle

L'originalité du DPBEP est à rechercher dans des documents semblables utilisés dans les périodes précédentes. Pour cela, nul besoin de remonter à Mathusalem, l'on peut se contenter des pratiques des trente dernières années. Et l'on peut retenir trois types de documents qui lui sont comparables : **(1)** la note de présentation du budget, **(2)** le programme de stabilité et de convergence européen, et **(3)** la loi de programmation des finances publiques française.

1. La note de présentation du budget de l'État

Si l'on prend l'exemple d'un pays tel que le Mali — et l'ensemble des États francophones ouest-africains ou du centre connaissaient des situations quasi identiques — dans une période allant jusqu'aux années 2010, la présentation du projet de loi de finances était généralement précédée d'une note de présentation du budget de l'État année X[19]. Et si dans les années 1998, elle se résumait à quelque deux ou trois pages, aux années 2001-2007, elle en comprenait plus d'une dizaine, pour atteindre cinquante pages en 2008.

Cette note de présentation contenait deux éléments essentiels. Le premier portait toujours sur l'estimation probable de l'évolution économique sur les plans

---

[19] Voir dans le cas du Mali, Ministère des Finances, *Lois de finances 1997, 1998, 2001, 2007, 2008, 2009*, documents reprographiés.

international, communautaire et national sur l'année à venir. Ainsi, dans la note de présentation du budget de l'année 2009, l'examen de « *l'environnement économique national* » porte en réalité sur l'évolution estimée des économies américaine, japonaise, de l'Union européenne, des pays émergents d'Asie, de l'Amérique latine, de l'Afrique au sud du Sahara. Une rubrique particulière était consacrée à la « *situation économique de l'Union économique et monétaire ouest-africaine (UEMOA)* ». En revanche, rien n'était dit sur la Communauté Économique des États de l'Afrique de l'Ouest (CEDEAO). Enfin, était examinée l'évolution probable de l'économie nationale. Dans tous les cas, les paramètres fondamentaux qui étaient pris en compte portaient sur le taux probable de croissance économique, le volume des exportations, l'inflation et la situation monétaire, en particulier les taux du crédit. Si les finances publiques nationales étaient prises en compte, c'était dans le cadre d'un regard sur le passé, à savoir, leur tenue sur les deux dernières années, en particulier l'évolution du solde global, en d'autres termes, du déficit, avec ou sans prise en compte des dons financiers reçus. Mais les critères de convergence imposés par le pacte de convergence, de stabilité, de croissance et de solidarité, tels qu'appliqués par le Mali sur les trois exercices précédents, étaient également examinés[20]. Enfin, la note de présentation passait en revue la mise en œuvre des politiques sectorielles telle que prévue dans le cadre quinquennal (2007-2011), en matière de développement rural, de mines, commerce, énergie, développement industriel, équipement, transport et communication, culture, éducation, santé et développement social.

Du tableau économique décrit dans la note de présentation, on déduisait l'estimation des recettes publiques et, dans un deuxième temps, on procédait à l'allocation des ressources aux dépenses aux différents ministères et autres établissements publics à caractère administratif ou bénéficiant du concours financier de l'État.

L'indicateur principal pris chaque fois en considération, pour l'évaluation des recettes fiscales de l'État, était bien entendu le taux de croissance escompté. Celui-ci était donc scruté avec beaucoup d'attention et pouvait donner lieu, au moment du vote de la loi de finances, à des contestations de l'opposition. Quant à la répartition de ces recettes, sous forme de dépenses des différents ministères ou des autres structures publiques (par exemple, les subventions étatiques aux collectivités territoriales ou aux hôpitaux régionaux, pour rester dans le cadre du Mali), elle obéissait à un certain nombre de critères, tels que ceux déterminés par les Objectifs du Millénaire pour le Développement (OMD) ou du Cadre

[20] **Critères de premier rang** : ratio du solde budgétaire rapporté au PIB, taux d'inflation annuel moyen, ratio de l'encours de la dette intérieure et extérieure rapportée au PIB, arriérés de paiements intérieurs et extérieurs ; **critères de second rang** : ratio de la masse salariale sur les recettes fiscales, ratio des investissements publics financés sur ressources internes, ratio du déficit extérieur hors dons rapporté au PIB nominal, le taux de pression fiscale.

Stratégique pour la Croissance et la Réduction de la Pauvreté (CSCRP), tout ceci étant défini dans un éparpillement de programmes, de « *domaines prioritaires* » ou de « *renforcement des capacités* »[21].

À l'étude, à l'évidence, on constate des ressemblances avec le DPBEP. Avec ceci que le DPBEP va rassembler, en un document unique, toute une série d'informations qui étaient données de façon très éparpillée. En tout état de cause, avec la note de présentation et le DPBEP, il s'agit fondamentalement de prévoir les recettes qui peuvent être collectées à partir de données économiques aussi précises que possible.

Mais les différences apparaissent aussitôt. Dans la note de présentation de la loi de finances, il ne s'agit que des finances étatiques, même si celles-ci vont contenir les subventions prévisionnelles destinées aux collectivités territoriales et aux organismes de sécurité sociale, essentiellement de maladie et de retraite. En second lieu, la note de présentation met en jeu une prévision ne concernant qu'une année, au contraire du DPBEP qui envisage une période triennale.

2. Le programme de stabilité et de convergence européen

L'UEMOA est ouverte sur le reste du monde. Elle appartient à celui du FMI ou de la Banque Mondiale où les politiques pluriannuelles des dépenses publiques ont été élaborées ; elle appartient au groupe des États d'Afrique, des Caraïbes et du Pacifique (ACP), lié à l'Union européenne par de nombreuses conventions de coopération[22]. Elle sait ce qui s'y passe et s'en inspire, y compris dans la gouvernance des finances publiques des États membres. Ainsi n'était-elle pas sans connaître le traité de Maastricht[23] et le Pacte de stabilité et de croissance[24] qui en a résulté. On n'est donc pas surpris de constater de fortes

---

[21] Voir Ministère des Finances, *Note de présentation du budget 2009*, p. 20-22, doc.reprographié.

[22] À ce titre, on remontera aux Conventions de Yaoundé (I et II, soit de 1963 à 1975, y compris la Convention d'Arusha, à partir de 1969), suivies par celles de Lomé (Lomé I à IV, soit de 1975 à 2000), pour conclure par celles de Cotonou (depuis 2000). Noter que ces découpages n'ont jamais été rigoureux.

[23] Le traité de Maastricht, dit également Traité de l'Union européenne, signé dans la ville néerlandaise le 7 février 1992, a créé l'Union économique et monétaire européenne, dénommée plus souvent « Union européenne » et fondé en même temps le principe de la création d'une monnaie unique. Pour intégrer la zone monétaire envisagée, les États devaient remplir un certain nombre de critères dont quelques-uns étaient relatifs aux finances publiques. Et déjà, son article 104 (devenu article 126 dans le Traité sur le fonctionnement de l'Union européenne, dit Traité de Lisbonne de 2007) énonçait que « *les États doivent éviter les déficits excessifs* », dont les données principales étaient de ne pas dépasser 3 % de déficit budgétaire et 60 % de dette publique, en pourcentage du PIB.

[24] C'est conformément à cet article 104 (TFUE 126) — et en le prolongeant — que le Pacte de stabilité et de croissance a été adopté par une résolution du Conseil européen à Amsterdam le 17 juin 1997 ; celle-ci sera mise en œuvre par deux règlements du 7 juillet 1997. Ce Pacte sera

similitudes entre les critères de convergence de l'UEMOA et les critères de stabilité et de croissance de l'UE. D'ailleurs, n'a-t-on pas l'impression d'une sorte de copie de la part de l'UEMOA, lorsqu'on lit le texte européen et qu'on le compare à celui de l'UEMOA : « *Le présent règlement fixe les dispositions régissant le contenu, la présentation, l'examen et le suivi des programmes de stabilité et de convergence dans le cadre de la surveillance multilatérale exercée par le Conseil et la Commission en vue de prévenir, à un stade précoce, l'apparition de déficits excessifs des administrations publiques et de promouvoir la surveillance et la coordination des politiques économiques en soutenant ainsi la réalisation des objectifs de l'Union en matière de croissance et d'emploi* »[25] ? Or, le programme de surveillance multilatérale de l'UEMOA reprend le même dispositif en termes identiques.

Le contenu de ce programme de stabilité et de convergence que chaque État doit soumettre à la Commission de l'UE a été défini dans deux règlements du Conseil, les règlements 1466/97 et 1467/97 du 07 juillet 1997[26], le premier comportant un volet préventif, et le second, un volet correctif. Le lecteur peut trouver à l'article 3 du premier règlement la liste des informations que le programme de stabilité de chaque État membre doit fournir : « *l'objectif budgétaire à moyen terme (...) concernant le solde des administrations publiques en pourcentage du PIB, l'évolution prévisible du ratio d'endettement public, la croissance prévue pour les dépenses publiques (...) la trajectoire de croissance (...) des recettes publiques (...) les grandes orientations des politiques économiques (...) les principales hypothèses concernant l'évolution prévisible de l'économie (...) une évaluation quantitative des mesures budgétaires et des autres mesures de politique économique qui sont mises en œuvre ou envisagées pour réaliser les objectifs du programme (...)* »[27].

Ainsi donc, les données à fournir tournent essentiellement autour des finances publiques et de leur évolution et des éléments économiques qui permettent d'en

renforcé par le Pacte de stabilité, de coordination et de gouvernance du 2 mars 2012. Le PSC de 1997 imposait donc aux États candidats à l'intégration dans la zone euro l'obligation de présenter un « *Programme de stabilité et de croissance* » à la Commission et qui devait vérifier si l'État respectait les critères pour pouvoir intégrer la zone monétaire et ensuite pour s'y maintenir. Ainsi, aux critères budgétaires s'ajoutaient également des critères économiques et monétaires relatifs, par exemple, aux taux d'inflation ou aux taux de croissance économique.

[25] Article premier du règlement n° 1466/97 du Conseil du 7 juillet 1997 relatif au renforcement de la surveillance des positions budgétaires ainsi que de la surveillance et de la coordination des politiques économiques.

[26] Publiés au *JO de l'Union européenne* n° L 209 du 02 août 1997, p. 1 et p. 6. Ils ont ensuite été modifiés par des règlements du Conseil du 27 juin 2005 et 08 novembre 2011 et du Parlement et du Conseil du 16 novembre 2011.

[27] JO.UE, 2 août 1997, *op. cit.*, p. 5.

déterminer les perspectives. Comme le note l'article 104 du traité de Maastricht, l'objectif est d'assurer une « *surveillance des politiques budgétaires* ».

À tout le moins, rien que sous cet angle, on constate une ressemblance entre les programmes de stabilité et de croissance soumis par les États membres de l'UE et le document de programmation budgétaire et économique pluriannuelle. En témoigne l'intitulé des programmes qu'un État comme la France présentait : « *Programme pluriannuel de finances publiques à l'horizon 2002* »[28], ou encore, « *Programme pluriannuel de finances publiques 2001-2003* »[30]. En effet, il s'agit dans les deux cas de s'assurer que les politiques budgétaires ne vont pas s'écarter des programmes de convergence économiques, lesquels doivent renforcer la cohésion et l'intégration économique et monétaire de la zone.

Ensuite, les programmes que les États européens devaient fournir avaient une dimension pluriannuelle, mais avec une obligation d'actualisation annuelle. Tout comme le DPBEP ! Et comme lui, ils devaient contenir des données économiques et monétaires, ils devaient présenter surtout l'évolution du déficit et de la dette publique.

La différence résidait uniquement dans la finalité : d'un côté, il s'agissait de vérifier que l'État européen pouvait accéder à la monnaie unique, de l'autre, il s'agit de préparer un budget de l'État qui repose sur des bases crédibles, et en même temps, ne soit pas divergent avec la surveillance multilatérale instituée par l'UEMOA.

Noter cependant que le pacte de stabilité et de croissance européen était dénommé « *le semestre européen* »[29] et qu'il est toujours en vigueur. Ainsi, les États participant à l'euro doivent fournir tous les trimestres les éléments nécessaires à une bonne appréciation de l'évolution de leurs finances publiques et si celle-ci ne risque pas de mettre en danger la vigueur de l'euro sur le marché monétaire international. Cette dimension échappe totalement au DPBEP, car il ne s'agit pas pour lui de garantir la stabilité monétaire du franc CFA.

3. La loi de programmation des finances publiques française

Le troisième document dont on pourrait rapprocher le document de programmation budgétaire et économique pluriannuelle est « *la loi de programmation des finances publiques* »[30] française. C'est même le document

---

[28] Voir Ministère des Finances, *Les notes bleues de Bercy*, n° 154, du 1er au 15 mars 1999. Voir Ministère des Finances, *Les notes bleues de Bercy*, n° 180, du 1er au 15 avril 2000.

[29] Voir Stéphanie DAMAREY, *Droit public financier*, Dalloz, 2e édition, 2021, p. 407.

[30] Les lois de programmation des finances publiques ont été introduites par la révision constitutionnelle du 23 juillet 2008, à l'article 34, en ces termes : « *Les orientations pluriannuelles des finances publiques sont définies par des lois de programmation.* »

dont il est le plus proche. Avec les programmes de stabilité et de croissance européens, l'UEMOA disposait déjà d'un précédent. En France, les lois de programmation des finances publiques apparaissent comme la prolongation naturelle des programmes de stabilité et de croissance français (connus sous l'appellation de « programmes pluriannuels des finances publiques ») soumis à la Commission. Mais alors que ces programmes pluriannuels des finances publiques sont à usage externe — ils sont destinés à la Commission européenne —, les lois de programmation des finances publiques sont à usage interne.

C'est dans la foulée de la révision constitutionnelle que la première loi de programmation des finances publiques est adoptée par l'Assemblée nationale et le Sénat français et publiée au journal officiel du 9 février 2009[31] ; elle est censée couvrir la période 2009-2012. Plus tard, on s'apercevra qu'il manque une base juridique suffisante. C'est ainsi que sera adoptée en 2012 une loi organique relative à la programmation et à la gouvernance des finances publiques[32], venant confirmer ce qui était déjà mis en pratique.

Selon l'exposé des motifs du projet de loi de programmation des finances publiques, son objet est « *de fixer, par un vote du Parlement, la stratégie nationale de finances publiques. (...) Elle donne toute sa cohérence (...) de la dépense publique, en intégrant les finances de l'État (...), celle de la Sécurité sociale (...) mais également celles des autres administrations sociales et des collectivités territoriales, dans leur ensemble et de manière pluriannuelle* »[33].

Ainsi, à l'image du DPBEP, la première caractéristique de la loi de programmation des finances publiques est d'être pluriannuelle ; ensuite, elle englobe l'évolution prévisionnelle de toutes les catégories de dépenses publiques, celles de l'État, des collectivités territoriales, de la sécurité et des autres administrations dotées de la personnalité juridique. Cependant, si elle est pluriannuelle, la loi de programmation des finances publiques, tout comme le programme pluriannuel des finances publiques, obéit au phénomène glissant, c'est-à-dire qu'elle est réévaluée d'une année sur l'autre, en repoussant chaque fois le terme d'une année. Ainsi la loi de programmation 2009-2012 est-elle suivie d'une loi de programmation 2010-2013, puis 2011-2014 et ainsi de suite.

---

[31] Voir la loi n° 2009-135 du 9 février 2009, *JORF* n° 35 du mercredi 11 février 2009, site https://www.legifrance.gouv.fr/download/file/pAeq-r9fOTATEQl6fVge-d2zup93I6QTVIOrDQLksWk=/JOE, consulté le 30 janvier 2023

[32] Voir Loi organique n° 2012-1403 du 17 décembre 2012 relative à la programmation et à la gouvernance des finances publiques, *in JORF* du 18 décembre 2012. À son article 1er, on peut lire : « *Dans le respect de l'objectif d'équilibre des comptes des administrations publiques (...) la loi de programmation des finances publiques fixe l'objectif à moyen terme des administrations publiques...* »

[33] Ministère du Budget, des Comptes publics et de la Fonction publique, *Projet de loi de programmation des finances publiques pour la période 2009-2012*, exposé des motifs, p. 1.

Ce mécanisme permet d'actualiser la programmation pour tenir compte des modifications économiques intervenues et qui sont de plus en plus rapides et heurtées. Et depuis le mois de novembre 2022, le projet de loi de programmation des finances publiques 2023-2027 était déjà en débat[34].

Dans son élaboration, le premier élément que la loi de programmation prend en considération est le contexte macroéconomique, en retenant des hypothèses de croissance de l'économie française, au court terme et au moyen terme. Dans cette perspective, on avait retenu une fourchette de croissance de l'économie comprise entre 1 % et 1,5 %, alors que pour 2022, l'hypothèse est de 2,7 % et seulement 1 % pour l'année 2023.

Une fois cette base posée, on évalue des recettes et enfin, on procède à la répartition des dépenses entre dépenses étatiques, de la Sécurité sociale, et des organismes divers d'administration centrale, dont les administrations publiques locales. Plus exactement, on présente l'évolution prévisible de toutes ces catégories de dépenses publiques. En ce qui concerne l'État, il s'agit de l'évolution des dépenses des différentes missions[35], en autorisations d'engagement et en crédits de paiement, on procède à la prévision des différents concours aux collectivités territoriales et à l'évolution de leurs dépenses ; on procède enfin pareillement pour les dépenses de sécurité sociale. Bien entendu, on dessinera la trajectoire du déficit budgétaire et de la dette publique. On déterminera le solde budgétaire prévisible sur la période et le taux de croissance de la dette publique globale. Bref, il s'agit de dessiner un tableau de pilotage des finances publiques dans leur entièreté sur la période retenue.

Les points de convergence avec le Document de programmation budgétaire et économique pluriannuelle de l'UEMOA sont donc nombreux. Il est question d'y déterminer avec précision la situation économique nationale, ensuite d'évaluer les recettes, et partant, de procéder à leur répartition en dépenses, pour l'État, ses divers organismes dotés de la personnalité juridique, des collectivités territoriales et des organismes de sécurité sociale. En guise d'exemple, on peut prendre le DPBEP du Mali pour la période de 2017-2019[36]. Il comprend ainsi trois parties. La première porte sur le contexte économique, la situation et ses

---

[34] On notera que les termes ne sont pas toujours rigoureusement fixés, les lois de programmation des finances publiques semblant parfois couvrir une période de trois ou quatre ans (2011-2014) ou d'autres fois de quatre ou cinq ans (2023-2027). En effet, à l'intérieur des lois, la période prise en compte n'est pas identique : elle est de trois ans pour les dépenses de l'État, quatre ou cinq ans pour la détermination du solde structurel du déficit public, et de quatre ans pour les finances de la Sécurité sociale. Ce qui n'est pas toujours de nature à faciliter les comparaisons entre les exercices.

[35] Noter qu'il s'agit autant du budget général que des budgets annexes et des comptes spéciaux du trésor (ce qui donne un nombre de missions compris entre 30 et 44).

[36] Voir Ministère de l'Économie et des Finances, Secrétariat général, *Document de programmation budgétaire et économique pluriannuelle (DPBEP 2017-2019*), exercice 2017, septembre 2016, reprographie.

projections macroéconomiques ; la deuxième partie porte sur les projections de ressources, et partant, sur la projection des charges, enfin, la troisième partie porte sur la mise en œuvre des stratégies nationales et sectorielles. Bref, pas besoin d'être grand clerc pour noter les fortes similitudes de contenu entre la loi de programmation des finances publiques française et le document de programmation budgétaire et économique pluriannuelle.

La directive de l'UEMOA date du 26 juin 2009. Il est donc très probable que ses initiateurs connaissaient la première loi de programmation des finances publiques française et ont pu largement s'en inspirer. Néanmoins, la directive garde son originalité. Au lieu de demander aux États d'élaborer des lois de programmation pluriannuelles de finances publiques, elle s'est contentée d'inscrire, dans le cadre de la préparation des lois de finances annuelles des États, l'obligation de partir d'un « *document de programmation budgétaire et économique pluriannuelle* ». Ainsi, dans le contenu, le DPBEP mettra, certes, l'accent sur l'évaluation des recettes et la répartition des dépenses en ministères, mais bien plus sur les projets de développement économique soutenus par les pouvoirs publics. Il suffit pour cela de se référer aux différents documents de programmation budgétaire et économique pluriannuelle de plusieurs pays, tels que le Bénin[37], la Côte d'Ivoire[38], le Mali[39], le Niger[40] ou le Sénégal[41] sur la période 2022-2025, pour constater que la répartition des dépenses comprend également les interventions directes des États et surtout, leurs financements dans le domaine des infrastructures routières, aéroportuaires et des communications, ou encore dans la production cotonnière. Leurs interventions ne sont pas destinées à faire faire ou à soutenir des initiatives privées, mais à réaliser directement l'opération pour le compte de l'État ; cette intervention directe est inscrite au budget de l'État pour l'année considérée. En bref, comme le dit un

---

[37] Voir Bénin, Direction du budget, DPBEP 2023-2025 version citoyenne, 2e partie : *Comment avions-nous géré notre économie*, pp. 5 et ss, oct. 2022, *in* https://budgetbenin.bj/wp-content/uploads/2022/11/DPBEP-20232025_Version-Citoyenne.pdf, consulté le 4 février 2023.

[38] Voir Côte d'Ivoire, Ministère de l'Économie et des Finances, DPBEP, pp. 101-107, *in* https://budget.gouv.ci/doc/loi/3_ANNEXE%2003%20-%20PROJET%20DPBEP%202022-2024.pd, consulté le 4 février 2023.

[39] Voir Mali, Ministère de l'Économie et des Finances, DPBEP 2023-2025, avril 2022, pp. 29 et ss. : *Mise en œuvre des stratégies nationales et sectorielles, in* https://budget.gouv.ml/sites/default/files/DPBEP%2020232025_Version%20Conseil%20des%20Ministres.pdf, consulté le 4 février 2023.

[40] Voir Niger, Ministère de l'Économie et des Finances,

in http://www.finances.gouv.ne/index.php/dpbep/document-de-programmation-budgetaire-et-economiquepluriannuelle-dpbep-2020-2022, consulté le 4.2.2023.

[41] Voir Sénégal, Ministère des Finances et du Budget, DPBEP 2023-2025, juin 2022, pp. 66 et ss., Ch. III-IV : « Analyse des projections de dépenses d'investissement sur la période 2023-2025 », *in* www.budget.gouv.sn_document_de_programmation_budgetaire_et_economique_pluriannuelle _dpbep_ 2023_20 25.pdf, consulté le 4.2.2023.

auteur, le DPBEP « *contribue à une meilleure allocation des ressources mobilisables en cohérence avec les orientations stratégiques des politiques publiques, les priorités du Gouvernement définies dans le Plan national de développement économique et social (PNDES)* »[42] du Burkina Faso. De la sorte, le document de programmation ouest-africain montre toute sa pertinence, puisqu'il permet de programmer sur le moyen terme les engagements de l'État pour le développement économique et social du pays. Il montre ainsi toute son utilité. A priori, il lie le gouvernement d'aujourd'hui, mais aussi celui qui lui succèdera sur le moyen terme.

L'autre différence du DPBEP avec la loi de programmation des finances publiques française est que, du côté français, il s'agit d'une loi — c'est clairement l'intitulé du texte —, de l'autre, on évoque tout simplement un « *document* ». Mais nous allons voir que sa situation juridique n'est pas si simple. C'est l'objet des développements qui suivent.

II. La nature et la force juridiques du document de programmation budgétaire et économique pluriannuelle

Oui, on va s'en apercevoir tout de suite, la nature juridique du document de programmation budgétaire et économique pluriannuelle n'est pas évidente à cerner. De façon laconique, la directive de l'UEMOA n'évoque qu'un « *document* » et le vocable est ensuite repris dans les textes d'intégration dans le droit national. L'article 52 dispose tout simplement que « *le projet de loi de finances de l'année est élaboré par référence à un document de programmation budgétaire et économique pluriannuelle* ». Cette formulation est reprise à l'identique dans les lois organiques relatives aux finances du Bénin à l'article 56, du Burkina Faso à l'article 54, de la Côte d'Ivoire à l'article 53, du Niger à l'article 52, du Sénégal à l'article 51, du Togo à l'article 52, et de la loi relative aux lois de finances du Mali à l'article 51[43]. Hélas, aucun de ces textes législatifs ne nous renseigne sur la nature juridique de ce document. La première question qu'il va s'agir d'élucider est donc celle de savoir quelle est la nature juridique de

---

[42] Voir Moussa WANDAOGO, *in OuagaNews* du 3 juin 2022, https://ouaganews.net/bon-a-savoir-quest-ce-quele-document-de-programmation-budgetaire-etéconomique, consulté le 4.2.2023

[43] Voir MÉDÉ Nicaise (dir.), *Constitutions et documents financiers, Espace UMOA/UEMOA*, vol. 1, L'Harmattan Sénégal, p. 134 pour le Bénin, p. 163 pour le Burkina Faso, p. 194 pour la Côte d'Ivoire, p. 219 pour le Mali, p. 243 pour le Niger, p. 268 pour le Sénégal et p. 289 pour le Togo.

ce « *document* » **(A)**. Une fois qu'on l'aura cernée, peut-être sera-t-il alors possible d'en déduire la force juridique, en particulier déterminer quelle valeur et quelle importance lui accorder dans la hiérarchie des normes **(B)**.

A. La nature juridique du document de programmation budgétaire et économique (DPBEP)

Il peut paraître incongru de se poser la question de la nature juridique d'un texte alors que la loi le définit comme « *un document* ». On entend par là généralement qu'il s'agit d'un élément d'information. Mais quelle est la nature de cet « *élément : s'agit-il d'un document civil ou d'un document administratif ?* » Et dans la diversité des documents administratifs, de quelle sorte de document administratif s'agit-il ? S'il est évident que l'on doit écarter la nature de document civil **(1)**, celle de document administratif semble s'imposer : mais quel type de document administratif (2) ?

1. À coup sûr, ce n'est pas un document civil...

Selon le dictionnaire ***Le Robert***, le terme « document » vient du latin *documentum*, c'est-à-dire « *ce qui sert à instruire* »[44], à renseigner ; le dictionnaire ***Le Larousse*** en déduit qu'il désigne une « *pièce écrite ou un objet servant d'information, de témoignage ou de preuve* »[45]. On retient donc que le document est un moyen d'information et il peut même parfois se résumer à ce dernier vocable. C'est donc souvent l'adjectif ou le mot qu'on lui accole qui permet de préciser sa nature. On peut ainsi avoir un document d'architecture, un document audiovisuel, un document cartographique, un document comptable, un document historique, un document officiel, un document publicitaire, un document de transport, un document web, etc. Il peut s'agir d'une archive, d'un dossier, d'un enregistrement, d'un film, d'un manuscrit, d'un objet, d'un papier, d'un texte, etc. Et ce à quoi fait référence la directive de l'UEMOA désigne bien un texte rédigé par des personnes expertes, fournissant des informations sur l'économie du pays, ses perspectives d'évolution, les recettes fiscales qui peuvent être escomptées et les dépenses qu'elles seront susceptibles de couvrir.

Au regard de la finalité du « document » qui est de servir à l'élaboration de la loi de finances, projet auquel il devra être annexé, il est certain qu'il ne peut s'agir d'un document civil ou d'état civil, car il ne concerne pas les personnes. Le document civil ou d'état civil ne concerne que les particuliers ; il sert à faire la preuve de leur état. Il peut s'agir d'actes (acte de naissance, acte de mariage,

---

[44] *Le Robert illustré*, 2018, p. 581.

[45] *Le Larousse illustré*, 2016, p. 392.

acte de décès), de bulletins (bulletin d'aptitude ou de santé, bulletin de salaire), de cartes (carte bancaire, carte de séjour, carte de chasseur, carte d'identité, carte électorale, carte grise, carte vitale), de casiers (casier judiciaire), de certificats (certificat d'hérédité, certificat de vie commune), de justificatifs (justificatif d'autorité parentale, justificatif de domicile, justificatif de nationalité), de livrets (livret de famille, livret militaire), de passeport (laissez-passer, visa d'entrée), de permis (permis de conduire, permis de construire), etc.

Le document civil est donc celui qui va servir à faire la preuve de votre état, de votre situation, de votre autorité, de votre capacité ou aptitude à poser tel ou tel acte, à l'égard de votre propre personne ou à l'égard d'une autre, d'un tiers. Dans le cadre d'un procès ou d'une procédure civile, le juge ou l'expert assermenté, assistant de la justice, peut exiger ces documents des parties ou des tiers[46]. Bref, il s'agit de tous les documents qui peuvent régir la vie des individus et dont ils ont besoin pour faire la preuve d'un pouvoir, ou d'une prétention, ou d'une prérogative. Manifestement, le document qu'évoque la directive de l'UEMOA n'a rien à voir avec de tels documents à finalité civile. Comme il n'existe qu'une alternative, le document évoqué dans la directive de l'UEMOA ne peut donc être qu'un document administratif !

2. ... mais un document administratif, et de quelle sorte ?

On se doit donc de considérer le DPBEP comme un document administratif ! À défaut d'une définition du document administratif selon le droit de l'UEMOA, on peut accepter, comme transposable dans son droit, celle qui est fournie par un texte français, déjà assez ancien et plusieurs fois modifié : « *Sont considérés comme documents administratifs (...) quels que soient leur date, leur lieu de conservation, leur forme et leur support, les documents produits ou reçus, dans le cadre de leur mission de service public, par l'État, les collectivités territoriales ainsi que les autres personnes de droit public ou les personnes de droit privé chargées d'une telle mission* »[47].

---

[46] On notera cependant qu'un grand nombre de ces actes, bulletins, cartes, certificats, justificatifs, etc., sont délivrés soit par l'administration, soit par le juge. De tels documents, au sens juridique strict, parce qu'émis par l'Administration, doivent donc être considérés comme des documents administratifs, car ils ne peuvent être produits par les particuliers. Mais leur destination est de ne concerner que les personnes physiques, que les particuliers. Évidemment, ceux de ces documents qui sont délivrés par les individus ne peuvent être considérés que comme des actes privés, souvent sous seing privé. La procédure « d'inscription en faux » peut être utilisée contre eux.

[47] Citation de l'article 1er de la loi n° 78-753 du 17 juillet 1978, devenu article L300-2 dans le Code des relations entre le public et l'Administration (CRPA) (loi n° 2016-1321 du 7 octobre 2016 pour une République numérique, *JORF* n° 0235 du 8 octobre 2016 ou https://www.legifrance.gouv.fr.eli/jo/216/10/8).

Ainsi, deux éléments fondamentaux caractérisent le document administratif. Tout d'abord, il est « *produit ou reçu* » par une collectivité publique, l'État, une collectivité territoriale, un établissement public administratif. Par complément, le document administratif peut également être « *produit ou reçu* » par une personne privée chargée d'une mission de service public, tel un établissement public à caractère industriel et commercial (soumis, comme chacun sait, au droit privé) ou une société ou entreprise privée investie d'une mission de service public.

La deuxième caractéristique, c'est que le document administratif « *est produit ou reçu* » dans le cadre d'une « *mission de service public* ». Le document contribue à la mise en œuvre de la mission de service public, en d'autres termes, il est émis ou reçu dans la poursuite de la réalisation de l'intérêt général. Il en résulte que tout document détenu par l'Administration n'est pas forcément un document administratif, il s'agit de tout document qui ne contribuerait pas à la satisfaction d'un besoin d'intérêt général, par exemple, les documents concernant la gestion du domaine privé des personnes publiques.

De ce fait, ne sont pas des documents administratifs un grand nombre de pièces ou d'outils d'information du public, mais fournis par d'autres organismes. Il en est ainsi des actes de toutes les juridictions (juridictions civiles, pénales, commerciales, du travail, administratives, financières) tels que les jugements, arrêts et autres documents à caractère judiciaire ; il en est ainsi des actes ou documents de l'État civil comme démontré ci-dessus, il en est ainsi des documents privés, de ceux passés sous seing privé (acte passé devant notaire, cession d'immeuble, bail, etc.), il en est ainsi des actes des chambres du Parlement (Assemblée nationale et Sénat), par exemple, les lois adoptées par le Parlement, les vœux ou autres actes des débats parlementaires.

L'article L300-2 donne alors une longue liste de documents qui sont des documents administratifs : « *Constituent de tels documents notamment les dossiers, rapports, études, comptes-rendus, procès-verbaux, statistiques, directives, instructions, circulaires, notes et réponses ministérielles, correspondances, avis, prévisions et décisions* »[48]. Vu cette grande diversité dans les dénominations, il n'est pas aisé d'effectuer un classement des documents administratifs. On peut tenter une classification, à l'image de Mme Hakima KIRAMI[49], à partir des finalités attribuées aux documents administratifs.

[48] *cf.* note 48, *in ibid.*

[49] Mme Hakima KIRAMI, Professeur en communication, en Master 1 Juriste d'affaires, a tenté une classification, voir https://d1n7iqsz6ob2ad.cloudfront.net/document/pdf/5385a9fde4e23.pdf. Nous nous en inspirons, tout en en divergeant.

Une première classification distingue les documents administratifs, outils d'explication à l'intention des administrés. De tels documents, à objet déterminé, veulent avant tout fournir une explication, répondre à la demande d'une personne ou d'un groupe de personnes, sur un point concernant leur préoccupation. On peut imaginer aisément ici la fiche explicative pour remplir sa déclaration d'impôt et toutes celles qui entrent dans la catégorie des déclarations et qui sont ainsi assorties de notices explicatives. De tels documents répondent à un besoin pour l'Administration elle-même, le besoin de contrôle et de coordination, pour s'assurer que partout, sur l'ensemble du territoire, tous les individus sont traités de la même manière. Le DPBEP n'entre absolument pas dans cette catégorie de documents administratifs, puisqu'il n'est nullement question de communiquer avec les administrés, ou de leur donner une information qui les concerne dans leur vie quotidienne ou qui leur servirait à accomplir des démarches auprès de l'Administration.

Une deuxième catégorie de documents administratifs sert à la communication interne ou externe de l'administration. Lorsqu'ils servent à la communication interne, ces documents permettent la transmission d'informations à d'autres administrations, généralement à des administrations subordonnées ou subalternes. Il peut alors s'agir de circulaires, de notes de service ou de comptes-rendus. Lorsqu'il s'agit de communiquer avec l'extérieur, les documents utilisés prennent la dénomination de rapports, de notes d'information ou de procès-verbaux. Le DPBEP pourrait être considéré comme un rapport sur la situation économique et financière de l'État. Il peut servir autant à la communication interne, puisque ses éléments d'information vont concerner des administrations, qu'à la communication externe, puisque son contenu est destiné aux parlementaires. Ce sera un des éléments d'information à partir desquels les parlementaires pourront évaluer la sincérité et/ou l'insincérité des prévisions de recettes.

Enfin, la troisième catégorie de documents administratifs est celle des documents ayant un caractère quasi règlementaire. Dans ce cas, il peut s'agir d'une circulaire, d'une instruction ou d'une directive[50] (de plus en plus, on emploie l'expression de « lignes directrices ») imposant un comportement donné à une administration. De tels documents sont donc internes à l'Administration. A priori, ils ne sont pas générateurs de droits et obligations pour les individus, cependant, dans leur application, s'ils leur portent grief, ils peuvent être déférés devant le juge, bien qu'ils soient une mesure interne à l'Administration. Il s'agit

---

[50] Évidemment, la directive dont il est question ici n'a rien à voir avec les directives du droit communautaire. En France, cf. CE 19 septembre 2014, Jousselin, Rec. 272. AJ 2014.2262, concl. Dumortier.

alors « *d'actes par lesquels une autorité administrative se fixe des orientations pour l'utilisation de son pouvoir discrétionnaire* »[51].

À part la première catégorie de documents, le document de programmation budgétaire et économique de la directive de l'UEMOA a des « affinités » avec ceux de la deuxième et de la troisième catégorie. Mais ne faut-il pas aller plus loin ? Il semble bien que la réponse soit positive. Le document de la directive UEMOA devrait sans doute être compris comme un document administratif revêtant au minimum la force d'une directive… et peut-être plus.

B. La force juridique du document de programmation budgétaire et économique pluriannuelle, celle d'une directive… ou mieux ?

On vient de déterminer que le « *document* » de l'article 52 de la directive de l'UEMOA est un document administratif qu'il faudrait assimiler à une directive, mesure d'ordre interne à l'Administration. En quoi cela est-il exact ? Et surtout, quelle est la portée de cette nature, à l'égard de qui crée-t-elle une obligation ? À l'égard du gouvernement, à coup sûr **(1)** ; mais on peut aussi légitimement se poser la question de savoir s'il ne faut pas aller plus loin : le DPBEP ne crée-t-il pas une obligation à l'égard d'autres structures ? Il semblerait bien que la réponse soit positive. Et dans ce cas, quel est son rejaillissement sur la nature de directive initialement retenue ? **(2)**

1. Le DPBEP, une circulaire-directive obligatoire pour le gouvernement

Toute la réflexion entreprise ici ne veut pas se limiter à la forme des actes, il s'agit avant tout d'en examiner le fond. Or, manifestement, à le scruter, le fond du DPBEP est bien déterminé : « *Le projet de loi de finances de l'année est élaboré par référence à un document de programmation budgétaire et économique pluriannuelle* ». En somme, le DPBEP est présenté comme « *la ligne directrice* » qui va présider à l'élaboration du projet de loi de finances. On pourrait aussi l'assimiler à une circulaire ou à une instruction qui serait adressée à tous les ministres et qu'ils doivent respecter. Il est évident qu'il a ainsi de fortes convergences avec la directive[55], au sens administratif (et non communautaire) du terme. En effet, le DPBEP donne des informations qui doivent guider le

---

[51] Voir Demba SY, *Droit administratif*, Dakar, L'Harmattan Sénégal, 2014, 2e édition revue, corrigée et augmentée, p. 290, en référence à l'arrêt du Conseil d'État français du 11 décembre 1970, Crédit foncier de France, *Grands arrêts de la jurisprudence administrative*, Paris, Dalloz, 2021, 23e édit., n° 76, pp. 550-556. On pourrait dire qu'il rappelle également la circulaire.

comportement d'autres administrations dans leurs prévisions de dépenses, conformément à l'article 53 de la directive de l'UEMOA : « *les documents de programmation pluriannuelle des dépenses (DPPD) des ministères (sont) cohérents avec le document de programmation budgétaire et économique pluriannuelle visé à l'article 52* ». En tant que directive, le DPBEP n'abolit pas le pouvoir d'appréciation du gouvernement lorsqu'il doit fixer les dépenses des ministères ; son pouvoir discrétionnaire ne disparaît point : tout en le respectant, le gouvernement doit poursuivre la réalisation de l'intérêt général, c'est-à-dire sans se laisser enfermer dans une rigueur financière telle que les besoins vitaux des plus démunis de la société en seraient malmenés et non satisfaits.

Ainsi, la valeur normative du DPBEP ne semble souffrir de l'ombre d'aucun doute ; cette normativité relèverait de l'évidence, puisque le document prescrit un comportement, le comportement que doivent avoir les administrations financières dans la prévision de leurs dépenses. Mais il ne crée aucun droit pour les particuliers, c'est pourquoi on est ici sur une ligne de crête où d'un côté, le DPBEP, en tant que directive, a une valeur normative, et de l'autre, cette normativité n'est qu'apparence, puisque le DPBEP demeure une mesure d'ordre intérieur et ne crée pas de droit pour les tiers ; on pourrait alors dire qu'il n'est pas une règle de droit[52]. En tout cas, la notion de directive reste toujours un point de discussion entre les auteurs de la doctrine et elle attend qu'un jour la jurisprudence veuille bien trancher définitivement la question en accordant à la directive la qualité pleine et entière d'acte règlementaire. Pour l'heure, « *il est bien difficile d'admettre que la directive soit dépourvue de caractère normateur alors que l'administration peut fonder sur elle ses décisions, que l'administré peut l'invoquer, qu'il peut en discuter l'application et même sa régularité intrinsèque* »[53]. Et pourtant, ajoute le même auteur, « *le Conseil d'État se refuse à recevoir contre la directive un recours direct en annulation ; (...) [car] ce serait convenir que la directive possède effectivement un caractère règlementaire (...) ce qui conduirait à reconnaître à (son) auteur un pouvoir règlementaire* ». Ce refus du Conseil d'État se fonderait sur son souci de « *sauvegarder les règles de dévolution du pouvoir règlementaire* »[54]. Au fond, ce refus repose sur le souci de ne pas diluer le pouvoir règlementaire : celui-ci appartenant à un certain nombre de personnes nettement identifiées (ministre,

---

52 Certes, le droit des États de l'UEMOA emploie les catégories juridiques de circulaires, d'instructions et de directives. Cependant, à ce jour, dans aucun, il n'a été construit une jurisprudence ou une doctrine qui permettrait d'en saisir les contours : elle pourrait suivre l'évolution connue en France. C'est la raison pour laquelle notre raisonnement, ici, est lié par la jurisprudence et à la doctrine françaises. Celles-ci, jusqu'à ce jour, refusent obstinément de conférer à la directive un caractère normatif, car on en ferait une nouvelle catégorie d'acte règlementaire.

53 De VILLIERS Michel (dir.), *Droit public général*, Paris, Litec, 2002, p. 590.

54 *Idem*, même page.

préfet, maire), il ne peut être accordé à l'Administration de façon générale. Et donc, la directive doit rester une mesure d'ordre intérieur[55], « *une note interne* »[56] même si elle est une norme « *pararèglementaire* »[57]. Et cela pour deux raisons.

La première, c'est qu'en faire une règle de droit reviendrait à en faire une nouvelle catégorie d'actes règlementaires ; la deuxième raison, c'est qu'alors, la directive cesserait d'être un acte d'administration, un acte intérieur à l'Administration.

Appliquons cette conception de la directive au DPBEP. Plusieurs étapes sont à franchir.

La directive est adoptée par un organe administratif, habilité à cet effet. Qu'en est-il pour le DPBEP ? Il n'est certainement pas adopté par le Ministre de l'Économie et des Finances ; celui-ci ne fait que le construire avec son équipe et le proposer au Premier ministre, qui le soumet au Conseil des ministres[58] qui l'adopte, conformément aux législations nationales, où de nombreux décrets sont adoptés par le Conseil des ministres en « *corps* » (on dit qu'ils sont délibérés en Conseil des ministres). Acte unilatéral, mais acte collégial quand même ! À ce titre, la qualification de « directive » correspond bien au DPBEP.

Ensuite, la directive est une mesure d'ordre intérieur. C'est également le cas pour le DPBEP, puisqu'il ne prescrit, a priori, que le comportement que chaque ministre devra tenir dans la prévision des dépenses de son ministère. Évidemment, les particuliers ne peuvent s'en prévaloir d'aucune manière, par exemple, en exigeant que le montant permettant la construction d'un mini-barrage, la promesse d'une campagne électorale, soit inscrit au titre des dépenses. À part cette limitation, le DPBEP prescrit bien un comportement à l'égard des ministres.

En donnant ces dimensions au DPBEP, les États ne contreviennent pas à la conception qu'il faut en avoir, dans la mesure où le Conseil des ministres est titulaire du pouvoir règlementaire ; ils n'y contreviennent pas davantage, puisque

---

55 Et donc, en tant que telle, la directive ne peut faire l'objet d'un recours pour excès de pouvoir.

56 Définition de la directive, *in* Rémy CABRILLAC (dir.), *Dictionnaire du vocabulaire juridique 2014*, Paris, LexisNexis, 2013, p. 181.

57 Georges DUPUIS, Marie-José GUEDON, Patrice CHRETIEN, *Droit administratif*, Paris, Sirey, 2009, 11e éd., p. 644.

58 Voir par ex. un titre de la presse nationale du Burkina Faso, de l'Agence d'information du Burkina Faso (AIB) : « *Le gouvernement a* ***adopté ce mercredi en conseil des ministres****, le document de programmation budgétaire et économique pluriannuelle (DPBEP) 2023-2025* », *in* https://www.aib.media/2022/05/26/burkina-le-document-deprogrammation-budgetaire-et-economique-pluriannuelle-2023-2025-adopte/. Cette adoption en conseil des ministres est une disposition inscrite dans les lois organiques relatives aux lois de finances des États. Voir Bénin, LOLF, art. 59 ; Burkina Faso, LOLF, art. 59 ; Côte d'Ivoire, LOLF, art. 55 ; Mali, LRLF, art. 56, etc.

le respect du DPBEP n'annihile en rien, a priori, le pouvoir discrétionnaire (mais est-ce si sûr ?) du gouvernement dans la répartition des ressources entre les ministères : d'abord, il n'est pas obligé de réinjecter dans l'économie nationale l'ensemble des recettes prévisionnelles que permettent les prévisions économiques, ensuite, il demeure libre dans la répartition des dépenses entre les ministères. À ce titre, le DPBEP semble n'avoir de force juridique qu'à l'égard du gouvernement. C'est lui seul qu'il oblige et d'ailleurs, seulement dans une certaine mesure puisqu'il peut y déroger dans l'exercice de son pouvoir discrétionnaire.

Mais le DPBEP n'oblige-t-il qu'à l'égard du seul gouvernement ? La réponse est négative. Il oblige aussi à l'égard du Parlement national et à l'égard de l'Union économique et monétaire ouest-africaine (UEMOA). De puissance optative, le DPBEP passerait au grade de force contraignante.

2. Le DPBEP, une ardente obligation à l'égard de tiers

Le DPBEP n'est pas une norme que seuls les membres du gouvernement sont tenus de respecter. Il est l'élément qui sert d'éclairage aux parlementaires au moment d'adopter la loi de finances et il permet aux instances de l'UEMOA de vérifier concrètement si l'État a pris les bonnes décisions lui permettant de respecter les critères de convergence du Pacte de stabilité.

C'est pourquoi il se doit d'être vrai, d'être crédible.

Tout d'abord, en ce qui concerne le Parlement, le DPBEP est l'incarnation de la volonté du gouvernement de lui présenter un budget qui remplisse toutes les conditions requises pour respecter les normes budgétaires de l'équilibre et de la sincérité – l'équilibre, puisqu'établi en fonction de recettes dûment évaluées, en fonction de la conjoncture économique, en fonction de l'endettement. Ce sont les mêmes arguments qui permettent d'affirmer que les prévisions en recettes et les inscriptions en dépenses, sont sincères. Mieux, face aux parlementaires, la loi de finances présentée est censée permettre à l'État de remplir ses engagements internationaux, dans le paiement de ses contributions aux organisations internationales auxquelles il participe et dans le remboursement de ses dettes extérieures, celles du Fonds monétaire international, de la Banque mondiale ou toute autre dette bilatérale. Bref, le budget présenté est censé être sincère et cohérent avec les objectifs et engagements du gouvernement.

Ensuite, le projet de loi de finances présenté aux parlementaires est censé permettre à l'État de remplir ses obligations communautaires, obligations face à la CEDEAO certes, mais surtout face à l'UEMOA. En effet, le dernier alinéa de l'article 52 indique clairement que le document de programmation budgétaire et économique « *fixe les objectifs d'équilibre budgétaire et financier sur le moyen terme en application des dispositions du Pacte de convergence, de stabilité, de croissance et de solidarité* ». Il s'agit des critères de convergence de l'UEMOA évoqués dans nos développements antérieurs.

Définir le DPBEP comme une simple directive, mesure d'ordre intérieur, ne pouvant être invoquée par un tiers[59], est-il conforme aux objectifs qui viennent d'être énoncés dans cet alinéa ? La réponse est manifestement négative. Car si le DPBEP est effectivement une mesure d'ordre intérieur, comment en assurer le contrôle par le Parlement ou par la Commission de l'UEMOA ? À la vérité, c'est nier le pouvoir de contrôle du Parlement sur l'action gouvernementale, c'est dénier à la Commission de l'UEMOA (au nom de la Conférence des chefs d'État et de gouvernement) le pouvoir de contrôler la volonté de chaque État de respecter les critères de convergence du Pacte de stabilité et de croissance. La notion de « norme d'ordre intérieur » est incompatible avec ces prérogatives. En effet, cela revient à dire que le Parlement, à aucun moment, ne peut contester le contenu du DPBEP ; cela signifie que la Commission de l'UEMOA ne peut remettre en cause les données fournies dans le DPBEP comme non conformes aux objectifs de l'Union. Ces projections ne sont nullement audacieuses et non conformes à l'ordonnancement juridique interne des États.

Au regard de ces prérogatives, on se doit de remettre en cause la nature de simple directive du DPBEP. Comment devrait-on alors le considérer ? On pourrait émettre ici deux hypothèses : soit qualifier le DPBEP de « *directive spéciale* », véritable acte règlementaire, soit franchir un palier et considérer que, dans le fond, le DPBEP devrait être de nature législative.

En considérant le DPBEP comme une directive spéciale, on pourrait lui conférer les traits d'un véritable acte règlementaire, susceptible d'être attaqué devant le juge de l'excès de pouvoir pour illégalité. Dans la logique de cette première considération, la légalité du DPBEP pourrait être remise en cause autant par le Parlement que par la Commission de l'UEMOA devant le juge de l'excès de pouvoir ou tout simplement dans leur pouvoir de contrôle de l'action gouvernementale.

Mais une autre possibilité s'offre également, c'est de considérer que, dans le fond[60], le DPBEP est de nature législative. Il faudrait le considérer comme une loi et par conséquent, le projet de loi de finances soumis au Parlement pourrait être examiné à son aune ; le parlement pourrait alors déterminer que le projet de loi de finances est ou non conforme à cette loi contenant l'estimation du taux de croissance économique et l'évaluation des recettes fiscales attendues.

---

[59] Rappelons que la directive ne peut être attaquée directement, par la voie du recours, pour excès de pouvoir, en d'autres termes, le tiers ne peut la contester.

[60] Il lui faudrait alors l'onction, la consécration du Parlement. Et cela n'est pas une lubie, cela n'est pas impossible.

Cela signifie qu'auparavant, le contenu du DPBEP ait été adopté sous la forme d'une loi. Et c'est bien ce qui se pratique en France[61]. Il semble qu'au sein de l'UEMOA, une telle voie pourrait être empruntée. Déjà, le DPBEP fait partie des documents présentés au moment du débat d'orientation budgétaire devant les parlements nationaux. Dans certains cas, il semble qu'il n'en reste qu'à ce stade. Dans ces situations, tous les développements antérieurs sur la nature de directive du DPBEP demeurent valables.

Mais dans certains cas, le DPBEP est ensuite annexé[62] au projet de loi de finances et approuvé en même temps que lui, comme en faisant partie intégrante. Le vote de la loi de finances confère alors une nature législative au DPBEP. Sa mise en œuvre devient une « *ardente obligation* »[63] pour le gouvernement. Mieux, ses dispositions sont alors susceptibles d'être vérifiées tant par le Parlement national que par les instances de l'UEMOA. Dans ce cas présent, on a une valeur législative conférée a posteriori ou en même temps que l'adoption de la loi de finances.

Certains pays ont choisi une autre solution. Ainsi, le Togo préfère donner au DPBEP une valeur législative, une valeur de loi, avant que le projet de loi de finances ne soit présenté à la sanction des parlementaires. Le DPBEP est soumis aux parlementaires au moment du débat d'orientation budgétaire (DOB). Dans certains pays, ce débat ne donne pas lieu à un vote ; tel n'est pas le cas au Togo. Au moment du DOB, le DPBEP est soumis au vote du Parlement. Ainsi, celui-ci peut revêtir une forme législative, comme en atteste la presse locale : « *Le document de programmation budgétaire et économique pluriannuelle (DPBEP) 2023-2025 a* ***été voté à l'unanimité*** *par les députés, lors d'un débat d'orientation budgétaire mené au cours de la première session ordinaire de la dernière séance plénière de l'année (du parlement), le jeudi 30 juin à Lomé.* »[64] L'appellation de loi est donnée au « *document* » par la présidente de l'Assemblée nationale, puisque l'Agence précise : « *Cette loi prend en compte certaines recommandations des débats passés, en particulier la présentation des dépenses par grandes fonctions de l'État sur toute la période.* »[65]

Dans cette configuration, le DPBEP devenu une loi avant la présentation du projet de loi de finances est à même de bien remplir son rôle. En effet, il devient

---

[61] Nous en avons fait la présentation au B-3 de la première partie de cette réflexion.

[62] C'est ce qui a pu être observé dans le cas de la Côte d'Ivoire pour son projet de loi de finances de 2022.

[63] Expression attribuée au Général de Gaulle à propos du plan en France, au moment de son introduction, en 1946. Il s'agissait de dire que, sans être obligatoire, les pouvoirs publics devaient tout mettre en œuvre pour réaliser ses objectifs.

[64] Agence togolaise de presse (ATOP), Actualités récentes, *Le document de programmation budgétaire et économique pluriannuelle* (DPBEP) 2023-2025 voté, 1er juillet 2022.

[65] *In ibid.*

un texte, élaboré certes par le gouvernement, mais qui lui devient opposable : le Parlement peut ainsi engager sa responsabilité politique, et les instances de l'UEMOA disposent d'une base solide pour dénoncer toute dérive budgétaire qui tendrait à s'écarter des critères de convergence du Pacte de stabilité.

CONCLUSION

Il est absolument indispensable de pouvoir qualifier le document de programmation budgétaire et économique pluriannuelle. Certains États peuvent s'abriter derrière le flou de la non-qualification juridique du document par la directive UEMOA pour subtilement se soustraire à leurs obligations. En effet, le fait de le considérer juste comme « *une mesure d'ordre intérieur* » peut laisser entendre que les parlementaires et les autorités de l'UEMOA n'ont pas de jugement ni d'appréciation à porter sur le DPBEP élaboré et adopté en Conseil des ministres. Cela est autant fâcheux au regard du droit de contrôle parlementaire qu'au regard de l'intégration économique sous-régionale. La construction communautaire ne passe pas seulement par les traités et les directives, elle passe aussi par le droit administratif dont la portée des normes doit être précisée plus souvent. En tout cas, le cas du DPBEP est éloquent à cet égard. Il aurait fallu demander aux États de l'enfermer dans le cadre d'une loi, afin d'être certains de pouvoir disposer des moyens de contrôle adéquats.

LA RATIONALISATION DE LA GESTION BUDGÉTAIRE PAR LA PERFORMANCE EN AFRIQUE NOIRE FRANCOPHONE : LE SCHÉMA CAMEROUNAIS

André AKONO OLINGA

Ph.D en Droit public
Chargé de Cours à la Faculté des Sciences Juridiques et Politiques
Université de Yaoundé II (Cameroun)

INTRODUCTION

« *Le renoncement au consensus de Washington et à la stratégie des programmes d'ajustement structurel (PAS) a rendu possible une nouvelle dynamique de rationalisation des finances publiques dont les concepts clés sont : la performance, la transparence, la reddition des comptes.* »[1] Cette affirmation, qui met en évidence le rapport entre la rationalisation des finances publiques et ses épiphénomènes dont la performance, constitue le principal couloir d'irrigation de la présente contribution. Elle a pour ambition, à la suite de l'éminent Maître, d'essayer d'analyser le lien de causalité entre la performance et la rationalisation de la gestion budgétaire, en mettant la focale sur le schéma camerounais aussi influencé par la crise des finances publiques à l'instar de celui du Bénin.

---

[1] MÉDÉ N., « L'établissement d'une comptabilité patrimoniale de l'État au Bénin : avancées et contraintes », *RFFP*, n° 98, juin 2007, p. 110.

En effet, la crise est encore prégnante dans les finances publiques camerounaises[2]. Seulement, toute crise n'est pas exclusivement annonciatrice d'un péril, mais aussi d'un possible renouveau, car elle est parfois perçue comme un phénomène normal des sociétés en mutation à l'instar du Cameroun. En substance, « *une mutation se signale par l'apparition de propriétés nouvelles fondamentales différentes du système* »[3]. Ainsi s'explique le changement de paradigme observé dans la gestion des finances publiques au Cameroun, en résonance à l'obsolescence de leur cadre juridique traduite par son inadaptation au contexte post-ajustement structurel. Pour autant, l'arrimage du cadre budgétaire à la nouvelle gouvernance financière publique justifie la transformation progressive de son système financier globalement orienté vers la performance. Elle constitue aujourd'hui la principale dynamique du processus de rationalisation du système de gestion budgétaire. Et ce, d'autant plus que la philosophie et la conduite du changement ont pour ambition d'aboutir à la rationalisation de la gestion budgétaire et davantage, à la réduction considérable de la pauvreté à travers l'instauration d'une bonne gouvernance financière publique[4].

En effet, la rationalisation est un épiphénomène du mouvement de réforme qui cadence la gestion publique « *depuis que l'assainissement des finances publiques s'est imposé aux premières heures de la décennie 1990, dans le cadre des politiques d'ajustement structurel* »[5]. Difficile à cerner du fait de son caractère contingent ou conjoncturel, elle peut néanmoins être perçue *in globo* comme un mécanisme de gestion budgétaire qui consiste à optimiser, c'est-à-dire à améliorer la gestion budgétaire en l'adaptant aux enjeux et objectifs de la gouvernance des finances publiques liés à un contexte précis. Elle est non seulement spécifique, mais aussi systémique. Dans le premier cas, elle est appliquée dans un volet de la gestion budgétaire. On peut à cet effet parler de la rationalisation des choix budgétaires. L'une de ses déclinaisons est d'établir le budget par comparaison des coût et rendement prévisibles des différentes opérations financières publiques. Ainsi, elle permet de fixer un ordre de priorité

---

[2] Voir PEKASSA NDAM G. M., NGANGUE NEMALE P., « Les finances publiques camerounaises à l'épreuve de la crise sanitaire à coronavirus », *Le NEMRO, Revue Trimestrielle de Droit Économique*, n° 18, octobre-décembre 2020, pp. 49-74.

[3] EBOUSSI BOULAGA F., « Changement et mutation. Notes d'épistémologie appliquée », *in* KAMTO M. (dir.), *L'Afrique dans un monde en mutation. Dynamiques internes, marginalisation internationale ?*, Yaoundé, Afrédit, 2010, p. 26.

[4] BOUVIER M., « Lutte contre la pauvreté et bonne gouvernance financière publique : pour une méthodologie de conduite du changement », *in* BOUVIER M. (dir.), *Innovations, créations et transformations en finances publiques. Actes de la 2e Université de printemps de finances publiques*, Paris, LGDJ, 2006, pp. 283-300.

[5] PEKASSA NDAM G., « Les transformations de l'administration fiscale camerounaise », *in* ONDOA M. (dir.), *L'administration publique camerounaise à l'heure des réformes*, Yaoundé, L'Harmattan Cameroun, 2010, p. 29.

ou de concurrence entre elles, puis de déterminer le montant et la répartition des autorisations budgétaires nécessaires à leur réalisation. Dans le second cas, elle concerne l'architecture globale de la gestion budgétaire. Elle consiste alors en une réorganisation des cadres normatif, institutionnel et opérationnel de la gestion en fonction des enjeux de la nouvelle gouvernance financière publique. Quoi qu'il en soit, la rationalisation vise la maîtrise des finances publiques et subodore une amélioration qualitative de la gestion budgétaire. Elle passe considérablement par une gestion budgétaire soumise à une rigoureuse discipline[6].

De toute évidence, la crise a rendu la réforme des finances publiques non moins ardente qu'impérative en tant qu'une des voies de restructuration de l'action publique pour le développement. Dans cette perspective, le Cameroun a intégré le cercle dynamique des États d'Afrique francophone saisis par la fièvre de la performance[7].

La question de la performance n'est pas nouvelle dans les finances publiques des États d'Afrique d'expression française[8]. Les différents régimes financiers du Cameroun[9], du Bénin[10] et du Sénégal[11] intégraient déjà l'idée de performance à travers la question de la rationalisation des choix budgétaires[12]. Cette perception est d'autant plus vraie qu'en théorie, non seulement la performance est une donnée permanente et ondoyante, en plus a toujours été le baromètre de l'efficacité de l'action publique, car les deux sont consubstantielles. Elle procède des théories du *New Public Management* né des échecs des politiques de réformes entreprises en Occident[13]. Ces théories convergent toutes vers la culture

---

[6] TANO F., « La rationalisation de la gestion budgétaire en Afrique : l'exemple de la Côte-d'Ivoire », *RFFP*, n° 98, juin 2007, p. 56.

[7] MÉDÉ N., « L'Afrique francophone noire saisie par la fièvre de la performance », *RFFP*, n° 135, Septembre 2016, pp. 349-357.

[8] ONDOA M., « Les contrats de performance au Cameroun », *Penant*, n° 821, Mai-Septembre 1996, p. 186.

[9] Ordonnance n° 62/OF/4 du 07 février 1962 réglant le mode de présentation et les conditions d'exécution du budget de la République fédérale du Cameroun.

[10] Ordonnance organique du 02 janvier 1959 relative aux lois de finances et la loi organique n° 86-021 du 26 septembre 1986 relative aux lois de finances.

[11] Ordonnance n° 63-01 du 15 mai 1963 relative aux lois de finances. Voir aussi la loi n° 75-64 du 28 juin 1975 portant loi organique relative aux lois de finances et abrogeant l'ordonnance n° 63-01 du 15 mai 1963 relative aux lois de finances.

[12] LEKENE DONFACK E. C., *Finances publiques camerounaises,* Paris, Berger-Levrault, 1987, p. 136.

[13] Le New Public Management (NPM) en tant que processus de réforme de l'action publique, succède en effet à plusieurs générations de réformes visant la modernisation du secteur public comme le *Planning Programming Budgeting System* (PPBS) conçu aux États-Unis en 1967-1968 et abandonné en 1971, la Rationalisation des Choix Budgétaires (RCB) lancée officiellement en 1968 et abandonnée 1984.

du résultat et l'atteinte des objectifs fixés. C'est cette philosophie qui a semblé constituer la trame des PAS[14] proposés à l'Afrique à la fin de la décennie 1980 comme thérapie à la crise naissante. Ce changement de philosophie managériale a ouvert la voie à l'intégration de la performance dans l'ordre juridique camerounais. Elle y a été incorporée par les voies législative et jurisprudentielle. Ainsi, au-delà de la difficulté à lui donner un contenu faisant l'unanimité, il est possible de l'appréhender à l'ère de la nouvelle gouvernance financière publique non seulement comme un principe, mais aussi comme un objectif. Le principe est une norme[15], et une norme est une prescription d'une conduite à tenir[16]. De ce fait, la performance comme norme participe à l'encadrement et à la régulation du processus budgétaire.

En tant qu'objectif, elle est un but, voire un ensemble d'indicateurs définis au préalable, que les gestionnaires des crédits publics doivent atteindre dans la réalisation des programmes à eux confiés. Il s'agit manifestement là de la performance opérationnelle[17] qui n'est cependant pas dissociable de la performance organisationnelle[18]. Elle « *redéfinit en profondeur le rapport de l'Administration avec le citoyen* »[19], et implique des réformes humanisées, pensées et partagées pour être appropriées[20]. Elle repose sur l'idée selon laquelle l'efficacité, l'efficience et l'économie deviennent les critères d'appréciation des politiques budgétaires avec une référence systématique aux résultats.

---

[14] La caution des Institutions de Bretton Woods s'est traduite notamment dans les Programmes d'Ajustement Structurel (PAS) prescrits aux pays en voie de développement en crise dans les années 1980, lesquels reprennent pour l'essentiel les préceptes du NMP concernant la réduction du périmètre de l'État, l'austérité budgétaire et la promotion de l'initiative privée.

[15] TROPER M., *Le droit et la nécessité*, Paris, PUF, 2011, p. 46. Sur la notion de principe, lire ONDOUA A., « Les principes généraux du droit relatifs à la fonction publique », *in Le droit administratif : permanences et convergences. Mélanges en l'honneur de Jean-François Lachaume*, Paris, Dalloz, 2007, pp. 777-791 ; TUSSEAU G., « Métathéorie de la notion de principe dans la théorie du droit contemporain. Sur quelques écoles de définition des principes », *in* CAUDAL S. (dir.), *Les principes en droit*, Paris, Economica, 2008, pp. 75-112 ; JEAMMAUD A., « De la polysémie du terme "principe" dans les langages du droit et des juristes », *in* CAUDAL S. (dir.), *op. cit.*, pp. 49-74.

[16] KELSEN H., *Théorie pure du droit,* Traduction française, Charles Eisenmann, Paris, Dalloz, 1962, 2e éd., p. 6.

[17] DIAKHATÉ M., « Le pilotage de la performance des finances publiques dans les États membres de l'Union Économique et Monétaire Ouest-Africaine (UEMOA) », *RAFiP*, n° 9, 1er semestre 2021, p. 15.

[18] *Ibid.*, p. 29.

[19] HOUILLON G., « Performance publique et ordre juridique », *in Entre les ordres juridiques. Mélanges en l'honneur du Doyen Hervouët*, Paris, LGDJ, 2015, p. 598.

[20] BOUVIER M., « Nouvelle gouvernance financière publique durable et conduite de la réforme budgétaire dans les pays en développement », *RFFP*, n° 98, Juin 2007, p. 160.

Dans la généralité, on peut retenir que la performance est une contrainte juridique et un instrument économique consacré par l'État pour rationaliser la gestion des finances publiques. Il est donc patent qu'aujourd'hui, la performance comme élément substantiel de la nouvelle gouvernance financière publique se globalise, et s'avère être une solution à la crise[21].

La performance et la rationalisation de la gestion budgétaire sont consubstantielles car, autant la première peut induire la seconde, autant la seconde peut aboutir à la première. Il appert alors qu'il existe un lien de causalité entre ces deux notions. Toutefois, l'ambition ici n'est pas de mener une réflexion sur leurs interactions, mais d'analyser le rapport unilatéral qui fait de la performance une cause, et de la rationalisation de la gestion publique l'effet. Pour autant, l'on se pose la question de savoir comment la performance induit la rationalisation de la gestion budgétaire en droit camerounais.

La réception de la performance dans les finances publiques camerounaises constitue une cause de la rationalisation de la gestion budgétaire. Le mécanisme se produit à travers le rééquilibrage des rationalités juridique et économique dans la gestion budgétaire. À travers une méthode combinant droit et sociologie, la réflexion consistera à démontrer que ce réajustement se manifeste par la conjonction des logiques juridiques et économiques, avec une mention spéciale pour les dernières. Toute chose qui a abouti à l'atténuation mitigée des exigences juridiques **(I)** et à la majoration motivée de la culture économique **(II)**.

I. L'ATTÉNUATION MITIGÉE DES EXIGENCES JURIDIQUES

La théorie de l'État de droit basée sur la suprématie du droit[22] dans la gestion publique s'accommode mal de l'érection actuelle de la performance en norme impérative du processus budgétaire. En clair, « *un excès de juridisme aboutit parfois à des situations dont la logique peut s'avérer parfaitement incompréhensible aux yeux du citoyen* »[23]. Pourtant, « *l'État de droit est l'État au service des citoyens* »[24], c'est-à-dire que l'institution des règles juridiques doit en premier poursuivre des objectifs de satisfaction des besoins fondamentaux des citoyens, et partant, de l'État. À cet égard, la nouvelle gouvernance financière

---

[21] LAMBERT A., « La nouvelle gouvernance financière : une réponse à la crise ? », *RFFP*, n° 108, 2009, pp. 85-90.

[22] CHEVALLIER J., *L'État de droit*, Paris, Montchrestien, coll. « Clés/Politique », 1994, 2e éd., p. 11.

[23] BOUVIER M., « Préface », *in* BARILARI A., *L'État de droit : réflexion sur les limites du juridisme*, Paris, LGDJ, 2000, p. 4.

[24] BARILARI A., *L'État de droit : réflexion sur les limites du juridisme*, *op. cit.*, 2000, p. 9.

publique aboutit à l'atténuation mitigée des exigences juridiques dans la gestion des finances publiques à travers la simplification appréciable des règles de gestion **(A)** et la dépréciation préjudiciable du juridisme dans les vérifications **(B)**, toutes choses qui peuvent aboutir à l'érosion de leurs dimensions contraignante et obligatoire en fondant par ricochet le caractère mitigé de l'option.

A. La simplification appréciable des règles de gestion

La règle de droit à travers la sanction qui la caractérise, demeure un facteur fondamental dans le projet d'assainissement et de rationalisation de la gestion des finances publiques. Car la légalité comme élément d'encadrement et de protection subodore la conformité à la règle de droit. Elle demeure à cet égard un principe « *autour duquel entend se bâtir l'État moderne, démocratique et libéral* »[25]. Toutefois, sa glorification dans un contexte marqué par la recherche de la performance peut s'avérer contreproductive. C'est la raison qui explique la simplification des règles de gestion via la reconsidération des principes budgétaires **(1)** et l'atténuation des principes comptables dans la gestion des finances publiques **(2)**.

1. La reconsidération des principes budgétaires

La recherche de la performance a nécessité la transformation des principes budgétaires existants[26] à l'effet de les adapter au nouveau cadre de gestion. A priori, les principes budgétaires constituent des normes essentielles du régime financier de l'État et des autres entités publiques. À cet égard, la préparation, le vote, la mise en exécution du budget et son contrôle se réalisent suivant leur respect. Ils sont en constante mutation et multiplication. Leur apport est substantiel et structurel à la recherche d'une gestion saine des finances publiques, toute chose qui justifie leur allègement. Elles évoquent plus ou moins de façon explicite certains principes qui se rapportent aux prévisions, à la présentation et à la gestion[27]. En substance, sans toutefois minorer l'apport des autres principes à l'important projet de rationalisation de la gestion des finances publiques, le législateur met la focale sur les principes d'annualité, d'équilibre, de spécialité et d'universalité.

---

[25] BRETON J.-M., « Légalité et État de droit : statut et perception du juge de l'administration », *Afrilex*, n° 03-2003, pp. 69-97.

[26] MBASSA G., « Les principes des finances publiques à l'épreuve du budget programme en droit camerounais », Thèse de Doctorat/Ph.D en Droit public, Université de Yaoundé II, 2019, p. 73.

[27] BILOUNGA S. T., *Les finances publiques camerounaises*, Paris, L'Harmattan, coll. « Finances publiques », 2020, p. 105.

Le principe d'annualité est réaffirmé par plusieurs articles en droit camerounais[28], au Congo[29], au Gabon[30] et au Tchad[31]. En théorie, ce principe exige la prévision et l'autorisation annuelles de l'ensemble des ressources et des charges de l'État. Aussi, le budget décrit les ressources et les charges autorisées par la loi de finances sous forme de recettes et de dépenses dans le cadre d'un exercice budgétaire qui couvre une année civile. Par ailleurs, l'analyse des lois de 2018 portant régime financier de l'État et des autres entités publiques et portant Code de transparence et de bonne gouvernance dans la gestion des finances publiques fait état de ce que l'annualité est une exigence générale dans la conduite du processus budgétaire. À ce titre, elle s'impose dans toutes les pratiques budgétaires. C'est le cas en matière d'information et davantage en gestion.

Au-delà de son inflexion liée à la systématisation de la pluriannualité budgétaire du fait de la performance, c'est un principe qui constitue encore le fondement de la régularité, par exemple, dans la fonction de contrôle ou de la production des rapports de gestion.

Pour ce qui est du principe de spécialité budgétaire[32], il est réaffirmé dans la loi portant régime financier de l'État et des autres entités publiques. Toutefois, elle demeure confrontée aux innovations et évolutions qu'implique le nouveau cadre de gestion axée sur la performance.

L'équilibre[33] et l'universalité[34] renvoient *grosso modo* à la présentation des budgets et sont tout aussi importants que les précédents. L'équilibre, qui est considéré comme la règle d'or des finances publiques, permet une gestion rationnelle des ressources. Ainsi, au-delà de la complexité qu'elle laisse transparaître aujourd'hui, l'on retient que l'équilibre budgétaire est non moins une notion juridique qu'économique[35]. Sur le plan juridique, a contratrio,

---

[28] Article 4, al. 2, article 10, al. 1 et article 13 de la loi n° 2018/12 du 11 juillet 2018 portant régime financier de l'État et des autres entités publiques. Voir aussi articles 13, 14, al. 1, 22, al. 1, 25, 32, 33 et 49 de la loi n° 2018/11 du 11 juillet 2018 portant Code de transparence et de bonne gouvernance dans la gestion des finances publiques.

[29] Articles 13, 19, 39 et 49 de la loi portant Code de transparence et de bonne gouvernance précitée.

[30] Articles 14, 23 et 26, *Ibid.*

[31] Articles 14, 15, 26 et 29, *Ibid.*

[32] Article 32, al. 1.

[33] Articles 12 et 18 de la loi portant régime financier de l'État et des autres entités publiques.

[34] *Ibid.*, article 31, al. 2 et 3 de la loi.

[35] PHILIP L., *Dictionnaire encyclopédique des finances publiques*, Paris, Economica, Tome 2, 1991, p. 740. Voir aussi HERSCHTEL M.-L., « Équilibre budgétaire : Notion économique », *in* PHILIP L. (dir.), *Dictionnaire encyclopédique des finances publiques, op. cit.*, pp. 740-744.

l'équilibre est non seulement une règle de politique financière[36], mais aussi et surtout une réalité comptable. L'universalité, quant à elle, favorise la lisibilité globale des ressources et des charges. Elle permet, en outre, de mieux lire les opérations budgétaires afin d'y effectuer un contrôle efficace. Toutefois, avec la nouvelle gouvernance financière publique, ces règles dites classiques ont reçu des habits neufs. Le déséquilibre quasi systématique en rapport avec le principe d'équilibre et la fongibilité[37] nécessaire vis-à-vis de l'universalité et de la spécialité semblent s'ériger en règle dans la gestion budgétaire. Car ils seraient mieux adaptés à la culture du résultat qui implique, par ricochet, un adoucissement des principes comptables.

2. L'adoucissement des principes comptables dans l'exécution du budget

La gestion par la performance n'est pas compatible avec la rigidité des principes comptables dont le respect scrupuleux peut être source de lenteur dans l'exécution du budget. L'accent est mis ici sur le principe de la séparation des ordonnateurs et des comptables. C'est un principe cardinal[38] de la comptabilité publique. Il est une réalité en droit camerounais. De ce point de vue, ce principe, qui remonte à l'ordonnance n° 62/OF/4 du 7 février 1962[39], a été depuis lors successivement repris par les textes juridiques fondamentaux de portée financière[40].

---

[36] GAUDEMET P. M., « Équilibre budgétaire : Notion juridique », *in* PHILIP L. (dir.), *Dictionnaire encyclopédique des finances publiques, op. cit.*, pp. 744-747.

[37] NTSEGUE ANANGA E. P., « La fongibilité des crédits en droit public financier camerounais », *RAFiP*, n° 8, second semestre 2020, pp. 251-298.

[38] BOUVIER M., ESCLASSAN M.-C., LASSALE J.-P., *Finances Publiques*, Paris, LGDJ, Montchrestien, 2017-2018, 16e éd., p. 428.

[39] Se référer à juste titre à l'article 63 de cette ordonnance. Allant dans le même sens que le Professeur Jacques BIAKAN dans son article cité plus haut, il faut davantage préciser, que : « *avant 1962, les finances publiques camerounaises étaient régies par des textes taillés sur mesure par l'administration française. Après son accession à l'indépendance en 1960, il revenait au Cameroun de prendre en main, non seulement sa destinée politique, mais aussi et surtout son devenir économique. Cette tâche de construction de l'État incombait entièrement à la puissance publique, et c'est dans ce contexte qu'intervient l'Ordonnance n° 62/OF/4 du 7 février 1962 réglant le mode de présentation, les conditions d'exécution du budget de la République fédérale du Cameroun, de ses recettes, de ses dépenses et des toutes les opérations s'y rapportant* ». Poursuivant son analyse, l'auteur observe que « *ce texte constitue le premier régime financier du Cameroun indépendant dont la mise en œuvre correspond au développement de l'administration* ».

[40] Il est possible de citer à juste titre : la loi n° 2007/006 du 26 décembre 2007 portant régime financier de l'État en son article 47, al. 2 ; la loi n° 2018/012 du 11 juillet 2018 portant régime financier de l'État et des autres entités publiques en son article 64, al. 2 ; la loi n° 2009/011 du 10 juillet 2009 portant régime financier des collectivités territoriales décentralisées en ses

En effet, la gestion publique aujourd'hui se veut de plus en plus rationnelle et surtout performante. Ainsi, les systèmes budgétaires et financiers des États voient se consolider, se transformer et même émerger en leur sein, des règles et pratiques nouvelles. La dualité d'agents et de procédures d'exécution des opérations financières qu'implique la séparation est un principe élémentaire de sécurité applicable aux organismes publics[41]. En comptabilité publique, il subodore la distinction des fonctions d'ordonnateur et de comptable couronnée d'une incompatibilité entre les deux ordres d'agents[42]. Cette perception semble être partagée par M. Pierre LALUMIÈRE pour qui les deux phases fondamentales d'exécution des opérations financières « *ont été confiées à deux corps d'agents publics indépendants l'un de l'autre, les ordonnateurs et les comptables, qui appartiennent à des hiérarchies administratives distinctes, exercent des compétences différentes et supportent des responsabilités particulières* »[43]. En clair, il ressort de cette affirmation, que la règle de la séparation aurait pour piliers l'indépendance des agents, la distinction des ordres administratifs et la différence tant des compétences, que du régime de responsabilité. Il subodore aussi « *la coexistence de deux autorités indépendantes aux fonctions incompatibles en matière d'exécution budgétaire* »[44].

Toutefois, l'adhésion à la logique de performance a entraîné la mutation, voire la modulation du principe de la séparation des ordonnateurs et des comptables. De ce fait, l'affirmation de ce principe et la nécessité de garantir la régularité des opérations financières ne doivent pas pour autant exclure une bonne collaboration entre les acteurs de ce principe, et ce, pour garantir une bonne gestion des finances publiques.

De toute évidence, la mutation du principe de la séparation des ordonnateurs et des comptables tient à un certain nombre de raisons jugées fondamentales. Elles sont davantage liées aux différents dysfonctionnements que le régime classique, couplé à une application rigoureuse dudit principe, laissait transparaître. Elle est aussi justifiée par des évolutions dites techniques enregistrées du fait de la dématérialisation des procédures de recouvrement des recettes par les comptables publics. L'on assiste de plus en plus à l'émergence

---

articles 55, 61 et 65 ; le décret 2020/375 du 7 juillet 2020 portant règlement général de la comptabilité publique en son article 7, al. 1.

[41] SAÏDJ L., « Séparation des fonctions d'ordonnateur et de comptable », *in* PHILIP L. (dir.), *Dictionnaire encyclopédique des finances publiques*, *op. cit.*, pp. 386-390.

[42] MAGNET J., *Éléments de comptabilité publique*, Paris, LGDJ, coll. « Système-Finances Publiques », 1996, 3e éd., p. 27.

[43] LALUMIERE P., *Finances publiques*, Paris, Armand Colin, 1986, 8e éd., p. 325.

[44] GILLES W., *Les principes budgétaires et comptables publics*, Paris, LGDJ, coll. « Systèmes », 2009, p. 190.

de nouvelles formes de paiement : le cas des paiements par voie électronique. Cet élément contribue, au même titre que les premiers, à la mutation du principe. C'est une mutation davantage perçue au sens d'une dégradation substantielle du principe, allant dans le sens de son allègement.

En tout état de cause, au-delà de son évolution sous-tendue par l'arrimage du régime financier camerounais à la nouvelle gouvernance financière publique, le principe de la séparation des ordonnateurs et des comptables publics conserve une place fondamentale dans la gestion des finances publiques. Sous ce rapport, il « *a été institué afin d'une part d'améliorer la mise en œuvre de l'exécution budgétaire et d'autre part, de renforcer le contrôle réalisé sur les opérations de recettes et des dépenses* »[45]. Seulement, sa reconfiguration actuelle dans un contexte de performance poursuit un objectif de rationalisation de l'exécution budgétaire et d'optimisation de l'efficacité. La principale fonction étant ici l'impulsion d'une réelle dynamique qui consiste à redonner du sens à l'action publique[46], ou encore, pour un pilotage plus autonome de la gestion budgétaire[47]. Seulement, l'atteinte de cet objectif peut s'avérer difficile du fait de la dépréciation préjudiciable du juridisme dans la gestion.

B. La dépréciation préjudiciable du juridisme dans la gestion

Du fait de la nouvelle gouvernance financière publique, le primat du droit subit une érosion dans la gestion budgétaire portant incidemment atteinte à l'État de droit. Cette réalité se justifie par la gradation de la prise en compte des intérêts socioéconomiques dans la gestion des finances publiques. Cela est d'autant plus vrai que l'État de droit poursuit *in fine* un objectif de préservation des intérêts de la collectivité[48], ce qui peut légitimer la dépréciation d'un juridisme non favorable aux citoyens. À l'analyse, c'est à partir du contrôle des finances publiques que l'on s'en rend compte[49]. Il nous est donc donné de constater qu'aujourd'hui, la focale est plus mise sur la rationalité managériale que sur la rationalité juridique. Toute chose qui se montre à travers l'allègement du contrôle de légalité **(1)** et l'affermissement du contrôle d'opportunité **(2)**.

---

[45] *Ibid.*, p. 203.

[46] MORDACQ F., *La LOLF : un nouveau cadre budgétaire pour réformer l'État*, Paris, LGDJ, 2006, p. 259.

[47] *Ibid.*, p. 261.

[48] BARILARI A., *L'État de droit : réflexion sur les limites du juridisme*, *op. cit.*, p. 9.

[49] Le contrôle des finances publiques aujourd'hui est plus orienté vers la vérification de l'efficacité, l'efficience et l'économie des réalisations faites par les gestionnaires de crédits. Aujourd'hui, les contrôles, quelle que soit leur nature, sont confrontés à la diffusion d'un nouveau mode de gouvernance financière axé sur la performance ainsi qu'à la mise en œuvre d'une nouvelle gestion publique répondant à cet objectif.

1. L'allègement du contrôle de légalité

Le contrôle de légalité dans la gestion budgétaire a été minoré. Il subit une réorientation vers la vérification de la régularité, qui n'est pas forcément la conformité à la stricte loi. De toute évidence, la conception du contrôle de légalité a subi de profondes mutations liées au métamorphisme auquel se trouve confrontée la gestion des finances publiques en général. De nos jours, ce contrôle répond à deux logiques et poursuit *grosso modo* deux objectifs[50]. Le Professeur Michel BOUVIER n'en dit pas autrement en observant que « *se rencontrent aujourd'hui sans forcément s'articuler, deux logiques de contrôle : le contrôle-vérification qui répond à un objectif politique et juridique, et le contrôle-régulation qui répond à un objectif de gestion* »[51]. En substance, la conjugaison de ces deux logiques participe à la reconsidération du contrôle de légalité qui, manifestement, subit l'influence de la gouvernance et du management[52]. La législation camerounaise l'exprime à suffisance. Elle consacre concrètement une kyrielle de contrôles dont la pratique oscille entre la vérification de la régularité et l'examen de la performance[53]. Toute chose qui démontre l'ambivalence de la conception du contrôle fondée sur un mouvement pendulaire entre un minimum de légalité et un maximum de performance.

En effet, la régularité est la conformité à la règle[54]. Ainsi, le contrôle de régularité est celui qui porte sur la vérification de la conformité des opérations budgétaires aux règles d'encadrement desdites opérations. Il s'agit de la régularité financière[55]. La juridiction des comptes dans son rôle juridictionnel réalise deux actions. Elle cherche préalablement à se rassurer si le contrôle a été effectué et à établir finalement la conformité entre les opérations comptables et les normes financières publiques. Ainsi, le contrôle de régularité, sans constituer un frein à la liberté d'action des personnes publiques, satisfait aux exigences qui sont celles d'un État de droit. En clair, il faut relever que la vérification de la

---

[50] Il s'agit concrètement de l'efficacité de la gestion et de la sauvegarde de l'État de droit.

[51] BOUVIER M., *Les finances locales,* Paris, LGDJ, 2013, 12ᵉ éd., p. 184.

[52] CHEVALLIER J., « La gouvernance et le droit », in *Mélanges* Paul AMSELEK, Bruxelles, Bruylant, 2005, pp. 189-208.

[53] Voir à cet effet le Titre VI de la loi portant régime financier des collectivités territoriales décentralisées intitulé : « Du contrôle du budget et de la gestion des collectivités territoriales ». Voir également à ce sujet le Décret n° 2013/16 du 15 mai 2013 portant Règlement Général de la Comptabilité Publique au Cameroun; Décret n° 2013/159 du 15 mai 2013 fixant le régime particulier du contrôle administratif des finances publiques dont l'emprise s'étend jusqu'aux collectivités territoriales. Ce dernier précise à cet effet, pour ce qui est de la modalité administrative du contrôle, que c'est une activité permettant aux services spécialisés du pouvoir exécutif de s'assurer de la régularité des opérations budgétaires, financières et du patrimoine de l'État, d'évaluer la performance des administrations et de prévenir les risques de toute nature.

[54] CORNU G. (dir.), *Vocabulaire juridique*, Paris, PUF, coll. « Quadrige », 2018, 12ᵉ éd., p. 876.

[55] CRUCIS H. M., « Le contrôle de la régularité financière », *RFDA*, 1992, p. 730.

régularité porte non seulement sur les opérations de recettes, mais aussi sur celles de dépenses.

Pour le premier cas de figure, il est important de souligner que c'est davantage la procédure de recouvrement qui intéresse dans ce cadre. Elle est soumise préalablement à un contrôle de régularité effectué par le comptable avant celui du juge des comptes. En substance, le juge des comptes vérifie la conformité des actes et procédures de recouvrement tant au mandat de paiement qu'aux prévisions budgétaires. Dans les conditions prévues pour chacune d'elles, les recettes[56] sont constatées et liquidées, ordonnancées avant d'être prises en charge et recouvrées. La liquidation a pour objet de déterminer le montant de la dette des redevables et doit indiquer les bases sur lesquelles elle est effectuée. À l'observation, cette mission est un catalyseur d'une exécution saine et soutenable des opérations financières publiques.

Le second cas de figure qui traite du contrôle de régularité en matière de dépenses publiques est le plus significatif en raison de son importance. À cet égard, il faut relever, *prima facie*, que les dépenses publiques constituent l'emploi normal des deniers publics[57]. Le contrôle effectué par le juge des comptes vise à vérifier la conformité des paiements aux dispositions légales et réglementaires en matière de comptabilité publique. En clair, le contrôle de régularité s'assimile à un contrôle de légalité puisque sa mission est de vérifier que ces dépenses ont été réalisées dans le respect des normes de gestion. Il contrôle concrètement la régularité et la conformité des paiements aux prescriptions budgétaires. Cette mission consiste à veiller au bon emploi des deniers des personnes publiques[58].

En tout état de cause, sans véritablement être un contrôle de légalité, la vérification de la régularité implique la conformité aux normes de la comptabilité publique sans prendre pour négligeable le contrôle d'opportunité qui est, en revanche, en voie d'affermissement.

2. L'affermissement du contrôle d'opportunité

La priorisation du critère de l'opportunité dans la gestion des finances publiques et notamment dans la réalisation de la dépense publique est un marqueur prépondérant de la gestion par la performance. Ainsi, l'opportunité de la dépense publique semble susciter plus d'intérêt que sa régularité, d'où l'affermissement de son contrôle. De toute évidence, si la régularité est perçue

---

[56] Pour une appréhension claire des recettes des personnes soumises à la comptabilité publique, voir : article 45, décret n° 2013/16 du 15 mai 2013, ci-dessus évoqué.

[57] PHILIP L. (dir.), *Dictionnaire encyclopédique des finances publiques*, *op. cit.*, p. 596.

[58] SEGUIN P., « La cour, vigie des finances publiques », *RFFP*, n° 100, 2007, pp. 223-228.

comme une obligation qui pèse sur les gestionnaires au sens du droit camerounais, l'opportunité quant à elle traduit la liberté laissée à ceux-ci d'apprécier le bien-fondé, le moment et la teneur des actions à mener. L'opportunité apparaît à cet égard comme « *un rapport d'adaptation de l'action aux circonstances qui l'ont entourée* »[59] et surtout motivée. La mesure et la détermination de ces circonstances restent à la discrétion de l'autorité décisionnelle[60]. Il y a alors comme une sorte d'exercice du pouvoir discrétionnaire de l'autorité qui en bénéficie.

En effet, le contrôle de l'opportunité, qui traduit la vérification de la liberté dans le choix et l'orientation des décisions par les gestionnaires, a été renforcé. Il n'est pas ainsi contradictoire de penser que cette manœuvre procède d'une entreprise qui a pour finalité la consolidation de la responsabilité des gestionnaires et la performance dans la gestion des finances publiques.

En outre, le contrôle de l'opportunité, en dehors des formes de vérifications externes qui y participent, est aussi réalisé par la voie du contrôle financier interne à titre exceptionnel. À cet égard, la gestion budgétaire publique dans la plupart des pays du globe est mue par un ensemble d'innovations, de créations et de transformations qui contribuent à la réinvention de l'État[61] et de ses structures. Sous ce rapport, au nombre des innovations, il y a l'enracinement du contrôle financier[62], lequel enracinement fait du contrôle financier un maillon essentiel de la réalisation performante des programmes budgétaires[63]. La performance des programmes est ainsi mise au premier rang des priorités managériales.

De plus, il faut davantage souligner que l'adhésion à la logique de performance semble être à l'origine de la mutation de l'objet du contrôle financier, à travers la reconsidération de la hiérarchie d'antan entre la régularité et la qualité des opérations financières des personnes publiques. Du fait de la

---

[59] VAN LANG A., GONDOUIN G., INSERGGUET-BRISSET V., *Dictionnaire du droit administratif,* Paris, Sirey, 2008, 5e éd., p. 271.

[60] Art. 13, al. 1, loi n° 2019/024 du 24 décembre 2019 portant Code général des collectivités territoriales décentralisées.

[61] BOUVIER M., « Innovations en finances publiques et réinvention de l'État », *in* BOUVIER M. (dir.), *Innovations, créations et transformations en finances publiques*, Actes de la IIe Université de printemps de Finances publiques du Groupement Européen de Recherches en Finances Publiques (GERFIP), Paris, LGDJ, Montchrestien, 2006, pp. 1-4.

[62] Voir DJIGLA F. L., AFFOUKOU H., « Le contrôle financier dans la réforme : statu quo ou refondation ? », *in* MÉDÉ N. (dir.), *La LOLF dans tous ses états*, Actes du colloque national des 13 et 14 février 2015, Université d'Abomey-Calavi, Cotonou, Centre des Publications Universitaires, 2015, pp. 445-480.

[63] *Idem.*

performance, l'on assiste systématiquement à une inversion des priorités qui sous-tendent le contrôle financier interne.

Par ailleurs, en droit camerounais, l'opportunité est aussi examinée via le contrôle de la gestion qui aboutit au constat de la faute de gestion. La faute de gestion est à distinguer du détournement de deniers publics[64], même s'il faut reconnaitre que les deux constituent des atteintes à la discipline budgétaire et financière. La première procède d'une irrégularité managériale, c'est-à-dire d'une mauvaise orientation de la dépense publique. La seconde, quant à elle, peut être appréhendée comme une prévarication des deniers dits publics, à des fins autres que la satisfaction des besoins d'intérêt général. Depuis 2018, la faute de gestion fait désormais partie des constituantes de l'objet du contrôle juridictionnel des finances publiques par le juge des comptes[65]. Toute chose qui démontre que la rationalité managériale a été intégrée dans le contentieux des comptes publics[66]. Le contrôle de la gestion va au-delà du contrôle de régularité pour questionner les paramètres « *a-juridiques* » comme l'opportunité, l'efficacité, l'efficience et l'économie. Il s'agit en réalité d'un contrôle de performance[67]. Cela est perceptible à travers certaines décisions faisant office de jurisprudence en la matière au Cameroun[68].

En tout état de cause, s'il est vrai que le reflux du juridisme est patent, il n'en demeure pas moins évident que ce dernier ouvre logiquement la voie à la

---

[64] Voir AKONO ONGBA SEDENA, « La distinction entre la faute de gestion et le détournement de deniers publics en droit camerounais », *RASJ*, n° 1, 2014, pp. 249-287.

[65] L'année 2018 représente la date d'adoption de la loi n° 2018/012 du 11 juillet 2018 portant régime financier de l'État et des autres entités publiques. C'est elle qui élargit la compétence d'attribution de la juridiction des comptes à la faute de gestion.

[66] DJEYA KAMDOM Y.-G., « La réforme du contentieux financier public au Cameroun par la loi du 11 juillet 2018 : portée et insuffisances d'un texte », *Gestion & Finances Publiques*, n° 6, 2020/6, p. 5. Voir aussi NDOUM ASSOAK P. J., « Essai sur l'autonomie du contentieux financier des États francophones d'Afrique », Thèse de Doctorat/Ph.D en Droit public, Université de Yaoundé II, 2021, 690 p.

[67] AKAKPO M., « Le contrôle de performance : comment et avec qui ? », *in* MÉDÉ N., (dir.), *La LOLF dans tous ses états*, *op. cit.*, pp. 153-168. Sur la même question lire attentivement GNIMASSOU A., « Le contrôle de performance : outils et contraintes », *RBSJA*, n° 24, pp. 103-104.

[68] Décision n° 0049/D/PR/SG/CONSUPE/CDBF/SP/SGSAS portant sanction des responsabilités du Professeur BIWOLE SIDA Magloire, ex-Directeur de l'Hôpital central de Yaoundé ; Décision n° 00030/D/PR/SG/CONSUPE/CDBF/SP/SGSAS du 11 juin 2012, infligeant des sanctions disciplinaires à Monsieur Jean-Jacques NDOUNDOUMOU, ex-Directeur Général de l'ARMP, exercices 2007 à 2010 ; Décision n° 00027/D/PR/SG/CONSUPE/CDBF/SP/SGSAS du 11 juin 2012 infligeant des sanctions disciplinaires et financières à Monsieur le Professeur Jean TABI MANGA, ex-Recteur de l'Université de Yaoundé II, exercices 2006 à 2009 ; Décision n° 00013/D/PR/SG/CONSUPE/CDBF/SP/SGSAS portant sanction des responsabilités du Professeur MENDO ZE Gervais, ex-Directeur Général de la Cameroon Radio and Television (CRTV).

majoration de la culture économique, c'est-à-dire à la recherche du résultat, qui a été choisie comme la nouvelle ligne de conduite de la gestion budgétaire en droit camerounais.

II. La majoration motivée de la culture économique

La majoration de la culture économique se fonde partiellement sur l'idéologie libérale et davantage sur la quête de la performance dans la gestion budgétaire. Ainsi, l'idéologie libérale est une évidence au Cameroun[69], au Bénin[70] et au Sénégal[71] si l'on s'en tient à l'introduction « *dans l'ordonnancement juridique (...), des fondements normatifs du libéralisme* »[72]. Sa valorisation a renforcé la dimension économique des constitutions des États d'Afrique noire francophone[73]. Aujourd'hui, « *il est acquis que le droit constitutionnel moderne encore en évolution, ne peut plus être véritablement étranger aux problématiques économiques* »[74]. De toute évidence, la performance ne peut germer que dans un contexte de libéralisation économique. La rationalisation de la gestion budgétaire qui en découle débouche sur la majoration de la culture économique à travers l'adhésion désirée au paradigme de la performance **(A)**, et par l'opérationnalisation graduée de la performance **(B)**.

A. L'adhésion désirée au paradigme de la performance

L'adhésion affichée et souhaitée au paradigme de la performance est tributaire de l'irradiation de la nouvelle gouvernance financière publique, elle-même adossée sur les mouvements de globalisation juridique[75]. C'est une adhésion justifiée non moins par l'obsolescence du cadre juridique des finances

---

[69] Préambule de la Constitution camerounaise du 18 janvier 1996.

[70] Préambule de la Constitution du 11 décembre 1990.

[71] Pour le Sénégal, il s'agit principalement du préambule de la Constitution du 22 janvier 2001, et des articles 7 et 8 du même texte.

[72] PEKASSA NDAM G., « La consolidation de l'idéologie libérale dans le domaine des services publics au Cameroun », *in* ONDOA M., ABANE ENGOLO P. E. (dir.), *Les fondements du droit administratif camerounais*, Yaoundé, L'Harmattan Cameroun, 2015, p. 165. Lire aussi MOUDOUDOU P., « L'État africain : entre constitutionnalisme libéral et constitutionnalisme identitaire », *Revue du CAMES/SJP*, n° 002, 2015, pp. 113-140.

[73] AKAMEYONG B. D., « La dimension économique des constitutions des États d'Afrique francophone », Thèse de Doctorat/Ph.D en Droit public, Université de Yaoundé II, 2020, p. 43.

[74] DUSSART M.-L., *Constitution et économie*, Paris, Dalloz, 2015, p. 3.

[75] AUBY J.-B., *La globalisation, l'État et le droit*, Paris, LGDJ, 2010, 2e éd., p. 33.

publiques[76] que par l'incandescence du projet de leur réforme[77]. En substance, l'option pour la performance poursuit deux principaux objectifs : la maîtrise des dépenses publiques, croissantes dans un contexte de crise, et l'instauration d'une bonne gouvernance financière avec la mise en place de bonnes pratiques de gestion articulées autour de l'efficacité, l'efficience et l'économie[78]. En clair, l'adhésion s'est faite par la consécration explicite de la performance **(1)** et la revalorisation patente des dynamiques de performance **(2)**.

1. La consécration explicite de la performance

La consécration de la performance est récente en droit camerounais et nuancée dans certains États d'Afrique noire francophone[79]. Sa formalisation est effective en ce sens que le droit s'est saisi d'elle sur le double plan formel et juridictionnel[80]. Sur le plan formel, la performance a fait l'objet d'une consécration aux niveaux constitutionnel[81] et infraconstitutionnel. La consécration constitutionnelle peut être qualifiée d'implicite en droit camerounais, car elle est perceptible à travers une constitutionnalisation antérieure à une idéologie libérale, qui a abouti à la valorisation constitutionnelle des principes économiques[82] considérés comme les prémices du paradigme de la performance. Toutefois, la consécration infraconstitutionnelle est plus expressive en la matière. Les normes infraconstitutionnelles, suivant le système pyramidal, consacrent la logique de performance au Cameroun. De toute évidence, nous sommes en présence d'une consécration législative et d'une appropriation réglementaire des critères de la performance.

---

[76] BIAKAN J., « La réforme du cadre juridique des finances publiques au Cameroun : la Loi portant régime financier de l'État », *in* ONDOA M. (dir.), *L'administration publique camerounaise à l'heure des réformes,* Yaoundé, L'Harmattan Cameroun, 2010, p. 11.

[77] KANKEU J., *La réforme de l'État par la performance,* Bafoussam, Presses Universitaires de la Périphérie, 2012, p. 17.

[78] SOHINTO D. M., « Les indicateurs de performance vus par un contrôleur des finances publiques », *in* MÉDÉ N. (dir.), *La LOLF dans tous ses états, op. cit.*, p. 248.

[79] GADJI A., « L'économie dans les nouvelles constitutions des États d'Afrique francophone subsaharienne », *in* GADJI A., *Méthodologie et recueil d'articles en droit. Thèses et mémoires*, Abidjan, Groupe Médias, 2021, p. 164.

[80] BEGNI BAGAGNA, « La juridictionnalisation des finances publiques en Afrique noire d'expression française », *LE NEMRO, Revue Trimestrielle de Droit Économique*, avril-juin 2017-2, pp. 154-194.

[81] SINDJOUN L., « Les nouvelles constitutions africaines et la politique internationale. Contribution à une économie internationale des biens politico-constitutionnels », *Études Internationales*, n° 2, Vol. 6, 1995, p. 335.

[82] AKAMEYONG B. D., « La dimension économique des constitutions des États d'Afrique francophone », *op. cit.*, p. 15.

Dans le premier cas, la loi semble être l'instrument privilégié dans le processus d'intégration de la performance dans l'ordonnancement juridique. Elle consacre effectivement la gestion axée sur les résultats[83]. À l'analyse, le Cameroun a opté pour une loi ordinaire, contrairement à certains pays de l'Afrique noire francophone comme le Bénin et le Sénégal qui ont jeté leur dévolu sur la loi organique. De ce fait, cette variation de valeur dans le choix des instruments de consécration peut se justifier par une raison fondamentale. Il s'agit de la manifestation patente ou latente d'une volonté politique de renforcer la valeur juridique de la performance comme norme cardinale dans la gestion des finances publiques, car faisant partie des États dont les finances publiques sont encore plus ou moins en crise, la consolidation de la performance dans la gestion budgétaire peut être un moyen pertinent d'atteinte des objectifs assignés aux différentes réformes.

En théorie du droit budgétaire, « *le résultat n'est qu'un niveau de performance* »[84]. Elle comporte d'autres paliers comme le produit, l'activité, l'impact, l'économie, l'efficacité et l'efficience. De toute évidence, ces critères sont perceptibles dans le dispositif législatif camerounais.

De plus, la gestion budgétaire par la performance est manifeste dans le régime financier camerounais à travers la consécration législative des éléments structurants de la performance. *In globo*, il s'agit de la budgétisation par programme[85], la culture du résultat et la mesure de la performance[86], la comptabilité analytique[87] ou budgétaire, le contrôle financier[88], la rationalisation de la reddition des comptes par l'extension des bases de la responsabilité des gestionnaires et l'élargissement de la compétence des juridictions financières[89]. À l'analyse, la finalité de ces innovations est de rationaliser la dépense publique.

Dans le second cas, il y a lieu de relever que l'analyse de la gestion financière au sein des États ayant adhéré à la culture de la performance comme le Cameroun laisse constater l'occupation d'une place fondamentale par le règlement dans la juridicisation de la performance. *In concreto*, le décret à titre principal se présente de plus en plus comme la véritable norme d'expression et d'opérationnalisation des orientations, qu'on peut qualifier de stratégiques, contenues dans les lois

---

83 Formule adoptée au Cameroun, et consacrée dans la loi n° 2018/012 du 11 juillet 2018 portant régime financier de l'État et des autres entités publiques.

84 MÉDÉ N., *Finances publiques. Espaces UEMOA/UMOA*, Dakar, L'Harmattan Sénégal, 2016, p. 138.

85 Au Cameroun, articles 30 et 32 de la loi n° 2018/012 du 11 juillet 2018 portant régime financier de l'État et des autres entités publiques.

86 *Ibid.*, articles 12, al. 1, et 30, al. 5.

87 *Ibid.*, article 73, al. 2.

88 *Ibid.*, article 70.

89 *Ibid.*, articles 86, al. 3, 87 et 88.

organiques relatives aux lois de finances selon les cas. Pour s'en convaincre, notons qu'au Cameroun, tous les décrets faisant partie du régime financier sont imbibés de la logique de performance. Et cela est d'autant plus plausible dans la mesure où nous sommes en présence des règlements d'application des lois[90]. Au Cameroun, au Bénin et au Sénégal, il s'agit par exemple des décrets portant règlement général de la comptabilité publique[91]. En général, ces décrets consacrent dans un esprit d'innovation les éléments structurants et permissifs de la performance. On peut évoquer de façon non exhaustive le renforcement de la fonction de contrôleur financier[92] comme vecteur d'efficacité et d'efficience dans l'exécution de la dépense publique, l'introduction de la fonction de responsable de programme[93] pour plus de performance à travers l'évaluation des risques dans la gestion des programmes.

En complément des analyses qui précèdent, l'on ne saurait prendre pour négligeable l'apport édificateur des autres décrets dans la formalisation d'une logique de performance dans les finances publiques. Au Cameroun, on peut évoquer *grosso modo* le décret portant création, organisation et fonctionnement des comités de suivi de l'exécution physico-financière de l'investissement public[94], le décret portant organisation et fonctionnement du Conseil de discipline budgétaire et financière[95], et le décret fixant le régime particulier du contrôle administratif des finances publiques[96].

Quoi qu'il en soit, la prééminence de la loi dans la consécration de la performance viendrait de sa légitimité populaire. L'on observe que la loi reste le moyen privilégié de consécration de la performance dont les dynamiques sont clairement valorisées dans le nouveau dispositif juridique.

---

[90] CHAPUS R., *Droit administratif*, Paris, LGDJ, Montchrestien, T.1, 2001, 15ᵉ éd., p. 658.

[91] Décret n° 2020/375 du 7 juillet 2020 ; au Bénin, Décret n° 2014-571 du 7 octobre 2014 ; au Sénégal, Décret n° 2011/1880 du 24 novembre 2011.

[92] À l'analyse des précédents décrets, il s'agit au Cameroun de l'article 3 ; au Bénin des articles 112, 113, 114 et 115 ; au Sénégal, de l'article 17.

[93] Au Cameroun, article 12, al. 4 ; au Sénégal, articles 12 et 162. Le Bénin ne reconnait pas formellement la fonction de responsable de programme. Pour une compréhension approfondie de cette notion et fonction, lire utilement PEKASSA NDAM G. M., « La dialectique du responsable de programme en finances publiques camerounaises : recherche sur les nouveaux acteurs budgétaires », *in* MÉDÉ N. (dir.), *Les nouveaux chantiers des finances publiques en Afrique. Mélanges en l'honneur de Michel Bouvier*, Dakar, L'Harmattan Sénégal, 2019, pp. 303-312.

[94] Décret n°2013/7987/PM du 13 septembre 2013.

[95] Décret n° 2008/028 du 17 janvier 2008.

[96] Décret n° 2013/159 du 15 mai 2013.

2. La valorisation patente des dynamiques de performance

La performance a des dynamiques dont la valorisation est renforcée dans le nouveau cadre normatif des finances publiques au Cameroun. Il s'agit concrètement des règles d'éthique et d'intégrité. Ainsi, il ne fait pas de doute que la corruption est l'un des principaux obstacles au développement des pays d'Afrique au sud du Sahara[97]. Elle apparaît principalement suicidaire à deux niveaux[98]. Sur le plan politique, elle « *pervertit le fonctionnement normal de la démocratie* »[99]. Sur le plan économique, elle « *conduit à une perte d'efficacité de l'action administrative* »[100]. Pour autant, la consécration des règles éthiques et déontologiques se présente comme l'une des voies de sortie de crise, car elle fonde l'exigence d'intégrité des acteurs de la gestion des finances publiques[101].

En effet, la notion d'intégrité est par essence morale, voire philosophique. « *C'est l'état de ce qui n'a pas subi d'altération.* »[102] Autrement pensé, « *c'est la qualité consistant à se conformer à ce que commandent le devoir et la conscience morale* »[103]. Pour autant, elle subodore le sentiment de probité et d'incorruptibilité. Elle implique par ailleurs les valeurs comme l'honnêteté, la moralité, la vertu, la fiabilité, la sincérité et la loyauté dans la gestion des affaires publiques. À la vérité, l'exigence d'intégrité des acteurs de la gestion publique contribue à la lutte contre la corruption[104] et renforce la moralisation de la vie publique qui, à son tour, fait partie des enjeux constitutionnels de la transparence[105]. C'est ainsi que le Cameroun et certains États de la CEMAC comme le Gabon, le Tchad et le Congo, à travers leurs différentes lois portant Code de transparence et de bonne gouvernance, consacrent les règles éthiques et déontologiques que les détenteurs de toute autorité publique – élus, membres du gouvernement ou hauts fonctionnaires – doivent respecter dans la gestion des

---

[97] JACQUEMOT P., « Comprendre la corruption des élites en Afrique subsaharienne », *RIS*, n° 85, 2012, p. 128. Voir aussi CARTIER-BRESSON J., « L'analyse des coûts économiques de la corruption », *RFFP*, n° 69, 2000, pp. 19-32.

[98] BOUVIER M., « Éditorial. Les nouvelles figures de la corruption et l'évanescence des finances publiques », *RFFP*, n° 69, Mars 2000, pp. 3-4.

[99] CHEVAUCHEZ B., « Corruption et gestion publique », *RFFP*, n° 69, 2000, p. 87.

[100] *Ibid.*, p. 88.

[101] À l'analyse de lois portant Code de transparence et de bonne gouvernance, il s'agit de l'article 55 au Tchad et au Gabon, de l'article 70 au Congo et de l'article 52 au Cameroun.

[102] ZIBI P., « *Le droit de la gouvernance au Cameroun* », Thèse de Doctorat/Ph.D en Droit public, Université de Yaoundé II, 2015, p. 7.

[103] *Idem.*

[104] *Ibid.*, p. 8.

[105] SENAC C.-E., « Les enjeux constitutionnels de la transparence de la vie publique », *in* TUSSEAU G. (dir.), *La déontologie publique : trajectoire et présence d'une notion ambiguë, I. La transparence : principe et limites*, Colloque du 14 mai 2014 à l'École de droit de Sciences Po.

finances publiques[106]. En substance, il s'agit d'abord de la déclaration du patrimoine qui constitue le prolongement de l'article 66 de la Constitution de la République du Cameroun. La déclaration du patrimoine est reconnue par les législateurs congolais et tchadiens. C'est une obligation antérieure et ultérieure à la gestion[107].

Au regard de ce qui précède, il faut relever que la gestion de la chose publique en général, et des finances publiques en particulier, requiert le respect de normes légales et réglementaires, mais aussi et surtout une conduite dictée par le respect de l'intérêt général. Les finances publiques sont, en effet, intimement liées à la morale, à la politique et au droit. Et s'il est un domaine d'activité humaine où l'observation d'un référentiel de valeurs éthiques et déontologiques est déterminante, c'est bien celui des finances publiques[108].

De plus, l'exigence d'intégrité ne saurait s'éloigner de celle de sincérité[109]. Ainsi, la sincérité conserve sa valeur dans toute initiative visant la performance, d'où sa mention constante par le législateur camerounais[110]. En effet, de son étymologie latine *sinceritas*, qui signifie « intégrité », « pureté »[111], la sincérité est synonyme de vérité et de clarté. C'est un principe fondamental en tant qu'il constitue le socle de l'édifice juridique financier[112].

À l'analyse, il ressort de ces dispositions que la sincérité exige la mention de l'intégralité des opérations financières, l'exactitude et la cohérence de l'information budgétaire. Si c'est ce que semblent partager les législateurs camerounais, congolais et tchadiens, il reste tout de même que la sincérité brille par son idéalisme et, par conséquent, demeure ontologiquement relative. De fait, l'étude de la sincérité doit être envisagée au prisme des récentes réformes visant à conduire les pouvoirs publics à ce que l'on qualifie de « bonne gouvernance financière »[113]. Elle vise à clarifier les procédures et à discipliner les acteurs du

---

[106] Articles 51 à 56 au Cameroun ; articles 54 à 59 au Tchad, articles 54 à 57 au Gabon ; article 70 au Congo.

[107] Article 51, al. 1 de la loi camerounaise portant Code précité ; article 70 au Congo ; article 54 au Tchad.

[108] LAHSEN SBAI E. I., « Intégrité, éthique et finances publiques au Maroc », *Finance & Bien Commun*, n° 28-29, Mars 2007, pp. 74-80.

[109] Voir BESSALA A. G., « Le principe de sincérité en droit public financier camerounais », *RASJ*, Numéro spécial, 2014, pp. 213-264.

[110] Art. 16 et 25 de la loi portant Code de transparence et de bonne gouvernance dans la gestion des finances publiques.

[111] CORNU G., Association Henri Capitant (dir.), *Vocabulaire juridique*, *op. cit.*, p. 960.

[112] BESSALA A. G., « Le principe de sincérité en droit public financier camerounais », *op. cit.*, p. 216.

[113] PANCRAZI L., *Le principe de sincérité budgétaire*, Paris, L'Harmattan, 2012, p. 11.

processus budgétaire. Son inobservation en tant que règle juridique[114] peut manifestement limiter la performance.

Quoi qu'il en soit, l'ambition reste appréciable. Seulement, pour plus de sincérité, de transparence et de performance, l'accent devrait être mis sur certaines intentions de gouvernance comme la déclaration du patrimoine. Au-delà de son effectivité, elle peine à être opérationnalisée. À titre d'illustration, l'application de l'article 66 de la Constitution camerounaise ainsi que sa loi d'application[115] et l'élaboration du Code de déontologie spécifique restent en perspective[116]. Ces quelques manquements n'empêchent pas cependant la progression dans l'opérationnalisation de la performance.

B. L'opérationnalisation graduée de la performance

La gestion par la performance en matière budgétaire est en voie de maturation au Cameroun. Cette réalité traduit manifestement la difficulté d'un concept managérial par essence à se dissoudre dans la pratique institutionnelle[117]. La performance reste néanmoins un principe substantiel de la nouvelle gouvernance financière publique qui non seulement tend aujourd'hui à l'universalisation dans la gestion publique, mais aussi et surtout, s'avère être une solution à la crise[118]. À l'analyse, il reste que son opérationnalisation est graduée du fait de la sacralisation de la budgétisation par programme **(1)**, et l'accentuation du critère managérial dans la responsabilisation des gestionnaires de crédits **(2)**.

1. La sacralisation de la budgétisation par programme

La budgétisation par programme est une innovation fondamentale dans la gestion des finances publiques camerounaises. Elle fait partie des marqueurs de la révolution financière survenue à la première décennie des années 2000 au Cameroun[119]. Le budget, et davantage le budget-programme, est un instrument de la politique économique. Pour autant, il est perçu cumulativement comme

---

[114] KPODAR A., « La sincérité dans le droit public », *in L'État inachevé. Mélanges en l'honneur du Professeur Koffi Ahadzi-Nonou, op. cit.*, p. 559.

[115] Article 51, al. 2 du Code de transparence et de bonne gouvernance dans la gestion des finances publiques au Cameroun.

[116] *Ibid.*, article 52, al. 2.

[117] À ce sujet, lire CAMPOS O. I., « Administration publique et performance : un couple irréel ? », *in* MÉDÉ N. (dir.), *La réforme de l'État au Bénin, op. cit.*, pp. 99-123.

[118] MOYUM KEMGNI G., « La nouvelle gouvernance financière au Cameroun », *RASJ*, vol. 8, n° 2, 2011, p. 295.

[119] BIWOLE ONDOUA V., « Le budget programme en Afrique : quand les faits supplantent le rêve », *RAFiP*, n° 1, 2015, pp. 134-155.

le programme financier de la puissance publique et l'expression financière des activités publiques. C'est un budget qui concourt à l'atteinte des objectifs assortis d'indicateurs de performance. Il s'agit manifestement d'une approche de gestion fondée sur des résultats quantifiables correspondant aux objectifs et cibles préalablement arrêtés en fonction des services à fournir. La budgétisation par programme comme technique de gestion budgétaire implique donc l'usage de certains mécanismes pour l'atteinte des résultats attendus tels la planification stratégique, la programmation, l'exécution et le suivi-évaluation.

En effet, avec la réforme permanente des finances publiques camerounaises, la typologie de la budgétisation a varié. L'on est passé d'une budgétisation fondée sur les moyens à une budgétisation ayant pour socle les programmes. Cette révolution constitue une résultante du passage de l'Ordonnance n° 62/OF/04 du 7 février 1962 à la loi n° 2007/06 du 26 décembre 2007 et tout récemment, à la loi n° 2018/012 du 11 juillet 2018 portant régime financier de l'État et des autres entités publiques[120]. De nos jours, la gestion du budget de l'État et des autres entités publiques est mue par des considérations politiques, économiques, sociales et stratégiques sous-tendues par la budgétisation par programme. Il y a lieu de souligner que la budgétisation par programme a pour finalité l'intégration de la performance dans la gestion budgétaire. Toute chose qui fonde l'idée de sa valorisation.

De toute évidence, la budgétisation par programme est une mesure qui semble fonder la pensée d'un renouveau budgétaire dans les finances publiques camerounaises[121] eu égard aux apports estimés et présumés de cette pratique. Ils se caractérisent par leur pluralité. Toutefois, la focale peut être mise sur : l'amélioration de la qualité de la dépense publique, l'optimisation de l'utilisation des ressources financières, le renforcement de la responsabilisation des gestionnaires, et la lisibilité dans la gestion des crédits.

La programmation budgétaire a l'avantage de permettre un pilotage axé sur des objectifs clairs. Elle permet également de développer une stratégie dans le temps et d'instituer une représentation des dépenses publiques qui simplifie la structure du budget et, par conséquent, le rend plus transparent. À l'analyse, l'objectif est d'aboutir à une gestion transparente et performante susceptible d'améliorer le service public pour un citoyen de plus en plus exigeant.

Au-delà de cette dimension théorique qui fonde les espoirs que l'on porte à la budgétisation par programme, l'on se doit de reconnaitre que c'est une donnée dont l'implémentation est embryonnaire dans le contexte camerounais. Elle

---

[120] Cette loi, à la lecture de son article premier, détermine les conditions dans lesquelles est arrêtée la politique budgétaire à moyen terme pour l'ensemble des finances publiques.

[121] ABIABAG I., *Le renouveau budgétaire au Cameroun*, Douala, Presses Universitaires Libres, 2013, 120 p.

peine encore, sur le plan matériel, à impacter la gestion budgétaire dans sa généralité du fait de certaines résistances. On peut évoquer de façon non exhaustive la difficile appropriation des techniques et stratégies de gestion des finances publiques en mode programme. De plus, à travers la budgétisation par programme, le Cameroun s'est engagé dans la modernisation de sa gestion budgétaire en faisant de la performance son credo managérial ; pourtant, il n'y a pas de performance sans transparence ou reddition des comptes. Or, cette exigence de transparence qui implique la reddition des comptes semble mal s'accommoder avec la déficience d'une conscience citoyenne qui caractérise certains gestionnaires aux esprits encore réfractaires aux scrupuleux respect de la chose publique[122]. C'est ainsi que, face à la crise et à certains fléaux tels la corruption et les détournements de deniers publics, la performance recherchée peut être compromise. Cette réalité peut également justifier par ailleurs l'accentuation du critère managérial dans la responsabilisation des gestionnaires de crédits.

2. L'accentuation du critère managérial dans la responsabilisation des gestionnaires de crédits

La responsabilisation consiste à déclencher la procédure qui aboutit à l'établissement de la responsabilité. Cette dernière « *est l'obligation de répondre de ses actes ou de ceux d'autrui* »[123]. Ainsi, la quête de la performance milite en faveur du renforcement du régime de responsabilité des gestionnaires de crédits, car la responsabilisation des acteurs financiers publics doit être appréhendée en premier lieu comme l'un des éléments d'une bonne gouvernance financière publique. Il apparaît donc assez clair que la logique de la nouvelle gestion publique repose sur la responsabilisation des acteurs de la dépense publique par rapport à la performance, au service du citoyen, de l'usager et du contribuable[124].

En effet, le régime de responsabilité des gestionnaires publics connaît une nécessaire évolution pour besoin d'adaptation à un contexte mu par la logique de performance. La rénovation de la responsabilité de l'ordonnateur[125] témoigne du fait que nous soyons en présence d'un cadre formellement et substantiellement

---

122 KAMTO M., « La chose publique », *RASJ*, Vol. 2, n° 1, 2001, pp. 9-18.

123 MBALLA ELOUNDOU A. C., « Les régimes spéciaux de responsabilité publique en droit camerounais. Recherche sur le mode de formation d'une catégorie juridique en rupture avec le droit administratif français », Thèse de Doctorat/Ph.D en droit public, Université de Yaoundé II, 2018-2019, p. 35.

124 BARILARI A., « La réforme de la gestion publique, quel impact sur la responsabilité des acteurs ? », *RFFP*, n° 92, 2005, p. 29.

125 HERTZOG R., « Définir les obligations de l'administrateur moderne pour rénover les responsabilités des ordonnateurs », *RFFP*, n° 92, 2005, pp. 133-140.

pris dans l'étau du changement pour plus de responsabilité[126]. Un changement révélateur de l'ampleur et de la profondeur des fonctions de l'État post-moderne[127], et surtout, des exigences du citoyen au XXIe siècle[128]. En substance, la responsabilisation accrue des gestionnaires en droit camerounais procède de l'extension non moins de la notion d'ordonnateur, qui constitue l'essence de celle de gestionnaire, que de l'objet de la responsabilité.

Dans le premier cas de figure, la nouvelle gestion publique justifie aujourd'hui l'émergence d'une nouvelle catégorie d'agents. De toute évidence, la mutation est davantage perceptible au niveau de ce que l'on peut encore appeler « ordonnateur » au regard de la conservation de cette dénomination, du moins, sur le plan formel. À y regarder de plus près, la réforme des finances publiques au Cameroun s'est souciée de la nécessité d'intégrer des concepts nouveaux dans le droit public financier comme ceux de responsables de programme ou de budget opérationnel de programme. En clair, l'ordonnateur fait davantage l'objet d'une évocation théorique, car l'application actuelle des principes managériaux conduit à faire prévaloir une terminologie qui découle directement de l'approche managériale caractérisant désormais la gestion publique.

Pour ce qui est du second, il appert qu'aujourd'hui, la responsabilisation s'est densifiée du fait de l'élargissement de l'objet de la responsabilité des gestionnaires en droit camerounais. En substance, elle se fonde aujourd'hui tant sur les paramètres juridiques classiques et fondés sur l'État de droit que sur des composantes « a-juridiques », c'est-à-dire extérieurs au droit. En réalité, cette dernière catégorie est fondée sur des logiques économiques, et poursuit des objectifs éminemment managériaux. Sous ce rapport, elle est issue du mouvement de globalisation[129], qui est d'abord de nature économique, et procède vraisemblablement des limites du juridisme.

De plus, l'élargissement de la compétence de la juridiction des comptes par la faute de gestion témoigne manifestement de l'amplification du régime de responsabilité des gestionnaires. Depuis 2018, la faute de gestion fait désormais partie des constituantes de l'objet du contrôle juridictionnel des finances

---

[126] NDONG SOUMHET B., « Plus de responsabilité », *in* Ministère des Finances et du Budget, *La réforme du cadre juridique, pour une meilleure gestion des finances publiques au Cameroun*, Actes du colloque de Yaoundé, 11, 12 et 13 juillet 2001, pp. 128-135.

[127] Voir CHEVALLIER J., *L'État post-moderne*, Paris, LGDJ, coll. « Droit et société », 2008, 3e éd., 266 p.

[128] M'RAD H., « Participation du citoyen dans la conduite de l'action publique », *in* SEDJARI A. (dir.), *Gouvernance et conduite de Faction publique au 21e siècle*, Paris, Rabat, L'Harmattan-GRET, 2003, pp. 339-362 ; dans le même contexte, lire aussi COUJARD J.-L., « Du client au citoyen : l'apport des outils et méthode du management de la qualité à l'exploration des voies d'une participation citoyenne », *in* SEDJARI A. (dir.), *op. cit.*, pp. 363-384.

[129] AUBY J.-B., *La globalisation, l'État et le droit*, Paris, LGDJ, 2010, 2e éd., p. 18.

publiques par le juge des comptes[130]. Toute chose qui détient un enjeu majeur dans le système de gestion des finances publiques.

In fine, les vérifications portent donc plus de nos jours sur la régularité de la dépense publique, la bonne gestion financière, les objectifs et cibles déterminés au préalable et sur la fiabilité des indicateurs de mesures utilisées pour apprécier la réalisation des objectifs. À la vérité, l'excès de juridisme dans la réalisation des programmes économiques peut parfois aboutir aux dérives. En clair, le dire ainsi ne fonde pas la thèse de l'établissement de l'acte de décès du droit, encore moins du formalisme. Bien au contraire, l'on mettrait en avant la conception selon laquelle l'émergence des critères « a-juridiques », issue de la juridicisation des préceptes managériaux, n'autorise pas la nouvelle gestion à se soustraire des contraintes du droit, qui « *apparaît au demeurant (...) comme la condition de possibilité du management* »[131]. C'est donc dire que le droit est un levier d'implémentation du management.

CONCLUSION

Au Cameroun, le système financier public est marqué par l'irradiation de la nouvelle gouvernance financière publique. Elle se traduit par l'incorporation de la performance dans le régime financier de l'État et des autres entités publiques. Toute chose qui, par lien de causalité, induit la rationalisation de la gestion budgétaire. Pour autant, l'on assiste conjointement à l'amenuisement du formalisme au profit d'un afflux des considérations économiques et managériales dans la gestion. Il convient donc de relever que la rationalisation de la gestion budgétaire s'inscrit logiquement dans le cadre non seulement de la maîtrise des dépenses publiques et l'optimisation des recettes publiques, mais aussi de l'assainissement des finances publiques. Seulement, le reflux du juridisme réduit *ipso facto* les principes juridiques sur lesquels se fonde la puissance publique, mieux encore, l'État. C'est le cas de l'État de droit. Toutefois, eu égard au contexte, c'est un passage inévitable. Ainsi, en dépit de l'incompatibilité constatée entre le formalisme accru et la gestion axée sur les résultats, il demeure que le droit et l'État restent indissociables, car l'État est une institution établie par la règle de droit, et la règle de droit constitue le moyen privilégié de son action.

---

[130] Article 86, al. 2 et 3 de la loi n° 2018/012 du 11 juillet 2018 portant Régime financier de l'État et des autres entités publiques.

[131] CHEVALLIER J., « La juridicisation des préceptes managériaux », *Politique et Management public,* vol., 11, n° 4, 1993, pp. 111-134.

En tout état de cause, le droit et son formalisme demeurent indispensables dans toutes les composantes de l'action publique dont fait partie la gestion budgétaire. L'appel à la conduite des réformes susceptibles de maintenir l'équilibre entre la rationalité juridique et la rationalité managériale, tout en recherchant la performance, nécessite l'intervention du dédicataire des présents ***Mélanges*** qui demeure sensible aux problématiques des réformes dans l'État. D'ailleurs, il observait déjà que, « *les finances publiques des pays en développement présentent des déséquilibres structurels depuis la période de l'ajustement structurel* »[132]. Toutes proportions gardées, le souhait serait d'avoir un droit compatible avec les finalités de l'action publique. Pour autant, l'architecture des systèmes financiers publics actuels devrait se fonder sur un droit à forte tendance économique, et donc libéral, à l'effet d'être un réel adjuvant de la performance. La rationalité économique des droits des États africains saisis par la fièvre de la performance doit de ce fait être renforcée.

[132] MÉDÉ N., *Finances publiques. Espaces UEMOA/UMOA*, *op. cit.*, p. 66.

Les obstacles exogènes relatifs à la mise en œuvre d'une gestion financière par la performance dans les États d'Afrique Centrale : réflexion sur le CHFP de la CEMAC

Alexandre BARRO

Doctorant en droit public à l'Université Jean-Moulin Lyon 3
Équipe de Droit Public de Lyon (EDPL – EA666)
Centre d'Études et de Recherches Fiscales et Financières (CERFF)

Introduction

Un peu partout dans le monde, on assiste à un mouvement de réforme des systèmes financiers publics nationaux. Rien d'étonnant ! Car le contexte planétaire de raréfaction des ressources disponibles pour alimenter les politiques budgétaires[1], ajouté au constat d'une mauvaise gestion des finances publiques[2], commande plus que jamais aux États d'améliorer leur gouvernance financière. Dans cette optique, il est donc tout à fait normal de constater que tous les États s'intéressent avec acuité à la réforme de leurs dispositifs financiers publics. Aux États-Unis (USA), le Planning Programming Budgeting System (PPBS) adopté dans les années 1960[3] et l'expérience française de la Rationalisation des Choix

[1] J.-P. DUPRAT, « La dynamique des réformes budgétaires : globalisation des problèmes, unification des outils et adaptations nationales des solutions », *RFFP*, n° 98, juin 2007, p. 9.

[2] S. BAZIADOLY, *Les finances publiques*, Paris, PUF, « Que sais-je ? », 2001, p. 121.

[3] N. MÉDÉ, « Réflexion sur le cadre harmonisé des finances publiques dans l'espace UEMOA », *Afrilex*, juin 2012, p. 4.

Budgétaires (RCB) de la décennie 1970[4], réactualisée aujourd'hui par la loi organique relative aux lois de finances (LOLF) du 1er août 2001[5], sont une parfaite illustration de cette préoccupation des États de réformer et de gérer efficacement les finances publiques. Cette démarche, au demeurant, n'est pas propre qu'à l'Occident.

En Afrique centrale[6], la réforme financière a lieu avec l'adoption par la CEMAC, le 19 décembre 2011, d'un Cadre Harmonisé des Finances Publiques (CHFP). La chose est d'importance ! Car il s'agit, en adoptant ce cadre harmonisé, de proposer en réalité aux États membres de la sous-région d'Afrique centrale un nouveau mode de gestion des finances publiques — qui leur permettra de mieux gérer l'argent public, de mieux financer les politiques publiques, de mieux les piloter et d'avoir un service public efficace. S'agissant de ce nouveau mode de gestion des finances publiques, on parle de la gestion financière par la performance.

L'analyse qui sera menée dans cet article concerne ainsi ce cadre harmonisé, et précisément, les obstacles exogènes pouvant compromettre son application au sein des États d'Afrique centrale. Toutefois, nous pensons que pour une bonne compréhension de cette analyse, il est important avant tout d'apporter quelques précisons sur la CEMAC, le CHFP et le nouveau mode de gestion des finances publiques qu'il met ou souhaite mettre en place en Afrique centrale.

La CEMAC est une institution communautaire d'Afrique centrale née du traité du 16 mars 1994 signé à N'Djamena, au Tchad ; c'est le Traité instituant la Communauté Économique et Monétaire de l'Afrique Centrale (CEMAC). Ce Traité est rentré en vigueur en juin 1999. Six (6) pays font partie de cette communauté, à savoir, le Cameroun, la Centrafrique, le Congo, le Gabon, la Guinée équatoriale et le Tchad.

La principale mission de la CEMAC est de développer un espace intégré, un marché commun — économique, monétaire, sécuritaire, culturel, financier… — et d'y promouvoir un développement harmonieux. La CEMAC poursuit de nombreux objectifs aussi divers que variés, à savoir : assurer une gestion stable de la monnaie commune (franc CFA), sécuriser l'environnement des activités économiques et des affaires en général, établir une union de plus en plus étroite entre les peuples des États membres pour raffermir leurs solidarités géographique et humaine, promouvoir les marchés nationaux par l'élimination des barrières ou

---

[4] J.-P. DUPRAT, *op. cit.*, p. 10.

[5] L. PHILIP, « La nouvelle loi organique du 1er août 2001 relative aux lois de finances », *RFDC*, 2002-1 (n° 49). ISSN numérique : en cours/ISBN : 2-1305-2789-2/p.200.

[6] En Afrique de l'Ouest, la réforme financière intervient avec l'adoption en 2009 de six (6) directives communautaires, constitutives du Cadre Harmonisé des Finances Publiques (CHFP) de l'UEMOA.

entraves aux commerces intracommunautaires, coordonner les programmes de développement et harmoniser les projets industriels, harmoniser les politiques sectorielles nationales pour une intégration toujours plus renforcée.

Pour atteindre ces objectifs, la CEMAC s'est dotée de deux unions principales que sont l'Union Monétaire d'Afrique Centrale (UMAC), qui est responsable de la convergence monétaire des États membres partageant la même monnaie, et l'Union Économique d'Afrique Centrale (UEAC), qui a pour mission d'harmoniser les réglementations en vigueur au sein des États concernés[7] afin de faciliter la convergence des politiques économiques — « *pour un exercice crédible de la surveillance multilatérale* »[8] — et la bonne gouvernance « *des finances publiques* » au sein de la sous-région. C'est au titre de cette dernière mission qu'elle a procédé à la mise en place d'un CHFP.

Le CHFP est un dispositif juridique (constitué) de six (6) directives communautaires[9] adoptées le 19 décembre 2011. Il s'agit des directives :

- n° 06/11-UEAC-190-CM-22 relative au Code de transparence et de bonne gouvernance dans la gestion des finances publiques ;
- n° 01/11-UEAC-190-CM-22 relative aux lois de finances ;
- n° 02/11-UEAC-190-CM-22 relative au règlement général de la comptabilité publique ;
- n° 03/11-UEAC-1995-CM-22 relative au plan comptable de l'État ;
- n° 04/11-UEAC-190-CM-22 relative à la nomenclature budgétaire de l'État ;
- n° 05/11-UEAC-190-CM-22 relative au tableau des opérations financières de l'État.

[7] L'article 54 de la Convention régissant l'UEAC dispose que cette organisation doit assurer la coordination des politiques économiques et la mise en cohérence des politiques budgétaires nationales, et pour ce faire, elle peut procéder à l'harmonisation des législations budgétaires. D'où les six (6) directives constitutives du CHFP de la CEMAC. Généralement, lorsqu'on veut aller plus vite dans le processus d'intégration régionale, ce sont les règlements qui sont utilisés, parce que ce type d'actes n'harmonise pas, il unifie ; c'est leur particularité (N. MÉDÉ, *Finances publiques : Espace UEMOA/UMOA*, Dakar, L'Harmattan Sénégal, 2016, pp. 134 et 135).

[8] J. G. SANON, « L'objectif de performance dans la politique d'harmonisation des finances publiques dans l'Union Économique et Monétaire Ouest-Africaine (UEMOA) », *RFFP*, n° 98, juin, 2007, p. 61.

[9] Ces six directives sont : la directive n° 06/11 relative au Code de transparence et de bonne gouvernance dans la gestion des finances publiques, la directive n° 01/11 relative aux lois de finances, la directive n° 02/11 relative au règlement général de la comptabilité publique, la directive n° 03/11 relative au plan comptable de l'État, la directive n° 04/11 relative à la nomenclature budgétaire de l'État, la directive n° 05/11 relative au tableau des opérations financières de l'État.

Ces directives communautaires constituent à la fois un environnement et un encadrement de la gestion des finances de l'État sur toutes les étapes de la chaîne de la décision financière publique, allant de la phase d'élaboration de la loi de finances à celle de son contrôle en passant par les phases d'adoption et d'exécution. C'est donc tout le système financier public des États d'Afrique centrale qui se trouve concerné par ces directives et donc, par le CHFP.

L'adoption du CHFP de la CEMAC, en tant qu'instrument communautaire de réforme et d'encadrement des finances publiques en Afrique centrale, s'inscrit en fait dans un mouvement universel de rapprochement de la gestion publique de la gestion privée par l'intégration des techniques du « *corporate governance* »[10] dans le secteur financier des États d'Afrique centrale. C'est donc une nouvelle gouvernance financière qui prend appui sur le modèle de l'entreprise[11] que propose la CEMAC à travers son CHFP. Il s'agit de mettre en place la gestion financière axée sur la performance[12] au sein des États concernés. On peut alors comprendre pourquoi Nicaise MÉDÉ affirme qu'avec la gestion financière axée sur la performance, « *la passerelle avec le management privé est établie* »[13].

La gestion des finances publiques par la performance, qui implique d'intégrer et d'adapter dans le secteur financier public des techniques issues du monde de l'entreprise et du management privé, suppose la prise en compte des trois, voire quatre E dans la décision financière publique et dans le pilotage des politiques publiques, à savoir l'*économie*, l'*efficacité* et l'*efficience*[14].

L'économie, c'est « *avoir toujours le souci de réduire le montant des dépenses à faire* »[15]. Dans ce sens, on est économe quand « *on consomme le minimum de moyens dans le minimum de temps* »[16]. Aussi, l'économie, c'est

---

[10] A. ESSONO OVONO, « Le cadre harmonisé des finances publiques de la CEMAC », *Communication à la journée de la CEMAC-ISTA*, 2017, p. 2.

[11] M. BOUVIER, M.-C. ESCLASSAN et J.-P. LASSALE, *Finances Publiques*, Paris, LGDJ, 2016, 15e éd., p. 19.

[12] Nous avons préféré l'appellation « gestion financière par la performance » à d'autres vers lesquelles le terme a parfois « migré » : « gestion budgétaire axée sur les résultats », « gestion budgétaire par la performance » et « budgétisation par programme » … (voir Nicaise MÉDÉ, *Finances publiques : Espace UEMOA/UMOA*, *op. cit.*, pp. 137 à 138).

[13] N. MÉDÉ, « Réflexion sur le cadre harmonisé des finances publiques dans l'espace UEMOA », *op. cit.*, p. 3.

[14] N. MÉDÉ, *Finances publiques : Espace UEMOA/UMOA*, *op. cit.*, p. 138.

[15] *Ibid.*, p. 139.

[16] J.-R. ALVENTOSA, *Les outils du management public*, LGDJ, collection « Systèmes », 2012, p. 19.

« *avoir un souci d'une gestion en bon père de famille. Il ne convient pas de dépenser sans compter* »[17].

L'efficacité « *se mesure par les résultats atteints grâce aux ressources consenties. On peut ainsi comparer ce qui a été fait par rapport à ce qui est prévu initialement. L'efficacité met donc en balance les réalisations et les prévisions.* »[18]

L'efficience « *prend en compte le ratio entre les réalisations, les résultats et/ou impacts et les ressources, notamment financières, utilisées pour y parvenir. Il s'agit de mesurer le rapport existant entre la quantité et la qualité des résultats obtenus et les ressources et moyens mis en œuvre pour les obtenir, en partant d'une unité de référence* »[19]. Plus simplement, l'efficience, c'est lorsqu'« *on atteint ses objectifs avec le minimum de moyens* »[20].

À l'économie, l'efficacité et l'efficience, on pourrait ajouter un quatrième E, correspondant à l'environnement, puisque le développement durable et la préoccupation de préserver la terre d'une dégradation écologique ont été au cœur des débats qui ont marqué les assises de la 21e conférence des parties (COP21). Ainsi, la gestion financière axée sur la performance, en tant que nouveau mode de gouvernance financière préconisé par la CEMAC aux États membres, suppose l'introduction « *dans la gestion financière publique des quatre (4) préoccupations d'économie, d'efficacité, d'efficience et d'écologie/environnement/développement durable* »[21] ; le but est « *d'accroître le bénéfice que l'action de l'État procure à la société et d'optimiser la qualité du service rendu à l'usager tout en s'inscrivant dans une politique budgétaire soutenable* »[22].

Sur la base de ces « 4 E », et donc de la prise en compte de la performance dans la gestion des finances publiques, on peut penser que dépenser moins et mieux pour un pilotage efficace des politiques publiques semble être ainsi la philosophie qui anime le CHFP de la CEMAC. De cette façon de penser, dans un contexte planétaire de raréfaction des ressources pour alimenter les budgets, on ne peut que s'en réjouir pour les finances publiques d'Afrique centrale.

---

[17] N. MÉDÉ, *Finances publiques : Espace UEMOA/UMOA*, *op. cit.*, p. 139.

[18] *Ibid.*

[19] *Ibid.*

[20] J.-R. ALVENTOSA, *op. cit.*, p. 19.

[21] N. MÉDÉ, *Finances publiques : Espace UEMOA/UMOA*, *op. cit.*, p. 139.

[22] Circulaire interministérielle française du 21 juin 2001 sur le développement du contrôle de gestion dans les administrations (voir J.-R. ALVENTOSA, *op. cit.*, p. 150).

Le CHFP de la CEMAC est ainsi un dispositif juridique communautaire qu'on peut, peut-être, considérer comme (r)évolutionnaire[23] du point de vue de la nouvelle gouvernance financière qu'il instaure. En effet, cette nouvelle gouvernance financière — qui est liée à l'idée que l'État, pour être efficace, doit intégrer et adapter, dans son fonctionnement, des principes, méthodes, techniques du secteur privé (budgétisation par objectifs de programmes, programmation budgétaire pluriannuelle, comptabilité patrimoniale, comptabilité analytique, principes de sincérité, informatisation de la gestion financière, évaluation des politiques publiques, indicateurs de performance…) — doit en principe permettre une « *métamorphose* »[24] du système financier public des États d'Afrique centrale dans le but de favoriser la performance du service public étatique. Dès lors, le CHFP de la CEMAC marque l'évolution de la gestion publique dans cette sous-région d'Afrique, car il correspond à une volonté exprimée au niveau communautaire d'améliorer la gouvernance financière publique des États membres.

Cependant, si le CHFP de la CEMAC se présente comme un véritable instrument de modernisation de la gestion financière publique des États d'Afrique centrale — et que dans ce sens on ne peut que se réjouir de cette évolution qui permettra aux États africains de relever les nombreux grands défis auxquels ils sont confrontés aujourd'hui — une question peut avoir le mérite d'être posée : celle de la garantie de son application par les États concernés. Dit autrement, si le CHFP de la CEMAC recherche la bonne gouvernance financière publique et qu'il est, dans ce sens, une innovation en matière de gestion des finances publiques, son application au sein des États membres est-elle pour autant assurée ?

À cette interrogation, la réponse semble négative. Car, nous pensons que certains obstacles peuvent compromettre son opérationnalisation. Ainsi, nous démontrerons à travers cet article que le CHFP de la CEMAC, bien qu'innovateur, est en réalité un cadre potentiellement contraint par des obstacles que nous qualifions d'« *exogènes* »[25]. C'est-à-dire des obstacles qui lui sont

---

[23] A. BARRO, « Le CHFP de la CEMAC : une (r)évolution du droit communautaire financier d'Afrique centrale », *Communication au colloque de lancement des activités de la Société Africaine de Droit Communautaire* (SADC), 12 novembre 2022, p. 1.

[24] M. BOUVIER et *al.*, *op. cit.*, p. 53.

[25] Le CHFP de la CEMAC peut aussi faire face à des contraintes « endogènes », qui peuvent également entraver son application au sein et par les États d'Afrique centrale. Par opposition aux contraintes « exogènes », les contraintes endogènes font référence aux « obstacles que l'on retrouve à l'intérieur du CHFP de la CEMAC après avoir minutieusement analysé son contenu ; c'est-à-dire après avoir analysé l'ensemble des dispositions juridiques qu'il renferme. En fait, il s'agit d'obstacles qui lui sont propres et donc engendrés par lui-même et sa rédaction. Ces obstacles peuvent être de nature juridique logique, méthodologique… Pour plus de précisions, voir A. BARRO, « Le Cadre Harmonisé des Finances Publiques de la CEMAC », Mémoire soutenu en Droit Public à l'Université Omar Bongo, 2019, pp. 105-127.

extérieurs et qui peuvent effectivement compromettre son application par les États d'Afrique centrale. Ces obstacles sont, d'une part, politico-temporels **(I),** et d'autre part, sociologico-administratifs et économiques **(II)**.

I. Les contraintes politico-temporelles

On mettra tout d'abord en lumière les contraintes politiques **(A)** avant de terminer par les contraintes temporelles **(B)**.

A. Les contraintes politiques

Deux points essentiels seront abordés au titre des contraintes politiques : l'instabilité politique qui prévaut au sein des États, d'une part **(1)**, et l'absence de volonté politique de ces États, d'autre part **(2)**.

1. L'instabilité politique des États

La situation des États d'Afrique centrale, sur le plan politique, n'incite guère à l'optimisme. Pour l'essentiel, c'est un état d'instabilité ou de précarité plus ou moins chronique qui caractérise la situation politique de ces États[26]. Cette instabilité politique, qui peut ainsi mettre en péril tous les efforts de la CEMAC en matière d'intégration sous-régionale, semble, pour la plupart des États concernés, avoir la même origine, qui est celle de l'absence de démocratie. À ce titre, l'histoire du continent africain en général, et de la sous-région d'Afrique centrale en particulier, peut à juste titre être considérée comme celle des ambitions trahies et des rêves brisés par la majorité de ses États qui, plusieurs années après le processus de démocratisation amorcé à la fin des années 1980, restent en réalité des dictatures[27]. En effet, les pays d'Afrique centrale sont le théâtre de nombreuses pratiques dictatoriales, caractéristiques de cette absence

---

[26] S. YONABA, « Les contraintes de l'harmonisation d'un droit budgétaire rénové dans la zone UEMOA », *RFFP*, n° 98, juin 2007, p. 70.

[27] La dictature est un « *régime dans lequel les détenteurs du pouvoir, (...), l'exercent autoritairement, sans véritable participation du peuple et sans tolérer d'opposition* » (voir S. GUINCHARD, T. DEBARD [dir.], *Lexique des termes juridiques*, Paris, Dalloz, 19e édition, 2012, p. 307). Aussi, la dictature « *caractérise une forme de pouvoir arbitraire, autoritaire, parfois tyrannique, sans autre frein apparent que la volonté de celui ou de ceux qui l'exercent... Carl Schmitt définit la dictature comme une sorte de commandement qui, par principe, est indépendant du consentement ou de la compréhension du destinataire et n'attend pas son approbation* » (voir G. HERMET, B. BADIE, P. BIRNABAUM, P. BRAUD, *Dictionnaire de la science politique et des institutions politiques*, Paris, Armand Colin, 8e édition, 2015, pp. 89-90).

de démocratie. Dans ce contexte, on peut citer le non-respect des normes juridiques qui encadrent l'exercice du pouvoir politique, référence étant notamment faite à la violation des Constitutions, la violation des droits de l'homme[28], les coups d'État, l'instrumentalisation de la justice, le refus du principe fondamental de l'acceptation de l'alternance politique… Pour ce qui est du dernier cas, en l'occurrence, l'alternance politique, nul doute que malgré l'organisation d'élections en Afrique centrale, la plupart des pays de cette sous-région n'en connaissent pas réellement. Dans ces pays, le trucage électoral est massivement pratiqué avant, pendant et après l'élection. L'objectif recherché est évidemment de se maintenir au pouvoir, et ce, au détriment de l'expression de la volonté du peuple de choisir librement ses représentants. Un tel contexte entraîne généralement des protestations qui, tout en débouchant sur des guerres civiles ou ethniques, des rébellions, des troubles à l'ordre public, contribuent à dégrader le climat politique et, de ce fait, à rendre les régimes politiques au pouvoir instables. Toutes choses qui peuvent entraver la ratification des protocoles et accords régionaux, occasionner des ruptures dans l'application des politiques aussi bien nationales que régionales. En effet, l'instabilité politique est intimement liée à la gestion publique des États. Dans ce sens, elle handicape lourdement tout effort de coopération destiné à réaliser l'intégration des pays à l'échelle régionale ou internationale. C'est la raison pour laquelle il est recommandé aux États, désireux de mutualiser leur potentiel dans une dynamique d'intégration, de se doter d'instruments de bonne gouvernance dans la gestion des affaires publiques, car la bonne gouvernance ne requiert pas exclusivement une gestion administrative et financière saine, efficace et transparente. Elle recouvre également des principes de paix, de sécurité, de respect des droits de l'homme, d'indépendance des pouvoirs publics… Cependant, la bonne gouvernance ne peut effectivement avoir lieu et produire des effets que dans un cadre démocratique. Dès lors, on comprend pourquoi Émile NOËL soutient que « *c'est l'existence d'une culture démocratique commune qui a forgé l'unification de l'Europe* »[29].

Certes, la démocratie n'éradiquera pas les tensions qui sévissent dans la sous-région d'Afrique centrale, il serait utopique de le prétendre, mais elle permettra au moins de créer ou de promouvoir l'environnement socio-politique nécessaire à l'intégration sous-régionale. Ce raisonnement est d'autant plus acceptable que le Rapport de la commission « Régions africaines en crise » précise qu'« *un*

---

[28] Constituent des droits de l'homme : le droit à la vie, à la dignité, le droit à l'égalité, à la sécurité, à la justice, la liberté de pensée, de religion, le droit au travail, à la santé, le droit à l'éducation, le droit à un environnement sain, le droit au développement, le droit à la protection des minorités et des populations autochtones. (Voir K. AHADZI-NONOU, « Les nouvelles tendances du constitutionnalisme africain : le cas des États d'Afrique noire francophone », la *Revue du CERDIP*, volume 1, n° 2, juillet-décembre 2002, p. 51.)

[29] E. NOËL, *Les rouages de l'Europe : comment fonctionnent les installations de la communauté européenne*, Bruxelles, CE, 1999, p. 11.

projet de développement et d'intégration de la sous-région serait celui qui, entre autres, s'articulerait autour de principes démocratiques »[30]. Sur la base d'une telle affirmation et au regard de ce qui précède, il y a donc urgence pour les États d'Afrique centrale de réellement intégrer les principes démocratiques dans leurs systèmes de gestion publique, car la légitimité politique et la réduction des tensions sociales qui accompagnent normalement la gouvernance démocratique entraîneraient une plus grande stabilité, avec des conséquences très favorables pour l'intégration sous-régionale, et donc pour l'harmonisation des règles budgétaires et comptables que préconise le CHFP de la CEMAC en vue d'instaurer une gestion financière par la performance en Afrique centrale.

2. L'absence de volonté politique des États

Il est un principe clair, celui qu'aucune réforme d'envergure communautaire ne peut véritablement aboutir sans un minimum de volonté politique des États qui ont la charge de la mettre en œuvre à l'échelle nationale. Et c'est bien là tout le problème ! Car nous pensons, peut-être à tort, qu'en Afrique centrale, l'une des causes majeures de l'échec des réformes prises au niveau communautaire réside dans le fait que les États de cette sous-région manquent d'une réelle volonté politique, et de ce fait, ne mettent pas toujours en application ces réformes. En effet, si l'on peut penser, au regard de « *la rhétorique résolument intégrationniste ayant toujours eu cours lors des rencontres officielles* »[31], que les États d'Afrique centrale sont très favorables à l'intégration sous-régionale, il semble que dans la réalité, cela ne soit probablement pas le cas, dans la mesure où l'on constate généralement de leur part un manque d'engagement effectif non seulement dans l'application des textes, mais aussi dans la mise en œuvre des projets communautaires. Pour s'en convaincre, il nous suffit de nous référer au projet communautaire de la libre circulation des personnes dont la réalisation était prévue pour l'année 2009[32], mais qui n'a finalement vu le jour que tout récemment, en 2017, du fait de l'absence d'une solide volonté politique des États concernés dans ce programme d'intégration sous-régionale, pourtant présentée par ces derniers comme la condition sine qua non de leur développement, voire de leur survie, dans un monde de plus en plus dominé par la logique du *tout libéral*[33]. Cet exemple, qui montre que la volonté politique des États est un

---

[30] Rapport de la commission, *Régions africaines en crise : conflits en Afrique, analyse des crises et pistes pour une prévention,* Bruxelles, GRIP, 2000, pp. 9-11.

[31] S. LOUNGOU, « La libre circulation des personnes au sein de l'espace de la CEMAC : entre mythes et réalités », *Belgeo* [en ligne], 3/2010, p. 2. Cet article a été mis en ligne le 04 décembre 2012, consulté le 26 juillet 2021. URL: http//journals. Openedition. Org/belgeo/7096; DOI: 10. 4000/belgeo. 7096.

[32] *Ibid.*, p. 1.

[33] S. YONABA, *op. cit.*, p. 69.

élément déterminant dans la conduite des réformes communautaires, permet par conséquent de comprendre qu'en l'absence d'une telle volonté, l'application des dispositions du cadre harmonisé des finances publiques de la CEMAC au sein des États membres peut être compromise. Il est certes vrai que des procédures de sanctions sont prévues en cas de non-respect par les États de leurs obligations communautaires, mais ces sanctions étant des instruments peu effectifs et peu crédibles dans la CEMAC, l'engagement politique des États en faveur des orientations et des décisions prises collectivement constitue le mode d'action privilégié pour faire avancer le processus d'intégration sous-régionale. C'est la raison pour laquelle il serait important d'attirer l'attention des États sur la nécessité de leur engagement politique pour la réussite de la politique d'harmonisation financière en Afrique centrale.

B. Les contraintes temporelles : la mauvaise gestion du temps de la réforme

Le cadre harmonisé des finances publiques de la CEMAC, on le sait, au titre de la réforme des finances publiques en Afrique centrale, a pour objectif d'instaurer au sein des États membres une nouvelle culture de la gestion financière publique. L'objectif est d'envergure, car c'est une véritable révolution qui s'opère dans le domaine financier public. En effet, le passage d'une gestion financière basée sur les moyens à une gestion financière axée sur la performance bouleverse radicalement les modes de gestion des finances publiques. Ce bouleversement va dans le sens de les moderniser, d'améliorer la gestion des ressources publiques et d'accroître l'impact des dépenses publiques sur le développement économique et social en général et sur la réduction de la pauvreté en particulier[34].

La culture de performance qui procède d'une logique gestionnaire, logique qui sous-tend le CHFP de la CEMAC, implique la mise en place d'instruments essentiellement techniques tels que des indicateurs de performance, des budgets-programmes, des circuits informatisés de la dépense, etc. Le but en effet est de moderniser le système financier public. À ce titre, il est donc important que soit présent à l'esprit de tous qu'il est indispensable de mettre en place de tels dispositifs pour construire « *un espace financier public* »[35] moderne capable de permettre une gestion efficace des deniers publics.

---

[34] M. ALABI CHITOU, « Le renforcement des contrôles : le rôle des juridictions financières africaines (expérience du Bénin) », *RFFP*, n° 98, juin 2007, p. 129.

[35] L'expression est de M. BOUVIER dans « Nouvelle gouvernance financière publique durable et conduite de la réforme budgétaire dans les pays en développement », *RFFP*, n° 98, juin 2007, p. 160.

Cependant, la réussite de la réforme des finances publiques dans les pays en développement, à notre sens, ne dépend pas exclusivement de la mise en place d'outils permettant d'encadrer et de rationaliser la gestion financière publique. Encore faudrait-il observer un temps nécessaire pour permettre à la réforme de produire ses effets. En d'autres termes, la réussite de la réforme dépend également du temps qu'on lui donne pour s'intégrer et s'enraciner dans le milieu auquel elle s'adresse. Or, il est regrettable de constater que dans la plupart des pays en développement, la gestion du temps de la réforme n'est pas souvent prise en compte dans la conduite des changements[36]. Ce qui, on le pense, peut justifier les nombreux échecs rencontrés dans la mise en œuvre des réformes dans ces pays. C'est la raison pour laquelle Michel BOUVIER suggère que « *le processus de réforme* [dans les pays en développement] *doit nécessairement s'inscrire dans des temps plus ou moins longs...* »[37], car selon lui, « *il est hautement improbable qu'une transformation radicale du système financier public puisse intervenir à court et moyen termes* »[38]. Un tel propos laisse penser qu'une mauvaise gestion du temps relatif à la mise en œuvre du cadre harmonisé des finances publiques de la CEMAC pourrait conduire à l'échec d'une telle réforme.

Par ailleurs, l'inscription de la réforme dans la durée a l'avantage de permettre aux hommes qui auront la charge de la mettre en œuvre de disposer d'un temps suffisant pour mieux s'approprier les outils et techniques qu'elle renferme, ce qui favorisera un pilotage efficace des finances publiques. En effet, l'appropriation, et donc la maîtrise des nouveaux instruments financiers publics par les acteurs de la gestion publique — surtout dans les pays où les cultures traditionnelles sont encore très fortes —, est une condition incontournable à la construction d'un système financier public moderne et durable, car cette appropriation favorise l'enracinement de la réforme dans l'espace et dans le temps[39]. C'est dans cette optique que Michel BOUVIER soutient que « *l'appropriation de la réforme par les acteurs est garante de la solidité et de la durée du développement de la réforme budgétaire sur le long terme* »[40]. Allant dans le même sens, Alexis ESSONO OVONO fait excellemment remarquer à son tour que « *l'opérationnalisation du cadre harmonisé des finances publiques de la CEMAC dans les États membres dépend* [pour le moins] *de son appropriation par les différents acteurs (exécutifs, parlementaires, juges des comptes)* ». La

---

36 « *Le sentiment général que l'on peut rencontrer du côté des fonctionnaires [des pays en développement] est celui d'une mise en place trop rapide des réformes, voire d'une accélération trop forte de celles-ci...* », *ibid.*, p. 164.

37 « *L'enseignement que l'on peut tirer de l'observation de la conduite des réformes budgétaires dans les pays en développement est que le processus de réforme doit nécessairement s'inscrire dans des temps plus ou moins longs...* », *ibid.*, p. 163.

38 *Ibid.*, p. 164.

39 *Ibidem*, p. 160.

40 *Idem.*

ressource humaine est ainsi, au regard des affirmations qui précèdent, un élément non négligeable et, à ce titre, le temps d'appropriation doit être véritablement pris en compte dans la réflexion sur la conduite des réformes dans les pays en développement. Or, force est de constater que dans ces pays, le potentiel humain n'occupe malheureusement qu'une place très marginale dans les processus de réformes des finances publiques[41], car il ne dispose pas d'un véritable temps pour l'appropriation des nouveaux instruments de la gestion financière publique. Un tel contexte peut mettre en danger le CHFP de la CEMAC qui risque de connaître des difficultés d'application au sein des États membres du fait de la non-appropriation, par les acteurs financiers publics, des outils de la gestion performancielle des finances publiques. Dès lors, on comprend que le temps de l'appropriation devient un élément fondamental qu'il convient de prendre en compte pour la bonne marche du nouveau système financier public qui implique l'internalisation des valeurs de ce système.

En somme, la gestion du temps est déterminante pour la réussite des réformes. En effet, prendre suffisamment de temps dans la mise en œuvre des réformes permet non seulement à ces réformes de se familiariser avec le milieu auquel elles s'adressent, mais aussi aux acteurs financiers publics de se les approprier en vue d'un pilotage efficace des finances publiques.

II. Les contraintes sociologico-administratives et économiques

On commencera par présenter les contraintes sociologico-administratives **(A)**, ensuite on évoquera les contraintes économiques **(B)**.

A. Les contraintes sociologico-administratives

Au titre des contraintes sociologico-administratives, on retiendra principalement la prévalence du non-droit dans l'administration publique **(1)** et la politisation de celle-ci **(2)**.

---

[41] « *L'enseignement que l'on peut tirer de l'observation des processus de réforme budgétaire dans les pays en développement est que le fait humain, le potentiel humain n'occupe le plus souvent qu'une place réduite dans la réflexion...* », *idem*, p. 161.

1. La prévalence du non-droit dans l'administration publique

La norme juridique étant le vecteur privilégié de la mise en œuvre, au sein des États membres de la CEMAC[42], d'un nouveau mode de gouvernance des finances publiques, il est donc indispensable qu'elle soit appliquée et respectée, faute de quoi le projet d'instaurer une gestion budgétaire axée sur la performance en Afrique centrale ne restera qu'une vue de l'esprit. En effet, le cadre harmonisé des finances publiques de la CEMAC, comme on le sait, renvoie à un ensemble de règles juridiques adoptées sous forme de directive par l'institution communautaire sous-régionale et qui doivent être transposées par les États membres et appliquées dans leurs différents ordres juridiques internes, avec pour objectif de mettre en place une nouvelle gouvernance financière capable de piloter efficacement les finances publiques. Ainsi, l'application et le respect du droit qui découlent des dispositions du CHFP de la CEMAC deviennent la condition sine qua non pour les pays d'Afrique centrale qui désirent se mettre en mode gestion financière par la performance. Or, c'est là que réside tout le problème ! Les États d'Afrique noire sont, pour la plupart, des « *États néo-patrimoniaux* »[43], c'est-à-dire des États peu enclins à respecter le droit. Pour preuve, Nicaise MÉDÉ[44] prendra l'exemple d'un ministre d'un État d'Afrique de l'Ouest qui décrit le fonctionnement des finances publiques dans son pays en 2002. D'après ce ministre, les régies financières reversent une partie de leurs recettes quotidiennes (monnaie scripturale) sur un compte spécial logé à l'agence locale de la BCEAO (Banque Centrale des États de l'Afrique de l'Ouest). Le reliquat .des recettes journalières en numéraires est acheminé au palais présidentiel, empilé dans des cantines et mis à la disposition du maître de céans. Par conséquent, le chef de l'État devient ordonnateur principal du budget de l'État, et le directeur national de la BCEAO son comptable principal.

Cet exemple, fourni sur le mode caricatural, permet de mettre en évidence la propension courante des gouvernants et des gestionnaires publics des pays d'Afrique noire de s'affranchir des contraintes et des balises du droit budgétaire et de la comptabilité publique[45]. Par conséquent, ce sont « *des pans entiers de la gestion financière [qui] sont marqués au sceau de l'informel financier (...) Ce*

---

[42] C'est aussi le cas de la France où la gestion financière axée sur la performance est mise en œuvre par la Loi organique relative aux lois de finances du 1er août 2001.

[43] J.-F. MEDARD, *États d'Afrique noire : formations, mécanismes et crise*, Paris, Karthala, 1991, p. 323. Selon cet auteur, l'État néo-patrimonial est un État qui se caractérise par la personnalisation du pouvoir et l'arbitraire.

[44] N. MÉDÉ, « Réflexion sur le cadre harmonisé des finances publiques dans l'espace UEMOA », *op. cit.*, p. 17.

[45] *Ibid.*

qui traduit concrètement la prévalence du non-droit dans la sphère financière publique »[46].

La prévalence du non-droit au sein de la sphère de gestion publique, et particulièrement au sein de la gestion financière publique, constitue un véritable écueil du cadre harmonisé des finances publiques de la CEMAC. En effet, la gestion financière axée sur la performance qu'il entend mettre en œuvre ne saurait faire abstraction des questions juridiques. Bien au contraire, ce nouveau mode de gouvernance financière suppose un minimum de culture de la légalité et même de culte de la légalité pour bien implémenter l'approche performancielle de la gestion des finances publiques dans les États concernés[47], faute de quoi on s'exposerait, par exemple, à des risques de violation des procédures d'exécution budgétaire, à des dépenses hors budget et à la facturation de services publics sans autorisation législative... C'est donc à juste titre que Nicaise MÉDÉ énonce que « *la conduite des affaires de l'État ne peut faire l'impasse sur les questions de nature juridique, même dans une perspective de gestion managériale des finances des personnes publiques* ». En considération d'une telle affirmation, il y a donc urgence pour les États d'Afrique centrale, généralement « néo-patrimoniaux », de se convertir en « États de droit », condition incontournable d'une application sereine du CHFP de la CEMAC.

2. La politisation de l'administration publique

Sur le terrain de la sociologie administrative des États africains, et particulièrement de ceux d'Afrique centrale, un autre obstacle à prendre en compte, et qui de toute évidence s'accommode mal de la logique de performance qui sous-tend le CHFP de la CEMAC, est celui de la politisation de l'administration publique[48] dont le lien nous paraît très étroit avec le caractère néo-patrimonial des États africains.

En Afrique, nul ne doute de la forte immixtion du politique[49] ou de la politique[50] dans la gestion des affaires administratives, ce qui a pour effet d'impacter négativement le bon fonctionnement de l'Administration publique.

---

[46] *Ibidem.*

[47] *Ibidem.*

[48] On parle de « politisation » de l'Administration publique lorsque « *le pouvoir discrétionnaire des gouvernants sur la gestion des postes publics augmente (...) il y a aussi politisation administrative lorsque l'entreprise politique sort de son rôle traditionnel pour mettre sous tutelle les directions administratives et gérer à leur place l'appareil d'État* » (voir J.-P. LACAM, « Regards sur l'actualité », sept.-oct. 1994).

[49] Le politique se rapporte à « *un pouvoir détenteur de la coercition légitime* » (voir P. BRAUD, *La science politique*, Paris, PUF, « Que sais-je ? », 2001, p. 7).

[50] « *Il s'agit d'un ensemble réputé cohérent, d'intentions et de décisions, attribuables à des dirigeants agissant dans le cadre de leurs compétences institutionnelles* », *ibid.*, p. 6.

En effet, du fait de cette politisation, le cadre éthique de l'Administration publique est fortement dégradé et les principes qui devraient guider l'action publique sont également négligés. Pour s'en convaincre, l'Administration publique en Afrique est le théâtre de diverses pratiques qui, assurément, lui sont contre-productives et ne favorisent pas l'enracinement du nouveau mode de gouvernance financière institué par la réforme des finances publiques de la CEMAC. Au titre de ces pratiques, on peut citer le népotisme, le clanisme, le tribalisme, l'ethnisme, le clientélisme, le factionnalisme, le « prébendalisme », le patronage, le « copinage », la prédation, la corruption, l'impunité, le détournement des deniers publics…[51] Tous ces maux si caractéristiques de la vie politico-administrative africaine, et dont le patrimonialisme constitue le dénominateur commun[52], ne facilitent sûrement pas l'exercice d'une gestion budgétaire par la performance. C'est donc à juste titre que Guillaume PAMBOU TCHIVOUNDA affirme que « *l'État africain est le prototype de l'irresponsabilité institutionnalisée* »[53], dans la mesure où la culture de son administration, par ses pratiques, n'est nullement orientée vers l'amélioration continue des performances et de la qualité des prestations de service public.

L'irresponsabilité de l'État africain peut également se constater dans la répartition des fonctions étatiques qui ne s'effectue pas toujours avec toute la rationalité attendue. Concrètement, on veut dire que le recrutement et les nominations, dans l'administration publique, n'échappent pas toujours aux considérations politiques. C'est le cas par exemple des nominations aux fonctions de gouverneur, de préfet, de sous-préfet, de secrétaire général des ministères, de directeur général des services administratifs…, dont l'accès est conditionné par la fidélité au pouvoir en place. Dans un tel contexte où la loyauté politique et personnelle et la docilité sont mieux récompensées que le mérite, une réforme essentiellement basée sur un système de performance aura du mal à correctement s'implémenter. En effet, la gestion financière axée sur la performance instituée par le cadre harmonisé des finances publiques de la CEMAC n'a de sens et ne peut réellement s'appliquer que dans le cadre d'un État moderne, c'est-à-dire un État doté d'une Administration publique empreinte de valeurs de neutralité, de légalité, d'éthique, de mérite, de transparence et de responsabilité des acteurs de la gestion financière publique ; en sorte, que l'agenda de la performance prime sur l'agenda politique[54].

La non-prévalence du droit au sein de l'administration publique et la politisation de celle-ci sont essentiellement les deux éléments structurant

[51] J.-F. BAYART, *L'État en Afrique : la politique du ventre*, Fayard, 2006, p. 281.

[52] *Idem*, p. 330.

[53] G. PAMBOU TCHIVOUNDA, *Essai sur l'État Africain postcolonial*, Paris, LGDJ, 1982, p. 69.

[54] N. MÉDÉ, « Réflexion sur le cadre harmonisé des finances publiques dans l'espace UEMOA », *op. cit.*, p. 18.

l'environnement sociologique des États africains, et qui constituent un obstacle à la bonne application du CHFP de la CEMAC. Cependant, si ces éléments ont fait l'objet, pour des raisons de clarté, d'une présentation distincte, cela n'occulte pas le fait qu'ils entretiennent un lien étroit. En effet, c'est parce qu'il y a une forte politisation de l'administration publique qu'il apparaît difficile de faire appliquer et respecter le droit.

B. Les contraintes économiques

Des contraintes économiques peuvent rendre difficile, voire compromettre, l'application du cadre harmonisé des finances publiques de la CEMAC au sein des États membres. En effet, les disparités économiques de ces États **(1)** et leur situation de dépendance financière vis-à-vis de l'extérieur **(2)** sont autant d'obstacles à l'implémentation de la gestion financière par la performance, en tant que nouveau mode de gouvernance financière diffusé par le CHFP de la CEMAC.

1. Les disparités économiques des États membres

L'un des grands chantiers de réformes auxquels se sont livrés les États de la sous-région d'Afrique centrale est l'harmonisation des cadres juridiques de leurs finances publiques. Cette politique d'harmonisation financière, qui porte sur les règles d'élaboration, de présentation, d'approbation, d'exécution et de contrôle du budget de l'État[55], vise, selon Dakor DA, deux objectifs fondamentaux dont l'un est de doter les États membres de la communauté d'instruments modernes permettant une gestion rigoureuse et transparente des finances publiques, gage de la stabilité de leur monnaie, et l'autre, de faciliter l'exercice de la surveillance multilatérale des politiques budgétaires nationales[56].

Cependant, au-delà de ces objectifs, on peut s'apercevoir que les États concernés par ce processus d'harmonisation ne jouissent pas d'un niveau de développement économique comparable. C'est ainsi que pour des raisons aussi diverses que variées (crises socio-politiques, guerres civiles, faible potentiel en ressources naturelles, conditions climatiques défavorables, déficits industriel et technologique…), on peut se rendre compte que certains États sont indiscutablement « *moins avancés* »[57], voire démunis, par rapport à d'autres qui connaissent un essor économique relativement favorable, malgré leur trait

---

[55] J.-G. SANON, *op. cit.*, p. 61.

[56] D. DA, « L'application des directives de l'UEMOA sur la comptabilité publique au Burkina Faso : les avancées et les contraintes », *RFFP*, n° 98, juin 2007, p. 119.

[57] P. DE SENARCLENS, *La mondialisation : Théories, enjeux et débats*, Paris, Armand Colin, 2012, 4e éd., p. 116.

commun d'être tous des États aux « *économies de rente* »[58], c'est-à-dire des États qui ont des économies dont la croissance dépend des exportations de leurs matières premières, de leurs produits agricoles ou d'un petit nombre de biens manufacturés —mais peu valorisés—, les textiles, par exemple[59]. Dans ce dernier cas, Philippe HUGON parle de « *spécialisation appauvrissante* »[60] s'agissant des économies africaines. Soulignons également que les économies de rente sont « *tributaires de la fluctuation des prix de leurs matières premières sur les marchés mondiaux* »[61].

Les clivages de croissance, mais surtout de développement économique entre le Cameroun, le Gabon, le Tchad, la Guinée équatoriale, la République centrafricaine et la République du Congo peuvent compromettre les chances de réussite du processus d'intégration financière en Afrique centrale. Car toute politique d'intégration doit se soucier de l'égalité de traitement entre associés, au risque d'aboutir à des distorsions et contradictions pouvant bloquer l'ensemble du processus. C'est donc à bon droit que Salif YONABA soutient que « *les disparités des situations économiques des différents États posent un réel problème d'harmonisation* »[62]. Ainsi, la non-prise en compte, dans le débat de l'intégration financière, de la problématique des disparités économiques entre États de la sous-région d'Afrique centrale peut compromettre l'application du CHFP de la CEMAC et, par le même fait, la dynamique de la gestion financière par la performance qu'il entend impulser au sein des États membres.

2. La dépendance financière extérieure

Il est question de montrer ici que la dépendance des États membres de la CEMAC vis-à-vis de l'aide financière apportée par les bailleurs de fonds extérieurs[63] constitue un véritable obstacle à l'exercice d'une gestion budgétaire axée sur la performance.

---

[58] P. HUGON, *L'économie de l'Afrique*, Paris, La Découverte, 2009, p. 9. Selon l'auteur, la rente est l'obtention de revenus sans contribution à la production de biens et services supplémentaires.

[59] P. DE SENARCLENS, *op. cit.*, p. 115.

[60] P. HUGON, *op. cit.*, p. 51.

[61] P. DE SENARCLENS, *op. cit.*, p. 115.

[62] S. YONABA, *op. cit.*, p. 71.

[63] Les bailleurs de fonds sont des partenaires bilatéraux ou multilatéraux. Les partenaires bilatéraux regroupent essentiellement les grands pays industrialisés comme les États-Unis, la France, l'Allemagne, le Japon, le Royaume-Uni, l'Autriche, la Belgique, le Canada, le Danemark, les Pays-Bas, la Suisse, la Suède, etc. Parmi les partenaires multilatéraux, on retrouve principalement les institutions financières internationales, à savoir, le Fonds Monétaire International (FMI) et la Banque Mondiale, mais aussi les organismes internationaux et régionaux de coopération économique comme l'OCDE, l'Union européenne (UE), la Banque Africaine de Développement (BAD), l'Association Internationale pour le Développement (AID), le Fonds

Plusieurs dispositions du cadre harmonisé des finances publiques de la CEMAC font référence à l'assistance financière internationale. D'abord, l'article 5 de la Directive relative aux Lois de Finances (DLF) qui dispose que « *les bailleurs de fonds internationaux sont tenus d'informer le Ministre chargé des finances de tout financement apporté aux administrations publiques...lorsqu'ils sont accordés à l'État, les financements des bailleurs internationaux (...) sont intégrés en recettes et en dépenses à son budget général* ». On peut citer, ensuite, l'article 79 de la même directive qui porte sur « *les règles d'exécution, de comptabilité, de gestion de trésorerie et de contrôle des fonds des bailleurs, qu'il s'agisse d'organisations internationales ou d'États étrangers ainsi que [sur] le régime de responsabilité et de sanction des agents qui en ont la charge* ». Enfin, selon l'article 80 de cette directive, « *une loi de finances crée pour la gestion des fonds des bailleurs un compte d'affectation spéciale ou met en place un fonds de concours (...)* ». Au regard des dispositions susmentionnées, on s'aperçoit que l'assistance internationale est devenue une composante structurelle des finances publiques dans les pays pauvres[64]. En effet, les bailleurs de fonds ont une influence considérable sur les finances publiques des pays en développement, en l'occurrence, les finances publiques des États membres de la CEMAC. Cette influence se caractérise par la forte dépendance de ces États[65] vis-à-vis de l'aide financière apportée par les bailleurs de fonds dans le cadre de l'Aide Publique au Développement (APD)[66]. Ce type de dépendance pose, cependant, des problèmes sur le double plan financier et juridique.

International de Développement Agricole (FIDA) et certains organismes spécialisés de l'Organisation des Nations Unies (ONU) : PNUD, OMS, PAM, OIT, UNESCO…

[64] N. MÉDÉ, *Finances publiques : Espace UEMOA/UMOA, op. cit.*, p. 73.

[65] « *Les experts de l'UEMOA ont également relevé l'importance des appuis budgétaires extérieurs aux financements des lois de finances des États membres, mais aussi des dépenses de promotion économiques et sociales à l'échelle décentralisée* » (voir N. MÉDÉ, « Réflexion sur le cadre harmonisé des finances publiques dans l'espace UEMAO », *op. cit.*, p. 18).

[66] Selon le Comité d'Aide au Développement (CAD) de l'OCDE : « *On entend par aide publique au développement (APD) tous les apports de ressources qui sont fournis aux pays en développement ou aux institutions multilatérales pour être ensuite acheminés vers les pays en développement, et qui répondent aux critères suivants : émaner d'organismes publics, y compris les États et les collectivités locales, ou d'organismes agissant pour le compte d'organismes publics, sachant que cette transaction doit en outre avoir pour but essentiel de favoriser le développement économique et l'amélioration du niveau de vie des pays en développement, et être assortie de conditions favorables et comporter un élément de libéralité au moins égal à 25 % (sur la base d'un taux d'actualisation de 10 %).* » (Voir N. MÉDÉ, *Finances publiques : Espace UEMOA/UMOA*, *op. cit.*, p. 78). Avant, l'Aide Publique au Développement (APD) concernait le financement de projets d'investissement pour la mise en place d'infrastructures de base et les programmes d'industrialisation. Mais depuis 2005, le financement du développement a été élargi à deux grands défis des années à venir : le développement durable et la lutte contre les changements climatiques. (*Ibid.*, p. 73)

Sur le plan financier, deux points seront abordés. La question de la dette publique[67], d'une part, et celle relative à l'imprévisibilité de la mobilisation de l'aide financière, d'autre part.

Au niveau de la dette publique, la dépendance financière extérieure a pour effet de plonger les pays bénéficiaires de l'aide, notamment ceux de la sous-région d'Afrique centrale, dans une situation vicieuse d'endettement ; l'aide et l'endettement allant effectivement de pair[68] car cette aide financière leur est accordée sous forme de prêt à intérêts[69]. Cependant, cet endettement permanent[70], favorisé par la dépendance financière extérieure, menace la soutenabilité des finances publiques des États concernés puisqu'il leur fait courir un risque économique majeur, celui de limiter les marges de manœuvre financière des États. En effet, l'argent consacré à payer les intérêts de la dette — autrement dit, la charge des emprunts — ne peut être utilisé d'une manière susceptible de contribuer plus utilement à la croissance[71]. Par exemple, les centaines de milliards de francs CFA que les États d'Afrique centrale consacrent chaque année à payer les intérêts de leur dette pourraient être utilisées pour financer de nouvelles infrastructures publiques (routes, hôpitaux, universités...) ou pour augmenter les salaires des fonctionnaires dans le but de renforcer leur pouvoir d'achat[72].

Face à ce risque économique de l'endettement, les États de la sous-région d'Afrique centrale peuvent avoir du mal à faire une bonne application du cadre harmonisé des finances publiques de la CEMAC. Car, comme on le sait, la gestion budgétaire axée sur la performance que ce cadre harmonisé tend à mettre

[67] L'expression « dette publique » désigne en général la somme globale qu'un État doit, à un moment donné, à l'ensemble de ses créanciers — individus, entreprises privées, États étrangers, organisations internationales, etc. En pratique, elle est constituée, pour l'essentiel, de la valeur de l'ensemble des titres de dette émis par l'État et ses démembrements qu'il leur reste à rembourser. (Voir M. COLLET, *Finances publiques*, Paris, LGDJ, 2017, 2e éd., p. 201). Dans la zone euro, cette notion de dette publique reçoit une définition juridique très précise, depuis l'entrée en vigueur du Traité de Maastricht. Les praticiens parlent d'ailleurs de la « *dette publique au sens Maastricht* ». Selon ce texte, la dette est non seulement celle de l'État mais aussi, plus généralement, celle de l'ensemble des administrations publiques (APU), ce qui inclut les collectivités locales et les organismes de sécurité sociale.

[68] P. HUGON, *op. cit.*, p. 51.

[69] L'aide financière peut se faire sous forme de prêt (article 41 DLF de la CEMAC), mais pas toujours. Les financements des bailleurs de fonds sont aussi apportés sous forme de dons (article 37, alinéa 1er, DLF de la CEMAC).

[70] P. HUGON, *op. cit.*, p. 48.

[71] M. COLLET, *op. cit.*, p. 210.

[72] Cet exemple est inspiré de celui de M. COLLET, *op. cit.*, p. 210.

en œuvre n'est pas sans lien avec la soutenabilité financière[73], critère de la bonne gouvernance des finances publiques.

Par ailleurs, en considération des conséquences néfastes de l'endettement sur la gestion performancielle des finances publiques, la question relative à la maîtrise de la dette publique est devenue une préoccupation des institutions communautaires. En zone UEMOA, par exemple, le Pacte de Convergence, de Stabilité, de Croissance et de Solidarité du 19 janvier 2015, qui a vocation à imposer aux États membres une certaine discipline budgétaire, limite le taux d'endettement par un plafonnement du ratio de l'encours de la dette publique intérieure et extérieure à 70 % du PIB nominal et prohibe l'accumulation des arriérés de paiement intérieur et extérieur. Aussi, le ratio du déficit extérieur courant (hors dons) par rapport au PIB nominal ne devrait pas excéder 5 %. La stratégie d'endettement de ces États a également fait l'objet d'un encadrement spécifique avec le règlement n° 09/2007/CM/UEMOA du 4 juillet 2007 portant cadre de référence de la politique d'endettement public et de gestion de la dette publique dans les États membres de l'UEMOA. L'objectif recherché par ce texte est d'organiser et de renforcer le système de gestion de la dette au sein des États.

Au niveau de la mobilisation de l'aide financière, les États africains, en l'occurrence, les États d'Afrique centrale, sont non seulement dépendants de l'assistance financière extérieure, mais le pire, pour eux, c'est que cette assistance, alors qu'elle est devenue une composante structurelle des finances publiques dans les pays pauvres[74], ne leur est même pas garantie ou assurée. Ce qui, on le pense, nuit inévitablement à l'exercice d'une gestion financière axée sur la performance puisque ce nouveau mode de gouvernance financière, mis en place par le CHFP de la CEMAC, repose sur la certitude de ressources suffisantes de financement[75] des politiques publiques.

Le caractère hypothétique de la mobilisation de l'aide financière extérieure peut en effet constituer un véritable obstacle pour les pays en développement qui en dépendent et comptent sur cette aide pour financer efficacement leurs politiques publiques. Pour preuve, Nicaise MÉDÉ fournit un parfait exemple[76] relatif au cas d'un programme d'injection de vaccins à une population rurale où prévaut une de ces maladies épidémiques que la science sait prévenir désormais. Les doses de vaccin sont commandées et réceptionnées à bonne date, mais les réfrigérateurs de conservation ne sont pas au rendez-vous, car le financement extérieur destiné à l'achat dudit système de froid a achoppé sur des

---

[73] M. COLLET, *op. cit.*, p. 25.

[74] N. MÉDÉ, *Finances publiques : Espace UEMOA/UMOA, op. cit.*, p. 73.

[75] « *Le programme budgétaire [est] assis sur la certitude de ressources suffisantes de financement* » (voir N. MÉDÉ, « Réflexion sur le cadre harmonisé des finances publiques dans l'espace UEMOA », *op. cit.*, p. 19).

[76] *Ibid.*

considérations diverses. Les températures tropicales ambiantes ont tôt fait de dégrader les capsules de vaccin et les ont rendues inutilisables. Ainsi, pour les populations bénéficiaires, le résultat n'est pas atteint, et pour les finances publiques, c'est un investissement à perte. Cet exemple permet, sur le mode caricatural, de visiblement s'apercevoir que le caractère incertain de l'aide financière extérieure plonge les pays pauvres dépendants de cette aide dans une situation d'insécurité financière qui compromet la mise en œuvre d'une gestion performancielle des finances publiques et, par voie de conséquence, peut compliquer l'application du CHFP de la CEMAC dans les États membres. Deux raisons essentielles rendent la mobilisation des financements extérieurs incertaine.

La première renvoie aux conditionnalités qui entourent la contribution des bailleurs de fonds. Des conditionnalités qui sont à la fois techniques, politiques ou financières[77]. Ces conditionnalités, imposées de toutes pièces par les bailleurs de fonds[78], les unes tenant aux politiques à mettre en œuvre, les autres cependant aux performances et résultats obtenus[79], reposent très souvent sur des critères d'appréciation incertains[80] que les États en développement arrivent difficilement à satisfaire — de surcroît, ces conditionnalités ne tiennent pas compte de nos réalités sociologiques[81] — et qui, de ce fait, rendent imprévisible la mobilisation du financement extérieur. Cependant, cette imprévisibilité a pour effet, comme

---

[77] *Ibid.*

[78] S. B. BATONON, « Les systèmes financiers publics des États de l'UEMOA à l'épreuve de la nouvelle gouvernance financière publique », Thèse de doctorat en droit public, Université Paris 1 Panthéon Sorbonne, 2016, p. 278. Toutefois, il convient de souligner que dans le cadre de la réforme de la conditionnalité de l'aide engagée par l'OCDE et l'UE à partir des années 1997, les rapports entre les bailleurs de fonds et les pays bénéficiaires s'organisent désormais autour de cinq (5) principes structurant ce que P. JACQUEMOT appelle la « *pyramide de l'efficacité* » de l'aide (voir P. JACQUEMOT, « Harmonisation et appropriation de l'aide. Commentaires autour de l'expérience du Ghana », *Afrique contemporaine*, n° 223-224, 2007/3-4, p. 164). Ces principes sont : l'appropriation, l'alignement, l'harmonisation, la gestion axée sur les résultats et la responsabilité mutuelle quant aux résultats obtenus en matière de développement. Ils traduisent la volonté de responsabiliser les autorités nationales dans la conduite de leurs politiques nationales, notamment budgétaires. L'appropriation signifie que « l*es pays partenaires exercent une réelle maîtrise sur leurs politiques et stratégies de développement et assurent la coordination de l'action à l'appui du développement* ». Elle suppose donc une limitation de l'influence des partenaires extérieurs dans la sphère de décision budgétaire et d'allocations des crédits. Le principe d'alignement oblige les donateurs à respecter les stratégies nationales de développement, les institutions et procédures des pays partenaires dans l'octroi et la gestion des flux d'aide.

[79] Il arrive, en effet, que les bailleurs de fonds subordonnent le décaissement d'une partie de l'aide à l'atteinte de certains résultats.

[80] S. B. BATONON, *op. cit.*, p. 273.

[81] Selon S. B. BATONON, si les conditionnalités qui ont été et qui sont données par les bailleurs de fonds ont permis aux pays occidentaux de s'approprier le mode de gestion budgétaire par la performance, c'est tout aussi parce qu'elles prenaient en compte leurs besoins et leurs réalités sociologiques (voir *op. cit.*, p. 278).

le démontre l'exemple susmentionné de Nicaise MÉDÉ, de mettre les budgets des États concernés dans une insécurité financière[82] puisqu'ils ne peuvent prévoir exactement le montant des ressources extérieures dont ils disposeront pour financer efficacement leurs politiques publiques. C'est donc à juste titre que G. NOUPOYO affirme que « *la volatilité des flux d'aide compromet fortement l'aptitude des pays africains à planifier leurs dépenses et donc à engager les compléments d'investissement indispensables pour satisfaire aux objectifs de développement de long terme* »[83]. Un tel constat permet effectivement de comprendre que pour les pays en situation de dépendance financière, la prévisibilité de l'exhaustivité des ressources extérieures semble indispensable à une gestion budgétaire efficace et à l'atteinte de résultats[84].

La seconde raison qui justifie, tout en accentuant, le caractère hypothétique des flux de financements extérieurs est le problème de la crise financière mondiale. En effet, dans un contexte planétaire de raréfaction de ressources financières disponibles pour alimenter les politiques budgétaires[85], il est peu probable que les donateurs, en l'occurrence, les pays bailleurs, tiennent leurs promesses d'aide, surtout lorsqu'ils font eux-mêmes face à des crises de dettes souveraines. C'est donc à bon droit que Louis-Jacques VAILLANT soutient que « *la crise des finances publiques et des dettes souveraines dans les pays bailleurs se répercute indirectement sur le respect des promesses d'aide au développement* »[86].

En somme, la nature imprévisible de l'aide financière extérieure ne favorise pas une gestion efficace des finances publiques, pour au moins la simple et bonne raison que les États en développement dépendent de cette aide. En effet, ils ont un grand besoin de capitaux étrangers pour financer leur industrialisation, pour soutenir leur politique publique et pour supporter leur déficit commercial[87]. Sans cette aide, une partie du financement de ces politiques publiques de développement serait hypothéquée. Aussi, la gestion ne peut être efficace, parce qu'une aide hypothétique, aléatoire, incertaine, imprévisible… fait courir un

---

[82] L'imprévisibilité de l'assistance financière extérieure, qui est liée au fait que l'on « *subordonne le décaissement (d'une partie) de l'aide à l'atteinte de certains résultats, par nature aléatoires, ou à des conditionnalités de moyens dont les critères d'appréciation demeurent incertains* », place les budgets des pays considérés dans une situation d'insécurité financière (*ibid.*, p. 273).

[83] G. NOUPOYO, « Les nouvelles conditions de la politique budgétaire de sous-zones : étude des nouveaux instruments de rationalisation budgétaire, le poids des conditionnalités externes », *RFFP*, n° 98, juin 2007, p. 98.

[84] S. B. BATONON, *op. cit.*, p. 273.

[85] J.-P. DUPRAT, *op. cit.*, p. 9.

[86] L.-J. VAILLANT, « Crises, finances publiques et aide au développement », *RFFP*, n° 108, octobre 2009, pp. 61-68.

[87] P. DE SENARCLENS, *op. cit.*, p. 115.

risque « *d'instabilité financière* »[88] aux pays africains, notamment ceux de la zone d'Afrique centrale. Au regard de ces deux principales raisons, on peut clairement se rendre compte que l'imprévisibilité des flux d'aide financière extérieure constitue, sur le plan financier, un des obstacles à l'implémentation d'une gestion budgétaire axée sur la performance dans les pays concernés, et de fait, peut compromettre l'application et le respect du CHFP de la CEMAC. Mais la dépendance financière engendre également des obstacles sur le plan juridique.

Sur le plan juridique, la question de la dépendance financière des pays en développement permet de soulever le problème du chevauchement des accords avec les différents bailleurs de fonds. Chevauchement qui peut, on le pense, nuire à l'harmonisation financière amorcée en Afrique centrale à travers l'adoption par la CEMAC d'un cadre harmonisé des finances publiques.

Parallèlement aux initiatives d'intégration financière sous-régionale déjà complexes, il faut reconnaître que les pays d'Afrique en général, et ceux d'Afrique centrale en particulier, se sont engagés individuellement ou collectivement[89], depuis les indépendances des années 1960, dans des accords de coopération avec de multiples bailleurs de fonds bilatéraux[90] et multilatéraux[91] dans le cadre de l'Aide Publique au Développement (APD). À ces Accords d'assistance financière, sans doute discordants[92], au regard de la prolifération des donateurs si l'on s'en tient au propos de Philippe HUGON qui affirme que les Accords « *d'aide posent des problèmes de cohérence et de coordination entre bailleurs* »[93], s'ajoute le fait que les pays africains, en l'occurrence, ceux

---

[88] S. B. BATONON, *op. cit.*, p. 273.

[89] Dans le cadre des communautés économiques régionales (CER). L'Afrique compte quatorze (14) communautés économiques régionales (CER), mais huit (8) seulement ont été officiellement reconnues par l'Union Africaine (UA). Il s'agit de la Communauté Économique des États de l'Afrique de l'Ouest (CEDEAO), la Communauté de Développement de l'Afrique du Sud-est (SADC), la Communauté Économique des États de l'Afrique Centrale (CEEAC), l'Union du Maghreb Arabe (UMA), la Communauté de l'Afrique de l'Est (CAE), le Marché Commun de l'Afrique du Sud-Est (COMESA), la Communauté Économique des États Sahélo-Sahariens (CENSAD), et l'Autorité Intergouvernementale pour le Développement (IGAD).

[90] Il s'agit essentiellement de pays fortement industrialisés comme les États-Unis, la France, le Royaume-Uni, le Japon, l'Autriche, la Belgique, le Canada, le Danemark, les Pays-Bas, la Suisse, la Suède, etc., et depuis quelques années, de grands pays en développement comme la Chine, l'Inde et le Brésil.

[91] FMI, BM, OCDE, UE, BAD, AID, FIDA, PNUD, OMS, OMC, PAM, OIT, UNESCO…

[92] Les positions et les pratiques des bailleurs de fonds sont discordantes. Pour preuve, « *des désaccords ont existé entre les Institutions de Bretton Woods (IBW) et l'UE sur la mise en œuvre des formes de conditionnalités (...) De plus, les IBW et l'UE n'accordent pas le même statut au Cadre Stratégique de Lutte contre la Pauvreté (CSLP). En effet, l'UE s'est montrée favorable au suivi des résultats par rapport aux politiques définies dans le CSLP et le FMI au respect des conditionnalités d'instruments non contenus dans ces documents* » (Voir S. B. BATONON, *op. cit.*, pp. 274 et 275).

[93] *Idem*, p. 51.

d'Afrique centrale, font également partie d'un vaste champ de négociations et de contractualisation d'arrangements commerciaux bilatéraux, régionaux et multilatéraux[94]. Plusieurs raisons peuvent justifier l'engagement des pays africains dans les accords commerciaux. Certaines raisons sont relatives à des initiatives autonomes et objectives qui se fondent sur la conviction de pouvoir tirer profit des avantages commerciaux[95] tout en renforçant l'intégration sous-régionale. Or, poursuivre ces deux objectifs de façon simultanée ne permet pas toujours de correctement réaliser les projets d'intégration régionale. D'autres raisons, en revanche, sont plus subjectives en ce sens qu'elles relèvent non pas d'une stratégie de développement initiée et assumée par les pays africains, en tenant compte de leurs atouts, niveau de développement, forces et faiblesses dans le système de la gouvernance économique global, mais plutôt de « recommandations » ou de « conditionnalités » proposées ou imposées par des partenaires extérieurs[96].

Ces multiples accords conclus à des niveaux différents (multilatéral, régional, bilatéral) et pour des raisons différentes (aide financière ou commerce), et qui se chevauchent, posent aux États africains de nombreux problèmes difficiles à surmonter. Ces problèmes comprennent les questions liées à leur capacité à élaborer et conduire durablement des politiques publiques de développement, au respect des obligations que ces arrangements hétérogènes imposent aux États, à la cohérence, à la complémentarité et à la compatibilité entre les objectifs, les modalités, ainsi que les stratégies de développement inscrites dans ces arrangements, d'une part, et les objectifs et stratégies de développement nationaux et régionaux, d'autre part.

Dans ce dernier cas, nous pensons que la prolifération des traités ou conventions allant dans le sens d'un arrangement commercial ou d'un arrangement en matière d'aide financière, qu'ils soient multilatéraux, régionaux ou bilatéraux, peut limiter la dynamique d'intégration des États africains, et même porter atteinte à leur droit de choisir des voies autonomes de développement. Ce point de vue est d'autant plus valable que Cheikh Tidiane DIEYE fait constater que « *les expériences en cours sur le continent africain*

---

[94] C. T. DIEYE, « L'Afrique et le chevauchement des accords régionaux », *Revue Interventions économiques* [en ligne], 55/2016, mis en ligne le 29 juin 2016, consulté le 18 août 2021, pp. 1 et 7. URL : http://journals. Openedition. Org/interventionseconomiques/2815 ; DOI : 10.4000/interventionseconomiques. 2815. Selon l'auteur, 43 des 54 pays africains sont membres de l'OMC et ils sont presque tous engagés, simultanément, dans une panoplie de négociations multilatérales, bilatérales et régionales destinées à les ouvrir davantage au marché mondial.

[95] Il y a une conviction désormais largement répandue en Afrique, celle que « *le commerce peut, sous certaines conditions, jouer un rôle positif dans la création de richesses et la lutte contre la pauvreté [puisque] l'existence d'une relation entre l'élimination des restrictions au commerce et l'augmentation du progrès économique et social est désormais admise* » (*ibid.*, p. 2).

[96] *Ibid.*, p. 3.

montrent que la multiplication des Accords régionaux ne facilite pas toujours la poursuite, dans la cohérence, de l'agenda de l'intégration régionale et continentale »[97]. Tenant compte d'un tel propos, on peut déduire sans risque de se tromper que l'écartèlement des pays d'Afrique centrale entre plusieurs processus et espaces d'engagements peut compromettre l'application du CHFP de la CEMAC au sein des États membres.

Par ailleurs, il convient de souligner qu'au niveau des bailleurs de fonds, des progrès sont faits dans le sens d'un effort de mise en cohérence des multiples accords d'intervention des bailleurs de fonds, nonobstant quelques discordes qui subsistent entre ces derniers[98]. En effet, plusieurs sommets internationaux ont déjà manifesté un intérêt en faveur de l'idée d'une coordination des pratiques des bailleurs en vue d'une plus grande efficacité de l'aide financière. Les étapes de cet engagement international furent la conférence de Monterrey au Mexique (2002), la Déclaration de Rome en Italie (2003), la Table ronde de Marrakech au Maroc (2004), la conférence de Doha au Qatar (2008). Mais c'est surtout avec la Déclaration de Paris et le programme d'action d'Accra du 04 septembre 2008[99] que l'engagement multilatéral des bailleurs de fonds a été véritablement formalisé.

CONCLUSION

Les finances publiques des États de l'Afrique centrale sont entrées dans le XXIe siècle sous le signe de la réforme. Dès 2011, en effet, « *une réorganisation des systèmes financiers publics* »[100] a été entreprise avec l'adoption par la CEMAC de six (6) directives communautaires formant son Cadre Harmonisé des Finances Publiques (CHFP). La réforme est d'importance, car avec la mise en place de ce cadre harmonisé, il s'agit de proposer aux États d'Afrique centrale une forme nouvelle de gouvernance financière. On parle à cet effet de la gestion des finances publiques par la performance.

---

[97] *Ibidem*, p. 4.

[98] Il s'agit de l'UE et des IBW qui ne s'accordent pas sur le statut à accorder aux CSLP. Pourtant, ces CSLP se veulent des documents fédérateurs des interventions de partenaires extérieurs autour des politiques et actions qui y sont décrites par les responsables nationaux. (Voir S. B. BATONON, *op. cit.*, p. 275.)

[99] Ces deux (2) documents sont disponibles sur le site de l'OCDE : chttp://www.ocde.org/document/55/0,3343,5,fr_2649_3236398_37192119_1_1_1_1, 00.html (site consulté le 03 décembre 2013). À ce jour, plus de 130 pays développés et sous-développés, près de 30 organisations internationales et sous-régionales et 15 organisations non gouvernementales (ONG) ont souscrit à cette déclaration.

[100] M. BOUVIER et *al.*, *op. cit.*, p. 48.

Seulement, si le CHFP de la CEMAC poursuit un objectif encourageant — celui de rechercher l'efficacité de la gestion financière—, il reste que son application au sein des États membres peut rencontrer des difficultés au regard de certaines contraintes que nous avons relevées et que nous avons qualifiées d'« exogènes ». Il est donc important que la CEMAC et les pays concernés par la réforme financière prennent en compte ces contraintes et les surmontent pour une bonne implémentation du CHFP en Afrique centrale.

GOUVERNANCE FINANCIÈRE PUBLIQUE ET CONTRÔLE DE L'EXÉCUTION DU BUDGET EN RÉPUBLIQUE DÉMOCRATIQUE DU CONGO : UNE QUÊTE DE LA PERFORMANCE AU CŒUR DE LA POLITIQUE BUDGÉTAIRE !

Trésor-Gauthier KALONJI

Docteur en Droit fiscal (Université de Neuchâtel)
Enseignant-Chercheur (Université Pédagogique Nationale et École Nationale des Finances)

et

Thierry KOLA

Doctorant en Droit fiscal (Université de Liège)
Enseignant-Chercheur (Institut Supérieur de Commerce de Kinshasa)

INTRODUCTION

L'État et les collectivités publiques sont des structures organisées qui nécessitent souvent d'importants moyens financiers afférents à leur existence en matière de fonctionnement et d'investissement, dont la couverture est fonction de moyens financiers disponibles, tirés singulièrement des impôts et autres prélèvements obligatoires, des emprunts, des subventions, des dons, etc. Ce sont, d'une part, ces recettes ou ressources publiques et, d'autre part, ces dépenses ou charges publiques (fonctionnement et investissement), prévues et autorisées généralement pour une période annuelle[1], qui constituent les deux masses

---

[1] Avec la pratique de la programmation pluriannuelle budgétaire (ou la budgétisation pluriannuelle), des orientations sont faites dans un horizon de plusieurs années (généralement

chiffrées d'un « *budget* »[2] public. En d'autres termes, notamment ceux empruntés à LEROY-BEAULIEU[3], le budget public est un état de prévoyance des recettes et des dépenses pendant une période déterminée, un tableau évaluatif des recettes à réaliser et des dépenses à effectuer. C'est donc le reflet chiffré des politiques publiques que le Gouvernement se propose de matérialiser dans un cadre annuel et, dans une certaine occurrence, pluriannuel.

De nos jours, certes les finances publiques ont « *une vocation holistique* »[4], mais elles se présentent particulièrement comme « *un instrument privilégié d'analyse et de création des sociétés politiquement organisées ; non seulement elles permettent d'en lire les mécanismes mais elles donnent naissance aussi à des conceptions et pratiques nouvelles* »[5]. C'est dans cette optique qu'il se constate progressivement — dans plusieurs juridictions du globe — une nouvelle conception managériale de gestion des finances publiques, qui consiste en la transposition à l'État du modèle de gouvernance d'entreprise privée, que d'aucuns qualifient de « *nouvelle gouvernance financière publique* »[6], inspiré du *new public management*[7] (« nouveau management public »).

---

triennal) pour mieux encadrer la programmation des politiques publiques, étant donné que la mise en place de ces dernières est souvent d'un horizon temporel qui va au-delà d'un an. Pour plus de détails, lire T.-G. KALONJI, *Droit budgétaire congolais. Pluriannualité budgétaire et budgétisation programmatique à l'aune de la réforme des finances publiques*, Saarbrücken, Éditions Universitaires Européennes, 2015, p. 152.

[2] Le terme « budget » serait issu du vieux français « bouge » ou « bougette » qui désignait un petit sac de cuir dans lequel on mettait l'argent. Il a été repris par les Anglais et représentait alors la valise dans laquelle le ministre des Finances anglais (le Chancelier de l'Échiquier) apportait aux parlementaires les documents comprenant les dépenses et les recettes de l'État. Ce n'est qu'en 1802 qu'il a été consacré juridiquement en France : les termes « *aperçus* » ou « *états de prévisions* » étaient les seuls usités sous l'Ancien Régime. D'où l'expression « ouvrir le budget » lors de la présentation budgétaire aux communes. Pour plus de détails, lire à ce sujet les développements faits notamment par J. MEKHANTAR, *Finances publiques de l'État. La LOLF et le nouveau droit budgétaire de la France*, Paris, Hachette-Supérieur, coll. « Les Fondamentaux », 2010, p. 5.

[3] P. LEROY-BEAULIEU, cité par J.-L. ALBERT, *Finances publiques*, Paris, Dalloz, 2022, p. 39.

[4] N. MÉDÉ, *Finances publiques - Espace UEMOA/UMOA*, Dakar, L'Harmattan Sénégal, 2016, p. 31.

[5] M. BOUVIER, M.-C. ESCLASSAN et J.-P. LASSALE, *Finances publiques*, Paris, LGDJ-Lextenso, 2015, p. 15.

[6] Certains juristes n'ont pas hésité à dénommer ainsi leurs ouvrages, comme c'est le cas de A. BARILARI et M. BOUVIER, *Nouvelle gouvernance financière publique de l'État*, Paris, LGDJ, 2004. Cet ouvrage explique les composantes et la mise en œuvre de la réforme opérée par la loi organique du 1er août 2001 relative aux lois de finances (LOLF) et qui change en profondeur la gouvernance financière de l'État.

[7] Cette expression est singulièrement usitée par J. MEKHANTAR, *op. cit.*, p. 5. Cet auteur écrit notamment ce qui suit : « *Une nouvelle gestion publique inspirée par les doctrines dites du "new public management", très en vogue dans le monde des Entreprises, a progressivement irrigué la*

C'est en fait —comme indiqué par BOUVIER et *al.*[8]— « *une nouvelle évolution de la culture financière publique vers un rapprochement avec la culture financière de l'entreprise qui se produit aujourd'hui au sein des administrations de l'État* », dans l'optique singulière de garantir une gestion axée sur le résultat, différente de l'ancienne gestion axée sur les moyens, qui elle, se préoccupait moins de la performance de l'action publique, et donc de la qualité du rendement des gestionnaires publics[9].

En effet, la « *gouvernance d'entreprise* »[10] est l'ensemble des processus, règles, normes, valeurs et institutions grâce auxquels l'entreprise gère les actifs et les flux financiers, selon un modèle formel plus ou moins structuré, dont la « *performance* »[11] repose sur l'organisation efficace de la gestion courante et un contrôle périodique ou sporadique, dans le but de garantir la transparence, la qualité, la crédibilité et l'intégrité de l'information financière transmise par la société notamment à ses actionnaires, aux marchés et aux agences de notation (régulateurs). Abondant dans le même sens, P. VERNIMMEN note que « *la gouvernance d'entreprise représente l'organisation du contrôle et de la gestion*

---

sphère publique pour imposer, y compris là où il n'était pas question de profits privés mais d'intérêt général, une plus grande efficacité de l'action administrative (...) »

[8] On peut noter, entre autres, que la nouvelle gouvernance financière publique vise une responsabilisation et une autonomisation des gestionnaires à tous les niveaux du secteur public, notamment par une possibilité de fongibilité des crédits mis à leur disposition. Cependant, un contrôle interne de cette gestion s'est accru, en se substituant au contrôle externe. Voir M. BOUVIER, M.-C. ESCLASSAN et J.-P. LASSALE, *op. cit.*, p. 433.

[9] Lire à ce sujet J.-P. DUPRAT, « La dynamique des réformes budgétaires : globalisation des problèmes, unification des outils et adaptation nouvelle des solutions », *RFFP*, n° 98, juin 2007, pp. 9-24.

[10] Le concept même de « gouvernance », « gouvernement », ou « gouverne » d'entreprise est une traduction de l'anglais *Corporate Governance*, dont l'objet est la direction et le contrôle de l'entreprise. Cette *Corporate Governance* porte sur les moyens par lesquels les fournisseurs de capitaux de l'entreprise peuvent s'assurer la rentabilité de leur investissement. C'est l'ensemble des mécanismes organisationnels qui ont pour effet de délimiter les pouvoirs et d'influencer les décisions des dirigeants. C'est aussi l'ensemble des règles de fonctionnement et de contrôle qui régissent, dans un cadre historique et géographique donné, la vie des entreprises… Somme toute, dans la gouvernance d'entreprise, c'est le contrôle de gestion qui est au cœur du management : toutes ses problématiques, techniques et humaines, le touchent. Dans ce sens, lire : A. LE FLANCHEC (dir.), *Responsabilité de l'entreprise et gouvernance mondiale*, Paris, Economica, coll. « Gestion », 2012, p. 146 ; Y. BRISSY et *al.*, *Gouvernance et communication financière*, Paris, Eyrolles, 2008, pp. 91-112 ; F. ROTH, *La gouvernance des Entreprises*, Paris, Hermès-Lavoisier, coll. « Finance et Économie », 2012, pp. 14 et s.

[11] La performance d'une entreprise se traduit, d'une part, par l'efficacité (qui correspond au niveau de réalisation des objectifs de l'entreprise. Elle est évaluée en comparant le résultat obtenu avec l'objectif visé indépendamment des ressources utilisées ou des coûts engagés). Elle se traduit d'autre part par l'efficience (c'est-à-dire la comparaison du résultat atteint avec les moyens utilisés pour l'obtenir). Voir S. JOSIEN et *al.*, *L'essentiel du management des Entreprises*, Paris, Gualino-Lextenso, coll. « Les carrés », 2013, pp. 23-24.

de l'entreprise. [...]. Elle est l'ensemble des mécanismes qui encadrent le processus de création et de répartition de la valeur. Ils concernent quatre domaines principaux : le droit des actionnaires, la transparence de l'information, les organes de gestion et de contrôle et l'encadrement des rémunérations »[12].

Dorénavant, pour plus de performance et de résultat dans le secteur public, la gouvernance financière publique s'aligne sur le modèle de gestion privée[13] et elle est à cet effet l'expression de la « bonne gouvernance publique », qui est une exigence de gestion moderne des affaires publiques conformément aux principes juridiques et aux valeurs morales universellement consacrées[14]. Ainsi, la nouvelle gouvernance financière publique renvoie à l'organisation et à la distribution des pouvoirs publics sous une inspiration des standards de gestion privée, impliquant aussi bien les décideurs politiques (acteurs politiques) que les gestionnaires (acteurs administratifs)[15].

En droit congolais, la nouvelle gouvernance financière publique est formalisée par la loi n° 11/011 du 13 juillet 2011 relative aux finances publiques (LOFIP)[16], qui a abrogé la loi financière n° 83-003 du 23 février 1983[17]. Cette loi est précisée, dans ses modalités d'application, par le décret n° 13/050 du 06 novembre 2013 portant Règlement Général sur la Comptabilité Publique

---

[12] Voy. P. VERNIMMEN, *Finance d'entreprise*, Paris, Dalloz, 2016, pp. 946-947.

[13] Néanmoins, selon les propos de Bernard ABATE, ancien Haut Fonctionnaire français au ministère des Finances : « *La croyance dans les bienfaits qu'apporterait l'introduction dans les administrations de l'État des méthodes de gestion financière des entreprises est un mirage persistant auquel il faut opposer un constat simple : L'efficacité qu'il s'agit de piloter ici n'est pas une efficacité financière, mais une efficacité dans la production de services collectifs dont on attend un bénéfice pour la société.* » Voir B. ABATE, *La nouvelle gestion publique. Ce que nous avons appris*, Paris, LGDJ-Lextenso, coll. « Systèmes », 2000, p. 1.

[14] Historiquement, le concept de gouvernance dans le secteur public émerge au début des années 1990 dans la constellation des idées en faveur d'une société fondée sur le droit, la responsabilité, la transparence, l'échange, le respect, et l'épanouissement des diversités. Il désigne ainsi « *le processus par lequel les décisions sont prises et mises en œuvre dans la société. Au sein des administrations publiques, la gouvernance est le processus par lequel les pouvoirs publics gèrent les affaires et les ressources publiques. On entend par bonne gouvernance, une gestion des affaires publiques essentiellement exempte de pratiques abusives et de corruption et qui respecte la primauté du droit. Les finances publiques étant l'instrument le plus important dont disposent les gouvernements pour la réalisation de leurs objectifs de politique publique, la bonne gouvernance des finances publiques est alors indispensable pour le succès de ces actions publiques.* » Voy. M. MOINDZE, « Les standards internationaux de la bonne gouvernance des finances publiques », publié [en ligne] en mars 2010 : <https://capacity4dev.ec.europa.eu>, consulté le 20 décembre 2022.

[15] Voir à ce sujet la littérature détaillée fournie par J. MEKHANTAR, *op. cit.*, pp. 22-23.

[16] La LOFIP a été publiée au *Journal Officiel* de la R. D. Congo du 25 juillet 2011, numéro spécial, 52e année.

[17] Telle que modifiée et complétée par l'ordonnance-loi n° 87-004 du 10 janvier 1987.

(RGCP), le décret n° 13/051 du 08 novembre 2013 portant Plan Comptable de l'État (PCE), et le décret n° 22/37 du 29 octobre 2022 portant gouvernance budgétaire.

La LOFIP est le principal catalyseur de la réforme holistique des finances publiques congolaises. Elle vise à faire passer la gestion publique de la logique des moyens à la pratique orientée vers une obligation de résultat, de telle sorte que chaque somme dépensée soit efficace en termes d'atteinte d'objectifs assignés. Ainsi, la performance — c'est-à-dire la capacité des services publics à atteindre des objectifs de politiques publiques préalablement définis[18] — a été placée au cœur des dispositifs de préparation et d'exécution des lois de finances ainsi que des édits et décisions budgétaires[19]. Dans la même optique, la quête de la transparence et du devoir de reddition des comptes dans l'action de l'exécutif en vue d'une gestion publique saine fonde la consécration de différents modes de contrôle des finances publiques.

La présente contribution aux mélanges en l'honneur du « patriarche » Nicaise MÉDÉ[20] a pour objectif de passer en revue les dispositifs de contrôle des finances

---

[18] La budgétisation par les résultats serait l'équivalent francophone de l'expression anglophone *performance budgeting* qui suppose le pouvoir de déterminer le coût marginal de l'amélioration des résultats, mesurés par un indicateur donné. Voir H. GUILLAUME et *al.*, *Gestion publique, l'État et la performance*, Paris, Sciences Po et Dalloz, coll. « Amphi », 2002, pp. 113 et s.

[19] Dans cette optique, la règle de fongibilité des crédits responsabilise davantage les acteurs publics, dans la mesure où il permet par exemple à un gestionnaire d'utiliser des crédits pour des dépenses non initialement prévues à l'intérieur d'un programme, mais sans qu'il lui soit possible d'accroître les crédits de personnel en utilisant des crédits prévus pour d'autres natures de dépenses (fongibilité asymétrique). Le renforcement de la transparence budgétaire et de la portée de l'autorisation parlementaire est marqué notamment par l'obligation faite au Gouvernement de présenter au Parlement, lors du dépôt du projet de loi de finances, des rapports sur l'exécution budgétaire antérieure et celle en cours, dont la loi portant reddition des comptes, qui a pour finalité d'arrêter le compte général du pouvoir central et de régler définitivement l'exercice budgétaire précédent. Aussi, la LOFIP institutionnalise le débat parlementaire sur le contenu du projet de loi de finances et fait obligation au Gouvernement de requérir l'autorisation parlementaire sur d'éventuels aménagements des politiques publiques ayant une incidence budgétaire, notamment par l'adoption des collectifs budgétaires. Ce renforcement de l'autorité budgétaire du Parlement vise plus de transparence et le devoir de rendre compte dans l'action du Gouvernement.

[20] Sur le plan scientifique, la première rencontre formelle de Trésor-Gauthier KALONJI avec ce « patriarche » (terme usité pour marquer l'honneur sublime que nous devons au Pr. MÉDÉ !) remonte au colloque de Cotonou (14 et 15 octobre 2021) sur « les impôts locaux et le développement local », où le dernier avait invité celui-là, par l'entremise du Professeur Thierry OBRIST de l'Université de Neuchâtel, à parler de « la décentralisation financière en République Démocratique du Congo : fondement juridique, fiscalité locale et péréquation financière ». La deuxième occasion était la demande formulée par Trésor-Gauthier de voir le Pr. MÉDÉ rédiger une contribution, sous forme d'un rapport national béninois et d'une postface, dans l'ouvrage collectif codirigé par le Pr. OBRIST précité et Trésor-Gauthier, intitulé *Le droit fiscal en Afrique francophone subsaharienne*, publié en février 2022 aux éditions Bruylant. À ces deux occasions, Monsieur le Professeur MÉDÉ a fait preuve d'une disponibilité légendaire !

publiques, en tant que pierre angulaire de la nouvelle gouvernance financière publique, dans le cadre de l'exécution des budgets publics en République Démocratique du Congo. Le curseur est placé uniquement sur la loi de finances, soit le budget du pouvoir central[21]. À cet effet, le législateur congolais a prévu un certain nombre de mécanismes de contrôles préalables et postérieurs à l'exécution de la loi de finances **(I)** qui ont pour objectifs de prévenir, réprimer et dénoncer les actes de mauvaise gestion publique, en particulier dans le domaine de la gestion budgétaire. Ces contrôles sont, par conséquent, assortis de sanctions qui pèsent sur les principaux acteurs impliqués dans la gestion des deniers publics **(II)**.

I. Panorama de différents contrôles de l'exécution de la loi de finances

Au sens large, le contrôle est le rapprochement d'une situation, d'un fait constaté, par rapport à ce qu'aurait dû être ce fait ou à cette situation si la norme régissant ce fait ou cette situation avait été correctement appliquée. Il ne peut pas y avoir contrôle s'il n'y a pas eu énonciation de quelque chose comme « devant être ». Il faut donc toujours un schéma normatif préalable, sinon l'évaluation serait très délicate à mettre en place.

En matière d'exécution de la loi de finances, le législateur congolais a prévu trois types de contrôles sur les opérations budgétaires, à savoir les contrôles administratifs que l'on peut qualifier d'internes à l'exécution de la loi de finances **(A)** et les contrôles juridictionnel et politique considérés comme externes à l'exécution de la loi de finances **(B)**.

A. Contrôles administratifs de l'exécution de la loi de finances

Sous d'autres cieux, comme en France, le contrôle administratif est, par définition, la surveillance approfondie du budget de la part de différents services

---

[21] Il y a lieu de préciser que, conformément à la Constitution de la RDC du 18 février 2006 telle que modifiée et complétée en 2011, il existe trois échelons de la subdivision administrative du pays : (i) État ou pouvoir central ; (ii) province ; et (iii) entité territoriale décentralisée. En matière budgétaire, les deux dernières subdivisions disposent respectivement des édits budgétaires et des décisions budgétaires.

et corps administratifs de contrôle dont la caractéristique première est de relever, tous, des ministères ayant en charge les Finances et le Budget[22].

En droit congolais, aux termes de l'article 111 de la LOFIP précitée, le contrôle administratif est considéré comme le contrôle de l'Administration sur ses services. Il est dévolu aux contrôleurs budgétaires, ordonnateurs, comptables publics et inspecteurs des Finances.

De ce qui précède, il serait de bonne méthodologie de distinguer, d'une part, les contrôles préalables à l'exécution de la loi de finances opérés par les contrôleurs budgétaires, les ordonnateurs et les comptables publics **(1)** et, d'autre part, le contrôle d'inspection de l'exécution de la loi de finances opéré par les inspecteurs des Finances **(2)**.

1. Contrôles administratifs préalables

Ces contrôles sont qualifiés de « préalables » dans la mesure où ils visent avant tout l'opportunité ou la régularité (selon la qualité de l'agent public qui effectue le contrôle) des opérations des recettes et des dépenses publiques, préalablement même à toute mise en œuvre ou à toute poursuite de cette mise en œuvre. Ils garantissent ainsi à l'Administration une gestion rigoureuse et conforme aux textes des opérations financières publiques :

- ***Contrôle exercé par le contrôleur budgétaire***[23]

Le contrôle initial des opérations budgétaires de dépenses de l'État est assuré par le contrôleur budgétaire. Ce dernier est un agent de carrière des services publics de l'État revêtu actuellement du grade de Chef de Division au moins, relevant du ministère ayant le Budget dans ses attributions, et affecté auprès de chaque ordonnateur. Ainsi, tous les actes d'engagement, de liquidation et d'ordonnancement sont soumis à son visa préalable, notamment les contrats, arrêtés, mesures ou décisions émanant d'un responsable d'institution, d'un ministre ou d'un fonctionnaire habilité de l'Administration.

Le contrôleur budgétaire est en droit d'obtenir communication de toutes les pièces propres à justifier les engagements et les liquidations de dépenses et à éclairer sa décision. Si les actes à poser ou déjà posés par l'ordonnateur lui paraissent entachés d'irrégularités à la lumière des dispositions légales et réglementaires, celui-là peut refuser de délivrer son visa. Logiquement, il ne devrait pas être sanctionné par l'ordonnateur auprès de qui il est affecté, quand bien même en pratique ce soit souvent le contraire : les contrôleurs budgétaires

---

[22] M. BOUVIER et *al.*, *op. cit.*, p. 482.

[23] Voir les articles 112 à 115 de la LOFIP ainsi que les articles 131 à 134 du RGCP et 136 à 139 du décret sur la gouvernance budgétaire.

sont souvent considérés par les ordonnateurs comme des hommes de main, censés exécuter parfois à l'aveuglette les actes d'engagement, au risque de se voir abhorrés, voire défenestrés de l'institution d'affectation. Néanmoins, en cas de désaccord persistant avec l'ordonnateur auquel il est rattaché, le contrôleur budgétaire est tenu d'en référer au ministre ayant le Budget dans ses attributions. Il ne peut être passé outre au refus de visa que sur autorisation motivée écrite dudit ministre ou de son représentant.

Dans la nouvelle gouvernance financière publique en RDC, ce contrôle est désormais allégé et ne cherche plus à vérifier de façon exhaustive les actes d'engagement. Ses nouvelles missions relèvent pour l'essentiel de la prévention et de la maîtrise des risques financiers, dans le cadre d'un contrôle hiérarchisé et partenarial.

Sous d'autres cieux, en France par exemple, ce maillon de la chaîne de contrôle, également agent public, est dénommé « contrôleur budgétaire et comptable ministériel » (CBCM)[24]. Il contrôle tous les actes relatifs à la phase administrative de la chaîne de la dépense et ensuite, en qualité de comptable, il est assignataire des ordres de paiement et de recouvrement qu'il est censé contrôler… Et donc, à la différence de son homologue congolais qui n'a pas la compétence de contrôler l'opération de paiement, le CBCM français contrôle tous les actes de la chaîne de la dépense.

- ***Contrôle exercé par l'ordonnateur*** [25]

D'emblée, il convient de préciser qu'un ordonnateur est un agent d'autorité placé à la tête d'un ministère, d'une collectivité territoriale, d'un établissement public ou d'un service public qui a, outre ses fonctions d'administrateur, la compétence du pouvoir de décision financière. Cette qualité d'ordonnateur est réservée à de hautes autorités administratives et politiques[26]. Conformément à la LOFIP, il a le pouvoir, dans la limite des crédits budgétaires qui lui sont accordés par les lois de finances, d'engager, de liquider et d'ordonnancer les dépenses nécessaires au fonctionnement de son institution ou ministère, ou service déconcentré, ou budget annexe rattaché. Il le fait dans le respect des lois, règlements et instructions qui régissent la matière, et sous réserve du pouvoir de régulation des crédits budgétaires du ministre ayant le Budget dans ses

---

[24] Cette fonction a été instituée par le décret n° 2005-1429 du 18 novembre 2005 relatif aux missions, à l'organisation et aux emplois de direction des services de contrôle budgétaire et comptable ministériel (*JORF* n° 269 du 19 novembre 2005, page 18030, texte n° 15).

[25] Voir l'article 116 de la LOFIP ainsi que les articles 135 et 136 du RGCP et 117 à 135 du décret sur la gouvernance budgétaire.

[26] B. LUTIN, « Notices ordonnance, ordonnancement et ordonnateur préparées pour le Dictionnaire historique de la comptabilité publique (2010) », publié en ligne : <https://www.editions-harmattan.fr/auteurs/article_pop.asp?no=14694&no_artiste=12191> (consulté le 19 décembre 2022).

attributions et du pouvoir de gestion de la trésorerie du ministre ayant les Finances dans ses attributions[27].

Cela dit, le contrôle effectué par l'ordonnateur porte sur la régularité des opérations de recettes et de dépenses, l'exhaustivité de leur enregistrement, l'efficacité de la dépense en conformité avec la loi de finances et le suivi et la maîtrise des coûts en relation avec la mise en œuvre des actions ou activités programmées.

Ce type de contrôle peut être qualifié de « hiérarchique » dans la mesure où il est exercé par le supérieur sur ses subordonnés. Il résulte de la position hiérarchique qui donne à l'ordonnateur les pouvoirs nécessaires. Il s'exerce par la vérification des rapports et documents adressés périodiquement par les ordonnateurs secondaires à l'Administration centrale, éventuellement par l'intermédiaire des corps de contrôle[28].

- ***Contrôle exercé par le comptable public*** [29]

De prime abord, il n'est pas sans intérêt de préciser qu'est comptable public[30] tout agent — qui relève de la responsabilité du ministre ayant les Finances dans ses attributions — ayant qualité pour exécuter, au nom et pour compte de l'État et des collectivités publiques, des opérations de recettes et de dépenses, de maniement de fonds et de valeurs qu'il détient ainsi que les opérations se rapportant aux biens publics. Il est chargé de la tenue et de l'établissement des comptes, et veille au respect des principes et des règles de gestion des finances publiques. Il s'assure notamment de la sincérité des enregistrements et du respect des procédures.

Ainsi, le contrôle effectué par le comptable public porte sur la réalisation des recettes, l'exécution des dépenses ainsi que la gestion du patrimoine : (i) *en matière de recettes,* il contrôle exclusivement l'autorisation de leur perception, l'exactitude de leur liquidation et mise en recouvrement et de la régularité des réductions et des annulations de titres y afférents ; (i) *en matière de dépenses*, tout ordonnancement de dépense ne peut être transféré au comptable public qu'après avoir été revêtu du visa du contrôleur budgétaire. Le comptable public procède à un contrôle de régularité avant paiement sur toute dépense. À cet effet, il va s'assurer notamment de la correcte imputation budgétaire et de la disponibilité des crédits, de la réalité du service fait (en exigeant des pièces justificatives à l'ordonnateur), de la non-prescription de la dépense ainsi que de

---

[27] Voir article 103 de la LOFIP.

[28] G. BAKANDEJA et *al.*, *Les finances publiques en République Démocratique du Congo*, Bruxelles, Bruylant, 2020, pp. 200-202.

[29] Voir les articles 117 à 120 de la LOFIP ainsi que l'article 137 du RGCP.

[30] Pour plus de détails, voir articles 109 de la LOFIP et 18 du RGCP.

son caractère libératoire, de l'existence d'oppositions, etc. ; enfin, (iii) *en matière de patrimoine,* le comptable public contrôle exclusivement la conservation des droits, privilèges et hypothèques.

2. Contrôle administratif d'inspection [31]

Ce contrôle consiste dans la surveillance générale des opérations d'exécution de la loi de finances, qui est dévolue à l'Inspection Générale des Finances (IGF)[32]. Il ne sera pas question, ici, d'aborder l'aspect organique de cette institution, mais bien essentiellement sa vocation matérielle.

En effet, en République Démocratique du Congo, l'IGF dispose d'une compétence générale et supérieure en matière de contrôle des finances et des biens publics. Ce contrôle tient tous les autres contrôles en état, excepté ceux de l'Assemblée nationale et de la Cour des comptes. En d'autres termes, lorsque les inspecteurs des Finances amorcent un contrôle dans un service donné, tout autre contrôle en cours s'arrête sans aucune autre forme de procès.

L'IGF, elle, peut accomplir toute enquête ou mission de contrôle, de vérification, de contre-vérification et de surveillance de toutes les opérations financières, en recettes et en dépenses, du pouvoir central ainsi que des organismes ou entreprises de toute nature bénéficiant de son concours financier sous forme de participation en capital, de subvention, de prêt, d'avance ou de garantie. À ce titre, elle contrôle, vérifie ou contre-vérifie, tant en recettes qu'en dépenses, toutes les opérations financières de l'État, des entités territoriales décentralisées, des établissements publics, des organismes paraétatiques ainsi que des organismes ou entreprises de toute nature bénéficiant du concours financier de l'État, des entités administratives décentralisées et des établissements publics ou organismes paraétatiques sous une forme quelconque, notamment sous forme de participation en capital, de subvention, de prêt, d'avance ou de garantie. Aussi est-il qu'en sa qualité de Service d'audit supérieur, l'IGF peut procéder à toute mission de contre-vérification, au second degré, de toutes les situations douanières, fiscales et parafiscales des contribuables ou redevables d'impôts, droits, taxes ou redevances.

---

[31] Voir les articles 121 et 122 de la LOFIP ainsi que les articles 138 à 140 du RGCP.

[32] Créée par l'ordonnance n° 87-323 du 15 septembre 1987 (telle que modifiée et complétée à ce jour), l'Inspection Générale des Finances est un service public dont la tutelle est schizophrénique : sur l'évolution historique de son dispositif normatif d'organisation et de fonctionnement, l'IGF a relevé tantôt de la Présidence de la République, tantôt du ministère des Finances, tantôt encore de ces deux tutelles à la fois. Sous la LOFIP en vigueur, elle relève entièrement du ministère des Finances, mais le transfert de la tutelle de la Présidence au ministère des Finances serait progressif. Pour plus de détails, lire T.-G. KALONJI, « L'Inspection Générale des Finances à la quête d'une rationalisation des dépenses fiscales en RDC : le phénix qui renaît de ses cendres ! », *Revue de l'École Nationale des Finances (ENF)*, Kinshasa, novembre 2021, n° 01, p. 47-58.

Le contrôle administratif opéré par l'IGF porte sur les actes de gestion accomplis par les ordonnateurs et les comptables publics. Il peut être sur pièce ou sur place[33], a priori, concomitant, ou a posteriori. Porteurs de l'ordre de mission, les inspecteurs des Finances ont le droit de se faire présenter toute pièce ou tout document nécessaire à l'accomplissement de leur mission.

B. Contrôle juridictionnel et politique de l'exécution de la loi de finances

Le contrôle juridictionnel des opérations budgétaires est assuré par la Cour des comptes qui a la pleine juridiction sur l'étendue du territoire national congolais **(1)**, tandis que le contrôle politique est l'œuvre du Parlement qui l'opère soit en plénière, soit en commission **(2)**.

1. Contrôle opéré par la Cour des comptes[34]

Comme sous d'autres cieux[35], la Cour des comptes[36] en RDC est chargée de contrôler les comptes de tous les services publics. Elle vérifie, a posteriori, sur pièces et — en cas de besoin — sur place, la régularité des opérations exécutées aussi bien par l'ordonnateur que par le comptable public, en matière de recettes, de dépenses et de trésorerie retracées dans la comptabilité de l'État. Elle s'assure du bon emploi des crédits, fonds et valeurs gérés par les responsables publics et

---

[33] Le « contrôle sur pièce » est effectué par l'Inspection Générale des Finances sur la base des dossiers dont elle dispose ou des éléments d'information qu'elle a pu recueillir, mais sans procéder à des investigations sur place. Très souvent, il se déroule sans que le contrôlé soit informé. D'ailleurs, moins le contrôlé est informé de ce type de contrôle, mieux il se porte. Quant au contrôle sur place, il est celui par lequel l'inspecteur des Finances se déplace vers l'ordonnateur ou le comptable public, et invite celui-ci à fournir verbalement ou par écrit des explications, éclaircissements ou justifications et, en outre, à communiquer sans déplacement ses documents comptables et ses pièces justificatives, aux fins de permettre de vérifier les renseignements demandés ou fournis.

[34] Consacré par les articles 123 à 126 de la LOFIP et 141 à 145 du RGCP.

[35] Dans la majorité des États modernes, dont la France, la Cour des comptes est une juridiction administrative qui possède principalement deux attributions : d'une part, elle contrôle la régularité des comptes établis par les comptables publics dans les différents services de l'État, même déconcentrés, d'autre part, par le biais d'investigations annuelles, elle vérifie le bon emploi et la gestion efficace des fonds publics, dans leur globalité, ce qui donne lieu à la parution d'un rapport, à l'attention du ministre concerné, qui permet le plus souvent de mettre en lumière les éventuelles défaillances, incohérences ou erreurs dans l'utilisation des ressources publiques par chacune des administrations. Elle assiste le Parlement dans son contrôle de l'action du Gouvernement.

[36] Aux termes des articles 178 à 180 de la Constitution de la R. D. Congo du 18 février 2006, il est institué une Cour des comptes qui est placée sous la tutelle de l'Assemblée nationale. Dans le même sens, le législateur a promulgué la loi organique n° 18/024 du 13 novembre 2018 portant composition, organisation et fonctionnement de la Cour des comptes.

elle exerce un contrôle sur les organismes qui bénéficient du concours financier du pouvoir central. Elle juge les comptes des comptables publics pour aboutir soit à des arrêts de *quitus*, soit à des arrêts de débet[37] qui enclenchent la responsabilité personnelle et pécuniaire du comptable public concerné, et mentionne le cas échéant le montant de la somme mise à sa charge qu'il devra acquitter au moyen de ses deniers personnels, sauf remise gracieuse du ministre des Finances.

La Cour des comptes est tenue de publier chaque année un rapport remis au Président de la République, au Parlement et au Gouvernement. Dans cette perspective, elle joue le rôle de « conseiller financier » des pouvoirs publics, en alertant les trois institutions prérappelées sur d'éventuels cas de mauvaise gestion.

La Cour des comptes est chargée également d'évaluer les rapports de performance des gestionnaires publics. À ce sujet, il y a lieu de noter qu'en République Démocratique du Congo, la culture de la performance n'est pas encore intégrée dans l'art de la gestion publique. Seulement une minorité de responsables de services publics sont assujettis à la signature de contrats de performance[38] dont les rapports d'évaluation ne suivent même pas, ou quand bien même il y aurait évaluation, l'opinion publique n'en est pas informée.

Par ailleurs, la Cour des comptes assiste l'Assemblée nationale dans le contrôle de l'exécution de la loi de finances et dans la finalisation de la reddition des comptes. À cet effet, elle établit à l'intention de l'Assemblée nationale un cahier d'observations sur l'exécution de la loi de finances afin de lui permettre de voter la loi de règlement dans les meilleures conditions. Elle joue donc pour le compte de l'Assemblée nationale le rôle de « *chien de garde* »[39] vis-à-vis du Gouvernement. Elle assure également la transparence de l'emploi des deniers publics en éclairant le Parlement, le Gouvernement et les citoyens sur la gestion

[37] En France, ces arrêts de *quitus* et de débet sont plutôt des décisions de certification. En fait, à l'issue du jugement des comptes, la Cour des comptes française dispose de trois possibilités : soit elle certifie les comptes (régularité), soit elle refuse de les certifier (pour irrégularité), soit encore elle les certifie avec réserve (doute sur la régularité). L'acte de certification doit être annexé au projet de loi de règlement. Cette certification des comptes de l'État confère à la Cour des comptes française une mission comparable à celle du commissaire aux comptes d'une entreprise. Il s'agit ici de la transposition en droit public financier des techniques de gouvernement d'entreprise que l'on qualifie de *New Public Management* évoqué dans l'introduction de ce travail, qui a pour visée de garantir la performance et l'efficience de la gestion financière publique. Pour plus de détails, lire l'article 58 de la LOLF française. Le premier exercice comptable soumis à la certification de la Cour était l'année 2006.

[38] Tel étant le cas singulièrement des responsables des administrations financières (régies financières) de l'État qui, depuis quelques années, sont astreints à la signature d'un contrat de performance avec le ministre des Finances.

[39] A. J. ELENGA-DI-OKANGA, *Lutte contre la fraude douanière en République Démocratique du Congo*, Paris, L'Harmattan, coll. « Comptes Rendus », 2010, p. 282.

de la chose publique. De façon concomitante, elle assiste également le Gouvernement et tous les gestionnaires publics dans le maintien et l'amélioration de la gestion des finances et des biens publics. La fonction d'audit externe indépendant qu'elle exerce est essentielle pour satisfaire à la logique de redevabilité dans l'utilisation des fonds publics[40].

Sous d'autres latitudes, comme en France, il existe — toujours dans l'optique d'éclairer le Gouvernement et le Parlement — un organisme indépendant et consultatif placé auprès de la Cour des comptes, à savoir, le Haut Conseil des Finances Publiques (HCFP)[41]. Ce dernier est chargé d'apprécier le réalisme des prévisions macroéconomiques associées aux textes financiers (projet de loi de finances de l'année, projet de loi de financement de la sécurité sociale et éventuelles lois rectificatives) et la cohérence de la trajectoire de finances publiques avec les engagements européens de la France. Cet organisme joue un rôle central dans le déclenchement du « mécanisme de correction ». En effet, il émet à l'occasion du projet de loi de règlement un avis identifiant, le cas échéant, les « écarts importants » entre les résultats de l'exécution de l'année écoulée avec les orientations pluriannuelles de solde structurel définies dans la loi de programmation des finances publiques. Il se prononce enfin sur les mesures de correction prises par le Gouvernement dans son avis sur le prochain projet de loi de finances initiale. Le Gouvernement doit se soumettre au « *mécanisme de correction* »[42]. Si des « *écarts importants* » sont identifiés par le Haut Conseil à l'occasion de son avis sur la loi de règlement, le Gouvernement doit présenter les raisons de ces écarts et exposer des mesures de correction envisagées. Ces mesures doivent être mises en œuvre dans les plus prochains projets de loi de finances ou de financement de la sécurité sociale[43].

Dans la recherche d'une bonne gouvernance financière publique, le modèle du Haut Conseil des Finances Publiques pourrait bien inspirer la République Démocratique du Congo, dans la mesure où les prévisions macroéconomiques projetées par le ministère du Plan avec le concours d'autres ministères aux attributions économico-financières (Finances, Budget, Économie, etc.) ne font pas l'objet d'une contre-expertise par un organe technique indépendant. Ces prévisions macroéconomiques congolaises ne sont souvent que l'expression de la vision du Gouvernement, sans réalisme avéré.

Toujours dans le cadre de ses prérogatives, la Cour des comptes congolaise a reçu pouvoir d'effectuer un contrôle sur les ordonnateurs, eu égard à la régularité

---

[40] *Ibidem.*

[41] Créé par la loi organique du 17 décembre 2012 relative à la programmation et à la gouvernance des finances publiques. Pour d'autres détails, lire sur le site institutionnel : http://www.hcfp.fr (consulté le 19 décembre 2022).

[42] Celui-ci est prévu dans la loi organique du 17 décembre 2012 précitée.

[43] Source : http://www.hcfp.fr (Consulté le 19 décembre 2022).

de leurs actes, règlements ou décisions. La Cour prononce un arrêt sur leur gestion et fait connaître son évaluation sur la qualité de gestion des programmes[44].

Ce contrôle de gestion, qui n'est pas suffisamment explicité par le législateur congolais, porterait en droit français sur la qualité et la régularité de la gestion, sur l'efficience et sur l'efficacité des actions menées au regard des objectifs fixés par les pouvoirs publics ou l'organisme concerné. Cette mission se réfère ainsi aux pratiques d'audit de performance, c'est-à-dire de la vérification des résultats, et d'évaluation de politiques[45]. Ce contrôle de gestion est, somme toute, un moyen de « *pilotage de la performance* »[46].

Enfin, les comptables publics congolais sont tenus d'adresser leurs comptes à la Cour des comptes dans le respect du délai légal. C'est pour cela qu'il est prévu des Chambres des comptes déconcentrées, placées sous la tutelle de la Cour des comptes[47], notamment dans la visée de garantir un respect inconditionnel de cette obligation. Malheureusement, jusqu'à ce jour, ces Chambres des comptes n'ont pas encore été installées sur le territoire national congolais. En France, notamment, les Chambres régionales des comptes créées depuis 1982 sont effectives dans chaque région, et les Chambres territoriales des comptes dans chaque collectivité territoriale d'outre-mer. Ce sont des juridictions administratives financières chargées de vérifier les comptes des collectivités locales et de juger d'éventuels conflits relatifs à ces comptes. Du coup, elles exercent à titre principal, sur les collectivités territoriales et leurs établissements publics, une triple compétence de jugement des comptes des comptables publics, d'examen de la gestion et de contrôle budgétaire. Elles ont aussi une mission d'évaluation des politiques publiques et des conditions de leur mise en œuvre au niveau local par leur contribution aux enquêtes thématiques. Elles forment, avec la Cour des comptes, sinon un ordre juridictionnel *stricto sensu*, du moins un ensemble de juridictions, dont l'unité a été soulignée par la rédaction du Code des juridictions financières[48].

---

[44] Voir l'article 144 du RGCP.

[45] D. CATTEAU, *Droit budgétaire : comptabilité publique*, Paris, Hachette supérieur, 2015, p. 154.

[46] R. DEMEESTERE, *Le contrôle de gestion dans le secteur public*, Paris, LGDJ, 2005, p. 12.

[47] Voir article 84 de la loi organique n° 18/024 du 13 novembre 2018 portant composition, organisation et fonctionnement de la Cour des comptes.

[48] Pour d'autres détails, lire J.-L. ALBERT, *op. cit.*, p. 755 et s.

2. Contrôle politique opéré par le Parlement[49]

Le contrôle politique de la loi de finances est exercé par le Parlement, et c'est dans cette logique qu'il est autrement qualifié de « contrôle parlementaire ». L'importance du contrôle exercé par le Parlement dépend pour l'essentiel de son influence sur l'élaboration et le vote du budget de l'État, mais également des moyens humains et juridiques dont il dispose pour contrôler le Gouvernement.

Sur le plan strictement juridique, le contrôle parlementaire devrait être le principal contrôle en raison des prérogatives constitutionnelles conférées au Parlement en matière budgétaire. C'est tout d'abord grâce à ses pouvoirs généraux de contrôle que le Parlement pourrait exercer un contrôle de l'exécution du budget en recourant notamment aux commissions d'enquête et de contrôle, ou par interpellation, ou la mise en jeu de la responsabilité du Gouvernement[50].

En effet, le Parlement veille, au cours de l'exercice budgétaire annuel, à la bonne exécution de la loi de finances par le biais des missions d'évaluation et de contrôle des finances publiques organisées par les Commissions spéciales des assemblées, chargées des finances (ECOFIN). Ainsi, les informations que celles-ci demandent ou les investigations sur pièces ou sur place qu'elles entendent conduire ne peuvent leur être refusées. Elles bénéficient donc d'un droit à l'information sur la situation budgétaire des finances publiques. Aussi, par les traditionnelles techniques du droit parlementaire (questions écrites, orales, avec ou sans débat, question d'actualité, etc.)[51], les chambres du Parlement peuvent interpeller les ordonnateurs (ministres, responsables des programmes, etc.) pour être éclairées sur tel ou tel autre aspect de la gestion financière publique.

En droit français, depuis sa création en 1999, la Mission d'Évaluation et de Contrôle (MEC), qui est une émanation de la Commission des Finances de l'Assemblée nationale, est chargée d'évaluer l'efficacité de la dépense publique et de la contrôler en liaison avec la Cour des comptes. Elle auditionne les ministres et les hauts fonctionnaires. En réalité, elle n'est pas un organe mais une simple mission d'information créée au sein de la Commission des finances sous la forme d'une mission d'information réactivée chaque année[52]. Lorsqu'une

---

[49] C'est un contrôle consacré par l'article 126 de la LOFIP et les articles 146 à 147 du RGCP.

[50] G. BAKANDEJA et *al.*, *op. cit.*, p. 203.

[51] Les techniques traditionnelles du droit parlementaire sont notamment prévues par l'article 138 de la Constitution du 18 février 2006, qui consacre la question orale ou écrite avec ou sans débat non suivi de vote, la question d'actualité, l'interpellation, la commission d'enquête, l'audition par les Commissions.

[52] D. CATTEAU, *op. cit.*, pp. 147-148.

mission d'évaluation et de contrôle donne lieu à des observations notifiées au Gouvernement, celui-ci doit y répondre par écrit dans un délai de deux mois[53].

Au reste, le contrôle politique a posteriori de l'exécution budgétaire en droit congolais s'exerce lors de l'examen et du vote du projet de loi portant reddition des comptes. À cette occasion, le Parlement prononce au besoin la décharge des ordonnateurs.

II. Régime de sanctions budgétaires et nécessité d'une juridiction administrative spécialisée en matière de discipline budgétaire

L'exécution irrégulière des opérations budgétaires donne lieu à l'application d'un certain nombre de sanctions **(A)**. Certes, ces sanctions relèvent essentiellement de la compétence de la Cour des comptes, néanmoins, pour mieux garantir la discipline des acteurs en matière d'exécution de ces opérations budgétaires, il serait pertinent de prévoir la création d'une juridiction administrative spécialisée du genre de la Cour de Discipline Budgétaire et Financière du droit français **(B)**.

A. Régime de sanctions applicables en cas de faute de gestion

D'entrée de jeu, il importe de relever que les sanctions prévues par le législateur congolais en matière budgétaire sont consécutives à la faute de gestion. La notion de faute de gestion est une logique d'entreprise qui consacre la responsabilité du dirigeant de société en cas de mauvaise gestion. Il s'agit donc ici de la transposition, en droit public financier, des mécanismes du gouvernement d'entreprise (droit de l'entreprise) visant à renforcer l'obligation de rendre compte, qui incombe désormais aux gestionnaires publics.

Une faute de gestion peut se définir comme une action ou une inaction commise par un dirigeant d'entreprise dans l'administration générale de sa société, manifestement contraire aux intérêts de l'entreprise. C'est la violation des obligations de compétence, de transparence et de diligence[54]. De manière générale, les dirigeants des sociétés ont un devoir de loyauté dans la société et doivent agir au mieux de ses intérêts et de son objet social tel que défini dans les

---

[53] Article 60 de la LOLF française.

[54] Voir D.-C. KOLONGELE EBERANDE, *Pouvoir dans les sociétés mixtes de droit français, OHADA et congolais. Pour une gestion équilibrée d'intérêts et de conflits entre l'État actionnaire et les investisseurs privés*, Saarbruck, Éditions universitaires européennes, 2011, p. 396.

statuts. À ce titre, leur rôle est essentiel car ils doivent se comporter de façon prudente, diligente et active. Qu'il s'agisse d'une simple faute ou d'une fraude, une faute de gestion pourra toucher les dirigeants de droit ou de fait et engager leur responsabilité. En pratique, c'est suite à une procédure collective de redressement judiciaire ou de liquidation judiciaire que ces fautes de gestion sont arguées, engendrant des sanctions pour les dirigeants à combler le passif et les dettes sociales (engagement de leur responsabilité civile, fiscale ou pénale)[55].

C'est donc ce comportement normalement prudent, diligent et actif du dirigeant d'entreprise, qui est désormais exigé aux gestionnaires publics congolais, particulièrement dans le cadre des opérations d'exécution de la loi de finances.

Le droit budgétaire congolais consacre deux régimes généraux de sanctions : d'une part, les sanctions pour faute de gestion avec qualité **(1),** et d'autre part, les sanctions pour faute de gestion de fait **(2)**.

1. Sanctions pour faute de gestion commise par une personne ès qualités[56]

Le législateur congolais ne définit pas ce qu'est une faute de gestion en matière de finances publiques. Il cite seulement quelques actes qui peuvent en être constitutifs. C'est le cas, pour un ordonnateur ou un comptable public, de (d') :

- ✓ n'avoir pas respecté les règles d'engagement des dépenses ;
- ✓ avoir engagé des dépenses sans en avoir le pouvoir ou reçu délégation ;
- ✓ avoir engagé des dépenses sans disponibilité des crédits ;
- ✓ avoir effectué une dissimulation de nature à permettre la fausse imputation d'une dépense ;
- ✓ s'être procuré, pour soi-même ou pour autrui, un avantage injustifié, sous toute forme, entraînant un préjudice pour le pouvoir central ;
- ✓ avoir omis, en méconnaissance de la loi fiscale, de remplir les obligations qu'elle impose aux fins d'avantager indûment les contribuables ;

---

[55] S. HADDAD, « Faute de gestion du dirigeant : quelles sanctions ? », publié en ligne le 02 décembre 2013 : http://www.legavox.fr/blog/maitre-haddad-sabine/faute-gestion-dirigeant-quelles-sanctions-13171.htm#.VxXp_TFJnIU (Consulté le 19 décembre 2022). Dans le même sens, voir aussi H. PLOIX, *Le dirigeant et le gouvernement d'entreprise*, Paris, Pearson Éducation, 2003, pp. 20-24.

[56] Consacrée par les articles 128, 129 et 131 de la LOFIP et 57 à 59 et 61 du RGCP.

✓ avoir enfreint les règles relatives à l'exécution des recettes et des dépenses du pouvoir central ou à la gestion des biens appartenant au pouvoir central ou qui, chargée de la tutelle ou du contrôle des services du pouvoir central, aura donné son approbation aux décisions incriminées.

Par ailleurs, les ordonnateurs sont responsables des certifications qu'ils délivrent. Cette certification à laquelle fait allusion l'article 128 de la LOFIP ne devrait pas être confondue avec la certification des comptes effectuée par la Cour des comptes, telle que précédemment évoquée[57], prévue en droit français et non expressément consacrée en droit financier public congolais. Il s'agit plutôt ici, d'une part, de la certification du service effectué qui résulte de l'opération de liquidation, par laquelle l'ordonnateur atteste la conformité à l'engagement de la livraison ou de la prestation, et d'autre part, de la certification du caractère exécutoire des pièces jointes à l'ordre de paiement d'une dépense ou de perception d'une recette émis par l'ordonnateur.

Sans préjudice des dispositions du Code pénal, la faute de gestion commise par un contrôleur budgétaire, un comptable public, un ordonnateur autre qu'un membre du Gouvernement ou un responsable d'institution est examinée et jugée par la Cour des comptes[58]. La sanction réside dans la condamnation de la personne incriminée à une amende dont le montant ne pourra atteindre le double du traitement ou salaire brut annuel alloué à la date de l'infraction, et sans être inférieur au quart. Toutefois, la responsabilité personnelle et pécuniaire du comptable est mise en cause au moyen d'une décision de débet prononcée par cette même Cour. Outre la sanction pour faute de gestion prononcée par la Cour des comptes, le fonctionnaire encourt une sanction disciplinaire, civile et/ou pénale prévue par les lois et règlements d'administration en vigueur[59].

Quant aux ordonnateurs, membres du Gouvernement, ils encourent, en raison de l'exercice de leurs fonctions, les sanctions prévues par la Constitution et les lois de la République[60]. Ils sont également responsables des résultats atteints par rapport aux objectifs attachés au budget de programmes établi et exécuté sous leur autorité.

---

[57] Cf. section I, B, 1 de la présente contribution.

[58] En droit français, les fautes de gestion relèvent de la compétence de la Cour de Discipline Budgétaire et Financière, tel que précisé dans la section II, B de la présente contribution.

[59] G. BAKANDEJA et *al.*, *op. cit.*, p. 207.

[60] Il s'agit des sanctions relatives à la commission d'infractions de droit commun et de fautes civiles et administratives.

2. Sanction pour faute de gestion commise par une personne sans qualité[61]

Toute personne qui s'ingère dans les opérations de recettes, de dépenses ou de maniement de valeurs sans avoir qualité ou titre pour le faire ou sans avoir le titre de comptable public, est présumée comptable de fait. Sans préjudice des sanctions pénales ou administratives qu'elle peut encourir, elle est soumise aux mêmes obligations et assume les mêmes responsabilités qui incombent à un comptable public patent, quand bien même les actes posés seraient réputés nuls. On peut dire qu'il s'agit ici d'une nullité relative.

Au regard de ce qui précède, il s'avère que les actes posés par le comptable de fait sont jugés par la Cour des comptes qui peut, au besoin, mettre en cause la responsabilité personnelle et pécuniaire de l'auteur au moyen d'une décision de débet, comme c'est le cas pour un comptable public patent. Dans ce cas, la notion de « justiciable » de la Cour des comptes englobe toute personne, civile ou militaire, impliquée, avec ou sans qualité, dans les opérations et la gestion des finances et des biens publics[62].

Par ailleurs, il n'est pas sans intérêt de relever qu'il peut y avoir des personnes qui n'ont pas la qualité de comptable public, mais qui manient des fonds publics. Elles ne sont pas pour autant des comptables de fait. C'est le cas des régisseurs et des mandataires comptables, qui sont autorisés à manier des fonds publics dans des cas très particuliers et fortement encadrés. Pour cela, il existe des « *régies d'avance* » et des « *régies de recettes* »[63]. Pour les premières, l'objectif est d'alléger la contrainte que génère la comptabilité publique lorsque sont en jeu des sommes très modestes. En ce qui concerne les secondes, elles permettent d'encaisser de la recette publique. Il ne peut pas y avoir de régies de recettes lorsque les recettes en question sont des recettes fiscales.

B. Perspective d'une juridiction administrative spécialisée dans la répression de la faute de gestion publique

Dans le but de garantir une discipline dans la gestion financière publique en République Démocratique du Congo, particulièrement en ce qui concerne l'exécution de la loi de finances, il serait impératif de renforcer le système de répression d'actes de mauvaise gestion, tout en prenant en compte leur spécificité qui les détache naturellement des infractions du droit commun. En effet, pour illustration, un comptable public qui manie les fonds publics reste relativement

---

[61] Prévue par les articles 130 de la LOFIP et 60 du RGCP.

[62] A. J. ELENGA-DI-OKANGA, *op. cit.*, p. 285.

[63] Articles 51 à 53 et 55 du RGCP.

plus enclin à commettre un détournement sur ces fonds par rapport à un citoyen lambda. D'où l'intérêt d'une judiciarisation spéciale et autonome dans la répression de la faute de gestion publique pour assurer une certaine efficacité du contrôle de la discipline budgétaire. En toile de fond, une telle perspective pourrait également décharger la Cour des comptes qui est déjà très encombrée par rapport à sa compétence générale sur tout le territoire national.

Dans cette perspective, l'exemple français de la Cour de Discipline Budgétaire et Financière (CDBF) pourrait servir de modèle au droit congolais pour une mise en place d'une juridiction financière autonome, chargée de sanctionner tous les actes des gestionnaires publics attentatoires à l'ordre public financier, et garantir par ricochet une gestion saine des finances publiques.

En effet, la CDBF française est une juridiction administrative spécialisée, de nature répressive, qui a été créée par la loi du 25 septembre 1948[64] afin de sanctionner les actes constitutifs de fautes lourdes ou d'irrégularités dans la gestion des finances publiques (ordre public financier). Ces fautes de gestion peuvent consister notamment en la « *méconnaissance des règles et des principes de gestion* »[65]. En application de la loi n° 80-539 du 16 juillet 1980[66], la CDBF peut également intervenir en cas d'inexécution de décisions de justice.

Institution associée à la Cour des comptes, la CDBF constitue toutefois une juridiction financière[67] distincte de celle-là, notamment dans ses compétences **(1)**, son organisation, ainsi que son fonctionnement **(2)**.

---

[64] Actuellement régie par les articles L.311-1 à L316-1, composant le livre III du Code des juridictions financières (France), codifié par la loi n° 95-581 du 24 juillet 1995.

[65] CDBF, 25 juillet 2008, France Télécom, *in* : A. FROMENT-MEURICE et *al.*, *Les grands arrêts de la jurisprudence financière*, Paris, Dalloz, 2014, pp. 516-524. En l'occurrence, l'arrêt France Télécom rappelle que la compétence de la CDBF inclut les personnes morales soumises aux règles de la comptabilité privée, et embrasse ainsi l'ensemble des gestions de la sphère publique entendue au sens large. Elle inclut notamment certaines associations ainsi que des entreprises publiques contrôlées par la Cour et les Chambres des comptes, même si leurs modes de gestion sont réglés par le droit commercial.

[66] **Loi n° 80-539 du 16 juillet 1980 relative aux astreintes prononcées en matière administrative et à l'exécution des jugements par les personnes morales de droit public** (*JORF* du 17 juillet 1980, p. 1799).

[67] Dans une réflexion dédiée à l'avenir de la CDBF, Damien CATTEAU note ceci : « *La Cour de discipline budgétaire et financière a résisté au mouvement de réforme des juridictions financières, initiée par l'ancien Premier Président Philippe Séguin en 2008, qui souhaitait sa disparition pure et simple. Particulièrement décriée depuis l'entrée en vigueur de la LOLF, la CDBF a passé trois ans avec une "épée de Damoclès au-dessus de la tête", exerçant son activité de juge des Ordonnateurs alors même qu'un projet déposé dès 2009 à l'Assemblée nationale prévoyait sa disparition [...]* ». Voir D. CATTEAU, *op. cit.*, p. 163.

1. Compétences de la CDBF[68]

Sont justiciables de la Cour les membres des cabinets ministériels, les fonctionnaires et les agents, les représentants ou les administrateurs des organismes, quels qu'ils soient, publics ou privés, qui sont susceptibles d'être contrôlés par la Cour des comptes. C'est ainsi que peuvent relever de la compétence de la CDBF les agents de l'État, des collectivités locales, des établissements publics nationaux ou locaux, des entreprises publiques, des institutions de Sécurité sociale, des organismes faisant appel à la générosité publique dans le cadre de campagnes nationales, et de tous les organismes qui bénéficient du concours financier de l'État ou d'autres organismes publics. Plus généralement, le champ de compétence de la CDBF est le même que celui de la Cour des comptes et des chambres régionales et territoriales des comptes.

Les agents publics susceptibles d'être renvoyés devant la CDBF sont spécifiquement les ordonnateurs (principaux ou secondaires ou délégués), les comptables, les agents chargés d'exercer une tutelle ou des contrôles relatifs aux recettes ou aux dépenses (tels que les contrôleurs d'État ou les contrôleurs budgétaires), ainsi que toutes personnes ayant participé à des actes de gestion au sein d'une collectivité ou d'un organisme public. Les membres du Gouvernement — quoiqu'ordonnateurs de leur état — ne sont pas justiciables de la CDBF.

Enfin, les sanctions que peut prononcer la CDBF sont des amendes selon un *quantum* encadré par la loi. Cette juridiction peut en outre décider de publier ses arrêts de condamnation au *Journal officiel de la République française*[69]. Ceci a un effet dissuasif (à la fois préventif et dénonciateur) sur les gestionnaires publics.

2. Organisation et fonctionnement de la CDBF[70]

La CDBF est composée :

✓ du Premier président de la Cour des comptes, qui la préside ;

✓ du Président de la section des finances du Conseil d'État, qui en est le Vice-Président ;

---

[68] Voir les articles L311-1, L312-M et L312-2 (M) du Code des juridictions financières (France).

[69] Voir Cour de Discipline Budgétaire et Financière (France), « Rapport au Président de la République 2021 », p. 11, disponible en ligne sur https://www.ccomptes.fr/system/files/2021-04/20210318-rapport-activite-CDBF-2021.pdf (consulté le 19 décembre 2022).

[70] Voir les articles R311-1 et suivants du Code des juridictions financières (France). Pour d'autres détails, lire J.-L. ALBERT, *op. cit.*, p. 463.

✓ de cinq conseillers-maîtres à la Cour des comptes et de cinq conseillers d'État, nommés pour cinq ans par décret pris en Conseil des ministres.

Le ministère public de cette juridiction est assuré par le procureur général près la Cour des comptes, qui peut être assisté par les avocats généraux près la Cour des comptes et par des commissaires du Gouvernement.

La CDBF siège à la Cour des comptes, dont les services assurent son secrétariat. Un conseiller référendaire de la Cour des comptes assure, à mi-temps, les fonctions de secrétaire général de la CDBF. Un greffier assermenté, nommé par arrêté du Président de la CDBF, est chargé de gérer les dossiers des instances. L'instruction des affaires est confiée à des rapporteurs, désignés par le président parmi des membres du Conseil d'État, des magistrats de la Cour des comptes, des membres du corps des tribunaux administratifs et des Cours Administratives d'Appel et des magistrats des Chambres Régionales des Comptes qui ont été nommés par arrêté du Premier ministre.

Les affaires portées devant la CDBF sont délibérées en sections (il y en a deux au total). Le président de la Cour ou le président de la section devant laquelle l'affaire est portée peut renvoyer celle-ci en formation plénière. Le président de la Cour peut aussi décider l'inscription directe d'une affaire en formation plénière. La CDBF ne peut valablement délibérer en formation plénière ou en section que si quatre membres de la formation de jugement au moins sont présents, dont au moins un membre du Conseil d'État et un membre de la Cour des comptes.

Conformément à l'article L. 314-1 du Code des juridictions financières, la CDBF peut être saisie[71] par les autorités suivantes, toujours par l'organe du ministère public : (i) Président de l'Assemblée nationale ; (ii) Président du Sénat ; (iii) Premier ministre ; (iv) Ministre chargé des Finances ; (v) autres membres du Gouvernement pour les faits à charge des fonctionnaires et agents placés sous leur autorité ; (vi) Cour des comptes ; (vii) Chambres régionales et territoriales des comptes ; et (viii) Procureur général près la Cour des comptes. Cette énumération est limitative et exclusive, car aucune autre personnalité — quoique porteuse d'un mandat de délégation — ne peut saisir la CDBF. Le Conseil d'État a déjà été ferme à ce propos[72].

---

[71] Hormis le cas particulier de dispositions de la loi du 16 juillet 1980 précitée où elle peut être aussi saisie par les créanciers.

[72] Voir CE, Ass., 30 juin 1961, Procureur général près la Cour des comptes, ministère public près la CDBF c/Mazer, *in* : A. FROMENT-MEURICE et *al.*, *op. cit.*, pp. 182-191. Dans cette affaire, la Haute cour administrative avait confirmé la décision de la CDBF du 21 avril 1959 par laquelle elle renvoyait pour incompétence la décision de saisine faite par le directeur de cabinet du secrétaire d'État au Budget qui mettait en cause les irrégularités constatées à la Direction technique et industrielle de l'aéronautique du Secrétariat d'État aux Forces armées (Air) pilotée par l'ingénieur général Mazer.

Au reste, parmi les critiques formulées à l'encontre de la CDBF figure son caractère moins stakhanoviste. En effet, comme indiqué dans le Rapport annuel 2021 adressé au Président de la République française, les décisions sont moins nombreuses :

« *Depuis 1948, la CDBF a rendu 245 arrêts*[73]*. Juridiction répressive, gardienne des règles qui régissent l'utilisation de l'argent public et des principes de bonne gestion, elle remplit aussi un rôle de dissuasion et de rappel de la norme à l'égard des gestionnaires publics qui sont ses justiciables. La Cour contribue ainsi à la diffusion d'une culture de rigueur et de bonne gestion dans la sphère publique. Cette mission est d'autant plus nécessaire que la réforme budgétaire de l'État a diminué les contrôles exercés a priori sur les ordonnateurs et les gestionnaires publics. La culture de performance et de responsabilité, consubstantielle à la loi organique relative aux lois de finances de 2001, accroît ainsi, dans les domaines où elle s'applique, l'importance des contrôles et des sanctions a posteriori.* »[74]

Nonobstant cette autosatisfaction exprimée par la CDBF dans l'affirmation ci-dessus de ses prérogatives, une certaine opinion estime qu'elle n'est qu'un « *tigre de papier* »[75] en matière de responsabilité financière, dans la mesure où sa production annuelle reste très mince par rapport aux autres juridictions administratives spécialisées. Cette critique en matière de faible activité se double par ailleurs d'un certain manque d'effectivité de la « menace », dont les symptômes sont bien connus : la CDBF ne juge pas tous les ordonnateurs (les ministres et les élus locaux échappant très largement à sa compétence) et les sanctions (publicité et amendes), relativement faibles, semblent manquer d'efficacité pour dissuader les gestionnaires dans la velléité de commission d'actes irréguliers[76].

Ainsi, dans une éventuelle perspective de mise en place, en République Démocratique du Congo, d'une juridiction administrative spécialisée dans la répression d'actes de gestion publique irréguliers, telle que préconisée ci-dessus, il serait opportun d'anticiper les principales critiques formulées à l'encontre de la CDBF française en élargissant éventuellement son pouvoir même à l'encontre des ordonnateurs qui font partie du Gouvernement.

---

[73] Dont 6 seulement en 2021. Tous les arrêts rendus par la CDBF depuis sa création figurent sur le site internet de la Cour des comptes de France : www.ccomptes.fr, rubrique CDBF.

[74] CDBF, *op. cit.*, p. 11.

[75] La paternité de cette expression reviendrait à Bernard POUJADE, cité par D. CATTEAU, *op. cit.*, p. 163.

[76] *Idem*, p. 164.

CONCLUSION

La nouvelle pratique de gestion publique axée sur les résultats (*New Public Management*) — telle qu'inspirée de méthodes de gestion privée — a positivement affecté le régime juridique des finances publiques dans la plupart des pays du globe. De ce fait, des législateurs ont imprimé à leurs systèmes financiers publics une logique de performance (recherche de l'efficacité et de l'efficience) dans la réalisation des objectifs assignés aux politiques publiques essentiellement sous-tendues par la politique budgétaire. C'est donc la « règle des 3 E » (Économie, Efficacité, et Efficience) au travers du budget, qui est désormais au cœur de la gestion moderne des finances publiques.

Aussi est-il que, pour garantir cette logique de performance, il est prévu des mécanismes de contrôle et de surveillance de la gestion courante des finances publiques dans l'optique soit d'anticiper ou de prévenir certains actes de mauvaise gestion, soit de déceler ces actes une fois qu'ils auraient été posés, afin de déterminer les responsabilités respectives des acteurs. Logiquement, aucun acte de mauvaise gestion publique ne devrait passer inaperçu et être impuni.

Cette quête de performance dans la gestion des finances publiques a pour conséquences, notamment, la transparence de l'information financière et le renforcement des contrôles légalement consacrés. C'est le cœur même de la nouvelle gouvernance financière publique. Tout se passe désormais comme dans la gestion privée, selon les principes de gouvernance d'entreprise, que l'on transpose à la gestion publique. Ainsi, de même que les dirigeants d'entreprise sont tenus de mieux organiser leur gérance de manière à produire des résultats escomptés à la fin d'un cycle économique (généralement annuel), à la satisfaction des actionnaires (associés) et autres partenaires sociaux, les gestionnaires publics sont également contraints aux résultats dans la réalisation des politiques publiques qui leur sont assignées, de manière à satisfaire les pouvoirs publics et les usagers des services publics.

La présente contribution a permis de mettre en relief les différents contrôles de l'exécution de la loi de finances en droit congolais ainsi que le régime de sanctions y afférent. C'est ici même le « noyau dur » de la nouvelle gouvernance financière publique. En effet, si la gouvernance d'entreprise peut se résumer à la manière dont l'entreprise est gouvernée et contrôlée, la gouvernance financière publique renvoie par analogie à la manière dont les finances publiques sont gérées et contrôlées. À ce propos, le législateur congolais a globalement consacré trois types de contrôle des finances publiques :

- premièrement, il y a les contrôles administratifs ou internes qui sont opérés par des structures internes à l'Administration (contrôleurs budgétaires, ordonnateurs, comptables publics, Inspecteurs des finances, et autres agents publics exerçant dans la chaîne de réalisation de la recette ou d'exécution de la dépense) ;

- deuxièmement, il y a le contrôle juridictionnel des finances publiques opéré par la Cour des comptes, qui est chargée de juger les comptes de comptables publics dans tous les services publics, de vérifier la régularité des opérations budgétaires, et de s'assurer du bon emploi des crédits, fonds et valeurs gérés par les responsables publics (contrôle de gestion). À la différence du législateur congolais, le législateur français a prévu de surcroît la « certification » des comptes de l'État. Cette certification confère ainsi à la Cour des comptes française une mission comparable à celle du commissaire aux comptes d'une entreprise. Il s'agit ici de la transposition, en droit public financier, des techniques de gouvernement d'entreprises dans l'objectif de garantir la performance et l'efficience de la gestion financière publique. Il serait souhaitable que le législateur congolais emboîte le pas au législateur français ;
- troisièmement, on retrouve le contrôle parlementaire ou politique des finances publiques, qui est l'apanage du Parlement l'exerçant soit directement en plénière, soit indirectement par le truchement des Commissions économiques et financières. Ce contrôle est en fait l'expression de la souveraineté primaire exercée par le truchement des élus (parlementaires). L'efficacité d'un tel contrôle est notamment tributaire de la qualité des experts dont disposerait le Parlement. Si cette expertise est assez sourcilleuse, elle permettra de déceler suffisamment les actes de mégestion imputable aux gestionnaires publics, pour ainsi contribuer à une saine gestion des finances publiques !

En marge de ces contrôles de l'exécution de la loi de finances, le législateur congolais a prévu un régime dualiste de sanctions vis-à-vis des gestionnaires publics fautifs : d'une part, il y a les sanctions pour faute de gestion de droit, et d'autre part, les sanctions pour faute de gestion de fait. Ce qui suscite particulièrement un intérêt ici, c'est la consécration par le législateur de la notion de « faute de gestion » dans l'univers financier public. Cette notion, qui est cardinale au droit de l'entreprise (et donc en gouvernance d'entreprise), prévoit la culpabilité du dirigeant de société en cas de manquement au devoir de loyauté en vertu duquel ce dirigeant est censé agir au mieux des intérêts de la société et de l'objet social. Il s'agit donc ici de la transposition en droit public financier des mécanismes du gouvernement d'entreprise visant à renforcer l'obligation de redevabilité qui incombe aux gestionnaires publics.

Au reste, dans la perspective de garantir la discipline financière dans l'exécution de la loi de finances en République Démocratique du Congo, la présente contribution a permis d'entrevoir la mise en place d'une juridiction administrative autonome, chargée de la répression spécifique d'actes de gestion publique, pour ainsi décharger autant que faire se peut la Cour de comptes (déjà très sollicitée sur d'autres attributions, au regard de sa compétence générale sur l'étendue du territoire national congolais). Pour ce faire, un regard a été porté sur le modèle français de la Cour de Discipline Budgétaire et Financière (CDBF), tout en prenant en compte de manière anticipée les critiques formulées à l'endroit de cette dernière, de manière à façonner ainsi une CDBF congolaise plus ou moins efficace.

La mutation du contrôle financier dans la nouvelle gestion publique au Burkina Faso

Sylvain OUEDRAOGO

Maître-Assistant à l'Université Joseph KI-ZERBO (Burkina Faso)

Introduction

Une telle affirmation, si elle semble quelque peu triviale ou du moins surannée, force est de reconnaître qu'elle contient tout de même une vérité incontestable car l'ordre et la lumière paraissent refléter la marque d'une gouvernance vertueuse. Ramenée au champ des finances publiques, cette double condition de clarté et d'harmonie trouve ainsi des arguments solides pour justifier son impérieuse nécessité.

Pour que les autorités en charge de la décision puissent opérer des choix éclairés, les services financiers doivent disposer d'une information fiable sur l'exécution des décisions prises, dans le but de vérifier leur conformité. Ces données portent aussi sur l'incidence des décisions envisagées afin de prévoir leurs conséquences financières. Il s'agit de s'assurer de la conformité de l'action à la décision, mais aussi de posséder de l'information pour éclairer les décisions à venir, c'est-à-dire de contrôler[1].

Selon la déclaration de LIMA : « *Le contrôle des finances publiques n'est pas une fin en soi, mais il est un élément indispensable d'un système régulatoire qui a pour but de signaler en temps utile les écarts par rapport à la norme ou les*

[1] René STOURM, *Le budget*, Paris, Guillaumin, 1896, page 483.

atteintes aux principes de la conformité aux lois, de l'efficience, de l'efficacité et de l'économie de la gestion financière de manière à ce que l'on puisse, dans chaque cas, prendre des mesures correctives, préciser la responsabilité des parties en cause, obtenir réparation ou prendre des mesures pour empêcher, ou du moins rendre plus difficile, la perpétration d'actes de cette nature. »[2]

Objet d'un encadrement et d'une surveillance étroits, l'exécution des lois de finances l'a toujours été par des services et corps administratifs de contrôle dont la particularité est leur rattachement au ministère des Finances.

La naissance des services de contrôle financier s'est adossée à l'idée que le budget devait être exécuté en équilibre, ce qui s'est donc matérialisé par le contrôle a priori. En effet, alors que le budget était régulièrement voté en équilibre, son exécution se soldait le plus souvent par un déficit en raison de l'importance des dépassements des crédits[3]. La justification d'un contrôle particulier n'est pas évidente, car logiquement, le contrôle de l'exécution des dépenses doit émaner essentiellement de l'autorité qui a donné l'autorisation, c'est-à-dire le Parlement, s'il s'agit des dépenses de l'État[4]. Classiquement tourné exclusivement vers le contrôle de régularité[5], un nouvel objectif, celui de l'évaluation de la qualité de la gestion financière publique, va s'inviter désormais dans l'activité du contrôle financier[6].

Dans l'espace francophone africain, le service du contrôle financier est un héritage colonial qui a été repris ultérieurement par les États[7] avec parfois des

---

[2] Déclaration adoptée lors du IXe Congrès de l'Organisation Internationale des Institutions Supérieures de Contrôle des Finances Publiques (INTOSAI) à Lima, au Pérou, en sa section 1 consacrée aux généralités. Lire Stefan LEIDERER et Peter WOLFF, « Gestion des finances publiques : une contribution à la bonne gouvernance financière », *Annuaire suisse de politique de développement*, n° 26-2, 2007, p. 175.

[3] Loïc PHILIP, « La réforme du contrôle financier déconcentré : une réforme exemplaire » *in* Le contrôle financier déconcentré, *RFFP*, n° 61, 1998, p. 13.

[4] Seni Mahamadou OUEDRAOGO, « L'évolution de la responsabilité du contrôleur financier dans la gouvernance financière en Afrique de l'Ouest : le cas du Burkina Faso », *RBD*, n° 53, 2e semestre 2017, pp. 9-38 ; Pélagie THEOUA-N'DRI, « Le "rééquilibrage" des pouvoirs dans la procédure budgétaire en Côte d'Ivoire », *GFP*, n° 5/6, 2015, pp. 134-138 ; Didier MIGAUT, « Moderniser la gestion publique et renforcer le pouvoir budgétaire du Parlement », *RFFP*, n° 73, janvier 2001, pp. 37-43. Lire également Stéphanie DAMAREY, *Droit public financier*, Paris, Dalloz, 2018, p. 23.

[5] Jean-Luc ALBERT, *Finances publiques*, Paris, Dalloz, 2017, 10e éd., pp. 350-351.

[6] Sébastien KOTT, « Le rôle de la comptabilité en droit public financier », *in* Sébastien KOTT (dir.), *Droit et compatibilité. La spécificité des comptes publics*, Paris, Economica, 2017, pp. 155-166.

[7] Loi n° 59-23/AL-RS du 22 mai 1959 portant création du Contrôle financier de la République soudanaise ; Circulaire n° 872 du 11 mai 1959 en Haute-Volta, décret n° 155/PRES/MF du 16 mai 1962 fixant les attributions du contrôleur financier et déterminant la nature et le domaine de son intervention.

adaptations[8]. Le législateur a doté les contrôleurs financiers d'une compétence très générale sur l'incidence financière des actes des ordonnateurs au point qu'à l'aune de la pratique, ces derniers « *sont perçus comme les gendarmes des deniers publics* ». Celui-ci serait considéré comme un personnage étrange qui tient absolument à savoir si « *les cochons d'Inde d'un centre de recherche sont nourris aux laitues ou aux scaroles* »[9].

Mais, en réalité, les critiques les plus véhémentes et les plus médiatiques qui lui sont adressées visent en fait les hommes plus que l'institution. On ne reproche à cette dernière que d'accorder trop de puissance à des contrôleurs qui manquent souvent de modération en constituant parfois des freins à l'aboutissement des mandats de paiement. C'est ainsi que des voix vont s'élever pour demander une modernisation des procédures afin d'assurer un contrôle plus efficace des finances publiques ; une sorte d'allègement des procédures de contrôle. L'argument serait que « *ces procédures sont, en bien des aspects empreints d'un formalisme excessif, source de lenteur et de rigidité* »[10].

Cette transformation de la gestion financière publique de tendance mondiale va inspirer les pays africains francophones et plus précisément ceux de la zone UEMOA. De la sorte, la modernisation de la gestion publique financière dans l'espace UEMOA va être une aubaine pour opérer une mutation dans le système de contrôle des finances publiques en adéquation avec la gestion performancielle[11]. Désormais, l'activité de contrôle financier est axée « *sur la légalité et la régularité de ces opérations ainsi que sur la sincérité des*

---

[8] Voir le décret n° 155/PRES/MF du 16 mai 1962 fixant les attributions du contrôleur financier et déterminant la nature et le domaine de son intervention. Lire Salif YONABA, « L'évolution du contrôle d'État et l'amélioration de la gouvernance financière : où en est-on ? », *Étude de droit public financier burkinabè*, Ouagadougou, 2020, pp. 317-344.

[9] Claude ALLÈGRE, *Toute vérité est bonne à dire*, Paris, Fayard, septembre 2000, pp. 185-186.

[10] Michel BOUVIER, Marie-Christine ESCLASSAN et Jean-Pierre LASSALE, *Finances publiques*, Paris, LGDJ, 13e éd., p. 399.

[11] Voir l'article 69 de la directive n° 06/2009/CM/UEMOA du 26 juin 2009 portant lois de finances au sein de l'UEMOA et les articles 87, 88, 89 et 90 de la directive n° 07/2009/CM/UEMOA du 26 juin 2009 portant règlement général sur la comptabilité publique au sein de l'UEMOA. Voir Damien CATTEAU, *La LOLF et la modernisation de la gestion publique : la performance, fondement d'un droit public financier rénové*, Paris, Dalloz, 2007, pp. 3 et ss ; André BARILARI et Michel BOUVIER, *La nouvelle gouvernance financière de l'État*, Paris, LGDJ, Coll. « Systèmes », 2004, 207 p ; Bernard ABATE, *La nouvelle gestion publique*, Paris, LGDJ, Coll. « systèmes », 2000, 154 p ; Allen SCHICK, « L'État performant : réflexion sur une idée entrée dans les esprits, mais pas encore dans les faits », *Revue de l'OCDE sur la gestion budgétaire*, vol. 3, n° 2, Paris, OCDE, coll. « Gouvernance », 2003, p. 82 et ss. Voir aussi Laurent MERIADE, « Quelle comptabilité publique pour quelle mesure de la performance ? », *in* Sébastien KOTT (dir.) *Droit et compatibilité…, op. cit.*, pp. 209-225 ; Damien CATTEAU, *La LOLF et la modernisation de la gestion publique. La performance, fondement d'un droit public financier rénové*, Paris, Dalloz, coll. « Bibliothèque parlementaire et constitutionnelle », 2007, p. 20.

propositions des dépenses »[12], ce que Yakouba OUEDRAOGO a appelé la « revalorisation fonctionnelle et statutaire du contrôleur financier »[13]. En sus de ses missions traditionnelles, en l'occurrence le contrôle a priori de la dépense, la directive portant lois de finances confie au contrôleur financier un rôle de conseil et d'appréciation sur la qualité de la gestion et la conduite de la performance des programmes à travers des formulations d'avis sur les résultats et les programmes[14].

Le Burkina Faso s'est engagé depuis plus de deux décennies dans un vaste processus de réforme de la gestion des finances publiques. Ce processus a conduit à l'adoption de la loi organique n° 073-2015/CNT du 06 novembre 2015, relative aux lois de finances et de ses textes d'application. Ce nouveau cadre juridique dont les dispositions entrent progressivement en vigueur depuis le 1er janvier 2016, permet au Burkina Faso d'être en phase avec le nouveau cadre harmonisé des finances publiques de l'UEMOA.

Ce nouveau cadre de gestion des finances publiques consacre désormais une gouvernance financière de l'État fondée sur le principe de la gestion axée sur la performance et reposant sur des instruments modernes de gestion. Son objectif est d'améliorer l'efficacité de la dépense et, à travers elle, des politiques publiques[15].

Aussi, la loi organique n° 073-2015/CNT du 06 novembre 2015, relative aux lois de finances instaure-t-elle de nouvelles règles relatives à la nature, au contenu, à la présentation, à l'élaboration et à l'adoption des lois de finances, ainsi qu'aux opérations d'exécution et de contrôle du budget de l'État et des autres organismes publics. Cette loi institue en son article 14, la budgétisation par programme ou « budget programme » comme outil de mise en œuvre des politiques publiques. Dans le même sens, les textes règlementaires, notamment le décret n° 2017-0182/PRE/PM/MINEFID du 10 avril 2017 portant modalités de contrôle des opérations financières de l'État et des autres organismes publics, de même que le décret n° 2016-598/PRES/PM/MINEFID du 08 juillet 2016

---

[12] Article 7 du décret burkinabè n° 2017-182/PRES/PM/MINEFID portant modalités de contrôle des opérations financières de l'État et des autres organismes publics. Sur ce point lire Vincent MAZOCCHI, « La légalité administrative et la régularité comptable dans les phases de l'exécution de la dépense publique », *in* Sébastien KOTT (dir.), *Droit et comptabilité…, op. cit.*, pp. 309-318.

[13] Yakouba OUEDRAOGO, « L'influence de la démarche de performance sur le droit public financier des États membres de l'UEMOA », Thèse de droit, Université de Rouen, 2015, pp. 464-467. Nicaise MÉDÉ, « L'Afrique francophone saisie par la fièvre de la performance financière », *RFFP*, n° 135, 2016, p. 349.

[14] Article 62, alinéa 2 de la directive n° 06/2009, article 72, alinéa 2 de la LOLF au Burkina Faso.

[15] Jacques CHEVALLIER, « La gouvernance, un nouveau paradigme étatique ? », *RFAP*, 2003/1, n° 105-106, pp. 203-217.

portant règlement général sur la comptabilité publique concourent à la concrétisation de la gestion budgétaire sur la performance.

À ces textes, il faut ajouter l'arrêté n° 2021-001/MINEFID/DG-CMEF du 15 janvier 2021 portant dérogation au contrôle a priori des actes administratifs et modalités de mise en œuvre, qui sonne comme une singularité par rapport aux textes communautaires ; d'autant plus que tout s'inspirant du droit communautaire, le Burkina Faso s'est permis une certaine audace par l'établissement d'une liste d'actes échappant au contrôle a priori. En sus, on note l'arrêté n° 2021-119/MINEFID/SG/DGCMEF du 04 mars 2021 portant dérogation de base au contrôle a priori des dépenses publiques et leurs modalités de mise en œuvre.

Dans le même esprit, la responsabilité du contrôleur financier va être dégagée pour ces actes qui échappent à son contrôle[16]. S'inspirant ainsi de la nouvelle philosophie fondée sur l'autonomisation et la responsabilisation des gestionnaires de crédit, le contrôle financier va subir une mutation[17]. Désormais, l'approche managériale qui caractérise la gestion axée sur la performance va conduire à un assouplissement de la règle de droit afin de rendre plus flexible la gestion financière[18].

De là découle la justification de notre réflexion *sur la mutation du contrôle administratif financier en droit burkinabè.*

Pour mieux cerner la question, il convient de prime abord de clarifier certains termes du sujet. Le contrôle financier est un service présent dans tous les ministères et géré par un haut cadre du ministère en charge des Finances, dont la mission est de faire valoir le point de vue financier dans la gestion des services et lors des prises de décision. À ce titre, il exerce auprès du ministère, de l'institution ou de l'organisme contrôlé une mission de conseiller financier et de contrôleur de gestion. Sa maîtrise de la règlementation de la dépense publique doit lui permettre d'établir des relations constructives avec les services, gage d'une exécution efficace et rigoureuse du budget de l'État. Dans le cadre du contrôle budgétaire et comptable, le contrôle exercé « *concourt à l'identification*

---

[16] Aux termes de l'article 5 de l'arrêté n° 2021-001/MINEFID/SG/DG-CMEF du 15 janvier 2021 : « *La responsabilité du contrôleur financier ne peut en aucun cas être engagée en raison des irrégularités constatées dans l'exécution de ces actes.* »

[17] Michel BOUVIER, « Réhabiliter et refonder la science des finances publiques », *in Mélanges Paul Amselek*, Bruxelles, Bruylant, 2005, p. 136. Robert HERTZOG, « La mutation des finances publiques : manifeste pour une discipline rajeunie », *RFFP*, n° 79, 2002, p. 259.

[18] Bernard ABATE, *La nouvelle gestion publique*, Paris, LGDJ, coll. « Systèmes », 2000, 152 pages. Jacques CHEVALLIER, « Performance et gestion publique », *in Réformes des finances publiques et modernisation de l'Administration. Mélanges en l'honneur de Robert Hertzog*, Paris, Economica, 2010, p. 81.

et à la prévention des risques encourus, ainsi qu'à l'analyse des facteurs explicatifs de la dépense et du coût des politiques publiques »[19].

Tout comme celle de contrôle, la notion de gestion publique qu'on peut facilement assimiler à l'exécution du budget a évolué dans le temps. Dans une approche classique, les pays de l'UEMOA qui ont hérité du système français de finances publiques ont expérimenté le modèle de gestion budgétaire par les moyens sur lequel pèsent des reproches, notamment l'absence de lien entre les moyens et les objectifs, surtout le gaspillage des ressources publiques. À l'instar d'autres pays du monde, les États membres de l'UEMOA se sont donc engagés dans une logique de performance qui conduit à une transformation de leurs systèmes financiers[20].

On assiste, pour ainsi dire, selon les termes du professeur BOUVIER, à l'apparition d'une nouvelle rationalité dite gestionnaire ou managériale, entraînant ainsi une hybridation du droit financier[21]. La nouvelle gestion publique fait référence au système de pilotage marqué par la transformation du système de gestion axée sur les moyens au profit d'une gestion par programmes, marquée par la recherche de la performance. L'émergence de ce système de pilotage a pu être considérée par la doctrine comme une révolution qui impliquerait un ensemble plus englobant qu'elle qualifie de nouvelle gouvernance financière[22]. L'idée qui découle du sujet est, bien évidemment, l'impact de la réforme des finances publiques en lien avec les objectifs de développement que poursuivent les États. On comprend dès lors la logique actuelle de gestion qui consiste à privilégier le contrôle a posteriori pour porter plus d'attention sur les résultats attendus, et qui de fait, conduit à accorder une certaine liberté de gestion aux ordonnateurs de crédits.

---

[19] Jean-Luc ALBERT, *Finances publiques,* Paris, Dalloz, 10e éd., 2017, p. 548.

[20] Maxime Bruno AKAKPO, *Démocratie financière en Afrique occidentale francophone*, Cotonou, FES, août 2015, p. 62.

[21] Michel BOUVIER, « Nouvelle gouvernance et philosophie de la loi organique du 1er août 2001 : aux confins du réel et de l'utopie », *RFFP*, n° 68, 2004, p. 11. Voir aussi Michel LE CLAINCHE, « Redevabilité financière et redevabilité managériale : séparation, concurrence ou complémentarité ? », *RFAP*, 2016/4, n° 160, pp. 1093-1107.

[22] Lire CABRI, *La bonne gouvernance financière en Afrique,* Rapport d'activité, 2011, p. 15. André BARILARI et Michel BOUVIER, *La LOLF et la nouvelle gouvernance financière de l'État*, Paris, LGDJ, 2010, 3e éd. ; Jacques CHEVALLIER, « Performance et gestion publique », *in Réformes des finances publiques et modernisation de l'administration…*, *op. cit.*, pp. 83-94. Dominique DARBON, « Réformer ou reformer les administrations projetées des Afriques ? Entre routine anti-politique et ingénierie politique contextuelle », *RFAP*, 2003/1-2 (n° 105-106), pp. 135-152. Lire également Bruno BERART, « Une nouvelle gouvernance des finances publiques », *GFP*, n° 2-3, février-mars, 2013, pp. 15-16.

Cette étude trouve son ancrage dans la mutation des finances publiques impulsée au niveau communautaire[23]. Le nouveau cadre harmonisé des finances publiques, marqué par la philosophie de la gestion axée sur les résultats, a entraîné une mutation dans les missions du contrôleur financier en y introduisant la logique de gestion similaire au management des entreprises privées[24] au point que l'activité de contrôle financier s'en trouve également impactée. Toutefois, le contrôle financier, parfois considéré à tort ou à raison comme un goulot d'étranglement dans la célérité de la procédure de dépense publique, n'est pas aboli. On peut constater que le contrôleur financier est toujours omniprésent dans le processus de décision financière si l'on en croit Nicaise MÉDÉ, puisque ce dernier dispose d'un droit de veto dans l'accomplissement des formalités substantielles des actes d'engagement ou d'ordonnancement[25].

Quel est l'impact de la nouvelle gestion financière sur l'activité, ou du moins, sur les pouvoirs du contrôleur financier ? Autrement dit, le réaménagement normatif du contrôle financier participe-t-il d'une bonne gestion des finances publiques ?

Pour apporter des réponses pertinentes à ces questionnements, la démarche méthodologique s'est voulue à la fois analytique et empirique. Primo, elle s'est appesantie sur une analyse des textes aussi bien nationaux que communautaires pour identifier les mutations qui ont été apportées aux missions du contrôleur financier. Secundo, il fallait, en raison du caractère pratique de la matière, interroger des personnes impliquées dans la gestion financière comme des ordonnateurs, des contrôleurs financiers, des administrateurs de crédits et des comptables publics pour mieux cerner les enjeux de la réforme.

Avec la gestion axée sur les résultats, la mutation du contrôle financier s'imposait, même si actuellement au regard de l'évolution, on peut avoir de bonnes raisons d'exprimer des inquiétudes somme toute légitimes quant à la solidité institutionnelle. Aussi, après avoir montré d'une part que la nouvelle gestion publique impose un contrôle orienté vers la maîtrise des risques **(I),** il convient d'autre part d'admettre que la réalité rend cette mutation incertaine **(II).**

---

[23] Robert HERTZOG, « La mutation des finances publiques… ! », *op. cit.*, p. 270.

[24] Corine EYRAUD, « Une comptabilité d'entreprise pour les États ? Un dispositif de quantification économique soumis à l'analyse sociologique. Le cas français », *La statistique en action*, vol. 43, n° 2, 2011, pp. 91-116. Bernard ADANS, « La comptabilité d'entreprise aura-t-elle raison de la comptabilité publique ? », *GFP*, n°1, 2018, p. 76.

[25] Nicaise MÉDÉ, « Réflexion sur le cadre harmonisé des finances publiques dans l'espace UEMOA », *Afrilex*, janvier 2012, p. 23. Voir aussi Sébastien KOTT, *Le contrôle des dépenses engagées. Évolution d'une fonction*, Paris, CHEFF, 2004, p. 118.

I. UNE MUTATION GUIDÉE PAR LA MAÎTRISE DES RISQUES

À travers l'adoption de la LOLF, qui consacre un meilleur équilibre des pouvoirs et une nouvelle organisation des modes de gestion des affaires publiques, ainsi que la consécration des principes de transparence, de responsabilité et de reddition des comptes, le contrôle financier va voir ses missions s'étendre **(A)** avec comme objectif ultime la performance **(B)**.

A. L'extension des missions

Le nouveau système régissant les finances publiques constitue, à ce titre, un véritable pari de l'innovation/créativité au sein de l'administration publique, et participe à la création d'un nouvel état d'esprit dans le processus de contrôle des finances publiques[26]. Au Burkina Faso, cette vision de la gestion a inspiré la LOLF qui permet désormais au contrôle financier d'évaluer la soutenabilité budgétaire **(1)** et de faire un contrôle physique de la commande publique **(2)**.

1. L'évaluation de la soutenabilité budgétaire

La logique de gestion par les résultats est une conséquence de la LOLF qui se traduit par la décomposition du budget en programmes composant les missions étatiques. Ces programmes contiennent des objectifs et des indicateurs considérés comme stratégiques[27]. Le programme est ainsi vu comme le support, par excellence, de la logique de résultats qui guide actuellement la gestion financière publique.

La gestion financière par la performance trouve son fondement à l'article 14 de la LOLF du Burkina Faso. Dans ce sens, un programme regroupe les crédits destinés à mettre en œuvre une action ou un ensemble cohérent d'actions représentatif d'une politique publique clairement définie dans une perspective de moyen terme. De la sorte, un programme peut regrouper tout ou partie des crédits d'une direction, d'un service, d'un ensemble de directions ou de services d'un même ministère[28]. Selon cette nouvelle approche de gestion financière, les crédits budgétaires sont des moyens mis à la disposition des gestionnaires pour

---

[26] Abdelkrim GUIRI, « La réforme de la comptabilité de l'État. Des enjeux au cœur de la réforme de l'administration », *Revue de la Trésorerie Générale du Royaume*, n° 8, août, 2011, pp. 4-5.

[27] Stéphanie DAMAREY, *Droit public financier*, *op. cit.*, p. 837. Lire aussi Florian MAUGARD, « LOLF et mesure de la performance. Remarques sur la relation ambigüe entre objectifs et indicateurs », *GFP*, n° 11/12, 2014, p. 18-23.

[28] Alinéa 6 de l'article 14 de la LOLF. Lire aussi Katia BLAIRON, « Pouvoirs et contre-pouvoirs en matière budgétaire et financière », *Congrès des Constitutionnalistes*, Paris II, 2008.

réaliser des performances[29]. À chaque programme sont associés des critères de performance qui sont cernés dans les Projets annuels de performance (PAP). En fin de gestion, des Rapports annuels de performance (RAP) sont produits et permettent d'évaluer l'atteinte des objectifs initialement fixés dans les PAP. Dans l'esprit de la LOLF, le contrôle financier est tenu d'apprécier la soutenabilité budgétaire de la performance des programmes financiers et la qualité de la gestion des ordonnateurs.

Aux termes de l'article 90 de la LOLF : « *Tous les actes portant engagement de dépenses ou de nature à exercer des répercussions sur les finances de l'État ou de tout autre organisme public et notamment les décrets pris en Conseil des ministres, les arrêtés, les contrats, les conventions, les instructions, les mesures ou les décisions émanant d'un ministre ou d'un président d'institution constitutionnelle ou d'un fonctionnaire des administrations sont soumis au visa préalable du contrôleur financier. Ces actes sont examinés au regard de l'imputation de la dépense, de la disponibilité des crédits, de l'application des dispositions d'ordre financier, des lois et règlements, de leur conformité avec les autorisations parlementaires, des conséquences que les mesures proposées peuvent avoir sur les finances publiques, de l'existence et de la régularité des pièces justificatives à produire et de la sincérité des propositions de dépenses.* »[30]

Dans ce sens, le contrôle financier doit s'assurer de la couverture des dépenses obligatoires et inéluctables comme les dépenses de personnel et celles relatives à la charge de la dette[31]. Il doit également vérifier la cohérence entre le montant des crédits inscrits dans le document de répartition initiale des crédits et emplois. En outre, dans la mesure où la nouvelle gestion financière est marquée par la vision pluriannuelle des activités[32], le contrôle financier doit mesurer les conséquences budgétaires de la programmation sur les années ultérieures. Il s'agit pour ainsi dire de la mesure de la performance du budget.

Avec le passage du budget de moyens au budget-programme, et donc d'un contrôle strict de régularité à un contrôle de conformité et de performance, le contrôle financier acquiert une nouvelle dimension : celle de contrôle budgétaire,

---

[29] Sasso D. PAGNOU, « Les récentes évolutions de la gestion publique financière au Togo », disponible sur http.//afrilex.u-bordeaux4.fr. Voir également Laurent MERIADE, « Quelle comptabilité publique pour quelle mesure de performance ? », *in* Sébastien KOTT (dir.), *Droit et comptabilité…*, *op. cit.*, pp. 209-225.

[30] Cette mission du contrôle financier est reprise par l'article 29 du décret n° 2017-0182/PRES/PM/MINEFID du 10 avril 2017 portant modalités de contrôle des opérations financières de l'État et des autres organismes publics.

[31] Stéphanie DAMAREY, « Comptabilité et finances publiques », *Management public* (2014), pp. 61-88.

[32] Lire Robert Owono MBALLA, « Émergence de la gestion financière axée sur les résultats et reconnaissance d'une obligation d'exécution intégrale des budgets des administrations publiques en droit CEMAC », *Afrilex,* avril 2016, p. 14.

dont la mission est recentrée sur le contrôle de la soutenabilité et la prévention des risques budgétaires. La soutenabilité, c'est donc la capacité d'un budget à faire face aux dépenses obligatoires et inéluctables de l'année en cours et des années suivantes. Telle est la raison pour laquelle le contrôleur financier doit, en fin d'exercice, transmettre à l'ordonnateur du budget une situation des engagements sur l'année budgétaire suivante, et si nécessaire, les années qui suivent[33]. Elle peut se traduire par des règles de plafonnement nominal des dépenses discrétionnaires ou bien sur une limitation des déficits budgétaires[34].

La gestion des risques est devenue également un enjeu essentiel de la gestion publique au travers de la prise de conscience de l'importance de cette problématique au niveau de chaque acteur. Dans ce sens, le contrôle financier joue un rôle d'avant-garde qui consiste à identifier les risques et à les prévenir. C'est d'ailleurs pour toutes ces raisons que le contrôle financier, « œil du ministère des Finances », suit en permanence l'exécution des opérations budgétaires de l'État et des autres organismes publics afin de prévenir les risques et d'informer le ministre des Finances[35]. À cet effet, la LOLF de même que ses textes d'application exigent que tout projet de mandat, d'ordonnance ou de liquidation avant signature de l'ordonnateur fasse l'objet d'un avis préalable du contrôle financier.

Cet avis préalable permet au contrôle financier d'aviser l'ordonnateur des irrégularités qui peuvent en découler au regard de l'orthodoxie financière. Pour assumer pleinement ce rôle de veille, le contrôle financier s'est donc véritablement muté en contrôle de gestion[36] en ce sens que les textes font obligation aux gestionnaires de lui transmettre périodiquement toutes les situations établies par les services de l'ordonnateur et du comptable relatives aux droits constatés, aux recouvrements effectués, aux dépenses engagées et aux mandatements. Pour lui permettre d'avoir une visibilité plus nette de la

---

[33] Aux termes de l'article 41 du décret n° 2017-0182/PRES/PM/MINEFID du 10 avril 2017 portant modalités de contrôle des opérations financières de l'État et des autres organismes publics : « *À la clôture de l'exercice, le contrôleur financier adresse à l'ordonnateur du budget concerné un relevé détaillé des autorisations d'engagement comportant des engagements sur l'année budgétaire suivante, et le cas échéant, sur les années budgétaires à venir.* »

[34] OCDE, « Perspectives économiques de l'OCDE », *Revue de l'OCDE*, 2002/2, n° 72, pp. 147-167.

[35] Voir l'article 69 du décret portant MCOFE qui prescrit que le ministre des Finances assure le contrôle des actes d'exécution budgétaire des ministères et institutions par le moyen des contrôleurs financiers et des services de paiement.

[36] Voir l'article 138 du décret portant règlement général sur la comptabilité publique qui fait du contrôle financier un service chargé de la comptabilité d'engagement : « *Le contrôleur financier tient un livre des autorisations de dépenses éventuelles. Chaque engagement est enregistré à sa date, sous un numéro de série ininterrompue par budget et par année financière* ». Lire aussi Philippe LATASTE, « Contrôle de gestion dans l'administration d'État : état des lieux et perspectives », *GFP*, n° 314, novembre-décembre 2014, pp. 81-83.

disponibilité des crédits, il reçoit trimestriellement la balance générale des opérations budgétaires et de trésorerie faisant ressortir les disponibilités au niveau du Trésor[37].

Le contrôle financier s'étend aussi au contrôle physique de la commande publique.

2. Le contrôle physique de la commande publique

La modernisation du système de gestion de la commande publique, que connaît la zone UEMOA, est un pan important de la réforme globale du cadre de gestion des finances publiques au sein de l'Union. À ce propos d'ailleurs, soulignait Seynabou SAMB, la réforme des marchés publics et des délégations de services publics au sein de l'UEMOA se veut un appui à la réforme des finances publiques. La passation des marchés étant le moyen par lequel une bonne partie de ces dépenses s'effectue, les réformes budgétaires au sein de l'UEMOA ont inévitablement englobé une réforme des systèmes nationaux de passation des marchés publics et des délégations de service public[38].

Au Burkina Faso, la commande publique est définie par la loi n° 039-2016/AN du 02 décembre 2016 portant règlementation générale de la commande publique article 2.6 comme étant « *toutes les formes d'acquisition de biens, de service ou de prestation de service au profit des collectivités publiques notamment le marché public, la délégation de service public*[39] *ou le partenariat public-privé* »[40]. Le législateur béninois y voit pour sa part l'« *expression employée pour désigner la commande de biens, de services ou de réalisations de travaux par les personnes publiques* »[41]. Cette position semble partagée par la doctrine qui admet que les marchés publics, les délégations de services publics

---

[37] Voir article 33 du décret portant modalités d'exécution des opérations financières de l'État et des autres organismes publics.

[38] Seynabou SAMB, « Le droit de la commande publique en Afrique noire francophone : contribution à l'étude des mutations du droit des contrats administratifs au Sénégal, au Burkina Faso, en Côte d'Ivoire et au Cameroun », thèse de droit, Université de Bordeaux, 2015, p. 124.

[39] Laurent VIDAL, *L'équilibre financier du contrat dans la jurisprudence administrative*, Bruxelles, Bruylant, 2005, p. 1114 et s. ; Jean-Claude DOUENCE, « Le critère financier de la délégation de service public à l'épreuve de la pratique contractuelle », *in Mélanges en l'honneur de Franck Moderne. Mouvement du droit public*, Paris, Dalloz, 2004, pp. 501 et s.

[40] Voir article 2 de la loi n° 039-2016/AN du 02 décembre 2016 portant règlementation générale de la commande publique. Lire André BARILARI, « Commande publique et politiques publiques », *GFP*, n° 3, 2017, pp. 99-103.

[41] Article 1er de la loi n° 2016-24 du 11 octobre 2016 portant cadre juridique de partenariat public-privé en République du Bénin.

et les contrats de partenariat public-privé constituent les trois principaux types de contrats de la commande publique[42].

Du fait de leur importance dans l'appréciation des questions de finances publiques, on ne peut manifestement pas parler de modernisation de la gouvernance financière publique sans une réforme conséquente du régime juridique de passation des contrats de commande publique. C'est dire donc qu'une relation de dépendance « objective » entre la nouvelle gouvernance financière et la commande publique est nécessaire à la bonne marche de la réforme des finances publiques engagée[43].

La LOLF, à travers l'alinéa 7 de l'article 90, donne au contrôle financier le pouvoir d'étendre son contrôle à l'exécution physique de la commande publique. Si au regard des dispositions communautaires régissant ses activités, le visa préalable du contrôle financier est requis pour tout engagement de dépenses des ordonnateurs, notamment les marchés publics et contrats[44], les textes nationaux innovent en prévoyant un contrôle spécifique sur la commande publique.

Aux termes de l'article 60 du décret portant modalités d'exercice du contrôle financier, le contrôle de l'exécution physique de la commande publique s'attache à s'assurer de l'effectivité du service fait, d'une part, et de sa conformité avec les documents contractuels, d'autre part. Dans ce rôle, le contrôle financier joue un véritable suivi de gestion qui lui permet de confronter la réalité avec les documents comptables[45]. À l'image de la logique gestionnaire qui régit la vie des entreprises, la gestion financière publique va emprunter certains outils de pilotage de l'entreprise dont l'une des manifestations trouve son application dans le contrôle physique de la commande publique instauré par le droit financier au Burkina Faso[46]. Le champ de ce contrôle est défini de façon large afin de prendre

---

[42] Adjaï Benjamin AVAMASSE, « La commande publique dans la nouvelle planification financière des collectivités publiques », *in* N. MÉDÉ (dir), *Les nouveaux chantiers des finances publiques en Afrique. Mélanges en l'honneur de Michel Bouvier*, Dakar, L'Harmattan Sénégal, 2019, p. 540. Lire également E. TACHLIAN, « L'efficacité de la catégorisation des contrats de la commande publique », *Civilizar* 9 (17) : 45-64, julio-deciembre 2009, p. 46.

[43] Nicaise MÉDÉ et *al.*, « Défis de cohérence de la réforme du budget axe sur la performance dans l'espace UEMOA », *RAFiP*, n° 8, second semestre 2020, p. 167.

[44] Voir alinéa 2 de l'article 88 de la directive n° 07/2009/CM/UEMOA qui prévoit que : « *Tous les actes des ordonnateurs portant engagement de dépenses, notamment les marchés publics ou contrats, arrêtés, mesures ou décisions émanant d'un ordonnateur, sont soumis au visa préalable du contrôleur financier.* »

[45] Jacques BOURGAULT, « Les réformes budgétaires de type managérial : observations chez quelques précurseurs », *RFAP*, 2006/1, n° 117, p. 69.

[46] Lire Corinne EYRAUD, « Les usages d'une comptabilité d'entreprise pour l'État », *in* Sébastien KOTT (dir.), *Droit et comptabilité…*, *op. cit.*, pp. 194-208. Geert BOUCKAERT, « La réforme de la gestion publique change-t-elle les systèmes administratifs ? », *RFAP*, 2003/1, n° 105-106, pp. 39-54.

en compte toutes les transactions impliquant les administrations. C'est ainsi que l'article 61 du décret vise les acquisitions de matériel et outillage, de fournitures et services, ainsi que les constructions d'ouvrages et d'infrastructures financés sur le financement des administrations publiques. Dès lors qu'une telle opération est régulièrement engagée, le contrôle trouve à s'appliquer, a fortiori lorsque ladite opération est au stade de liquidation.

Pour les besoins du contrôle, le contrôle financier dispose d'énormes pouvoirs lui permettant de vérifier la traçabilité des biens, objet de la commande publique, et l'affectation effective des acquisitions au bénéficiaire réel[47]. Il s'agira pour lui de s'assurer que le présumé destinataire est effectivement le bénéficiaire réel des biens qui ont été commandés afin de se convaincre qu'il y a un besoin réel d'acquérir lesdits biens. En sus, il faut aussi noter que le contrôle financier voit ses prérogatives renforcées avec le droit d'enquête que lui confèrent les textes. Pour s'en convaincre, il suffit de se référer à l'article 63 du décret portant modalités de contrôle des opérations financières de l'État qui prévoit que le contrôleur financier, dans le cadre du contrôle de l'exécution physique de la commande publique, dispose des pouvoirs les plus étendus pour faire des enquêtes. Cette disposition permet au contrôle financier d'user de tous les moyens légaux pour vérifier la sincérité des engagements de dépenses effectuées par les ordonnateurs.

À ce propos, il est intéressant de noter que généralement, les corps de contrôle administratif font usage de mécanismes habituels dans leurs activités[48]. Il peut s'agir du contrôle sur pièces, qui est un moyen de contrôle qui se fait généralement au bureau sur la base des documents dont dispose le contrôleur[49]. Il s'agit simplement de confronter les documents relatifs à l'exécution du budget comme les rapports trimestriels qui lui sont transmis, les rapports de programme, etc.

Le contrôle peut également se faire sur place lorsque le risque est jugé suffisamment grave et, dans ce cas, il va consister pour le contrôle financier à se déplacer sur place pour faire des vérifications[50]. Le contrôle peut se faire de façon

---

[47] Article 62 du décret portant modalités de contrôle des opérations financières de l'État.

[48] Pour les corps de contrôle administratifs, lire Jean-Luc PISSALOUX, « Les inspections générales au sein de l'administration française : structures, fonctions et évolution », *RFAP*, 2015/3 n° 155, pp. 601-622. Jean Michel LEMOYNE DE FORGES, « Le contrôle de l'administration par les inspections ministérielles et interministérielles », *Zbornik radova Pravnog fakulteta u Splitu, god.* 53, 1/2016., str. 33-41.

[49] Le contrôle sur pièces est constitué par l'ensemble des travaux de cabinet au cours desquels l'administration procède à l'examen critique des déclarations à l'aide des renseignements et documents figurant dans les différents dossiers qu'elle détient, et, le cas échéant, établit les redressements ou dégrèvements justifiés.

[50] Marc LEROY, « L'organisation du contrôle fiscal. Une forme "originale" de bureaucratie », *RFSP*, année 1994, 44-5, pp. 811-835.

inopinée, c'est-à-dire que la mission de contrôle peut s'exercer par surprise à l'égard des services de l'ordonnateur, en toute légalité.

En dehors de la vérification, le contrôle financier pourrait, si l'on en croit les textes, user du droit de communication, dont jouissent généralement tous les corps de contrôle administratif, en vertu duquel toute personne susceptible de détenir des informations pouvant lui être utiles doit les communiquer à sa demande[51]. La mutation du contrôle financier qui s'est traduite par la réorientation de sa mission a vu un aménagement de ses missions traditionnelles dans un souci de performance.

B. La quête de la performance

Dès lors que la logique dans laquelle s'insère ce contrôle se modifie, il va sans dire que les procédures de contrôle vont s'arrimer à ce changement. Exigence d'ordre communautaire dans un souci d'adaptation à la logique de performance, les textes nationaux vont aménager le contrôle financier par l'allègement du contrôle a priori **(1),** suivi d'un renforcement du contrôle a posteriori **(2).**

1. L'allègement du contrôle a priori

Principalement considéré comme étant un frein à la performance financière, le contrôle a priori va connaître, dans la nouvelle dynamique, une mutation dans le sens de son allègement au profit d'une certaine liberté des gestionnaires de crédit. Aussi, à la contre-performance financière va être substitué « *un allègement des contrôles a priori traditionnellement exercés sur les dépenses publiques et qui constituent un facteur important dans les lenteurs observées dans l'exécution des programmes et projets publics* »[52].

La dynamique qui émane de la gestion budgétaire axée sur la performance fait dire à Michael RUFFNER qu'il s'agit du « *passage d'un contrôle ex ante à*

---

[51] Voir article 182 du RGCP : « *Le contrôleur financier peut requérir de tout service administratif, la communication de tous documents financiers et comptables nécessaires à l'accomplissement de sa mission* ».

Le droit de communication de l'administration est le droit reconnu à l'administration fiscale de prendre connaissance et, au besoin, copie de documents détenus par des tiers (entreprises privées, administration, établissement et organismes divers...). Nicolas GRANDGUILLAUME, *La théorie générale du contrôle*, Paris, Économica, 1994, 74 pages. Paul TOUZET, « La lutte contre la fraude, action collective et actions spécialisées », *GFP*, 2018, n° 3, pp. 72-79.

[52] Nicaise MÉDÉ et *al.*, « Défis de cohérence de la réforme du budget axée sur la performance... », *op. cit.*, p. 146.

un contrôle ex post »[53]. Cette logique signifie que les contrôles exercés par le contrôle financier devraient être effectués en fonction des risques liés à la nature de la dépense et aux pratiques des ordonnateurs.

La mutation est plus marquée au niveau du contrôle a priori en ce que le nouveau dispositif tranche avec l'ancien par l'abandon total du contrôle exhaustif. En effet, la LOLF, en son article 15, prévoit qu'exceptionnellement, le contrôleur financier adapte dans les conditions définies par la règlementation en vigueur les modalités de mise en œuvre de ses contrôles au regard de la qualité et de l'efficacité du contrôle interne et du contrôle de gestion[54]. De nos jours, la fonction du contrôle financier s'attache avant tout à éviter les risques budgétaires en agissant soit au stade de la prévision, soit en cours d'exécution. Le contrôle a priori devient pour ainsi dire un contrôle sélectif qui ne concerne plus l'exhaustivité des dépenses et des actes ayant une incidence financière sur le budget. Cette exigence d'adaptation du contrôle des opérations budgétaires se traduit par un contrôle sélectif.

L'approche sélective est fondée essentiellement sur l'analyse des risques en remplacement du contrôle exhaustif qui avait cours traditionnellement. L'adaptation du contrôle telle que prescrite par les textes est conditionnée par l'exigence que l'ordonnateur mette en place un système de contrôle interne efficace permettant de s'assurer lui-même de la conformité des opérations budgétaires[55]. Ainsi, la modulation du contrôle, considérée comme une sorte d'allègement dans un souci d'efficacité, se fait selon des modalités précisées par les textes. La règlementation prévoit deux types de dérogation, à savoir, les modulations de base ou de premier niveau et les modalités de second niveau[56].

Conformément à l'article 46 du décret portant modalités de contrôle des opérations financières de l'État, sont considérées comme des dérogations de base au contrôle a priori exercé par le contrôleur financier les exemptions du visa préalable des actes administratifs et des dépenses publiques applicables à tous les ordonnateurs. Les actes administratifs et les dépenses publiques sujets à cette modulation sont, selon les textes, dispensés du visa préalable et d'avis préalable du contrôle financier. Sont donc concernés les actes prévus par l'arrêté n° 2021-

---

[53] Michael RUFFNER, Joaquin SEVILLA, « Modernisation du secteur public : moderniser la responsabilité et le contrôle », *Revue de l'OCDE sur la gestion budgétaire*, n° 2, 2004, p. 142.

[54] Voir les articles 42 du décret portant modalités de contrôle des opérations financières de l'État et 185 du règlement général sur la comptabilité publique. Lire Michel BOUVIER et *al.*, *Finances publiques*, Paris, LGDJ, 2014, 13e éd., p. 474.

[55] Nicolas GASNIER-DUPARC et Brigitte VAIRA BETENCOURT, « Le contrôle interne : outil de gestion des risques et levier de performance. Enjeux et spécificité de sa mise en œuvre », *GFP*, n° 9/10, sept. 2014, pp. 34-43.

[56] Voir article 45 du décret portant modalités de contrôle des opérations financières de l'État et des autres organismes publics.

001/MINEFIF/SG/DG-CMEF du 15 janvier 2021 portant dérogations au contrôle a priori des actes administratifs et modalités de mise en œuvre. Au total, une vingtaine d'actes administratifs ont été identifiés et exemptés de visa préalable. Il s'agit pour l'essentiel des actes relatifs à la carrière des agents publics. On peut également adjoindre à cet acte règlementaire un second arrêté relatif à certaines opérations dont la liste est fournie par l'arrêté n° 2021-119/MINEFID/SG/DGCMEF du 04 mars 2021 portant dérogation de base au contrôle a priori des dépenses publiques et modalités de mise en œuvre[57].

En outre, le même arrêté prévoit qu'en raison de l'exemption, la responsabilité du contrôleur financier ne saurait être engagée pour cette catégorie d'actes[58]. Pour le moment, seuls les actes administratifs exemptés sont connus, les dépenses publiques ne faisant pas encore l'objet d'un texte. On peut tout de même retenir, au regard des actes dispensés du visa préalable, qu'il s'agit là d'actes n'entraînant pas une incidence financière sensible sur le budget.

Pour les dérogations de second niveau, le contrôle se fait par ordonnateur en tenant compte de la qualité du contrôle interne et du contrôle de gestion[59] mis en place. La modulation n'intervient qu'après la détermination de la qualité du contrôle interne et du contrôle de gestion de l'ordonnateur. La qualité du contrôle interne et du contrôle de gestion mis en place par chaque ordonnateur est déterminée après une évaluation réalisée suivant des critères prédéfinis. Cette évaluation donne lieu à la gestion des ordonnateurs par catégorie. Les critères d'évaluation et les modalités de classification des ordonnateurs sont précisés par arrêté du ministre en charge des Finances. Un ordonnateur peut, en plus des dérogations de base, bénéficier de dérogations de second niveau s'il satisfait à l'évaluation, ces modulations étant fonction de la catégorie de sa gestion. Les opérations qui font l'objet de dérogation ou de modulation de base ou de second niveau sont exemptées des points de contrôle du contrôleur financier.

---

[57] L'article 3 cite comme opérations concernées : « *l'approvisionnement et le renouvellement des caisses de menues dépenses ; les dépenses publiques d'un montant inférieur à un million (1000 000) de FCFA à engager au nom du bénéficiaire réel ; les dépenses publiques liées aux prestations à prix règlementés ; les frais de cercueil et d'inhumation ; les paiements des loyers avec un contrat de bail régulier ; les déblocages et subventions assortis d'un arrêté conjoint au profit des collectivités territoriales ; les transferts de ressources aux collectivités territoriales en accompagnement des compétences transférées assortis d'un arrêté interministériel de répartition et les déblocages des droits de tirage du fonds permanent pour le développement des collectivités territoriales assortis d'un arrêté conjoint de répartition au profit des collectivités territoriales* ».

[58] Voir les articles 79 à 96 du décret portant modalités de contrôle des opérations financières de l'État. Lire Séni Mahamadou OUEDRAOGO, « L'évolution de la responsabilité du contrôleur financier dans la gouvernance financière en Afrique de l'Ouest : le cas du Burkina Faso », *op. cit.*, pp. 9-38.

[59] Lire le thème de la rentrée judiciaire 2019-2020 intitulé « Le contrôle interne et externe des finances publiques au Burkina Faso : quelles implications pour la Cour des comptes ? ».

La nouvelle vision de la gouvernance financière, dont la primauté est accordée aux résultats au détriment des moyens, implique une plus grande autonomie accordée au responsable de programme dans sa liberté de gestion. Cela va dans le sens d'une responsabilisation des ordonnateurs et des responsables de programme, qui doivent pouvoir être jugés au titre des résultats de leur gestion.

Il faut tout de même noter que les opérations exécutées par voie de dérogation ou de modulation font l'objet de contrôle a posteriori dont le schéma a évolué en se renforçant avec la mise en œuvre de la LOLF.

2. Le renforcement du contrôle a posteriori

Pour trancher avec le mode traditionnel de contrôle fondé sur la régularité de la dépense et pour s'adapter à la nouvelle gestion publique[60], le contrôle a posteriori qui existe depuis longtemps va connaître une évolution avec le schéma institué par la LOLF et ses textes d'application.

Historiquement, il faut noter que le contrôle a posteriori a précédé celui a priori. En effet, dans sa *Théorie générale du contrôle*, Nicolas GRANDGUILLAUME considère le contrôle comme devant intervenir après l'action, il s'agit du contrôle dit a posteriori. « *Un contrôle, par construction, se fait sur le passé ou sur le présent passé. Il n'est pas tourné vers l'action, la décision. Et le contrôleur ne peut se substituer au contrôlé, il n'a pas de pouvoir d'ordonner, de décider, de diriger.* »[61] Dans ce schéma de contrôle a posteriori, l'interaction du contrôle sur l'action existe pourtant du fait de la « vertu pédagogique » qui lui serait inhérente.

Les déviances observées sont mises en exergue et dûment signifiées aux décideurs. Elles ne doivent plus se renouveler. Ce type de contrôle trouve donc une limite pratique : hormis la crainte de la sanction, il est inopérant sur l'action en cours et ne peut empêcher son accomplissement, quelles que soient ses conséquences. Ces raisons ont poussé à la naissance du contrôle dit a priori qui

---

[60] Voir Jens Kromann KRISTENSEN, Walter S. GROSZYK et Bernd BÜHLER, « L'élaboration et la gestion des budgets centrées sur les résultats », *Revue de l'OCDE*, volume 1, n° 4, 2002, p. 1. Pour eux, on peut définir un système de gestion publique à l'aide d'un certain nombre de critères : il peut s'agir, par exemple, de sa conception des facteurs qui influent sur le comportement humain, de ses principaux objectifs et valeurs, de la répartition des obligations et des responsabilités ou de ses structures d'application. Toutefois, en prenant consciemment le risque de simplifier, on peut également décrire les systèmes de budgétisation et de gestion en fonction du poids qu'ils donnent aux coûts, intrants, procédures, produits et résultats, ainsi qu'aux mesures correspondantes de la réalisation, c'est-à-dire l'effectivité, l'efficacité, l'économie et le rendement des ressources.

[61] Nicolas GRANDGUILLAUME, *La théorie générale du contrôle*, *op. cit.*, p. 53.

deviendra le « contrôle financier », au sens strict, en tant que mission : le contrôle des dépenses engagées[62].

Mais avec la logique gestionnaire qui est assise sur une philosophie de dialogue et de collaboration[63] reposant sur le postulat de la responsabilisation des acteurs de la chaîne de dépense, le contrôle a posteriori va occuper à nouveau le champ de l'action financière au regard du procès fait au contrôle a priori comme étant un mécanisme qui, au fil des années, a contribué à alourdir et à ralentir la machine administrative. Ainsi, même s'il peut, en raison de son caractère anticipateur, contribuer à prévenir des erreurs et des abus, le développement des avis, visas et formalités préalables a fini par devenir un inconvénient majeur à la bonne exécution des dépenses publiques.

Cette responsabilisation des acteurs conduit pour ainsi dire à mettre plus l'accent sur le contrôle a posteriori en compensation de la modulation du contrôle a priori. Telle est la logique qui découle de l'article 53 du décret portant modalités de contrôle des opérations financières de l'État, qui précise que le contrôleur financier exerce, en compensation de la modulation de son contrôle a priori, un contrôle a posteriori. Ce contrôle peut être exhaustif ou être effectué par sondage. En vue de faciliter ce contrôle, les ordonnateurs sont tenus de lui transmettre trimestriellement la situation d'exécution des opérations exemptées du visa préalable. C'est dire, au regard des actes exemptés que dans l'esprit de la LOLF, que seuls les actes et dépenses qualifiés de « sensibles » font désormais l'objet d'un avis préalable[64].

Les opérations sont examinées au regard de leur légalité, de leur régularité et de la sincérité des prix par rapport à la mercuriale des prix ou tout autre référentiel des prix homologué par le ministre en charge des Finances et suivant les mêmes points de contrôle qu'en matière de contrôle a priori. Le contrôle a posteriori des opérations dispensées du contrôle a priori s'effectue annuellement, au plus tard à la fin du dernier trimestre. Le contrôleur financier dresse, à l'occasion de son contrôle a posteriori, un rapport sur la situation d'exécution des opérations dispensées du contrôle a priori.

Les contrôleurs financiers adressent leurs rapports de contrôle a posteriori aux ordonnateurs concernés et au directeur de la structure en charge du contrôle financier qui procède à leur consolidation. Le rapport consolidé est transmis au

---

62 Sébastien KOTT, *Le contrôle des dépenses engagées. Évolution d'une fonction*, CHEFF, 2004, 543 pages.

63 Damien CATTEAU, « Le principe de la séparation des ordonnateurs et des comptables structure-t-il toujours le système comptable de comptabilité publique français ? », *in* Sébastien KOTT (dir.), *Droit et comptabilité…*, *op. cit.*, pp. 79-90.

64 Lire Michel BOUVIER et *al.*, *Finances publiques*, *op. cit.*, p. 471. Lire Marc SIMMONY et Patrick DELAGE, « Le contrôle budgétaire des administrations de l'État », *GFP*, n° 2, février-mars 2013, pp. 75-77.

ministre en charge des Finances et à l'Autorité supérieure de contrôle d'État et de lutte contre la corruption. Les résultats de ce contrôle a posteriori peuvent donner lieu à un réajustement de la liste des opérations exemptées du contrôle a priori[65].

En réalité, le contrôle a posteriori doit porter, en principe, sur les actes et dépenses exemptés d'avis et de visa préalable. Ce contrôle s'inscrit dans le cadre d'une lutte contre les dépassements de crédits. Son rôle est de circonscrire l'exécution budgétaire en son cadre, le budget au sens formel. Il concourt au renforcement de la démocratie financière qui s'est à chaque fois matérialisée par les formalités préalables. La nouvelle gestion financière soumise à l'autonomie des ordonnateurs a conduit à placer le ministre des Finances dans une situation assez délicate au regard de la volonté du législateur qui est d'atténuer la trop grande soumission des autres ministres et ordonnateurs à l'autorité de ce dernier.

Par-là, le Parlement a pu réduire le champ du contrôle a priori, même si les actes exemptés de visa préalable restent des actes sans trop grande incidence financière, mais constituent généralement des actes inéluctables se rattachant à la carrière des agents ainsi que ceux relatifs à des dépenses de moindre importance.

Aujourd'hui, la mission du contrôle financier n'est plus centrée sur la vérification de la régularité des actes ayant une incidence financière sur le budget de l'État. Elle s'est transformée pour conquérir une position lui permettant de prémunir le budget contre les risques, soit au stade de la prévision, soit au stade de l'exécution, avec pour souci majeur : l'efficacité[66].

Toutefois, en dépit de la volonté du législateur, la réalité affiche une mutation incertaine.

II. UNE MUTATION INCERTAINE DES MISSIONS DU CONTRÔLE FINANCIER

L'introduction dans la sphère publique de la logique de gestion est le socle même du changement de la logique de contrôle qui se veut un contrôle partenarial fondé sur un dialogue et une collaboration entre les acteurs avec une liberté des ordonnateurs, gage d'une exécution budgétaire efficiente et efficace.

---

[65] Voir l'article 185 du règlement général sur la comptabilité publique et article 91 de la directive n° 07/2009/CM/UEMOA portant règlement général sur la comptabilité publique au sein de l'UEMOA.

[66] Gilbert ORSONI, « Les finances publiques à la recherche de leur identité », *RFFP*, n° 133, février 2016, p. 4.

Le nouveau dispositif établi par la LOLF et inspiré de la volonté du législateur communautaire présente une double facette, celle d'être une réforme inachevée **(A),** mais également instable **(B).**

A. Une réforme inachevée

Avec la nouvelle gestion publique, le législateur s'est voulu magnanime envers l'ordonnateur en lui accordant une certaine liberté de gestion, mais avec un mécanisme d'autocontrôle qui, pour le moment, n'est pas opérationnel **(1).** En outre, l'inertie du contrôle a priori à travers les comptables **(2)** n'a pas fondamentalement bouleversé la philosophie du contrôle.

1. La non-opérationnalité du système d'autocontrôle

Dans un système de gestion axée sur les résultats, l'existence d'autocontrôles permettant de s'assurer de l'atteinte des objectifs est simplement logique et naturelle. Dans la logique gestionnaire actuelle calquée sur le mode de gouvernance privé avec des méthodes empruntées au management des entreprises, l'ordonnateur s'est vu accorder une certaine autonomie de choix dans les actes qu'il peut poser sans que cela puisse être censuré par le contrôle financier selon la logique traditionnelle[67].

Les contrôles financiers publics tendent de nos jours à se rapprocher dans leur nature des contrôles en vigueur dans le monde des entreprises. On assiste par conséquent à la mutation d'une logique classique dans laquelle le contrôle était exclusivement centré sur la régularité, la sincérité et la légalité, vers une logique nouvelle dans laquelle son dessein prioritaire est l'efficacité de la gestion. Il faut tout de même convenir avec le doyen BOUVIER que ce rapprochement avec les contrôles en vigueur dans le monde des entreprises ne résulte pas d'un quelconque volontarisme, mais des dispositifs sur lesquels repose la nouvelle gestion publique, dispositifs qui induisent nécessairement des contrôles financiers publics différents dans leur nature et leur finalité des contrôles traditionnels[68].

Tel est le sens de l'alinéa 2 de 15 l'article de la LOLF qui prescrit que les modalités de mise en œuvre des contrôles budgétaires et comptables tiennent

---

[67] Il existe différents types de catégories de contrôle des finances publiques : la catégorie basée sur le critère du moment de contrôle (contrôle a priori, contrôle en cours d'exercice budgétaire, contrôle a posteriori) ; la catégorie suivant le critère de l'organe de contrôle qui est la catégorie retenue par le cadre harmonisé de 2009 (contrôle interne, contrôle externe) ; et la catégorie relative au critère de la finalité du contrôle (contrôle de conformité, contrôle de performance, et le contrôle d'opportunité).

[68] Lire Michel BOUVIER et *al.*, *Finances publiques*, *op. cit.*, p. 466.

compte tant de la qualité et de l'efficacité du contrôle interne que du contrôle de gestion pour chaque programme[69].

Le contrôle interne en matière budgétaire et comptable peut se concevoir comme un mécanisme qui « *regroupe des procédures et des processus internes destinés à maîtriser un ensemble de risques* »[70], la finalité étant de « *fournir une assurance raisonnable quant à la bonne réalisation des opérations, à la fiabilité des informations et au respect de la règlementation* »[71]. Le contrôle interne selon l'INTOSAI « *est un processus intégré mis en œuvre par les responsables et le personnel d'une organisation et destiné à traiter les risques et à fournir une assurance raisonnable quant à la réalisation, dans le cadre de la mission de l'organisation des objectifs généraux suivants : exécution d'opérations ordonnées, éthiques, économiques, efficaces et efficientes ; respect des obligations de rendre compte ; conformité aux lois et règlementations en vigueur ; protection des ressources contre les pertes, les mauvais usages et les dommages* »[72].

Vu sous cet angle, le contrôle interne assure principalement auprès des responsables opérationnels un rôle de conseil, d'alerte et d'assistance, veille au respect des procédures et évalue les risques internes et externes[73]. La réforme du contrôle telle qu'envisagée par l'allègement du contrôle a priori permet ainsi à l'ordonnateur de s'entourer de toutes les garanties permettant d'anticiper les risques. Le contrôle financier qui s'attache désormais avant tout à éviter les risques budgétaires doit être facilité par le contrôle interne dont la qualité doit être appréciée afin d'être dédouané du visa préalable systématique.

Le contrôle de gestion est quant à lui perçu comme « *un système de pilotage mis en place par un responsable de programme en vue d'améliorer le rapport entre les moyens engagés et soit l'activité développée, soit les résultats*

[69] Art. 91 de la directive n° 07/2009/CM/UEMOA du 26 juin 2009 portant règlement général sur la comptabilité publique. Cette disposition est reprise par l'article 180 du décret n° 598/PRES/PM/MINEFID du 08 juillet 2016.

[70] Lire Michel BOUVIER et *al.*, *Finances publiques*, *op. cit.*, p. 475. Voir également Cheickna TOURÉ, « Le système de contrôle des finances publiques au Mali », *Afrilex* n° 4, pp. 155-160.

[71] FONDAFIP – Association pour la fondation internationale de finances publiques –, rapport pour une conceptualisation du contrôle interne dans la gestion financière de l'État, 2010, téléchargeable sur www.fondafip.org.

[72] Voir Guide d'exécution du budget-programme, volet Dépense publique établi par le ministère de l'Économie, des Finances et du Développement au Burkina Faso, avril 2017, p. 15.

[73] Selon le professeur PEKASSA NDAM, le responsable de programme exerce un contrôle de gestion qui vise à maîtriser les activités pour que les résultats attendus soient réalisés. Lire PEKASSA NDAM (G. M.), « La dialectique du responsable de programme en finances publiques camerounaises : recherche sur les nouveaux acteurs budgétaires », *in* N. MÉDÉ (dir.), *Les nouveaux chantiers de finances publiques en Afrique…*, *op. cit.*, pp. 303-312.

obtenus »[74]. Le contrôle de gestion est un mécanisme clé dans le dispositif de pilotage de la performance. Dispositif central dans le processus de gestion du budget-programme, ses activités sont aussi importantes dans la phase de préparation que d'exécution[75]. Au cours de la phase d'exécution, le contrôleur de gestion a la responsabilité principale de collecter, traiter et commenter les informations les plus pertinentes de mise en œuvre de tous les programmes dans une optique de prise de décisions stratégiques par l'ordonnateur principal dans la conduite des actions vers les résultats.

Pour ainsi dire, il faut retenir que le contrôle de gestion permet de mesurer la performance avec pour souci premier de rationaliser la dépense publique, voire d'en réduire le montant, si possible.

Le contrôle permet ainsi de légitimer la dépense publique en permettant d'identifier les voies d'amélioration et d'optimisation dans le fonctionnement des services administratifs. Or, comme le pense Stéphanie DAMAREY, l'optimisation de la dépense publique se présente comme incontournable dans toute société démocratique[76]. Pour Didier MIGAUD, il est indéniable que « *sans dépense publique efficace, la légitimité de l'impôt s'efface et le consentement au prélèvement s'effrite* »[77].

Au Burkina Faso, la mise en œuvre du budget-programme à travers la réforme du contrôle financier stagne toujours dans la mesure où le contrôle interne et le contrôle de gestion, qui étaient censés en quelque sorte réduire les pouvoirs du contrôle financier, se font toujours attendre. En dehors de certains établissements publics administratifs et projets ou programmes de développement qui expérimentent ces nouveaux mécanismes, les ministères sectoriels et les institutions continuent de dépendre largement des autorisations préalables du contrôleur financier.

En somme, l'absence des mécanismes internes de contrôle va plutôt dans le sens d'un renforcement du contrôle financier ; ce qui met à mal la philosophie de la nouvelle gestion publique. Il en est de même du contrôle opéré par les

---

[74] Michel BOUVIER, *Finances publiques*, *op. cit.*, p. 474.

[75] P. G. SOROK A BOL, « L'apport de la nouvelle comptabilité à la gestion des finances publiques au Cameroun », *RAFiP*, n° 5, 1er semestre 2019, p. 24, « *Le contrôle de gestion est un système de pilotage mis en place par un responsable dans son champ d'attributions en vue d'améliorer le rapport entre les moyens engagés (y compris les ressources humaines) et soit l'activité développée, soit les résultats obtenus dans le cadre déterminé par une démarche stratégique préalable ayant fixé des orientations.* »

[76] Stéphanie DAMAREY, *Droit public financier*, 2017, *op. cit.*, p. 836.

[77] Didier MIGAUD, *Audience solennelle de rentrée de la Cour des comptes*, 22 janvier 2018, p. 95.

comptables sur les actes des ordonnateurs avant tout paiement, qui traduit toujours la survivance du contrôle a priori.

2. Le contrôle a priori des comptables publics

Qu'il s'agisse de percevoir les recettes ou d'exécuter les dépenses, les comptables sont juridiquement astreints à contrôler la régularité des actes qui leur sont transmis par les ordonnateurs sur la base du principe classique de la séparation des fonctions d'ordonnateur et de comptable.

Ce principe reposait sur l'idée d'une séparation stricte et strictement sanctionnée d'ailleurs par la procédure de gestion de fait. L'idée maîtresse de la séparation des ordonnateurs et des comptables résidait dans le fait que le comptable public est le gardien de la régularité des opérations concernant les deniers publics, les textes prenant soin d'ailleurs d'encadrer les situations conflictuelles[78] pouvant découler de l'exercice de cette mission. Pourtant, si le principe et toutes ces dimensions demeurent, il est incontestable que le renouveau des finances publiques a introduit une nouvelle philosophie qui repose désormais sur une démarche de collaboration des acteurs[79].

Dans la nouvelle gestion financière, la mission du contrôle des ordonnateurs par les comptables devrait en principe, avec l'idée de responsabilisation et d'autonomisation, aller dans le sens d'un allègement. La LOLF, inspirée par les directives communautaires, établit une nouvelle conception du contrôle des ordonnateurs par les comptables. Il en est ainsi avec la mise en place d'un contrôle hiérarchisé de la dépense, qui n'est plus un contrôle exhaustif systématique, mais un contrôle sélectif qui intervient en fonction des risques liés à la nature de la dépense et aux pratiques des ordonnateurs[80]. Le contrôle hiérarchisé de la dépense, qui permet au comptable de moduler son contrôle en fonction des risques et des éventuelles défaillances[81] de l'ordonnateur, aboutit à

---

[78] Jean Raphaël ALVENTOSA, « Les nouvelles modalités du contrôle des services », *RFFP*, n° 82, 2003, p. 67. M. Abdelmjid BOUTAQBOUT, « Le contrôle administratif des finances des collectivités territoriales au Maroc », *in Les nouveaux chantiers des finances publiques*, *op. cit.*, p. 85. Christian MICHAUT, « La réforme comptable publique locale : vers la simplification annoncée ou une complexité accrue ? », *RFDA*, 2020, p. 1006.

[79] Damien CATTEAU, « Le principe de séparation des ordonnateurs et des comptables structure-t-il toujours le système de comptabilité publique français ? », *in* Sébastien KOTT (dir.), *Droit et comptabilité…*, *op. cit.*, p. 83. Lire également Cédric GUILLERMINET, « La nouvelle fonction comptable de l'État ou le devenir du principe de séparation des ordonnateurs et de comptables publics », Thèse de doctorat, Montpellier I, 2009, p. 833.

[80] Michel BOUVIER et *al.*, *Finances publiques*, *op. cit.*, p. 473.

[81] Jean BASSERES, « Le contrôle hiérarchisé de la dépense », *RFFP*, n° 89, 2005, p. 164.

passer d'une logique de méfiance à une logique de confiance[82] et indiscutablement, à une collaboration des acteurs dans la fiabilisation des opérations.

Telle est la vision qui ressort de l'alinéa 3 de l'article 15 de la LOLF qui prescrit que « *les modalités de mise en œuvre des contrôles budgétaires et comptables prévus par la présente loi organique ainsi que par les décrets portant règlement général sur la comptabilité publique et modalités de contrôle des opérations financières de l'État et des autres organismes publics tiennent compte tant de la qualité et de l'efficacité du contrôle interne que du contrôle de gestion pour chaque programme* ». Il s'agit là de la fiabilisation des opérations et des comptes dont la qualité relève à la fois des comptables et des ordonnateurs[83].

Le contrôle comptable est aussi qualifié de « contrôle partenarial » en raison de ce que le comptable est, aux yeux de la LOLF, chargé de s'assurer de la sincérité des enregistrements comptables et du respect des procédures. Le comptable doit pour ainsi dire s'assurer de la qualité des comptes dès leur origine, c'est-à-dire dès la comptabilité des engagements qui est tenue chez l'ordonnateur ou le gestionnaire. C'est à ce titre que l'article 17 du règlement général sur la comptabilité publique prescrit que « *les actes d'engagement, de liquidation et d'ordonnancement des ordonnateurs sont retracés dans la comptabilité budgétaire permettant de suivre le déroulement des opérations budgétaires et d'effectuer le rapprochement avec les écritures des comptables publics* ».

De même que la permanence de l'ordonnateur met le gestionnaire de programme en situation ambiguë, celle du comptable n'en est pas moins une entrave. Le comptable public, l'autre acteur de la chaîne d'exécution et collaborateur du responsable de programme, semble bien positionné comme un « gendarme », alors qu'il devrait être un partenaire de gestion managériale.

Sclérosé dans la marotte d'un contrôle de régularité et de légalité, le comptable, du moins, le contrôle budgétaire et comptable, n'est pas un catalyseur de l'efficacité des actions du responsable de programme dans l'exécution de son programme[84].

---

[82] *Ibid.*, p. 160. Le contrôle hiérarchisé peut se définir comme un contrôle par échantillonnage visant à porter les contrôles sur des opérations présentant des risques et des enjeux financiers. Lire Gilles DESHAYES, « Le contrôle hiérarchisé de la dépense », *GFP*, n° 11/12, novembre 2014, pp. 84-87.

[83] Alexandre EVIN-LECLERC, « Fiabilisation de l'information comptable et financière et certification des comptes des collectivités territoriales : méthodologie pour une démarche structurante d'amélioration de la fonction finance au sein du bloc local », *GFP*, 2017/1 (n° 1), pp. 48-56.

[84] Nicaise MÉDÉ et *al.*, « Défis de cohérence de la réforme du budget axé sur la performance… », *op. cit.*, p. 149.

L'article 26 de la directive portant règlement général sur la comptabilité au sein de l'UEMOA explicite les contrôles que les comptables « *sont tenus d'exercer* », avant de régler toute dépense exécutée par un ordonnateur. Cette même disposition est reprise par le décret portant règlement général sur la comptabilité générale en son article 34 qui n'est qu'une émanation de l'article 66 de la LOLF. Despotique et mécanique, le contrôle traditionnel du comptable peut constituer une « *pierre d'achoppement* »[85] à la flexibilité putative des compétences du responsable de programme. Tout contrôle non concluant donne lieu à un refus de visa de la part du comptable.

Il faut noter qu'en réalité, dans la pratique, les arrangements à l'interne en ce qui concerne les fonctionnalités ne suivent pas. Le comptable public doit toujours vérifier avant de payer et le visa du contrôleur est un de ses points de vérification.

Cette situation, quoique préventive, remet en cause la liberté du responsable de programme dans l'allocation des ressources pour la mise en œuvre du programme. Les ordonnateurs se trouvent ainsi face à la résilience du comptable public et risquent d'être moins performants, en présentant des résultats inefficaces dans le délai approprié.

Il s'agit là d'un contrôle a priori qui est exercé avant tout paiement par le comptable et dont le non-respect peut engager sa responsabilité qui peut être à la fois pécuniaire, civile et pénale. En réalité, dans le fond, le contrôle exercé par le comptable public sur l'ordonnateur n'a pas fondamentalement évolué en tant que tel. On se trouve là en face d'une situation qui contrarie la liberté de gestion des ordonnateurs[86] d'autant plus que dans le cadre du contrôle de la régularité des pièces justificatives de dépenses, les comptables sont habilités à réclamer aux ordonnateurs des certificats administratifs ou des pièces justificatives complémentaires[87].

L'idée qui a sous-tendu la réforme était d'instituer une plus grande responsabilisation et une autonomisation des gestionnaires de crédit pour espérer atteindre les résultats escomptés. Toutefois, avec l'inachèvement du système de contrôle interne et la présence toujours accrue du contrôle a priori exercé par le comptable, nous sommes loin de la logique qui anime la culture de la performance au point que la mutation reste tout de même instable.

---

[85] Nicaise MÉDÉ, « Réflexion sur le cadre harmonisé des finances publiques… », *op. cit.*, p. 24.

[86] Lire Marie-Christine ESCLASSAN, « Un phénomène international : l'adaptation des contrôles financiers à la nouvelle gestion publique », *RFFP*, n° 101, 2008.

[87] Article 98 du décret n° 2016-598/PRES/PM/MINEFID du 08 juillet 2016 portant règlement général sur la comptabilité publique.

B. Une mutation instable

Les difficultés ne peuvent pas manquer tant il est vrai que la transformation est naissante et tout changement nécessite un temps d'adaptation. Aussi faut-il envisager cette instabilité en lien avec l'ancrage difficile de la culture de performance **(1)** et au formalisme qui caractérise toujours la procédure de contrôle **(2)**.

1. Le difficile ancrage de la culture de performance

L'évolution de la culture financière publique vers un rapprochement avec la culture financière de l'entreprise qui se poursuit au sein des administrations publiques trouve sa source dans une certaine perception de la vie, un mode de vie, c'est-à-dire une culture ancrée dans les mœurs des États anglo-saxons depuis longtemps à travers le *New Public Management.*

Fondé sur des principes et théories d'origines diverses des sciences économiques, *management*, *public choice*, notamment, le *New Public Management* est né au début des années 1980 au Royaume-Uni et en Nouvelle-Zélande, et s'est déployé ensuite dans la plupart des pays de l'OCDE dont les États-Unis, le Canada, l'Allemagne, la France, les Pays-Bas, sans oublier la Belgique, avec son plan Copernic de modernisation de l'Administration fédérale. Le *New Public Management* ne s'est pas imposé partout avec la même intensité, mais a imprégné, à des degrés différents, la culture des administrations publiques de ces pays[88].

L'idée principale du *New Public Management* est que le secteur public, organisé selon les principes de la bureaucratie wébérienne, est inefficace, et qu'il est souhaitable de transposer dans le secteur public les méthodes de gestion du secteur privé. À la rigidité d'une administration bureaucratique centralisée, focalisée sur son propre développement, le *New Public Management* oppose un secteur public reposant sur les trois E : « Économie, Efficacité, Efficience », capables de répondre à moindre coût aux attentes des citoyens, désormais devenus des clients. Dans cette logique, la préoccupation traditionnelle de régularité, de vérification de conformité à la norme qui avait été jusqu'à présent le socle des contrôles financiers publics est en train d'être supplantée par une préoccupation d'efficacité et de performance.

---

[88] Béatrice VAN HAEPEREN, « Que sont les principes du New Public Management devenus ? Le cas de l'administration régionale wallonne », *Reflets et perspectives de la vie économique*, 2012/2 (tome LI), pp. 83-99.

La gestion performancielle des finances publiques se nourrit fondamentalement aux sources comportementales de la confiance. En effet, la gestion participative par objectifs ou résultats[89] repose sur la promesse faite aux individus que la réalisation de leurs aspirations personnelles pourra se faire dans le cadre de la performance organisationnelle. Pour GÉLINIER, par exemple, les clés d'une telle gestion participative sont l'aptitude à découvrir et à innover, l'adaptation à la concurrence et la confiance.

Pour réussir une telle gestion, « *il faut être pénétré d'une profonde confiance dans les ressorts de la nature humaine, dans son aptitude à découvrir des solutions utiles et à tirer enseignement de l'expérience* »[90]. La planification participative pluriannuelle en est ainsi un outil lorsqu'elle parvient à arrimer les attentes sur le futur avec les actions au présent en créant ainsi « *la confiance collective dans l'avenir (qui) garantit le présent de la communauté et la rend possible* »[91]. Sur la base de ces attributs de la confiance, la nouvelle gestion financière publique va reposer sur des postulats simples : faire confiance aux responsables, en allégeant « *les contrôles a priori traditionnellement exercés sur les dépenses publiques et qui constituaient un facteur important dans les lenteurs observées dans l'exécution des programmes et projets publics* »[92]. En contrepartie de cette mise de confiance, l'accent est mis « *sur un contrôle a posteriori mieux organisé et renforcé qui permettrait, à terme, de limiter les contrôles a priori au profit des contrôles a posteriori* »[93] ; en tout cas, c'est ce qui ressort de la philosophie de la LOLF, dont la mise en œuvre se matérialise par le budget-programme[94].

Cette culture de la performance d'essence anglo-saxonne saurait être transposée trait pour trait à toutes les sociétés notamment les sociétés africaines. C'est justement ce modèle qui a été mis en œuvre dans un premier temps par des États précurseurs comme la Nouvelle-Zélande, l'Australie, le Canada, le

---

89 Geert BOUCKAERT, « Un nouvel examen de la mesure de performance dans le secteur public », *Téléscope, Revue d'Analyse Comparée en Administration Publique*, 2005, vol. 12, n° 3, pp. 12-25.

90 Alain PEYREFITTE, *La société de confiance*, Paris, Odile Jacob, 1995, p. 383.

91 Lucien GILLARD, « Un cas de construction sociale de la confiance : les lettres de change dans les foires de Lyon au XVIe siècle », *La construction sociale de la confiance*, Paris, Montchrestien, 1997, p. 153.

92 Nicaise MÉDÉ et *al.*, « Défis de cohérence de la réforme du budget axé sur la performance… », *op. cit.*, p. 143.

93 Sylvie TROSA, « La loi organique relative aux lois de finances (LOLF) : contrôle ou liberté ? », *RFAP*, 2006/1, n° 117, pp. 57-68.

94 Robert Owono MBALLA, « Émergence de la gestion financière axée sur les résultats et reconnaissance d'une obligation d'exécution intégrale des budgets des administrations publiques en droit CEMAC », *op. cit.*, p. 14.

Royaume-Uni, les Pays-Bas, le Danemark, la Finlande, avant de pénétrer la France[95].

L'expérience anglo-saxonne de la gestion budgétaire par la performance a beaucoup inspiré le législateur organique français dans la conception et la rédaction de la LOLF française de 2001. Mais une différence majeure entre ces pays européens réside dans le socle de confiance sur lequel fonctionne l'administration. Alain PEYREFITTE, en opposant le mercantilisme français aux mercantilismes anglais et hollandais, relève le fait que la défiance soit dans le premier une maxime de gouvernement alors que dans le deuxième, la confiance au négoce était de mise[21]. La France semble être caractérisée par la défiance ascendante et descendante dans la vie publique et l'aménagement des institutions et des mécanismes publics à l'avenant.

Le nouveau cadre harmonisé des finances publiques au sein de l'UEMOA est fortement imprégné de la dynamique française.

Les pays membres de l'UEMOA, en raison de leur passé colonial, ont un héritage juridique, institutionnel et budgétaire qui est fortement teinté de la culture française avec un centralisme trop prononcé[96]. Au-delà de cette logique d'importation, la réforme a été lancée dans un contexte de débat récurrent sur les tares de l'État et de l'administration publique africaine, qui seraient caractérisées par le déficit de compétences[97], la corruption[98] ou ce que les chercheurs appellent le *néopatrimonialisme*[99], malgré les critiques plus récentes face à ce concept[100].

Or, comme le rappellent des travaux en psychologie sociale et en science politique, les causes de la dyade défiance/confiance peuvent provenir des perceptions que l'on a de la compétence, de la bienveillance, de l'intégrité, de l'identité et des valeurs partagées de quelqu'un ou quelque chose, ainsi que des

---

[95] Jean-Michel EYMERI-DOUZANS, « Les réformes administratives en Europe : logiques managérialistes globales, acclimatations locales », *Pyramides*, n° 15, 2008, pp. 71-94. Voir aussi Michel BOUVIER et *al.*, *Finances publiques*, *op. cit.*, p. 431.

[96] M. MAMDANI, *Citoyen et sujet : l'Afrique contemporaine et l'héritage du colonialisme tardif*, Paris, Karthala, 2004. Voir aussi Jean François BAYART (dir.), *La criminalisation de l'État en Afrique*, Paris, éd. Complexe, 1997, et Bertrand BADIE, *L'État importé, Essai sur l'occidentalisation de l'ordre politique*, Paris, Fayard, 1992.

[97] Patrick QUENTIN (éd.), *Gouverner les sociétés africaines. Acteurs et institutions*, Paris, Karthala, 2005.

[98] Georgio BLUNDO et Jean-Pierre Olivier DE SARDAN, *État et corruption en Afrique. Une anthropologie comparative des relations entre fonctionnaires et usagers (Bénin, Niger, Sénégal)*, Paris, Apad-Karthala, 2007.

[99] Jean F. MÉDARD (dir.), *États d'Afrique noire. Formation, mécanisme et crise*, Paris, Karthala, 1991, 405 p.

[100] Gero ERDMANN & Ulf ENGEL (2007), "Neopatrimonialism Reconsidered : Critical Review and Elaboration of an Elusive Concept", *Commonwealth & Comparative Politics*, vol. 45, n° 1, 2007, pp. 95-119.

perceptions des contextes et des structures (par exemple, les règlements) qui encourageraient cette personne ou cette chose à se comporter d'une manière qui la rend digne on non de confiance. Tout le défi après la sécrétion des textes réside dans le changement des mentalités afin de l'adapter à la nouvelle philosophie de la gestion publique.

La mise en œuvre des instruments et outils modernes de gestion nécessite, pour être intelligible, que les praticiens se familiarisent avec la théorie ou le courant de pensée qui a guidé l'invention de tels instruments ou la mise en place de tels autres outils. C'est dire qu'on ne pourra faire un bon usage d'un instrument si les usagers ou les utilisateurs ne connaissent pas la finalité de la création de l'instrument et à quelle philosophie son introduction dans le dispositif de gestion publique répond[101].

S'il y a bien un allègement du contrôle financier, on peut tout de même percevoir des signes qui démontrent que l'efficacité recherchée elle-même semble relative.

2. L'efficacité relative de la réforme

L'institution de ces contrôles en amont de l'accomplissement des opérations financières vise à sécuriser de façon préventive la chaîne d'exécution. Les contrôles a priori sont effectués par deux acteurs : le contrôleur financier et le comptable public[102].

Le contrôle financier, qui est un contrôle administratif et interne, se traduit par un contrôle hiérarchique ou organique effectué par des corps de contrôle ou organes de contrôle spécialisés. Il a pour objet de s'assurer de la qualité de la comptabilité budgétaire en ce sens qu'il permet de rendre compte de l'autorisation parlementaire et de son exécution. Il vise également à s'assurer de la soutenabilité budgétaire dans la programmation des actions tout en veillant au respect des autorisations budgétaires accordées par le Parlement. C'est pourquoi à l'origine il a été créé « *avec pour principal objectif d'assurer le Parlement que l'exécution des crédits en cours d'année respecte l'autorisation budgétaire préalablement votée* »[103]. Ce contrôle peut s'exercer a priori comme a posteriori en fonction de la nature ou du montant de la dépense.

---

[101] Pierrot SEGO, « Gestion budgétaire par la performance au sein des États membres de l'UEMOA : une ambition, quatre défis », *in Les nouveaux chantiers des finances publiques…*, *op. cit.*, p. 151.

[102] Nicaise MÉDÉ et *al.*, « Défis de cohérence de la réforme du budget axé sur la performance… », *op. cit.*, p. 145.

[103] Patrick DELAGE, « L'évolution du métier du contrôle budgétaire », *GFP*, 2016, n° 6, p. 74.

Pour le contrôle a priori, lorsque certaines décisions d'engagement doivent être soumises au visa préalable ou à l'avis préalable du contrôleur financier, celui-ci examine les projets d'actes au regard de l'imputation de la dépense, de la disponibilité des crédits associés et de leur comptabilité avec la programmation pluriannuelle[104]. Dans le cadre du contrôle a posteriori, le contrôleur financier établit un programme de contrôle et d'analyse de circuits et procédure sur la base d'une analyse de risques constatés par lui dans l'exercice de ses missions ou lors de travaux de contrôle interne. Le contrôleur financier peut également contrôler a posteriori les actes non soumis à visa ou avis préalable.

Dans la nouvelle gouvernance financière fondée sur une logique de performance, la mutation du rôle du contrôle financier a conduit à donner une place plus importante à l'efficience et à l'efficacité dans l'utilisation des ressources publiques. La tendance est visible avec les aménagements apportés au contrôle a priori. C'est le cas du contrôleur financier devenu un véritable contrôleur budgétaire qui a désormais pour finalité première de participer à la maîtrise de l'exécution budgétaire en étant notamment chargé à ce titre de prévenir les risques financiers[105]. Tel est le cas également de la nouvelle doctrine du contrôle hiérarchisé matérialisé par l'article 53 du décret portant modalités d'exécution des opérations financières de l'État, c'est-à-dire le contrôle modulé selon une évaluation des risques et fondé sur des sondages[106].

L'idée qui conduit la réforme budgétaire en matière de contrôle se base sur un contrôle a posteriori mieux organisé et renforcé qui permettrait à terme de limiter les contrôles a priori au profit des contrôles a posteriori[107]. Cette dynamique, qui émane de la gestion budgétaire axée sur la performance, fait dire à Michael RUFFNER qu'il s'agit du « *passage d'un contrôle ex ante à un contrôle ex post* »[108]. Cette logique signifie que les contrôles exercés par le contrôle financier devraient être effectués en fonction des risques liés à la nature de la dépense et aux pratiques des ordonnateurs. Il devrait normalement être abandonné l'idée d'un contrôle systématique et de plein droit puisque la quête

---

[104] Article 180 du règlement général sur la comptabilité publique.

[105] Article 180, alinéa 3 du règlement général sur la comptabilité publique.

[106] Aux termes de l'article 53 du décret portant modalités d'exécution des opérations financières de l'État : « *Le contrôleur financier exerce, en compensation de la modulation de son contrôle a priori, un contrôle a posteriori. Ce contrôle peut être exhaustif ou être effectué par sondage. À cet effet, les ordonnateurs sont tenus de lui transmettre trimestriellement, la situation d'exécution des opérations exemptées du visa préalable* ».

[107] Nicaise MÉDÉ et *al.*, « Défis de cohérence de la réforme du budget axe sur la performance… », *op. cit.*, p. 145.

[108] Michael RUFFNER, Joaquin SEVILLA, « Modernisation du secteur public : moderniser la responsabilité et le contrôle », *Revue de l'OCDE sur la gestion budgétaire*, n° 2, 2004, p. 142.

de la performance requiert une certaine autonomie et la responsabilité de l'ordonnateur.

Or, si l'on examine bien les textes financiers qui fondent la réforme, on peut se rendre compte d'un regain de puissance du contrôle financier traduisant ainsi une certaine contradiction avec l'objectif recherché. En effet, comme l'affirme Nicaise MÉDÉ, « *si l'on met dans une balance cette logique du contrôle avec certaines parties des directives du cadre harmonisé, on se retrouve au cœur d'une logique contradictoire* ».

On assiste à une montée en puissance du contrôle financier qui acquiert grâce aux directives de 2009, un quasi-statut dans le nouveau cadre harmonisé des finances publiques, avec des compétences bien définies assorties d'un système de responsabilité. Les textes confèrent au contrôleur financier et à ses délégués un important pouvoir de contrôle a priori, un droit de veto positif[109]. Il ressort des textes que « *tous les actes portant engagement de dépenses ou de nature à exercer des répercussions sur les finances de l'État ou de tout autre organisme public (...) doivent revêtir le visa préalable du contrôleur financier* ». D'ailleurs, aucune dépense ne peut recevoir un commencement d'exécution avant visa du contrôleur financier, sous peine de nullité[110].

Ajouté au contrôle de régularité, le contrôleur financier dispose du pouvoir d'apprécier les conséquences que les actes peuvent avoir sur le budget. Il exerce dans cette logique un rôle de conseiller financier auprès des ordonnateurs et des responsables de programme. C'est en cela que l'objectif de la réforme du contrôle semble raté puisque l'excès de formalisme du contrôle entrave la quête de la performance, de même que le visa préalable limite la liberté de gestion de l'ordonnateur.

En outre, la réforme met au centre de la nouvelle gestion publique deux acteurs principaux, à savoir, l'ordonnateur et le comptable public, alors même qu'une troisième personne non moins importante est occultée. Il s'agit ici du responsable de programme qui devra être chargé des opérations d'ordonnancement. Jusque-là au Burkina Faso, la mise en œuvre du budget-programme, qui a véritablement commencé à être implémentée avec la loi de finances, exercice 2017, attend toujours la nomination de certains responsables de programme au sein des ministères et institutions. On a même vu apparaître un nouvel acteur qui peine à se positionner dans la chaîne de gestion : le trésorier ministériel.

---

[109] Nicaise MÉDÉ, « Réflexion sur le cadre harmonisé des finances publiques... », *op. cit.*, n° 4, p. 23.

[110] Article 88, paragraphe 4 de la directive n° 07/2009/CM/UEMOA du 26 juin 2009 portant règlement général sur la comptabilité publique. Article 35 du décret portant modalité d'exécution des opérations financières de l'État et des autres organismes publics.

Par ailleurs, l'efficacité de la soutenabilité semble également relative parce qu'on a pu assister à des dépassements d'enveloppes ou même parfois à de la sous-budgétisation, toute chose qui met à mal le principe de la sincérité budgétaire.

CONCLUSION

Le contrôle financier au Burkina Faso s'est inscrit dans une dynamique de performance, de transparence et d'arrimage aux normes et bonnes pratiques en matière de gestion publique depuis l'adoption de la LOLF et de ses textes d'application. L'exigence de résultat et de compte rendu exaltée par les textes internationaux, communautaires et nationaux, fait l'objet d'une convergence de vues quant à un allègement de la procédure dans l'optique d'une exécution efficace du budget.

En effet, l'importation des outils et la démarche de la gestion axée sur les résultats, initialement développées dans des sociétés dites de confiance, dans les États de l'UEMOA, dits sociétés de défiance, ont été effectuées au travers d'un effort d'adaptation qui s'est traduit finalement par le renforcement du contrôle a priori. Or, entre les instruments de la réforme et la logique même de la gestion axée sur les résultats, on promeut plutôt la réduction du contrôle a priori au profit du contrôle a posteriori[111].

La réforme du contrôle s'est également intéressée à la commande publique qui se situe dans l'optique d'une amélioration de la gestion des finances publiques des États membres de l'UEMOA. Vu sous cet angle, il existe une relation de dépendance « objective » entre la nouvelle gouvernance financière et la commande publique tant il est vrai que le contrôleur financier a vu ses prérogatives se renforcer dans ce sens.

De la même manière, les directives communautaires relayées par les textes nationaux ont fragilisé la réforme non seulement parce qu'elles se greffent à une autre culture de gestion, mais également parce qu'en matière de gouvernance, la certitude ne doit jamais être la chose la mieux partagée.

La réforme du contrôle comme le prévoient les textes passe par la mise en place de nouveaux outils comme le contrôle de gestion et le contrôle interne, qui n'ont toujours pas connu un début de mise en œuvre dans les ministères et institutions. En outre, les responsables de programme pourtant au cœur de la réforme n'existent toujours pas dans le système, ce qui rend incertain le projet.

[111] Nicaise MÉDÉ et *al.*, « Défis de cohérence de la réforme du budget axé sur la performance… », *op. cit.*, p. 170.

Pour le moment, il serait peut-être trop tôt de tirer des conclusions hâtives parce que le budget-programme vient de se mettre en place et a nécessairement besoin d'un temps d'adaptation comme toute réforme en matière de politique publique.

LE LEADERSHIP DANS LA NOUVELLE GOUVERNANCE FINANCIÈRE PUBLIQUE AU SEIN DES ÉTATS MEMBRES DE L'UEMOA

Wadouféi BABALE

Assistant à la Faculté de Droit et des Sciences politiques
Université de Kara

INTRODUCTION

« *L'Afrique francophone saisie par la fièvre de la performance financière* »[1]. Ce constat effectué par le dédicataire de ces mélanges interpelle sur la rationalisation de la gestion financière. Après avoir, d'une main de maître, décliné le nouveau cadre de gestion budgétaire et comptable de même que les mécanismes et enjeux de la nouvelle reddition des comptes publics, il conclut en ces termes : « *la gestion performancielle des finances publiques dans les pays africains francophones, c'est, en termes imagés, le passage de la piste rurale à l'autoroute (...) On mesure l'ampleur du défi et la dose de sérieux mais aussi de mise à niveau des outils et des hommes...* ». Le passage à l'autoroute est exigeant et demande d'avoir de bons réflexes afin de rouler en toute sécurité. Il faut pour cela, au-delà des outils, des hommes décomplexés capables de montrer la voie à suivre pour arriver à bon port. Ces hommes sont aujourd'hui qualifiés de leaders. En effet, la diffusion généralisée des réformes de la nouvelle gouvernance financière publique redonne un second souffle au leadership dans le secteur public.

---

[1] N. MÉDÉ, « L'Afrique francophone saisie par la fièvre de la performance financière », *RFFP*, n° 135, 2016, p. 349.

Le leadership a fait l'objet d'une littérature abondante dans le monde de l'entreprise. Toutefois, elle reste une notion protéiforme[2]. En effet, malgré de nombreux écrits sur le sujet, l'on note une absence de théorie complète et validée sur le leadership. D'abord, l'on peut définir le leadership comme « *une interaction entre deux ou plusieurs membres d'un groupe qui donne souvent lieu à la structuration ou à la restructuration d'une situation de même que des perceptions et des attentes des membres* »[3]. Cette définition met en exergue les relations qui doivent exister entre un leader et ses collaborateurs, ces derniers, suivant spontanément et s'engageant librement en faveur du leader et de son projet[4]. Si le concept de leadership est en vogue dans le secteur privé, notamment dans la gestion des entreprises, cette notion dans le secteur public n'était pas au rendez-vous des débats. En effet, le leadership administratif ou du secteur public n'existait pas dans la mesure où il y avait une croyance au faible niveau de contrôle des exécutants sur les forces présentes dans l'administration publique. L'enchevêtrement entre le pouvoir politique et les procédures normatives constituait un obstacle à l'autonomisation d'un leadership administratif. Cependant, avec les travaux de Montgomery VAN WART[5], qui a mis en exergue l'importance du leadership dans le secteur public, l'intérêt pour cette question est réapparu avec les études sur la gestion publique.

Le leadership dans le secteur public est alors compris comme « *le processus consistant à : (1) atteindre les résultats exigés par les processus autorisés de*

---

[2] B. M. BASS, *Handbook of Leadership. Theory, Research and Managerial Applications*, New York, The Free Press, 1990, 3e éd., p. 19. Parmi les ouvrages du même type sur le sujet et sur l'évolution historique des théories à son sujet, consulter : G. R. GOETHALS, G. J. SORENSON, J. MACGREGOR BURNS, *Encyclopedia of Leadership* (4 volumes), Thousand Oaks, California, Sage Publications Inc, 2004, 4698 pages (annexes en sus). J. MACGREGOR BURNS, *Leadership*, Harper Torchbooks, 1978. L'auteur y définit ainsi le leadership : « *Le leadership chez les humains s'exerce quand des personnes mues par certaines motivations et certains objectifs, mobilisent, en compétition ou en conflit avec d'autres personnes, des ressources institutionnelles, politiques, psychologiques ou autres pour susciter, canaliser ou satisfaire les motivations de collaborateurs* ». Pour Daniel BELET, « *le leadership est un processus social interactif par lequel un leader, du fait de son "autorité", de son projet, de sa personnalité, de ses attitudes et comportements, réussit à obtenir l'adhésion libre et volontaire et donc la coopération de la plupart des personnes et des équipes de son organisation* ». Voir D. BELET, « Un paradigme innovant et puissant pour remédier à la crise du management : le "*servant leadership*" », *Innovations*, n° 40, 2013/1, p. 13.

[3] B. M. BASS, *Handbook of Leadership. Theory, Research and Managerial Applications*, New York, The Free Press, 1990, 3e éd., p. 19.

[4] C'est ce que les Anglais appellent *followership*.

[5] Bien plus tard, en 2003, Montgomery Van Wart publiait un article dans *Public Administration Review* dans lequel il évaluait l'importance du leadership notamment dans le secteur public et mettait en avant les contributions les plus importantes de 1995 à 2001. Van Wart retraçait l'histoire du leadership du secteur public au travers des études de nombreux chercheurs, comme le classique « *Leadership in Administration* » de Selznick (1957) et les premières études empiriques de Golembiewski (1959).

manière efficiente, efficace et légale ; (2) développer et appuyer les exécutants qui obtiennent ces résultats ; et (3) adapter l'organisation à son environnement »[6]. Le leadership public est interprété ainsi comme l'ensemble des activités menées par les hauts fonctionnaires pour influencer les actions, les valeurs et les croyances d'autrui. Il englobe à la fois « *les dirigeants politiques et administratifs des organisations publiques et porte généralement sur ceux qui occupent des postes de très haut niveau* »[7]. Le leadership de ces dirigeants, qu'on appelle aujourd'hui dans le contexte de la nouvelle gestion publique les « gestionnaires publics »[8], consiste à aider les agents publics à faire face aux problèmes posés par les réformes financières.

Dans une administration publique, et face à la mise en œuvre des politiques publiques ou des réformes d'envergure, le leadership prend un autre sens. Dans cette dynamique, le leadership consiste surtout à accepter de jouer un rôle critique sur le plan des changements organisationnels. C'est savoir agir et faire agir dans des environnements complexes, incertains et souvent turbulents[9]. Les leaders, dans cette posture, doivent intégrer l'élan de modernisation voulu par les politiques en implémentant une culture gestionnaire. Compris dans ce sens, le leader suscite l'engagement contrairement au gestionnaire qui exerce les responsabilités et l'autorité que leur confère le poste qu'ils occupent dans l'organisation[10].

Aujourd'hui, la préoccupation principale en finances publiques reste la prise en compte d'une dimension gestionnaire. Gérer l'État comme une entreprise est devenu le leitmotiv de la nouvelle gestion publique au point que la mutation des systèmes financiers publics se développe dans le monde comme une onde de choc qui s'étend progressivement. Avec la rareté des ressources publiques et les difficultés à mobiliser celles existantes, la maîtrise de la dépense publique devient une obsession. Ainsi, l'idée de bonne gestion refait surface et la

---

6 M. VAN WART, "Public-sector leadership theory: An assessment", *Public Administration Review*, 2003, 63 (2), pp. 214-228. Voir aussi D. Ch. ORAZI, A. TURRINI, G. VALOTTI, « Le leadership du secteur public : nouvelles perspectives pour la recherche et la pratique », *RISA*, vol. 79, 2013/3, p. 526.

7 M. MATHIAS, S. FARGHER, M. BEYNON, « Étude du lien entre le leadership intégré du secteur public et le bonheur des exécutants : le cas de Dubaï », *RISA*, vol. 85, 2019/4, p. 798.

8 En ce début de XXIe siècle, être gestionnaire public c'est être aux commandes d'organisations au service du citoyen, d'abord, de la collectivité, de l'État, de l'entreprise, de la société et de l'économie d'un pays, ensuite. Voir B. MAZOUZ (dir.), *Le métier du gestionnaire public à l'aube de la gestion par les résultats*, Presses de l'Université du Québec, 2008, 574 p.

9 D. MALTAIS, M. LECLERC et N. RINFRET, « Le "leadership administratif" comme concept utile à la modernisation de l'administration », *RFAP*, n° 123, 2007/3, p. 426.

10 G. YULK, *Leadership in Organizations*, Englewoods Cliffs, NJ: Prentice Hall, 1989, 2e éd., p. 4-5. Traduction libre des auteurs.

performance devient le principe directeur, sinon la clé de voûte, de la nouvelle gouvernance financière publique[11].

L'introduction de ce « *concept mythique* »[12], qui découle directement de la logique de résultats et de la volonté de rapporter les coûts à l'efficacité des politiques publiques, a pour finalité première de revisiter l'architecture du budget de l'État. C'est également suivant cette finalité que les réformes se sont orientées vers une modernisation des modes de gestion[13]. Cette modernisation passe également par une responsabilisation des gestionnaires publics[14] et par la création de nouveaux mécanismes de gestion des crédits. Le secteur public doit aujourd'hui se faire une bonne image. En effet, les gouvernants doivent se rendre compte que leur véritable légitimité ne vient plus seulement des urnes, mais aussi d'une gestion budgétaire saine et efficace. Il s'agit de gouverner par les finances publiques[15] en intégrant « *culture démocratique et culture de gestion* »[16]. Cette nouvelle culture gestionnaire, caractérisée par un rapprochement des règles du secteur public avec celles du secteur privé, bouleverse totalement les modes de gestion des acteurs de la dépense. Or, l'organisation publique connaît de fortes spécificités et elle a besoin de décrire ses produits, de les mesurer, de les piloter pour remplacer le moteur que constitue dans une entreprise la recherche du profit.

La réforme en cours est une remise à plat du fonctionnement classique de l'État[17]. Les défis sont alors considérables dans la mesure où il s'agit de transformer l'État en profondeur. Les gestionnaires publics sont ainsi appelés à entrer dans un nouveau paradigme. En effet, « *l'autorisation budgétaire est associée à des objectifs stratégiques relatifs aux politiques publiques et assis sur*

---

[11] W. BABALE, « L'exigence de performance dans le processus budgétaire au sein des États membres de l'UEMOA », Thèse en droit public, Université de Lomé, 2018, p. 2.

[12] F.-X. MERRIEN, « La nouvelle gestion publique : un concept mythique », *Lien social et Politique*, n° 41, 1999, pp. 95-103 ; A. LACAZE, « La LOLF : simple outil de management, ou dogme écrasant ? », *Gérer et Comprendre*, n° 81, septembre 2005, pp. 5-13.

[13] D. CATTEAU, *La LOLF et la modernisation de la gestion publique. La performance, fondement d'un droit public financier rénové*, Paris, Dalloz, 2007, p. 5.

[14] M. LE CLAINCHE, F. GAULLIER-CAMUS, « La responsabilité des gestionnaires publics : quelles réformes ? », *GFP*, n° 3, Mai-Juin 2020, pp. 46- 53 ; H. DEVILLERS, « Responsabilité des gestionnaires publics devant la Cour de discipline budgétaire et financière et contrats publics », *GFP*, n° 4, juillet-août 2018, pp. 83-93 ; J. BASSÈRES et M. PACAUD, *Responsabilisation des gestionnaires publics*, Rapport, juillet 2020, 365 p. https://www.igf.finances.gouv.fr/files/live/sites/igf/files/contributed/IGF%20internet/2.RapportsPublics/2021/Responsabilisation_gestionnaires_publics.pdf

[15] Ph. BEZES et A. SINÉ (dir.), *Gouverner (par) les finances publiques*, Paris, Presses de sciences po, 2011, 523 p.

[16] M. BOUVIER, A. BARILARI, *La LOLF et la nouvelle gouvernance financière de l'État*, Paris, LGDJ, 2e éd., 2007, p. 25.

[17] I. BOUILLOT, « Une remise à plat du fonctionnement de l'État », *RFFP*, n° 76, 2001, pp. 151-153.

des indicateurs qui doivent permettre de rendre compte de leur réalisation. Ces indicateurs sont ensuite déployés et déclinés au sein des ministères, pour être utilisés en particulier dans le dialogue de gestion entre les responsables budgétaires d'un ministère et les services déconcentrés, et entre les ministères "dépensiers" et le ministère chargé du Budget »[18]. Dans cet environnement de réforme de l'État, la nouvelle gouvernance financière publique doit aujourd'hui être plus appropriée et mobilisée. Les défis sont alors de taille, à savoir, les défis juridiques et technologiques, l'appropriation par le Parlement des réformes en matière de gestion axée sur la performance et l'implication de la société civile dans la saine gestion des finances publiques. Le défi majeur qui se trouve en toile de fond de la réforme financière publique dépasse la seule gestion rationnelle des finances publiques. Il s'agit véritablement d'une révolution culturelle, d'un changement de paradigme.

Alors, quel leadership pour mettre en œuvre la réforme budgétaire et comptable dans les États membres de l'UEMOA ?

Le rôle du leadership est aujourd'hui perçu comme fondamental. Son absence est alors identifiée, à tort ou à raison, comme la justification des limites rencontrées dans la mise en œuvre des politiques publiques. Il faut noter que la gouvernance financière publique fait face aujourd'hui à un ensemble de problèmes plus complexes. En réalité, changer une situation devenue problématique et corriger les dysfonctionnements d'une organisation, en mettant en place une nouvelle culture, nécessite, au-delà d'une volonté politique, un leadership affirmé. La recherche de la performance nécessite du tact, de la cohérence et de la rigueur avec une vision stratégique claire qui déterminera le cap. Aujourd'hui, l'État ne peut plus se contenter de gérer et de réagir ; il doit choisir et impulser, créer des dynamiques et proposer, il doit réussir à tracer de nouveau sa propre route. Dans cette dynamique, il faut éviter l'immobilisme et la lenteur afin que les réformes ne soient pas une source de démotivation et de désintérêt pour les fonctionnaires. Il ne faut pas non plus tarder à mettre en place les nouveaux outils. La mise en œuvre des réformes doit être soutenue et rythmée afin d'empêcher les résistances au changement de prendre place[19].

Le leadership est considéré dans cette dynamique comme le principal facteur à prendre en considération pour faire aboutir les réformes financières et

[18] M. JODER, « La LOLF du point de vue des gestionnaires publics : un cadre souple qui a permis des progrès indéniables depuis 2001, qu'il convient de consolider et d'approfondir », *RFFP*, n° 158, 2022, p. 39 et s.

[19] W. BABALE, « La mise en œuvre des réformes financières publiques au sein des États membres de l'UEMOA. Quel pilotage stratégique ? », *in Mélanges Eloi Diarra et Salifou Yonaba. Les finances publiques entre globalisation et dynamiques locales*, Dakar, L'Harmattan Sénégal, 2021, p. 89.

comptables adoptées par les États[20]. Dans un contexte de crise des finances publiques que traversent les États, le leadership apparaît particulièrement intéressant et opportun. Il permet en effet de remédier à de nombreux dysfonctionnements[21] et aux carences administratives. Ainsi, le besoin du leadership possédant le courage, la volonté et les compétences nécessaires pour construire et réinventer le pays dans un environnement complexe se fait sentir partout. Dans un tel contexte, la transgression, qui consiste à enfreindre les règles et normes bien établies afin d'atteindre un objectif donné, devient un outil au service des gestionnaires publics. Parfois, la transgression est un moyen de dénouer une impasse organisationnelle dans la mesure[22] où elle permet de faire bouger les lignes en amenant les collaborateurs à agir dans un sens donné afin de faire passer les réformes. Dans cette dynamique, le leader transgresseur est vu comme un innovateur. Cependant, l'acte transgressif peut entraîner de la part de certains fonctionnaires un sentiment de défiance ou de concurrence. Alors ils chercheront à entrer en conflit avec le leader transgressif ou à bloquer les réformes engagées par ce dernier. Il convient alors de combiner la transgression et la transformation en mettant l'accent sur le capital humain. Il s'agit de recourir à la motivation et à l'intelligence émotionnelle. Ainsi, si le leadership transgressif est nécessaire pour la mise en œuvre des réformes financières **(I)**, il doit être surtout soutenu par un leadership transformationnel **(II)**.

I. UN LEADERSHIP TRANSGRESSIF NÉCESSAIRE

La réforme de la gouvernance financière publique a théoriquement trouvé aujourd'hui son cap avec l'adoption des lois organiques relatives aux lois de finances[23]. Cependant, l'ancrage des réformes exige une transgression managériale. Le leader transgressif sera alors celui qui est capable de briser les codes pour redresser une situation. Ainsi, les responsables politiques et administratifs chargés de mettre en œuvre les réformes sont obligés d'adopter

---

[20] N. AWORTWI, « Doter les administrations et gestionnaires publics de nouvelles compétences à l'époque des réformes du secteur public : le cas du Mozambique », *RISA*, vol. 76, 2010/4, p. 774.

[21] D. BELET, « Un paradigme innovant et puissant pour remédier à la crise du management… », *op. cit.*, p. 18.

[22] O. QUENOT, « La transgression comme moyen de dénouer une impasse organisationnelle », Thèse en Executive Doctorate in business administration, PSL, Université Paris Dauphine, 2013, 202 p.

[23] La mise en œuvre de la LOLF a pour finalité l'amélioration de la gestion publique : liberté de gestion renforcée pour les gestionnaires, démarche de performance, modernisation budgétaire et comptable.

des actes transgressifs nécessaires au pilotage des réformes **(A)** et de provoquer le changement **(B)**.

A. Une nécessité dans le pilotage des réformes financières

Les leaders dans l'administration doivent intégrer l'élan de modernisation de la gestion des finances publiques. De nos jours, la préoccupation en finances publiques reste le budget-programme. La gestion du programme a vocation à faire évoluer les pratiques administratives. En effet, l'exigence de performance conduit à remodeler la structure administrative par une large délégation de responsabilités[24]. Ainsi, à côté des acteurs traditionnels de la gestion administrative, à savoir, les ministres, les comptables et les directeurs, apparaissent les responsables de programme[25]. Ces cadres, au premier rang desquels se trouve le ministre des Finances, doivent montrer la voie en intégrant l'élan de la modernisation des politiques financières voulues.

Ces cadres sont appelés à devenir des leaders transgressifs en imposant un changement radical dans le pilotage des réformes financières car « *la transgression d'en haut peut aussi être nécessaire et vertueuse* »[26]. Cette transgression est nécessaire puisqu'elle consiste en des actions inventives et expansives grâce auxquelles le leader forme de nouvelles structures ou détruit des structures déjà existantes qui ne répondent plus aux défis de l'heure. Il faut noter que la transgression relève toujours de la violation, par un individu, de ce qu'une communauté tient pour sacré[27]. Il s'agit, dans le contexte des réformes financières, de la remise en cause par un gestionnaire public de l'ordre existant qui bloque la mise en œuvre des réformes. En effet, les réformes piétinent en Afrique parce qu'il est difficile d'assumer un leadership transgressif et l'on préfère s'attacher à préserver l'existant[28]. Or, en voulant protéger l'existant, l'on

---

[24] J. CHEVALLIER, « Performance et gestion publique », *in Réformes des finances publiques et modernisation de l'administration. Mélanges en l'honneur de Robert Hertzog*, Paris, Economica, 2011, p. 89.

[25] Le responsable de programme est au centre de la gestion ministérielle du programme. Les responsables de programme sont au cœur du nouveau dispositif de déclinaison opérationnelle des programmes induit par la LOLF. Selon Jean François COPÉ, la LOLF fait des responsables de programme « *la pierre angulaire de la nouvelle gestion publique* ». Voir J. F. COPÉ, « Discours d'ouverture », *in* Colloque « LOLF : forum des responsables de programme », 14 avril 2005, p. 4. Voir aussi, D. CATTEAU, *La LOLF et la modernisation de la gestion publique. La performance, fondement d'un droit public financier rénové*, *op. cit.*, p. 257 et s.

[26] H. BOUCHIKHI, J. KIMBERLY, « Les vertus de la transgression managériale », *Le journal de l'école de Paris du management*, n° 105, 2014/1, p. 40.

[27] *Idem*, p. 41.

[28] Il s'agit des comportements de type protecteurs qui ne permettent pas de mettre en œuvre les réformes.

risque de conduire l'administration publique à la ruine. Ce comportement protecteur impacte sur la mise en œuvre des réformes car l'absence d'un leadership transgressif est identifiée comme l'une des causes de la mauvaise gouvernance et de la gabegie financière. Il faut noter que l'histoire des sciences et des arts montre que pour réaliser de grandes avancées, il a souvent fallu commencer par briser des idoles[29]. La transgression est parfois source d'innovation et permet l'évolution des réformes dans les sociétés.

La mise en œuvre des réformes financières doit se faire alors sous le sceau d'un leadership transgressif permettant de faire croire et de faire agir[30]. Le style de commandement adapté à la mise en œuvre des réformes dans le cadre du leadership transgressif est le style autocrate qui est centré sur la réalisation des objectifs et pas sur les problèmes humains[31]. Il ne s'agit pas d'un leadership complaisant qui choisit de plaire à ses collaborateurs ; le leader devrait plutôt s'opposer à leurs dérives[32] en persistant dans la poursuite des objectifs. Le leader dans cette posture doit avant tout être apte à déterminer de quel type de direction le service ou tel ou tel agent a besoin. En tenant compte du contexte, le leader doit « *diriger plus ou moins durement, entraîner, soutenir, déléguer, ou laisser faire* »[33]. Dans la mesure où le secteur public est marqué par de fortes incertitudes, le management technocratique,[34] qui est plus scolaire, doit faire place au leadership transgressif.

Les leaders doivent pouvoir ainsi intégrer l'élan de modernisation voulu par le politique et être capables de le transmettre et de le décliner concrètement.

---

29 H. BOUCHIKHI, J. KIMBERLY, « Les vertus de la transgression managériale », *op. cit.*, p. 40.

30 A. CISSÉ, « Citoyenneté, éthique et leadership en Afrique », *in Mélanges Babacar Kanté. Actualités du droit public et de la science politique en Afrique*, L'Harmattan Sénégal, 2017, p. 915.

31 J.-R. ALVENTOSA, *Management public et gestion des ressources*, Paris, LGDJ, 2012, p. 17.

32 Cet aspect de l'exercice du leadership qui amène le leader à s'opposer à ses collaborateurs est rarement évoqué. Aaron WILDAVSKY, dans un essai parmi les plus originaux sur le leadership (*The Nursing Father: Moses as a Political Leader*, The University of Alabama Press, 1984) identifie quatre régimes politiques auxquels correspondent autant de styles de leadership. L'épisode de la colère de Moïse à la vue du veau d'or illustre comment un leader, dans un régime marqué par l'anarchie, doit pouvoir confronter, voire s'opposer de façon brutale à ses collaborateurs dont les comportements sont jugés inacceptables, et ce, même au risque, pour le leader concerné, de se voir écarté au profit d'un leader plus complaisant.

33 J.-R. ALVENTOSA, « Management public et gestion des ressources », *op. cit.*, p. 17.

34 Le management technocratique, à savoir, planifier, organiser, diriger, contrôler repose sur des savoirs : calculer les moyens nécessaires et les réorganiser ; programmer les démarches (prévoir, régler les problèmes à temps) ; expliquer et convaincre (communiquer souvent de manière formaliste et négocier). Voir J.-R. ALVENTOSA, « Management public et gestion des ressources », *op. cit.*, p. 18.

B. Une nécessité dans la conduite du changement

Le changement est devenu le maître-mot[35] des projets dans le secteur public. Si le changement est devenu une composante structurelle du management public, on peut le stimuler par un leadership transgressif. Le changement apparaît comme la solution pour faire évoluer l'administration dans l'atteinte d'un objectif ou d'un idéal. Il faut, pour mener le changement, l'action d'un leader capable d'adopter des stratégies pour l'atteinte des objectifs.

Le rôle du leader est de mener le changement. Il doit donc être « *celui qui ouvre la voie des individus vers des changements* »[36]. Le leader doit être capable de conduire le changement dans le temps en tenant compte de la spécificité du secteur public. La démarche doit être continue et programmée dans le temps. Il s'agit ainsi d'éviter les inconvénients dont peut souffrir toute réforme telle qu'une progression en dents de scie, ce qui provoquerait scepticisme, rejet et manque d'intérêt de la part des fonctionnaires. Ces derniers peuvent adopter des comportements de blocage, ce qui finit par déboucher sur une illusion de changement. En effet, l'on peut noter que la plupart des administrations publiques sont rarement proactives[37] et préfèrent souvent résister au changement, voire cherchent à les contrecarrer. Il naît alors une rivalité entre les gestionnaires publics, qui doivent porter les réformes, et le personnel administratif et technique. Dans certains ministères, il « *n'est pas rare d'observer que les gestionnaires d'un côté, le personnel professionnel ou technique de l'autre, se considèrent comme des adversaires alors que tous sont apparemment animés par le même idéal : celui de rendre des services publics de qualité ou d'agir dans l'intérêt public* »[38]. Dans un tel contexte, le leader transgressif est nécessaire dans la mesure où « *certaines situations de blocage ne peuvent être dépassées qu'au prix d'un geste transgressif commis par un individu prêt à en accepter le risque et le prix* »[39]. Cette transgression se justifie dans la mise en œuvre des réformes financières qui englobent en réalité une refondation de l'État. Les gestionnaires

---

[35] Il n'existe pas un discours de dirigeants, ou bien de managers, qui ne fasse pas mention du changement. La campagne électorale de Barack OBAMA était basée sur le changement avec le message « *Yes, we can* » pour symboliser la possibilité de réaliser un changement de société important. Voir D. AUTISSIER, I. VANDANGEON-DERUMEZ, A. VAS, K. J. JOHNSON, *Conduite du changement : concepts clés*, Paris, Dunod, 3e éd., 2018, p. 1.

[36] K. KORBI MASMOUDI, « La conduite du changement stratégique : rôle du leadership », *Recherches en sciences de gestion*, n° 136, 2020/1, p. 100.

[37] Le milieu administratif est souvent tendu vers le conservatisme. Ch. DEBBASCH et F. COLIN, *Administration publique*, Paris Economica, 6e éd., 2005, p. 78.

[38] D. MALTAIS, M. LECLERC et RINFRET N., « Le "leadership administratif" comme concept utile à la modernisation de l'administration », *op. cit.*, p. 436.

[39] H. BOUCHIKHI, J. KIMBERLY, « Les vertus de la transgression managériale », *Le journal de l'école de Paris du management*, n° 105, 2014/1, p. 40.

publics constituent ainsi les acteurs de premier plan et leur leadership pourrait avoir un impact réel sur les résultats attendus.

La gestion par la performance met en place une culture managériale qui vient bouleverser totalement les modes de gestion des acteurs de la dépense. Avec l'instauration de la culture managériale dans la gestion publique, les responsables administratifs doivent acquérir certaines compétences managériales. La plus importante est celle consistant à faire appel à la capacité des acteurs à se mobiliser, à s'adapter aux modifications des contextes professionnels et à de nouvelles formes de travail collectif. La gouvernance de la cité requiert l'implication de personnes capables de mener, de conduire, d'influencer, d'inspirer les individus ou les organisations dans le but d'atteindre des objectifs d'intérêt commun. Ces personnes incarnent ce que l'on appelle le leadership dans la cité, car elles ont la double capacité de « *faire croire* » et de « *faire agir* »[40] en mobilisant les agents autour d'un objectif visant à produire le changement.

Il y a lieu de noter que la culture managériale appelle à une amélioration permanente et il faut une appropriation et un temps d'apprentissage. Cependant, l'on constate que face à cette nouvelle culture managériale, il existe une culture administrative conservatrice. Il y a les résistances des dirigeants, pour qui ce n'est jamais le bon moment. Ils ont ainsi tendance à remettre sans cesse à plus tard ce qu'ils devraient faire au moment présent. Face à ce « *cercle vicieux du conservatisme* »[41], il faut un zèle réformateur mené par des leaders transgressifs, gage de l'éclosion d'une culture de performance.

Cette culture exige un management public, cependant, le management ne suffit plus, il faut que les dirigeants aient conscience que diriger aujourd'hui est plus complexe qu'hier. C'est la raison pour laquelle les acteurs de la gestion des finances publiques sont appelés à devenir des leaders et à porter une attention particulière au facteur humain aussi bien du côté des usagers que des agents publics qu'ils entraînent. L'ingrédient est le leadership transformationnel qui a une incidence positive sur la performance individuelle et organisationnelle.

II. UN LEADERSHIP TRANSFORMATIONNEL EN SOUTIEN

Le leadership transformationnel est positivement associé à la performance et constitue un soutien à la conduite du changement. Dans cette dynamique, le leader transformationnel est celui qui crée de nouvelles visions, provoque le changement, mobilise l'engagement des personnes, et transforme ainsi

[40] A. CISSÉ, « Citoyenneté, éthique et leadership en Afrique », *op. cit.*, p. 915.

[41] F. DUPUY, *Sociologie du changement*, Paris, Dunod, 2004, p. 211.

l'organisation et son environnement. Le leadership transformationnel se caractérise ainsi par la motivation, la confiance, l'intelligence émotionnelle, l'adaptabilité, le pragmatisme, la reconnaissance et la curiosité intellectuelle. Ces traits caractéristiques peuvent se résumer en deux traits principaux, à savoir, la motivation de service public **(A)** et l'intelligence émotionnelle **(B)**.

A. La motivation de service public

Les finances publiques sont la chose de l'homme. Ainsi, « *la réussite d'une réforme aussi importante que celle des finances publiques, qui suppose par ailleurs un profond changement de mentalité, exige qu'elle soit acceptée et coproduite par ceux qui sont concernés, sinon ces derniers ne prendront pas le risque de changer et choisiront la sécurité ou la fuite* »[42]. Pour qu'il en soit ainsi, la motivation de service public (MSP) peut influer sur la performance individuelle et organisationnelle dans le secteur public. Cette motivation doit prendre en compte non seulement la rémunération, mais surtout la valorisation de l'individu.

La MSP est l'ensemble des stimulants socio-économiques permettant aux fonctionnaires d'avoir en permanence un souci désintéressé du bien-être d'autrui, donc d'être des altruistes[43]. Ces stimulants sont, entre autres, la rémunération, la reconnaissance[44], l'estime de soi, l'écoute, la confiance mutuelle, la satisfaction, l'engagement. Aussi, l'environnement administratif, c'est-à-dire le cadre institutionnel, doit constituer une source de motivation. Les relations entre agents publics ainsi que le cadre institutionnel deviennent alors des motivations pour

---

[42] M. BOUVIER, « Avant-propos. Repenser et reconstruire les finances publiques de demain », *in* Michel BOUVIER (dir.), *Réforme des finances publiques, démocratie et bonne gouvernance, Actes de la 1re Université de printemps des finances publiques*, Paris, LGDJ, 2004, p. 6.

[43] La motivation de service public est un sous-ensemble de la notion globale d'altruisme et on peut la définir comme « *la motivation générale, altruiste de servir les intérêts d'une communauté de personnes, d'un État, d'une Nation ou de l'humanité* ». Voir L. BØGH ANDERSON, « Qu'est-ce qui détermine le comportement et la performance des professionnels de la santé ? La motivation de service public, les normes professionnelles et/ou les incitants financiers », *RISA*, vol. 75, 2009/1, p. 91.

[44] Au milieu des années 1990, le Ghana a déconcentré la gestion des ressources budgétaires des services de santé vers ceux des bureaux de district qui répondaient à certains « critères d'aptitude » en matière de normes de gestion avec pour effet de les inciter à s'améliorer. D'autres mesures incitatives ont consisté à sélectionner les membres des bureaux les plus performants et à les inviter à former une équipe chargée de former les bureaux les moins efficaces. De cette manière, le travail des personnels a été reconnu. Voir S. SHARPLES et Ch. TELLIER, « Réformes des finances publiques en Afrique et nouveaux mécanismes d'aide et d'allègement de la dette », *Afrique contemporaine*, n° 223-224, 2007/3, p. 262.

l'individu dans la mesure où ils déclenchent des motivations particulières chez la personne et orientent son comportement dans une direction spécifique[45].

Le comportement humain est impulsé non seulement par les motifs rationnels, mais aussi par des motifs affectifs et normatifs. L'idée essentielle est que les êtres humains développent ces motifs par des interactions avec des institutions importantes. Dans cette dynamique, on distingue quatre dimensions dans la notion de MSP : l'attrait pour l'élaboration des politiques publiques, l'attachement à l'intérêt général, la compassion et l'abnégation[46]. Il existe alors une corrélation entre la motivation de service public et la performance. James L. PERRY et Lois Recascino WISE avancent que « *dans les organisations publiques, la motivation de service public est positivement liée à la performance individuelle* »[47]. Wouter VANDENABEELE aboutit à la même conclusion. Il estime que « *les agents de l'État qui présentent des niveaux de motivation de service public plus élevés présenteront des niveaux de performance individuelle plus élevés* »[48]. La satisfaction professionnelle renforce la performance. En réalité, les organisations qui aliènent le personnel seront moins efficaces, moins efficientes, et les travailleurs mécontents et aigris travaillent généralement moins et accomplissent leur travail avec une satisfaction moins grande[49]. On peut obtenir des attitudes positives en maintenant un environnement organisationnel social positif, par exemple, en assurant une communication efficace, en favorisant l'autonomie, la participation et la confiance mutuelle[50].

Il y a lieu de noter que « *la capacité à conduire les réformes et à gérer efficacement ses implications dépend dans une large mesure, du niveau de participation des acteurs concernés à la définition de ce programme de réforme* »[51].

---

[45] A. RITZ, « La motivation de service public et la performance organisationnelle au sein de l'administration fédérale suisse », *RISA*, vol. 75, 2009/1, p. 61.

[46] P. LEISINK et B. STEIJN, « La motivation de service public et la performance au travail des agents du secteur public aux Pays-Bas », *RISA*, vol. 75, 2009/1, p. 41 ; C. DESMARAIS, C. E. GAMASSOU, « Tous motivés par le service public ? Les liens entre position hiérarchique et motivation de service public », *RISA*, vol. 80, 2014/1, p. 135.

[47] A. HONDEGHEM, et J. L. PERRY, « Introduction », *Revue Internationale des Sciences Administratives*, vol. 75, 2009/1, p. 7.

[48] W. VANDENABEELE, « L'effet médiateur de la satisfaction professionnelle et l'engagement organisationnel sur la performance déclarée : forte mise en évidence de la relation entre la MSP et la performance », *Revue Internationale des Sciences Administratives*, vol. 75, 2009/1, p. 16.

[49] A. RITZ, « La motivation de service public et la performance organisationnelle au sein de l'administration fédérale suisse », *op. cit.*, p. 64.

[50] *Idem.*

[51] Z. K. GOUNOU, « Les conditions du pilotage des réformes du contrôle des finances publiques au Bénin », *RFFP*, n° 137, février 2017, p. 261 et s.

Sur une base empirique, l'on peut noter que les agents publics présentent une plus grande motivation lorsque leurs tâches sont clairement compréhensibles, intéressantes, importantes et réalisables. En orientant la gestion publique sur les résultats, les politiques publiques et les objectifs organisationnels auront une influence positive sur la motivation au travail. Selon Edwin A. LOCKE et Gary P. LATHAM, « *les travailleurs poursuivent avec davantage de détermination les objectifs qui, de leur point de vue, sont liés à des objectifs plus importants et qui sont réalisables pour eux* »[52]. Ainsi, l'efficacité interne sera grande à partir du moment où la dimension relative aux objectifs est importante eu égard aux objectifs organisationnels[53]. L'amélioration de la performance dans la gestion des finances publiques est un objectif important. Ainsi, le fait que la MSP des fonctionnaires contribue à l'atteinte de cet objectif ne peut qu'être soutenu. Pour ce faire, les gestionnaires publics et les décideurs politiques doivent tenir compte de l'effet de la MSP sur la performance[54].

En tout état de cause, la MSP à elle seule ne suffit pas. Le leader transformationnel doit développer avec ses collaborateurs une relation émotionnelle véritable qui les amène à transcender leurs besoins individuels au nom d'une vision, d'un projet commun qui est aujourd'hui la recherche de la performance dans la gestion des finances publiques.

B. Le soutien nécessaire de l'intelligence émotionnelle

Le management participatif est à la mode actuellement. Il s'agit de donner du sens et de l'énergie, transmettre la passion, créer un environnement favorable à la créativité des agents, à la confiance. C'est aussi soutenir, aider, communiquer. Pour y parvenir, il faut changer les mentalités.

Si l'on veut que des fonctionnaires s'emparent d'une initiative, se montrent créatifs, entreprenants, il faut qu'ils sachent la raison de leur engagement. Ainsi, il faut dire le sens de la réforme. Mais l'on constate que très souvent, le sens de la réforme financière n'est pas toujours communiqué ni suffisamment expliqué. Michel BOUVIER dit clairement « *qu'il n'est nulle part proposé un véritable*

---

[52] E. A. LOCK et G. P. LATHAM, *A Theory of Goal-Setting et Task Performance*, Engelwood Cliffs: Prentice Hall, 1990. Voir aussi A. RITZ, « La motivation de service public et la performance organisationnelle au sein de l'administration fédérale suisse », *op. cit.*, p. 66.

[53] A. RITZ, « La motivation de service public et la performance organisationnelle au sein de l'administration fédérale suisse », *op. cit.*, p. 66

[54] W. VANDENABEELE, « L'effet médiateur de la satisfaction professionnelle et de l'engagement organisationnel sur la performance déclarée : forte mise en évidence de la relation entre la MSP et la performance », *op. cit.*, p. 30.

projet mobilisateur pour toutes les catégories de la population »[55]. Il est vrai que prendre le risque d'expliquer la réforme, c'est aussi ouvrir une boîte de Pandore dans une société de méfiance et de défiance. Mais il faut avoir une capacité de mener un débat, de trouver un langage commun, de « *s'entendre* » sans pour autant verser dans la recherche du consensus[56].

Le management aujourd'hui ne se résume pas à la mise en place d'outils de gestion sophistiqués. Manager, c'est avant tout s'appuyer sur l'art de communiquer, d'écouter[57] et de convaincre. Dans ces conditions, le manager est appelé à faire des entretiens. Il doit être capable de gérer quelqu'un qui entre en conflit et hausse le ton. Il doit savoir être ferme sans pour autant verser dans l'agressivité et la négativité. Savoir valoriser les agents sans craindre que sa propre action soit dévalorisée. Pour y arriver, le manager doit cultiver l'intelligence émotionnelle.

L'intelligence émotionnelle a été vulgarisée en management par les travaux de Daniel GOLEMAN. Reprenant les travaux de SALOVEY et MAYER et adoptant une position plus large, GOLEMAN inclut l'automotivation dans les facteurs qui composent l'intelligence émotionnelle. Il axe sa théorie sur cinq points principaux : avoir conscience de soi, parvenir à la maîtrise de soi, parvenir à l'automotivation, percevoir les émotions d'autrui et maîtriser les relations humaines[58].

Les études relatives à l'intelligence émotionnelle ont été réalisées essentiellement dans des organisations du secteur privé[59]. Certains auteurs

---

[55] M. BOUVIER, « Rapport introductif. Le pilotage des réformes financières publiques face aux crises », *in* M. BOUVIER (dir.), « Quel pilotage des réformes en finances publiques au Maroc et en France », Actes du 7e colloque international de Rabat, Paris, LGDJ, 2014, p. 19.

[56] S. TROSA, *La crise du management public. Comment conduire le changement*, Bruxelles, De Boeck, 2012, p. 154.

[57] L'écoute est très importante dans la conduite du changement. Soit l'on pense que l'écoute n'est qu'une parodie de démocratie qui permet d'obtenir l'adhésion, mais ne sert pas à enrichir les contenus, soit l'on pense que l'écoute, même si elle est parfois pleine de scories négatives, de ressentiment, d'irréalisme, permet de découvrir des idées nouvelles, constructives, et même lorsqu'elle n'apparaît pas en tant que telle, est, nécessaire pour répondre aux angoisses et craintes des personnels qui peuvent complètement bloquer la mise en œuvre d'un processus. L'écoute est le seul moyen de faire évoluer les pratiques et les cultures, en donnant à son interlocuteur ce qu'il cherche c'est-à-dire le respect et la prise en compte de ses arguments. Voir S. TROSA, « La crise du management public. Comment conduire le changement », *op. cit.*, p. 187.

[58] D. GOLEMAN, *L'intelligence émotionnelle. Tome 1 : Comment transformer ses émotions et intelligence*, Robert Laffont, 1997, 421 p. ; *L'intelligence émotionnelle. Tome 2 : Cultiver ses émotions pour s'épanouir dans son travail*, Robert Laffont, 1999, 386 p. ; *Cultiver l'intelligence relationnelle. Comprendre et maîtriser notre relation aux autres pour vivre mieux*, Robert Laffont, 2009, 432 p.

[59] J.-F. CHANLAT, « Émotions, organisation et management : une réflexion critique sur la notion d'intelligence émotionnelle », *Travailler*, n° 9, 2003, pp. 113-132.

soutiennent que la théorie de l'administration publique et les écrits sur les sentiments, les émotions et l'intelligence émotionnelle sont dépourvus de discours sérieux, et que les études récentes sur les changements et les réformes nécessaires dans le secteur public et la gestion du personnel ne s'intéressent pratiquement pas à cette question[60]. Or, on ne cesse de dire que les institutions ne marchent que par les hommes qui les animent. Ainsi, « *les organisations étant dépendantes des personnes qui y travaillent, le profil psychologique, notamment émotionnel, de ces personnes ayant une influence sur la dynamique et les résultats de leur organisation, les organisations et leur direction ne peuvent pas ne pas s'en préoccuper* »[61].

La gestion des conflits et la capacité à amener le personnel à collaborer sont des compétences essentielles pour les responsables du secteur public dans la mesure où ils sont confrontés à des agendas qui changent régulièrement et à des coalitions instables[62]. Avec l'instauration de la culture managériale dans la gestion publique, les responsables administratifs doivent acquérir certaines compétences managériales. La plus importante est celle consistant à faire appel à la capacité des acteurs à se mobiliser, à s'adapter aux modifications des contextes professionnels et à de nouvelles formes de travail collectif[63]. Pour identifier cette compétence, Goleman propose de l'approcher de l'intelligence émotionnelle[64]. Par conséquent, « *l'aptitude à encourager les individus à exprimer leurs idées, à bien écouter ce qu'ils disent et à intégrer un grand nombre de variables, mais complémentaires, est déterminante pour le leadership dans le secteur public* »[65].

L'intelligence émotionnelle du dirigeant détermine alors la performance de son organisation, car elle représente un ingrédient essentiel de son leadership transformationnel[66]. Diriger, ce n'est pas dominer, c'est savoir persuader les

---

60 I. VENTER, M. KOTZÉ, « Les différences au niveau de l'intelligence émotionnelle entre les dirigeants efficaces et les moins efficaces dans le secteur public : étude empirique », *RISA*, vol. 77, 2011/3, p. 407.

61 J.-F. CHANLAT, « Émotions, organisation et management : une réflexion critique sur la notion d'intelligence émotionnelle », *op. cit.*, p. 120.

62 I. VENTER, M. KOTZÉ, « Les différences au niveau de l'intelligence émotionnelle entre les dirigeants efficaces et les moins efficaces dans le secteur public : étude empirique », *op. cit.*, 408.

63 F. ARTAZA ABAROA, « L'intelligence des émotions : une relecture des fondements de "l'intelligence émotionnelle" », *Revue internationale de psychologie*, vol. XII, 2006/28, p. 26.

64 D. GOLEMAN, *L'intelligence émotionnelle. Comment transformer ses émotions et intelligence*, Robert Laffont, 1997, p. 10.

65 I. VENTER, M. KOTZÉ, « Les différences au niveau de l'intelligence émotionnelle entre les dirigeants efficaces et les moins efficaces dans le secteur public : étude empirique », *op. cit.*, p. 408.

66 L. BOBOT, « L'intelligence émotionnelle est-elle un atout en négociation commerciale ? », *Management & Avenir*, n° 31, 2010/1, p. 411.

autres de travailler pour atteindre les objectifs communs. Ainsi, l'intelligence émotionnelle permet aux agents publics de travailler avec les autres, non en fonction de ce qu'ils sont, mais en fonction de ce qu'ils font[67].

CONCLUSION

Que conclure ? En réalité, il est difficile de conclure sur une réflexion portant sur le leadership puisque c'est une invite à l'action dans le temps sur des questions qui exigent un lourd investissement des équipes pour mener à bien les réformes financières. Pour ce faire, l'entrée dans la culture managériale nécessite un leadership affirmé. En effet, l'absence d'un leadership performant est l'une des causes de la mauvaise gouvernance financière publique. Ainsi, pour mener le changement, il faut un leadership transgressif. Mais la transgression constitue un risque dans la mesure où elle fait toujours des mécontents qui chercheront à former une coalition pour se retourner contre le leader transgressif, car il n'y a pas « *de transgression sans réaction émotionnelle forte* »[68]. Pour réussir, le leader doit non seulement constituer sa propre coalition forte, mais aussi allier transgression et transformation.

Pour la mise en œuvre des réformes financières publiques, il faut dans l'espace UEMOA un leadership performant qui doit pouvoir montrer la voie à suivre dans l'intérêt général et dans le respect des valeurs éthiques et morales. L'Afrique a besoin de ces leaders parmi lesquels se trouve le dédicataire de ces mélanges qui, par son ingénierie financière, est une source d'inspiration pour les générations présentes et futures.

---

[67] D. MICHALON, L. ROCHE, *L'entreprise sans la psychologie*, Paris, Maxima, 1997, 229 p.

[68] H. BOUCHIKHI, J. KIMBERLY, Les vertus de la transgression managériale, *op. cit.*, p. 41.

L'EXIGENCE DE PERFORMANCE DANS LE DROIT PUBLIC FINANCIER DES COMMUNAUTÉS ÉCONOMIQUES AFRICAINES : CAS DE LA CEMAC ET DE L'UEMOA

François ABENG MESSI

Ph. D en Droit Public
Maître-Assistant à la Faculté des Sciences Juridiques et Politiques,
Université de Yaoundé II (Cameroun)

INTRODUCTION

Il est orthodoxe dans ce type d'exercice de rappeler en quelques mots les liens qui nous unissent au maître dont nous célébrons le magister dans ces lignes. Qu'il nous soit donc permis, avant toute incursion discursive dans les eaux troubles et profondes des « Variations autour de la performance », de révéler que nous avons eu l'honneur, un grand honneur, un très grand honneur d'ailleurs, de rencontrer l'illustre maître à qui nous rendons un modeste hommage tout d'abord à l'occasion du colloque international de l'Université de Lomé sur le thème : « Du franc CFA à l'éco : quelle monnaie pour quel développement en Afrique de l'Ouest ? », du 26 au 28 mai 2021, puis la même année, au colloque international de l'Université Alassane Ouattara de Bouaké organisé par le CREDFiP sur « Les nouvelles frontières du droit », du 2 au 4 décembre. De ces inoubliables et chaleureux contacts physiques s'est consolidée une relation de disciple à maître, dont les travaux du maître, lus beaucoup plus tôt, avaient déjà jeté des bases inébranlables. Ces propos liminaires légitiment donc, sous réserve de l'avis éclairé du comité scientifique, notre humble élection à l'appel à communication aux *Mélanges en l'honneur du Professeur Nicaise MÉDÉ*.

« *Signe des temps ou nécessité structurelle liée aux économies des États ?* »[1] Une chose est certaine : l'Afrique francophone est saisie par la fièvre de la performance financière[2]. Partant, « *la problématique de l'efficacité de l'action publique et la recherche de la performance sont aujourd'hui des constances de la réflexion des pouvoirs publics aussi bien dans le tiers-monde que dans les pays développés* »[3]. Ce constat fait il y a près de vingt ans garde tout son éclat et nous administre la preuve que l'œuvre du dédicataire de ces quelques pages, dont on salue la carrière, est sans date et chose du présent. L'idée directrice de son œuvre nous place au cœur d'une problématique ancienne et délicate mais qui se renouvelle au gré des enjeux divers et pluriels du milieu, du temps et du domaine auxquels elle se rapporte.

« Variations autour de la performance », on pourrait aussitôt relever que le pavé est jeté dans la mare. Le calme qui prévalait dans l'administration et les finances publiques classiques ne relève plus que l'ordre du passéisme. La pénétration de plus en plus accrue de la logique économique dans le droit en général, et dans les finances publiques en particulier, retourne la logique des moyens et de la régularité et la substitue à la logique de la performance. Les raisons étant bien connues, il serait sans doute inutile d'y revenir. Autant mieux se consacrer à l'exploration d'un domaine pas ou peu fréquenté des finances publiques : les finances publiques des communautés économiques africaines[4]. Elles se distinguent bien du droit communautaire des finances publiques[5]. L'occasion faisant le larron, la thématique sur « L'exigence de performance des communautés économiques africaines : cas de la CEMAC et de l'UEMOA » s'y inscrit. Elle nous paraît en parfaite adéquation avec la ligne éditoriale tracée par le comité scientifique de ces mélanges. Ces considérations ne nous dédouanent pas de l'obligation heuristique de préciser le sens des concepts qui assurent la pertinence du sujet retenu.

Pour mieux appréhender la notion d'exigence de performance, il semble judicieux de partir de la notion d'exigence avant de lui associer celle de performance. Tirée du latin *exigentia* de *exigens* (« exigeant »), de *exigere*

---

[1] N. MÉDÉ, « L'Afrique francophone saisie par la fièvre de la performance financière », *RFFP*, n° 135, 2016, p. 349.

[2] *Ibid.*

[3] N. MÉDÉ « La nouvelle gestion budgétaire : l'expérience des budgets de programme au Bénin », *Afrilex*, 2004, n° 4, p. 58.

[4] Les finances publiques des communautés économiques désignent l'ensemble des règles et des principes juridiques qui gouvernent ou encadrent la mobilisation des ressources financières des communautés économiques, leur utilisation ainsi que le contrôle de ladite utilisation. C'est un droit qui est élaboré par les instances communautaires.

[5] Le droit communautaire des finances publiques renvoie cependant à l'ensemble des règles qui s'appliquent dans les finances publiques des États membres des communautés économiques et qui sont édictées par les instances communautaires. Il est essentiellement secrété dans les directives.

(« exiger »), le dictionnaire *Larousse* présente le concept d'exigence comme traduisant ce qui est commandé par les circonstances, la nature, la satisfaction des besoins, les lois, la morale. Partant, l'exigence serait synonyme d'impératif, de besoin, de nécessité, d'attente d'une partie ou d'un sujet. Il s'agit donc de ce qui est exigé par la loi, la morale, le droit naturel, les principes supérieurs de la vie en société ou par une fonction, un état, une charge[6]. Dans ce sens, elle s'entendrait comme une obligation, une contrainte ou un devoir. Pour ce qui est de la notion de performance, bien qu'elle soit couramment utilisée dans le domaine de la vie des affaires, il demeure difficile d'en donner une définition simple, tel que le relève M. Bertrand SOGBOSSI BOCCO[7]. Pour le *Larousse*, la performance exprime le résultat obtenu dans l'exécution d'une tâche. Ainsi par exemple du résultat obtenu par un athlète dans une épreuve[8]. Elle est évaluée à partir des indicateurs de performance[9]. Notion très familière en sciences économiques[10] et de gestion, la performance traduit tout ce qui, et seulement ce qui contribue à atteindre les objectifs stratégiques. Elle pourrait se résumer à l'idée de succès ou de réussite d'un agent économique[11]. Il s'agit en cela d'un « *standard qui participe des mesures d'encadrement de la réalisation d'une activité dans l'administration publique* »[12], mais aussi d'un objectif qu'il faut atteindre[13]. La démarche de performance a pour but d'améliorer l'efficacité de la dépense publique en orientant la gestion vers les résultats attendus, donc de « *mieux dépenser* » dans un contexte budgétaire contraint, de « *faire mieux ou aussi bien, avec moins* »[14].

S'agissant de l'expression « communauté économique », elle renvoie à une organisation internationale à vocation d'intégration. Cette dernière est une « *collectivité d'États, établie de façon permanente et dotée d'une volonté*

---

[6] G. CORNU, *Vocabulaire juridique*, Paris, PUF, coll. « Quadrige Lamy », 11e éd., 2017, p. 436.

[7] B. SOGBOSSI BOCCO, « Perception de la notion de performance par les dirigeants de petites entreprises en Afrique », *RSG*, 2010, n° 241, p. 118.

[8] Voir en ce sens P. THEOUA-N'DRI, « Les finances publiques de l'Union économique et monétaire ouest-africaine et la logique de performance », Thèse de Doctorat en Droit Public, Université de Cocody, 2010, p. 20.

[9] N. BERLAND, « Piloter la performance publique avec des indicateurs Conditions et modalités d'usage », *RFFP*, 2017, n° 137, p. 53.

[10] J. TERNIER, « Performance (Aspects économiques) », *in* G. ORSONI (dir.), *Dictionnaire encyclopédique de finances publiques*, Paris, PUAM et Economica, 2017, 2e éd., pp. 678-679.

[11] *Ibid.*, rapportant les définitions données par P. LORINO, M. BOYER et J.-P. MAMBOUNDOU.

[12] A. AKONO OLINGA, « L'apport de la performance au contrôle des finances locales au Cameroun », Thèse doctorat/Ph.D en droit public, Université de Yaoundé II, 2020, p. 19.

[13] *Ibid.*

[14] E. MILLIARD, « La démarche de performance dans le budget de l'État », France, Direction du budget, *in OCDE – November 25* – Post-crisis trends in the budgetary use of performance indicators. Is the use of performance budgeting being trimmed back ?, p. 2.

distincte de celle de ses membres »[15]. Le *Lexique des termes juridiques* fournit une définition plus élaborée. Il y apparaît que l'organisation internationale est un « *groupement permanent d'États disposant de la personnalité juridique internationale et doté d'organes ayant des compétences propres destinées à exprimer, sur des matières d'intérêt commun, une volonté distincte de celle des États membres* »[16]. Quant au vocable « intégration », il est tiré du concept latin *integratio*, de *integrare* qui signifie « réparer ». En droit international, il exprime un « *transfert de compétences étatiques d'un État à une organisation internationale dotée de pouvoirs de décision et de compétences supranationales* »[17]. Autrement dit, le concept d'intégration traduit la « *fusion de certaines compétences étatiques dans une organisation internationale supranationale* »[18]. En associant les occurrences définitionnelles ci-avant identifiées, l'on peut admettre que les communautés économiques sont des organisations pourvues de pouvoirs réels de décision non seulement à l'égard des États membres, mais aussi à l'égard des ressortissants de ces États[19]. Cette définition du *Lexique des termes juridiques* est partagée par le *Vocabulaire juridique*. Encore appelées « organisations suprarégionales », elles y sont perçues comme une catégorie d'organisations internationales dotées d'un pouvoir de décision non seulement à l'égard des États membres, mais directement à l'égard des nationaux de ces États. Outre l'Union européenne[20], c'est dans cette catégorie

---

[15] G. CORNU, *Vocabulaire juridique*, Paris, PUF, coll. « Quadrige Lamy », 11e éd., 2017, p. 722.

[16] S. GUINCHARD, Th. DEBARD (dir.), *Lexique des termes juridiques*, Paris, Dalloz, 28e éd., 2020, p. 744.

[17] G. CORNU, *Vocabulaire juridique*, *op. cit.*, p. 561.

[18] S. GUINCHARD, Th. DEBARD (dir.), *Lexique des termes juridiques*, *op. cit.*, p. 579.

[19] *Ibid.*, p. 744.

[20] L'Union européenne est régie par le traité de Maastricht (TUE) du 7 février 1992 et le traité de Rome (TFUE) du 25 mars 1957, dans leur version actuelle, depuis le 1er décembre 2009 et l'entrée en vigueur du traité de Lisbonne du 13 décembre 2007. Les 27 États membres sont l'Allemagne, l'Autriche, la Belgique, la Bulgarie, Chypre, la Croatie, le Danemark, l'Espagne, l'Estonie, la Finlande, la France, la Grèce, la Hongrie, l'Irlande, l'Italie, la Lettonie, la Lituanie, le Luxembourg, Malte, les Pays-Bas, la Pologne, le Portugal, la République tchèque, la Roumanie, la Slovaquie, la Slovénie et la Suède.

qu'il faut sans doute ranger l'ASEAN[21], la CARICOM[22], la CEDEAO[23], la CEEAC[24], la CEMAC[25], la EAC[26], la SAARC[27], la SADC[28], la SICA[29], et l'UMEOA[30].

Les communautés économiques africaines n'ignorent pas l'exigence de performance qui est une modalité phare de la nouvelle gouvernance financière.

---

[21] L'Association des Nations de l'Asie du Sud-Est fondée par la déclaration de Bangkok signée le 8 août 1967. Elle regroupe dix pays d'Asie du Sud-Est parmi lesquels de nombreux émergents : Philippines, Indonésie, Malaisie, Singapour, Thaïlande depuis 1967, auxquels se sont ajoutés Brunei en 1984, le Vietnam en 1985, le Laos et la Birmanie en 1997 et le Cambodge en 1999. Son secrétariat est installé à Jakarta.

[22] La Communauté et le marché commun des Caraïbes, constitués en 1973 comme union douanière principalement par les anciennes Antilles britanniques. Les États membres sont Antigua-et-Barbuda, les Bahamas, la Barbade, le Belize, la Dominique, la Grenade, le Guyana, Haïti, la Jamaïque, Montserrat, Saint-Christophe-et-Niévès, Sainte-Lucie, Saint-Vincent-et-les-Grenadines, le Suriname et Trinité-et-Tobago. Les membres associés sont tous des territoires britanniques : Anguilla, les Bermudes, les îles Caïmans, les Îles Vierges britanniques, les îles Turques-et-Caïques. Voir en ce sens J. TERNIER, « Organisations d'intégration régionale (Amérique) », *in* G. ORSONI (dir.), *Dictionnaire encyclopédique de finances publiques*, *op. cit.*, pp. 650-653.

[23] La Communauté Économique des États de l'Afrique de l'Ouest fut créée le 28 mai 1975. Les États membres de la CEDEAO sont le Bénin, le Burkina Faso, le Cap-Vert, la Côte d'Ivoire, la Gambie, le Ghana, la Guinée, la Guinée-Bissau, le Libéria, le Mali, le Niger, le Nigeria, le Sénégal, la Sierra Leone, le Togo. Le Cap-Vert a rejoint la Communauté en 1976, mais la Mauritanie a décidé de la quitter en 2000.

[24] La Communauté Économique des États de l'Afrique Centrale constituée en 1983 et installée à Libreville au Gabon. Elle comprend, outre les États de la CEMAC, la République Démocratique du Congo, le Burundi, le Rwanda, Sao Tomé et Principe.

[25] La Communauté Économique et Monétaire de l'Afrique Centrale issue du traité de N'Djamena du 16 mars 1994.

[26] La Communauté Est-Africaine fut établie par le traité d'Arusha signé le 30 novembre 1999 et entré en vigueur le 7 juillet 2000. Elle comprend le Burundi, le Kenya, l'Ouganda, le Rwanda et la Tanzanie.

[27] L'Association pour la coopération régionale en Asie du Sud, constituée le 8 décembre 1985 par les États issus de la partition des Indes britanniques. Elle regroupe huit pays de l'Asie du Sud, soit le Bangladesh, le Bhoutan, l'Inde, les Maldives, le Népal, le Pakistan et le Sri Lanka et, à partir d'avril 2007, l'Afghanistan.

[28] La Communauté de développement de l'Afrique australe, fondée en 1979 et réorganisée le 17 août 1992 par le traité de Windhoek en Namibie. Elle comprend : l'Angola, le Botswana, l'Union des Comores, la République démocratique du Congo, l'Eswatini, le Lesotho, Madagascar, le Malawi, Maurice, le Mozambique, la Namibie, les Seychelles, l'Afrique du Sud, la République unie de la Tanzanie, la Zambie et le Zimbabwe.

[29] Le Système d'intégration centre-américain prévu par le protocole de Tegucigalpa (Honduras, 1991). Le SICA comprend : Belize, Costa Rica, Guatemala, Honduras, Nicaragua, Panama, Salvador et un État associé : République dominicaine. Voir en ce sens J. TERNIER, « Organisations d'intégration régionale (Amérique) », *in* G. ORSONI (dir.), *Dictionnaire encyclopédique de finances publiques*, *op. cit.*, pp. 650-653.

[30] L'Union Économique et Monétaire Ouest-Africaine issue du traité de Dakar du 10 janvier 1994.

C'est ainsi par exemple que le règlement financier de l'UEMOA indique qu'il « *vise à assurer la régularité, la fiabilité et la transparence des opérations budgétaires, financières et comptables des organes de l'Union, dans un cadre de responsabilisation des acteurs pour l'atteinte des objectifs fixés* »[31]. Il ajoute qu'il « *vise également à assurer la structuration et l'élaboration du budget de l'Union de manière à répondre au choix d'une présentation administrative, par programme ou dotation, fonctionnelle et économique, qui résulte de l'option d'une gestion axée sur les résultats s'inscrivant dans une programmation pluriannuelle* »[32]. C'est ce qui apparaît à l'article 43 du règlement n° 04/18-UEAC-026-CM-32 du 23 mars 2018 portant règlement financier de la Communauté en ces termes : « *Le budget de la Communauté est élaboré, structuré, présenté et exécuté par programme. Il répond aux principes fondamentaux d'une gestion axée sur les résultats et s'inscrit dans une programmation pluriannuelle.* » Vu que le droit public subit des transformations depuis belle lurette[33], l'État[34] et les collectivités locales[35] aussi, les finances publiques des communautés économiques africaines se laissent gentiment pénétrer par la nouvelle gouvernance financière[36] en général, et la démarche de la performance en particulier[37]. Il s'agit à coup sûr d'un important chantier des

---

[31] Article 2 du règlement n° 01/2018/CM/UEMOA du 23 mars 2018 portant règlement financier des organes de l'Union économique et monétaire ouest-africaine.

[32] *Ibid.*

[33] L. DUGUIT, *Les transformations du droit public*, Paris, Armand Colin, 1913, 278 p.

[34] M. BADJI et S. N. TALL (dir.), *Les transformations de l'État. Mélanges en l'honneur de Babacar Gueye*, Toulouse, PUT, 2019, 785 p. ; J.-E. GICQUEL (dir.), *La performance en droit public et en science politique*, PUR, 2019, 192 p. ; Y. OUEDRAOGO, *L'influence de la démarche de performance sur le droit public financier des États membres de l'UEMOA*, Paris, LGDJ, 2018 ; J. KANKEU, *La réforme de l'État par la performance*, PUP, 2012, 208 p.

[35] B. LION, « Quelle performance locale ? », *RFFP*, 2015, n° 129, p. 85 ; C. ROUZEE, « Mise en place d'une démarche de management par la performance : exemple de la Ville de Caen et Communauté urbaine Caen la mer », *RFFP*, 2021, n° 156, p. 225 ; I. COULIBALY, « Le pilotage de la performance dans les administrations déconcentrées : modèle français et perspective sénégalaise », Mémoire de Master en Administration publique, ENA, 2013-2014, 67 p.

[36] M. BOUVIER, « La nouvelle gestion publique comme condition de la nouvelle gouvernance », *RFFP*, 2003, n° 82, pp. 5 et s. ; F. GAULLIER-CAMUS, *La responsabilité finances des gestionnaires publics*, LGDJ, 2020, pp. 10 et s.

[37] Y. OUEDRAOGO, *L'influence de la démarche de la performance sur le droit public financier des États membres de l'UEMOA*, *op. cit.*, pp. 15 et s. ; lire utilement G. MOYUM KEMGNI, « La nouvelle gouvernance financière au Cameroun », *RASJ*, vol. 8, n° 2, 2011, pp. 293-329.

finances publiques[38] que la CEMAC[39] et l'UEMOA[40] impulsent et expérimentent au même moment. Elles ne sauraient être en marge d'un mouvement d'ampleur mondiale diligenté par les institutions financières internationales[41].

Au regard de toutes les considérations qui précèdent, il est apparu, à juste titre d'être fondé de se poser la question suivante : **quelle appréciation peut-on faire de l'exigence de performance en droit public financier des communautés économiques africaines sous étude ?** Il en ressort que bien que dans le droit financier de la CEMAC et de l'UEMOA, l'exigence de performance soit formellement entrevue **(I)**, il demeure cependant que ladite exigence est réellement retenue **(II)**.

I. UNE EXIGENCE DE PERFORMANCE FORMELLEMENT ENTREVUE

Est-il encore possible d'imaginer une gestion des finances publiques portant en faux l'exigence de performance ? Assurément que la réponse à cette interrogation est négative. La crise ukrainienne et la récession qu'elle entraîne depuis l'année dernière offrent des données fraîches d'analyse qui inclinent à adhérer, sans réserve, à la thèse de la mondialisation des finances publiques. L'un des instruments de résorption de la crise des finances publiques, l'exigence de performance, ne serait plus non seulement propre au secteur privé[42] dans lequel il a fait ses preuves, mais aussi et surtout dans les finances publiques dans

---

[38] N. MÉDÉ (dir.), *Les nouveaux chantiers de finances publiques en Afrique. Mélanges en l'honneur de Michel Bouvier*, Dakar, L'Harmattan Sénégal, 2019, 566 p.

[39] La CEMAC est née du traité de N'Djamena du 16 mars 1994. Elle est composée des États suivants : le Cameroun, la République centrafricaine, le Congo, le Gabon, la Guinée équatoriale et le Tchad.

[40] L'UEMOA est née du traité de Dakar du 11 janvier 1994. Ses États membres sont : le Bénin, le Burkina Faso, la Côte d'Ivoire, la Guinée-Bissau, le Mali, le Niger, le Sénégal et le Togo.

[41] R. MBALLA OWONA, « Émergence de la gestion financière axée sur les résultats et reconnaissance d'une obligation d'exécution intégrale des budgets des administrations publiques en droit CEMAC », *Afrilex*, avril 2016, p. 2 ; L'Initiative Africaine Concertée sur la Réforme Budgétaire, *Le budget-programme axé sur les performances en Afrique*, Un rapport d'état d'avancement, 2013, 98 p.

[42] Voir en ce sens R. EVINA OBAM, « L'intégration du pilotage de performance en finances publiques camerounaises », Mémoire de Master en Administration publique, CIL-ENA, 2003-2004, 67 p. Pour cet auteur, « *la philosophie d'une gestion orientée vers la performance n'est plus l'apanage du seul secteur marchand. De plus en plus, la tendance libérale amorcée par l'ensemble des nations du fait de la mondialisation amène les décideurs publics à repenser leur approche managériale* ».

lesquelles il peine encore à pleinement s'ancrer. Les finances publiques de la CEMAC et celles de l'UEMOA donnent à voir qu'elles consacrent des instruments **(A)** et les acteurs **(B)** de la gestion axée sur les résultats.

A. La consécration des instruments de la gestion visant la performance

L'exigence de la performance se laisse saisir dans les finances publiques de la CEMAC et dans celles de l'UEMOA par la consécration d'un certain nombre d'instruments qui sont ses supports formels. Il s'agit précisément de la budgétisation par programme **(1)**, fût-elle partielle, ainsi que du projet et du rapport annuel de performance **(2)**.

1. La budgétisation partielle des dépenses par programme

La CEMAC et l'UEMOA ont posé l'exigence de performance ; c'est pour cette raison qu'elles ne sont pas étrangères à la terminologie ou au champ lexical qui la sous-tend. En effet, à travers plusieurs concepts ou notions usités dans le droit financier des communautés économiques sous étude, il est illusoire de nier l'orientation d'une politique axée sur la recherche des résultats. C'est par ces éléments de vocabulaire que s'est récemment introduite l'exigence de performance dans les finances publiques en général, et dans celles de la CEMAC et de l'UEMOA en particulier. Il en est ainsi du concept de budget-programme et du type de budgétisation que sa consécration implique dans le cadre de l'élaboration du budget de ces communautés économiques. Dans le cas de l'UEMOA, le budget-programme « *est un cadre de dépense sectoriel à court et à moyen terme liant les ressources aux résultats attendus des divers centres de responsabilité d'une organisation. C'est un outil de planification et de gestion qui vise à renforcer la capacité à formuler, exécuter, suivre et évaluer les programmes de développement* »[43]. Partant, sa concrétisation peut donner lieu au budget opérationnel de programme qui décline les objectifs et les résultats attendus d'un programme selon un critère fonctionnel. Les crédits dudit programme et, le cas échéant, ses autorisations d'emplois, sont répartis entre un ou plusieurs budgets opérationnels de programme (Direction /Cellule/Division/unité de projet). Un programme peut donc regrouper tout ou partie des crédits d'une direction, d'un service, d'un ensemble de directions ou de services d'un même département. Importé en droit français des finances

---

[43] Article 1er du règlement n° 01/2018/CM/UEMOA du 23 mars 2018 portant règlement financier des organes de l'Union économique et monétaire ouest-africaine.

publiques[44], le concept de programme ainsi évoqué « *regroupe les crédits destinés à mettre en œuvre une action ou un ensemble cohérent d'actions représentatif d'une politique publique clairement définie dans une perspective de moyen terme* »[45].

Bien que le budget-programme ne soit pas défini, on note que le droit CEMAC a adopté une définition du programme très proche de celle de l'UEMOA. En effet, le législateur communautaire CEMAC indique que le programme est « *un crédit ou un regroupement de crédits, destiné à mettre en œuvre une action ou un ensemble cohérent d'actions représentatifs d'une politique communautaire clairement définie dans une perspective de moyen terme et faisant l'objet d'une évaluation au moyen d'indicateurs de performance* »[46]. À l'observation, le législateur CEMAC appréhende fondamentalement le programme à partir de la notion d'action sans pour autant en donner une définition. Ce qui n'est pas sans soulever des difficultés d'interprétation dans la préparation et l'adoption du budget. Partant, pour pallier son silence, on peut s'appuyer sur l'article 8 de la loi camerounaise n° 2007/006 du 26 décembre 2007 portant régime financier de l'État[47]. Il y est consigné que l'action est une « *composante élémentaire d'un programme, à laquelle sont associés des objectifs précis, explicites et mesurables par des indicateurs de performance* ». C'est donc à partir de l'action, composante primaire d'un programme, que se réalise concrètement la budgétisation par programme qui nécessite les autorisations d'engagement et les crédits de paiement.

En effet, la consécration de la budgétisation par programme induit, dans sa mise en œuvre, les concepts d'autorisation d'engagement ou de programme ainsi que de crédit de paiement. Si le premier traduit une « *autorisation constituant la limite supérieure des dépenses pouvant être engagées et dont le paiement peut s'étendre, le cas échéant, sur une période de plusieurs années* »[48], le second en revanche caractérise un crédit « *consistant la limite supérieure des dépenses*

---

[44] Selon les termes de l'article 7 de la LOLF, « *un programme regroupe les crédits destinés à mettre en œuvre une action ou un ensemble cohérent d'actions relevant d'un même ministère et auquel sont associés des objectifs précis, définis en fonction de finalités d'intérêt général, ainsi que des résultats attendus et faisant l'objet d'une évaluation* ».

[45] Article 1er du règlement n° 01/2018/CM/UEMOA du 23 mars 2018 portant règlement financier des organes de l'Union économique et monétaire ouest-africaine.

[46] Article 1er et article 45 du règlement n° 04/18-UEAC-026-CM-32 du 23 mars 2018 portant règlement financier de la Communauté.

[47] Certaines dispositions de cette loi ont été implicitement abrogées par la loi n° 2018/012 du 11 juillet 2018 portant régime financier de l'État et des autres entités publiques.

[48] Article 1er et article 45 du règlement n° 04/18-UEAC-026-CM-32 du 23 mars 2018 portant règlement financier de la Communauté et article 1er du règlement n° 01/2018/CM/UEMOA du 23 mars 2018 portant règlement financier des organes de l'Union économique et monétaire ouest-africaine.

pouvant être ordonnancées et payées pendant l'année pour la couverture des engagements contractés dans le cadre des autorisations d'engagement »[49]. Il peut être évaluatif, c'est-à-dire qu'il peut couvrir une dépense de la Communauté et s'imputer au-delà des crédits ouverts. Il peut aussi être limitatif, c'est-à-dire que le montant affecté à sa dépense ne peut être engagé et ordonnancé au-delà de la limite prévue.

Ainsi donc, dans le cadre de l'élaboration du budget de la communauté, les crédits sont spécialisés par programme. La nomenclature budgétaire qui comprend les classifications administratives est d'ailleurs constituée, en général, par programme, vu que chaque crédit budgétaire a une destination déterminée et est affecté à un but spécifique en vertu du principe de la spécialité des crédits[50], le budget de l'Union étant, par exemple, dans son principe, présenté selon les classifications administratives, par programme. De même, en droit de l'UEMOA, chaque fonds constitue un programme[51]. Ainsi en est-il du Fonds Régional de Sécurité (FRS)[52], du Fonds d'Aide à l'Intégration Régionale (FAIR)[53] et du Fonds Régional de Développement de l'Agriculture (FRDA)[54]. Il pourrait en être de même du Fonds de Développement Communautaire (FODEC) en zone CEMAC, dont le budget a été évalué à 9 814 912 494 FCFA en 2023[55]. Par conséquent, le premier niveau d'autorisation contraignante d'adoption du budget de l'UEMOA, c'est le programme pour les services ou les

---

[49] *Ibid.*

[50] Article 12 du règlement n° 01/2018/CM/UEMOA du 23 mars 2018 portant règlement financier des organes de l'Union économique et monétaire ouest-africaine et l'article 9 du règlement n° 04/18-UEAC-026-CM-32 du 23 mars 2018 portant règlement financier de la Communauté.

[51] Article 12 du règlement n° 01/2018/CM/UEMOA du 23 mars 2018 portant règlement financier des organes de l'Union économique et monétaire ouest-africaine.

[52] Le budget spécial dudit fonds a été évalué à 60 000 000 000 de FCFA en 2019, cf. l'article 4 (nouveau) du règlement n° 13/2019/CM/UEMOA du 20 décembre 2019 modifiant et complétant le règlement n° 07/2019/CM/UEMOA du 27 septembre 2019 portant modification du règlement n° 07/2019/CM/UEMOA du 21 juin 2019 portant modification du règlement n° 06/2018/CM/UEMOA du 21 décembre 2018 portant adoption du budget de l'Union Économique et Monétaire Ouest-Africaine au titre de l'exercice 2019.

[53] En 2021, ce fonds a été approvisionné à hauteur de 10 000 000 000 de FCFA. Voir en ce sens l'article 6 (nouveau) du règlement n° 01/2021CM/UEMOA du 15 mars 2021 portant modification du règlement n° 05/2020/CM/UEMOA du 10 décembre 2020 portant budget de l'UEMOA au titre de l'exercice 2021.

[54] En 2021 ce fonds a été approvisionné à hauteur de 18 694 510 011 FCFA. Voir en ce sens l'article 5 (nouveau) du règlement n° 01/2021CM/UEMOA du 15 mars 2021 portant modification du règlement n° 05/2020/CM/UEMOA du 10 décembre 2020 portant budget de l'UEMOA au titre de l'exercice 2021.

[55] Voir en ce sens l'article 3 du règlement n° 06-CEMAC-UEAC-FODEC-CM-38 du 21 novembre 2022 portant adoption et rendant exécutoire les allocations du Fonds de Développement Communautaire (FODEC) au profit des programmes, projets et activités des institutions communautaires et entités ad hoc.

organes qui ne gèrent pas des programmes[56]. Dans cette même logique, en droit CEMAC, il est précisé que le budget de la Communauté est élaboré, structuré, présenté et exécuté par programme. Il répond aux principes fondamentaux d'une gestion axée sur les résultats et s'inscrit dans une programmation pluriannuelle[57].

Au regard de ce qui précède, il faut se garder d'une lecture absolutiste, complète et totale de la budgétisation. Certaines dépenses des communautés économiques sous étude font encore l'objet de dotations. Cela n'obère cependant pas, pour les dépenses qui sont budgétisées par programme, l'obligation de produire un projet et un rapport annuels de performance.

2. Le projet et le rapport annuels de performance

Le budget-programme n'est pas l'unique instrument que les communautés économiques sous étude utilisent pour s'inscrire dans la logique de la performance. Le projet et le rapport annuels de performance constituent tout autant des instruments ou des outils dont se sont dotés la CEMAC et l'UEMOA. Bien que contribuant au même objectif, ils présentent des spécificités.

S'agissant en premier lieu du projet annuel de performance (PAP), c'est un document annexé au budget de l'UEMOA et présentant les objectifs des programmes, les actions institutionnelles des organes de l'Union et les résultats attendus mesurés au moyen d'indicateurs de performance. C'est un engagement du gestionnaire sur les résultats. Il présente les objectifs stratégiques et les cibles chiffrées pour les indicateurs stratégiques qui leur sont liés ainsi que les objectifs opérationnels les plus significatifs. Il implique un dialogue de gestion entre les différents acteurs lors de la préparation budgétaire[58]. Il fait partie des documents

---

[56] Article 40 du règlement n° 01/2018/CM/UEMOA du 23 mars 2018 portant règlement financier des organes de l'Union économique et monétaire ouest-africaine.

[57] Article 43 du règlement n° 04/18-UEAC-026-CM-32 du 23 mars 2018 portant règlement financier de la Communauté.

[58] Article 1er du règlement n° 01/2018/CM/UEMOA du 23 mars 2018 portant règlement financier des organes de l'Union économique et monétaire ouest-africaine.

qui accompagnent le budget de l'UEMOA lorsqu'il est soumis aussi bien au Comité des experts, pour avis[59], qu'au Conseil des ministres pour adoption[60].

Dans le cadre de la CEMAC, en lieu et place du PAP, on parle plutôt du programme annuel de performance des organismes communautaires, assorti des résultats attendus et des indicateurs de performance. Il consolide tout de même les projets annuels de performance élaborés par les responsables de programme et présente la stratégie, les objectifs et les indicateurs de performance quantifiés de chacun des programmes[61]. Il fait partie des documents joints au projet de budget. Il est utile de souligner que la procédure d'adoption du budget est quelque peu distincte. En effet, le projet de budget transmis par le président de la Commission est arrêté par le Conseil des ministres, puis transmis au Parlement communautaire pour avis et éventuels amendements. Le projet de budget ainsi examiné par le Parlement communautaire est retourné, par l'intermédiaire du président de la Commission, au Conseil des ministres pour adoption[62]. Dans la liste des documents qui l'accompagnent figure tout aussi en bonne place le RAP.

En effet, le rapport annuel de performance (RAP) est annexé au projet de budget de la CEMAC[63] et de l'UEMOA[64]. C'est un document qui rend compte, pour chaque programme, de l'exécution des engagements pris dans le projet annuel de performance (PAP) au moment de l'examen du projet de budget. Il présente et explique les réalisations effectives concernant l'ensemble des moyens regroupés et alloués à un programme et permet ainsi d'apprécier la qualité de la gestion des politiques publiques. C'est un outil d'aide à la décision fondamental qui permet ainsi aux décideurs de se faire une idée sur le niveau d'efficacité des programmes qui sont exécutés par les acteurs. Il est utile de souligner qu'en

---

[59] Article 39 du règlement n° 01/2018/CM/UEMOA du 23 mars 2018 portant règlement financier des organes de l'Union économique et monétaire ouest-africaine. En effet, en application de l'article 52 du traité UEMOA révisé, avant sa transmission au Conseil, le projet de budget est soumis pour avis au Comité des Experts. Les délibérations du Conseil sont préparées par le Comité des Experts, composé de représentants des États membres. La Commission est représentée aux réunions de ce Comité. Celui-ci adopte à la majorité de ses membres présents des avis qu'il transmet au Conseil. Le Conseil arrête le règlement intérieur du Comité des Experts à la majorité des deux tiers (2/3) de ses membres.

[60] Article 40 du règlement n° 01/2018/CM/UEMOA du 23 mars 2018 portant règlement financier des organes de l'Union économique et monétaire ouest-africaine

[61] Article 41 du règlement n° 04/18-UEAC-026-CM-32 du 23 mars 2018 portant règlement financier de la Communauté.

[62] Articles 49 et 50 du règlement n° 04/18-UEAC-026-CM-32 du 23 mars 2018 portant règlement financier de la Communauté. Article 43 du règlement n° 04/18-UEAC-026-CM-32 du 23 mars 2018 portant règlement financier de la Communauté.

[63] Article 41 du règlement n° 04/18-UEAC-026-CM-32 du 23 mars 2018 portant règlement financier de la Communauté.

[64] Article 1er du règlement n° 01/2018/CM/UEMOA du 23 mars 2018 portant règlement financier des organes de l'Union économique et monétaire ouest-africaine.

France, figurant parmi les pièces devant accompagner le projet de loi de règlement[65], le RAP fait « *connaître, par programme, en mettant en évidence les écarts avec les prévisions des lois de finances de l'année considérée, ainsi qu'avec les réalisations constatées dans la dernière loi de règlement : a) les objectifs, les résultats attendus et obtenus, les indicateurs et les coûts associés...* »[66] – lesquels rapports sont préparés par des acteurs bien désignés.

B. L'institutionnalisation des acteurs de la gestion recherchant la performance

Contrairement à la logique du budget de moyens, la logique du budget-programme se caractérise par l'intervention de certains acteurs dont le statut et les fonctions sont organisés de sorte que se réalise le paradigme de performance. Sans ces acteurs, la mise en œuvre de l'exigence de performance ne serait qu'un vain souhait, car elle nécessite « *une redéfinition des tâches par la création de nouveaux pôles de compétences* »[67]. Ainsi en est-il du responsable de programme, acteur principal **(1),** ainsi que d'autres acteurs, certes secondaires, mais non moins importants **(2)**.

1. L'acteur principal : le gestionnaire et/ou le responsable de programme

L'exigence de performance est théoriquement organisée autour de certains acteurs dont le profil est de nature à ne pas constituer un frein à l'objectif recherché. Le premier de ces acteurs, c'est le responsable de programme. Il importe de souligner que dans le cas de l'UEMOA, il est prévu un autre acteur : le gestionnaire de programmes. Il s'agit du chef du département au sein duquel sont logés des programmes. Il a sous son autorité un ou plusieurs responsables de programme qui lui rendent compte de l'exécution de leurs programmes respectifs. Ainsi, sous l'autorité du gestionnaire de programmes dont il relève, le responsable de programme élabore la stratégie du programme dont il a la charge et définit ou révise les objectifs et les indicateurs de résultats. Il propose la formulation et l'actualisation des objectifs et des indicateurs, la répartition des crédits et des emplois, le projet de rapport annuel de performance. Il est garant de l'exécution du programme conformément aux objectifs fixés dans le projet

---

[65] Lire utilement M. ANDRÉ, « Réflexions sur le volet performance des lois de finances et des lois de règlement », *RFFP*, 2017, n° 137, p. 65.

[66] Cf. alinéa 4 de l'article 54 de la LOLF.

[67] P. THEOUA-N'DRI, « Les finances publiques de l'Union économique et monétaire ouest-africaine et la logique de performance », Thèse de Doctorat en Droit Public, Université de Cocody, 2010, p. 91.

annuel de performance[68]. Il apparaît ainsi tantôt « *sous la parure d'un maître* », tantôt revêtant « *un costume sans dorure* », s'affichant tel un serviteur ; le responsable de programme est aux yeux du professeur Gérard Martin PEKASSA NDAM un « *Janus budgétaire* »[69], marqueur de la thèse de l'ambivalence statutaire.

Si dans le cadre de l'UEMOA les responsables de programme sont nommés par le Président de la Commission, sur proposition du gestionnaire de programmes dont ils relèvent[70], dans le cas de la CEMAC, ils sont nommés par les ordonnateurs des organismes communautaires dont relèvent ces programmes[71]. Ils sont chargés de l'exécution de leurs programmes respectifs.

Le responsable de programme est ainsi un acteur de premier rang dans la préparation et l'exécution du budget. À ce titre, en droit communautaire UEMOA, comme un membre ou un agent d'un organe jouissant de l'autonomie de gestion financière, il peut bénéficier d'une délégation de pouvoirs accordée par l'ordonnateur principal ou l'ordonnateur délégué des dépenses[72]. Il peut tout autant bénéficier d'une subdélégation des pouvoirs de l'ordonnateur délégué, le cas échéant, d'un organe ne bénéficiant pas de l'autonomie de gestion financière[73]. En droit communautaire UEMOA, le responsable de programme est formellement assisté par le responsable opérationnel de programme.

2. L'acteur secondaire : le responsable opérationnel de programme

Bien qu'étant un acteur générique dans les systèmes financiers publics ayant opté pour la budgétisation par programme, ce n'est que le droit communautaire UEMOA qui consacre le responsable du budget opérationnel de programme qui est un responsable de Direction/Cellule/Division/projet intervenant dans la mise en œuvre des activités du programme. Le droit communautaire CEMAC ignore pourtant cet acteur clé de la chaîne de la mise en œuvre de la gestion axée sur les

---

[68] Voir en ce sens l'article 1er du règlement n° 01/2018/CM/UEMOA du 23 mars 2018 portant règlement financier des organes de l'Union économique et monétaire ouest-africaine et l'article 46 du règlement n° 04/18-UEAC-026-CM-32 du 23 mars 2018 portant règlement financier de la Communauté.

[69] G. M. PEKASSA NDAM, « La dialectique du responsable de programme en finances publiques camerounaises : recherche sur les nouveaux acteurs budgétaires », *in* N. MÉDÉ (dir.), *Les nouveaux chantiers de finances publiques en Afrique. Mélanges en l'honneur de Michel Bouvier*, *op. cit.*, p. 305.

[70] Article 21 du règlement n° 01/2018/CM/UEMOA du 23 mars 2018 portant règlement financier des organes de l'Union économique et monétaire ouest-africaine.

[71] Article 46 du règlement n° 04/18-UEAC-026-CM-32 du 23 mars 2018 portant règlement financier de la Communauté.

[72] Article 22 du règlement n° 01/2018/CM/UEMOA du 23 mars 2018 précité.

[73] *Ibid.*

résultats. Toutefois, du point de vue théorique et même en droit communautaire UEMOA, c'est lui qui gère l'enveloppe des crédits du budget opération de programme alloués par le gestionnaire de programmes et s'engage sur des objectifs opérationnels à atteindre. Il participe à l'élaboration des projets du RAP et du PAP du programme dans lequel il intervient. Les responsables du budget opérationnel de programme sont nommés par le président de la Commission de l'UEMOA, sur proposition du gestionnaire de programmes dont ils relèvent. Ils complètent ainsi les acteurs du circuit de l'opérationnalisation matérielle du budget-programme. Leur absence dans un système financier public peut contribuer à valider la thèse d'une exigence de performance réellement retenue.

II. UNE EXIGENCE DE PERFORMANCE RÉELLEMENT RETENUE

Les administrations publiques en général, et celles des communautés africaines sous étude en particulier, seraient-elles inéligibles ou inappropriées à la logique de la performance ? Cette interrogation est loin d'être rhétorique. La récurrence des déficits publics, la persistance de la pauvreté et du sous-développement accréditent assurément sa pertinence. Il semble qu'il serait difficilement autrement dès lors que, sous le rapport de l'introduction de la logique de la performance dans ces communautés, on note à regret l'incomplétude **(A)** et l'inapplication **(B)** de son dispositif. L'exigence de performance introduite semble ainsi diluée. Partant, sa portée devient relative, voire quasi invisible ou inexistante.

A. L'incomplétude du dispositif de support de l'exigence de performance

Le constat qui se dégage est que ce que le législateur communautaire a introduit par la porte, il semble le faire sortir subrepticement par la fenêtre. La minutieuse analyse de la configuration normative actuelle de l'exigence de performance autorise, dans les finances publiques de la CEMAC et de l'UEMOA, la relativisation de l'optimisme tant on note l'existence des dotations de crédits **(1)** et l'inexistence d'un document de cadrage à moyen terme à l'UEMOA **(2)**.

1. L'existence des dotations de crédits

Pendant que l'on croyait révolu le temps des dotations budgétaires de crédits, vu qu'elles n'épousent pas la logique de la performance, les législateurs communautaires semblent pérenniser leur existence. En effet, la budgétisation par programme cohabite avec la budgétisation par dotation. C'est ainsi, par exemple, qu'en plus de la spécialisation des crédits par programme, les crédits sont également spécialisés par dotation. De même, la nomenclature budgétaire comprend des classifications administratives, par programme ou dotation, fonctionnelle et économique du budget de l'UEMOA[74]. Le budget de l'UEMOA est présenté selon les classifications administratives, par programme ou dotation, fonctionnelle et économique.

La dotation ainsi évoquée regroupe un ensemble de crédits globalisés destinés à couvrir des dépenses spécifiques auxquelles ne peuvent être directement associés des objectifs de politiques publiques ou des critères de performance[75]. Le recours à ce mode de répartition des dépenses et des crédits budgétaires fait d'ailleurs l'objet d'une règlementation et donc de restriction. En droit communautaire CEMAC, leur pertinence étant régulièrement vérifiée au regard des impératifs de la programmation pluriannuelle[76], leur usage est réduit aux dépenses liées aux actions de la gouvernance et aux dépenses accidentelles, destinées à faire face à des besoins urgents et imprévisibles[77].

Par contre, en droit communautaire UEMOA, vu que les dépenses budgétaires sont composées des dépenses ordinaires et des dépenses en capital, elles sont regroupées par programme ou dotation sur la base d'un critère non décliné. Il est seulement indiqué que les crédits budgétaires non répartis par programme sont répartis par dotation[78]. Par conséquent, le second niveau d'autorisation contraignante d'adoption du budget de l'UEMOA est la dotation pour les services ou les organes qui ne gèrent pas de programmes[79]. Le recours aux dotations semble ainsi concurrencer sérieusement la budgétisation par programme en droit communautaire UEMOA. C'est ainsi que, comme en ce qui concerne des programmes distincts, des transferts de crédits modifient la répartition des crédits budgétaires entre dotations distinctes, notamment d'un même département ou d'un même organe, ainsi qu'entre départements et/ou d'organes distincts. De même, comme à l'intérieur d'un même programme, des virements de crédits peuvent modifier la répartition des crédits budgétaires d'une dotation d'un département ou d'un organe de l'Union[80]. Bien plus, en droit communautaire UEMOA, il est indiqué qu'à l'exception des crédits globaux

---

[74] Article 1er du règlement n° 01/2018/CM/UEMOA du 23 mars 2018 portant règlement financier des organes de l'Union économique et monétaire ouest-africaine.

[75] *Ibid.*

[76] Article 47 du règlement n° 04/18-UEAC-026-CM-32 du 23 mars 2018 portant règlement financier de la Communauté.

[77] Article 45 du règlement n° 04/18-UEAC-026-CM-32 du 23 mars 2018 précité.

[78] Article 30 du règlement n° 01/2018/CM/UEMOA du 23 mars 2018 sus-cité.

[79] Article 40 du règlement n° 01/2018/CM/UEMOA du 23 mars 2018 précité.

[80] Article 16 du règlement n° 01/2018/CM/UEMOA du 23 mars 2018 précité.

pour des dépenses accidentelles et imprévisibles, aucun transfert ni virement ne peut être opéré d'une dotation vers un programme[81].

Si au regard de ce qui apert, il semble que l'UEMOA ne se soit pas totalement ou grandement orientée vers la budgétisation par programme en faisant encore abusivement recours aux dotations, bien plus que la CEMAC, l'inexistence d'un document de cadrage à moyen terme dans cette communauté économique amplifie son degré de rattachement à la logique des moyens au détriment de celle des résultats.

2. L'inexistence d'un document de cadrage à moyen terme à l'UEMOA

Le cadrage budgétaire à moyen terme est un instrument primordial dans la logique d'une gestion performante des programmes[82]. Il sert de boussole dans la programmation budgétaire à moyen terme. Il sert de guide programmatique, le référent sur lequel tous les programmes s'appuient. Cette fonction du document de cadrage à moyen terme est pourtant bien perçue par la CEMAC.

En effet, à la lecture de l'article 44 du règlement n° 04/18-UEAC-026-CM-32 du 23 mars 2018 portant règlement financier de la Communauté, il est consigné que chaque année, la Commission établit un cadrage budgétaire à moyen terme définissant, en fonction des hypothèses économiques réalistes, l'évolution de trois indicateurs, sur une période minimum de trois ans. En premier lieu, il présente l'évolution des dépenses et des recettes, y compris les contributions des bailleurs de fonds internationaux. En deuxième lieu, il définit l'évolution du besoin ou de la capacité de financement de la Communauté. Enfin, il expose le niveau d'endettement de la Communauté. C'est sur la base de ce cadrage budgétaire à moyen terme et dans les limites qu'il fixe que la Commission établit un cadre des dépenses à moyen terme (CDMT), décomposant sur une période minimum de trois ans les grandes catégories des dépenses communautaires, par nature, et le cas échéant, par organisme communautaire.

L'importance du document de cadrage étant ainsi avérée, il est difficilement compréhensible que l'UEMOA ne l'ait pas consacré en ce qui concerne les finances de l'Union, alors même que, comme en ce qui concerne les États

---

[81] *Ibid.*

[82] Voir M. NTSAMA, « Les documents de cadrage macroéconomique et budgétaire dans le droit public financier des États d'Afrique noire francophone », *RADP*, 2022, vol. XI, n° 27, pp. 223-256.

membres de la CEMAC[83], l'article 52[84] de la directive n° 06/2009/CM/UEMOA du 26 juin 2009 portant lois de finances au sein de l'UEMOA le consacre au profit des États membres.

Pour mettre de l'eau dans notre propos, on peut tout de même relever que l'UEMOA évoque un document de programmation pluriannuelle des dépenses, une sorte de CDMT. Il accompagne le projet de budget[85]. Sa seule consécration ne saurait suffire à compléter le dispositif programmatique à l'effet de maîtriser l'évolution des dépenses, des recettes, des besoins de financement et le niveau d'emprunt. Ce sont des indicateurs indispensables pour mieux (ré)orienter la programmation pluriannuelle des dépenses. Ce regrettable défaut dans la consécration de l'exigence de performance est intensifié par l'inapplication du dispositif de support de cette exigence.

B. L'INAPPLICATION DU DISPOSITIF DE SUPPORT DE L'EXIGENCE DE PERFORMANCE

Bien que le droit communautaire des communautés économiques africaines sous étude marque un attachement à l'exigence de performance, il demeure que le dispositif qui la véhicule reste en grande partie inappliqué. Ainsi est-il du cadrage budgétaire à moyen terme et de la budgétisation par programme **(2)**. Avant d'être plus explicite à leur propos, il est important que les bases juridiques de cette inapplication soient déclinées **(1)**.

---

[83] Voir en ce sens l'article 8 de la directive n° 01/11-UEAC-190-CM-22 du 11 décembre 2011 relative aux lois de finances des États.

[84] Selon cette disposition, le projet de loi de finances de l'année est élaboré par référence à un document de programmation budgétaire et économique pluriannuelle couvrant une période minimale de trois ans. Sur la base d'hypothèses économiques précises et justifiées, le document de programmation budgétaire et économique pluriannuelle évalue le niveau global des recettes attendues de l'État, décomposées par grandes catégories d'impôts et de taxes et les dépenses budgétaires décomposées par grandes catégories de dépenses. Ce document de programmation budgétaire et économique pluriannuelle évalue également l'évolution de l'ensemble des ressources, des charges et de la dette du secteur public en détaillant en particulier les catégories d'organismes publics visées à l'article 55 de la directive.

Il prévoit la situation financière des entreprises publiques sur la période considérée et, éventuellement, les concours que l'État peut leur accorder. Il fixe enfin les objectifs d'équilibre budgétaire et financier sur le moyen terme en application des dispositions du Pacte de convergence, de stabilité, de croissance et de solidarité.

[85] Article 37 du règlement n° 01/2018/CM/UEMOA du 23 mars 2018 portant règlement financier des organes de l'Union économique et monétaire ouest-africaine.

1. Les bases juridiques de l'inapplication du dispositif de support de l'exigence de performance

Il faut parcourir les dernières pages des règlements financiers de la CEMAC et de l'UEMOA pour découvrir le droit transitoire[86] qu'ils fixent. Il y apparaît deux traits : l'abrogation explicite des dispositions des règlements financiers antérieurs, et l'application différée de certaines dispositions des nouveaux règlements financiers.

S'agissant tout d'abord de l'abrogation des anciens règlements financiers, en droit communautaire UEMOA, il est expressément prévu que : « *le présent règlement abroge et remplace toutes autres dispositions antérieures notamment le Règlement n° 01/2008/CM/UEMOA du 28 mars 2008, portant règlement financier des organes de l'Union, modifié, et le Règlement n° 01/2015/ CM/UEMOA, du 30 mars 2015, portant régime financier spécifique applicable aux organes de l'UEMOA bénéficiant de l'autonomie de gestion financière, et les textes subséquents* »[87]. Une disposition semblable existe en droit communautaire CEMAC. Il y est noté que : « *le présent règlement, qui abroge n° 05/09-UEAC-026-CM-20, du 11 décembre 2009, portant règlement financier de la Communauté, entre en vigueur à la date de sa signature* »[88]. Partant, il apparaît que dans le principe, les nouveaux règlements financiers de la CEMAC et de l'UEMOA ont expressément abrogé les dispositions des anciens règlements financiers. Par une telle approche, les législateurs communautaires ont mis fin à l'application de ces anciens règlements sans équivocité. Mais ils ont tout de même dilué cette posture en différant l'application de certaines dispositions.

S'agissant ensuite de l'application différée de certaines dispositions, elle est tirée de l'article 96 du règlement n° 01/2018/CM/UEMOA du 23 mars 2018 portant règlement financier des organes de l'Union économique et monétaire ouest-africaine. Selon cette disposition, « *nonobstant les dispositions de l'article 94*[89] *[...] et afin de garantir la continuité de la gestion budgétaire,*

---

[86] Pour approfondissement, lire P. ROUBIER, *Le droit transitoire (conflits des lois dans le temps)*, Paris, Dalloz et Sirey, 2e éd., 1960, 608 p.

[87] Article 95 du règlement n° 01/2018/CM/UEMOA du 23 mars 2018 précité.

[88] Article 104 du règlement n° 04/18-UEAC-026-CM-32 du 23 mars 2018 précité.

[89] Selon cet article, « *la Commission est chargée de l'application du présent Règlement. Conformément à l'article 24 du Traité modifié de l'UEMOA, la Commission est habilitée à prendre les textes d'application des présentes dispositions. Elle élabore les règles administratives et les procédures budgétaires, financières et comptables. Elle se charge d'intégrer l'ensemble des mesures d'application desdits textes dans le manuel des procédures administratives, budgétaires, financières et comptables de l'Union. La Commission dressera un bilan du présent Règlement qui sera présenté au Conseil des ministres lors de la séance d'adoption du troisième budget de l'Union soumis aux dispositions du présent Règlement. La Commission veillera, en particulier, à*

financière et comptable de l'Union, le Président de la Commission peut, par voie de Décision, déterminer les règles et procédures découlant de l'application du Règlement n° 01/2008/CM/UEMOA du 28 mars 2008, modifié qui, par dérogation, pourront rester applicables jusqu'au 31 décembre 2019 ». Pourtant signé en 2018, l'application complète du règlement financier UEMOA a été renvoyée au 1er janvier 2020 sur le fondement des dispositions choisies par le président de la Commission. S'inscrivant dans cette logique de renvoi de l'application effective de certaines dispositions du nouveau règlement financier, dans la CEMAC, il est également indiqué que : « *les dispositions du présent règlement financier sont d'application immédiate à l'exception de celles relatives aux articles ci-après dont l'application effective est différée jusqu'au terme d'un délai de trois (03) ans à compter de la date de sa signature* ». Signé en 2018, comme celui de l'UEMOA, le règlement financier de la CEMAC a également aménagé son entrée en vigueur totale en différant l'application de certaines de ses dispositions à l'exercice 2022. Bien plus, bien qu'à ce jour, ces délais soient révolus, l'inapplication du dispositif de l'exigence de performance demeure.

2. L'inapplication du cadrage budgétaire à moyen terme et de la budgétisation par programme

Dans le cadre de la CEMAC, l'application du dispositif de l'exigence de performance a été explicitement différée. Ainsi en est-il de l'ineffectivité des documents de cadrage budgétaire à moyen terme prévu à l'article 44 du règlement n° 04/18-UEAC-026-CM-32 du 23 mars 2018 portant règlement financier de la Communauté. Par conséquent, la non-jonction de ces documents ne permet pas au Parlement communautaire et au Conseil des ministres de mieux examiner le projet de budget qui est soumis par le président de la Commission. Le budget adopté dans de telles conditions peut donc ne pas présenter les atouts d'une gestion axée sur les résultats.

De même, l'application des dispositions de l'article 45 du règlement n° 04/18-UEAC-026-CM-32 du 23 mars 2018 portant règlement financier de la Communauté a aussi été différée. C'est ainsi que la gestion des programmes n'est pas effective. Les communautés économiques africaines sous étude semblent encore très attachées à la logique des moyens. Elles peinent à s'en détacher. Le budget de la CEMAC de l'exercice 2023 nous offre des données fraîches à ce propos. L'article 5 du règlement n° 07/22-UEAC-004-CM-38 du 21 novembre 2022, adoptant et rendant exécutoire le budget de la CEMAC pour l'exercice 2023, précise les détails et les montants des dotations budgétaires des

---

la mise en place d'un système d'information pour assurer l'efficacité et l'efficience des tâches concourant à la mise en œuvre de la réforme ».

institutions, organes, institutions spécialisées et agences d'exécution. C'est ainsi, par exemple, que celle de la Commission a été fixée à 29 408 637 509 FCFA, celle du Parlement communautaire est de 4 500 000 000 de FCFA, celle de la Cour de justice de la CEMAC est de 3 150 000 000 de FCFA et celle de la Cour des comptes est de 4 480 000 000 de FCFA. Ce n'est que dans le cadre du FODEC que l'on a pu rencontrer deux programmes : le programme de développement des trois frontières et étude de faisabilité du porP sec d'Ebebiyin 5 98 570 320 FCFA et le programme STAT-CEMAC 705 000 000 de FCFA[90].

Après l'expérience du programme économique régional (PER)[91], il est toutefois important de relever que l'UEMOA tend de plus en plus à s'inscrire dans la budgétisation par programme même si des dotations[92] demeurent. Ainsi, par exemple, dans le cadre du budget de l'exercice 2021[93], on peut citer les programmes suivants : Programme paix et Sécurité (580 929 034 FCFA), Programme pilotage institutionnel (23 258 028 057 FCFA), Programme Intégré de Renforcement des Capacités (PIRC) (1 243 812 239 FCFA), Programme d'appui à la Gestion Administrative et Financière (15 320 003 099 FCFA).

CONCLUSION

In fine, il ne fait plus l'ombre d'un doute : les finances publiques subissent de profondes mutations. Le professeur Michel BOUVIER le remarque d'ailleurs en

---

[90] Article 2 du règlement n° 06-CEMAC-UEAC-FODEC-CM-38 du 21 novembre 2022 portant adoption et rendant exécutoire les allocations du Fonds de Développement Communautaire (FODEC) au profit des programmes, projets et activités des institutions communautaires et entités ad hoc.

[91] Le programme économique régional a été institué le 18 mai 2004 par décision n° 01/2004/CM/UEMOA portant adoption du PER 2004-2008. Il est élaboré par la Commission, la Banque centrale des États de l'Afrique de l'Ouest (BCEAO) et la Banque Ouest-Africaine de développement (BOAD). Le PER s'appuie sur les objectifs fondamentaux du Traité, les Objectifs du Millénaire et les priorités du NEPAD. Lire Commission de l'UEMOA, *Le programme économique régional (PER)*, 2004-2008, p. 21 ; P. THEOUA-N'DRI, « Les finances publiques de l'Union économique et monétaire ouest-africaine et la logique de performance », *op. cit.*, pp. 109 et s.

[92] Dotation pour dépenses accidentelles et imprévisibles 100 000 000 FCFA, Dotation pour les fonds 30 694 510 011 FCFA, Dotation du Pilotage Institutionnel de la Cour de Justice 1 881 647 107 FCFA, Dotation du Pilotage Institutionnel de la Cour des comptes 1 606 675 542 FCFA, Dotation du Pilotage Institutionnel du Comité Interparlementaire 1 153 425 684 FCFA.

[93] Voir en ce sens l'article 7 (nouveau) du règlement n° 01/2021CM/UEMOA du 15 mars 2021 portant modification du règlement n° 05/2020/CM/UEMOA du 10 décembre 2020 portant budget de l'UEMOA au titre de l'exercice 2021.

ces termes : « *D'une manière générale, c'est bien tout un ensemble de valeurs qui se trouve bouleversé et, avec elles, tout un corps de références. Ainsi, des dispositifs qui depuis des décennies relevaient de l'évidence, d'un sens partagé, sont devenus sujets à débats. De la même manière, des concepts et des définitions qui jusqu'alors semblaient aller de soi ont perdu leur sens ou sont devenus confus de par un contexte qui s'est considérablement modifié.* »[94] Étant donné que « *les organisations publiques doivent aujourd'hui reconstruire leur image et leurs politiques* »[95], les communautés économiques africaines sous étude sont en rang dans la marche vers la transformation, la privatisation du droit public financier. À travers l'exigence de la performance que ces communautés ont intégrée aussi bien au profit des États membres des institutions que des organes des communautés, il se dégage d'emblée le changement de paradigme. L'on est en train de passer progressivement, mais sûrement, de la logique des moyens et de la régularité à celle de performance. La bonne gouvernance qui est ainsi recherchée exige certes l'économie[96], l'efficacité[97], l'efficience[98], mais aussi et surtout l'obligation de rendre compte[99]. Cette dernière est un levier dont l'inactivation viderait de tout son contenu l'exigence de performance. Il faut donc que le contrôle de gestion, l'audit interne et le contrôle juridictionnel de l'exécution des budgets de la CEMAC et de l'UEMOA soient au rendez-vous pour que la réalisation des objectifs de ces communautés économiques soit garantie.

---

[94] M. BOUVIER, « Inventer une nouvelle gouvernance financière publique : fonder l'État du XXIe siècle », *RFFP*, éditorial spécial n° 100, novembre 2007, p. 3.

[95] O. KERAMIDAS, « Les finances publiques comme catalyseur de la performance globale des organisations publiques : des procédures administratives aux processus stratégiques », *RFFP*, 2016, n° 133, p. 23.

[96] Les moyens mis en œuvre dans le cadre de la réalisation des activités sont rendus disponibles en temps utile, dans les quantités et qualités appropriées et au meilleur prix.

[97] Elle vise l'atteinte des objectifs spécifiques fixés et l'obtention des résultats escomptés.

[98] Elle exprime un meilleur rapport entre les moyens mis en œuvre et les résultats obtenus.

[99] Il s'agit de rendre compte de l'utilisation des fonds qui doit être conforme à des objectifs et politiques précis et convenus. Lire utilement N. MÉDÉ « L'Afrique francophone saisie par la fièvre de la performance financière », *RFFP*, 2016, n° 135, p. 349. Selon l'auteur, le gestionnaire public s'occupe des affaires de tout le monde et tout le monde a le droit de lui en demander des comptes. La reddition de comptes s'organise dans le nouveau contexte de la gestion budgétaire axée sur les résultats et selon des finalités qui sont aussi celles de la nouvelle gestion publique.

La responsabilité managériale en droit public financier de l'UEMOA

Sasso PAGNOU

Docteur en droit public
Université de Kara (Togo)

Tout comme la loi organique française relative aux lois de finances du 1er août 2001, les directives de l'Union économique et monétaire ouest-africaine (UEMOA) sur les finances publiques[1] sont censées apporter une « *révolution copernicienne* »[2] dans la gestion des finances publiques en ce qu'elles se proposent de la faire passer d'une logique de moyens à une logique de performances. La gestion de l'État devra, désormais, être soumise aux mêmes

---

Il s'agit des directives :

- n° 01/2009/CM/UEMOA portant Code de transparence dans la gestion des finances publiques au sein de l'UEMOA ;
- n° 06/2009/CM/UEMOA portant lois de finances au sein de l'UEMOA ;
- n° 07/2009/CM/UEMOA portant règlement général sur la comptabilité publique au sein de l'UEMOA ;
- n° 08/2009/CM/UEMOA portant nomenclature budgétaire de l'État au sein de l'UEMOA ;
- n° 09/2009/CM/UEMOA portant plan comptable de l'État (PCE) au sein de l'UEMOA ;
- n° 10/2009/CM/UEMOA portant tableau des opérations financières de l'État (TOFE) au sein de l'UEMOA.

[2] Voir la déclaration de M. Michel Sapin, ministre de la Fonction publique et de la réforme de l'État, sur la proposition de loi portant réforme de l'ordonnance du 2 janvier 1959, préfiguration de la réforme de l'État, au Sénat le 28 juin 2001. Le document est disponible à l'adresse suivante : https://www.vie-publique.fr/discours/174559-declaration-de-m-michel-sapin-ministre-de-la-fonction-publique-et-de-l. Consulté le 29 mars 2023.

exigences que les entreprises[3]. Pour ce faire, le législateur communautaire a fait le choix d'un système de gestion axée sur les résultats (GAR).

Selon la Commission de l'UEMOA, la GAR est « *une stratégie de gestion selon laquelle les données sur les résultats et sur le rendement orientent la mise en œuvre et déterminent l'affectation des ressources pour atteindre des objectifs préalablement définis, en réponse aux attentes des populations, des entreprises, des organisations de la société civile et des États membres de l'Union* »[4]. Cette stratégie est prévue de façon expresse par la directive n° 06/2009/CM/UEMOA portant lois de finances au sein de l'UEMOA, dont l'article 12 indique que « *les lois de finances répartissent les crédits budgétaires qu'elles ouvrent entre les différents ministères et institutions constitutionnelles* », qu'« *à l'intérieur des ministères, ces crédits sont décomposés en programmes* », que « *ces programmes sont associés à des objectifs précis, arrêtés en fonction de finalités d'intérêt général et des résultats attendus* », que « *ces résultats, mesurés notamment par des indicateurs de performance, font l'objet d'évaluations régulières et donnent lieu à un rapport de performance élaboré en fin de gestion par les ministères et institutions constitutionnelles concernées* ». Ces dispositions sont à mettre en lien avec celles de l'article 68 de la même directive évoquant la reddition des comptes consécutive à l'exécution des lois de finances dans les départements et organismes où les ministres et les présidents des institutions constitutionnelles sont ordonnateurs des crédits, des programmes et des budgets annexes de leur ministère ou de leur institution.

Il faut tirer de l'exigence de la mesure des résultats imposée par l'article 12 et de celle de la reddition des comptes évoquée par l'article 68 de la directive de l'UEMOA relative aux lois de finances l'imputation des résultats aux acteurs cités et, donc, leur responsabilité, une exigence perpétuellement présente dans la pensée et les actions du professeur Nicaise MÉDÉ de l'Université d'Abomey-Calavi du Bénin. Grand partisan du concept de l'afroresponsabilité[5], le professeur et l'homme à qui l'on voudrait rendre hommage ici, Nicaise MÉDÉ, a traité de la notion de responsabilité dans plusieurs de ses publications[6] et a

---

[3] F. FOREST, « L'entreprise État et les discours sur la réforme des lois de finances », *Quaderni*, n° 53, hiver 2003/2004.

[4] Cf. *Guide sur la stratégie axée sur les résultats de la Commission de l'UEMOA*, septembre 2021, p. 15.

[5] Voir « Rencontre avec le Professeur Nicaise MÉDÉ », *L'Afrique des idées*, Rubrique « Analyse économique », le 27 septembre 2017. Disponible à l'adresse suivante : https://www.lafriquedesidees.org/rencontre-afrique-professeur-nicaise-MÉDÉ-agrege-facultes-de-droit-directeur-ceraf/ , Consulté le 29 mars 2023.

[6] Voir notamment N. MÉDÉ, « L'enseignement et la recherche en finances publiques en Afrique francophone », *RFFP*, n° 133, 2016, pp. 71- 82 ; N. MÉDÉ, « La nouvelle gestion budgétaire : l'expérience des budgets de programme au Bénin », *Afrilex*, n° 4, l'article est disponible à l'adresse

laissé sur le centre d'études et de recherches en administration et finances (CERAF) qu'il a dirigé sous le sceau de la responsabilité.

S'il est unanimement admis qu'étymologiquement, la responsabilité, en latin *respondere*, renvoie au fait de répondre de quelque chose, la notion a, tout à la fois, une dimension philosophique, morale, religieuse et juridique[7]. En droit public, matière régissant les administrations publiques, champ de cette étude, et désignant « *l'ensemble des unités institutionnelles dont la fonction principale est de produire des services non marchands ou d'effectuer des opérations de redistribution du revenu et des richesses nationales* »[8], la notion a pris, pendant longtemps, exclusivement la forme de la responsabilité administrative, une responsabilité « *applicable à l'administration et appliquée normalement par le juge administratif* »[9]. Cela s'explique par le fait que, pendant longtemps, les administrations publiques n'étaient soumises qu'à la seule exigence de la légalité de leurs actes. S'impose désormais à elles, à la demande et sous la pression des institutions financières internationales[10], la responsabilité managériale.

L'apparition de la notion de responsabilité managériale est consécutive à l'introduction, dans la gestion publique financière des États, par les articles 12 et 13 de la directive de l'UEMOA n° 06/06/CM/UEMOA/2009 portant loi de finances au sein de l'UEMOA, de la notion de programme[11] reposant sur « *une appréhension des résultats de l'activité des gestionnaires de programme par eux-mêmes* »[12]. Bien qu'en vogue et récurrente dans les discours des hauts responsables de l'État, « *la responsabilité managériale dans les administrations publiques est peu prise en compte par les textes* »[13]. Les directives n°

---

suivante : http://bibliotheque.pssfp.net/livres/LA_NOUVELE_GESTION_BUDGETAIRE.pdf. Consulté le 29 mars 2023.

[7] Cf. P.-M. DUPUY, « Responsabilité », *in* D. ALLAND et S. RIALS (dir.), *Dictionnaire de la culture juridique*, PUF, 2003, p. 1341 et s.

[8] Cf. A. BARBIER-GAUCHARD, « Administration publique », *in* G. ORSONI (dir), *Finances publiques. Dictionnaire encyclopédique*, Paris, Economica, 2017, p. 21.

[9] Cf. M. DUGUERGUE, « Responsabilité administrative », *in* D. ALLAND et S. RIALS, *op. cit.*, p. 1347.

[10] Il s'agit notamment du FMI. Dans son *Manuel sur la transparence des finances publiques*, l'institution exige aux États une définition claire des attributions et des responsabilités (page 11). Mieux, elle demande que la responsabilité des finances publiques soit assumée par les administrations publiques (page 18). Il s'agit aussi de l'Union européenne (voir dans ce sens European Commission, *Lignes directrices sur l'appui budgétaire [Programmation, conception et gestion de l'appui budgétaire]*, collection « Outils et méthodes », Document de travail, septembre 2012). Il faut aussi citer la Banque africaine de développement (BAD) et la BOAD.

[11] Le programme est « *une forme de spécialisation des crédits [...] subdivisé en titres* ». Voir J.-L. ALBERT, « Programme », *in* G. ORSONI (dir.), *op. cit.*, p. 713.

[12] Cf. L. HA-THI, « Des rapports entre responsabilités managériale et politique. Analyse théorique autour du statut des responsables de programmes », *jurisdoctoriat.net*, 2019, p. 4.

[13] *Op. cit.*, p. 6.

06/06/CM/UEMOA/2009 précitée et n° 01/2009/CM/UEMOA portant Code de transparence dans la gestion des finances publiques au sein de l'UEMOA n'évoquent pas directement la notion qui ne peut, d'ailleurs, être déduite que des notions de « *reddition des comptes* »[14], « *programme* », « *gestionnaire et responsable de programme* »[15] et « *résultats* »[16]. Une telle vacuité des directives de l'UEMOA sur la notion conduit à poser la question de la quintessence de cette dernière dans le droit public financier de l'UEMOA, question à laquelle cette réflexion se propose d'apporter une réponse.

Selon le dictionnaire *Le Petit Robert*, la quintessence désigne « *ce en quoi se résument l'essentiel et le plus pur de quelque chose* ». Poser, dans ce sens, la question de la quintessence de la responsabilité managériale dans le droit public financier de l'UEMOA revient à poser la question du résumé, de l'essentiel de la responsabilité managériale dont la réponse exige que soit nécessairement présentée l'essence de la responsabilité managériale. En référence au dictionnaire *Le Petit Robert*, définissant l'essence d'une chose comme l'ensemble des caractères constitutifs et invariables de la chose, il est permis de définir l'essence de la responsabilité managériale comme l'ensemble de ces éléments invariables. En l'absence d'un texte les citant nommément, ceux-ci seront recherchés dans la doctrine sur le management public. Selon cette doctrine, ces éléments invariables, encore qualifiés d'« idées maîtresses »[17], sont la désagrégation, la concurrence et l'incitation. Si la première de ces idées, c'est-à-dire la désagrégation, ambitionne « *l'éclatement des hiérarchies monolithiques caractérisant les grosses administrations publiques et structures autonomes* »[18], la deuxième, la concurrence, aspire à « *l'amélioration de la qualité du service public* »[19]. Quant à la troisième idée, l'incitation, elle aspire à « *remplacer le système de motivation et de récompenses basé sur l'éthos du service public par un système d'incitants financiers liés aux performances spécifiques* »[20].

Comme on peut le constater à travers ces idées maîtresses et leurs définitions, la responsabilité managériale est un élément constitutif du *New Public Management* (ou nouvelle gestion publique, en français), phénomène managérial

---

[14] Aux termes de l'article 68 de la directive n° 06/06/CM/UEMOA précitée, « *le ministre chargé des Finances est responsable de la centralisation des opérations budgétaires des ordonnateurs, en vue de la reddition des comptes relatifs à l'exécution des lois de finances* ».

[15] Voir les articles 12 et 13 de la directive de l'UEMOA n° 06/06/CM/UEMOA/2009 précitée.

[16] Voir l'article 12 et de la directive de l'UEMOA n° 06/06/CM/UEMOA/2009.

[17] B. VAN HAEPEREN, « Que sont les principes du New Public Management devenus ? Le cas de l'administration régionale wallone », *Reflets et perspective de la vie économique*, 2, T. LI, 2012, pp. 83 à 99.

[18] *Ibid.*

[19] *Ibid.*

[20] *Ibid.*

dont s'est inspirée la directive n° 06/06/CM/UEMOA/2009 relative aux lois de finances. Mieux, elle constitue la « pierre philosophale » permettant d'analyser et de comprendre la dimension managériale de cette directive. Cet aspect de la responsabilité managériale est mis en lumière par une démarche présentant, dans un premier temps, la répartition des fonctions entre les différents acteurs de la gestion des finances publiques et les moyens mis à leurs dispositions et, dans un second temps, les mécanismes par lesquels ces différents acteurs devront répondre de ces moyens. Cette démarche présente un double intérêt. Sur le plan théorique, elle a le mérite de présenter la responsabilité managériale non seulement comme un élément du management public, mais aussi comme le fil d'Ariane le traversant, la pierre angulaire de sa construction. Sur le plan pratique, cet intérêt réside dans la présentation des difficultés de la mise en œuvre de la responsabilité, notamment la nécessaire adaptation des concepts au contexte culturel, politique et économique des pays membres de l'UEMOA.

La contextualisation des concepts est une donnée importante. Elle est une condition de la réussite de l'introduction du management public et de la responsabilité managériale dans les pays de l'UEMOA. Elle concerne à la fois la responsabilisation des acteurs **(I)** et la reddition des comptes **(II)**.

I. La responsabilisation des acteurs

Comme on l'a déjà relevé, le mot « responsabilisation » renvoie au « *fait de responsabiliser quelqu'un, de le rendre responsable. Cette notion occupe une place centrale dans la directive n° 0/06/CM/UEMOA relative aux lois de finances dont l'article 01 évoque des principes relatifs [...] aux responsabilités des agents publics intervenant dans la gestion des finances publiques*[21] ». Ces responsabilités se résument en la responsabilité de la bonne gestion financière, dont le respect passe par la prise de la bonne décision financière **(A),** et la bonne exécution de cette décision **(B)**.

[21]Ces dispositions sont complétées par de nombreuses dispositions de la directive n° 02/2009/CM/UEMOA portant Code de transparence dans la gestion des finances publiques au sein de l'UEMOA. Il s'agit notamment de l'article 2.2 de ladite directive aux termes duquel « *les compétences et responsabilités respectives du Gouvernement et du Parlement en matière de conduite de la politique budgétaire, de choix des dépenses et des recettes publiques ainsi qu'en matière d'exécution et de contrôle budgétaire, sont clairement définies en application de la Constitution et de la loi organique sur les finances publiques* » et de l'article 5.3 de la même directive aux termes duquel : « *les responsabilités de chacun des acteurs concernés [...] sont formellement explicitées* ».

A. La bonne décision financière

La bonne décision financière est une décision permettant l'atteinte des objectifs de l'action publique du point de vue de l'efficacité, de l'efficience et de l'économie. Elle repose sur la qualité de l'information financière **(1)** et la qualité des mécanismes de décision **(2)**.

1. La qualité de l'information financière

L'information financière de l'État renvoie à l'ensemble des données financières de l'État[22]. Sa qualité repose sur sa pertinence, sa facilité et, surtout, son intégrité, à savoir, « *sa concordance avec l'objet qu'elle tend à représenter, autrement dit la fidélité de l'image qu'elle donne* »[23]. C'est ce dernier élément qui confère à l'information financière toutes ses vertus en matière de planification, de prise de décision, de surveillance et de contrôle efficace. La qualité de l'information est une exigence de la directive de l'UEMOA relative aux lois de finances exigeant respectivement, en ses articles 30 et 72, que les prévisions des ressources et des charges de l'État soient sincères, tout comme la comptabilité de l'État, et qu'elles reflètent une image fidèle de la situation financière de l'État. Ces exigences permettent de caractériser l'information financière publique comme une information essentiellement budgétaire, comptable et économique. Elle est, dans ce sens, produite par la comptabilité budgétaire[24], la comptabilité générale de l'État[25] et la comptabilité nationale constituant, ensemble, le système comptable de l'État[26]. L'information

---

[22] Cf. S. PAGNOU, « Les données financières de l'État togolais », Communication à la première Université d'été de la Société Française des Finances Publiques (SFFP) : « Les chiffres en finances publiques », juin 2008, Poitiers, France.

[23] Cf. J. E. BORITZ et *al.*, « Cadre de contrôle de l'information », CPA, 2009, p. 4.

[24] La comptabilité budgétaire retrace les opérations de recettes et de dépenses du budget de l'État. Elle permet de vérifier la bonne exécution des lois de finances, c'est-à-dire le respect des autorisations données par le Parlement. C'est une comptabilité à portée juridique et politique. Voir B. CHEVAUCHEZ, La comptabilité budgétaire. L'article est disponible à l'adresse suivante : http://bibliotheque.pssfp.net/index.php/reformes/comptabilite/1274-comptabilite-budgetaire-definition-2/file, consulté le 24 janvier 2023.

[25] La comptabilité générale de l'État décrit non seulement les opérations de caisse, recettes et dépenses de l'État, mais aussi son patrimoine financier. Elle retrace, en effet, les évènements patrimoniaux de l'État sans mouvement de caisse appropriée. Elle donne une image complète du patrimoine financier de l'État. Voir O. ROUSSEAU, « La comptabilité générale : quelles informations utiles à la gestion de l'État », *GFP*, n° 1, 2018, p. 84.

[26] « *La comptabilité nationale est une représentation de l'activité économique du pays. Elle repose sur un traitement statistique et comptable des données qui peuvent, pour partie, être issues de la comptabilité générale.* », *in* S. KOTT, « La comptabilité publique et la reddition des comptes de l'État », *RFAP*, n° 160, 2016, p. 1067 ; cf. aussi U. PAPENUSS, C. SCHAEFER, « Pour une

financière de l'État est donc fournie par le système comptable de l'État[27] et la question de la qualité de l'information financière se résout à celle de la qualité du système comptable. Deux questions se posent alors. Qu'est-ce qu'un système comptable de qualité ? Qui en est responsable ?

Parler de la qualité du système comptable de l'État revient à rechercher le système comptable offrant « *une information clairement structurée sur les coûts et les résultats et offrant au Parlement et aux citoyens un aperçu objectif et complet de l'ensemble des activités du secteur public* »[28]. À l'heure actuelle, le système comptable en mesure de fournir de telles informations est un système comptable conforme aux normes comptables internationales du secteur public[29]. La directive n° 07/2009/CM/UEMOA portant règlement général sur la comptabilité publique au sein de l'UEMOA semble conforme à ces normes. Cette directive et celle relative aux lois de finances reprennent, pour l'essentiel, les exigences de ces normes, à savoir, la comptabilité patrimoniale[30], la comptabilité analytique[31], le système d'exercice[32], la comptabilité matière[33], la

---

représentation réelle et objective de l'information financière publique. Analyse des lacunes en recommandations dans le cadre du programme de réforme », *RISA*, 2009, p. 985.

[27] *Ibid.*

[28] Cf. U. PAPENUSS, C. SCHAEFER, « Pour une représentation réelle et objective de l'information financière publique. Analyse des lacunes en recommandations dans le cadre du programme de réforme », *RISA*, 2009, p. 985.

[29] Sur ces normes, voir I. BRUSCA et J. C. MARTINEZ, « L'adoption des normes IPSAS : un défi pour la modernisation et l'harmonisation de la comptabilité publique », *RISA*, n° 4 (Vol. 82), pp. 761 à 781.

[30] La comptabilité patrimoniale est introduite par l'article 72 de la directive de l'UEMOA relative aux lois de finances aux termes duquel « *la comptabilité générale de l'État a pour objet de retracer le patrimoine de l'État et de son évolution* ». Elle est détaillée par la directive relative au Règlement général sur la comptabilité publique dont l'article 69 dispose notamment que la comptabilité de l'État est « *organisée en vue de permettre (...) la connaissance de la situation du patrimoine* ».

[31] La comptabilité analytique des coûts est prévue par le chapitre 5 du Titre IV de la directive relative au Règlement général sur la comptabilité publique. Aux termes de l'article 84 de la directive, « *la comptabilité analytique des coûts a pour objet de faire apparaître les éléments de coûts des services rendus ou de prix de revient des biens produits et des services fournis ainsi que de permettre le contrôle des rendements et performance des services, notamment dans le cadre des budgets de programme et de la gestion axée sur les résultats* »

[32] La comptabilité d'exercice est prévue par l'article 76 de la directive relative au Règlement général sur la comptabilité publique aux termes duquel « *les opérations sont prises en compte au titre de l'exercice auquel elles se rattachent indépendamment de leur date de paiement ou d'encaissement. (...) La comptabilité générale de l'État est une comptabilité d'exercice* ».

[33] La comptabilité des matières est prévue par l'article 72 de la directive relative aux lois de finances : « *la comptabilité générale de l'État s'appuie sur la comptabilité des matières* ». Aux termes de l'article 81 de la directive relative au Règlement général sur la comptabilité publique, « *la comptabilité des matières, valeurs et titres est une comptabilité d'inventaire ayant pour objet*

comptabilité en partie double[34] et les droits constatés[35]. Si l'adoption de la directive relative au règlement général sur la comptabilité publique et sa transposition dans les droits nationaux règlent le problème de la normalisation comptable dans les États, il n'en est pas de même pour les modalités de la mise en œuvre des réformes de la comptabilité publique à faire.

A priori, la mise en œuvre de cette comptabilité patrimoniale incombe dans tous les pays à la Direction générale du Trésor et de la comptabilité publique, dont l'une des missions est de tenir la comptabilité générale et auxiliaire de l'État. Cette direction étant un département du ministère des Finances, la mise en œuvre des normes comptables, et donc la qualité de l'information financière découlant de cette comptabilité, dépend essentiellement et, en premier lieu, du ministre des Finances. Il n'en est pas de même de la comptabilité nationale tenue dans la plupart des pays de l'Union par des organismes relevant de la tutelle technique des ministères chargés de la Statistique. La bonne application de cette comptabilité et la qualité de l'information financière en découlant dépendent de plusieurs ministères.

Au total, la qualité de l'information financière dépend du ministre des Finances et de certains de ses collègues. Il faut relever que cette information n'est soumise, en amont, à aucun contrôle. L'information contenue dans les documents budgétaires, notamment les données macroéconomiques, ne sont pas certifiées exhaustives, ce qui peut porter atteinte à la qualité de la décision financière.

2. La qualité des mécanismes de décision

La qualité de l'information financière est, à elle seule, insuffisante pour assurer la qualité de la décision financière. Elle doit être accompagnée de la qualité des mécanismes de décision. La directive de l'UEMOA relative aux lois de finances propose, dans ce sens, la rationalisation de la décision budgétaire à travers la notion de programme introduite par son article 12. Aux termes de cet article, « *un programme regroupe les crédits destinés à mettre en œuvre une action ou un ensemble cohérent d'actions représentatives d'une politique publique clairement définie dans une perspective de moyen terme* ». Selon le même article, ces programmes sont associés à des objectifs précis, arrêtés en

---

la description des existants, des biens mobiliers et immobiliers, des stocks autres que les deniers et valeurs de l'État ».

[34] La comptabilité en partie double est aussi prévue par l'article 76 de la directive relative au Règlement général sur la comptabilité publique disposant que « *la comptabilité générale de l'État est tenue en partie double* ».

[35] La comptabilité en droits constatés est aussi prévue par l'article 76 du Règlement général sur la comptabilité publique disposant que « *la comptabilité générale de l'État [...] est fondée sur le principe de la constatation* ».

fonction des finalités d'intérêt général et des résultats attendus et leurs résultats sont mesurés notamment par des indicateurs de performance.

Cette rationalisation de la décision budgétaire se décline en cinq étapes, à savoir, l'analyse des objectifs, l'analyse des moyens, l'établissement d'une relation entre les moyens et les objectifs, la mise au point de programmes alternatifs et l'évaluation des programmes[36]. L'analyse des objectifs se fait sous l'angle de leur précision. Elle consiste dans les détails à vérifier le caractère SMART[37] des objectifs, c'est-à-dire leurs caractères spécifique[38], mesurable[39], atteignable[40], réaliste[41], temporel[42]. Cette tâche, déjà difficile dans le secteur privé d'où elle est empruntée, l'est encore plus dans le secteur public du fait même de la nature des activités dans ce secteur, car « *il est difficile de trouver pour chaque activité des objectifs répondant à toutes ces vertus* »[43]. Cette difficulté est aussi présente dans la recherche d'établissement d'une relation entre les moyens et les objectifs. Cette relation, qui s'inscrit dans la triangulaire des relations « objectifs, moyens, résultats », doit être pertinente, c'est-à-dire justifiée. Elle repose sur la détermination des actions à mener en vue de l'atteinte des objectifs et surtout l'évaluation des coûts des actions dans le cadre de la budgétisation au premier franc. Cette budgétisation, il faut le rappeler, est une adaptation du budget base zéro, « *un procédé de budgétisation exigeant de la part de chaque dirigeant d'un centre de décision, qu'il justifie dans le détail tous les postes du budget dont il a la responsabilité et qu'il donne la preuve de la nécessité d'effectuer une dépense* »[44]. La pratique n'est pas seulement un procédé de budgétisation, mais aussi de planification. C'est pourquoi le dirigeant doit faire recours au calcul économique dans la mise en œuvre de ce procédé afin que ses choix de dépenses tiennent compte de l'intérêt général à long terme. Défini comme « *un ensemble de techniques permettant à un agent économique d'optimiser ses décisions dans un monde où diverses options lui sont*

---

[36] Cf. Hubert LEVY-LAMBERT, « Organisation, méthode et technique, Bilan actuel de la rationalisation des choix budgétaires », *Revue administrative*, n° 258, 1995, p. 80.

[37] Cf. Georges T. DORAN, « There's a S.M.A.R.T. way to write managements's goals and objectives », *Management Review*, vol. 70, n° 11, 1981, pp. 35-36.

[38] Objectifs pour lesquels le programme a été spécifiquement mis en œuvre. Ils doivent être concrets.

[39] Répondant aux questions : « Combien ? », « À quel degré ? »

[40] Existence de ressources matérielles et humaines suffisantes.

[41] Est-il possible de les réaliser ?

[42] Situé dans le temps.

[43] Cf. J.-R. BRUNETIÈRE, « Indicateurs, évaluation et typologie des objectifs : contrôle de gestion et performance sociale », *RFAP*, n° 148, p. 968.

[44] Cf. P. PYHRR, *Zero-baze budgeting: a pratical management tool for evaluating expenses*, 1973.

ouvertes »[45], le calcul économique est la technique la plus adéquate pour établir la meilleure combinaison entre les objectifs, les moyens et les actions. Il offre plusieurs combinaisons entre les objectifs, les moyens et les actions, permettant ainsi la mise au point de programmes alternatifs et l'évaluation des programmes.

Ces mécanismes de décision sont de précieux instruments d'aide à la décision dont l'efficacité dans les administrations publiques appelle l'expertise scientifique (ou technique) constituant elle-même une aide à la décision. Le recours à l'expertise consiste à rechercher une personne disposant de connaissances et d'expériences sur un sujet donné lui permettant d'éclairer une autorité chargée de prendre une décision[46]. La démarche vise éminemment l'objectivation de la décision publique. Elle s'inscrit dans un pragmatisme consistant à associer les spécialistes à la décision afin d'alimenter le débat public et la délibération sur les décisions publiques financières importantes[47]. Elle peut consister pour l'administration à mieux gérer ses compétences, à mettre en place des structures spécialisées et à recourir à l'expertise des chercheurs.

Les trois approches sont importantes dans le cadre d'une approche par convergence. Mais une attention particulière doit être donnée à l'expertise des chercheurs, du fait de leur indépendance par rapport au commanditaire de l'expertise. La responsabilité du recours à l'expertise, de la qualité des instruments de décision, de la qualité de l'information et, de façon générale, de la décision financière incombe aux plus hautes autorités de l'État que sont le Premier ministre et le chef de l'État. Il s'agit là de responsabilités générales se présentant comme les exigences de la bonne gouvernance économique parmi lesquelles il faut aussi citer la bonne exécution de la décision financière à laquelle veillent les commissions des finances de l'Assemblée[48].

B. La bonne exécution de la décision financière

La directive de l'UEMOA relative aux lois de finances confie à l'exécutif non seulement le pouvoir de la décision financière, mais aussi celui de son exécution. Il faut cependant relever que c'est au ministre chargé des Finances qu'incombe spécialement la qualité de gestion. C'est du moins ce qui ressort de l'article 67 de la directive de l'UEMOA relative aux lois de finances aux termes duquel le ministre chargé des Finances est responsable de l'exécution de la loi de finances

[45] Cf. B. WALLISER, *Le calcul économique*, La Découverte, 1990.

[46] Cf. R. E. de MUNAGORI, « Quel statut pour l'expert ? », *RFAP*, n° 103 (3), 2002, p. 379.

[47] Cf. J. HABERMAS, *La technique et la science comme idéologie*, Paris, Denoël, 1978.

[48] Aux termes de l'article 74 de la directive, « *sans préjudice des pouvoirs généraux de contrôle du Parlement, les Commissions de finances veillent en cours de la gestion annuelle, à la bonne exécution des lois de finances* ».

et du respect des équilibres budgétaire et financier définis par celle-ci. Il lui appartient dans ce sens de choisir parmi les nombreux instruments existants ceux de qualité **(1)** et de bien organiser ses administrations **(2)**.

1. Le bon usage des instruments de gestion

La directive de l'UEMOA sur les finances publiques propose des instruments de gestion, notamment la rationalisation de la décision financière, la fongibilité des fonds[49], l'évaluation des crédits et des résultats[50]. Ces instruments, malgré leur qualité, ne garantissent pas la bonne exécution de la décision financière. Celle-ci est plutôt conditionnée par le bon usage de ces instruments.

Le bon usage des instruments de gestion incombe au responsable de programme qui, aux termes de l'article 13 de la directive de l'UEMOA relative aux lois de finances, détermine les objectifs spécifiques sur la base des objectifs généraux fixés par le ministre sectoriel, affecte les moyens et contrôle les résultats des services chargés de la mise en œuvre du programme. Ce bon usage dépend de la capacité du responsable de programme d'instaurer, avec dextérité, une relation managériale, un dialogue de gestion, un pilotage et une évaluation de résultats. La relation managériale désigne les rapports hiérarchiques entre les différents acteurs de la gestion d'une organisation. La définition de relation conditionnant le bon usage des instruments de gestion incombe au manager, ici, le responsable de programme. Pour une gestion efficace du programme, celui-ci doit construire cette relation[51] non seulement sur l'autorité, mais aussi sur la coopération, le partage de responsabilité et la confiance réciproque. C'est dans le cadre d'une telle relation qu'il peut efficacement instaurer un dialogue de gestion[52], c'est-à-dire « *un processus d'échanges entre deux niveaux hiérarchiques ou managériaux* »[53]. Ce dialogue est d'une grande importance

---

[49] La fongibilité est la caractéristique des crédits dont l'affectation, dans le cadre du programme, n'est pas déterminée de manière rigide, mais simplement prévisionnelle. La fongibilité laisse donc la faculté de définir (sous la limite de l'asymétrie) l'objet et la nature de la dépense dans le cadre du programme pour en optimiser la mise en œuvre. Voir *Glossaire de la LOLF*, p. 63.

[50] Sur les instruments de gestion proposés par les théories managériales, voir H. CHOMIENNE, « Contours et limites de la responsabilité managériale des acteurs dans les organisations administratives publiques : le cas de l'information de services du ministère de l'Équipement », *Politiques et management public*, n° 4, vol. 19, p. 46.

[51] Sur la construction d'une relation managériale, voir M. AYACHE, H. LAROCHE, « La construction de la relation managériale. Le manager face à son supérieur », *La Revue Française de Gestion*, n° 203, 2010.

[52] Cf. A. BARILARI, « Réflexion sur la gouvernance des programmes-LOLF », *RFAP*, n° 157, 2016, p. 216.

[53] Cf. B. BENOIT, S. CHATELAIN-PONROY, « Le dialogue, élément central du contrôle capacitant. Le cas d'une organisation publique en réseau », *Gestion et Management public*, n° 3 (Volume 7), 2019, p. 72.

dans la mesure où il permet aux services opérationnels concernés de s'approprier la stratégie et les objectifs, de fixer des cibles de résultats à inscrire dans le cadre des budgets opérationnels de programme, etc. Il prépare ainsi ces services opérationnels à donner au responsable de programme les informations nécessaires au pilotage des actions et à l'évaluation des résultats.

Le pilotage de l'exécution des actions du programme, qui relève aussi de la responsabilité du responsable de programme, consiste à mobiliser des informations infra-annuelles sur l'action de services afin de vérifier que leur trajectoire est conforme aux ambitions nationales. Ce pilotage passe notamment[54] par le contrôle de gestion qui est « *un système de pilotage mis en œuvre par un responsable dans son champ d'attribution en vue d'améliorer le rapport entre les moyens engagés et soit l'activité développée, soit les résultats obtenus dans le cadre déterminé par une démarche stratégique préalable ayant fixé les orientations* »[55]. Ce contrôle fait appel à des indicateurs de performance qui seront aussi nécessaires dans l'évaluation, dernière responsabilité du responsable de programme. Elle est une démarche de questionnement et de recherche[56] des performances.

2. L'innovation des administrations financières

La réussite des réformes apportées par l'UEMOA dépend dans une large mesure de l'innovation des administrations publiques en général, et des administrations financières en particulier. Cette innovation consistant à intégrer de la nouveauté dans la gestion administrative et les services délivrés aux usagers[57] consistera à créer de nouvelles structures administratives, à faire des textes clairs et précis et à changer les mentalités des agents.

La mise en œuvre des directives de l'UEMOA va entraîner la création de nouvelles structures administratives[58]. Dans le cadre d'une déclinaison opérationnelle des programmes, choix fait (du moins théoriquement) par l'ensemble des pays, il sera ainsi nécessaire de créer une structure administrative permettant aux gestionnaires de programme de disposer de la liberté et de l'autonomie nécessaire[59]. Il faut aussi, par exemple, créer des structures administratives chargées de gérer les missions interministérielles.

---

[54] D'autres instruments de pilotage existent. Il faut citer parmi ceux-ci le contrôle interne.

[55] Cf. M. HERVÉ, « Contrôle de gestion », *in* G. ORSONI, *op. cit.*, pp. 236 et s.

[56] Cf. D. LAMARQUE, « Évaluation des politiques publiques », *in* G. ORSONI, *op. cit.*, p. 430.

[57] C. F. WAINTROP, « Développer l'innovation dans le secteur public », *SGMAP*, 2022.

[58] Cf. S. PAGNOU, « La gestion des finances publiques au Togo : un système à rénover », Éditions Universitaires Européennes, 2011, p. 338.

[59] *Ibid.*

S'agissant du second point, la clarté des textes devra porter sur la clarté de la répartition des compétences exigée par la directive de l'UEMOA portant Code de transparence et demandant en son point 2.2 que les compétences et responsabilités respectives du Gouvernement et du Parlement en matière de conduite de la politique budgétaire, de choix de dépenses et de recettes, ainsi qu'en matière d'exécution et de contrôle budgétaires, soient clairement définies en application de la Constitution et de la loi organique sur les lois de finances. En son point 2.5, le même Code exige qu'à l'intérieur du Gouvernement, le rôle et les responsabilités respectives du ministre chargé des Finances, des autres ministres et du chef de Gouvernement soient clairement définis. Le Code exige enfin que chaque étape du processus d'exécution de la dépense et de la recette soit clairement définie, sans confusion, ni duplication. L'exigence de la clarté s'impose aux trois niveaux de répartition des compétences en matière financière, à savoir : la répartition des compétences entre les pouvoirs exécutif et législatif, la répartition des compétences entre les membres du Gouvernement et entre les acteurs principaux de l'exécution du budget que sont l'ordonnateur et le comptable. Elle vise à éviter les confusions et les conflits de compétences qui pourraient inhiber la mise en œuvre des actions. La répartition des compétences entre les pouvoirs exécutif et législatif étant faite par la Constitution et la loi organique relative aux lois de finances, la clarté de la répartition des compétences entre les membres du Gouvernement, d'une part, et entre ordonnateur et comptable public, d'autre part, dépend de la qualité des organigrammes et des fiches de tâches. L'un des enjeux sera l'articulation des organigrammes[60] surtout pour ce qui est de l'exécution des missions interministérielles. Un point qui devra être spécialement être pris en compte dans l'exigence de la clarté des textes est la distinction entre les compétences politiques et celles de gestion[61].

Cette clarté ne doit pas se limiter aux textes, elle doit aussi envahir et s'enraciner dans les mentalités. Ce sera le premier chantier du changement de mentalités. La prise en compte de la culture ambiante dans la réforme des finances publiques a été rappelée, à plusieurs reprises, par Michel BOUVIER[62]. Le changement de mentalités constitue l'une des clés de la réforme, car comme le relevait, à juste titre, Michel CROZIER : « *On ne change pas une société par*

---

[60] Cf. J. ARTHUIS, *Rapport d'information fait au nom de la commission des finances, du contrôle budgétaire et des comptes économiques de la Nation sur l'état d'avancement de la mise en œuvre de la loi organique du 1er août 2001 relative aux lois de finances*, Rapport n° 388, Sénat, Session extraordinaire de 2002-2003.

[61] Cf. S. PAGNOU, *op. cit.*

[62] Cf. M. BOUVIER, « La conduite de la réforme budgétaire dans les pays en voie de développement : réflexions méthodologiques », *in* M. BOUVIER (dir.), *Réforme des finances publiques : la conduite du changement*, LGDJ, 2007, p. 127. Cf. aussi M. BOUVIER (dir.), *La gestion de la dépense publique dans les pays de l'Afrique francophone subsaharienne*, DGCID, 2004, p. 73.

décret »[63]. Deux questions se posent à ce niveau quant à la méthodologie et la responsabilité du changement. S'agissant de la méthodologie, il paraît nécessaire de suivre les trois phases de changement proposées par LEWIN[64]. La question de la responsabilité du changement est plus complexe, car soulevant non seulement le problème de la responsabilité de la conduite du changement de mentalités, mais du problème plus complexe du changement de mentalités des responsables de la conduite du changement. Ce problème ne peut trouver solution que dans le développement des liens entre le politique et la science, comme le préconisait déjà Max WEBER[65].

Les administrations pourront apprendre de cette proximité avec la science, les nouvelles théories des ressources humaines[66], la gestion des compétences, qui participeront de façon évidente à l'innovation de l'administration.

II. La reddition des comptes

« *À celui qui a beaucoup reçu, il sera beaucoup demandé.* » La reddition des comptes est la contrepartie nécessaire de la responsabilisation des acteurs. L'exigence n'est pas nouvelle. Elle a été juste rénovée par les directives de l'UEMOA. Pendant longtemps, elle s'est faite à travers la loi de règlement qui présentait, en fin d'exercice, les comptes exécutés et permettait d'établir la déclaration générale de conformité. La reddition des comptes portait uniquement sur la légalité et la régularité des opérations. S'ajoute à elle, aujourd'hui, la reddition des performances de l'État[67] découlant de l'article 12 de la directive de l'UEMOA sur les finances publiques. C'est de cette forme de reddition qu'il est question dans le cadre de la responsabilité managériale. Cette obligation a, à la fois, une dimension formelle **(1)** et matérielle **(2)**.

---

[63] Cf. M. CROZIER, *On ne change pas une société par décret*, Grasset, 1990.

[64] Cf. K. LEWIN, *The mecanisms of change*, 1947. L'auteur détermine trois phases de changement : la décristallisation, le changement et la stabilisation. La décristallisation consistera à amener le groupe à abandonner petit à petit ses réflexes. Il s'agit, en clair, de limiter les résistances. Le changement consistera à faire évoluer la perception de la réalité. Enfin, la stabilisation permet d'établir un nouvel équilibre et d'apaiser les tensions.

[65] Cf. M WEBER, *Le savant et le politique*, 10/18, 2002.

[66] Cf. P. WINICKI, « Loi organique relative aux lois de finances (LOLF). Gestion des ressources humaines, nouvelles compétences », *RFAP*, n° 117, 2006, p. 117 à 129.

[67] Cf. P. GIBERT, M. BENZERAFA-ALILAT, « De qui l'État rend-il compte dans ses rapports annuels de performance ? », *RFAP*, n° 160, 2016, pp. 1041 à 1064.

A. La reddition formelle des comptes

La reddition formelle des comptes renvoie à l'obligation générale, pour les titulaires des charges publiques, de rendre compte de leur gestion à la société. Elle se caractérise par l'exigence d'un reporting financier **(1)** et de la disponibilité de l'information publique financière **(2)**.

1. L'obligation de présentation des états financiers

Les états financiers de l'État sont un ensemble de documents démontrant sa situation financière. Leur présentation est imposée par la directive de l'UEMOA relative aux lois de finances et par celle relative au Code de transparence. L'article 49 de la directive relative aux lois de finances exige, dans ce sens, que la loi de règlement d'un exercice arrête les comptes et les états financiers de l'État et affecte les résultats de l'État. Cet article est complété par l'article 50 de la même directive indiquant que la loi de règlement est accompagnée « *des comptes et des états financiers de l'État issus de la comptabilité budgétaire et de comptabilité générale de l'État (...), des rapports annuels de performance par programme rendant compte de leur gestion et de leurs résultats* ». Quant au point 3.3 de la directive portant code de transparence, il indique que « *le solde (déficit, équilibre ou excédent) du budget de l'État est arrêté par une loi de finances* ».

Si ces dispositions font de la présentation des états financiers une obligation, elles n'indiquent pas clairement le débiteur de l'obligation et le contenu des états financiers. La question du débiteur est simple à régler. Les états financiers accompagnant la loi de règlement et l'élaboration de celle-ci relevant de l'obligation du Premier ministre via son ministre chargé des Finances, il paraît évident qu'il est responsable aussi de la présentation des états financiers. Il devra, pour cette présentation, se référer à la directive n° 07/2009/CM/UEMOA portant règlement général sur la comptabilité publique pour se conformer aux exigences relatives au contenu de ces états. Selon l'article 80 de cette directive, « *les comptes annuels de l'État sont dressés par le ministre chargé des Finances et comprennent le compte général de l'Administration publique et des états financiers* ». Il convient donc, à la lecture de cet article, de qualifier les états financiers de l'État d'une partie de ses comptes annuels. L'obligation de présenter les états financiers est donc annuelle. Aux termes du même article, ils comprennent, le bilan, le compte de résultat, le tableau des opérations financières du Trésor, le tableau des flux de trésorerie. Tous ces éléments participent, chacun dans sa dimension, à la reddition des comptes de l'administration en matière financière. Il en est ainsi du bilan financier de l'État. Défini comme « *un document comptable annuel synthétisant la situation financière de l'État à un moment donné* »[68], il permet de rendre compte de l'actif[69] et du passif[70] de l'État. Il en est de même du compte de résultats retraçant la totalité des charges et des produits de l'exercice comptable[71].

Comme on peut le constater, l'obligation de présenter les états financiers de l'État se résout simplement à l'obligation de tenir la comptabilité et relève de la responsabilité du ministre des Finances. Il ne s'agit pas non seulement de tenir la comptabilité, mais d'en respecter les grandes normes. En ce sens, l'obligation de présenter les états financiers de l'État se résout à l'obligation pour le ministre en charge des Finances de faire respecter les grands principes et normes de la comptabilité publique imposant une éthique comptable synonyme ici de la déontologie comptable[72]. On est en présence de la responsabilité professionnelle du ministre en charge des Finances en tant que chef de service.

2. L'obligation de rendre disponible l'information financière

Le devoir de rendre disponible l'information financière découle du point 3.4 de la directive de l'UEMOA portant Code de transparence faisant obligation au Gouvernement de publier les informations détaillées sur le niveau et la composition de son endettement, interne et externe, de ses actifs financiers et des différentes obligations non liées à la dette (notamment sur les droits acquis concernant les retraites de la fonction publique ainsi que les garanties accordées aux entités publiques comme privées, et de ses avoirs en ressources naturelles). Cette obligation qui pèse sur le ministre en charge des Finances sous-entend, non seulement, l'obligation de produire l'information financière, mais aussi de la rendre accessible. L'information financière publique est produite par le système d'information financière de l'État composé de la comptabilité budgétaire, de la comptabilité générale de l'État et de la comptabilité nationale dont l'application est sous la responsabilité du ministre en charge des Finances. La question de la production de l'information financière est directement liée à son intégrité[73].

---

[68] Cf. N. BONNEAU, « Bilan financier de l'État », *in* L. PHILIP (dir.), *op. cit.*, pp. 165 et s.

[69] « *L'actif de l'État est constitué des valeurs immobilisées, des créances à court terme et des disponibilités financières formant l'actif circulant* », *ibid.*

[70] « *Le passif de l'État recense l'ensemble des dettes contractées, qu'elles le soient à long, moyen ou court terme, qu'il s'agisse des dettes financières ou des autres dettes* », cf. N. BONNEAU, *op. cit.*

[71] DGFIP, « Compte général de l'État », *in* G. ORSONI, *op. cit.*, pp. 189 et s.

[72] Cf. Y. PESQUEUX, « La comptabilité peut être éthique », *Revue interdisciplinaire de management, Homme & Entreprise*, n° 1, 2012, p. 98.

[73] Cf. A. OUINET, « Accès à l'information : vers une plus grande transparence », *Revue Internationale d'Éthique Sociétale et Gouvernementale*, n° 2, 2004.

Celle-ci se décline en l'intégrité de l'information économique, en l'intégrité de l'information budgétaire et en l'intégrité de l'information comptable.

L'intégrité de l'information économique dépend de la qualité des statistiques. S'« *il est difficile d'évaluer la qualité des statistiques à la seule vue de celles-ci* »[74], on peut la représenter par les composantes de cette qualité que sont leurs pertinence[75], exactitude[76], actualité et ponctualité[77], accessibilité et clarté[78], interprétabilité[79] et leur cohérence[80], lui permettant d'être conforme aux normes internationales des statistiques, comme l'exige le Code de transparence des finances publiques du Fonds monétaire international[81], que sont les conventions et recommandations adoptées par la Conférence internationale du travail (CIT)[82], d'une part, et les résolutions et directives adoptées et les directives adoptées par la Conférence internationale des statisticiens du travail (CIST)[83], d'autre part. Sur le plan national, la conformité des statistiques aux normes internationales de statistiques relève de la responsabilité du Premier ministre et spécialement du ministre en charge des Finances. Il faut, par ailleurs, relever que la qualité des statistiques ne conditionne pas seulement l'intégrité de l'information économique, mais aussi l'intégrité de l'information budgétaire. En effet, le réalisme et l'exactitude des hypothèses sous-tendant le cadre macroéconomique,

---

[74] Cf. P. RIVIÈRE, « Qualité et statistique », *Courrier des statistiques*, n° 90, juin 1999, p. 47.

[75] La pertinence de l'information statistique exprime comment l'information répond aux besoins réels des utilisateurs.

[76] L'exactitude de l'information statistique exprime la mesure dans laquelle l'information décrit correctement le phénomène qu'elle devrait évaluer.

[77] L'actualité de l'information statistique tient compte de sa date de publication par rapport à sa période de référence. La notion est liée à celle d'exactitude et de pertinence.

[78] L'accessibilité de l'information statistique renvoie à la facilité avec laquelle on peut l'obtenir auprès du producteur.

[79] L'interprétabilité de l'information statistique se caractérise par la disponibilité des informations supplémentaires nécessaires à son interprétation.

[80] La cohérence de l'information statistique est assurée lorsqu'« *on peut réussir à recouper cette information avec d'autres renseignements statistiques dans un cadre analytique général* ».

[81] Cf. Fonds Monétaire International, *Code de transparence des finances publiques*, p. 2.

[82] Les conventions sont des instruments juridiquement contraignants pour les pays qui choisissent de les ratifier. Les recommandations ne sont pas contraignantes. https://ilostat.ilo.org/fr/about/standards/#:~:text=Les%20normes%20internationales%20relatives%20aux,statisticiens%20du%20travail%20(CIST), site consulté le 14 février 2023.

[83] Les résolutions et les directives de la CIST sont des instruments non contraignants. Les résolutions fournissent des orientations détaillées sur les cadres conceptuels, les définitions opérationnelles et les méthodologies de mesure pour produire et diffuser les statistiques du travail. Leur objectif est de fournir des orientations aux pays qui souhaitent développer ou réviser leurs programmes nationaux de statistiques du travail, ainsi que d'améliorer la comparabilité internationale. Les lignes directrices fournissent des orientations plus générales relatives à des domaines d'intérêt particuliers. Voir : https://ilostat.ilo.org/fr/about/standards/#:~:text=Les%20normes%20internationales%20relatives%20aux,statisticiens%20du%20travail%20(CIST).

condition essentielle de l'intégrité de l'information budgétaire, sont eux-mêmes conditionnés par la qualité des statistiques. Quant à l'intégrité de l'information comptable, dernier élément de l'intégrité de l'information financière, elle repose essentiellement sur la sincérité du référentiel comptable. Celui-ci doit pouvoir fournir, comme l'exige la directive relative aux lois de finances, une image fidèle et sincère de la situation patrimoniale de l'État.

Tout comme l'information économique et budgétaire, l'intégrité de l'information comptable relève de la responsabilité du ministre en charge des Finances. En l'absence d'un organe indépendant chargé du contrôle de la qualité des statistiques, cette responsabilité reste pleine et entière. Cette pleine responsabilité ne concerne pas seulement la reddition formelle des comptes, mais aussi la reddition matérielle.

B. La reddition matérielle des comptes

La reddition matérielle des comptes consiste à rechercher les performances des politiques publiques en mesurant les résultats de l'action publique, à les interroger en les mettant en lien avec les objectifs et les moyens alloués et à situer la responsabilité de ces résultats. Ceci revient en gros à évaluer **(1)** et à imputer les résultats **(2)**.

1. L'évaluation des résultats

Comme l'indique l'alinéa 5 de la directive de l'UEMOA relative aux lois de finances, l'évaluation des résultats est précédée de la mesure de ces résultats par, notamment, les indicateurs de performance.

Les articles 12 et 46 de la directive de l'UEMOA portant sur les lois de finances évoquent, sans autre précision, la mesure des résultats de l'action publique par les indicateurs de performance. Ils laissent donc en suspens plusieurs questions, notamment la définition même de l'indicateur de performance, son choix et la méthodologie de sa mesure. Selon le glossaire du Cadre harmonisé des finances publiques de l'UEMOA, un indicateur de performance est une « *représentation chiffrée qui mesure la réalisation d'un objectif et permet d'apprécier le plus objectivement et le plus fidèlement possible le niveau de performance d'une institution ou d'un service* ». La notion d'indicateur de performance renvoie donc essentiellement aux chiffres. Ce sont eux qui fondent son objectivité[84].

---

[84] Cf. C. PARADEISE, « Le sens de la mesure. La gestion par les indicateurs est-elle gage d'efficacité ? », *Revue d'économie du développement*, vol. 4 (4), 2012, p. 71.

A priori, le choix d'un indicateur doit être complexe, car comme le précise le glossaire, l'indicateur, du moins, le bon indicateur, doit être pertinent (c'est-à-dire spécifique et représentatif), pratique (c'est-à-dire simple, compréhensible, produit annuellement à un coût raisonnable), mesurable et fiable (bien défini en termes méthodologiques, précis, sensible à la réalité mesurée mais non manipulable, enfin, vérifiable). Ces indicateurs devront, en plus, prendre en compte le point de vue du citoyen, de l'usager du service public et du contribuable. La responsabilité de l'élaboration ou du choix des indicateurs doit donc être confiée à des organes compétents pouvant prendre en considération toutes ces exigences. Ceux-ci devront, par ailleurs, être indépendants, condition nécessaire à la crédibilité des indicateurs. Cette indépendance renvoyant à l'autonomie de ces organes par rapport au Gouvernement est d'une grande importance, car c'est elle qui donne toute son objectivité à l'évaluation qui devra aussi relever de la responsabilité de ces organes.

L'évaluation consiste à mettre en lien les résultats mesurés avec les objectifs préalablement fixés et les crédits alloués dans le cadre du rapport annuel de performance. La notion d'évaluation s'utilise à la fois dans les politiques publiques et les programmes[85]. À la lecture de l'article 12 de la directive de l'UEMOA relative aux lois de finances, il est, ici, question de l'évaluation des programmes se présentant comme « *l'action d'apprécier la valeur d'un programme ou de certaines de ses composantes par une démarche rigoureuse et systémique de collecte et d'analyse d'informations dans le but d'éclairer les pratiques et la décision* ». Deux écoles de pensée essayent d'expliquer l'évaluation des programmes, l'école des programmes sociaux provenant des écoles en éducation, en psychologie sociale et en sociologie, d'une part, et l'école économique d'évaluation des programmes, d'autre part, s'intéressant à l'évaluation des programmes publics[86] à travers principalement l'analyse avantage-coût des programmes et des projets publics[87]. S'il paraît évident que c'est la seconde théorie qui explique et fonde le mieux l'évaluation dans le secteur public, l'école des programmes sociaux ne manque pas totalement d'intérêt pour l'évaluation dans le secteur public. La sociologie et la psychologie sociale peuvent, en expliquant le comportement des bénéficiaires de l'action publique, permettre une meilleure connaissance de cette action et faciliter son évaluation.

---

[85] Pour une distinction entre les deux évaluations, voir R. EPSTEIN, « Des politiques publiques aux programmes : l'évaluation des politiques publiques », *Revue française des affaires sociales*, n° 1, 2010, pp. 227 à 250.

[86] Cf. R. MARCEUR, « Évaluation des programmes », *in Le dictionnaire encyclopédique de l'administration publique*.

[87] *Ibid.*

L'évaluation se présente donc comme une activité multidimensionnelle et exige de ce fait de celui qui l'exerce des « *compétences complexes et diverses* »[88].

2. L'imputation des résultats

L'imputation des résultats consiste à reconnaître aux acteurs de la gestion publique financière, pris collectivement et/ou individuellement, une part de responsabilité dans les résultats et performances obtenus. Elle passe par la détermination des niveaux de responsabilité et l'adaptation des sanctions à la logique de performance.

La détermination des niveaux de responsabilité consiste à opérer la double distinction entre, d'une part, la responsabilité politique et la responsabilité managériale, et d'autre part, la responsabilité collective et la responsabilité individuelle. Il faut relever, s'agissant du premier point, que dans la haute administration publique, lieu par excellence de la décision publique, la plupart des acteurs portent une double casquette. Ils exercent des fonctions politiques et ont des compétences managériales. Cette situation a conduit, du moins, dans le sens de la responsabilité, les considérations politiques à prendre le dessus sur les exigences managériales et à phagocyter la responsabilité managériale des hauts fonctionnaires de l'État dont la responsabilité politique est, elle aussi hypothétique.

Pour rétablir cette responsabilité, il incombe au chef du Gouvernement de signer avec les ministres, qui devront signer eux-mêmes avec les directeurs généraux de leurs départements, des contrats de performance et d'objectifs. En plus de rétablir la responsabilité managériale dans ce milieu, ces contrats peuvent permettre de distinguer la responsabilité collective de la responsabilité individuelle. Il faut, sur ce dernier point, relever que l'enjeu, ici, n'est pas tant la distinction entre ces deux niveaux de responsabilité que leur efficace agencement. Si les deux responsabilités sont, en effet, importantes dans le cadre de l'imputation des résultats, le choix exclusif de l'une de ces responsabilités peut avoir des externalités négatives sur les performances générales des administrations. Ainsi, le choix exclusif de la mesure des performances collectives peut entraîner le phénomène de voyageur clandestin, alors qu'à l'inverse, le choix de la mesure individuelle des performances peut créer des tensions et concurrences nuisibles au bon fonctionnement. Il s'agira donc de rechercher la participation de chaque agent dans l'évaluation collective des administrations publiques[89], la responsabilité de chaque agent dans les

---

[88] Cf. E. DIONNE, « L'évaluation de programme : un équilibre théorie-pratique à (ré)établir », *Mesure et évaluation en éducation*, 36 (3), 2013, pp. 1-4.

[89] Cf. M. BACACHE-BEAUVALLET, A. PEZET, « Le mythe de la performance individuelle. Indicateurs et individualisation dans les services publics ». L'article est disponible à l'adresse

performances générales des administrations[90]. Le mérite majeur de cette démarche est de concilier compétition et coopération, une condition sine qua non des performances des administrations publiques en ce qu'elle permet d'« *unir les collaborateurs et les équipes* », de « *favoriser l'entraide et la coopération, le transfert de compétence et l'effort collectif* »[91].

L'efficacité de cet agencement entre les responsabilités collectives et individuelles dépendra dans une large mesure de l'adaptation des sanctions[92] ou, mieux, de l'invention de la sanction des performances qui consistera, concrètement, à concevoir à la fois des sanctions négatives et positives de la performance[93]. La nouveauté au niveau des sanctions négatives est celle de la faute de gestion qui viendra s'ajouter à celle des irrégularités. Constituées notamment de violation de règles de compétences, d'entorses aux règles de procédures et d'omissions[94] que résume Nicaise MÉDÉ en la violation de la loi sans préjudice financier public et en déficit de performance doublé d'un préjudice financier public[95], les fautes de gestion devront faire l'objet de sanctions adaptées aux actes et aux omissions en cause. Il s'agira certainement comme préconise Pélagie THÉOUA-NDRI de sanctions disciplinaires[96].

Afin d'améliorer la discipline des agents publics, mieux, leurs consentements, les sanctions négatives devront nécessairement coexister avec celles positives qui seront composées des promotions et des rémunérations par les performances. Ces promotions doivent conduire à revoir le système de rémunération (rémunération de base, primes et indemnités) et d'avancement dans la fonction publique.

---

suivante : http://www. observatoiredescadres. fr/wp- content /uploads/ 2017/11 /Seminaire-Performance-indivduelle-publique-et-indicateurs.pdf.

[90] Cf. Y. EMERY, « Pour une évaluation intégrée des performances individuelles et collectives », *Persorama, Revue suisse de la société de gestion du personnel*, n° 4, 1997, pp. 44-46.

[91] Cf. Y. EMERY, « Rémunérer la performance des agents publics par des primes d'équipe : constats, analyses et recommandations », *RISA*, n° 2 (volume 6), 2004.

[92] Cf. S. PAGNOU, *La gestion des finances publiques au Togo : un système à rénover*, Éditions Universitaires Européennes, 2011, p. 349.

[93] *Ibid.*

[94] Cf. P. SEGO et S. PAGNOU, « Quels éléments constitutifs pour la faute de gestion », *RFFP*, n° 157, 2022, pp. 35 et s.

[95] Cf. N. MÉDÉ, « Faute de gestion et gestion de la faute en Afrique de l'Ouest francophone : comment préserver la sécurité juridique des justiciables », *RFFP*, n° 157, 2022, pp. 3 et s.

[96] Cf. P. THEOUA-N'DRI, « La sanction disciplinaire des gestionnaires publics pour faute de gestion en Côte d'Ivoire », *RFFP*, n° 157, 2022, pp. 19 et s.

L'EXIGENCE DE PERFORMANCE FINANCIÈRE DANS LE CADRE JURIDIQUE HARMONISÉ DE LA CEMAC

Janvier FERMOSE

Maître-assistant CAMES/Chargé de cours, Université de Ngaoundéré

Oumarou MOHAMADOU

Docteur en Droit public, Assistant, Université de Ngaoundéré

Barnabas HASSANA

Docteur en Droit public, Université de Ngaoundéré

INTRODUCTION

La fièvre de la performance financière diagnostiquée en Afrique francophone par le dédicataire des présents *Mélanges*[1], professeur sanctifié des finances publiques, et bien d'autres auteurs[2], s'inscrit dans la nouvelle gestion publique

[1] N. MÉDÉ, « L'Afrique francophone saisie par la fièvre de la performance financière », *RFFP*, n° 135, 2016, p. 349.

[2] Voir aussi A. AKONO OLINGA, « La juridicisation de la performance dans les finances publiques des États africains d'expression française : intelligence des expériences camerounaises », *RAFiP*, n° 10, second semestre 2021, p. 103 ; R. EVINA OBAM, « L'intégration du pilotage des performances en finances publiques camerounaises », Mémoire de Master en Administration publique, ENA, Paris, 2005, p. 15 ; M. BENZERAFA-ALILAT, P. GIBERT, « Pourquoi une dualité de systèmes de suivi de la performance pour l'État central français ? », *GFP*, n° 4, avril 2022, pp. 63-75 ; M. SIMMONY, « La démarche de performance dans le cadre des finances publiques », *RFFP*, n° 98, 2007, p. 25 ; M. DIAKHATÉ, « Le pilotage de la

résultant d'un vent de réformes et de réflexions dans la plupart des États modernes[3]. Particulièrement, dans les espaces communautaires CEMAC[4] et UEMOA[5], cette exigence de la performance est la manifestation d'une conjonction de plusieurs facteurs, les uns émanant des institutions financières internationales de Bretton Woods (FMI, BM)[6] et les autres nées des réformes communautaires et nationales des États. Ces dernières réformes vont se matérialiser au travers d'une série de directives communautaires tant dans l'espace UEMOA[7] que celui de la CEMAC[8].

Dans l'espace CEMAC, les directives édictées se rapportent non seulement au champ juridique, mais aussi à ceux comptable et statistique avec un effet de

---

performance des finances publiques dans les États membres de l'Union Économique et Monétaire Ouest-Africaine (UEMOA) », *RAFiP*, n° 9, premier semestre 2021, pp. 8-47, entre autres.

[3] Voir N. MÉDÉ, *Finances publiques, espace UEMOA/UMOA*, Dakar, L'Harmattan Sénégal, 2017, p. 12 ; G. M. PEKASSA NDAM, « Les transformations de l'Administration fiscale camerounaise », *in* Magloire ONDOA (dir.), *L'Administration publique camerounaise à l'heure des réformes*, Yaoundé, L'Harmattan Cameroun, 2010, pp. 29-65 ; J. BIAKAN, « La réforme du cadre juridique des finances publiques au Cameroun : la loi portant régime financier de l'État », *in* M. ONDOA (dir.), *op. cit.*, p. 17 ; D. BUREAU, M. MOUGEOT, N. STUDER, « Mesurer la performance de la gestion publique à la lumière de l'analyse économique », *RFAS*, 2010/1-2, pp. 89-104 ; D. W. BRINKERHOFF, A. WETTERBERG, « Les réformes de la gestion publique basées sur la performance : expérience et nouveaux enseignements découlant de l'amélioration des services en Indonésie », *RISA*, 2013/3, vol. 79, pp. 463-490.

[4] Suite à un bilan en demi-teinte de l'UDEAC, et dans la ligne directrice du plan d'action de Lagos de 1988, un nouveau Traité va être signé le 16 mars 1994 à N'Djamena instituant la CEMAC, constituée des États suivants : Cameroun, Gabon, Congo-Brazzaville, RCA, Guinée Équatoriale et Tchad. Entré en vigueur en juin 1999 (Conférence des Chefs d'État de la CEMAC à Malabo), le Traité est composé de deux Unions : l'Union Économique de l'Afrique Centrale (UEAC) et l'Union Monétaire de l'Afrique Centrale (UMAC).

[5] N. MÉDÉ, « Réflexion sur le cadre harmonisé des finances publiques dans l'espace UEMOA », *RASJ*, n° 1, 2014, pp. 173-210. En effet, l'Union Économique et Monétaire Ouest-Africaine (UEMOA) a été créée par le Traité du 10 janvier 1994, signé à Dakar (Sénégal). Elle comprend huit (8) États membres : le Bénin, le Burkina Faso, la Côte d'Ivoire, la Guinée-Bissau, le Mali, le Niger, le Sénégal et le Togo.

[6] B. OUMAROU, « Le Cameroun et les institutions financières internationales : le cas du Fonds Monétaire International », Thèse de Doctorat en Droit public, Université Paris 5 René Descartes, 1998, p. 17. Par exemple, la Banque Mondiale (BM) et le FMI, lors de leur session d'Assemblée générale des 27 et 28 avril 2006, ont déclaré l'admission du Cameroun au point d'achèvement de l'initiative en faveur des Pays Pauvres Très Endettés (PPTE), après que ce dernier s'est conformé aux conditionnalités de ladite initiative.

[7] Voir directive n° 01/2009/CM/UEMOA du 27 mars 2009 portant Code de transparence dans la gestion des finances publiques au sein de l'UEMOA.

[8] Voir directives n° 01/11-UEAC-190-CM-22 relative aux lois de finances, n° 02/11-UEAC-190-CM-22 portant règlement général de la comptabilité publique, n° 03/08-UEAC-190-CM-17 portant nomenclature budgétaire, n° 06/11-UEAC-190-CM-22 relative au Code de transparence et de bonne gouvernance dans la gestion des finances publiques.

transposition dans les États membres aux moyens des actes législatifs[9] ou règlementaires[10]. L'ensemble de ces aménagements normatifs vont placer l'exigence de performance au centre de la gouvernance financière publique[11]. L'on va assister, dans l'un ou l'autre cas, à une redéfinition des principes et normes de pilotage de la performance financière, à un cadrage macro-budgétaire pertinent et à une rationalisation des dépenses publiques axée sur les résultats, dans l'optique d'une « *efficacité de l'État* »[12] : l'exigence de la performance est dès lors actée et justifiée.

Sur le plan notionnel, l'expression « exigence », du latin *exigentia*, désigne, au sens commun, « *une action d'exiger* », « *une nécessité, condition ou obligation* »[13]. Au sens juridique, elle renvoie d'une part, à une « *action d'exiger, de réclamer, de requérir* », à « *ce qui est exigé : par la loi, la morale, le droit naturel, les principes supérieurs de la vie en société ou par une fonction, un État, une charge* »[14]. D'autre part, elle se rapporte aux « *prétentions de l'un des partenaires dans une négociation* », à « *une rigueur sourcilleuse que l'on*

---

[9] Notamment la loi n° 2018/012 du 11 juillet 2018 fixant le régime financier de l'État et des autres entités publiques ; la loi n° 2018/11 du 11 juillet 2018 portant Code de transparence et de bonne gouvernance dans la gestion des finances publiques (Cameroun) ; loi organique n° 021/2014 du 30 janvier 2015 relative à la transparence et à la bonne gouvernance dans la gestion des finances publiques, loi organique n° 020/2014 du 21 mai 2015 relative aux lois de finances et à l'exécution du budget (Gabon) ; loi n° 018/PR/2016 portant Code de transparence et de bonne gouvernance dans la gestion des finances publiques ; loi organique n° 004/PR/2014 du 18 février 2014 relative aux lois de finances (Tchad) ; loi organique n° 18.013 du 13 juillet 2018 relative aux lois de finances (RCA) ; loi organique n° 36-2017 du 3 octobre 2017 relative aux finances publiques ; loi n° 10-2017 du 9 mars 2017 portant Code relatif à la transparence et à la responsabilité dans la gestion des finances publiques (Congo).

[10] En l'occurrence : décrets n° 2020/375 du 07 juillet 2020 portant règlement général de la comptabilité publique, n° 2019/3186/PM du 09 septembre 2019 fixant le cadre général de présentation du tableau des opérations financières de l'État, n° 2019/3187/PM du 09 septembre 2019 fixant le cadre général de présentation de la nomenclature budgétaire de l'État, n° 2019/3199/PM du 11 septembre 2019 fixant le cadre général de présentation du plan comptable de l'État (Cameroun) ; décrets n° 817/PR/PM/MFB/2015 portant règlement général sur la comptabilité publique, n° 319/PR/PM/MFB/2016 portant nomenclature du budget de l'État, n° 321/PR/PM/MFB/2016 portant plan comptable de l'État, n° 320/PR/PM/MFB/2016 portant tableau des opérations financières de l'État (Tchad) ; décret n° 0094/PR/MBCP du 08 février 2016 portant règlement général sur la comptabilité publique (Gabon) ; décrets n° 2018-68 du 1er mars 2018 portant plan comptable de l'État, n° 2018-67 du 1er mars 2018 portant règlement général de la comptabilité publique (Congo) ; décret n° 19.091 du 27 mars 2019 portant règlement général de la comptabilité publique (RCA), etc.

[11] S. Th. BILOUNGA, *Finances publiques camerounaises, budgets-impôts-douanes-comptabilité publique*, Paris, L'Harmattan, 2020, p. 183 ; LEKENE DONFACK, *Les finances publiques camerounaises*, Paris, Berger-Levrault, 1987, p. 415.

[12] Banque Mondiale, *Rapport sur le développement dans le monde, l'État dans un monde en mutation,* Washington, Banque mondiale, 1997, p. 3.

[13] *Dictionnaire Le Robert illustré* 2020, p. 720.

[14] G. CORNU (dir.), *Vocabulaire juridique,* Paris, PUF, coll. « Quadrige », 13e édition, p. 431.

s'impose à soi-même ou que l'on attend d'autrui dans l'accomplissement d'une tâche », ou encore, à « *une nécessité de contingences* »[15].

S'agissant du terme « performance », mot anglais et de l'ancien français « parformer » c'est-à-dire « parfaire », il désigne le « *résultat obtenu dans une compétition* », un « *rendement* », « *le meilleur résultat* »[16]. Juridiquement, en finances publiques ou en droit administratif, « *une action publique peut être qualifiée de performante (ou d'efficiente) quand les objectifs ont été atteints (efficacité) en ne mobilisant que les moyens financiers et matériels nécessaires (économie)* »[17].

Aussi, il faut entendre par « cadre juridique harmonisé CEMAC » le cadre juridique ayant conduit à l'harmonisation pour tous les États membres des textes à caractère juridique, comptable et statistique, applicables aux finances publiques dans l'espace communautaire CEMAC. À cet effet, l'étude prend en compte à la fois les règles du droit communautaire primaire et dérivé : certaines sont obligatoires dans tous leurs éléments (règlements), d'autres seulement dans leurs objectifs et non dans les moyens de transposition (directives) ou d'autres encore plus ou moins facultatives (avis, recommandations, propositions)[18]. Mais en vertu de la primauté du droit communautaire sur les droits des États membres, il y a là une superposition entre ces deux ordres juridiques, avec un effet d'intégration. Ainsi, l'étude ne saurait se limiter à un ordre communautaire fermé (aux seuls textes communautaires)[19], mais doit prendre en considération l'ordre communautaire intégré (ordres juridiques des États membres), ce, d'autant plus qu'il y a imbrication, superposition, corrélation et influence entre ces deux ordres juridiques[20].

Sous ce rapport, l'exigence de performance dans le cadre harmonisé CEMAC désigne la nécessité ou l'obligation faite aux États membres de cet espace juridique de transposer, de prendre en compte et d'appliquer les objectifs de qualité et de résultats dans la gestion financière publique résultant des textes juridiques, comptables et statistiques.

---

15 *Idem.*

16 *Dictionnaire Le Robert illustré*, 2020, p. 1475.

17 S. GUINCHARD, Th. DEBARD, *Lexique des termes juridiques*, Paris, Dalloz, 2021-2022, 29e édition, p. 775.

18 J. MEGRET, « La spécificité du droit communautaire », *RIDC*, 1967, n° 19-3, p. 567.

19 S. DJONMO LANKREO, « La constitutionnalisation du droit communautaire : réflexions sur un outil de construction de l'internormativité en matière de garantie des droits de l'Homme », *RADSP*, n° 18, 2020, p. 232.

20 Y.-G. DJEYA KAMDOM, « L'influence du droit communautaire *sur le système de contrôle des finances publiques au Cameroun : à propos des directives CEMAC du 19 décembre 2011 », GFP, n° 1, janvier 2017, pp.* 116-121.

Plus concrètement, l'exigence de la performance n'est pas un sujet nouveau. Elle s'inscrit dans le besoin de moderniser l'État en y développant la gestion par la performance et par une généralisation de la démarche visant à expliciter les objectifs de l'action publique et à en évaluer les résultats[21]. En France, le concept est introduit par la réforme du budget de l'État appliquée en 2006 pour souligner l'exigence de qualité dans la gestion administrative et financière[22] en s'inspirant du principe « des trois E » : économie, efficacité, efficience, en rapport avec les *Governement auditing standards*[23]. Inspirée des pratiques du management privé dans les systèmes anglo-saxons, les premières traces de l'exigence de la performance étaient moins formelles dans les textes des États de la CEMAC avant la dernière décennie[24]. Mais sa communautarisation et sa transposition dans les États membres à la faveur des textes internes vont susciter un regain d'intérêt.

En effet, l'exigence de performance apparaît alors comme un paradigme nouveau dans la gestion des finances des États de la CEMAC, supplantant ainsi la logique axée sur les résultats à celle classique basée sur les moyens[25]. Les directives CEMAC, notamment celles relatives aux lois de finances et au Code de transparence et de bonne gouvernance dans la gestion des finances publiques[26], vont, dans leurs dispositions, introduire les mécanismes de la gestion performancielle allant de la préparation des budgets des entités publiques (État, collectivités locales, établissements publics) jusqu'à l'évaluation, en passant

---

[21] B. DEMBA BA, « Finances publiques et gestion par la performance dans les pays membres de l'UEMOA : étude du cas du Sénégal », Thèse de doctorat en Droit public, Université de Bordeaux, 2015, p. 49 ; D. BUREAU, M. MOUGEOT, N. STUDER, « Mesurer la performance de la gestion publique à la lumière de l'analyse économique », *op. cit.*, p. 91 ; Rapport CABRI, *Le budget-programme axé sur les performances en Afrique, un rapport d'État d'avancement,* publié par l'Initiative Africaine Concertée sur la Réforme budgétaire, 2013, pp. 2 et s.

[22] H. BARNABAS, « La qualité de la dépense publique en Droit public financier camerounais », Thèse de Doctorat/Ph.D en Droit public, Université de Ngaoundéré, 2022, p. 27.

[23] A. AKEREKORO, « L'efficacité des contrôles de la nouvelle gestion budgétaire axée sur les résultats et la performance dans les États de l'Union Économique et Monétaire Ouest-Africaine », *RAFiP*, n° 11, second semestre 2022, pp. 7-31.

[24] J. FERMOSE, « Le contrôle financier spécialisé en droit camerounais », *GFP*, n° 2, 2021, p. 94.

[25] S. Th. BILOUNGA, « La réforme du contrôle de la dépense publique au Cameroun », Thèse de Doctorat/Ph.D en Droit public, Université de Yaoundé II, 2009, p. 5 ; S. BATIA EKASSI, « Annualité et pluriannualité dans le régime financier de l'État camerounais », *RADP*, n° 15, Vol. VIII, janvier-juin 2019, p. 262.

[26] Dans l'espace CEMAC : directive n° 01/11-UEAC-190-CM-22 relative aux lois de finances, directive n° 02/11-UEAC-190-CM-22 portant règlement général de la comptabilité publique, directive n° 03/011-UEAC-195-CM-22 relative au plan comptable de l'État, directive n° 04/11-UEAC-190-CM-22 relative à la nomenclature budgétaire de l'État, directive n° 05/11-UEAC-190-CM-22 relative au tableau des opérations financières de l'État, directive n° 06/11-UEAC-190-CM-22 relative au Code de transparence et de bonne gouvernance dans la gestion des finances publiques.

notamment par les programmes ou projets annuels de performance (PAP) et les rapports annuels de performance (RAP). Cette exigence en matière de gestion financière publique innerve tant les règles substantielles que celles processuelles de l'ordre juridique communautaire et des ordres juridiques des États membres. Seulement, l'on peut remarquer que si ces États membres de la CEMAC ont procédé successivement à une transposition dans leurs ordres juridiques internes du cadre communautaire de la performance dans la gestion des finances publiques, néanmoins, des contraintes pratiques demeurent quant à une implémentation effective.

Dans cette optique, la préoccupation de la formalisation et de l'opérationnalisation de l'exigence de performance financière dans l'ordre juridique intégré CEMAC se trouve au cœur de la réflexion. Dès lors, la question centrale de la présente réflexion peut être formulée comme suit : comment l'exigence de performance financière issue du cadre juridique harmonisé CEMAC est-elle posée et transposée dans les États membres ? Cette question se trouve justifiée par l'impératif de performance financière recherchée par les États de la CEMAC pour une gestion publique axée sur les résultats et la garantie de la protection des deniers publics[27]. En guise d'hypothèse, l'on peut avancer que l'exigence de performance financière posée par le cadre juridique harmonisé CEMAC est relativement intégrée dans les États membres.

Pour ce faire, la présente réflexion revêt un intérêt double : d'abord théorique, en ce sens qu'elle permet d'analyser le contenu de la notion de performance financière aussi bien au niveau communautaire qu'au niveau national ; ensuite pratique, en prenant en considération les procédures administratives, juridictionnelles et parlementaires mobilisées en vue d'une application des indicateurs et mécanismes de la performance financière résultant des textes juridiques CEMAC. Ainsi, l'étude met l'accent sur la méthode juridique[28] par l'analyse des textes communautaires, législatifs et règlementaires applicables à la performance financière dans les États membres, ainsi que celle des décisions rendues par les instances juridictionnelles. Par un effet de complémentarité, l'approche comparée sera additive. En réponse à l'hypothèse sus-indiquée et pour une étude fructueuse, la réflexion porte sur une double articulation : il s'agit, à l'évidence, de montrer que l'exigence de la performance financière est formalisée **(I)**, ce, d'autant plus que s'y trouve un socle juridique communautaire et national. Mais au-delà de cette formalisation, l'exigence de performance

---

[27] S. V. NTONGA BOMBA, « La protection de la fortune publique camerounaise : une efficacité relative ? », *RASJ*, vol. 7, n° 1, 2010, p. 237 ; M. KAMTO, « La chose publique », *RASJ*, vol. 2, n° 1, 2001, p. 9.

[28] J.-L. BERGEL, *Méthodologie juridique*, Paris, PUF, coll. « Thémis Droit », 2018, 3e édition, p. 373.

financière est relativisée **(II)**, traduction de l'écart observé entre les textes et la pratique.

I. UNE EXIGENCE DE PERFORMANCE FINANCIÈRE FORMALISÉE

La question de la performance dans le secteur public, plus exactement de la gouvernance financière publique[29], est devenue le point axial des préoccupations des politiques et des gestionnaires[30]. Cette préoccupation légendaire a entraîné de profondes mutations dans le domaine public communautaire, voire national, avec pour objectif principal la recherche de la performance[31]. C'est dans cette perspective que la CEMAC a bâti un cadre plus rigoureux d'harmonisation et de modernisation des pratiques financières dans les États membres, sous l'autorité du Conseil des ministres de la Communauté Économique et Monétaire d'Afrique[32] Centrale. Ainsi, les États membres ont l'obligation de s'arrimer aux directives de la CEMAC sur les finances publiques[33]. C'est dans cette perspective qu'ils doivent se conformer aux exigences non seulement desdites directives CEMAC[34], mais ils sont tenus également de répondre aux impératifs de comparabilité entre eux et avec d'autres espaces juridiques. Cette exigence de performance financière formalisée se traduit par une véritable consécration dans les textes **(A)** et se concrétise par sa matérialisation **(B)**.

A. La consécration de la performance financière

Le vent de réformes financières qui a soufflé sur les ordres juridiques des États de la CEMAC a provoqué une mutation normative profonde[35]. Cette

---

[29] A. BARILARI et M. BOUVIER, *La nouvelle gouvernance financière de l'État*, Paris, LGDJ, coll. « Systèmes finances publiques », 2004, p. 105 ; S. BIDOSSESSI BATONON, « Les systèmes financiers publics dans les États de l'UEMOA à l'épreuve de la nouvelle gouvernance financière publique », Thèse de Doctorat en Droit, Université Panthéon-Sorbonne-Paris I, 2016, p. 37.

[30] N. MÉDÉ, « Réflexion sur le cadre harmonisé des finances publiques dans l'espace UEMOA », *Afrilex*, 2e numéro spécial finances publiques, juin 2012, p. 3.

[31] B. HASSANA, *La qualité de la dépense publique en droit public financier camerounais*, *op. cit.*, p. 134.

[32] Cf. note de bas de page n° 26 *supra*.

[33] Art. 3 de la directive n° 06/11-UEAC-190-CM-22 relative au Code de transparence et de bonne gouvernance dans la gestion des finances publiques.

[34] *Idem.*

[35] A. AKONO OLINGA, « La juridicisation de la performance dans les finances publiques... », *op. cit.*, p. 103.

situation dont l'objectif est de bâtir une nouvelle gouvernance financière publique a eu pour conséquence la consécration dans les textes communautaires CEMAC et nationaux de l'exigence de la performance financière. Cette consécration se décline juridiquement par la rénovation des normes de pilotage **(1)** et la redéfinition des principes généraux de performance financière **(2)**.

1. La rénovation des normes de performance financière

Après avoir constaté de nombreuses insuffisances dans la gestion financière publique, les États de la CEMAC tenteront de s'adapter non seulement aux normes de gestion de l'État, mais aussi aux nouveaux défis, exigences et enjeux de la modernité financière. Ainsi, ces États vont procéder respectivement tantôt à une rénovation de leurs textes, tantôt à une innovation dans la transposition des directives communautaires favorables à la performance dans la gestion des finances publiques.

En effet, il est certain qu'aucune véritable réforme ne peut être menée avec succès sans considération des textes juridiques que l'on aura modelés à l'image des ambitions réformatrices[36]. Ainsi s'est inscrite au sein de la CEMAC une réflexion qui a conduit à la rénovation des textes juridiques de pilotage de performance en matière financière publique[37] au travers des aménagements normatifs internes.

D'abord, l'État du Cameroun va engager une réforme progressive en deux séquences au travers de certains textes majeurs législatifs et règlementaires. Compte tenu des insuffisances observées dans la loi n° 2007/006 du 26 décembre 2007 portant régime financier de l'État[38] et de la nécessité de son extension à toutes les autres entités publiques, cette dernière loi va être réformée pour laisser place à la loi n° 2018/012 du 11 juillet 2018 portant régime financier de l'État et des autres entités publiques. Ces deux textes et les autres textes règlementaires[39]

---

[36] S. Th. BILOUNGA, « La réforme du contrôle de la dépense publique en droit public… », *op. cit.*, p.101.

[37] S. A. SCHOUEL, « La nécessaire réforme du droit budgétaire camerounais », Mémoire Master en Administration Publique, l'ENA, 2006-2008, p. 27.

[38] Parallèlement à ce chantier de réformes entamé par le Cameroun avec en perspective la mise en œuvre intégrale du régime financier de l'État pour le 1er janvier 2013, le Conseil des ministres de la CEMAC a plutôt adopté en décembre 2011 un ensemble des dispositions devant formaliser le cadre harmonisé de gestion des finances publiques dans l'espace communautaire, dont le délai de transposition dans les législations des États membres, initialement fixé au 31 décembre 2013, avait été repoussé au 31 décembre 2017, puis au 31 décembre 2021 en raison de la persistance des retards de transposition observés de la part de certains États membres.

[39] Notamment : décret n° 2020/375 du 07 juillet 2020 portant règlement général de la comptabilité publique, décret n° 2019/3186/PM du 09 septembre 2019 fixant le cadre général de présentation du tableau des opérations financières de l'État, décret n° 2019/3187/PM du 09 septembre 2019 fixant le cadre général de présentation de la nomenclature budgétaire de l'État, décret n°

ont introduit des innovations importantes dans la gestion des finances publiques au Cameroun par l'introduction des normes de performance financière en matière budgétaire et comptable. On peut aisément répertorier des normes relatives au cadrage budgétaire, au budget programme (autorisations d'engagement, crédits de paiement), à la tenue d'un débat d'orientation budgétaire[40] et à l'aménagement des indicateurs de performance, entre autres.

Ensuite, d'autres États de la CEMAC vont s'inscrire dans cette même démarche de réforme de leurs textes juridiques internes en vue de son arrimage aux directives communautaires et d'implémenter l'exigence commune de performance financière. D'une part, le Gabon s'est arrimé à l'exigence de la performance en 2014 par le truchement de la loi organique n° 020/2014 relative aux lois de finances et à l'exécution du budget (LOLEB) et en adoptant en 2015 son tout premier budget en mode LOLEB[41], suivi de la réforme du cadre général de la comptabilité publique[42]. D'autre part, le Tchad innove dans la logique de cette mouvance de réforme et de transposition des directives communautaires par l'adoption en 2014 de la loi organique n° 004/PR/2014 du 18 février 2014 relative aux lois de finances[43], puis de la réforme du cadre règlementaire applicable à la comptabilité publique, à la nomenclature budgétaire de l'État, au tableau des opérations financières de l'État ainsi qu'au plan comptable y relatif[44]. Ce mouvement d'harmonisation des normes de pilotage de la performance financière est également observé en République Centrafricaine[45] et en République du Congo[46]. Aussi, les nouvelles normes de pilotage de la performance financière dans les États de la CEMAC mettent l'accent sur

---

2019/3199/PM du 11 septembre 2019 fixant le cadre général de présentation du plan comptable de l'État.

40 Voir l'art. 11 de la loi n° 2018/012 du 11 juillet 2018 portant régime financier de l'État et des autres entités publiques.

41 Il s'agit de la loi organique relative aux lois de finances et à l'exécution du budget.

42 Décret n° 0094/PR/MBCP du 08 février 2016 portant règlement général sur la comptabilité publique.

43 Cette loi a été adoptée par l'Assemblée nationale le 03 janvier 2014 et a été promulguée par le Président de la République le 18 janvier 2014.

44 En l'occurrence : décrets n° 817/PR/PM/MFB/2015 portant règlement général sur la comptabilité publique, n° 319/PR/PM/MFB/2016 portant nomenclature du budget de l'État, n° 321/PR/PM/MFB/2016 portant plan comptable de l'État, n° 320/PR/PM/MFB/2016 portant tableau des opérations financières de l'État.

45 Notamment : loi organique n° 18.013 du 13 juillet 2018 relative aux lois de finances ; décret n° 19.091 du 27 mars 2019 portant règlement général de la comptabilité publique.

46 Par exemple : loi organique n° 36-2017 du 03 octobre 2017 relative aux finances publiques, loi n° 10-2017 du 09 mars 2017 portant Code relatif à la transparence et à la responsabilité dans la gestion des finances publiques ; décret n° 2018-68 du 1er mars 2018 portant plan comptable de l'État, décret n° 2018-67 du 1er mars 2018 portant règlement général de la comptabilité publique.

l'amélioration de l'information du Parlement[47] et de la Cour des comptes, et leur implication dans la formulation et le suivi de l'exécution de la loi de finances[48]. Par conséquent, des techniques d'audit et d'évaluation sont en plein développement et renouvellent en profondeur le spectre des contrôles financiers publics, sous l'influence du modèle entrepreneurial.[49]

Pris globalement, les États membres de la CEMAC ont procédé non seulement à la rénovation mais aussi à l'innovation[50] de certains textes de pilotage en matière financière. Ces réformes normatives visent des objectifs performanciels tant en ce qui concerne le cadre budgétaire mais aussi celui comptable. Il s'agit là d'une double rénovation des normes budgétaires et comptables qui traduit le souci et l'impératif d'instituer dans les États membres de la CEMAC un cadre juridique axé sur la performance dans la gestion financière des entités publiques. Toutefois, en dehors de ces rénovations ou innovations, les États de la CEMAC ont également redéfini certains principes budgétaires et comptables en matière de performance financière.

2. La redéfinition des principes de performance financière

La consécration de la performance a eu comme conséquence la redéfinition des principes budgétaires et comptables dans la gouvernance financière des entités publiques (État, collectivités territoriales, établissements publics). Ainsi, l'engagement des États de la CEMAC sur la voie de la réforme de la gestion financière[51] s'est traduit par la transformation des institutions-mécanismes[52] du droit public financier[53], notamment les principes du droit budgétaire et comptable. Si le législateur CEMAC a opté pour une évolution de certains principes classiques, il n'en demeure pas moins qu'il y a introduit de nouveaux principes tant en matière budgétaire que comptable.

---

[47] F. CHOUVEL, *Finances publiques*, Paris, Gualino, coll. « Mémentos », 2020, 23e édition, p. 68.

[48] M. BOUVIER, « L'article 47-2 de la Constitution : un cadre suffisant pour la Cour de comptes », *RFFP*, n° 144, novembre 2018, p. 139.

[49] F. WASERMAN, *Les finances publiques*, Paris, La Documentation française, 8e éd., 2016, p. 66.

[50] Il s'agit particulièrement du Code de transparence et de bonne gouvernance dans la gestion des finances publiques.

[51] B. HASSANA, « L'évolution des finalités du contrôle de la dépense publique au regard des nouvelles réformes de finances publiques camerounaises », *IMJST*, vol. 5, juillet 2020, pp. 1227-1240.

[52] J.-L. BERGEL, *Théorie générale du droit*, Paris, 5e édition, 2012, p. 205 ; J. FERMOSE, « Le contrôle financier spécialisé en droit camerounais », *op. cit.*, p. 92.

[53] S. Th. BILOUNGA, *Finances publiques camerounaises…*, *op. cit*, p. 183.

Premièrement, concernant l'évolution des principes budgétaires traditionnels, il faut souligner que la directive CEMAC et certaines législations des États membres les ont réaffirmés tout en leur donnant, du moins pour certains d'entre eux, « *une vitalité nouvelle* »[54].

D'abord, le principe de l'annualité budgétaire a été supplanté par la pluriannualité. En effet, la budgétisation par programme a pour conséquence l'ouverture des crédits en autorisations d'engagement[55] (AE) et en crédits de paiement (CP)[56]. Cette matérialisation des dépenses vise à concilier les exigences de l'annualité budgétaire et de la pluriannualité des dépenses[57]. Ainsi, avec la gestion axée sur la performance financière, le principe de l'annualité a connu une avancée significative dans la mesure où la directive lui a apporté une exception fondamentale. Cela est d'autant plus vrai que la généralisation des programmes suppose une pluriannualité des dépenses comportant des autorisations d'engagement (AE) et des crédits de paiement (CP)[58] avec possibilité de report[59].

Ensuite, le principe de la spécialité[60] a pris un coup manifeste car il est le principal principe qui a connu une profonde modification. Celle-ci résulte du fait que la répartition des crédits a subi une révolution en ce sens ; il n'est plus question des habituelles rubriques classiques « chapitre-article-paragraphe », mais plutôt d'une nouvelle structuration « fonction-programme-action ».

---

[54] S. A. SCHOUEL, *La nécessaire réforme du droit budgétaire camerounais*, *op. cit.*, p. 29.

[55] En effet, les autorisations d'engagement sont des outils d'amélioration de la flexibilité de la gestion budgétaire. Ils permettent aux gestionnaires de crédits de prendre des engagements au-delà d'un exercice budgétaire, compte tenu de la spécificité de l'action ou des actions à réaliser. Ils renforcent la transparence, car ils permettent de connaître les engagements juridiques de l'État et de les différencier du paiement des dépenses.

[56] Conformément à l'art. 34 de la loi n° 2018/011 portant régime financier de l'État et des autres entités publiques : « *Les crédits de paiement ouverts (CP) correspondent, à la limite supérieure des dépenses pouvant faire l'objet d'un paiement pendant l'année pour la couverture des engagements contractés dans le cadre des autorisations d'engagement.* »

[57] Il faut préciser aussi que les autorisations de crédits comportent d'une part l'engagement de la dépense basé sur les autorisations d'engagement et d'autre part, les paiements basés sur les crédits de paiement. Voir l'art. 10 de la loi organique n° 004/PR/2014 (Tchad), art. 5 de la loi organique n° 020/2014 (Gabon).

[58] M. E. TONI, « L'autorisation budgétaire dans le droit financier ouest-africain francophone », Thèse de Doctorat en Droit public, Université Jean Moulin – Lyon 3 et Université Abomey-Calavi, 2015, p. 155.

[59] Voir art. 41 de la loi n° 2018/011 (Cameroun) précitée.

[60] Voir art. 38 de la loi n° 2018/011 *supra*.

Secondairement, la nouvelle philosophie de la gestion financière publique dans le cadre juridique harmonisé CEMAC exige aux États l'introduction de nouveaux principes, parmi lesquels : le principe de la transparence[61], le principe d'intégrité[62] et le principe de sincérité[63].

Ces nouveaux principes traduisent la nouvelle approche devant innerver les finances publiques, gage de modernité financière. L'objectif principal est, d'une part, de tenir compte de l'exhaustivité des opérations budgétaires, et d'autre part, de fournir à travers un système d'information adapté la totalité de renseignements devant permettre l'évaluation et le contrôle des politiques publiques[64]. S'agissant particulièrement du principe de transparence, on assiste à un renforcement du pouvoir parlementaire et cela vise l'amélioration de la transparence[65] à travers le renforcement de l'intervention du Parlement par le débat d'orientation budgétaire et le contrôle effectué par ce dernier[66] et la Cour des comptes[67].

Bien plus, sur le plan comptable, l'exigence de la performance financière dans le cadre juridique harmonisé CEMAC[68] a permis d'introduire une nouvelle comptabilité dont les États membres doivent tenir compte dans leurs législations internes. Ainsi, la directive n° 02/11-UEAC-190-CM-22 portant règlement général de la comptabilité publique a instauré trois comptabilités distinctes : la comptabilité budgétaire[69], la comptabilité générale[70] et la comptabilité analytique[71] ou d'analyse des coûts. Il faut dire que ces évolutions tendent à

---

[61] Voir par exemple : art. 1er loi n° 018/PR/2016 (Tchad) ; art. 1er loi n° 10-2017 du 09 mars 2017 (Congo).

[62] Notamment : art. 54 de la loi n° 018/PR/2016 (Tchad) ; art. 70 de la loi n° 10-2017 du 09 mars 2017 (Congo) ; art. 51 de la loi n° 2018/011 (Cameroun).

[63] Voir par exemple : art. 4, al. 6 de la loi n° 36-2017 du 03 octobre 2017 (Congo) ; art. 7, al. 4 de la loi organique n° 020/2014 (Gabon) ; art. 4, al. 8 de la loi n° 2018/012 (Cameroun).

[64] S.-A. SCHOUEL, « La nécessaire réforme du droit budgétaire camerounais », *op. cit.*, p. 30.

[65] *Cf.* Guide pratique de la LOLF, *Comprendre le budget de L'État*, MINEFI, *édition juin 2012, p. 14.*

[66] Sur le contrôle parlementaire, lire utilement : L.-M. IMBEAU, R. STAPENHURST, *Le contrôle parlementaire des finances publiques dans les pays de la francophonie,* Canada-Québec, PUL, 2019, p. 36.

[67] BEGNI BAGANA, « Le principe de transparence dans les finances publiques des États membres de la CEMAC », *RAFiP*, n° 2, 2017, pp. 99-230.

[68] La directive n° 02/11-UEAC-190-CM-22 portant règlement général de la comptabilité publique.

[69] La comptabilité budgétaire rend compte des recettes et des dépenses. Pour les dépenses, elle traduira le moment de la naissance d'une obligation vis-à-vis des tiers.

[70] La comptabilité générale introduit dans la sphère publique, les méthodes et les moyens de gestion des entreprises privées. Elle préconise la constatation des droits et obligations au moment de leur naissance et le rattachement à l'exercice des charges et des produits concernés.

[71] La comptabilité analytique, quant à elle, vise à remplir deux missions : d'une part, mesurer la performance des programmes et des actions ; d'autre part, mettre en évidence les coûts complets de mesures engagées afin de permettre une comparaison dans l'espace et dans le temps.

assouplir le principe de la séparation entre les fonctions d'ordonnateur et de comptable et induisent une nouvelle culture de concertation entre ces deux acteurs d'exécution des recettes et des dépenses publiques. Outre la consécration de la performance financière dans les États de la CEMAC, il sied de relever que cette exigence se matérialise sous plusieurs aspects dans les États membres de cet espace juridique.

B. La matérialisation de la performance financière

La performance constitue l'un des instruments les plus importants mis à la disposition des États de la CEMAC pour atteindre les objectifs de la nouvelle gouvernance financière publique[72]. Cette exigence se manifeste à travers certaines caractéristiques qui sont les attributs ou éléments constitutifs de la performance financière. En vertu de leur diversité, il y a lieu de les systématiser en deux déclinaisons : l'exigence procédurale **(1)** et matérielle **(2)** de la performance financière.

1. L'exigence procédurale de performance financière

L'exigence de performance résultant des directives CEMAC applicables dans les États membres vient réformer les règles procédurales d'élaboration, d'exécution et du contrôle du budget des entités publiques, notamment l'orientation pluriannuelle du programme et le renforcement du rôle des gestionnaires de crédits[73]. À l'observation, en vertu des directives CEMAC y relatives, l'exigence procédurale de performance financière se manifeste à travers la réforme des procédures liées au cadrage budgétaire et macroéconomique, mais aussi par la rationalisation du rôle des institutions ou organes en charge de la procédure budgétaire et comptable.

En première analyse, la directive n° 01/11-UEAC-190-CM-22 relative aux lois de finances a introduit dans le processus d'élaboration du budget la technique de cadrage macroéconomique, première étape de la procédure budgétaire[74]. Le processus d'élaboration du projet de loi de finances s'articule autour de quatre (04) principales phases : la phase de préparation, la phase de cadrage macroéconomique et budgétaire, la phase de préparation détaillée du budget,

---

[72] S. BIDOSSESSI BATONON, *op. cit.*, p. 32.

[73] H. A SENOUSSI, « Le développement du contrôle et de l'audit interne dans l'Administration publique au Tchad », Mémoire de master en Administration publique, Parcours « Administration publique générale », ENA, Université de Strasbourg, 2013-2014, p. 23.

[74] Cf. directive n° 01/11-UEAC-190-CM-22 relative aux lois de finances.

ainsi que la phase de finalisation et d'approbation[75]. D'une part, le cadrage macroéconomique permet la détermination des perspectives des recettes, d'équilibre ainsi que le niveau global des dépenses. Cette étape est suivie par l'organisation du débat d'orientation budgétaire (DOB), l'élaboration de la lettre de cadrage et de la circulaire budgétaire, l'élaboration des projets de Documents de programmation pluriannuelle des dépenses (DPPD) par les ministères, notamment les cadrages macroéconomique et budgétaire à moyen terme (cadrage budgétaire à moyen terme [CBMT], cadre des dépenses à moyen terme [CDMT]) et les programmations triennales des dépenses. D'autre part devront suivre l'organisation des conférences budgétaires et la phase de cadrage, la finalisation du projet de loi de finances, la transmission de ce projet de loi au Parlement pour discussion et vote de la loi de finances, ainsi que sa promulgation, suivie, le cas échéant, de l'élaboration du décret de répartition des crédits. Toutes ces phases sont conduites par le ministre chargé des Finances, sous l'autorité du chef de l'exécutif et la coordination du Premier ministre, chef du Gouvernement, conformément à l'article 51 de la directive n° 01/11-UEAC-190-CM-22 relative aux lois de finances[76].

S'agissant particulièrement des crédits, ils ne sont plus déterminés par leur nature (personnel, biens ou services), ni encore par la structure qui en serait attributaire[77], mais en fonction de leur destination, de leur finalité, à travers une action ou un ensemble cohérent d'actions de politiques publiques[78]. Dans ce sens, le législateur camerounais, en disposant que le programme[79] regroupe les crédits destinés à mettre en œuvre une action ou un ensemble cohérent d'actions[80], n'opère cependant pas une distinction entre la nature de crédits. Toute chose qui signifierait que lorsqu'une action ou un ensemble cohérent

---

75 Au Cameroun, lire : art. 55 et 56 de la loi n° 2018/012 et l'art. 5, al. 1 du décret n° 2019/281 du 31 mai 2019 fixant le calendrier budgétaire de l'État.

76 Selon l'art. 51 de cette directive, « *le ministre chargé des Finances conduit, sous l'autorité du chef de l'Exécutif, la procédure de préparation du budget annuel de l'État et des projets de loi de finances* ».

77 C'est-à-dire telle direction, tel service, tel ministère, etc.

78 Voir art. 17 de la directive n° 01/11-UEAC-190-CM-22 relative aux lois de finances. L'art. 30, al. 3 de la loi n° 2018/012 du 11 juillet 2018 portant régime financier de l'État et des autres entités publiques au Cameroun se veut plus explicite lorsqu'il dispose qu'« *un programme regroupe des crédits destinés à mettre en œuvre une action ou un ensemble cohérent d'actions relevant d'un même ministère et auquel sont associés des objectifs précis, définis en fonction de finalités d'intérêt général, ainsi que les résultats attendus. Les objectifs de chaque programme sont assortis d'indicateurs de résultats* ».

79 En France, voir l'art. 12, al. 7 de la LOLF. Cette disposition définit le programme comme : « *tout ou partie des crédits d'une direction, d'un service, d'un ensemble de directions ou de services d'un même ministère* ».

80 Art. 30, al. 3 de la loi n° 2018/012 portant régime financier de l'État et les autres entités publiques (Cameroun).

d'actions de politiques publiques est identifié, il faut lui consacrer tous les crédits nécessaires à sa mise en œuvre : c'est la globalisation des crédits. Plus concrètement encore, la gestion, au niveau de chaque programme, des crédits de personnel, par exemple, constitue une innovation importante dans plusieurs États membres de la CEMAC dans la mesure où, auparavant, les crédits de personnel faisaient l'objet d'une gestion centralisée, car les services utilisateurs des personnels ne s'occupant pas, pour la plupart, des aspects liés à leur rémunération[81].

En seconde analyse, la directive n° 01/11-UEAC-190-CM-22 relative aux lois de finances CEMAC a introduit un nouvel acteur dans le processus budgétaire, notamment le responsable de programme[82]. Il faut faire remarquer que les ministres et les présidents des institutions constitutionnelles ont la possibilité de déléguer leurs compétences d'ordonnateurs à des agents publics. Mais la nouvelle gestion financière axée sur la performance financière n'a pas apporté une profonde modification quant aux acteurs pouvant exécuter le budget. L'exécution du budget est toujours fondée sur le sacro-saint principe de séparation entre l'ordonnateur et le comptable, qui assurent respectivement les phases administrative (engagement, liquidation, ordonnancement) et comptable (paiement)[83]. Aussi, la directive n° 01/11-UEAC-190-CM-22 relative aux lois de finances a prescrit aux États membres de la CEMAC de renforcer le rôle des organes délibérants (Parlement) dans l'adoption et le contrôle du budget. Ainsi, la directive recommande aux États d'intégrer dans leurs corpus juridiques la tenue d'un débat d'orientation budgétaire (DOB)[84] en cours de préparation du budget[85] de manière à ce que l'exécutif dispose d'un *feedback* du Parlement sur les grandes orientations budgétaires et aussi à présensibiliser ce dernier sur les priorités et les choix du Gouvernement[86]. Il y va également de l'amélioration de la documentation budgétaire qui doit clairement expliquer la politique budgétaire suivie, son lien avec les stratégies nationales et la performance attendue. Dans

---

[81] C'est le cas avec l'ordonnance n° 62/OF/4 du 7 février 1962 portant régime financier de la République Fédérale du Cameroun.

[82] G. PEKASSA NDAM, « La dialectique du responsable de programme en finances publiques camerounaises : recherches sur les nouveaux acteurs budgétaires », *in* N. MÉDÉ (dir.), *Les nouveaux chantiers des finances publiques en Afrique. Mélanges en l'honneur de M. Bouvier*, Dakar, L'Harmattan Sénégal, 2019, p. 306.

[83] C'est la procédure normale d'exécution de la dépense publique, ayant dans certains cas précis, des exceptions.

[84] J. FERMOSE, « Le débat d'orientation budgétaire en droit camerounais », *Lexbase Afrique-OHADA*, n° 47, septembre 2021, p. 9.

[85] Directive n° 06/11-UEAC-190-CM-22 du 19 décembre 2011 relative au Code de transparence et de bonne gouvernance dans la gestion des finances publiques. Voir J. FERMOSE, « Le débat d'orientation budgétaire en droit camerounais », *op. cit.*, pp. 8-26.

[86] B. HASSANA, « La qualité de la dépense publique en droit public financier camerounais », *op. cit.*, p. 204.

tous les cas, l'exigence de la performance financière n'est pas seulement procédurale, mais aussi matérielle.

2. L'exigence matérielle de performance financière

L'exigence matérielle de la performance financière n'est qu'une traduction de la réalité substantielle et du contenu de cette performance dans les directives communautaires et leur transposition en matière d'objectifs dans les États de la CEMAC. Si ces derniers sont astreints à l'obligation de s'arrimer aux prescriptions des textes communautaires, le respect de cette obligation s'inscrit dans le cadre des principes d'autonomie matérielle consacrés dans cet espace juridique. Il s'ensuit que les directives CEMAC et le droit des États membres déterminent certains piliers de la caractéristique matérielle de la performance financière, non sans méconnaître l'exigence matérielle de ladite performance axée sur les résultats.

En effet, l'exigence matérielle de performance financière telle que prônée par les instruments juridiques communautaires CEMAC se base sur trois piliers fondamentaux, à savoir : l'efficacité, l'efficience et la pertinence[87]. Ces critères s'inscrivent dans un triangle appelé « *le triangle managérial* »[88]. Comme l'a si bien précisé le Professeur Nicaise MÉDÉ, se mettre à la gestion financière par la performance implique pour un État de se plier à certaines exigences minimales[89]. Ainsi, il est attendu des États membres qu'ils mettent en œuvre les considérations performatives dans le respect de la règlementation et en se conformant aux intentions des décideurs[90]. Il s'agit de réaliser les objectifs avec efficacité, efficience et économie, sur la base d'indicateurs prédéfinis, après mise en œuvre des stratégies, des programmes et des actions, avec l'allocation conséquente des ressources publiques[91]. Par conséquent, la performance financière s'apprécie sous une triple dimension : socio-économique, qualité de service et efficience. Ces trois dimensions peuvent être différemment appréciées du point de vue du citoyen, de l'usager et du contribuable.

---

[87] De ce fait, l'efficacité, l'efficience et la pertinence constituent les paramètres du jugement de l'action administrative.

[88] M. OULD AHMED ELY, *Management des finances publiques*, éditions IHET, Tunisie, 1996, p. 40.

[89] N. MÉDÉ, « L'Afrique francophone saisie par la fièvre de la performance financière », *op. cit.*, p. 349.

[90] À propos, lire B. PERRET, *L'évaluation des politiques publique*s, Paris, éditions la Découverte, 2008 (disponible en ligne sur www.babordplus.univ-bordeaux.fr, consulté le 13 janvier 2023), p. 805.

[91] S. Th. BILOUNGA, « La réforme du contrôle de la dépense publique au Cameroun », *op. cit.*, p. 334.

Bien plus, la logique des résultats est une exigence fondamentale, eu égard à la définition accordée à la performance budgétaire[92]. Car les résultats escomptés, et le cas échéant effectivement atteints, constituent l'un des composants essentiels de la performance financière[93]. Autrement dit, la gestion financière par la performance donne une importance particulière à la notion de résultats : c'est la gestion axée sur les résultats. Après l'exécution, les résultats obtenus doivent être conformes aux objectifs préalablement définis[94]. Toutefois, la mise en œuvre d'une politique publique peut donner lieu à, au moins, deux (02) types de résultats : les résultats attendus comme étant le fruit de la politique préalablement définie et les résultats simplement induits par la politique sans être forcément attendus[95]. L'atteinte d'un objectif supposerait deux choses : une certaine finitude ou l'effectivité de ce qui est conforme aux objectifs préfixés et une réalisation satisfaisante des effets recherchés[96]. Dès lors, la réalisation conforme des objectifs[97] infère que les choix budgétaires soient basés sur une connaissance précise des niveaux de résultats à atteindre en fonction des données économiques disponibles. C'est l'atteinte de ces objectifs ou résultats ciblés qui traduirait la performance financière.

À tout considérer, la consécration formelle de la performance financière s'est traduite, d'une part, par sa consécration à travers la rénovation des normes de pilotage de performance et la redéfinition des principes budgétaires et comptables dans les différents États membres de la CEMAC, et d'autre part, par la matérialisation de la performance financière qui se décline en une double exigence : procédurale et matérielle. Cependant, au-delà d'une volonté normative manifeste des textes communautaires CEMAC et nationaux, la mise en œuvre matérielle de l'exigence de la performance financière dans cet espace juridique doit être relativisée.

---

[92] Dans l'esprit de la gestion financière axée sur la performance, les choix de la dépense doivent être basés sur une connaissance précise des niveaux de résultats à atteindre en fonction d'un montant de crédits budgétaires donné.

[93] Par assimilation, le résultat serait même synonyme de performance.

[94] P. AMSELEK, « Une institution financière en clair-obscur : la règle du service fait », *in Études de finances publiques. Mélanges en l'honneur du Professeur Paul Marie Gaudemet*, Paris, Econòmica, 1984, p. 421.

[95] D. B. BA, *Finances publiques et gestion par la performance dans les pays membres de l'UEMOA : étude de cas du Sénégal*, *op. cit.*, p. 437.

[96] S. Th. BILOUNGA, *La réforme du contrôle de la dépense publique au Cameroun*, *op. cit.*, p. 232.

[97] B. HASSANA, *La qualité de la dépense publique en droit public financier camerounais*, *op. cit.*, p. 222.

II. Une exigence de performance financière relativisée

Le cadre juridique harmonisé des finances publiques dans les États membres de la CEMAC marque le passage d'une régulation par les moyens à une régulation par les résultats[98]. Pour des raisons de conformité des lois internes en matière de finances publiques aux normes communautaires, l'exigence de performance résulte de la transposition effective des directives CEMAC du 19 décembre 2011, visant l'harmonisation du cadre juridique de la gestion des finances publiques dans les ordres juridiques des États membres[99]. Cette exigence, telle que perfectible, s'est relativisée dans la pratique desdits États, car il est observé une réception relative de l'exigence de performance **(A)**. Mais force est de constater que les États membres de la CEMAC ont procédé à une implémentation progressive de la gestion axée sur la performance dans leur transposition du cadre juridique communautaire harmonisé **(B)**.

A. La réception relative de la performance financière

Le jurislateur CEMAC a opté pour l'encadrement juridique de l'exigence de performance aux moyens des directives[100]. Constituant des « lois-cadres », ces directives fixent des objectifs et indiquent les délais dans lesquels ils doivent être transcrits dans le droit national des États tout en laissant à ces derniers le choix de la forme et des moyens d'effectuer cette transposition. À l'observation et à l'analyse, cette transposition de l'exigence de performance financière paraît imparfaite dans l'espace CEMAC en ce sens qu'on passe d'une réception non juridictionnelle passive **(1)** à une réception juridictionnelle incomplétive dans cette démarche de performance **(2)**.

---

[98] N. MÉDÉ, « Réflexion sur le cadre harmonisé des finances publiques dans l'espace UEMOA », *op. cit.*

[99] Y. G. DJEYA KAMDOM, « L'influence du droit communautaire *sur le système de contrôle des finances publiques au Cameroun... », op. cit., pp.* 116-121.

[100] Voir note de bas de page n° 26 *supra*.

1. Une réception non juridictionnelle passive

L'exigence de performance financière s'est considérablement enracinée dans les instruments juridiques des États d'Afrique francophone en général[101], et dans ceux de la CEMAC en particulier[102]. Cependant, il peut être constaté que la fièvre de la performance financière en Afrique se traduit par des symptômes qui se sont développés et qui varient d'un État à un autre, ce, d'autant plus que la mise en œuvre du dispositif de pilotage de la performance des finances publiques est vraisemblablement mitigée dans les différents États[103]. Cela se justifie, d'ailleurs, en ce qui concerne le volet non juridictionnel, aussi bien dans la fonction administrative que dans la fonction parlementaire de pilotage de performance.

Primo, dans la fonction parlementaire, l'exigence de performance devrait être prise en compte à travers les moyens d'action que détient cette institution, à l'instar du contrôle dont elle bénéficie sur l'action gouvernementale en matière financière. Par un sens élevé d'initiative et un activisme dans la mission de légiférer, ainsi qu'une efficacité dans le pouvoir de contrôle, le Parlement, si nous prenons les cas camerounais, tchadien et gabonais, aurait pu servir davantage d'aiguillon de pilotage de la performance dans la gestion des finances publiques. À ce titre, si à l'instar des autres États africains, le Cameroun et le Gabon ont hérité du procédé de la rationalisation parlementaire issue de la Ve République française[104], le Parlement est faiblement ressenti dans le suivi de la performance dans les États de l'espace CEMAC, car même le pouvoir de constituer les commissions d'enquête parlementaire[105] est rarement utilisé par cette institution. Pourtant, ce moyen d'action pourrait aussi se présenter comme un outil de contrôle de performance.

Sur un plan purement politique, l'Assemblée nationale des États membres de la CEMAC reste tributaire de son histoire marquée par l'omnipotence d'un exécutif fortement aiguillonné par la machine du parti unique. Dans ce sens, même la restauration du multipartisme dans ces États au début des années 1990 n'a pas contribué à relancer le jeu politique dans l'optique d'une restitution, au Parlement, de ses lettres de noblesse. La conséquence est que la représentation

---

[101] N. MÉDÉ, « L'Afrique francophone saisie par la fièvre de la performance financière », *op. cit.*, p. 349.

[102] Y.-G. DJEYA KAMDOM, « L'influence du droit communautaire *sur le système de contrôle des finances publiques au Cameroun... », op. cit., p. 116.*

[103] D. TOMMASI, *Gestion des dépenses publiques dans les pays en développement : un outil au service du financement des politiques publiques. Quelques exemples dérivés du modèle français* à savoir, Agence française de développement (AFD), août 2010, p. 57.

[104] Par ailleurs, la fiabilité des indicateurs est souvent relative, l'indicateur étant toujours une modélisation simplifiée de la réalité. *Cf.* R. EVINA OBAM, *L'intégration du pilotage des performances en finances publiques camerounaises*, *op. cit.*, p. 14.

[105] P.-F. NGAYAP, *Le droit parlementaire au Cameroun,* Paris, L'Harmattan, 2017, p. 189.

nationale procède à des autorisations qui ne cadrent pas avec l'obligation des résultats[106]. Ainsi, la fonction de contrôle est ignorée dans la mesure où la loi de règlement apparaît comme une formalité, un exercice de pure forme devenu un rituel pour des députés exposés aux avatars du fait majoritaire concrétisé au Cameroun par une forte discipline du parti au pouvoir. À cela vient s'ajouter l'existence des limites dans la réception de la performance qui se traduit sur le plan technique et procédural : techniquement, un résultat peut être bon ou mauvais pour de multiples raisons telles que les éléments du contexte (cas de force majeure, insuffisance des moyens alloués)[107] ; sous l'angle procédural, il s'agit de la faiblesse du pilotage de performance dans l'exercice même du débat d'orientation budgétaire devant le Parlement, où il existe des biais importants et une asymétrie d'information[108].

Secundo, le pilotage de performance dans le domaine des finances publiques suppose, au-delà du discours déclamatoire, une adhésion des acteurs budgétaires et surtout le ralliement de l'ensemble des composantes de l'Administration[109]. Pour plusieurs raisons, la culture des résultats, qui semble aujourd'hui être le référentiel de la nouvelle gestion publique, peine à s'insérer dans les pratiques administratives des États membres, même si certains secteurs d'activité en ont fait un point de mire dans le cadre de leurs actions[110].

Bien plus, il ne faut pas omettre de mentionner que la logique de performance qu'on observe au sein des États de la CEMAC devrait se faire ressentir complètement dans le budget des collectivités locales et des établissements publics administratifs. Bien qu'elle soit consacrée et émergente, sa mise en œuvre est toujours un vaste chantier, car certaines entités publiques dans les États de la CEMAC s'arriment difficilement à cette culture de performance en raison de son dispositif de pilotage très complexe et des failles qui entravent ce

---

[106] Voir, L. M. IMBEAU, R. STAPENHURST, « Le contrôle parlementaire des finances publiques dans les pays de la francophonie », *op. cit.*, p. 36.

[107] Voir. N. MÉDÉ, « Réflexion sur le cadre harmonisé des finances publiques dans l'espace UEMOA », *op. cit.*

[108] Retenons aussi que dans un contexte de consolidation budgétaire, l'effort de réduction des déficits conduit à limiter la discussion sur la performance financière, notamment sous l'angle de la réallocation des ressources comme la faible capacité de marge de manœuvre. Lire à ce sujet D. TOMMASI, « *Gestion des dépenses publiques dans les pays en développement... », op. cit., p. 57.*

[109] J. BIAKAN, « La réforme du cadre juridique des finances publiques au Cameroun… », *op. cit.*, pp. 9-28.

[110] R. EVINA OBAM, « L'intégration du pilotage des performances en finances publiques camerounaises, *op. cit.*, p. 15. Pour l'auteur, il apparaît au départ que le cadre administratif importé de l'Hexagone (France) s'inscrit dans une rationalité managériale embryonnaire baignant dans une perception de la puissance publique inadaptée aux enjeux de l'heure. Lire également J. CHEVALLIER, D. LOSCHAK, « Rationalité juridique et rationalité managériale dans l'administration française », *RFAP*, n° 24, 1982, p. 679.

dispositif[111]. Par ailleurs, au Cameroun, pour les entités publiques autres que l'État (collectivités territoriales décentralisées, établissements publics), un contrôle financier spécialisé est consacré dans ce sens pour renforcer le processus de performance[112]. La mise en œuvre de la performance financière dans les États membres a aussi un bilan mitigé sur le plan juridictionnel qu'il faut clarifier.

2. Une réception juridictionnelle incomplétive

La mise en œuvre des directives CEMAC s'inscrit dans une démarche graduelle et séquentielle, puisque les États membres disposent d'un délai raisonnable pour assurer la transposition de ces directives dans leurs droits nationaux respectifs. Il est alors exigé de tous ces États en matière juridictionnelle de mettre en place une structure unique en matière de contrôle juridictionnel des finances publiques, notamment la Cour des comptes[113]. Indéniablement, la prescription de la Cour des comptes comme Institution supérieure de contrôle (ISC) des finances publiques dans les États membres de la CEMAC est l'innovation la plus saisissante dans ce domaine. Cette prescription procède de l'article 72 de la directive n° 01/1/11-UEAC-190-CM-22 du 19 décembre 2011 relative aux lois de finances[114]. En mettant l'accent sur les institutions inférieures que celles supérieures de contrôle des finances publiques[115] dans les États membres de la CEMAC, l'on observe une efficacité relative des contrôles de la nouvelle gestion budgétaire axée sur les résultats. Aussi, les difficultés inhérentes au cadre du contrôle et le non-respect des procédures de contrôle sont très remarquables dans la plupart des États de la CEMAC.

---

[111] M. BOUVIER, *Les finances locales*, Paris, LGDJ, 2015, 16e édition, p. 10. Au Cameroun par exemple, dans le cadre de la poursuite de la mise en œuvre de la réforme des entreprises et des établissements publics (EEP) conduite par le Gouvernement depuis 2017, en vue de la maîtrise du pilotage et de la gouvernance de ces entités publiques, il a été donné de constater des failles qui entravent la performance financière. Cette difficulté de maîtrise des outils de performance est également constatée au Gabon, au Congo, au Tchad et en Centrafrique (voir : https://www.lenouveaugabon.com/fr/gestionpublique/ ;https://www.pefa.org/sites/pefa/files/assessments/ ; https://finances.gouv.td/index.php/le-ministere/ ; https://www.aa.com.tr/fr/afrique/centrafrique-la).

[112] Sur le cas du Cameroun, lire J. FERMOSE, « Le contrôle financier spécialisé… », *op. cit.*, pp. 90-96.

[113] Y. G. DJEYA KAMDOM, « L'influence du droit communautaire *sur le système de contrôle des finances publiques au Cameroun… », op. cit., p. 117.*

[114] En effet, cet article dispose : « *Le contrôle juridictionnel des opérations budgétaires et comptables des Administrations est assuré par une Cour des comptes qui doit être créée dans chaque État (…). Elle est l'Institution Supérieure de Contrôle dans chaque État.* »

[115] H. AKEREKORO, « L'efficacité des contrôles de la nouvelle gestion budgétaire axée sur les résultats et la performance dans les États de l'Union Économique et Monétaire Ouest-Africaine », *op. cit.*, pp. 7-31.

En effet, à l'analyse du contrôle juridictionnel des finances publiques exercé par les ISC[116], il doit être observé, théoriquement, que le fonctionnement de ces ISC est régi, de manière universelle, par des standards internationaux[117]. Usuellement, ces standards sont dénommés ISSAI[118] et sont élaborés et publiés par INTOSAI[119] qui fixe aussi les normes de l'audit de performance[120]. En ce qui concerne le Cameroun, n'ayant pas encore créé une Cour de comptes selon la prescription de la CEMAC[121], il est souvent reproché aux Services du Contrôle supérieur de l'État (CONSUPE)[122], du fait de son statut, et de son inadéquation avec les exigences de l'INTOSAI relatives à l'indépendance des ISC. Cette inadéquation procèderait de la relativité de son indépendance organique et de la fragilité de son autonomie fonctionnelle. Nonobstant sa récente attribution à la juridiction des comptes, le contrôle des gestionnaires et des ordonnateurs reste un contrôle parallèlement exercé par les Services du Contrôle supérieur de l'État (CONSUPE)[123] à travers le CDBF[124]. L'exercice de ce contrôle fait montre d'une dépendance administrative d'un organe pourtant couronné ISC du Cameroun[125].

En sus, dans son ensemble, le contrôle juridictionnel a connu des débuts hésitants, car l'organe de contrôle était très souvent la Chambre des comptes des Cours suprêmes[126]. Les critiques ont remarqué le peu de lisibilité et d'efficacité

---

[116] S. BATIA EKASSI, « L'Institution Supérieure de contrôle des finances publiques au Cameroun », Thèse de Doctorat/Ph.D en Droit public, Université de Yaoundé II, 2019, 455 p.

[117] Voir Statut de l'Organisation Internationale des Institutions supérieures de contrôle des finances Publiques (INTOSAI), décembre 2016, Déclaration de Lima sur les lignes directrices du contrôle des finances publiques, adoptée par l'INTOSAI en 1977.

[118] Notamment les normes internationales de contrôle des finances publiques.

[119] L'Organisation internationale des Institutions supérieures de contrôle des finances publiques. Lire dans ce sens, H. BOULLANGER, « Les Institutions supérieures de contrôle à l'heure de la maîtrise des dépenses publiques », *Géoéconomie*, n° 67, avril 2013, pp. 207-221.

[120] Voir ISSAI 3000, *Les normes de l'audit de performance*, INTOSAI, 2019, p. 6.

[121] S. E. KOUA, « La prescription de la CEMAC pour la création d'une Cour des comptes : le cas du Cameroun », *Gestion & Finances Publiques,* n° 6, 2020, pp. 113-122.

[122] Décret n° 2013/287 du 04 octobre 2013 portant organisation des services du Contrôle supérieur de l'État.

[123] S. BATIA EKASSI, « L'Institution Supérieure de contrôle des finances publiques… *», op. cit.*, p. 95.

[124] Voir le décret n° 2008/028 du 17 janvier 2008 portant organisation et fonctionnement du Conseil de discipline budgétaire et financière au Cameroun. Le CDBF étant appelé à disparaître, il reviendra à compter de cette date au juge des comptes d'exercer ses compétences conformément à l'art. 86, al. 3 et 4 de la loi n° 2018/012 fixant le régime financier de l'État et des autres entités publiques.

[125] Au sens de l'art. 2, al. 1 du décret n° 2013/287 précité, il ressort que « *les services du Contrôle supérieur de l'État constituent l'institution supérieure de contrôle des finances publiques (ISC) du Cameroun. Ils sont chargés de l'audit externe* ».

[126] Pour le Cameroun, lire C. SIETCHOUA DJUITCHOKO, *La Chambre des comptes de la Cour Suprême du Cameroun*, Yaoundé-Cameroun, EDLK, 1re édition, 2016, 476 p.

de cette formule institutionnelle. Depuis plusieurs décennies, les textes nouveaux obligent les États à créer des Cours des comptes, à la fois organe d'audit, d'expertise et de jugement des comptes au service des finances publiques saines et performantes. Si certains États avaient déjà, avant 2011, des Cours des comptes instituées[127], d'autres dans l'espace CEMAC, en revanche, restent encore en marge du processus d'institutionnalisation des Cours des comptes. Par exemple, le Cameroun a plutôt opté pour une réforme plus matérielle, fonctionnelle, qu'organique en procédant à l'élargissement de la compétence matérielle de la Chambre des comptes de la Cour suprême[128]. Aussi, outre la Guinée Équatoriale dont le processus de l'effectivité matérielle ou opérationnelle de la Cour des comptes reste encore en cours[129], le Tchad a procédé en 2018 à l'institution de la Chambre des comptes en remplacement de l'ancienne Cour des comptes[130] à la suite de la révision de la Constitution tchadienne, promulguée le 04 mai 2018, suivie de l'ordonnance n° 15/PR/2018 du 31 mai 2018 portant attributions, organisation, fonctionnement et règles des procédures devant la Cour suprême. La nouvelle juridiction reprend les principales attributions de l'ancienne Cour des comptes et jouit de la plénitude de juridiction[131].

Bien plus, on remarque aussi qu'au-delà des efforts de juridictionnalisation de la performance observés çà et là, une faible construction prétorienne est axée sur l'exigence de performance financière, bien que la tentative de juridicisation de cette performance reste embryonnaire[132]. Néanmoins, il est relevé l'interprétation d'un ensemble de procès qui se rapportent aux infractions fondées sur l'atteinte aux principes structurants de performance financière, notamment la transparence. À l'analyse, c'est davantage à travers le contrôle de la gestion ou encore l'office du juge sur la faute de gestion qu'il est possible de

---

[127] Par exemple : le Gabon avec la loi organique n° 11/94 du 17 septembre 1994 fixant l'organisation, la composition, les compétences, le fonctionnement et les règles de procédures de la Cour des comptes ; la République centrafricaine avec la loi n° 97.003 du 12 mai 1997 relative au fonctionnement et à l'organisation de la Cour des comptes.

[128] G. M. PEKASSA NDAM, A. AKONO OLINGA, S. BATIA EKASSI, « L'enjeu de l'élargissement de la compétence matérielle du juge des comptes par la faute de gestion en Afrique centrale : le cas du Cameroun », *RFFP*, n° 157, février 2022, p. 75.

[129] En effet, la création de la Cour des comptes est prévue aux art. 115-121 de la Constitution équato-guinéenne (*ley fundamental de Guinea Ecuatorial nuevo texto de la Constitución de Guinea Ecuatorial, promulgada oficialmente el 16 de frebrero de 2012*).

[130] Cette Cour des comptes avait été instituée par la Loi constitutionnelle du 03 juillet 2013.

[131] La nouvelle Chambre des comptes est composée de trois (03) sections : une section de jugement des comptes, une section de contrôle des affaires budgétaires et financières et une section de discipline budgétaire et financière.

[132] A. AKONO OLINGA, « La juridicisation de la performance dans les finances publiques des États africains d'expression française : intelligence des expériences camerounaises », *op. cit.*, p. 103.

dégager la notion de contentieux de la performance financière[133]. Malgré tout cela, la performance se dessine progressivement dans la gestion financière des États de la CEMAC.

B. L'implémentation progressive de la performance financière

La gestion orientée vers les résultats n'est pas complètement absente de la conduite de l'action publique dans l'espace juridique des États de la CEMAC. À côté des expériences menées par les opérateurs du secteur privé, ceux du secteur public essayent de s'approprier des mécanismes propres aux impératifs de la nouvelle gestion publique. Cela dit, le pilotage de performance financière dans l'espace CEMAC doit prendre en compte tous les paramètres du budget, aussi bien les recettes que les dépenses. Pour y parvenir, une implémentation normative est impérative **(1)** dans les États membres, non sans prendre en compte la dimension institutionnelle, qui doit être tout aussi effective **(2).**

1. Une implémentation normative impérative

L'application des directives communautaires CEMAC dans les États membres doit prendre en compte la règle de la primauté du droit communautaire sur le droit national. Par exemple, en droit européen, la primauté du droit communautaire sur la loi nationale a été consacrée par les arrêts *Simmental* et *Costa*[134]. Cette primauté implique l'obligation pour l'autorité nationale de transposer la directive communautaire dans l'ordre interne[135] sous réserve de sa

---

[133] G. M. PEKASSA NDAM, A. AKONO OLINGA, S. BATIA EKASSI, « L'élargissement de la compétence matérielle du juge des comptes par la faute de gestion en Afrique centrale : le cas du Cameroun », *op. cit.*, p. 75. Voir Décision du CDBF n° 0049/D/PR/SG/CONSUPE /CDBF/SP/SGSAS portant sanction des responsabilités du Professeur BIWOLE SIDA Magloire, Directeur de l'Hôpital central de Yaoundé ; Décision du CDBF, Session du 11 juin 2012, infligeant des sanctions disciplinaires et financières à M. Jean-Jacques NDOUDOUMOU, Directeur Général de l'ARMP, exercice 2007 à 2010 ; Décision du CDBF, Session du 11 juin 2012, infligeant des sanctions disciplinaires et financières à M. le Professeur Jean TABI MANGA, Recteur de l'Université de Yaoundé II, exercice 2006 à 2009 ; Décision du CDBF n° 00013/D/PR/SG/CONSUPE/CDBF/SP/SGSAS portant sanction des responsabilités du Professeur MENDO ZE Gervais ex-Directeur Général de la *Cameroon Radio and Television* (CRTV), entre autres.

[134] Arrêt *Costa c/ENEL* du 15 juillet 1964, n° 06/64.

[135] En effet, le juge constitutionnel français se réserve le droit de contrôler la constitutionnalité des lois de transposition des normes communautaires, et d'annuler celles qui ont pour objet la transposition d'une directive communautaire contraire à l'identité nationale. Voir S. E. KOUA, « La prescription de la CEMAC pour la création d'une Cour des comptes : le cas du Cameroun », *op. cit.*, p. 118.

conformité aux dispositions constitutionnelles relatives à l'identité nationale. À l'observation, l'on peut constater, sur le plan normatif, à la fois une convergence dans l'application de certaines directives communautaires dans les États membres de la CEMAC, mais aussi des disparités dans l'ordonnancement juridique interne des États.

Premièrement, l'analyse des différents textes adoptés dans les États de la CEMAC en transposition des directives CEMAC traduit une convergence dans la prise en compte des objectifs fixés. Qu'il s'agisse des lois ou des décrets, les réformes engagées dans les États membres de cet espace juridique laissent transparaître une harmonisation du cadre budgétaire axé sur le budget-programme et la recherche des résultats, la responsabilisation plus accrue des gestionnaires de crédits et comptables publics, la structuration des opérations financières de l'État à travers le tableau des opérations financières de l'État (TOFE), l'institution des principes de transparence, de sincérité et d'intégrité des acteurs de la chaîne financière, le renforcement du contrôle de gestion (parlementaire ou politique, administratif et juridictionnel) des finances publiques. À ce titre, l'on peut relever des textes juridiques nationaux de transposition des directives CEMAC dans les États membres en matière de lois de finances[136], du Code de transparence et de bonne gouvernance dans la gestion des finances publiques[137], de comptabilité publique[138], de tableaux portant

[136] En l'occurrence, il s'agit de : loi n° 2018/012 du 11 juillet 2018 portant régime financier de l'État et des autres entités publiques (Cameroun) ; loi organique n° 020/2014 du 21 mai 2015 relative aux lois de finances et à l'exécution du budget (Gabon) ; loi organique n° 004/PR/2014 du 18 février 2014 relative aux lois de finances (Tchad) ; loi organique n° 18.013 du 13 juillet 2018 relative aux lois de finances (RCA) ; loi organique n° 36-2017 du 03 octobre 2017 relative aux finances publiques (Congo).

[137] Notamment : loi n° 2018/011 du 11 juillet 2018 portant Code de transparence et de bonne gouvernance dans la gestion des finances publiques (Cameroun) ; loi n° 10-2017 du 09 mars 2017 portant Code relatif à la transparence et à la responsabilité dans la gestion des finances publiques (Congo) ; loi n° 018/PR/2016 portant Code de transparence et de bonne gouvernance dans la gestion des finances publiques (Tchad) ; loi organique n° 021/2014 du 30 janvier 2015 relative à la transparence et à la bonne gouvernance dans la gestion des finances publiques (Gabon).

[138] Par exemple : décret n° 2020/375 du 07 juillet 2020 portant règlement général de la comptabilité publique (Cameroun) ; décret n° 817/PR/PM/MFB/2015 portant règlement général sur la comptabilité publique (Tchad) ; décret n° 0094/PR/MBCP du 08 février 2016 portant règlement général sur la comptabilité publique (Gabon) ; décret n° 2018-67 du 1er mars 2018 portant règlement général de la comptabilité publique (Congo) ; décret n° 19.091 du 27 mars 2019 portant règlement général de la comptabilité publique (RCA).

opérations financières de l'État[139], de la nomenclature budgétaire[140] et du plan comptable de l'État[141].

Particulièrement s'agissant du Cameroun, en matière de comptabilité publique, le décret du 07 juillet 2020 portant règlement général de la comptabilité publique (RGCP) opte pour la déconcentration et la spécialisation des acteurs de la gestion publique[142]. En matière de déconcentration, si les directives initiales CEMAC n'attribuent cette fonction qu'au seul ministre des Finances (MINFI)[143], en vertu de ce décret, la fonction d'ordonnateur principal, en matière de dépenses, sera étendue à l'ensemble des ministres et hautes autorités responsables des institutions constitutionnelles[144]. Ainsi, ledit décret a permis d'incorporer la directive CEMAC relative au règlement général de la comptabilité publique[145] en déterminant les principes applicables à la comptabilité de l'État, aux collectivités territoriales décentralisées et aux établissements publics administratifs[146].

Toutefois, le défi maintenant, après l'implémentation desdits textes selon le chronogramme de la CEMAC, est la mise en œuvre opérationnelle des nouveaux textes qui doivent se faire jusqu'au 31 décembre 2021, et jusqu'au 31 décembre 2023 pour certaines dispositions en matière de comptabilité publique. Certains

---

[139] Par exemple : décret n° 2019/3186/PM du 09 septembre 2019 fixant le cadre général de présentation du tableau des opérations financières de l'État (Cameroun) ; décret n° 320/PR/PM/MFB/2016 portant tableau des opérations financières de l'État (Tchad).

[140] Par exemple : décret n° 2019/3187/PM du 09 septembre 2019 fixant le cadre général de présentation de la nomenclature budgétaire de l'État (Cameroun) ; décret n° 319/PR/PM/MFB/2016 portant nomenclature du budget de l'État (Tchad).

[141] Par exemple : décret n° 2019/3199/PM du 11 septembre 2019 fixant le cadre général de présentation du plan comptable de l'État (Cameroun) ; décret n° 321/PR/PM/MFB/2016 portant plan comptable de l'État (Tchad) ; décret n° 2018-68 du 1er mars 2018 portant plan comptable de l'État (Congo).

[142] Art. 12 du décret n° 2013/375 portant règlement général de la Comptabilité publique (Cameroun).

[143] A. MAL BOUBA, « L'ordonnateur en droit public financier camerounais », Thèse de Doctorat/Ph.D en Droit public, Université de Yaoundé II, 2021, 538 p.

[144] Ainsi, tous les ministres pourront ordonner les dépenses mais aussi, en ce qui les concerne, les présidents de l'Assemblée nationale, du Sénat, du Conseil économique et social, de la Cour suprême. Voir art. 9 du décret n° 2013/375 portant règlement général de la Comptabilité publique au Cameroun.

[145] Ce décret fixe les règles spécifiques qui déterminent les modalités d'exécution des opérations budgétaires et financières, de tenue de comptes de gestion, de la trésorerie, des deniers, biens et valeurs publiques, ainsi que du patrimoine appartenant ou confiés à l'État, aux établissements publics (EP) et aux collectivités territoriales décentralisées (CTD), assujettis à la comptabilité publique (voir aussi la directive n° 02/11-UEAC-190-CM-22 du 19 décembre 2011 relative au règlement général de la comptabilité publique).

[146] Dorénavant, il y aura plus de trésorerie commune entre l'État et les collectivités locales, les entreprises publiques, les structures administratives relevant du service public.

États de la CEMAC, accusant un retard dans la transposition « conforme ou complète », ont la possibilité de faire mieux, dès lors que la date limite initiale de transposition aux droits nationaux avait été arrêtée au 31 décembre 2017.

Secondairement, selon la Commission de la CEMAC[147], en octobre 2020, il existe néanmoins des disparités en matière d'application des différentes directives. Les performances au-dessus de la moyenne concernent les directives portant sur la nomenclature budgétaire de l'État (NBE), soit 58 %, avec des résultats exceptionnels pour le Congo (100 %) et le Tchad (81 %). Pour le plan comptable de l'État (PCE), le taux global d'application est de 52 %, tandis qu'il est de 50 % pour celui du Code de transparence et de bonne gouvernance dans la gestion des finances publiques (CTGFP). Ce dernier taux s'explique principalement grâce aux acquis obtenus antérieurement, notamment l'existence des règlementations applicables aux marchés publics, des textes relatifs à l'indépendance des Administrations traitant les informations statistiques, des Cours des comptes et la publication des rapports d'exécution trimestriels, entre autres.

Par contre, les autres directives enregistrent des performances en deçà de la moyenne : la directive relative aux lois de finances (LF) avec un taux global de 42 %, mais avec un niveau d'application très appréciable pour le Gabon (75 %) et le Cameroun (70 %). En sus, l'application de la directive portant règlement général de la comptabilité publique (RGCP) connait un taux de 47 %, alors que la directive la moins appliquée est celle portant sur le tableau des opérations financières de l'État (TOFE), soit un taux global de 24 %. Ce faible taux s'explique par le fait que presque tous les États sont dans la phase d'expérimentation pour la conversion des données dans le nouveau format du TOFE et ont élaboré le tableau institutionnel dressant la liste des établissements publics et collectivités territoriales couvrant le périmètre des Administrations publiques[148]. S'il est vrai que des évolutions sont progressivement constatées dans les États membres de la CEMAC, les taux globaux d'application des différentes directives transposées n'ont pas considérablement changé et devraient être légèrement au-dessus de ceux énoncés précédemment.

Sous ce rapport, l'édiction de la norme étant un prérequis de l'État de droit, la réforme du cadre juridique harmonisé CEMAC va entraîner l'introduction du pilotage des performances des finances publiques dans les États membres. Il ne s'agira pas non plus, ou non seulement, d'écrire à nouveau de très beaux textes, mais surtout de pouvoir en assurer la saine application dans le sens d'une mise

---

[147] Rapport sur le Programme des Réformes Économiques et Financières de la CEMAC (PREF-CEMAC), précité.

[148] Voir : « Transposition des directives de finances publiques de la Cemac : le Cameroun achève le processus », *Journal Intégration* (journalintegration.com)

en œuvre effective du mode de gestion axé sur les résultats[149]. Au-delà du volet normatif, l'implémentation institutionnelle est nécessaire.

2. Une implémentation institutionnelle effective

La prise en compte impérative de la performance financière nécessite la traduction institutionnelle effective des critères de cette exigence dans les États membres de la CEMAC. Dans sa dimension opérationnelle, la performance financière reflète la capacité d'une entité à atteindre des objectifs par l'utilisation optimale des moyens et ressources sur une période donnée. Elle peut donc se définir par le rapport entre les objectifs atteints et les moyens utilisés[150]. Pour y parvenir, la réforme des finances publiques dans l'espace CEMAC cherche à repositionner la gestion publique sur une trajectoire performancielle. Cette dernière doit s'effectuer à travers l'implémentation de cette réforme dans les institutions des États membres de la CEMAC, notamment les institutions juridictionnelles et non juridictionnelles.

En première analyse, l'implémentation institutionnelle effective de la performance financière suppose tout aussi la mise en place des institutions juridictionnelles prévues par les directives communautaires que la traduction de celles-ci dans sa lettre et son esprit. Si l'institution des Cours des comptes est observée dans les autres États de la CEMAC[151], le Cameroun ne semble pas avoir appliqué à la lettre les normes CEMAC, ce, d'autant plus qu'il a maintenu la Chambre des comptes de la Cour suprême[152]. Outre le fait que cette dernière connaît des litiges mettant en cause les comptables publics patents ou de fait[153], le Cameroun va connaître une réelle avancée avec la loi portant régime financier de l'État[154], incluant la justiciabilité des ordonnateurs et des contrôleurs

---

[149] R. EVINA OBAM, « L'intégration du pilotage des performances en finances publiques », *op. cit.*, p. 48.

[150] M. DIAKHATÉ, « Le pilotage de la performance des finances publiques dans les États membres de l'Union Économique et Monétaire Ouest-Africaine (UEMOA) », *op. cit.*, pp. 8-47.

[151] Notamment au Gabon, au Congo, en République Centrafricaine.

[152] Toutefois, le Cameroun ne s'est pas conformé totalement aux exigences de création d'une Cour des comptes. Lire S. E. KOUA, « La prescription de la CEMAC pour la création d'une Cour des comptes… », *op. cit.*

[153] Par exemple, au Cameroun, voir : Arrêt n° 112/S2/du 06 septembre 2012, *Communauté Urbaine de Yaoundé* ; Arrêt n° 01/AD/CSC/CDC/SR du 18 septembre 2014, *Compte de la Cameroon Télécommunications* (CAMTEL), exercice 2004.

[154] D. KELE, « La réforme de la juridiction des comptes sous l'empire de la loi n° 2018/12 du 11 juillet 2018 portant régime financier de l'État et des autres entités publiques au Cameroun », *op. cit.*, p. 302.

financiers[155]. Mais il y a des éléments essentiels qui doivent être pris en compte, tels que la création d'une Cour des comptes, ISC consacrée par les textes communautaires[156]. Elle devra notamment ancrer la prévalence de l'État de droit, de la bonne gouvernance, de l'éthique et l'esprit de la reddition des comptes dans la gestion de la chose publique.

Pris de manière synoptique, l'un des grands défis dans les États de la CEMAC demeure la garantie d'une véritable indépendance des juges des comptes vis-à-vis des autres institutions politiques et administratives. Au-delà de tout et notamment du paramètre « ressources », l'indépendance des Cours des comptes en tant qu'ISC dans bon nombre d'États de la CEMAC est intimement liée à celle de ses membres[157]. Ainsi, en conformité avec le principe n° 2 de la Déclaration de Mexico, le cadre juridique relatif à l'indépendance de l'ISC doit préciser l'inamovibilité et les immunités de ses membres dans l'exercice de leurs fonctions. À ce titre, les juridictions des comptes des États de la CEMAC devraient être dotées des moyens conséquents à la hauteur de leurs missions. Aussi, il sera utile de préciser les modalités de contrôle de la gestion des finances publiques gérées par la Cour elle-même, en la soumettant au contrôle par les pairs ou à celui du juge des comptes CEMAC.

En seconde analyse, l'implémentation effective de l'exigence de la performance financière telle que résultant des directives de la CEMAC doit être prise en considération par les institutions politiques et administratives des États membres.

D'abord, pour ce qui est des Parlements, l'une des entraves à la mise en œuvre d'un dispositif de pilotage des performances en finances publiques dans les États membres de la CEMAC est sans doute l'inertie de la représentation nationale dans son ensemble. Si l'agencement actuel de l'institution parlementaire porte en elle les germes d'une philosophie constitutionnelle fondée sur la rationalisation parlementaire, on ne saurait limiter les marges en matière de contrôle des finances publiques aux seules considérations organisationnelles. En effet, la fonction parlementaire financière n'est pas seulement victime de la nature du régime politique où prédomine l'exécutif, elle est aussi affaiblie par

---

155 G. M. PEKASSA NDAM, A. AKONO OLINGA, S. BATIA EKASSI, « L'élargissement de la compétence matérielle du juge des comptes par la faute de gestion en Afrique centrale : le cas du Cameroun », *op. cit.*, p. 75.

156 Au Gabon, par exemple, cette Cour est opérationnelle et traite toutes questions financières relevant de sa compétence. Voir F. MENGUE ME ENGOUANG, *Les finances publiques du Gabon. Droit budgétaire et droit de la comptabilité publique*, L'Harmattan, coll. « Finances publiques », 2018, pp. 215-235.

157 Voir Section V (para. 1), Déclaration de Lima.

son environnement et doit s'inscrire dans une transformation constante[158]. Dans la recherche de la performance financière, il est vrai que la prise en compte par les parlementaires de la fonction budgétaire va nécessiter des préalables en matière de cadre d'exercice du travail parlementaire, de formation des élus, de développement d'attitudes consensuelles entre les chapelles politiques dans le sens d'une plus grande considération de l'intérêt général[159].

Ensuite, au sein de l'Administration fiscale des États de la CEMAC, si des difficultés sont observées dans la maîtrise et la sécurisation des recettes publiques, il y a lieu de relever que l'exigence de performance financière est devenue, au même titre que les Administrations en charge des dépenses publiques, une pratique normale[160]. À ce sujet, les Administrations fiscales des États de la CEMAC sont rentrées dans le mouvement du pilotage des performances à travers la direction par objectifs (DPO). Après une période de tergiversation, cette approche s'est diffusée dans l'ensemble du réseau des différentes Directions générales des impôts, instrument du management par objectifs. La démarche de la performance financière est pratiquée dans les DGI des États membres en conformité avec les exigences nouvelles de mobilisation et d'optimisation des ressources budgétaires non pétrolières (fiscales et non fiscales)[161]. L'instauration de la direction par objectifs obéit, en ce moment, à des considérations de quantité et à des besoins immédiats orientés sur les statistiques. La performance financière est ici perçue sous l'angle opérationnel dès lors qu'un service est performant, lorsqu'il présente une statistique impressionnante en matière de réalisations budgétaires ; de même, un contrôleur ou vérificateur est performant lorsqu'il réussit à émettre des montants importants de redressements à la suite de contrôles fiscaux. Il y a alors lieu de subodorer l'exigence statistique ou quantitative à l'exigence qualitative de la performance financière.

Bien plus, à ces organes traditionnels d'implémentation de la performance financière se sont ajoutées des structures ou institutions indépendantes dont les missions participent à la concrétisation de la performance financière résultant du cadre juridique harmonisé CEMAC dans les États membres. À ce titre, il s'agit des autorités administratives indépendantes ou assimilées créées dans les États

---

[158] G. M. PEKASSA NDAM, « Les transformations de l'administration fiscale camerounaise », *in* Magloire ONDOA (dir.), *L'Administration publique camerounaise à l'heure des réformes, op. cit.*, p. 30.

[159] R. EVINA OBAM, « L'intégration du pilotage des performances en finances publiques », *op. cit.*, p. 47.

[160] Le mouvement d'ensemble repose sur une projection, à moyen ou à long terme, déclinée en objectifs annuels mis en œuvre aux différents échelons hiérarchiques des Administrations.

[161] Par exemple, le Congo a validé courant 2023 son plan stratégique de la réforme du système des finances publiques 2020-2029, axé sur la performance et la direction par objectifs (https://prisp congo.org/tag/direction-generale-des-impots-et-des-domaines-dgid).

de la CEMAC[162] et dans bien d'autres États de l'espace UEMOA[163]. Ces organismes complètent le dispositif traditionnel de contrôle des finances publiques par le renforcement du cadre institutionnel de la performance. Dans ce sens, ils sont habilités à recevoir des plaintes et à saisir les juridictions pour les poursuites et les sanctions[164].

À ce niveau, il y a lieu de formuler deux (02) suggestions principales :

Primo, l'implémentation institutionnelle de l'exigence de la performance financière implique, sur le plan juridictionnel, que les Cours des comptes des États de la CEMAC mettent en place une politique de collaboration ou de coopération efficace. Une collaboration fiable entre elle et les partenaires institutionnels, notamment le Parlement, le MINFI, les groupes de réflexion, les autorités administratives indépendantes (à caractère financier), renforcera ses capacités en matière de contrôle des comptes publics. La collaboration avec le Parlement, comme un des partenaires institutionnels privilégiés[165], pourra servir à une meilleure reddition des comptes, mais aussi au contrôle de la loi de règlement[166]. Seulement, il faut le préciser, cette collaboration ne soustrait point les institutions soumises au contrôle de la juridiction des comptes ; au contraire, celle-ci apurera bel et bien leurs comptes, lorsque la loi ne les exclut pas de ce domaine de contrôle.

Secundo, l'exigence de performance financière nécessite qu'une considération soit accordée à l'opinion citoyenne dans un contexte de budget citoyen[167]. Ainsi, l'institution d'une collaboration des citoyens ordinaires avec les juridictions des comptes par un mécanisme de dénonciation financière peut être une solution non négligeable dans le renforcement du contrôle de

---

[162] En l'occurrence : Commission Nationale Anti-Corruption (CONAC, Cameroun), Haute Autorité de Lutte contre la Corruption (HALC, Congo), Commission Nationale de lutte contre la corruption et l'enrichissement illicite (CNLCEI, Gabon), Comité National de Lutte contre la Corruption (CNLC, RCA), Agence Nationale d'Investigation Financière (ANIF, Cameroun), entre autres.

[163] Notamment, à titre illustratif : la Cellule Nationale de Traitement des Informations Financières (CENTIF, Sénégal) et l'Autorité Nationale de Lutte contre la Corruption (ANLC, Bénin).

[164] N. MÉDÉ, « L'Afrique francophone saisie par la fièvre de la performance financière », précité.

[165] S. E. KOUA, « La prescription de la CEMAC pour la création d'une Cour des comptes… », *op. cit.*, p. 117.

[166] ELONGO NOMO, « La marginalité du contrôle de constitutionnalité de la loi de règlement dans les États d'Afrique francophone », *Revue des Réflexions Constitutionnelles (RRC),* n° 027, novembre 2022, pp. 227-254.

[167] Au Cameroun, par exemple, la Direction générale du budget du ministère des Finances a édité en décembre 2022 un guide d'explication du budget citoyen retraçant les hypothèses économiques retenues pour l'élaboration du budget, le déroulement du processus budgétaire, le recouvrement des recettes, les priorités des allocations et des dépenses, les mesures nouvelles, les grands projets d'investissement, entre autres (www.minfi.gov.cm).

performance financière dans la gestion publique. Dans cette perspective, les juridictions des comptes devront concevoir un système de réception des dénonciations faites par les citoyens à la suite des incuries qu'ils auront relevées dans l'exécution des programmes pour une plus grande responsabilisation des gestionnaires de crédits. Pour la responsabilité financière des ordonnateurs publics[168].

CONCLUSION

En définitive, l'étude a consisté à mettre en exergue l'exigence de la performance financière dans le cadre juridique harmonisé CEMAC à partir de l'analyse des textes et de leur application. Ainsi, en s'intéressant au niveau de formalisation et d'effectivité de la performance financière, il ressort que celle-ci en tant qu'exigence dans ce cadre harmonisé est plus formellement consacrée et relativement matérialisée. Bien sûr, du point de vue normatif, les textes communautaires (directives relatives aux lois de finances, à la comptabilité publique, au tableau des opérations financières de l'État, etc.), ainsi que les législations nationales des États membres mettent suffisamment l'accent sur l'impératif de performance financière. C'est dire qu'on peut donc observer tantôt une rénovation des normes de pilotage et des programmes, une redéfinition des principes budgétaires et comptables, tantôt une meilleure affectation des crédits, ainsi que l'introduction de la technique de cadrage et du débat d'orientation budgétaire.

Mais au-delà, cette exigence de performance financière est portée de plus en plus vers la réalisation et l'atteinte des résultats avec pour piliers l'efficacité, l'efficience, la pertinence et l'économie dans l'exécution des recettes et dépenses publiques. Aussi, cette réalité est perceptible au travers de la matérialisation des nouveaux mécanismes de performance financière par l'approche managériale de la gestion publique, la justification et le contrôle des crédits, le budget-programme, la comptabilisation sur la base des droits constatés et des obligations. À cela, s'ajoutent la prise en compte des indicateurs de performance (IP) et les différents cadrages budgétaires (DPBEP, CMDT, DOB), entre autres.

Mais si des évolutions sont constatées dans la plupart des États de la CEMAC, avec des résultats plus ou moins différents et variés, il y a lieu de prescrire une meilleure lisibilité des choix publics en mettant en place de façon plus déterminée des dispositifs garantissant une vision globale de la performance financière, ainsi que des actions des différentes Administrations publiques. Elle

168 J. L. ENGOUTOU, S. NGUECHE, A.-C. MBALLA ELOUNDOU, « La responsabilité financière des ordonnateurs en droit public camerounais », *RFFP*, n° 157, 2021, p. 95.

passe notamment par l'appropriation effective du cadre harmonisé de performance financière par les États membres et une implémentation progressive, méthodique et constructive de l'exigence financière de la performance. Par ces propositions, la fièvre de la performance financière observée par le dédicataire des présents *Mélanges*[169] sera plus curative que maladive aux finances publiques des États de la CEMAC, et par extension, à ceux de l'UEMOA.

[169] N. MÉDÉ, « L'Afrique francophone saisie par la fièvre de la performance financière », *op. cit.*, p. 349.

Le contrôleur financier et la performance dans le processus budgétaire des États de la CEMAC

Aubran Donadoni NTOLO NZEKO

Assistant à la Faculté des sciences juridiques et politiques
Université de Douala (Cameroun)

Introduction

Face aux multiples contraintes auxquelles les États africains, notamment ceux de la CEMAC, sont confrontés, la maîtrise de la dépense publique est le mot d'ordre pour la réduction du déficit budgétaire en cette période post-pandémie. À cet égard, le maintien de la performance comme socle de la gouvernance financière exige un contrôle appuyé de la dépense publique pour garantir la sincérité et la régularité[1] du processus budgétaire et conjurer par ricochet la « *dégradation des finances publiques* »[2]. C'est dans ce cadre que les États de la Communauté économique et monétaire d'Afrique centrale (CEMAC) ont consacré un contrôleur financier parmi les acteurs intervenant dans le contrôle du processus budgétaire. De ce fait, il est question de vérifier si la logique de performance se dégage du régime qui lui a été appliqué.

Le contrôle des finances publiques est la quatrième phase de la règle des « *quatre temps alternés* », après la préparation, l'élaboration et l'exécution du budget. Étant l'une des phases du processus budgétaire, en finances publiques,

---

[1] C. A. TROTABAS, *Précis de science et de législation financière*, n° 134.

[2] P. SÉGUIN, « La dégradation des finances publiques et ses remèdes », *RFDA*, n° 1, 2010, pp. 193-199.

le contrôle renvoie aux vérifications faites sur la nature, les auteurs, les moyens et les fins des actes accomplis par les agents de l'exécution du budget des entités publiques. Il est essentiel de contrôler étroitement l'exécution du budget. Le contrôle a d'abord un motif politique : vérifier l'application de la décision du Parlement en matière budgétaire, empêcher que l'exécutif ne dépasse les crédits qui lui sont alloués ou ne perçoive pas toutes les recettes établies. Il a également un motif financier : éviter les gaspillages et les dilapidations. Il faut surveiller les organes qui engagent les dépenses, perçoivent les recettes et manient les deniers publics. Si le contrôle est nécessaire, il ne doit pas pour autant être trop développé malgré tout. Sinon, il risque de retarder ou de paralyser les opérations d'exécution, ce qui est très préjudiciable, non seulement aux finances publiques, mais à la vie entière de l'État[3]. C'est dans ce balancement qu'il faut situer l'analyse du contrôle financier en droit public financier camerounais, non sans intégrer la logique d'une meilleure performance et de l'efficacité de l'action publique[4]. Aujourd'hui, le contrôle des finances publiques est appelé à se renouveler en raison des profondes mutations enclenchées par la réforme budgétaire en zone CEMAC, qui vise à introduire la logique de la performance dans cette sphère traditionnellement politique.

Les préoccupations liées à la recherche de la performance et à la responsabilisation de nouveaux managers se retrouvent au premier plan des réformes du secteur public. Il faut préciser que l'attrait pour une approche budgétaire centrée sur la performance publique demeure une conséquence logique de la mise en œuvre d'une politique économique fortement influencée par le souci d'assainissement des finances publiques. Plus concrètement, la nouvelle constitution budgétaire, dans les systèmes étudiés, substitue à une culture de moyens une véritable culture de résultats à tous les niveaux de la gestion publique[5]. Dans le cadre de la directive CEMAC relative aux lois de finances, les États de la sous-région se sont engagés à assurer la convergence des performances de leurs politiques économiques au moyen du dispositif de la surveillance multilatérale. Dans le champ de l'administration publique, la notion de performance doit être comprise comme la faculté des organisations publiques à mettre en œuvre les politiques publiques et à rendre compte de leurs résultats. Mieux, c'est la capacité à atteindre des objectifs préalablement fixés, exprimés en matière d'efficacité socio-économique, de qualité de service ou d'efficience de la gestion[6]. Ainsi, pour chaque politique publique sont définis des objectifs

---

[3] DUVERGER (M.), *Finances publiques,* Paris, PUF, 1971, 7e éd., p. 332.

[4] ESCLASSAN (M.-C.), « Un phénomène international : l'adaptation des contrôles financiers publics à la nouvelle gestion publique », *RFFP*, n° 101, 2008, p. 29.

[5] LAMBERT (A.) et MIGAUD (D.), « La loi organique relative aux lois de finances (LOLF) : levier de la réforme de l'État », *RFAP*, 2006, n° 117, p. 12.

[6] STECKEL (M.-C.), « La performance publique en France : un jeu d'influences croisées entre le national et le local », *GFP*, 2010, n° 6, pp. 420-423.

dont l'atteinte est mesurée par des indicateurs. Il s'agit d'un outil de transparence, dans la mesure où la performance explique de façon concrète les finalités et le contenu de l'action publique conduite et financée par l'État. La performance devient le principe directeur de la nouvelle gestion publique, en ce sens qu'elle découlerait « *de la logique de résultats et de la volonté de rapporter les coûts à l'efficacité des politiques publiques* »[7]. Mouvement général en France depuis 2001, le développement de la performance dans les États de la CEMAC vise à évaluer l'efficacité, l'efficience et la qualité des services publics[8]. Cette activité d'évaluation intéresse au premier chef le contrôleur financier.

L'institution du contrôle des dépenses engagées permet une surveillance directe des administrateurs, en soumettant tout engagement et tout ordonnancement de dépense à l'examen d'un corps spécialisé de contrôle. Il s'agit en l'occurrence, pour le cas des États de la CEMAC, du contrôleur financier. Appellation contemporaine de l'organe en charge du contrôle de la dépense engagée, le contrôleur financier a été consacré par les États de la CEMAC. Si les législateurs camerounais[9], tchadiens[10] et guinéens[11] conservent la formule de « *contrôleur financier* », ceux du Gabon[12] et du Congo-Brazzaville[13] la formalisent sous le vocable de « *contrôleur budgétaire* » sans altérer les prérogatives prescrites par la directive CEMAC. Qu'à cela ne tienne, contrôleur des dépenses engagées, pourvoyeur naturel d'informations, le contrôleur financier est un agent public placé auprès du ministère des Finances pour assurer la centralisation des opérations budgétaires. Sa mission fondamentale consiste en l'examen des propositions d'actes de dépenses des ordonnateurs, notamment au niveau de leur régularité, de leur sincérité et de leur soutenabilité[14]. Sous cet angle, l'activité du contrôleur financier porte sur la régularité formelle de tous les projets d'actes, et porte sur l'engagement, la liquidation, l'ordonnancement et le paiement. L'existence du contrôleur financier tend à accroître la pression qui pèse sur les administrations publiques, mais aussi sur les entités privées participant au service public, en l'occurrence, les associations reconnues d'utilité publique. Auprès de chaque ministère ou

---

[7] ARKWRIGHT (E.), BOISSIEU (de) (C.), LORENZI (J.-H.) et SAMSON (J.), *Économie politique de la LOLF*, La Documentation française, 2007, p. 109 ; GUILLAUME (H.), DUREAU (G.) et SILVENT (F.), *Gestion publique : l'État et la performance*, Paris, Dalloz, 2002, p. 56.

[8] SIMMONY (M.), « La démarche de la performance dans le cadre des finances publiques », *RFFP*, 2007, p. 25.

[9] Art. 70 de la loi n° 2018/012 du 11 juillet 2018 portant régime financier de l'État et des autres entités publiques.

[10] Art. 73 de la loi organique n° 004/PR/2014 relative aux lois de finances.

[11] Art. 64 de la loi organique n° 2012-12 relative aux lois de finances.

[12] Art. 67 de la loi organique n° 020/2014 relative aux lois de finances et à l'exécution du budget.

[13] Art. 74 de la loi organique n° 036-2017 du 03 octobre 2017 relative aux lois de finances.

[14] *Ibid.*

administration publique est placé un contrôleur financier. Autant dans les services centraux que dans ceux déconcentrés, les contrôleurs financiers assurent le contrôle de la gestion des finances publiques. Représentant du ministre en charge des Finances au sein d'une administration, le contrôleur financier contribue à la protection de la législation financière dans la procédure de l'exécution budgétaire. Son rôle s'apparente ici à celui d'un arbitre. Gardien des normes, il veille à ce que les gestionnaires de crédits ne les transgressent pas. Le contrôleur financier peut être qualifié de « gardien de la légalité » par le contrôle des actes de gestionnaires de crédits.

Le rôle du contrôleur financier est bien d'émettre des avis et des visas sur les propositions d'engagement de dépenses liées aux subventions accordées aux associations reconnues d'utilité publique, mais dans le cadre limité du contrôle de la régularité. La Direction du budget a constamment réaffirmé cette distinction entre la régularité et l'opportunité de dépense. L'ordonnateur, en l'occurrence, le ministre de tutelle, apprécie seul, souverainement, l'opportunité de ses décisions. Pour autant, la dépense publique est un lieu de confrontation entre une décision de l'ordonnateur et des impératifs financiers, entendus aux sens budgétaires et réglementaires. Le contrôleur peut tout à fait laisser à la libre appréciation de l'ordonnateur l'opportunité d'envisager une action, mais apprécier et donc en contester l'opportunité lors de sa discussion.

Ceci étant, l'analyse du contrôleur financier n'est pas étrangère à la doctrine. Il s'agit d'une question habituellement abordée dans les ouvrages classiques. Mais l'acception du contrôleur financier s'est toujours cantonnée à la seule phase de l'exécution du budget, notamment en matière de contrôle a priori de la dépense publique. Même la doctrine africaine[15] récente, malgré l'orientation implicite de l'analyse du contrôleur financier vers la logique de performance, n'a pas dépassé le cadre de l'exécution. Pourtant, la directive CEMAC de 2011 fait du contrôleur financier un acteur clé du processus budgétaire de la préparation à l'exécution du budget, en passant par la phase d'adoption. Tel est donc l'enjeu de la présente réflexion qui entend mettre en lumière le contrôleur financier comme acteur clé de la performance des finances publiques en zone CEMAC.

Cette délimitation spatiale du sujet s'explique par plusieurs raisons. Non seulement il faut relever une convergence des politiques financières dans les États de la CEMAC en raison de la forte communautarisation des règles financières dans cette zone d'intégration. Mais encore, la difficulté à obtenir des sources concrètes d'analyse ne permet pas d'étendre l'étude à d'autres États francophones comme ceux de l'UEMOA, qui ont pourtant la même source d'inspiration que les États de la CEMAC, à savoir, le droit français. Force est de

---

[15] Patrick KENNE TIWA, « La responsabilité du contrôleur financier dans le renouveau budgétaire camerounais », *Revue Internationale de Droit et Science Politique*, Vol. 2, n° 1, janvier 2022, p. 27.

constater également des points de convergence dans les législations communautaires UEMOA et CEMAC au regard de la teneur des directives financières qu'elles ont édictées pour inscrire leurs États membres dans la nouvelle logique de la recherche de la performance dans la gestion des finances publiques. À défaut de jeter un regard pointu sur les États membres de l'UEMOA, une comparaison pourra être établie sur la base des textes disponibles.

Ce faisant, face au défi de l'utilisation efficiente des ressources budgétaires dans le cadre de la dépense publique, il convient de s'interroger sur le point de savoir comment l'institution du contrôleur financier intègre la logique de la performance dans le processus budgétaire. À cet égard, après analyse de son régime juridique guidée par la méthode juridique, il faut dire que la logique de performance est perceptible dans l'institution du contrôleur financier au regard de sa participation à la préservation de la qualité de la dépense dans tout le processus budgétaire.

Le caractère particulier de la réforme du contrôleur financier en zone CEMAC permet d'éclairer l'intérêt de l'étude. Il s'agit de démontrer que le contrôleur financier apparaît comme un acteur majeur dans la procédure de préparation, d'élaboration et d'exécution du budget des entités publiques. Cet organe, dont le rôle était exclusivement de contrôler la régularité des opérations budgétaires, s'est mué grâce à un rôle plus large. Le contrôle demeure déterminant pour garantir la régularité des opérations, mais il change de nature et d'acteurs. De contrôle à l'acte et a posteriori, il devient partie intégrante de la chaîne financière et ajusté en fonction des risques. Cette extension du rôle s'est faite sous l'impulsion du droit dérivé CEMAC. De même, cette étude présente l'intérêt de garantir à l'attention des ordonnateurs du budget la discipline budgétaire en matière de dépense publique. En effet, la montée inexorable des déficits publics et de la dette publique est devenue un enjeu central des débats économiques et politiques au Cameroun. Face à ce constat alarmant, les États recherchent des mécanismes permettant d'influer sur les différents agrégats que sont la dette publique, le solde budgétaire, les recettes publiques ou encore les dépenses publiques. L'objectif ainsi recherché est de parvenir à un retour à l'équilibre budgétaire[16] en actionnant les différentes composantes du budget. Le contrôle financier est opéré sur la dépense publique des ordonnateurs. Dans cette mouvance, il permet d'assurer la prévisibilité de la gestion des ordonnateurs. Pour mettre en lumière la participation affirmée du contrôleur financier à l'établissement des prévisions des dépenses publiques et **(I)** la responsabilisation accentuée du contrôleur financier dans l'exécution des opérations budgétaires **(II)**.

---

[16] TIRARD (M.), « Le fédéralisme financier au chevet de l'Europe », *RFFP*, n° 124, 2013, p. 131.

I. L'INSERTION DU CONTRÔLEUR FINANCIER À L'ÉTAPE DE L'ÉTABLISSEMENT DES PRÉVISIONS DES DÉPENSES PUBLIQUES

La logique de performance a étendu les prérogatives du contrôleur financier au-delà de la phase d'exécution de la dépense publique. Comme l'exprime le Professeur Robert HERTZOG : « *gestion et organisation marchent de concert et à nouvelle gestion, nouvelle organisation* »[17]. Le nouveau modèle de gestion des finances publiques, commandé par l'obligation de performance, a entraîné la reconfiguration des prérogatives du contrôleur financier lui permettant désormais d'intervenir à la phase d'établissement du budget. Il en ressort une participation effective à la définition des prévisions des dépenses. Ainsi, par la formalité de l'avis préalable, le contrôleur financier est consulté sur la sincérité des plans d'engagement de la dépense publique **(A)** et sur la mesure de la soutenabilité de celle-ci **(B)**.

A. La consultation du contrôleur financier sur la sincérité des plans d'engagement de la dépense publique

Si le contrôleur financier donne son avis sur la sincérité des plans d'engagement de la dépense publique, cela signifie qu'il intervient dans la programmation de celle-ci à l'étape de l'élaboration de la loi de finances. En effet, lors de l'examen de la programmation budgétaire, il revient désormais au contrôleur financier de vérifier le caractère sincère des prévisions de dépenses et d'emplois présentés par les responsables de programme, et, au sein de chaque programme, par les gestionnaires des administrations, et leur comptabilité, dans la durée avec les objectifs de maîtrise de la dépense publique. Il examine les comptes d'utilisation des crédits et des emplois[18]. À cet égard, la consultation du contrôleur financier intervient aussi bien à l'étape de la préparation du budget **(1)** qu'à celle de son adoption **(2)**.

1. L'appréciation de la sincérité des plans d'engagement de la dépense publique à l'étape de la préparation du budget

Élément essentiel du système d'information budgétaire, le contrôleur financier acquiert avec le renouveau budgétaire une dimension nouvelle exerçant à la fois une fonction d'analyse et une fonction de contrôle. Comme cela est de

---

[17] HETZOG (R.), « Quelques aspects de la loi organique relative aux lois de finances dans ses rapports avec le système administratif », *AJDA*, n° 10, 2006, p. 531.

[18] CHOUVEL (F.), *Finances publiques*, *op. cit.*, p. 186.

pratique dans les entreprises sur l'ensemble de leurs risques, le contrôle prévisionnel s'impose aujourd'hui à l'État, et se développe en matière de sincérité des prévisions budgétaires des dépenses publiques. Cette sincérité « *s'apprécie compte tenu des informations disponibles au moment de leur élaboration et des prévisions qui peuvent raisonnablement en découler* ». La sincérité ayant une acception à double versant, à savoir, la sincérité budgétaire et la sincérité comptable, celle qui requiert l'avis du contrôleur financier concerne la sincérité budgétaire qui apparaît comme une exigence qui s'impose aux administrations publiques dans la présentation des recettes et dépenses budgétaires. Elle postule l'obligation pour le Gouvernement de ne pas sous-estimer les prévisions de recettes et de dépenses dans leur montant, quelle qu'en soit la nature : fournir au Parlement des informations claires, précises et complètes en vue du vote du budget, présenter au Parlement les données reflétant fidèlement la réalité du tissu économique national et la conjoncture internationale[19]. Ces informations sont généralement contenues dans les documents annexés au projet de loi de finances initial. La pertinence du principe de sincérité budgétaire procède à la fois du domaine du principe et de son contenu.

S'agissant du domaine du principe, la sincérité budgétaire se rapporte dans un premier temps au périmètre budgétaire[20] qui oblige les administrations publiques à présenter dans leurs budgets de façon sincère, et l'ensemble de leurs recettes et dépenses. Dans un second temps, la sincérité budgétaire se rattache aux « *évaluations des éléments portés au budget en loi de finances* »[21], ainsi que semble également l'indiquer la deuxième partie de l'article cité plus haut lorsqu'elle prévoit que la sincérité des budgets des administrations publiques « *s'apprécie compte tenu des informations disponibles au moment de leur élaboration et des prévisions qui peuvent raisonnablement en découler* ». C'est dans son aspect évaluation ou appréciation que réside la véritable nouveauté du principe de sincérité budgétaire, qui le distingue, dans son caractère axiologique, des principes budgétaires classiques. Concernant son contenu, la sincérité budgétaire postule l'exactitude de l'estimation des ressources et des charges de l'État, d'une part, et la juste information du Parlement par le Gouvernement. Tel est l'objet de la vérification du contrôleur financier qui donne son avis sur la sincérité budgétaire.

Dans ce sens, à la phase de préparation du projet de budget, qui relève de la compétence du Gouvernement, le contrôleur financier est érigé en conseil de ce dernier dans la garantie de la sincérité des plans d'engagement de la dépense

---

19 VACHIAT (J.-P.), « L'Émergence du principe de sincérité dans le droit public financier », *RFFP*, n° 91, 2005, pp. 173-199.

20 SAÏDJ (L.), « Enjeux autour d'un principe controversé », *RFFP*, n° 111, septembre 2010, p. 9.

21 *Ibid.*

publique. La directive CEMAC relative aux lois des finances assigne expressément cette mission au contrôleur financier. Elle précise à cet égard que « *lors de la préparation du projet de budget du ministre sectoriel auprès duquel il est placé, le contrôleur financier vérifie le caractère sincère des prévisions de dépenses et d'emplois, et leur compatibilité avec les objectifs de maîtrise des finances publiques* »[22]. Ces dispositions ont été plus ou moins transposées dans les ordres juridiques des États membres, tantôt avec précision[23], tantôt avec laconisme[24].

Ceci étant, au regard de l'association du contrôleur financier au Gouvernement dans l'élaboration du projet de loi de finances, la phase préparatoire apparaît de plus en plus cruciale. Car, si les prévisions sont viciées, l'efficacité et même la faisabilité des aspirations seront hypothéquées. Elle est visiblement une phase qui revêt une grande technicité du fait de la fondamentalité qu'elle renferme, renforçant par la même occasion l'impératif à garantir de manière optimale la sincérité des informations fournies. Le but de la consultation du contrôleur financier est certainement de mieux contrôler l'opérationnalité des projections retenues, avant de donner l'autorisation.

Dans cette mouvance, le contrôleur financier peut procéder à l'évaluation de la rationalisation des choix budgétaires en assistant le Gouvernement dans l'identification des objectifs de la Nation avec précision et de façon continue, et le choix, parmi ces objectifs, de ceux qui sont les plus urgents : la recherche des moyens alternatifs d'atteindre des objectifs le plus efficacement au moindre coût, la fourniture des indications sur le coût des « programmes », non seulement pour l'année en cours, mais pour les années suivantes, la mesure des résultats, des actions entreprises de façon à s'assurer que chaque crédit a bien été dépensé à bon escient. Ces objectifs doivent en particulier favoriser le maintien de la stabilité macroéconomique et de la viabilité des finances publiques, et doivent être intégrés dans des projections macroéconomiques à moyen terme réalistes et cohérentes.

Dans ce sens, le contrôleur financier est plus ou moins associé à l'élaboration des documents de cadrage macroéconomique à l'instar du cadre de la dépense à moyen terme (CDMT). Ce document pousse l'analyse des dépenses encore plus loin grâce à un calcul plus détaillé des coûts par secteur et à des mesures des

---

[22] Art. 61 de la directive n° 01/11-UEAC-190-CM-22 du 19 décembre 2011 relative aux lois de finances au sein de la Communauté économique et monétaire de l'Afrique centrale (CEMAC).

[23] Art. 73 de la loi organique n° 004/PR/2014 relative aux lois de finances du Tchad ; art. 67 de la loi organique n° 020/214 relatives aux lois de finances et à l'exécution du budget du Gabon ; art. 74 de la loi organique n° 36-2017 du 3 octobre 2017 relative aux lois de finances du Congo.

[2424] Art. 70 (5) de la loi n° 2018/012 du 11 juillet 2018 fixant le régime financier de l'État et des autres entités publiques du Cameroun ; art. 64 de la loi organique n° 2012-12 relative aux lois de finances.

résultats incluant éventuellement une budgétisation fondée sur les activités et les résultats. Il prévoit notamment l'élaboration de profils de dépenses désagrégées à moyen terme, y compris (dans les versions plus avancées) l'établissement détaillé des coûts et des mesures des résultats pouvant faire l'objet d'un suivi au niveau agrégé et sectoriel. Le CDMT reflète les priorités sectorielles et rend compte des coûts récurrents des projets d'investissement. Les autres éléments clés peuvent inclure les projections concernant les programmes de dépenses sociales importants, les paiements d'intérêts et les coûts projetés des grands projets d'investissement. L'intégration de ces éléments dans le processus budgétaire exige des changements fondamentaux dans la méthode d'élaboration des budgets. Les pays se trouvant à des stades divers de développement peuvent envisager divers modèles à cet égard. L'exigence de sincérité est donc fondamentale dans l'élaboration du CDMT. L'avis du contrôleur financier intègre de ce fait l'exactitude des informations contenues dans ce document.

En filigrane, le contrôleur financier doit s'assurer que la documentation budgétaire indique la manière dont le budget annuel de l'État aidera ce dernier à réaliser ses objectifs plus généraux concernant les finances des administrations et du secteur public, ainsi que ses objectifs à long terme en matière de déficit et d'endettement. Ce type d'exposé sera plus utile s'il inclut des précisions quantitatives sur les finances des administrations ou du secteur public et sur les perspectives budgétaires à long terme. Cette information doit en général être présentée dans un document de référence qui fait partie de la documentation budgétaire à présenter au Parlement pour l'adoption du budget, phase dans laquelle le contrôleur financier a également un rôle à jouer.

2. L'appréciation de la sincérité des plans d'engagement de la dépense publique à l'étape de l'adoption du budget

Le contrôleur financier, à la phase d'adoption du budget par le Parlement, vérifie l'application du principe de sincérité budgétaire. Mais cette fois, il s'agit du versant originel de ce principe, à savoir, la sincérité comptable. Il s'agit, de l'avis général, d'une sincérité « objective » en ce sens que, revêtant un caractère rétrospectif et procédant donc d'un constat, elle impose « *l'exactitude des comptes* », pour reprendre l'expression du Conseil constitutionnel (notamment dans sa décision 2001-448 DC du 25 juillet 2001) à propos de la loi de règlement du budget de l'État. À l'inverse de la sincérité budgétaire qui se fonde sur une information complète et fiable du Parlement et sur un respect des aspects formels de la loi de finances, la sincérité comptable impose l'exactitude des comptes dans le respect des normes et procédures[25]. En effet, les comptes de l'État comprennent les résultats de la comptabilité budgétaire et ceux de la comptabilité

[25] Luc SAÏDJ, « Enjeux autour d'un principe controversé », *op. cit.*, p. 3.

générale : ils doivent être réguliers, sincères et donner une image fidèle de l'exécution du budget et de l'évolution du patrimoine de l'État et de sa situation financière. On comprend donc l'assertion selon laquelle la sincérité, dans ce sillage, s'apprécie également au regard des logiques propres à la comptabilité budgétaire et à celle de la comptabilité générale. La comptabilité budgétaire, quant à elle, est destinée à vérifier le respect, par le Gouvernement, de l'autorisation parlementaire. Elle contribue ainsi à garantir l'application effective et efficiente de l'exigence de sincérité.

Ceci étant dit, le contrôleur financier se voit conférer notamment l'attribution relative de la vérification du caractère sincère des prévisions de dépenses et d'emplois, et leur compatibilité avec les objectifs de maîtrise des finances publiques. Le contrôleur financier exerce cette attribution dans le cadre de la centralisation de la comptabilité du ministère, notamment pour la production des comptes de l'État dans le cadre du projet de loi de règlement[26]. La sincérité comptable que le contrôleur s'attèle à vérifier concerne donc le projet de loi de règlement. Si le régime financier de l'État camerounais reste laconique sur la question, ceux des États tchadien[27], congolais[28] et gabonais[29] reprennent clairement ces dispositions de la directive CEMAC relative aux lois de finances.

Qu'à cela ne tienne, l'une des innovations dans la réforme des finances publiques en zone CEMAC est le conditionnement de l'adoption du projet de loi de finances par l'adoption préalable du projet de loi de règlement. Cette réforme crée un chaînage vertueux du contrôle parlementaire associé désormais au contrôle financier, en posant l'obligation du dépôt et de la distribution du projet de loi de règlement avant le dépôt de la loi de finances pour l'exercice à venir[30].

Par cette exigence d'adoption préalable à la loi de finances initiale, le nouveau régime financier des États de la CEMAC a redonné une certaine force juridique à la loi de règlement. De ce fait, son domaine d'intervention s'est trouvé élargi. Ces cas d'extension de l'objet de la loi de règlement peuvent se résumer à deux ordres de considération : d'une part, la ratification de la modification des crédits ouverts par la dernière loi de finances, et d'autre part, la validation de la comptabilité budgétaire.

Ce faisant, la sincérité de la loi de règlement dont le contrôleur financier, au niveau de son élaboration, assure la garantie et partant, celle de la loi de finances initiale, est un concept plus exigeant qu'en ce qui concerne la loi de finances de

---

[26] Art. 61 de la directive CEMAC relative aux lois de finances.

[27] Art. 73 de la loi organique relative aux lois de finances.

[28] Art. 74 de la loi organique relative aux lois de finances.

[29] Art. 67 de la loi organique relative aux lois de finances.

[30] Art. 49 de la directive CEMAC.

l'année, la loi de finances rectificative ou la loi particulière, puisqu'elle s'entend de l'exactitude des comptes.

L'avis du contrôleur financier sur la certification de la comptabilité budgétaire apparaît comme « *un système d'information relatif à l'exécution des opérations budgétaires* »[31]. Elle est destinée à vérifier le respect par le Gouvernement de l'autorisation parlementaire[32]. En effet, la comptabilité budgétaire retrace les opérations d'exécution du budget, de la phase d'engagement à la phase de paiement.

En matière de dépenses, la comptabilité budgétaire tenue par l'ordonnateur concerne la mise en place et les modifications des autorisations d'engagement et des crédits de paiement au titre de l'exercice budgétaire considéré – les engagements, liquidations et ordonnancements réalisés sur chaque programme dans l'année. Cette comptabilité budgétaire des dépenses est organisée de façon à dégager à tout moment, en cours d'année, et à la clôture de la gestion, le montant des crédits disponibles sur engagement, sur liquidation et sur ordonnancement, ainsi que les crédits sans emploi à la clôture de l'exercice qui peuvent être annulés ou reportés. Toutes ces opérations doivent être validées par le Parlement dans le cadre du vote de la loi de règlement.

Quant au comptable public, il tient une comptabilité budgétaire auxiliaire qui renseigne sur les encaissements en ce qui concerne les opérations de recette, et sur les paiements en ce qui concerne les dépenses. Relativement à ces dernières, la comptabilité budgétaire retrace par chapitre et par programme les imputations budgétaires, les prises en charge des ordonnancements, les paiements ainsi que les restes à payer suivant la nomenclature en vigueur.

La comptabilité budgétaire est donc cet aspect de la comptabilité rattaché aux comptes de l'État et dont l'objet est la communication d'informations relatives à l'exercice budgétaire pour s'en assurer la conformité avec l'autorisation parlementaire. Et la comptabilité générale est cet autre aspect de la comptabilité des comptes de l'État, fondé sur un principe à certains égards différent de celui sur lequel s'appuie la comptabilité budgétaire dont les résultats doivent également être validés par le Parlement.

La comptabilité générale de l'État est destinée à mesurer l'évolution du patrimoine de l'État. Elle retrace les opérations budgétaires, les opérations de trésorerie, les opérations faites avec les tiers, les mouvements des valeurs d'exploitation. L'organisation de la comptabilité générale de l'État comporte deux caractéristiques : d'une part, sa déconcentration en vue de la rapprocher du fait générateur et des ordonnateurs, ainsi que de leurs services gestionnaires,

---

[31] BOUVIER (M), et *al.*, *op. cit.*, p. 509.

[32] *Ibid.*

d'autre part, l'inscription au bilan de l'État de tous les flux de gestion portant sur les actifs non financiers, les dettes et créances, en vue de la connaissance du patrimoine public, et partant, de la capacité de l'État à faire face à ses engagements.

À la différence de la comptabilité budgétaire tenue en partie simple par l'ordonnateur et le comptable, chacun en ce qui le concerne, la comptabilité générale est tenue en partie double par le comptable public sur la base du plan comptable général de l'État[33]. Elle obéit aux principes de sincérité, de transparence, d'exhaustivité et de lisibilité, de manière à donner une image fidèle de la situation financière de l'État et des organismes publics. Les recettes sont soumises au principe de la gestion ; elles sont prises en compte au titre du budget de l'année au cours de laquelle elles sont encaissées par le comptable public. Le fait pour la comptabilité générale d'être caractérisée par la soumission des recettes au principe de gestion et celle des dépenses au principe d'exercice, sa dimension informative et sa vocation à mesurer l'évolution du patrimoine de l'État fondent à la considérer comme un instrument de contrôle de la gestion et de la performance[34], notamment dans le cadre du vote de la loi de règlement. C'est par ailleurs en cela que la comptabilité générale se rapproche de la comptabilité analytique dont les résultats ne sont pourtant pas constitutifs des comptes de l'État. Raison pour laquelle le législateur ne l'intègre pas expressément dans l'objet de la loi de règlement.

Tout compte fait, l'appréciation de la sincérité comptable du projet de loi de règlement par le contrôleur financier permet aux parlementaires de disposer avec exhaustivité des éléments relatifs à la gestion de l'année n-1 avant de se prononcer sur les perspectives de dépenses de l'année n+1. Celles-ci doivent être frappées du sceau de la soutenabilité budgétaire dont le contrôleur financier assure également la garantie.

B. La sollicitation du contrôleur financier sur la mesure de la soutenabilité de la dépense publique

À l'aune de la performance, les régimes financiers des États de la CEMAC réfèrent au contrôleur financier les plans d'engagement des dépenses, afin que celui-ci se prononce sur leur sincérité et le caractère soutenable des dépenses projetées. Ils se conforment ainsi à la directive CEMAC qui impose que les budgets des administrations publiques, notamment celui de l'État, doivent être établis et financés dans les conditions qui garantissent la soutenabilité de

---

[33] Art. 75 (1) de la loi du 11 juillet 2018.

[34] BOUVIER (M.) et al., *op. cit.*, p. 509.

l'ensemble des finances publiques[35]. En effet, pour le Professeur Martin COLLET, l'objectif de soutenabilité budgétaire est intimement lié à la gestion performante, car en dépensant mieux et moins, l'État parvient à satisfaire, à l'égard de ses partenaires créanciers, ses engagements[36]. Elle se pose ainsi comme la règle d'or de la politique budgétaire. À cet égard, le contrôleur financier, dans son rôle de conseil, a la charge du suivi de l'échelonnement pluriannuel des autorisations d'engagement **(1)** et de la garantie de l'ajustement annuel des crédits de paiement **(2)**.

1. Le suivi de l'échelonnement pluriannuel des autorisations d'engagement

Les autorisations d'engagement sont une catégorie de crédits budgétaires désignant la limite supérieure des dépenses pouvant être engagées au cours d'une période n'excédant pas trois ans. Marqués par la pluriannualité dans sa mise en œuvre, les plans d'autorisation d'engagement font l'objet de contrôle de leur soutenabilité budgétaire par le contrôleur financier. En effet, « *la procédure de préparation de la loi de finances établit les propositions de programmations budgétaires triennales* »[37] qui doit donc associer le contrôleur financier en tant que conseil du Gouvernement dans la garantie de la soutenabilité des dépenses publiques projetées.

Dans cette mouvance, le contrôleur financier assure le suivi de l'échelonnement pluriannuel des autorisations d'engagement dans le cadre de l'élaboration, par le Gouvernement, des documents de cadrage budgétaire. La directive CEMAC relative aux lois de finances prévoit sur ce point que chaque année, le Gouvernement établit un cadre budgétaire à moyen terme définissant, en fonction d'hypothèses économiques réalistes, l'évolution sur une période minimum de trois ans : de l'ensemble des dépenses et des recettes des administrations publiques, y compris les contributions des bailleurs de fonds internationaux, du besoin ou de la capacité de financement des administrations publiques en résultant, des éléments de financement ainsi que du niveau global d'endettement financier des administrations publiques[38]. Sur la base de ce cadre budgétaire à moyen terme, le Gouvernement établit des cadres de dépenses à moyen terme décomposant sur une période minimum de trois ans les grandes catégories de dépenses publiques, par nature et par fonction et, le cas échéant,

---

[35] Article 7 de la directive CEMAC n° 01/11-UEAC-190-CM-22 relative aux lois de finances.

[36] COLLET (M.), *Finances publiques*, Paris, LGDJ, 2017-2018, 2e éd., p. 25.

[37] KHALLOUK (O.), « La préparation du budget de l'État au Maroc : une nouvelle procédure au service de la performance », *op. cit.*, p. 111.

[38] Article 8 de la directive CEMAC.

par ministère. Que l'on soit au Cameroun[39], au Congo-Brazzaville[40] ou au Gabon[41], la nomenclature du cadre des dépenses à moyen terme repose sur l'idée d'échelonnement pluriannuel.

Ainsi, l'avis du contrôleur financier sur la soutenabilité des plans d'engagement de la dépense publique implique le suivi par ce dernier de l'élaboration du cadre de la dépense à moyen terme (CDMT) par le Gouvernement. Il s'agit d'un instrument budgétaire sectoriel pluriannuel établi en référence au cadre budgétaire à moyen terme. Les CDMT présentent l'évolution budgétaire des programmes sur une période de trois ans de tous les ministères, institutions à budgets annexes et comptes spéciaux. Ces documents constituent les supports de présentation pour les crédits des programmes du secteur concernant l'année du projet de loi de finances et les années suivantes, les résultats « cibles » poursuivis par les objectifs et les indicateurs. Les CDMT sont ainsi le vecteur principal de la performance à travers les programmes qui les composent. Ils précisent les objectifs et les indicateurs retenus pour chacune des politiques publiques.

C'est sur la base de la présentation retenue pour les CDMT que sont élaborés les rapports annuels de performance. In fine, les CDMT constituent les supports pour la budgétisation des crédits des programmes relevant de chaque ministère et des dotations pour l'année du projet de loi de finances n+1 et pour les années suivantes. C'est sur la base de la décomposition effectuée pour les CDMT, arrêtée définitivement à la suite du débat d'orientation budgétaire, qu'est élaborée la circulaire du Premier ministre indiquant les enveloppes budgétaires aux ministres, puis que seront conçus les projets annuels de performance.

L'enjeu du suivi du contrôle de ces plans d'engagement de la dépense publique par le contrôleur financier, échelonnés sur plusieurs années, est donc criant. Les années du triennat de dépense se suivent mais ne se ressemblent pas. La programmation triennale ne constitue pas un bloc homogène des prévisions dans les États de la CEMAC. Elle est par contre un bloc hétéroclite constitué des prévisions de recettes et de dépenses divergentes de chaque exercice. Tout exercice à budgétiser est constitué de données propres et non transposables sur l'exercice subséquent que le contrôleur financier analyse minutieusement avant de formuler son avis sur la soutenabilité de ces plans d'engagement de la dépense publique. À cet égard, la programmation à moyen terme intègre l'évolution des prévisions financières entre les tranches triennales, et ce, sur la base des hypothèses évolutives et réalistes. Elle tend simplement à démontrer la mobilité progressive des agrégats financiers. En ce sens, « *le critère considéré est celui de*

---

[39] Article 10, alinéa 3 de la loi n° 2018/012 du 11 juillet 2018 (Cameroun).

[40] Article 9 de la loi organique n° 36-2017 du 3 octobre 2017 (Congo-Brazzaville)

[41] Article 5 de la loi organique n° 020/2014 du 21 mai 2015 (Gabon).

la rentabilité de l'action qui est menée »[42]. L'ajustement de la politique budgétaire n'exclut pas les acquis des exercices précédents. La perspective tend à renforcer l'ajustement budgétaire, en se fondant sur les tendances qui se sont dégagées au cours des années budgétaires précédentes.

Ceci dit, le contrôleur financier doit formuler son avis sur le plafond des dépenses globales fixé de manière définitive pour trois années. Les plafonds sont fermes à la première année car ils ont vocation à être repris en loi de finances initiale, mais révisables les deux années suivantes dans le respect, le cas échéant, des autres plafonds fermes.

Cependant, la projection pluriannuelle des dépenses ne se limite pas à la prévision du plafond des dépenses dans les États de la CEMAC. Elle s'étend également à la fixation du plafond des recettes. Ces données ont pour référentiel l'exercice budgétaire antérieur. L'échelonnement pluriannuel s'appuie sur les prévisions de l'année écoulée ou en cours d'échéance. Du point de vue des finances publiques, la loi des règlements sert de référentiel[43] à la budgétisation pluriannuelle dont le projet de loi passe sous le crible de l'appréciation de la sincérité du contrôleur financier, tel que démontré plus haut.

En outre, la définition du cadre budgétaire à moyen terme est fonction d'hypothèses économiques réalistes dans les États de la CEMAC. L'avis du contrôleur financier dans la sélection des politiques budgétaires s'inscrit dans cette logique. Les États ne conçoivent pas la projection des engagements insusceptibles d'être honorés sur une période minimum de trois ans. Reposant sur « *une solution administrative* »[44], le Gouvernement doit s'approprier le régime politique du budget sous l'assistance du contrôleur financier pour asseoir l'hypothèse réaliste dans les prévisions. Dans cette veine, la mesure de la soutenabilité budgétaire par le contrôleur financier se prolonge également au niveau de la garantie de l'ajustement annuel des crédits de paiement.

2. La garantie de l'ajustement annuel des crédits de paiement

Les prévisions pluriannuelles sont actualisées par la prise en compte des données financières annuelles. Elles s'adaptent aux contingences financières. Celles-ci émanent des crédits de paiement dont l'ajustement annuel est garanti par le contrôleur financier. En fait, les crédits de paiement sont la limite

---

[42] BOUVIER (M.), « Science des finances publiques : le quiproquo », *RFFP*, n° 133, 2016, p. 33.

[43] NGOUNMEDJE (F.-M.), « Loi de règlement et contrôle de l'exécution du budget : contribution à l'étude de la pertinence de la loi de règlement dans les États d'Afrique noire francophone », *RAFiP*, n° double 3 et 4, 2018, p. 112.

[44] GICQUEL (J.), « Le programme de travail gouvernemental sous la Ve République. Brèves réflexions sur la main invisible de la République », *in* FAVOREU (L.), HERTZOG (R.), ROUX (A.) (dir), *Constitution et finances publiques. Études en l'honneur de Loïc Philip*, *op. cit.*, p. 100.

supérieure des dépenses pouvant être payées pendant l'année pour la couverture des engagements contractés dans le cadre des autorisations d'engagement. En d'autres termes, ce sont les crédits de paiement qui interviennent annuellement pour concrétiser les autorisations d'engagement. Cette garantie de l'ajustement annuel des crédits de paiement participe de la séquentialisation des prévisions de dépense d'investissement, d'une part, et de la maîtrise des dépenses de fonctionnement d'autre part.

La concrétisation annuelle des dépenses d'investissement formalisées dans les autorisations d'engagement peut donner l'opportunité au contrôleur financier de suggérer au Gouvernement une séquentialisation soutenable de ses plans d'engagement de la dépense publique. Pour cela, il faut définir une échelle de priorisation des programmes à réaliser. Cette priorisation renvoie au processus de planification des activités qui devront bénéficier prioritairement, au cours d'une période retenue, des financements du budget de l'État. La mise en œuvre de cette opération nécessite que le contrôleur financier, pour la pertinence de son avis, dispose au préalable des informations sur la contrainte budgétaire sectorielle et ministérielle telle qu'elle ressort du Cadre budgétaire à moyen terme : la liste des programmes arrêtés, la liste des actions arrêtées pour chacun de ces programmes, la liste des activités proposées pour chaque action et l'évaluation complète des coûts des différentes activités proposées. De manière synthétique, on peut dire que la priorisation consiste à déterminer pour chaque action le sous-ensemble d'activités devant prioritairement jouir des investissements arrêtés. Elle s'apparenterait à l'utilisation d'un entonnoir pour proposer pour chaque action le sous-ensemble d'activités le plus pertinent dans la mise en œuvre des orientations stratégiques concernées dans le cadre des crédits de paiement.

En outre, l'action du contrôleur financier participe également de la maîtrise des dépenses de fonctionnement. Elles représentent la catégorie des dépenses publiques destinée aux financements de la vitalité de l'administration publique tant dans sa structure que dans son activité quotidienne. Elles constituent le noyau dur des dépenses publiques[45] tant leur montant est important dans l'élaboration de la loi de finances. Les gouvernements éprouvent sans doute encore les plus grandes difficultés à contenir et à maîtriser leur progression en volume de dépenses de fonctionnement.

Ce faisant, l'appréciation de la soutenabilité des plans d'engagement des dépenses, surtout dans un contexte de ralentissement de l'économie mondiale, impose une réduction du rythme de consommation des crédits. La croissance économique des pays en développement comme celle des États de la CEMAC est marquée par des phases de récessions accentuées par la crise sanitaire du

---

[45] C. CHOUVEL, *Finances publiques*, *op. cit.*, p. 126.

coronavirus. Les autorités gouvernementales ont alors eu recours aux masses budgétaires pour rétablir l'équilibre. La croissance moins rapide aussi bien des prélèvements obligatoires que des dépenses publiques s'est traduite par l'apparition d'importants déficits. Par ailleurs, l'ampleur de ces déficits a rendu précaire la situation financière des économies. De ce fait, un plan de compression des dépenses budgétaires par la réduction des crédits de fonctionnement est inéluctable sous le contrôle du contrôleur financier. Ce, d'autant plus que les dépenses de consommation publique alimentent la demande et provoquent, par le biais de l'effet multiplicateur keynésien, une croissance à court terme du PIB.

Les dépenses de fonctionnement susceptibles d'être réduites sont celles qui ont pour but d'assurer l'entretien et la bonne marche des services publics de l'État. Cette catégorie de dépenses budgétaires ordinaires regroupe l'ensemble des rémunérations des fonctionnaires et agents de l'État, mais non seules, les dépenses de personnel absorbent plus de la moitié des crédits du budget ordinaire. Leur part actuelle dans le budget commence à amorcer une baisse, mais reste tout de même encore très forte par rapport à celle des autres dépenses budgétaires. Les dépenses de matériel rentrent également dans la catégorie des dépenses de fonctionnement. Elles sont destinées aux acquisitions de biens et de services de l'État. De même, les dépenses d'entretien peuvent être revues à la baisse puisque rentrant dans la catégorie des dépenses de fonctionnement. En fait, les crédits de ce poste servent à entretenir les locaux administratifs et le matériel. Certains auteurs estiment que les crédits ouverts pour leur entretien ne sont pas nécessaires et que ces crédits doivent être réduits au maximum. En ce qui concerne les dépenses de biens et de services, leur réduction postule premièrement les mesures de régulation budgétaire. Intervenant dans un contexte de rareté des ressources, les mesures de régulation ont pour but de garantir la soutenabilité budgétaire et d'assurer la corrélation entre le rythme de recouvrement des recettes et celui des ordonnancements[46].

Ces mesures traduisent, au niveau des administrations, l'impératif de discipline et de rigueur nécessaire à la bonne exécution du budget et à l'amélioration de leur efficience. Il s'agit, entre autres : du recours à une mercuriale répondant à l'exigence du juste prix de la dépense, du blocage de précaution sur toutes lignes budgétaires, de la notification des quotas d'engagement trimestriels aux administrations centrales, de la réduction et de la rationalisation des régies d'avances, de la réduction des recours aux procédures dérogatoires autres que les régies d'avances, de l'exigence de justification de l'éligibilité des dépenses dans les chapitres communs, de la rationalisation des dépenses liées aux déplacements des personnels[47]. La réduction des dépenses de

[46] Article 39 de la circulaire n° 001/C/MINFI du 2 janvier 2018 et l'article 37 de la circulaire n° 001/C/MINFI du 28 décembre 2018.

[47] Article 39 de la circulaire n° 001/C/MINFI du 28 décembre 2018.

biens et de services postule également la limitation du recours aux procédures dérogatoires à travers notamment le remplacement de la procédure des caisses d'avances.

Toutes ces mesures appliquées par le Gouvernement sous le regard du contrôleur financier permettent de garantir l'ajustement annuel des crédits de paiement et, partant, de la soutenabilité de la dépense publique. Au regard de ce qui précède, force est de remarquer qu'à l'aune de la logique de performance, le droit public financier des États sous étude associe le contrôleur financier à la phase d'établissement du budget. Aussi, à l'étape de l'exécution du budget, sa responsabilisation est-elle plus accentuée.

II. L'ACCENTUATION DU NIVEAU DE RESPONSABILISATION DU CONTRÔLEUR FINANCIER DANS L'EXÉCUTION DES OPÉRATIONS BUDGÉTAIRES

L'exécution des opérations budgétaires est la phase du cycle budgétaire durant laquelle les prévisions de recettes et de dépenses publiques sont mises en œuvre. Aux côtés de l'ordonnateur et du comptable public, le contrôleur financier est désormais un acteur clé dans le déroulement de cette phase au regard l'accentuation de son niveau de responsabilisation. Si elle implique, d'une part, la densification du contrôle de l'exécution des opérations budgétaires **(A)**, elle entraîne corrélativement la consolidation de la responsabilité financière du contrôleur financier **(B)**.

A. La densification du contrôle de l'exécution des opérations budgétaires

En même temps que le statut du contrôleur financier se modifie pour donner à cet agent plus d'indépendance et d'autorité, ses attributions se sont précisées et sont devenues de plus en plus fortes[48]. Il en est ainsi de l'adjonction du pouvoir de régulation budgétaire au contrôle a priori exercé par le contrôleur financier **(1)** et de l'extension des pouvoirs du contrôleur financier vers un contrôle *a posteriori* **(2)**.

---

[48] L. TROTABAS, *Précis de science et de législation financière*, *op. cit.*, p. 114.

1. L'adjonction du pouvoir de régulation budgétaire au contrôle a priori exercé par le contrôleur financier

Le contrôleur financier, bras séculier du ministre en charge des Finances, a été érigé en acteur clé de la mise en œuvre de la régulation budgétaire dans le cadre de l'exercice du contrôle a priori de la dépense publique. Mission classique du contrôleur financier, le contrôle a priori concerne la vérification de la régularité du circuit de la dépense publique. Ce contrôle intervient préalablement à l'engagement à la liquidation et à l'ordonnancement de la dépense par l'ordonnateur. De la sorte, tout acte de l'ordonnateur portant engagement de dépense[49], toute ordonnance et tout mandat de paiement, ainsi que toute délégation de crédits doit être préalablement soumis au visa du contrôleur financier. Cela constitue en réalité une formalité obligatoire qui s'intègre dans la procédure de dépense. Il dispose ainsi des pouvoirs importants, puisqu'il peut refuser de le faire et bloquer par là les propositions d'actes de dépense qui lui sont transmises par le ministre ou ses ordonnateurs délégués selon les modalités définies par le ministre chargé des Finances.

Mais, au regard des enjeux inhérents à la dépense publique, à savoir, la rationalité, l'efficacité et la rentabilité, les agents en charge de l'exécution des opérations budgétaires vont connaître une évolution allant dans le sens de la restructuration et la réorientation de leurs fonctions et rôles vers la régulation budgétaire. Cette dernière est un instrument de maîtrise de l'exécution des dépenses pour prévenir une détérioration de l'équilibre budgétaire : l'exécution budgétaire ne doit pas engendrer de déficit insoutenable et préjuger des exercices futurs. En effet, tous les pays, mais plus particulièrement les pays en développement à l'instar des États d'Afrique noire francophone, sont confrontés à des chocs[50] qui peuvent miner les finances publiques, directement ou indirectement. Des chocs de cette nature peuvent entamer les recettes, imposer des dépenses urgentes et rendre le financement à la fois plus coûteux et plus difficile. Les pays qui ont constitué des réserves en temps utile peuvent puiser sur ces ressources en période de crise, tandis que les pays peu endettés peuvent accroître leur déficit budgétaire, notamment par l'emprunt, en cas de tassement de l'activité, voire de crise, sans perdre la confiance des marchés. En revanche, les pays qui ne disposent pas de ce genre de marges sont souvent contraints à des mesures de régulation budgétaire d'urgence et n'ont guère la possibilité d'opter pour des politiques budgétaires anticycliques, même si dans certaines circonstances, ce pouvoir de régulation budgétaire risque souvent de nuire

---

[49] LEKENE DONFACK (E. C.), *Finances publiques camerounaises*, Berger-Levrault, coll. « Mondes en devenir », 1987, p. 56.

[50] Fluctuations des termes de l'échange, soudaines interruptions des entrées de capitaux, catastrophes naturelles et insuffisance de l'aide.

davantage à l'investissement, à la croissance et aux indicateurs sociaux, étant donné qu'elles sont souvent conçues dans l'urgence et visent des gains financiers à court terme au détriment de l'efficacité à long terme.

Dans ce sens, la directive CEMAC relative aux lois de finances relayée par les lois organiques des États signataires[51] consacre parmi les attributions du contrôleur financier la mise en œuvre concrète de la régulation budgétaire décidée par le ministère des Finances, dépositaire principal du pouvoir de régulation budgétaire[52]. À ce titre, afin de prévenir une détérioration de ces soldes, le contrôleur financier assiste le ministre chargé des Finances dans la programmation du rythme de consommation des crédits en fonction de la situation de la trésorerie de l'État[53]. Ainsi, le contrôleur financier, dans l'exercice de son pouvoir, doit assurer la protection des programmes essentiels. Même si le rééquilibrage des finances publiques à court terme impose une réduction de la dépense globale, il est possible de préserver la plupart, sinon la totalité, des dépenses productives et de protéger les pauvres au moyen de filets de sécurité bien conçus. Il doit également procéder à l'identification des réductions à apporter. Nombre de programmes peuvent et doivent être abandonnés, élagués ou regroupés à mesure que les pays se développent et que les priorités évoluent[54]. Ainsi, les distributions gratuites de lait peuvent devenir superflues dès lors que les revenus dépassent un certain niveau. Les suppressions de programmes permettent généralement des économies efficientes. Elles préservent l'efficience des autres opérations du secteur public.

En outre, dans la mise en œuvre de la régulation budgétaire, le contrôleur financier veille à ce que les crédits annulés par le ministre des Finances ne soient pas engagés. Les annulations de crédits permettent au Gouvernement de ramener à un montant nul le volume des crédits initialement accordés par le Parlement. Mais les annulations impliquent également une non-utilisation des crédits ouverts. C'est en fonction de cela qu'elles ont été appréhendées comme une modification de l'utilisation des crédits et leur impact dans la procédure budgétaire. Les crédits sont annulés prioritairement s'ils sont devenus sans objet, mais juridiquement, le ministre des Finances peut aussi annuler des crédits dont l'objet est déjà programmé mais qui n'ont pas été consommés.

De même, sur instruction du ministre chargé des Finances, le contrôleur financier peut suspendre temporairement l'utilisation de certains crédits. Il s'agit d'une procédure qui interdit temporairement aux ordonnateurs de consommer les crédits qui ne sont plus disponibles et ne peuvent être engagés par les

---

[51] Art. 73 de la loi organique du Tchad ; art. 67 Gabon ; art. 74 Congo.

[52] Art. 61 de la Directive.

[53] Art. 58 de la Directive.

[54] *Ibid.*

ordonnateurs. Cette mesure de régulation peut être prise lorsque l'État est confronté à des difficultés de trésorerie, notamment le décalage conjoncturel dans la perception d'impôts. Les crédits seront libérés dès le retour d'une meilleure conjoncture, ou annulés en fin d'exercice dans le cas contraire.

L'association du contrôleur financier à la mise en œuvre de la régulation budgétaire induit un contrôle d'opportunité de la dépense publique. Contrairement à la régularité, le contrôleur financier n'est pas appelé à confronter l'opération de dépense à une règle juridique précise, mais plutôt à une conduite générale et à un idéal ou objectif qu'il définit au moment d'exercer le contrôle[55]. Il peut donc s'agir de l'idéal de soutenabilité budgétaire et, partant, de l'équilibre des finances publiques. À travers le contrôle sur l'opportunité de la dépense, le contrôleur financier apprécie, au regard de l'imputation de la dépense, de la disponibilité des crédits, de l'application des dispositions d'ordre financier, les conséquences que la mesure d'engagement peut avoir sur les finances publiques. À cet effet, lorsqu'il ne dispose pas de la plénitude d'informations sur la dépense envisagée, au moment d'apposer son visa, il peut décider de la différer. Ce qui aura pour effet de suspendre la procédure telle qu'expliquée précédemment. La logique de performance permet également au contrôleur financier d'intervenir après l'exécution du budget dans le cadre d'un contrôle a posteriori.

2. L'extension des pouvoirs du contrôleur financier vers un contrôle a posteriori

Habituellement réduit à un contrôle préventif de la dépense publique avant son engagement, la logique de la performance propulse le contrôleur financier comme un organe de contrôle a posteriori. Généralement réservé au contrôle parlementaire dans le cadre du vote de la loi de règlement et au contrôle juridictionnel de la juridiction des comptes, le contrôle a posteriori se trouve également renforcé au niveau de l'administration dans les États sous étude. Ainsi, évaluer a posteriori les résultats et les performances des programmes au regard des objectifs fixés et des moyens utilisés constitue une innovation du renouveau budgétaire des États de la CEMAC.

En effet, dans la perspective d'adaptation du contrôle financier aux exigences de la gestion axée sur les résultats, il est désormais reconnu au contrôleur financier la possibilité d'adapter les modalités de contrôle au regard de la qualité et de l'efficacité du contrôle interne ainsi que du contrôle de gestion mis en œuvre par les ordonnateurs[56]. Il s'agit pour le contrôleur financier de l'évaluation de la

---

[55] TREVES (G.), « Les contrôles administratifs et financiers à l'intérieur de l'administration », *RFSA*, 2009, pp. 1 et s.

[56] Art. 61 (3) de la directive CEMAC n° 01/11-UEAC-190-CM-22 du 19 décembre 2011 relative aux lois de finances confère au contrôleur financier une mission d'évaluation.

qualité et de l'efficacité des dispositifs de contrôle interne et de contrôle de gestion. En effet, évaluer un contrôle consiste à analyser, d'une part, ses effets compte tenu des objectifs fixés initialement et des moyens mobilisés pour sa mise en œuvre, et à mesurer la qualité des résultats obtenus, d'autre part. Le corollaire est le déploiement d'un processus de correction ou d'ajustement sur la base des conclusions obtenues, afin d'améliorer l'effet des choix collectifs.

Par ces dispositions, il faut entrevoir dans les nouvelles prérogatives du contrôleur financier la possibilité d'évaluer l'efficacité du contrôle interne et du contrôle de gestion des ordonnateurs. Il apprécie notamment en aval le contrôle fait par le comptable public en matière de respect des procédures de la commande publique, de l'exacte imputation de la dépense conformément aux principes définis par la nomenclature budgétaire et comptable selon sa nature et son objet, de la certification du service fait, de l'exactitude des calculs de liquidation, des délais de prescription et de déchéance, de mode de paiement, de concordance entre le titre de créance et le titre de règlement, de cas d'opposition, de nantissement et des cessions, du règlement au véritable créancier. En outre, le contrôleur financier doit s'assurer du fonctionnement effectif d'un service d'audit interne (l'Inspection générale dans les ministères), de façon à prescrire un audit susceptible de l'éclairer de manière plus précise sur les explications des écarts entre les cibles de résultat et les résultats obtenus. Dans l'hypothèse où les résultats s'avèrent insuffisants, l'auditeur interne ou l'inspecteur général des ministères devra se demander si les causes de cet échec relèvent d'un retournement de conjoncture générale ou d'un changement imprévu de contexte qui rendrait l'atteinte des résultats attendus impossible.

Pour ce qui est de l'évaluation du contrôle de gestion des ordonnateurs, il s'agit d'un processus par lequel le contrôleur financier vérifie que les ordonnateurs s'assurent que les ressources sont obtenues et utilisées pour la réalisation des objectifs de l'organisation. L'évaluation du contrôle de gestion s'inscrit dans le pilotage de la performance, qui consiste dans la capacité d'un responsable de programme ou d'un responsable d'action à prendre une décision initiale ou corrective en s'appuyant sur la connaissance des coûts, des activités et des résultats. Il s'agit d'une exigence managériale attachée à la démarche du budget-programme que l'État s'est choisi pour garantir un meilleur résultat à toutes les étapes de la nouvelle gestion publique. Le contrôleur de gestion se présente donc comme un maillon du contrôle organisationnel à trois niveaux : le premier concerne la planification stratégique qui donne l'orientation des stratégies pour atteindre ses buts ; le deuxième assure la cohérence entre la stratégie et les moyens en vue de la réalisation des objectifs de l'institution, tandis que le troisième niveau consiste à garantir la mise en œuvre des tâches spécifiques de façon efficace et efficiente.

Ces prérogatives en matière d'évaluation du contrôle interne et du contrôle de gestion par le contrôleur financier posent la question de la meilleure utilisation possible des moyens engagés (en matériel, en crédits et surtout en personnel) au regard des réalisations souhaitées et obtenues. En effet, il convient de garantir au contribuable, et à ses représentants élus, qui votent les budgets, que l'emploi des fonds publics a été assuré de manière optimale. La garantie de l'efficacité du contrôle interne ou de gestion permet de montrer que, pour un niveau donné de ressources, la production de l'administration peut être améliorée ou que, pour un niveau donné de production, les moyens employés peuvent être réduits. Autrement dit, ces objectifs tendent, pour un même niveau de ressources, à accroître les produits des activités publiques ou, pour un même niveau d'activité, à nécessiter moins de moyens[57]. Plus simplement, ces objectifs énoncent l'optimisation des moyens employés en rapportant l'activité ou les produits obtenus aux ressources mobilisées. En nous basant sur les développements précédents, un objectif d'efficience de la gestion associé au programme « Gestion fiscale et financière de l'État et du secteur public local » est de maîtriser les coûts de gestion des administrations financières, c'est-à-dire de réduire le coût de gestion de l'impôt.

L'évaluation des modalités de contrôle interne et de contrôle de gestion des ordonnateurs par le contrôleur financier est en effet une réponse au contexte de rigueur budgétaire imposé par les bailleurs de fonds. Le recours à l'assistance financière internationale consécutive à la crise sanitaire du coronavirus et de la guerre russo-ukrainienne a comme conséquence de lier les pouvoirs publics des États sous étude à la réalisation des réformes structurelles. Sur le plan strictement financier, il est question d'assainir les finances publiques en général, et la dépense publique en particulier. Cette exigence se traduit par l'instauration d'un contexte de rigueur budgétaire, où la maîtrise de la dépense publique est capitale. Maîtriser la dépense publique rimant ici avec leur rationalisation, ou plus précisément, leur réduction, dans le but d'éviter d'éventuels déficits, force était alors de trouver les voies et moyens pour atteindre cet objectif. Et ce, surtout eu égard aux différentes insuffisances que trahissait le système de contrôle en place. D'où l'institution, à travers les textes de la réforme, de la technique de l'évaluation du contrôle interne et du contrôle de gestion des ordonnateurs par le contrôleur financier, appréhendée alors comme le seul moyen efficace de maîtrise quantitative et qualitative de la dépense publique.

L'intervention a posteriori permet ainsi au contrôleur financier de vérifier, postérieurement à leur exécution, la régularité des dépenses déjà engagées ou ordonnancées sans visa préalable. Seulement, cette hypothèse soulève la question de la mise en œuvre de ce contrôle, ceci au regard des conséquences qu'il pourrait engendrer. En considérant l'hypothèse qu'après l'évaluation, le contrôleur découvre des irrégularités dans l'exécution des dépenses, comment

---

[57] CALMETTE (J.-F.), « La loi organique relative aux lois de finances (LOLF) : un texte, un esprit, une pratique » *RFAP*, 2006, n° 117, p. 52.

cela serait-il corrigé ? En effet, ce dernier ne dispose pas de moyens d'action sur l'ordonnateur auprès duquel il est placé. Cela étant, les modalités de contrôle méritent donc d'être clarifiées afin de permettre l'exercice efficace de cette mission innovante des contrôleurs financiers. D'un autre point de vue, l'introduction de l'idée de performance dans le droit public financier des États de la CEMAC a contribué à l'accentuation de la responsabilité financière du contrôleur financier.

B. L'accentuation de la responsabilité financière du contrôleur financier

La responsabilité financière concerne l'obligation qui pèse sur l'ordonnateur de répondre des actes de gestion ayant causé un préjudice financier à la personne publique. La personne responsable doit alors verser une somme, dont le montant est fonction de l'ampleur du préjudice subi par le Trésor public. Ainsi, tout comme le comptable public et l'ordonnateur, le contrôleur financier est désormais personnellement et pécuniairement responsable des infractions financières qu'il commet. En effet, selon la directive CEMAC portant loi des finances en son article 73, alinéa 3 : « *les contrôleurs financiers sont justiciables de la juridiction financière* ». Le premier cas de figure est celui des gestions de faits qui n'épargnent pas ces gestionnaires et dont ils peuvent, soit individuellement, soit solidairement, faire l'objet de sanctions. L'article 74 de la directive dispose clairement que « *les contrôleurs financiers peuvent également être poursuivis et sanctionnés, au même titre que les ordonnateurs, si les infractions commises par les ordonnateurs auprès desquels ils sont placés ont été rendues possibles par une défaillance des contrôles dont ils ont la charge* ». À cet égard, il en découle donc, d'une part, l'insertion de la défaillance de contrôle financier dans la catégorie des fautes de gestion **(1)**, et d'autre part, l'introduction du contrôleur financier dans le régime de sanction de la faute de gestion **(2)**.

1. La transmutation de la défaillance de contrôle financier en faute de gestion

La réforme des finances publiques entreprises en zone CEMAC depuis 2011 n'a pas épargné la responsabilité financière du contrôleur financier. En effet, la défaillance de son activité de contrôle budgétaire étant érigée en faute de gestion, cette rénovation mérite une attention particulière pour donner plein effet au contrôle financier axé sur les résultats. En apparence, la faute de gestion commise par un acteur de l'exécution du budget recouvre une mosaïque de comportements et de situations sans liens véritables. D'abord, elle est perçue non pas comme une erreur de gestion, mais comme une notion rattachée à l'une des infractions sanctionnables. Ensuite, la faute de gestion tantôt est une infraction constituée par une abstention fautive, par un acte fautif, tantôt apparaît comme une infraction autonome[58].

Enfin, elle est définie comme une violation de dispositions légales et réglementaires[59]. À ce titre, le doyen SAÏDJ affirmait déjà que « *la faute de gestion est certainement celle qui pose les problèmes les plus épineux en matière de compétence de la Cour de discipline, et plus généralement de responsabilité des administrateurs* »[60]. Cette logique se trouve indirectement confortée lorsqu'il faut établir une distinction entre la faute de gestion « par omission » (défaut d'organisation, défaut de surveillance ou négligence par exemple) et la faute de gestion « par action » (comportements frauduleux ou agissements contraires aux intérêts de l'organisme).

La faute de gestion imputable au contrôle financier par la directive CEMAC est une faute par omission mettant en exergue la carence de ce dernier dans l'exercice de ses missions de contrôle sur l'activité des ordonnateurs. Les législateurs camerounais[61], congolais[62], gabonais[63] et tchadiens[64] reprennent mot pour mot les dispositions communautaires sur la consécration de la défaillance du contrôle de la dépense publique par le contrôleur financier[65]. Il est alors personnellement responsable des contrôles qu'il exerce dans le circuit de la dépense et portant sur la disponibilité des crédits, sur la vérification des prix par rapport à la mercuriale en vigueur et sur l'exactitude des calculs de liquidation de la dépense.

Cette responsabilité épouse presque identiquement les contours de la responsabilité du contrôleur en contentieux administratif. En effet, en contentieux administratif : « *L'insuffisance du contrôle qu'exerce une institution sur l'activité d'une autre entité peut être à l'origine de différents préjudices. Mais la mission du contrôleur reste spécifique, elle doit respecter l'autonomie du contrôlé et n'a pas à se substituer à celui-ci qui reste a priori le seul*

---

[58] DESCHEEMAEKER (C.), *Cour de discipline budgétaire et financière*, Jcl. A., 2017, Fasc. 1270, n° 119 à 131.

[59] MPESSA (A.), « Le CDBF à l'épreuve de la protection de la fortune publique au Cameroun », *Juridis périodique*, 2012, n° 92, p. 87.

[60] SAÏDJ (L.), « La responsabilité devant la Cour de discipline budgétaire et financière », *Lamy Collectivités Territoriales*, 2009, n° 275, p. 40.

[61] Art. 87 de la loi n° 2018/012 du 11 juillet 2018 portant régime financier de l'État et des autres entités publiques.

[62] Art. 87 de la loi organique du Congo.

[63] Art. 89 de la loi organique du Gabon.

[64] Art. 86 (6) de la loi organique du Tchad.

[65] Art. 86 (6) de la loi organique du Tchad.

responsable »[66]. Aussi, la responsabilité de l'État peut être engagée pour défaut de contrôle ; d'ailleurs, le Conseil d'État a exigé une *faute lourde* pour que soit engagée la responsabilité de l'État dans le cadre des activités de contrôle des banques par la commission bancaire ; il est revenu à cette même exigence, après s'être contenté d'une *faute simple*, pour le cas où le préfet n'utilise pas son pouvoir de substitution à l'égard des collectivités locales qui n'exécutent pas la chose jugée[67].

En contentieux financier : « *Les contrôleurs financiers sont chargés d'assurer le Contrôle des actes administratifs générateurs de recettes et de dépenses soit par les chefs des départements ministériels, les chefs des missions diplomatiques et consulaires, les responsables des organismes et d'établissements publics, soit par leurs subordonnés* »[68]. Ces contrôles peuvent être des contrôles de la régularité, couvrant l'ensemble des opérations et des actes juridiques et comptables ayant une incidence économique et financière sur le budget de l'État ou des autres organismes[69]. De ce fait, lorsque l'ordonnateur viole les règles d'engagement de la dépense, le contrôleur ne peut accorder son visa à ladite opération. « *Le fait pour un contrôleur financier d'accorder son visa à une proposition de dépenses entachée d'irrégularité constitue une infraction définie et réprimée par le droit public financier* »[70]. La solution en pareille circonstance est le refus motivé du visa à l'ordonnateur, étant entendu que « *le refus motivé du visa par l'autorité chargée du contrôle ne peut être passé outre que sur l'autorisation expresse du ministre en charge des Finances* »[71]. Dans ce cas, la responsabilité du ministre des Finances est substituée à celle du contrôleur financier.

En outre, le contrôleur financier sera coupable de faute de gestion si par son fait, il a causé un préjudice grave à l'État ou à un organisme public, par des agissements manifestement incompatibles avec les intérêts de l'État ou de l'organisme, par des carences graves dans les contrôles qui lui incombaient. Le préjudice a toujours été un élément essentiel pour la détermination de la responsabilité financière des ordonnateurs. Il en est de même concernant les contrôleurs financiers, même si la notion de préjudice financier est apparue

---

[66] Pierre-Laurent FRIER, Jacques PETIT, *Droit administratif, op, cit.*, p. 771.

[67] *Ibidem.*

[68] Art. 3 du décret n° 77/41 du 3 février 1977 fixant les attributions et l'organisation des contrôles financiers.

[69] Art. 7 du décret n° 2013/159 du 15 mai 2013 portant régime particulier du contrôle administratif des finances publiques.

[70] Robert LUDWIG, « Chronique de la Comptabilité publique », *La Revue du Trésor*, n° 12, décembre 1998, p. 732.

[71] Art. 17 du décret n° 2013/159 du 15 mai 2013 portant régime particulier du contrôle administratif des finances publiques.

récemment. La compréhension de la notion de préjudice subi par un organisme public, du fait du contrôleur financier, commande qu'un lien soit établi entre la responsabilité de ce dernier et celle du comptable. Il y a préjudice « financier », comme l'a expliqué la doctrine, « *lorsqu'est constaté un manquant dans la caisse publique* »[72]. Il importe peu que l'ordonnateur n'ait pas commis de faute, parce que c'est l'existence du manquant qui justifie le prononcé de l'amende ou du débet. Autrement dit, le simple constat d'un manquant dans la caisse publique suffit à identifier le préjudice financier. Dans ce cas, l'irrégularité commise, imputable à la défaillance du contrôleur financier, constitue le fait générateur du préjudice subi. Il s'agit d'une évidence qu'il est possible de constater dans l'engagement d'une dépense sans pièces justificatives suffisantes comme dans le dépassement des crédits arrêtés par l'organe statutaire compétent.

En droit français, la plupart des infractions sanctionnées par la CDBF ne nécessitent pas la présence d'un préjudice. C'est le cas de l'infraction contenue à l'article L. 313-4 du CJF bien qu'elle soit la plus utilisée. Dès lors, le fondement du préjudice subi par une entité publique est à rechercher dans deux articles du CJF. Il s'agit de l'article L. 313-6, qui réprime le fait de procurer à autrui un avantage injustifié, pécuniaire ou en nature, entraînant un préjudice pour le Trésor, la collectivité ou l'organisme intéressé[73]. Un tel avantage est passible, d'après l'article L. 313-6 du CJF, d'une amende dont le minimum ne pourra être inférieur à 300 euros et dont le maximum pourra atteindre le double du montant du traitement ou du salaire brut annuel qui lui était alloué à la date de l'infraction.

Tout compte fait, la responsabilité des ordonnateurs étendue aux contrôleurs financiers peut conduire au prononcé des débets ou des amendes en guise de sanction pour défaillance de contrôle.

2. L'introduction du contrôleur financier dans le régime de sanction de la faute de gestion

Le contrôleur financier coupable de faute de gestion est éligible au régime de la sanction de cette dernière par la juridiction des comptes. En effet, la notion de faute de gestion a généralement été rattachée à l'une des infractions sanctionnables. D'ailleurs, certains auteurs français de référence en matière de finances publiques reconnaissent que « *le critère de la faute sanctionnable est*

---

[72] DAMAREY (S.), LASCOMBE (M.) et VANDENDRIESSCHE (X.), « L'identification du préjudice financier dans le cadre du nouveau régime de responsabilité des comptables publics », *GFP*, 2015, n° 11-12, p. 140 ; DUTHEILLET (L.) et ODINET (G.), « Responsabilité des comptables : le préjudice financier entre en ligne de compte », *AJDA*, 2015, p.

[73] CDBF 15 décembre 2017, *Office national de l'eau et des milieux aquatiques (ONEMA)*, req. n° 217-730-II ; CDBF 22 février 2018, Société d'investissement de la filière pêche de l'archipel de Saint-Pierre-et-Miquelon, *req*. n° 218-749, AJDA, 2018 p. 1147, note N. HAUPTMANN et N. PÉHAU.

uniquement d'ordre juridique. Elle s'apprécie au regard des obligations qui, en droit, incombent à l'ordonnateur ou plus largement aux agents intervenant dans la gestion des deniers publics. Ce sont seulement les manquements à ces obligations qui ont le caractère d'irrégularités sanctionnables »[74].

Ceci étant, dans le sillage de la directive CEMAC, les législateurs de cette sous-région ont consacré l'extension de la sanction du contrôleur financier pour faute de gestion par la juridiction des comptes. Ainsi, qu'il s'agisse du législateur guinéen[75], congolais[76], camerounais[77], gabonais[78] ou tchadien[79], il en ressort que toute faute de gestion commise par les ordonnateurs, les ordonnateurs délégués et les contrôleurs financiers est passible d'amende prononcée par la Cour des comptes.

Selon l'article 76 de la directive CEMAC portant loi des finances, « *les fautes de gestion sont sanctionnées, notamment par des amendes, par la Cour des comptes* ». Dans les faits, selon la loi organique n° 2012-23 du 27 décembre 2012 abrogeant et remplaçant la loi organique n° 99-70 du 17 février 1999 sur la Cour des comptes en son article 59 : « *La chambre applique à titre de sanction une amende dont le minimum ne peut être inférieur à 100 000 francs CFA et dont le maximum pourra atteindre le double du traitement ou salaire brut annuel alloué à l'auteur des faits à la date à laquelle ceux-ci ont été commis* ». À l'observation, comme en contentieux administratif, le montant de l'amende est « *évalué en fonction des incidences de la faute sur le patrimoine administratif. En cas de faute collective, chaque agent n'est responsable à l'égard de l'administration que des conséquences dommageables de la faute qu'il a lui-même commise* »[80]. Selon l'article 76 de la directive CEMAC portant loi des finances, en effet : « *Le montant des amendes est fixé en fonction du préjudice causé à l'État ou aux autres administrations publiques ainsi que de la gravité de la faute commise et de l'éventuelle réitération de pratiques prohibées. Il ne peut dépasser l'équivalent d'une année de salaire de l'intéressé* ».

Cette amende prononcée en guise d'indemnisation pose la délicate question de l'insolvabilité fréquente des fonctionnaires en général et rend problématique la réparation des fautes les plus graves. La question est différente pour le comptable public, dans la mesure où sa solvabilité est organisée par les garanties et cautionnements qu'il est obligé d'effectuer avant sa prise de fonction. Cela

---

[74] BOUVIER (M.), ESCLASSAN (M.-C.) et LASSALE (J.-P.), *op. cit.*, p. 467.

[75] Art. 80 de la loi organique de Guinée équatoriale.

[76] Art. 89 de la loi organique du Congo.

[77] Art. 87 de la loi n° 2018/012 du 11 juillet 2018.

[78] Art. 90 de la loi organique du Gabon.

[79] Art. 87 de la loi organique du Tchad.

[80] PLANTEY (A.), *Traité pratique de la fonction publique*, *op, cit.*, p. 604.

permet de pallier facilement le salaire relativement bas des fonctionnaires en général en cas de difficultés contentieuses, protection bien sûr dont ne disposent pas l'ordonnateur et le contrôleur financier. Cela ne les exempte pas de réparer le préjudice causé.

Toutefois, la commission d'une infraction financière peut être rendue nécessaire. Cette *nécessité*, fait justificatif et cause d'irresponsabilité, existe lorsque le gestionnaire s'est trouvé dans une situation exceptionnelle impliquant un état de nécessité. De ce fait, n'est pas responsable le gestionnaire ayant commis une infraction financière lorsque celle-ci a été accomplie pour écarter un danger ou un risque. En fait, le respect des règles peut dans certains cas rendre difficile le respect de l'exigence de performance, d'efficacité ou d'économie des finances de la structure, voire les compromettre ; l'objectif de performance peut donc rendre nécessaire le non-respect des dispositions recommandées, surtout qu'il appartient au gestionnaire de prévenir ces risques ou dangers. Le danger doit cependant être actuel ou imminent, réel et injuste. Puis, l'acte de sauvegarde doit être nécessaire et mesuré, ce qui conduit à rejeter l'état de nécessité lorsque les intérêts à protéger ne sont pas proportionnés au danger.

CONCLUSION

Le contrôle financier est présent tant au niveau de la prise de décision budgétaire[81] que de son exécution[82]. Le contrôle financier aboutit bien souvent à une direction partagée. La régularité et l'opportunité, bien distinguées en théorie, se rejoignent souvent dans le rythme rapide des affaires courantes ; le contreseing des textes permet d'appréhender une question sous ses divers aspects et non seulement sous celui financier[83]. La mission d'informateur de la Direction du budget exercée par le contrôleur financier central le contraint, à défaut de juger son bien-fondé, d'apprécier l'opportunité d'une décision. Cette appréciation ne sert pas qu'à asseoir le visa du contrôleur financier, elle est ensuite prise en compte dans le cadre de la négociation permanente entre l'Administration des finances et les services dépensiers. Toute la subtilité de la mission consiste à apprécier l'opportunité d'une proposition d'engagement de dépense sans juger de l'opportunité de la dépense elle-même. Le contrôleur examine enfin les propositions d'engagement du point de vue des conséquences que les mesures

---

[81] Lors de la préparation du budget du ministère de tutelle des associations reconnues d'utilité publique.

[82] Lors du contrôle des propositions d'engagements de dépenses de subvention.

[83] MOUNIER (H), « Le ministère des Finances », *Rapport de la section française de l'Institut international de science administrative*, 1959, p. 9.

proposées peuvent entraîner pour les finances publiques ; ainsi, le contrôleur doit apprécier l'opportunité de la dépense de subvention contrairement à une opinion répandue. Mais il n'en est pas juge en ce sens qu'il ne peut exercer son droit de veto en se fondant sur l'opportunité[84].

En outre, la performance attachée à l'activité du contrôleur financier réside dans son insertion au régime de responsabilité financière de l'ordonnateur. Il apparaît que dans le cadre de leurs fonctions, les contrôleurs financiers sont confrontés à la mise en œuvre de leurs responsabilités de droit commun sur les plans pécuniaire, disciplinaire et pénal. Malgré leur consécration dans divers textes législatifs et réglementaires, ces responsabilités s'avèrent moins adaptées à la sanction ou à la réparation des infractions en matière financière. La responsabilité des contrôleurs financiers se pose véritablement quant à l'exercice de leur gestion. Mais cette question ne peut trouver de réponse que devant un juge répressif ou non, garant du respect des normes définies et imposées par le législateur.

---

[84] De La GENIÈRE (R), *Le Budget*, Paris, Presses de la Fondation nationale des sciences politiques, 1976, p. 308.

LA RÉNOVATION DES POUVOIRS DE DÉCISION BUDGÉTAIRE DU PARLEMENT DANS LES ÉTATS MEMBRES DE L'UEMOA : LE CAS DU TOGO

M'djougouna Kougana SIMFEYA

Doctorant en droit public, Centre de Droit Public, Université de Lomé, Togo
Magistrat, Juge au tribunal d'instance à compétence correctionnelle et civile de Tsévié (Togo)

INTRODUCTION

« *La renaissance parlementaire, au plan financier, souvent annoncée par la doctrine, depuis l'entrée en vigueur de la loi organique du 1er août 2001, relèverait plus du mythe que de la réalité.* »[1] Ce constat du Professeur Aurélien BAUDU illustre l'enjeu d'une réflexion sur la rénovation des pouvoirs budgétaires du Parlement.

Dans les démocraties, le Parlement est le rouage essentiel pour l'évaluation des politiques publiques dont l'instrument le plus important de mise en œuvre est le budget. À ce titre, il approuve les politiques, vote le budget et examine les comptes en fin d'année. Cependant, dans les pays en développement, le processus budgétaire a été, pendant très longtemps, sous le contrôle exclusif du Gouvernement, ce qui contraste avec les impératifs de bonne gouvernance et l'exigence de contrôle de la dépense publique. Fort heureusement, « *depuis près de vingt ans, et de façon croissante, les pays en voie de développement engagent des réformes courageuses pour permettre aux Parlements nationaux de jouer le*

[1] A. BAUDU, « L'incertaine renaissance parlementaire en matière budgétaire et financière », *RDP*, 2010, p. 1.

rôle éminent que les constitutions leur accordent dans la gestion des affaires publiques. Ce mouvement se place dans le cadre d'une tendance générale à la démocratisation et à la bonne gouvernance. Ce rôle accru des Parlements consiste à débattre des grandes orientations des pays et à contribuer ainsi à les définir, à adopter les lois, à allouer des ressources aux Gouvernements pour la mise en œuvre des politiques... »[2]. Cette pertinente observation relative aux pays en développement conduit à porter une attention particulière sur la rénovation des pouvoirs de décision du Parlement en matière budgétaire au Togo.

Le terme « rénovation » désigne « *un changement en mieux, une modernisation ou encore une restauration* »[3]. Dans la présente étude, la rénovation renvoie à la restauration des pouvoirs de décision du Parlement sur le vote du budget. Le « budget » quant à lui étant étendu comme « *l'ensemble des comptes qui décrivent toutes les ressources et toutes les charges permanentes de l'État pour une année* »[4]. Traditionnellement, le budget était l'acte unique par lequel le Parlement prévoyait et autorisait l'ensemble des recettes et dépenses nouvelles de l'État. Cette autorisation avait trois caractéristiques, à savoir, annuelle, unique et universelle. L'ordonnance française portant loi organique du 2 janvier 1959 a repris ces principes, mais en les appliquant dans un cadre plus élargi, à la loi de finances. Cette dernière désigne « *le texte voté chaque année par le Parlement, qui regroupe l'ensemble des charges et des ressources de l'État ; il est modifié en cours d'année par les lois de finances rectificatives et, à la fin de l'exercice, par une loi de règlement* »[5]. C'est également la loi qui « *prévoit et autorise, pour chaque année civile, l'ensemble des ressources et des charges de l'État* »[6]. S'agissant du « Parlement », il s'entend d'une façon générale comme « *une institution politique de l'État assurant une fonction de représentation, de caractère délibérant, détenant une compétence principalement législative* »[7]. Le Parlement dispose généralement d'un pouvoir qui, en droit constitutionnel, serait « *la faculté de prendre une décision exécutoire* »[8]. Dans la présente réflexion, il sera question des pouvoirs de décision du Parlement en matière budgétaire.

---

[2] M. MOINDZE, « Le Parlement et le processus budgétaire dans les pays en développement », 2011, p. 2, disponible sur www.blog-pfm.imf.org (consulté le 13-05-2017).

[3] *Le Petit Larousse illustré*, 2016, p. 996.

[4] O. DUHAMEL, Y. MENY, *Dictionnaire constitutionnel*, Paris, PUF, 1992, 1re édition, p. 93.

[5] *Ibid.*

[6] T. DEBARD, *Dictionnaire de droit constitutionnel*, Paris, Ellipses, 2007, 2e édition, p. 255.

[7] *Idem.*

[8] C. DEBBASCH, Y. DAUDET, *Lexique de politique : États-vie politique relations internationales,* 6e édition, Dalloz, 1992, p. 342.

Dans les années 1990, suite à l'effondrement de l'URSS, l'Afrique a été touchée par « *l'euphorie constitutionnelle* »[9]. Le Togo est au rang des États africains atteints par l'adoption des constitutions qui garantissent mieux les droits et le pluralisme politique. Les principes consacrés par la Constitution togolaise du 14 octobre 1992 ont donc transfiguré la nature des institutions politiques sous la IVe République. À partir de ce moment, beaucoup de réformes ont été engagées en vue de restaurer le Parlement dans ses missions en matière budgétaire. Ce vaste chantier est d'abord amorcé par l'UEMOA[10] (Union Économique et Monétaire Ouest-Africaine), née du traité de Dakar le 10 janvier 1994. En effet, l'institution communautaire a très tôt opté pour l'harmonisation des finances publiques de ses États membres par l'adoption d'une première génération de directives[11] en 1997. À ce titre, la directive n° 05/97/CM/UEMOA portant loi de finances a été adoptée le 16 décembre 1997.

C'est en vue d'appliquer les dispositions de cette directive que le Togo va adopter, le 29 décembre 2008, la loi organique[12] n° 2008-019 relative à la loi de finances. Elle est la toute première en matière de loi organique relative aux lois de finances. Cependant, au sein de l'UEMOA, « *la première génération des directives des finances publiques de 1997 n'a pas permis d'atteindre ces objectifs. C'est pourquoi un nouveau cadre harmonisé des finances publiques a été adopté en 2009 avec d'importantes innovations qui prennent en compte les normes et les meilleures pratiques internationales* »[13]. À ce titre, la directive n° 06/2009/CM/UEMOA portant loi de finances a été adoptée le 26 juin 2009 en remplacement de celle de 1997. Cette directive est non seulement considérée

---

[9] L'expression est de Jean DU BOIS DE GAUDUSSON : « Constitution sans culture constitutionnelle n'est que ruine du constitutionnalisme », *in Mélanges en l'honneur de Slobodan Milacic*, Bruxelles, Bruylant, 2008, p. 338.

[10] L'Union Économique et Monétaire Ouest-Africaine (UEMOA) est une organisation d'intégration sous-régionale qui a comme mission la réalisation de l'intégration économique des États membres. Elle a été créée le 10 janvier 1994 à Dakar, au Sénégal.

[11] Les directives communautaires sont des normes qui lient les États membres de la communauté quant aux résultats à atteindre mais laissent le choix aux instances nationales la compétence quant à la forme et aux moyens (voir CE, 1er février 2006, Fédération Européenne des réalisateurs de l'audiovisuel ; art. 249 du Traité d'Amsterdam ; art. 43 du traité UEMOA). Les normes communautaires (les directives) sont subordonnées à la Constitution : CE, 03 décembre 2001, Syndicat national de l'industrie pharmaceutique ; « *le principe de primauté du droit communautaire ne saurait conduire dans l'ordre interne à remettre en cause la suprématie de la Constitution* ». CE, 08 février 2007, S[té] Arcelor Atlantique Lorraine. Les directives priment sur les lois : CE, 28 février 1992, S[té] Arizona Tobacco Product ; CE, 28 février 1992, SA Rothmans International France.

[12] Une loi organique est une loi relative à l'organisation et au fonctionnement des pouvoirs publics. Votée par le Parlement, elle précise et complète les dispositions de la Constitution. Elle a une valeur infraconstitutionnelle et supralégislative.

[13] A. K. LO, Interview accordée à l'occasion de la semaine d'évaluation des politiques publiques au Togo, disponible sur www.manationtogo.com, consulté le 5 mai 2017.

comme la plus importante, mais aussi comme la plus aboutie dans l'espace communautaire[14]. Elle est perçue comme un modèle de « Constitution financière » proposé aux États membres pour améliorer leur gestion financière[15]. En vue de transposer ladite directive, le Togo a adopté, le 10 juin 2014, la loi organique n° 2014-013 relative aux lois de finances. Cette loi organique, tout comme la directive qu'elle transpose, démontre une ferme volonté de renforcer les pouvoirs du Parlement dans le processus budgétaire, notamment dans la décision et dans le contrôle budgétaire. La présente étude, comme indiqué ci-dessus, s'intéressera uniquement à la rénovation des pouvoirs de décision du Parlement en matière budgétaire.

Les différents textes adoptés traduisent-ils une volonté de rénover les pouvoirs de décision budgétaire du Parlement ? Dans l'affirmative, quels sont les éventuels obstacles susceptibles de contrarier cette rénovation ? En somme, il s'agit de répondre à la question de savoir s'il existe réellement une volonté de rénover les pouvoirs de décision du Parlement en matière budgétaire. Telle est la question principale qui servira de fil conducteur à notre réflexion.

Il est important de préciser que la rénovation des pouvoirs de décision du Parlement en matière budgétaire se lit à travers tous les textes budgétaires qui ont suivi l'adoption de la Constitution de la IVe République. À ce titre, la LOLF togolaise de 2014 a transposé la directive de 2009 en procédant à des innovations non moins importantes. Entre autres réformes importantes, elle a procédé « *à plusieurs aménagements afin d'améliorer l'information des parlementaires et de les associer plus étroitement à la formulation (...) de la loi de finances* »[16]. Dans cette perspective, Amicie MAUCOUR-ISABELLE, dans son étude sur « la rénovation des pouvoirs budgétaires du Parlement », en France, est parvenue à la conclusion selon laquelle « *la loi organique (...) relative aux lois de finances a donné un nouveau souffle à l'initiative parlementaire* »[17]. Il semble que ce souffle nouveau ait inspiré le législateur togolais qui, à travers LOLF précitée, s'est lancé dans la construction d'un réel pouvoir de décision du Parlement en matière budgétaire.

Cependant, cette rénovation trébuche à l'épreuve d'une réalité conservatrice. En effet, la dynamique rénovatrice du pouvoir budgétaire du Parlement est mise à rude épreuve par plusieurs contraintes. Ainsi la rationalisation du régime parlementaire et de la procédure de vote du budget limite-t-elle considérablement

---

[14] T. GUEYE, « L'incidence de l'Union Économique et Monétaire Ouest-Africaine (UEMOA) sur les finances publiques de ses États membres », Thèse de doctorat, Université Panthéon-Assas, 2011, p. 97.

[15] *Idem.*

[16] *Guide didactique DLF*, p. 19, disponible sur www.uemoa.int, consulté le 13 mai 2017.

[17] A. MAUCOUR-ISABELLE, *La rénovation des pouvoirs budgétaires du Parlement sous la Ve République*, *op. cit.*, p. 29.

les prérogatives du Parlement, à tel point que le vote du budget se trouve réduit à l'information[18].

Au regard de ce qui précède, la présente étude se donne pour ambition de présenter le renouveau des pouvoirs de décision du Parlement en matière budgétaire, mais aussi de le confronter à la réalité. Une telle ambition conduit à observer que la rénovation des pouvoirs de décision budgétaire du Parlement est amorcée **(I).** Cependant, cette rénovation se trouve contrariée **(II)** par la survie des mécanismes conservateurs de l'institution parlementaire en la matière.

I. UNE RÉNOVATION AMORCÉE

Les standards internationaux de bonne gestion des finances publiques requièrent que les gouvernants publient, en temps utile, les documents fondamentaux qui couvrent les différentes étapes du cycle budgétaire en fournissant des informations pertinentes sur les programmes et résultats budgétaires[19]. Pour ce faire, la LOLF fixe les informations obligatoires à joindre au projet de loi de finances initial. Cette obligation vise à associer étroitement le Parlement au débat budgétaire **(A)** rendu effectif **(B)** par le débat d'orientation budgétaire.

A. L'association du Parlement au débat budgétaire

Dans l'optique d'une revalorisation des pouvoirs du Parlement en matière budgétaire, la directive n° 06/2009/CM/UEMOA portant loi de finances, reprise par la LOLF, incite l'exécutif à jouer le jeu de la transparence en améliorant l'information fournie au pouvoir législatif[20]. En vue de permettre à ce dernier de jouer pleinement et efficacement son rôle en matière budgétaire, le projet de loi de finances doit être désormais accompagné d'annexes obligatoires. L'article 46 de la LOLF, en s'inscrivant dans la logique des prescriptions de la directive, dresse la liste des documents explicatifs qui doivent obligatoirement accompagner le projet de loi de finances. Par rapport au texte de l'ancienne directive, l'article 46 introduit de nouveaux documents comme annexes[21]. Il

---

[18] A. GUIGUE, « Les origines et l'évolution du vote du budget de l'État en France et en Angleterre », Thèse, Université de Savoie, 2005, p. 583.

[19] M. MOINDZE, « Le Parlement et le processus budgétaire dans les pays en développement », *op. cit.*, p. 26.

[20] T. GUEYE, « L'incidence de l'Union Économique et Monétaire Ouest-Africaine (UEMOA) sur les finances publiques de ses États membres », *op. cit.*, p. 105.

[21] Guide didactique DLF, *op. cit.*, p. 54.

s'agit d'abord du document de programmation budgétaire et économique pluriannuelle (DPBEP) et des documents de programmation pluriannuelle des dépenses (DPPD).

L'objectif de l'adjonction de tous ces documents est d'associer plus étroitement le Parlement au débat budgétaire. C'est dans cette logique de Thiamba GUEYE a affirmé que la nouvelle directive procède à plusieurs aménagements afin d'améliorer l'information des parlementaires et de les associer plus étroitement à la formulation de la loi de finances[22]. Par ailleurs, il estime que le DPBEP **(1)** et le DPPD **(2)** offrent des indications au Parlement sur les choix et les objectifs du Gouvernement[23].

1. Le document de programmation budgétaire et économique pluriannuelle

Selon l'article 52 de la LOLF, « *le projet de loi de finances de l'année est élaboré par référence à un document de programmation budgétaire et économique pluriannuelle couvrant une période minimale de trois (03) ans* ». De cette définition, il résulte que ce document est d'abord et avant tout un outil budgétaire en référence duquel est élaborée la loi de finances de l'année[24]. Il constitue la phase initiale de la procédure budgétaire pour l'année n+1. Ainsi, il doit être mis à jour en tenant compte des hypothèses du cadrage macroéconomique. Ensuite, on note de la définition ci-dessus que le DPBEP est un outil de programmation pluriannuelle qui s'étend sur trois (3) ans. Il prévoit l'évolution des recettes et les dépenses budgétaires, mais également celle des ressources et des charges de trésorerie du secteur public. Pour ce qui est des recettes, les projections doivent préciser le produit attendu par catégorie d'impôts et taxes. En plus, l'article 8 de la Directive fixe d'autres types de produits. L'évaluation des recettes est importante. Elle permet que la projection soit la plus exhaustive possible et que les éléments de contraintes budgétaires soient fixés de façon précise. En Italie, il s'agit du « *Document de Programmation Économique et Financière* » qui définit les prévisions pour les variables macroéconomiques et le scénario de base pour les flux de recettes et de dépenses pour le secteur public et les comptes publics généraux[25].

---

[22] T. GUEYE, « L'incidence de l'Union Économique Monétaire Ouest-Africaine (UEMOA) sur les finances publiques de ses États membres », *op. cit.*, p. 105.

[23] *Idem.*

[24] W. BABALE, « L'exigence de performance dans le processus budgétaire au sein des États membres de l'UEMOA », Thèse, Université de Lomé, 2018, p. 60.

[25] A. FANTOZZI, « Cadre de programmation, buts et contenu des décisions législatives », *in Actes des colloques du Sénat, Processus budgétaire. Vers un nouveau rôle du Parlement*, les 24 et 25 janvier 2001, p. 109.

Outil important dans la procédure budgétaire, le DPBEP est un document officiel et, à ce titre, engage l'évolution des finances publiques d'un pays à moyen terme. Il est formellement adopté en Conseil des ministres avant sa présentation au Parlement. Le DPBEP intervient à trois moments de la procédure. Selon la directive reprise par la LOLF, le DPBEP est transmis au Parlement et sert de base pour les discussions du débat d'orientation budgétaire prévu par l'article 57 de la LOLF qui précise que « ... *ces documents sont publiés et soumis à un débat d'orientation budgétaire au Parlement au plus tard à la fin du deuxième trimestre de l'année* ».

Il sert de référence pour l'élaboration des Documents de programmation pluriannuelle de dépenses (DPPD) qui constituent les programmes budgétaires des ministères. Il est ainsi un outil d'allocations interministérielles des ressources budgétaires.

Il est important de noter que le DPBEP accompagne le projet de loi de finances lors du dépôt de celui-ci au Parlement en tant qu'annexe obligatoire. Il a été rendu obligatoire afin de permettre de situer le projet de loi de finances dans une perspective pluriannuelle et de préciser, à partir de la programmation budgétaire de l'année n+1, la trajectoire des finances publiques pour les années suivantes (n+2 et n+3).

Le DPBEP est élaboré en principe en début d'année. Mais, il peut arriver que des changements surviennent au cours de la procédure budgétaire et bouleversent l'économie générale du DPBEP. Alors par prudence, une enveloppe de précaution doit être identifiée. À ce titre, le dernier alinéa de l'article 52 de la directive dispose que le DPBEP « *fixe les objectifs d'équilibre budgétaire et financier sur le moyen terme en application des dispositions du Pacte de convergence, de stabilité, de croissance et de solidarité* ». Le DPBEP étant un document important, il importe que sa présentation suive une architecture spécifique.

Toutes ces prescriptions quant à la présentation formelle du projet de loi de finances de l'année sont strictes et approfondissent l'obligation d'information au Parlement qui est à la charge du Gouvernement[26]. Cette exigence a été martelée sous l'empire de la LOLF de 2014, ce qui accroît considérablement l'information destinée aux parlementaires et atteste la vertu informative propre au projet budgétaire lui-même[27].

---

[26] A. GUIGUE, « Les origines et l'évolution du vote du budget de l'État en France et en Angleterre », *op. cit.*, p. 463.

[27] *Idem.*

2. Le document de programmation pluriannuelle de dépenses

Le document de programmation pluriannuelle de dépenses (DPPD) est un document prévu par l'article 53 de la LOLF qui dispose que « *les programmes s'inscrivent dans des documents de programmation pluriannuelle des dépenses par ministères, budgets annexes et comptes spéciaux cohérents avec le document de programmation budgétaire et économique pluriannuelle visé à l'article 52...* ». Il s'agit d'un document qui est composé de programmes. Ainsi, il précise les objectifs et indicateurs retenus pour chacune des politiques publiques qui s'inscrivent dans le moyen terme. Dans cette dynamique, le DPPD est considéré comme un document qui consolide les différents projets annuels de performance (PAP) des programmes d'un même ministère, budget annexe et compte spécial. L'évolution des crédits et les résultats attendus sont déclinés par chaque programme au sein du DPPD sur une période de trois (3) années. Suivant l'article 46 de la LOLF, il ressort que les projets annuels de performance précisent « *la présentation de chacune des actions et de chacun des projets prévus par le programme, des coûts associés, des objectifs poursuivis, des résultats obtenus pour les années à venir mesurés par des indicateurs de performance ; la justification de l'évolution des crédits par rapport aux dépenses effectives de l'année antérieure ; l'échéancier des crédits de paiement associés aux autorisations d'engagement ; par catégorie d'emploi, la répartition prévisionnelle des emplois rémunérés par l'État et la justification des variations par rapport à la situation existante* ».

Selon le guide didactique de la directive relative aux lois de finances, les obligations d'information de l'article 46 précité doivent pouvoir être interprétées comme une obligation de résultat. Ainsi donc, un même document pourra présenter l'ensemble des informations requises, et dans ce sens, les différentes informations attendues en annexes ne doivent pas nécessairement donner lieu à la production d'un document dédié. Au contraire, cette division de l'information pourrait être contreproductive pour l'information du Parlement qui doit pouvoir disposer d'une vision globale sur un ensemble cohérent. À ce titre, il apparaît que les documents de programmation pluriannuelle des dépenses (DPPD), qui constituent les supports de présentation de la performance, peuvent être complétés avec les différentes informations requises par l'article 46. Cette approche a pour objet de faciliter le travail des administrations chargées de la production du budget en évitant la multiplication des documents, sans pour autant réduire l'offre d'information.

Le DPPD doit comporter certains éléments et fournir certaines informations. Ainsi, aux termes de l'article 12 de LOLF : « *les programmes sont associés des objectifs précis, arrêtés en fonction des finalités d'intérêt général et des résultats attendus. Ces résultats, mesurés notamment par des indicateurs de performance, font l'objet d'évaluations régulières et donnent lieu à un rapport de performance élaboré en fin de gestion par les ministères et institutions constitutionnelles concernées* ».

C'est sur l'ensemble de ces documents, notamment le document de programmation budgétaire et économique pluriannuelle (DPBEP) et des documents de programmation pluriannuelle des dépenses (DPPD) que porte le débat budgétaire devenu aujourd'hui obligatoire au regard des exigences de la logique de performance.

B. L'effectivité du débat budgétaire au Parlement

L'institution du débat budgétaire est une réponse à la question de l'association du Parlement à la préparation du budget. Même si la préparation du budget reste une chasse gardée du Gouvernement, le débat budgétaire vient apporter un correctif au monopole gouvernemental. Une étude sur l'institutionnalisation du débat d'orientation budgétaire **(1)** permettra d'analyser aisément sa portée **(2)**.

1. L'institutionnalisation du débat d'orientation budgétaire

L'article 57 de la LOLF, en tirant les enseignements reçus de la directive communautaire portant loi de finances au sein de l'UEMOA, instituent le débat d'orientation budgétaire au Togo. Il précise clairement que : « … *ces documents sont publiés et soumis à un débat d'orientation budgétaire au Parlement au plus tard à la fin du deuxième trimestre de l'année* ». En effet, selon le guide didactique de la directive portant lois de finances, cet article « *conforte, tout d'abord, la position particulière du document de programmation budgétaire et économique pluriannuelle (DPBEP) et des documents de programmation pluriannuelle des dépenses (DPPD) au sein du processus d'élaboration de la loi de finances de l'année. Leur adoption en Conseil des ministres, au même titre que les projets de lois de finances, leur confère le statut de document financier engageant le Gouvernement dans son ensemble lors de cette phase de discussion budgétaire préalable au Parlement que constitue le Débat d'orientation budgétaire (DOB)* »[28].

Le débat d'orientation budgétaire est une procédure qui consiste pour le Gouvernement à consulter le Parlement sur les orientations envisagées[29]. Par conséquent, il s'agit d'un avis qui est sollicité par le Gouvernement au niveau du Parlement. En réalité, l'institution du débat d'orientation budgétaire au Togo n'est pas une invention. C'est une pratique héritée de la France qui en a fait la

---

[28] Guide didactique de la DLF, *op. cit.*, p. 64.

[29] M. BOUVIER, M.-C. ESCLASSAN, J.-P. LASSALE, *Finances publiques*, Paris, LGDJ, 8e éd., p. 311.

première expérience, et ce, de manière informelle, en 1990, par le Gouvernement Rocard.

En principe, « *la préparation du projet de loi de finances reste constitutionnellement du seul ressort du pouvoir exécutif, il ne s'agit donc pas d'instituer une participation directe du Parlement au processus d'élaboration du budget* »[30]. Au-delà de cet argument juridique, certaines considérations politiques ont largement pris le pas sur la participation des parlementaires à la détermination des orientations budgétaires[31]. Conscient de cet état de fait, la LOLF s'est donné pour ambition de replacer le Parlement au cœur de l'élaboration du budget. C'est ainsi que le débat d'orientation budgétaire a été consacré comme un moment clé du débat budgétaire[32].

Le débat d'orientation budgétaire n'est pas sans effet sur les pouvoirs du Parlement. Il a une portée certaine qui participe à l'implication des assemblées parlementaires dans les choix budgétaires.

2. La portée du débat d'orientation budgétaire

Il est important de bien comprendre le sens et la portée de la procédure du débat d'orientation budgétaire. À ce sujet, P. AUBERGER soutenait que ce débat vise à « *associer le Parlement à la préparation du budget en lui permettant de s'exprimer sur les grandes orientations budgétaires, d'être informé, dès ce stade du processus d'élaboration de la prochaine loi de finances, des principaux choix envisagés par le Gouvernement pour la mise en œuvre de ces orientations et d'indiquer le cas échéant, les solutions qui auraient sa préférence* »[33].

Le DOB doit ainsi permettre aux parlementaires de porter un regard rétrospectif sur l'évolution des finances publiques mais aussi, et surtout, de s'interroger sur la cohérence et la pertinence des principales orientations envisagées par le Gouvernement en matière budgétaire, sociale et fiscale[34]. De manière substantielle, le DOB doit donner l'occasion aux parlementaires de s'exprimer sur la nomenclature budgétaire, sur le choix des politiques publiques, sur le choix des objectifs stratégiques, des indicateurs définis pour en mesurer la réalisation et enfin sur les cibles de résultats[35]. Parlant du DOB, le Professeur

---

[30] *Idem.*

[31] W. BABALE, « L'exigence de performance dans le processus budgétaire au sein des États membres de l'UEMOA », *op. cit.*, p. 115.

[32] D. CATTEAU, *La LOLF et la modernisation de la gestion publique…*, *op. cit.*, p. 323.

[33] P. AUBERGER, *Rapport d'information sur le débat d'orientation budgétaire*, Doc, Parl. Ass, X^e^ législature, 7 mai 1996, p. 13.

[34] DRB, La procédure budgétaire rénovée, sur le site Extralolf, rubrique « Le nouveau budget et la performance », note 3.

[35] D. CATTEAU, « La LOLF et la modernisation de la gestion publique… », *op. cit.*, p. 325.

Nicaise MÉDÉ estime qu'il « *est un exercice participatif qui doit permettre de ne plus faire des choix fondamentaux en matière financière, la chose exclusive de la technostructure des administrations financières, mais de faire contribuer la représentation nationale, et donc le peuple souverain* »[36].

Ce débat s'inscrit dans une dynamique toujours entreprise de renforcement du pouvoir législatif[37]. Le constat est que les systèmes politiques africains en place ont peu à peu transformé les Parlements en une chambre d'enregistrement non seulement en matière de lois ordinaires, mais aussi de lois de finances. Les initiateurs du DOB ont donc voulu remédier à cette situation. Pour Henri EMMANUELLI, « *chaque formation politique a vraiment intérêt à rééquilibrer le rôle du pouvoir exécutif et du pouvoir législatif. On en parle depuis très longtemps. Pour une fois que nous avons l'occasion de passer aux actes, sachons être à la hauteur de la tâche* »[38].

Cette restauration du Parlement dans ses pouvoirs se comprend dans la mesure où les demandes de crédits sont justifiées par des objectifs à atteindre et que les indicateurs de performance permettent de s'assurer qu'ils sont en voie de l'être. Ainsi, les parlementaires pourront non seulement s'assurer que le Gouvernement agit dans le bon sens, mais également que les dépenses sont efficaces. Une fois que les parlementaires constatent que les indicateurs montrent l'inefficacité de la dépense, ils refuseront de voter les crédits, même si ce refus n'a qu'un effet théorique.

Pour Michel BOUVIER et autres[39], le DOB s'inscrit dans un processus de décision qui intègre préparation et adoption et atténue séparation voulue par les textes, en matière budgétaire, entre l'exécutif et le législatif. Dans ce sens, la loi organique de 2001 passe par le truchement du débat d'orientation budgétaire institué en son article 48 pour donner au Parlement, même si c'est dans la théorie, des possibilités nouvelles d'intervention sur la construction du budget.

Par ailleurs, l'article 48 de la LOLF de 2001 prévoit, entre autres, la transmission au Parlement pour le débat d'orientation budgétaire, de la liste des missions, des programmes et indicateurs de performance envisagés. Dans ce sens, le débat d'orientation budgétaire permet au Parlement, au lieu de s'en tenir,

---

[36] N. MÉDÉ, « Réflexion sur le cadre harmonisé des finances publiques dans l'espace UEMOA », *Afrilex*, 2011, p. 9.

[37] W. BABALE, « L'exigence de performance dans le processus budgétaire au sein des États membres de l'UEMOA », *op. cit.*, p. 115.

[38] H. EMMANUEL, « Débats parlementaires, Assemblée nationale », *Compte rendu intégral des séances du mercredi 7 février 2001*, JORF, 8 février 2001, p. 1223, disponible sur www.assemblee-nationale.fr

[39] M. BOUVIER, M.-C. ESCLASSAN, J.-P. LASSALE, *Finances publiques*, *op. cit.*, p. 312.

comme c'était le cas précédemment, à des données générales, de faire des propositions concernant la mise en œuvre de telle ou telle politique publique[40].

Une autre vertu du DOB est qu'il accroît considérablement l'information budgétaire servie au Parlement. En effet, les parlementaires sont informés par les documents de programmation pluriannuelle qui sont publiés et soumis au débat d'orientation budgétaire. Par la publication, le peuple est informé des grandes décisions en matière budgétaire.

Le préambule du Code de transparence dans la gestion des finances au sein de l'UEMOA dispose à ce titre que « *les citoyens, à la fois contribuables et usagers des services publics, sont clairement, régulièrement et complètement informés de tout ce qui concerne la gouvernance et la gestion des fonds publics* ». L'institution du DOB répond donc à cet impératif du Code de transparence dans la gestion des finances publiques de l'Union.

II. UNE RÉNOVATION CONTRARIÉE

La volonté de restaurer l'institution parlementaire dans le rôle qui est le sien est fortement contredite par un certain nombre de dispositions constitutionnelles, organiques et surtout de pratiques politiques qui lui ôtent sa place dans le processus budgétaire. À ce titre, on peut bien remarquer que « *complètement effacés dans la procédure législative ordinaire, les parlements africains le sont aussi dans le cadre de l'adoption des lois de finances où la grande technicité du débat budgétaire contraint les députés, la mort dans l'âme, à s'en remettre au Gouvernement* »[41]. Par ailleurs, il faut également constater avec regret que l'initiative et le vote du budget ne laissent désormais aucune place à l'intervention des députés et leurs tentatives d'évaluation des choix budgétaires restent sans échos. Cette situation de la précarité de l'institution parlementaire dans la procédure budgétaire se manifeste par les contraintes du débat budgétaire **(A)** et surtout par les contraintes qui pèsent sur le droit d'amendement des députés **(B)**.

---

[40] M. BOUVIER, M.-C. ESCLASSAN, J.-P. LASSALE, *Finances publiques*, *op. cit.*, p. 313.

[41] K. SOMALI, « Le Parlement dans le nouveau constitutionnalisme en Afrique. Essai d'analyse comparée à partir des exemples du Bénin, du Burkina Faso et du Togo », thèse de doctorat, Université de Lille, 2008, p. 234.

A. Les contraintes liées au débat budgétaire

En principe, le débat d'orientation budgétaire est un moment privilégié de coopération entre le législatif et l'exécutif sur l'orientation des choix budgétaires. Cependant, dans la réalité, il s'agit d'un débat en trompe-l'œil dans la mesure où le moment de coopération aura une efficacité qui reste entièrement dépendante du bon vouloir du pouvoir exécutif[42]. À ce titre, Damien CATTEAU estime que « *les propositions qui pourraient être avancées à cette occasion n'ont qu'une valeur purement déclaratoire* »[43]. De tout ce qui précède, on retient que le DOB a un caractère fictif **(1)** et s'écarte des exigences de la logique de performance **(2)**.

1. Le caractère fictif du débat d'orientation budgétaire

Il est important de bien comprendre le sens et la portée de la procédure du débat d'orientation budgétaire. En effet, à y analyser de près, on se rend compte que ce débat ne remet en réalité pas en cause le monopole gouvernemental en matière de préparation du budget. Il tente d'apporter plutôt un correctif par voie coutumière et textuelle[44]. Michel BOUVIER et ses compagnons ne manquent pas de donner toutes les précisions nécessaires sur la question : « *la préparation du projet de loi de finances reste constitutionnellement du seul ressort de ce dernier, et il ne s'agit donc pas d'instituer une participation directe du Parlement au processus d'élaboration du budget. Il s'agit plutôt d'organiser une sorte de consultation du Parlement, ainsi informé des choix envisagés par le Gouvernement, et de lui permettre d'indiquer ses préférences ou ses réticences* »[45]. Dans cette même logique, le guide didactique de la directive portant lois de finances au sein de l'espace UEMOA précise les suites du débat d'orientation budgétaire : « *le DOB ne donne pas lieu à un vote : les parlementaires ne peuvent à ce stade procéder à des modifications des documents que le Gouvernement leur transmet pour information* ». Damien CATTEAU faisait observer à ce titre que le DOB est « *un débat virtuel pour un impact relativement limité* »[46].

Il est donc curieux de constater que le Parlement ne se préoccupe que de manière distraite de son pouvoir financier, lequel fonde d'ailleurs son existence. Moctar TALL n'a pas manqué de le relever dans ses écrits : « *Le débat ne*

---

[42] W. BABALE, « L'exigence de performance dans le processus budgétaire au sein des États membres de l'UEMOA », *op. cit.*, p. 119.

[43] D. CATTEAU, *La LOLF et la modernisation de la gestion publique…*, *op. cit.*, p. 326.

[44] R. MUZELLEC, M. CONAN, *Finances publiques*, *op. cit.*, p. 153.

[45] M. BOUVIER, M.-C. ESCLASSAN, J.-P. LASSALE, *Finances publiques*, *op. cit.*, p. 312.

[46] D. CATTEAU, *La LOLF et la modernisation de la gestion publique…*, *op. cit.*, p. 326.

dépasse pas souvent certains points de rapport du ministre des Finances, en faisant prévaloir parfois des intérêts personnels ou ceux de certains groupes de pression fortunés défendant leurs privilèges irraisonnables »[47].

Il faut également remarquer que le désintérêt des parlementaires pour la discussion budgétaire se remarque, d'abord, en amont du vote du budget, dans le débat d'orientation budgétaire. Ce débat, institué pour impliquer le Parlement dans la prise de décision budgétaire, a une portée très limitée dans le droit budgétaire togolais. Dans le cadre de l'adhésion du Togo à la logique de performance des finances publiques, chacun des acteurs de la procédure budgétaire a un rôle à jouer. Les uns dans la phase de conception, les autres dans la phase de mise en œuvre. Cependant, « *il a été relevé une faible implication des élus du peuple dans le débat public sur les choix des dépenses publiques* »[48]. À la place du débat, « *l'on assiste plutôt à une relation d'entraide, les parlementaires étant pour la plupart ignorants de cette problématique* »[49].

Une étude menée sur le Parlement et le processus budgétaire dans les pays en développement révèle particulièrement que « *les Parlements qui interviennent efficacement dans le processus budgétaire sont ceux qui disposent de capacités d'analyse budgétaire importantes en interne, dont des bureaux chargés de l'étude du budget en leur sein sont dotés d'une expertise hautement qualifiée* »[50]. Également, de nombreuses études font état d'écarts considérables entre les ressources et les équipements parlementaires des pays développés et ceux des pays en développement. Ce qui pourrait expliquer les décalages entre les niveaux d'étude, notamment budgétaire, de ces deux groupes de pays. Il faut donc comprendre par là que l'influence du Parlement dépend également de ses capacités à analyser et à contrôler les politiques publiques et s'opposer, si nécessaire au Gouvernement[51].

2. L'absence de lien entre la DOB et les exigences de performance

Le nouveau cadre harmonisé des finances publiques place désormais la performance au cœur du processus budgétaire. Pour ce faire, l'institutionnalisation du DOB est l'une des exigences de la performance qui vise

---

[47] M. TALL, « Le Parlement dans les États d'Afrique noire francophone. Essai sur le Burkina Faso, la Côte d'Ivoire, le Sénégal et le Togo », Thèse, Université de Poitiers, 1986, p. 234.

[48] V. ONDOUA BIWOLE, « Le budget-programme en Afrique : quand les faits supplantent le rêve », *op. cit.*, p. 167.

[49] *Idem.*

[50] M. MOINDZE, « Le Parlement et le processus budgétaire dans les pays en développement », *op. cit.*, p. 41.

[51] *Idem.*

à « *rééquilibrer la place respective de l'exécutif et du législatif dans le débat budgétaire par l'information de ce dernier* »[52].

Avec les exigences de performance, l'information du Parlement est aujourd'hui considérablement enrichie. L'article 46 de la LOLF énumère pour chaque loi de finances, les documents qui doivent être joints au texte de loi. En effet, au-delà des documents de programmation budgétaire pluriannuelle (art. 52 et 53 LOLF), l'on peut citer le rapport définissant l'équilibre économique et financier, les résultats connus et les perspectives. On a aussi un plan de trésorerie prévisionnel et mensualisé de l'exécution du budget de l'État et les annexes explicatives.

Conformément à l'article 46 de la LOLF, ces annexes explicatives sont accompagnées du projet annuel de performance de chaque programme qui précise : « *La présentation de chacune des actions et de chacun des projets prévus par le programme, des coûts associés, des objectifs poursuivis, des résultats obtenus et attendus pour les années à venir mesurés par des indicateurs de performance ; la justification de l'évolution des crédits par rapport aux dépenses effectives de l'année antérieure ; l'échéancier des crédits de paiement associés aux autorisations d'engagement ; par catégorie d'emploi, la répartition prévisionnelle des emplois rémunérés par l'État et la justification des variations par rapport à la situation existante* ».

C'est donc sur l'ensemble de ces documents qu'a lieu le DOB, et ce, dans le cadre de la logique de performance. En ce sens, le Parlement a une connaissance plus précise, systématique et organisée des objectifs stratégiques et des résultats des politiques publiques de l'État, présentés dans les projets annuels de performance annexés au projet de loi de finances. Le Parlement est donc en mesure d'apprécier la cohérence entre les choix budgétaires qui lui sont proposés et les objectifs prioritaires qui les accompagnent.

Cependant, force est de constater que le DOB est souvent inopérant et fictif pour les rares fois où il se tient. Depuis plusieurs années, la pratique du DOB a été inexistante au Togo sauf en 2022 où elle a eu lieu[53]. À cette occasion, le ministre de l'Économie et des Finances soutenait que : « *Les choix budgétaires, je l'ai déjà indiqué, les secteurs prioritaires de la feuille de route gouvernementale bien sûr le social, l'axe 1 qui à lui seul va mobiliser plus de 50 % des ressources et puis les autres aspects notamment l'agriculture. Voilà un peu les grandes priorités des choix budgétaires. En ce qui concerne la dette*

[52] W. BABALE, « L'exigence de performance dans le processus budgétaire au sein des États membres de l'UEMOA », *op. cit.*, p. 122.

[53] Voir à ce titre l'article « *Un débat sans vote sur le Document d'Orientation Budgétaire s'est déroulé au Parlement* », 1er juillet 2022, disponible sur https://finances.gouv.tg/un-debat-sans-vote-sur-le-document-dorientation-budgetaire-dob-sest-deroule-au-parlement/

publique, vous avez pu constater que nous avons élaboré une stratégie soutenable dans les trois prochaines années et nous respecterons toutes les normes et les critères en la matière de sorte que le risque de surendettement soit un risque faible, modéré. Nous mettrons également l'accent sur la budgétisation sensible au genre et notamment la décentralisation »[54]. À l'analyse de cette déclaration, l'on déduit qu'il s'est agi, au cours de ce débat, d'une simple déclaration des choix budgétaires opérés par le Gouvernement et non d'un débat d'orientation budgétaire.

L'autre question qui se pose face à la pratique du DOB est de savoir la sanction qui pèse sur le Gouvernement qui est en principe obligé d'envoyer les documents à l'Hémicycle pour le débat. Si aucune sanction ne pèse sur le Gouvernement, il va sans dire que le principe même du DOB s'écarte des exigences de la performance des finances publiques.

B. Les contraintes liées au droit d'amendement des députés

Dans la procédure budgétaire, « *la marge de manœuvre constitutionnelle du Parlement se mesure à sa capacité d'amender le texte initial du projet de lois de finances* »[55]. De ce fait, il faut remarquer que le droit d'amendement constitue une caractéristique à l'aune de laquelle on peut mesurer l'efficacité de l'institution parlementaire. Malheureusement, on constate qu'il pèse sur ce droit d'amendement plusieurs contraintes. Ces contraintes sont dues au fait que ce droit est strictement encadré tant par les irrecevabilités financières **(1)** que par l'interdiction des cavaliers budgétaires **(2)**.

1. Les irrecevabilités financières

La phase de l'examen budgétaire reste, sans aucun doute, la phase la plus vivace qui suscite beaucoup d'intérêt aussi bien pour les députés que pour le Gouvernement[56]. En effet, pour les députés, c'est l'occasion propice pour imprimer leur marque ou une nouvelle orientation économique au projet de budget dont la discussion est en cours. Pour les membres du Gouvernement, c'est la phase où il faut saisir l'occasion de la discussion pour rejeter les propositions

---

[54] S. YAYA, « Un débat sans vote sur le Document d'Orientation Budgétaire s'est déroulé au Parlement », 1er juillet 2022, disponible sur https://finances.gouv.tg/un-debat-sans-vote-sur-le-document-dorientation-budgetaire-dob-sest-deroule-au-parlement/

[55] R. CHINAUD, « La loi de finances : quelle marge de manœuvre pour le Parlement », *Pouvoirs*, n° 64, cité par K. SOMALI, « Le Parlement dans le nouveau constitutionnalisme en Afrique. Essai d'analyse comparée à partir des exemples du Bénin, du Burkina Faso et du Togo », *op. cit.*, p. 318.

[56] K. SOMALI, « Le Parlement dans le nouveau constitutionnalisme en Afrique. Essai d'analyse comparée à partir des exemples du Bénin, du Burkina Faso et du Togo », *op. cit.*, p. 315.

« démagogiques » venant des députés se traduisant souvent par des surenchères budgétaires émanant aussi bien de la majorité que de l'opposition parlementaire. En droit togolais, la limitation du droit d'amendement des députés en matière budgétaire est de principe. Ce principe trouve son fondement juridique aussi bien dans la Constitution que dans la loi organique de 2014.

En effet, l'article 90 de la Constitution laisse entendre que « *les propositions et amendements formulés par les parlementaires ne sont pas recevables lorsque leur adoption aurait pour conséquence, soit une diminution des ressources publiques, soit la création ou l'aggravation d'une charge publique, à moins que ces propositions ou amendements ne soient assortis de recettes compensatrices* ». La finalité de cet article est d'apporter en ce qui concerne les membres du Parlement une limitation aux principes posés à l'article 83[57] de la Constitution. Pour reprendre le raisonnement du Conseil constitutionnel français, l'on peut aisément affirmer que c'est en vue d'éviter que des dispositions particulières ayant une incidence financière directe puissent être votées sans qu'il soit tenu compte des conséquences qui pourraient en résulter pour la situation d'ensemble des finances publiques[58]. Cette restriction vise également à protéger les grands équilibres du budget[59].

L'article 90 de la Constitution ainsi formulé a une portée politique certaine. Il prend en compte, en effet, toutes les formes d'initiative législative lorsqu'elles mettent en cause les ressources et les charges publiques, même s'il s'agit d'un texte de portée générale. Interprété stricto sensu, cet article aboutit à supprimer presque totalement l'initiative des parlementaires en matière législative, toute réforme étant susceptible d'aggraver les obligations financières de l'État ou de diminuer les ressources[60].

Par ailleurs, la loi organique de 2014, inspirée par la directive de l'UEMOA portant loi de finances[61], vient renforcer, dans le cadre de la discussion du budget, l'arsenal de défense mis en place par l'article 90 de la Constitution pour l'ensemble des lois. Le principe de la liberté d'initiative posé par l'article 83 de la Constitution devient l'exception avec la LOLF : « *Aucun article additionnel, aucun amendement à un projet de loi de finances ne peut être proposé par le Parlement, sauf s'il tend à supprimer ou à réduire effectivement une dépense, à créer ou à accroître une recette. De même, le Parlement ne peut proposer ni la création ni la suppression d'un programme, d'un budget annexe ou d'un compte*

---

[57] Article 83 : « *L'initiative des lois appartient concurremment aux députés et au Gouvernement* ».

[58] Cons. Const., décision n° 75-57 DC, 23 juillet 1975, Taxe professionnelle, cons. n° 4.

[59] CC, déc. n° 75-57 DC, 23 juillet 1975 *Loi supprimant la patente et instituant une taxe professionnelle*, *Rec.* p. 24.

[60] K. SOMALI, « Le Parlement dans le nouveau constitutionnalisme en Afrique. Essai d'analyse comparée à partir des exemples du Bénin, du Burkina Faso et du Togo », *op. cit.*, p. 315.

[61] Voir article 59 de la DLF.

spécial du Trésor. Tout article additionnel, tout amendement, doit être motivé et accompagné des développements des moyens qui le justifient »[62]. Il est donc clair que la LOLF réglemente le droit d'amendement beaucoup plus rigoureusement que le texte constitutionnel.

Dans tous les cas, il est à noter que les amendements formulés par les parlementaires et acceptés par le Gouvernement restent exceptionnels, au regard des limitations constitutionnelles aggravées par la loi organique en la matière.

2. L'interdiction des cavaliers budgétaires

Un cavalier budgétaire, selon A. BAUDU, est une mesure ne présentant aucun caractère budgétaire sauf sa présentation cachée dans la loi de finances[63]. Autrement dit, il s'agit « *d'une disposition étrangère au domaine des lois de finances qui, se greffant sur celles-ci, profite de la procédure propre à l'examen de ce type de texte (...) pour modifier le droit positif alors qu'elle aurait dû suivre la procédure normale d'élaboration de la loi* »[64].

Au Togo, l'interdiction des cavaliers budgétaires résulte de la LOLF et du règlement intérieur de l'Assemblée nationale[65]. En effet, l'article 59 de la LOLF dispose clairement que « *la disjonction d'articles additionnels ou à l'objet des lois de finances défini à l'article 3 de la présente loi organique est de droit* ». En ce sens, toute disposition qui n'entre pas dans le domaine de la loi de finances tel que défini par l'article 3 de la LOLF, qu'elle soit d'origine gouvernementale ou parlementaire, constitue un cavalier budgétaire parce que le législateur organique, pour reprendre les termes du Conseil constitutionnel français, « *a défini de façon complète et précise le contenu de la loi de finances de l'année* »[66]. Le même Conseil constitutionnel précise que par principe, constitue un cavalier budgétaire toute disposition non énumérée à l'article 1er de l'ordonnance organique[67].

Le règlement intérieur de l'Assemblée nationale[68] abonde dans le même sens. Dans ce règlement, il est clairement mentionné qu'est prohibé tout article ou tout amendement contenant des dispositions autres que celles prévues par la LOLF,

---

62 Article 59 de la LOLF de 2014.

63 A. BAUDU, « Contribution à l'étude des pouvoirs budgétaires du Parlement en France : Éclairages historiques et perspectives d'évolution », *op. cit.*, p. 513.

64 J.-P. CAMBY, « Cavaliers », *in Mélanges en l'honneur de Loïc Philip,* Paris, 2005, p. 327 et s.

65 Règlement intérieur de l'Assemblée nationale togolaise, 4e édition, modifié par la résolution du 30 août 2013.

66 Cons. const. 25 juill. 2001, n° 2001-448 DC, *Rec. Cons. const. 99, cons. 69.*

67 Cons. const. 30 décembre 1997, Loi de finances pour 1998, 395 DC.

68 Article 109, al. 1er du règlement intérieur de l'Assemblée nationale.

et que par conséquent, de tels articles sont retirés du projet de loi de finances pour faire l'objet d'un débat distinct dans des conditions bien précises. Le même règlement intérieur continue en précisant que les articles additionnels et amendements contraires aux dispositions de la LOLF sont déclarés irrecevables dans des conditions qui sont inscrites à l'article 82[69].

Que ce soit dans la LOLF ou dans le règlement intérieur de l'Assemblée nationale, les dispositions visent à limiter le pouvoir financier du Gouvernement en vue de favoriser la prééminence de l'exécutif en la matière.

Par ailleurs, il faut signaler que l'idée de limiter les cavaliers budgétaires au Togo est héritée de la France qui l'a initiée dès la Troisième République par la loi du 30 juillet 1913. Sous la Quatrième République, cette interdiction a été formalisée par le texte constitutionnel en son article 16 et par le décret du 19 juin 1956 précisé par ses articles 31 et 42. Plus tard, c'est-à-dire sous la Cinquième République, le juge constitutionnel est venu à bout du législateur en marquant sa sévérité à l'égard des cavaliers budgétaires. Il a donc sanctionné les cavaliers budgétaires avec la plus grande sévérité et la plus grande vigilance[70].

CONCLUSION

L'engagement du Togo dans la dynamique rénovatrice de l'assemblée parlementaire dans le processus de décision budgétaire n'a pas pu empêcher le maintien des contraintes limitant les élus du peuple dans l'exercice des pouvoirs qui leur sont dévolus. Dans cette perspective, il convient d'agir sur les causes ou les raisons identifiées d'un tel conservatisme. En France, par exemple, Aurélien BAUDU explique l'échec du renouveau parlementaire en matière budgétaire et financière par le refus constitutionnel de « déverrouiller » la procédure budgétaire et financière et la persistance des mécanismes du parlementarisme rationalisé en la matière[71].

Au regard de la persistance des mécanismes du parlementarisme rationalisé, il convient de rappeler que la LOLF française du 1er août 2001 a, de manière audacieuse, permis que le droit d'amendement des parlementaires soit renforcé

---

[69] Article 82, al. 7 RAN : « *Les propositions de loi dont l'adoption aurait pour conséquence, soit une diminution des ressources publiques, soit la création ou l'aggravation d'une charge publique, sont déclarées irrecevables par le président de l'Assemblée nationale si elles ne sont pas accompagnées d'une proposition d'augmentation de recettes ou d'économies équivalentes* ».

[70] J.-P. CAMBY, « Cavaliers », *op. cit.*, p. 327 s.

[71] A. BAUDU, « L'incertaine renaissance parlementaire en matière budgétaire et financière », *op. cit.*, p. 1.

en matière financière sans que l'article 40 de la Constitution ait malheureusement besoin d'être retouché.

À la question de savoir comment renforcer le rôle des parlements des pays en développement dans le processus budgétaire, Mohamed MOINDZE tente de donner une alternative. Selon lui, le renforcement du contrôle budgétaire parlementaire constitue un des piliers pour la consolidation de la démocratie[72]. Ce renforcement devrait comprendre plusieurs activités. Entre autres activités, il propose la mise à niveau du cadre juridique et institutionnel conformément aux bonnes normes internationales, la mise en place et la consolidation du système d'information budgétaire et comptable de sorte qu'il puisse permettre de produire et de publier sans retard ni défaillance l'information budgétaire infra-annuelle nécessaire au contrôle parlementaire et le projet de loi de règlement, la généralisation de la pratique du DOB pour permettre aux parlementaires de se prononcer en toute connaissance de cause sur les autorisations budgétaires, et enfin, le développement des rôles et pouvoirs des commissions parlementaires par des moyens techniques et des ressources humaines adéquates. Aussi est-il nécessaire de reconnaître que « *le renforcement de l'efficacité parlementaire dans le processus ne saurait se limiter à des aspects purement techniques... En conséquence, l'élaboration des plans nationaux de renforcement des capacités des Parlements en matière budgétaire est toujours confrontée à des contraintes d'ordre politique et institutionnel dont il convient de tenir compte pour introduire des réformes viables* »[73]. À ce titre, Michel BOUVIER tente également de proposer une voie vertueuse. Selon lui, « *il faudrait également que le rôle du Parlement en matière financière soit revalorisé aussi bien en direction de l'administration publique que plus largement de l'opinion* »[74].

La rénovation des pouvoirs budgétaires du Parlement reste un combat continu des sociétés, même les plus démocratiques, depuis que les exécutifs ont envahi le domaine législatif. Dans les pays d'Afrique noire francophones, le combat pour un véritable renouveau des pouvoirs budgétaires du Parlement est loin d'être gagné et exige une volonté politique plus affirmée.

---

[72] *Idem.*

[73] M. MOINDZE, « Le Parlement dans le processus budgétaire dans les pays en développement », *op. cit.*, p. 45.

[74] M. BOUVIER (dir.), « La gestion de la dépense publique dans les pays de l'Afrique francophone subsaharienne », 2004, p. 246, disponible sur www.sudoc.fr, consulté le 29 avril 2017.

Les défis de mesure de la performance budgétaire au Bénin

Francky Pèrès KOUDJROHÈDÉ

Doctorant en droit public
Chercheur au CERAF, Université d'Abomey-Calavi (Bénin)

Introduction

« *La culture gestionnaire a pénétré nombre d'États dans le monde.* »[1] Cette culture inspirée de la gestion des entreprises privées a provoqué une révolution dans la gestion publique, précisément dans la gestion financière publique[2]. Elle tire ses origines au début du siècle dernier aux États-Unis. La recherche d'une meilleure gestion des ressources de l'État américain a conduit à plusieurs études (effectuées par plusieurs commissions[3]) qui, à l'arrivée, donnèrent naissance au Planning Programming Budgeting System de 1960. Ce système repose sur la recherche de la performance[4] à travers un outil essentiel et nouveau : le budget

---

[1] M. BOUVIER, M.-C. ESCLASSAN et J.-P. LASSALE, *Finances publiques*, Paris, LGDJ, 2020, 20e éd., p. 262.

[2] La convergence entre la performance dans le secteur privé et celui public n'empêche pas de reconnaître la spécificité de la performance dans le secteur public sous l'angle des fonctions de production et des valeurs de références. R. POLI, « Les indicateurs de performance de la dépense publique », *RFFP*, n° 82, juin 2003, p. 109.

[3] Commission pour l'économie et l'efficacité dite « Commission Taft » en 1912, Commission on Organization of the Executive Branch of the Government dite « Commission Hoover » en 1947.

[4] La recherche de la performance est rendue nécessaire et impérative par la globalisation des échanges, l'ouverture des marchés et la concurrence entre les économies des États. N. MÉDÉ, « La LOLF : scénarios pour aujourd'hui », Rapport introductif, *in* N. MÉDÉ (dir.), *La LOLF dans tous ses états*, Abomey-Calavi, CPU-UAC, 2015, pp. 19-20.

de programme. Dès lors, la recherche de la performance dans les systèmes financiers publics s'est répandue comme une traînée de poudre en un demi-siècle. Elle a vu le jour dans les États de l'Afrique francophone à la fin des années 1990. Le Bénin, quant à lui, s'est lancé dans la nouvelle approche budgétaire en 2000[5]. En 2001, cinq ministères pilotes ont expérimenté l'élaboration de budget de programmes[6]. Cependant, outre l'effet d'entraînement provoqué par la réforme française de rationalisation des choix budgétaires, la fièvre de la recherche de performance financière dans ces États a aussi été le fait des mécanismes de conditionnalités des institutions financières internationales de Bretton Woods[7]. De plus, le législateur communautaire de l'Union Économique et Monétaire Ouest-Africaine (UEMOA) a marqué les lignes de cette nouvelle culture. C'est à travers le nouveau cadre harmonisé des finances publiques[8], où la performance est au cœur de l'action financière publique, qu'il inaugure cette ère.

La gestion budgétaire a, dès lors, subi une mutation : de la logique de moyens à la logique de performance, « *d'une logique politique ancienne reposant sur le droit [à] une logique de gestion plus récente basée sur des impératifs économiques et qui privilégie la capacité d'expertise technique* »[9]. À cette date, tous les États membres de l'UEMOA ont transposé ces directives et s'attèlent à l'implémentation de la gestion budgétaire axée sur la performance. La gestion financière par la performance va avec cinq critères identifiés par le professeur Nicaise MÉDÉ : l'approche managériale, la justification des crédits au premier franc, la pluriannualité, la comptabilisation sur la base des droits constatés et des obligations, et la reddition de compte[10]. Mais qu'est-ce que la performance ?

Le glossaire du CHFP/UEMOA définit la performance comme la mesure selon laquelle une action obtient des résultats conformes aux objectifs affichés ou planifiés. Cette définition présente la performance elle-même comme une mesure. Elle peut être définie comme le niveau d'atteinte des objectifs préalablement fixés au regard de certains critères ou de certaines références. Elle s'appréhende par la confrontation des résultats obtenus aux objectifs fixés.

---

[5] A. PARIENTE et A. S. COULIBALY, « Programmes et mesure de la performance en France et dans les pays africains », *RFFP*, n° 98, juin 2007, p. 35.

[6] Voir N. MÉDÉ, « La nouvelle gestion budgétaire : l'expérience des budgets de programmes au Bénin », *Revue Afrilex*, n° 4, 2004, pp. 59-60.

[7] N. MÉDÉ, « L'Afrique francophone saisie par la fièvre de la performance financière », *RFFP*, n° 135, septembre 2016, p. 350.

[8] Ce cadre harmonisé des finances publiques peut être élargi aux directives postérieures à celles de 2009.

[9] M. BOUVIER, Préface à N. MÉDÉ (dir.), *La LOLF dans tous ses états*, *op. cit.*, p. 11.

[10] N. MÉDÉ, « L'Afrique francophone saisie par la fièvre de la performance financière », *op. cit.*, pp. 353-354.

Il est généralement admis que la performance intègre trois critères ou exigences que sont l'efficacité, l'efficience et l'économie[11]. Premièrement, l'efficacité est la qualité de ce qui produit les résultats attendus. « *Être efficace consiste à produire des résultats escomptés et réaliser des objectifs fixés en terme de qualité, de rapidité et/ou de coûts.* » Cette définition du glossaire empiète sur le deuxième élément en intégrant les coûts. Il est partagé que l'efficacité met principalement en rapport les résultats obtenus et les objectifs en tenant compte de la qualité et du temps accessoirement (efficacité dans le temps), mais la prise en compte des coûts renvoie à l'efficience. Dans la gestion budgétaire axée sur la performance, l'efficacité est donc la mesure dans laquelle les gestionnaires publics parviennent à réaliser les objectifs préalablement fixés. Deuxièmement, l'efficience est la capacité à produire un résultat rentable. Elle s'intéresse à l'optimisation de la consommation des ressources utilisées (intrants) dans la production d'un résultat (extrant). Ici, le rapport est établi entre les résultats obtenus et les moyens utilisés. Troisièmement, l'économie se rattache au souci de diminuer le montant des dépenses à effectuer. La performance s'évalue donc au regard de ces trois critères essentiels.

L'introduction de la performance dans la gestion publique apparaît comme une réponse au soupçon d'inefficacité de l'administration. Elle répond également à un souci de transparence de l'action administrative s'exprimant tant du point de vue politique (nouveau rôle du Parlement) que financier (les notations, etc.)[12]. En effet, la notion de performance se conjugue avec celle de son évaluation. Pour apprécier le niveau de performance, il faut évaluer la performance ! Les objectifs étant de rendre efficace la dépense publique, d'offrir un service public de qualité et, in fine, de parvenir à une gestion performante des ressources publiques, il s'avère nécessaire d'apprécier les résultats obtenus. C'est en ce sens que le professeur Nicaise MÉDÉ affirme que « *le résultat et la mesure de la performance sont pour la gestion budgétaire axée sur les résultats ce que le cœur d'un réacteur est dans une centrale nucléaire : le concentré de tous les défis et de tous les risques* »[13]. Pour renchérir, Marc SIMMONY écrivait que « *mesurer la performance est donc devenu une exigence pour la gestion publique, non seulement pour des raisons de contraintes des finances publiques présentes dans la majorité des pays qui s'engagent dans cette démarche, mais également pour maintenir des services publics de qualité et si possible à moindre coût. De façon*

[11] Et de plus en plus, une quatrième préoccupation : l'environnement ou l'écologie dans un contexte de développement durable.

[12] R. POLI, « Les indicateurs de performance de la dépense publique », *op. cit.*, p. 109.

[13] N. MÉDÉ, « Réflexion sur le cadre harmonisé des finances publiques dans l'espace UEMOA », *Revue Afrilex*, n° spécial 2, 2012, p. 12.

générale, c'est une exigence démocratique impliquant un changement de culture et une modification sensible des comportements »[14].

La détermination de la performance atteinte conduit à plusieurs interrogations, telles que : que mesure-t-on concrètement ? Avec quoi ? Comment mesure-t-on ? Qui mesure ? Quand mesure-t-on ? Pourquoi mesurer ? Ce sont des questions légitimes, auxquelles la doctrine essaie d'apporter sa contribution. Le dédicataire de ces Mélanges a profondément travaillé sur le sujet. Grâce à ses réflexions sur le cadre harmonisé des finances publiques, sur l'expérimentation des budgets de programme, sur les défis de cohérence de la réforme du budget axé sur la performance dans l'espace UEMOA, sur le programme budgétaire, sur la mesure de la performance…, les sillons ont été tracés pour que se poursuivent les réflexions enluminées.

La présente étude entend faire le tour des défis liés à la mesure des niveaux de performance dans la gestion financière publique au Bénin[15]. Il s'agit d'apprécier les enjeux liés à la mesure de la performance, d'examiner la cohérence entre, d'une part, le cadre juridique existant, la structure actuelle de l'administration, les ressources humaines et matérielles disponibles, et d'autre part, les exigences et contraintes rattachées à l'évaluation de la performance budgétaire. Quels sont les défis à relever pour une bonne mesure du niveau de performance des finances publiques au Bénin ?

Cette révolution, qui exige la mesure de performance, embrasse aussi bien les outils et méthodes de la gestion budgétaire que le fonctionnement et le rôle des acteurs budgétaires. En ce qui concerne les outils et méthodes de cette nouvelle gestion, il s'agit des indicateurs de performance, de la comptabilité d'analyse des coûts, etc. Pour les acteurs ou institutions, la nouvelle gestion budgétaire induit un réaménagement de leurs rôles. Dans ce cadre, la Cour des comptes, en tant qu'institution supérieure de contrôle des finances publiques, bénéficie de compétences nouvelles telles que la certification des comptes, l'audit des rapports de performance et une assistance renforcée au Parlement. Ce dernier se trouve également renforcé quant à son rôle de contrôle de l'action gouvernementale, dont l'évaluation des politiques publiques mises en œuvre par le Gouvernement.

Au regard de ce qui précède, les défis liés à la mesure de la performance sont doubles : l'un se rapporte à l'optimisation et à la rationalisation du processus

[14] M. SIMMONY, « La démarche de performance dans le cadre des Finances publiques », *RFFP*, n° 98, juin 2007, p. 31.

[15] Toutefois, la performance des finances publiques représente un maillon central dans un système qui intègre, tel un engrenage, la performance de plusieurs autres secteurs, aussi bien publics que privés : performance administrative, performance des finances publiques, performance de l'économie publique, performance des ressources humaines publiques, performance de l'environnement des affaires.

budgétaire de mesure de la performance **(I)** et l'autre au fonctionnement efficace des structures impliquées dans cette mesure **(II)**.

I. UN DÉFI DE RATIONALISATION DU DISPOSITIF DE MESURE

Le programme de performance est une unité évaluative[16]. Sa création s'accompagne de la définition des objectifs et des moyens à mobiliser pour l'obtention des résultats. Suivant l'article 12 de la directive relative aux lois de finances, les résultats obtenus sont mesurés par des indicateurs de performance. La conception de ces indicateurs et leur choix sont un premier niveau de tâches à réussir pour une bonne mesure de la performance **(A)**. Toutefois, la multitude des données financières, économiques et statistiques qu'exige cette mesure conduit inévitablement à un excès de quantification. Il y a lieu donc de prévenir les déviances d'une telle luxure en équilibrant le quantitatif avec le qualitatif **(B)**.

A. Une conception des indicateurs de performance à peaufiner

Un indicateur de performance est une « *représentation chiffrée qui mesure la réalisation d'un objectif et permet d'apprécier le plus objectivement et le plus fidèlement possible le niveau de performance d'une institution ou d'un service. Un bon indicateur doit être pertinent (c'est-à-dire spécifique et représentatif), pratique (c'est-à-dire simple, compréhensible, produit annuellement à un coût raisonnable), mesurable et fiable (bien défini en termes méthodologiques, précis, sensible à la réalité mesurée mais non manipulable, enfin, vérifiable)* »[17]. Cette définition indique la nature, l'objet et les caractéristiques d'un indicateur de performance. Suivant cette définition, cet instrument de mesure est de nature numérale. C'est un chiffre qui renvoie à une réalité en matière de réalisation. Cette nature des indicateurs de performance procède du souci de disposer d'un ensemble d'éléments homogènes qui facilite l'agrégation et l'analyse des données. Par conséquent, même lorsqu'il se rapporte à des éléments qualitatifs, l'indicateur de performance doit être chiffré. Il peut être exprimé en ratio, en pourcentage, etc.

---

[16] N. MÉDÉ, *Finances publiques UEMOA/UMOA*, Dakar, L'Harmattan Sénégal, 2016, p. 150.

[17] Commission de l'UEMOA, *Glossaire du cadre harmonisé des finances publiques de l'UEMOA*, pp. 41-42.

Les indicateurs de performance ont pour vocation de mesurer le niveau de réalisation d'un objectif et d'apprécier le niveau de performance d'un service. On en distingue plusieurs types selon l'objet qu'ils mesurent : les indicateurs de ressources, les indicateurs d'activité, les indicateurs d'impact, les indicateurs d'effets, les indicateurs de productivité, etc.

Quant aux caractéristiques, la loi organique relative aux lois de finances en préconise cinq (5)[18]. Il faut que l'indicateur soit pertinent c'est-à-dire spécifique au travers de sa capacité à véritablement mesurer les changements induits par les actions en lien avec l'objectif auquel il est rattaché. La pertinence d'un bon indicateur se reconnaît également par son aptitude à prendre en compte tout ou la majorité des changements : c'est la représentativité. De plus, l'indicateur de performance doit être pratique, mesurable, fiable et vérifiable.

Au regard de ces critères et de l'importance des indicateurs dans la mesure de la performance, leur conception mérite d'être faite avec minutie, objectivité, réalisme et professionnalisme au moyen d'outils bien élaborés et indiqués. C'est un exercice à la fois sensible et gigantesque. Sensible par rapport au choix des données à considérer dans le calcul de l'indicateur et à leur maniement. Un indicateur biaisé ne fournira pas une information correcte, fiable et sincère. Il ne saurait servir de mesure fiable de l'objectif à mesurer. L'exercice est gigantesque, car les informations à intégrer dans la conception d'un indicateur seront souvent nombreuses et variées. Il n'est pas à nier la nécessaire homogénéité de ces informations.

Au Bénin, c'est le Système Intégré de Gestion des Finances Publiques (SIGFP) qui sert d'outil d'élaboration des indicateurs. Le budget de l'État pour la gestion 2023 comporte quarante-huit (48) missions budgétaires, dérivées de sept (7) missions d'État[19]. À chacun de ces programmes budgétaires sont associés des objectifs et des indicateurs. Entre autres, l'on note la présence du programme « Pilotage et soutien aux services du Ministère » au niveau de tous les ministères. C'est un programme destiné à accompagner les programmes métiers à atteindre leurs objectifs. Cependant, la méthode de choix des indicateurs ne semble pas clairement élucidée[20].

---

[18] Art. 1, LOLF.

[19] Souveraineté, planification et finances, équipement, soutien au développement économique, éducation, social et environnement, et administration. Voir la liste des missions, disponible sur www.beninbudget.bj/publications/?sub_menu_id=3&mymainlink_id=22, consulté le 01 mars 2023.

[20] Voir le Rapport de la conférence de performance dans le cadre de l'élaboration du budget de l'État pour la gestion 2023, juillet 2022, disponible sur : www.beninbudget.bj/publications/?sub_menu_id=3&mymainlink_id=22, consulté le 01 mars 2023.

La question du choix des indicateurs demeure une étape importante pour le responsable de programme[21]. « *Les indicateurs sont à choisir en fonction de leur qualité, de leur spécification et des conditions d'acquisition des informations requises. (...) Il faut être sélectif et ne retenir que ceux qui représentent un enjeu important pour l'atteinte de l'objectif visé* »[22]. Dans le système financier béninois, la méthodologie de conception de ces indicateurs est entourée de certaines règles[23]. Pendant la conférence de performance, les acteurs budgétaires des ministères procèdent, entre autres, à une autoévaluation des indicateurs afin de maintenir, de reformuler ou de supprimer ceux qui sont jugés non conformes. Les règles qui guident cet exercice recommandent de retenir deux indicateurs maximums par objectif spécifique, de tendre vers des indicateurs d'effets, de faire ressortir si possible des indicateurs genre, de préserver les indicateurs relevant d'un cadre international ou normatif, de remplacer les indicateurs non renseignés sur plusieurs années, de faire passer les indicateurs sous les critères CREAM+[24] ou SMART[25]. Il va sans dire que le bon sens et l'esprit supérieur du gestionnaire sont sollicités. Par ailleurs, les indicateurs respectant ces critères sont retenus par le responsable de programme et la fiche signalétique de chaque indicateur est élaborée.

Au demeurant, le mode de conception d'un indicateur de performance doit être le plus stable possible, car pour en tirer un meilleur profit, il urge que les données soient comparables dans le temps. Une série chronologique des résultats des indicateurs permettra une prise de décision fondée et prospective. Ainsi, la méthodologie de calcul d'un indicateur de performance doit tenir compte des aléas externes qui ne doivent pas influer considérablement sur les données captées par l'indicateur. De même, la modification de la méthodologie pouvant devenir un impératif sous l'apparition de circonstances exceptionnelles, elle doit être encadrée.

Si l'élaboration des indicateurs de performance est la résultante de matières premières disponibles notamment en matière de données actuelles et fiables, elle est un défi majeur à relever dans les États de l'espace UEMOA, car le « *système d'information statistique présente des insuffisances au niveau des ressources*

---

[21] « *Sous l'autorité des ministres dont ils relèvent, les responsables de programme (...) définissent ou révisent les objectifs et les indicateurs de résultats* », Commission de l'UEMOA, *Guide didactique de la Directive n° 06/2009/CM/UEMOA du 26 juin 2009 portant lois de finances au sein de l'UEMOA*, p. 14.

[22] Ministère de l'Économie et des Finances du Royaume du Maroc, *Guide de performance*, p. 31.

[23] Voir Introduction du Rapport de la conférence de performance dans le cadre de l'élaboration du budget de l'État pour la gestion 2023, juillet 2022.

[24] *Clear* (clair), *Relevant* (pertinent), *Economic* (Économique), *Adequate* (adéquat), *Monitoreable* (mesurable), + (la valeur marginale), en d'autres termes, combien d'informations additionnelles l'indicateur pourvoit-il en comparaison avec les autres indicateurs proposés ou existants ?

[25] Spécifique, Mesurable, Atteignable, Réaliste et Temporellement défini.

(humaines et matérielles) et de la méthodologie »[26]. Ce déficit de données s'accompagne de celui du potentiel humain et de la carence des moyens de travail et du système de travail[27].

À l'heure de la cybernétique financière, l'élaboration des indicateurs de performance serait meilleure à l'aide de logiciels capables d'agréger toutes les informations et de ressortir les traits de critères de l'indicateur. Toutefois, la mise en place de logiciels n'est pas synonyme d'un bon choix systématique d'indicateur ; encore faudrait-il procéder à une bonne appréciation des données rendues par le logiciel.

Au demeurant, l'habileté du traitement, la capacité d'interprétation des informations sont intrinsèques à la conception et au choix des indicateurs. La question de la qualification et de la compétence des responsables de programme se pose donc. Ceux-ci doivent réunir l'expertise correspondant à la robustesse des challenges ci-dessus identifiés. Néanmoins, il faut reconnaître qu'actuellement, le profil des responsables des programmes budgétaires des ministères est plus ou moins rassurant. De plus, des outils sont conçus pour baliser le chantier de l'évaluation de la performance publique au Bénin. Entre autres, on peut énumérer l'outil d'évaluation des performances de gestion du service public (MPAT), le guide méthodologique national d'évaluation[28], et les divers documents élaborés par la Direction générale du Budget[29]. Mais le pari n'est pas encore gagné.

En ce qui concerne les données à mobiliser dans la conception des indicateurs de performance, elles ne sont pas que financières ; les agrégats économiques et les statistiques sont aussi imbriqués. Une forte présence de chiffres, pour ne pas dire de quantification, subsiste alors avec la mesure de la performance.

B. Une luxure numérique à endiguer

L'allocation des moyens, l'évaluation des objectifs, le calcul des écarts entre les prévisions et les réalisations, les estimations des indicateurs sont autant d'éléments qui justifient que la quantification est au cœur de la démarche de

---

[26] W. LAWANI, « La mise en œuvre du budget programme dans les ministères sectoriels : cas du ministère de l'Agriculture, de l'Élevage et de la Pêche », cité par N. MÉDÉ, « La nouvelle gestion budgétaire : l'expérience des budgets de programmes au Bénin », *Revue Afrilex*, n° 4, 2004, p. 84.

[27] N. MÉDÉ, « Réflexion sur le cadre harmonisé des finances publiques dans l'espace UEMOA », *op. cit.*, p. 20.

[28] Bureau de l'évaluation des politiques publiques et de l'analyse de l'action gouvernementale, *Guide méthodologique national d'évaluation*, décembre 2017, 124 p.

[29] Disponible sur le site internet www.budgetbenin.bj.

performance[30]. Cette quantification s'accentue par le rôle majeur des indicateurs de performance qui, au-delà de leur nature numérique, devront servir à une appréciation de valeurs. Partir des indicateurs pour apprécier les résultats obtenus revient à traduire les chiffres en valeurs d'appréciation. Des difficultés se pointent. Comme l'écrivait un auteur, « *tout n'est pas mesurable* »[31]. Nul ne peut le nier. Comment évaluer l'impact d'un forage d'eau dans le village qui l'abrite ? Comment apprécier la capacité de réaction des forces armées face au terrorisme ? Comment apprécier le coût d'une vie humaine dans un programme ? Comment estimer l'apport de la ressource humaine dans la mise en œuvre d'une action pour l'atteinte d'un objectif ? De même, certains éléments entrant dans le cadre des *inputs* de calcul des indicateurs ne sont pas toujours mesurables.

Les indicateurs de performance doivent participer à l'appréciation de la mise en œuvre des politiques publiques poursuivies par le Gouvernement. Les programmes budgétaires sont les supports de déclinaison de ces politiques. Contrairement aux indicateurs de résultats, les indicateurs d'effets et d'impacts sont donc les plus susceptibles de rendre une mesure objective du niveau de réalisation d'une politique. Les premiers permettent de mesurer les résultats à court terme des actions publiques en matière de produits et services publics rendus (le nombre de professeurs formés, le nombre d'écoles construites, le nombre de wifi publics installés, etc.), tandis que les seconds consistent à mesurer les conséquences à moyen terme (indicateurs d'effets) et à long terme (indicateurs d'impacts) des actions engagées. Pour les conséquences à moyen terme, il s'agit d'apprécier la manière dont la dépense publique répond aux besoins par le niveau d'utilisation des produits et services (le taux de scolarisation, par exemple). En ce qui concerne les conséquences à long terme, les indicateurs correspondants permettent d'évaluer les changements de conditions de vie induits par les actions publiques menées[32].

Dans la pratique, les gestionnaires optent pour les indicateurs de résultats car ils sont faciles à mesurer. Ainsi, ils se focalisent sur les résultats quantitatifs. Cela conduit à un excès de quantification intentionnelle nuisible à l'appréciation des retombées socio-économiques des actions publiques. C'est ce phénomène qu'un auteur qualifie de « *politique du chiffre* »[33]. Aussi ne faut-il pas confondre la mesure de l'activité et la mesure du résultat. La première répond beaucoup plus

---

[30] E. TONI, « Crise des finances publiques et démarche de performance : échos d'ailleurs », *in* N. MÉDÉ (dir.), *La LOLF dans tous ses états*, Abomey-Calavi, CPU-UAC, 2015, p. 198.

[31] *Ibid.*, p. 199.

[32] Certains auteurs préfèrent la *summa divisio* qui distingue les indicateurs de résultats (*outputs*) des indicateurs d'impact (*outcomes*). Nous considérons, ici, les indicateurs d'effets comme des *outcomes*.

[33] J. CHEVALLIER, « Performance et gestion publique », *in Réformes des finances publiques et modernisation de l'Administration. Mélanges en l'honneur de Robert Hertzog*, Paris, Economica, 2010, p. 92.

à la quête de mesure de la performance de la gestion financière publique. Il est impératif de dépasser la mesure des résultats.

À titre illustratif, les indicateurs de performance liés au Programme 2 intitulé « Enseignement supérieur » du ministère de l'Enseignement supérieur et de la Recherche scientifique renvoient à un ratio ou à un taux. En tant que tel, la difficile mesure des résultats est apparente au travers d'une lecture du cadre de performance dudit programme. Alors que l'un des résultats attendus est le renforcement de l'encadrement dans l'enseignement supérieur, l'indicateur affecté pour sa mesure est le ratio étudiants/enseignant[34]. Il est vrai que ce ratio fournit une information utile pour l'appréciation de l'atteinte de cet objectif, mais un meilleur ratio n'indique pas la qualité de l'encadrement. Cet aspect qualitatif n'est pas pris en compte par cet indicateur.

Un meilleur résultat affiché par un indicateur de résultats ne traduit pas forcément une meilleure répercussion sur la vie sociale et économique de l'État. Par exemple, le taux d'équipement d'un centre de santé construit pour améliorer l'accès à des soins de qualité peut être fort apprécié, tandis que la proximité dudit centre des usagers est déplorable[35]. Ces cas ne contribuent pas à une évaluation correcte et fiable des actions réalisées. Une évaluation pertinente des politiques publiques requiert la prise en compte d'autres facteurs – entre autres, le dispositif pour la mesure des effets/impacts des actions publiques et la disponibilité des données intrinsèques à l'évaluation de ceux-ci. Errol TONI y ajoute l'assentiment des personnes auxquelles l'indicateur s'appliquera[36], en commençant par le gestionnaire de programme.

En outre, l'évaluation de la performance est rendue délicate par l'existence des asymétries d'information. Sur cet enjeu, un auteur estime que « *la performance, dans toutes les composantes, dépend des efforts non observables effectués (aléa moral) mais aussi de caractéristiques exogènes également non observables (antisélection) telles que la compétence des agents. Cette conjugaison d'éléments d'aléa moral et d'antisélection renforce la complexité de l'évaluation. Elle peut engendrer des manipulations de l'information transmise lorsque celle-ci est non vérifiable* »[37]. Cette analyse entérine l'ampleur de l'évaluation des actions publiques. L'un des dangers occasionnés par

---

[34] Projet annuel de performance du ministère de l'Enseignement supérieur et de la Recherche scientifique, gestion 2023, décembre 2022, p. 31.

[35] Exemple français donné par E. TONI, « Crise des finances publiques et démarche de performance : échos d'ailleurs », *op. cit.*, p. 200 : le nombre d'arrestations effectuées par la police au cours d'une période donnée (indicateurs de résultats) et le taux de criminalité (indicateur d'impact).

[36] *Ibid.*

[37] D. BUREAU, M. MOUQEOT et N. STUDER, « Mesurer la performance de la gestion publique à la lumière de l'analyse économique », *Revue française des affaires sociales*, n° 1, 2010, p. 92.

l'asymétrie d'information est la possible manipulation des données difficilement vérifiables ayant servi à la détermination de l'indicateur. Il s'ensuit que cet indicateur n'est pas meilleur et ne reflète pas la réalité. Face à ces contingents fatidiques, l'organisation et la méthode sont essentielles pour surmonter les biais, écueils à une bonne mesure de la performance et par conséquent, à une véritable rationalité des décisions financières publiques. C'est dans le même registre que Danièle LAMARQUE écrivait que « *si l'évaluation est de nature à améliorer la rationalité des décisions budgétaires et l'efficacité des actions financées, ce n'est pas sans précautions, notamment de méthode, que cette amélioration doit être recherchée* »[38].

La méthode est donc au cœur de l'évaluation de la performance publique. Elle requiert un savant dosage entre les données quantitatives et qualitatives des indicateurs. De plus, cette méthode devra tenir compte, d'une part, des déterminants endogènes et exogènes qui influent sur la mise en œuvre des actions publiques, et d'autre part, des spécificités sectorielles de l'administration. Il est clair que l'évaluation des politiques publiques à l'aune de la gestion budgétaire par la performance est exigeante. C'est au vu de ces défis qu'il convient d'admettre que « *la rationalité économique ne peut déterminer toutes les décisions* »[39]. Autrement dit, les chiffres ne peuvent permettre de juger de tout et de fonder toute prise de décisions économiques et financières. Le professeur BOUVIER et *al.* confortent la pensée en indiquant qu'« *on ne peut, sans une attention particulière, évaluer à l'aune d'indicateurs chiffrés des actions qui concernent des secteurs aussi sensibles pour le bien-être de l'homme et pour l'avenir d'une société que, par exemple, la santé, l'éducation ou l'environnement* »[40].

Les défis de mesure de la performance touchent également le rôle des organes impliqués dans le contrôle de l'exécution des budgets de programme et d'appréciation de la mise en œuvre des politiques publiques.

---

[38] D. LAMARQUE, « Évaluation et budget », *Politiques et management public*, vol. 17, n° 2, juin 1999, p. 184.

[39] E. TONI, « Crise des finances publiques et démarche de performance : échos d'ailleurs », *art. précité*, p. 199.

[40] M. BOUVIER, M.-C. ESCLASSAN et J.-P. LASSALE, *Finances publiques*, Paris, LGDJ, 20e éd., p. 265.

II- UN DÉFI D'EFFICACITÉ DU CADRE INSTITUTIONNEL D'ÉVALUATION

« *La mesure de la performance doit permettre de renseigner sur l'efficacité des choix de politique et l'efficience des choix de gestion.* »[41] L'évaluation de l'efficacité des choix de politique et de l'efficience des choix de gestion nous place à la phase de contrôle de l'exécution des programmes. Celle-ci occupe une place importante dans la structure de la gestion performancielle, pour tout au moins deux raisons : orienter d'une manière plus optimale les ressources vers l'atteinte des politiques publiques et gratifier ou sanctionner le responsable de programme. Cette appréciation est principalement l'œuvre de la juridiction financière[42] **(A)**. Cependant, le Parlement apprécie également la qualité de la gestion financière publique **(B)**.

A. Une Cour des comptes plus aguerrie

La Cour des comptes joue un rôle technique de premier plan dans la mesure de la performance. Elle assume ce rôle au moyen de la certification des comptes et de l'émission d'avis sur les rapports annuels de performance. La Cour devient ainsi l'auditeur financier des comptes de l'État[43].

La loi de règlement est accompagnée des rapports annuels de performance rendant compte de la gestion et des résultats des programmes budgétaires. La juridiction financière dispose de la compétence de donner son avis sur la qualité des comptes ainsi que sur les rapports annuels de performance[44]. La certification des comptes est l'opinion émise par un commissaire aux comptes après l'audit des comptes par laquelle il déclare que les comptes sont établis, dans tous leurs aspects significatifs, conformément au référentiel qui leur est applicable[45]. La juridiction peut certifier sans réserve les comptes examinés, déclarer ne pas être

---

[41] M. SIMMONY, « La démarche de performance dans le cadre des finances publiques », *RFFP*, n° 98, juin 2007, p. 28.

[42] Les autres organes de contrôle participent également au contrôle des résultats et à l'évaluation des politiques publiques. Art. 16, al. 5 de la LOLF : « *Sans préjudice de leurs missions de contrôle et de vérification de la régularité des opérations financières, les corps, les organes et les institutions de contrôle, contrôlent les résultats des programmes et en évaluent l'efficacité, l'économie et l'efficience.* »

[43] J.-R. ALVENTOSA, « Les nouvelles modalités du contrôle des services », *RFFP*, n° 82, juin 2003, p. 70.

[44] Article 51 DLF/UEMOA, Article 54 de la LOLF du Bénin.

[45] Article 1, LOLF du Bénin.

en mesure de certifier les comptes examinés, refuser de certifier les comptes ou émettre des réserves sur les comptes de l'État[46].

Elle est l'une des nouveautés introduites par la nouvelle gestion financière publique. Au Bénin, c'est la Cour des comptes qui certifie les comptes publics. Elle remplace la déclaration générale de conformité[47] et se rapporte à la régularité, à la sincérité et à la fidélité des comptes. Les comptes doivent refléter une image fidèle de la situation financière et du patrimoine de l'État. Cet avis de la juridiction financière sur les comptes de l'État suscite un certain nombre de questionnements et d'analyses.

D'abord, au regard de l'environnement des finances publiques, cette pratique propre au secteur privé pousse à réfléchir sur son enjeu. Si la certification des comptes ne conduit qu'à s'assurer que les comptes publics sont conformes aux normes en la matière, elle ne permet pas réellement de mesurer la performance des programmes et des institutions. Confirmer que les comptes sont sincères et offrent une image fidèle de la situation financière et patrimoniale de l'État, ce n'est pas attester de la qualité de la gestion. Pourtant, la qualité de la gestion est au cœur de la gestion axée sur la performance ; c'est elle qui est appréciée par l'évaluation du niveau de performance obtenu. La certification des comptes rend la gestion publique plus démocratique sans exprimer l'état de la gestion. C'est ce défaut que notait J.-F. BOUDET lorsqu'il disait que « *la certification des comptes n'est pas un avis sur la bonne ou la mauvaise gestion de l'État et n'a comme première fonction que d'assurer une information comptable la plus complète, la plus transparente et la plus pédagogique sans qu'il y ait pour autant de lien d'automaticité entre ces demandes* »[48]. De même, la certification des comptes a une dimension politique et est à la portée des initiés qui peuvent examiner et comprendre le contenu de cette certification. Ici, l'objectif de la certification est de rassurer les partenaires au travers de finances sincères et d'une exécution budgétaire respectueuse des standards comptables.

Ensuite, il importe de s'interroger sur la portée juridictionnelle et juridique de la certification des comptes. Celle-ci n'est pas claire. La certification des comptes est l'un des documents accompagnant le projet de loi de règlement[49]. Ce projet est déposé au plus tard au début de la session budgétaire de l'année suivant celle de l'exécution du budget. À l'ère de la performance, ce dépôt constitue une

---

[46] S. DAMAREY, *La loi organique du 1er août 2001 relative aux lois de finances*, 2e éd., Paris, Ellipses, 2016, p. 124.

[47] Sur ce sujet les articles 54 et 91 de la LOLF soulèvent une incohérence. Lire les observations du mémorandum du CERAF dans N. MÉDÉ (dir.), *La LOLF dans tous ses états*, *op. cit.*, pp. 59-60.

[48] J.-F. BOUDET, « La certification des comptes de l'État. Pour quoi faire ? Question pour un débat démocratique », *LPA*, n° 02, février 2022, p. 12.

[49] Art. 54 et 91 de la LOLF du Bénin.

condition obligatoire au vote du projet de loi de finances[50]. Cette condition est formelle et ne porte pas d'incidence réelle sur le vote du projet de loi de finances déposé. Ce qui est exigé, c'est le dépôt et non le vote du projet de loi de règlement. Alors que les informations, les recommandations et les avis, y compris la certification des comptes qui accompagnent le projet de loi de règlement, devraient éclairer les discussions et l'examen du projet de loi de finances et permettre une meilleure orientation non seulement des choix de politique publique, mais aussi de la qualité de la gestion ; il n'en est pas ainsi. L'adoption du projet de règlement vient après celle du projet de loi de finances de l'année suivante. Par conséquent, le vote de la loi de règlement connaît un désintérêt.

Enfin, cette nouveauté dans la pratique de la Cour des comptes soulève dorénavant la question de la capacité de la ressource humaine à assurer cette tâche. La certification des comptes est une activité relevant de capacités avérées en comptabilité. C'est l'affaire des experts-comptables. La Cour des comptes du Bénin dispose-t-elle d'un personnel capable d'effectuer des audits de comptes et d'émettre une certification des comptes ? La réponse n'est pas affirmative et catégorique. La définition des qualifications professionnelles requises pour être conseiller ou président de chambre à la Cour des comptes béninoise procure, néanmoins, une lueur d'espoir[51]. Notons que les premières certifications prévues pour être délivrées en 2019[52], n'ont pas encore été une réalité, signe de difficultés certaines.

La Cour des comptes doit également émettre un avis sur les rapports annuels de performance. C'est, en effet, un examen de la qualité des informations contenues dans ces rapports, axé sur cinq (5) critères d'appréciation : la pertinence, la compréhensibilité, l'exactitude, l'équilibre et l'utilité[53]. Ces rapports doivent être déposés par les institutions et les ministères au ministre des Finances au plus tard le 30 juin de l'année suivant celle de l'exécution du budget. Remarquons ici la taille du défi : la juridiction financière disposerait donc de moins de quatre mois pour examiner les rapports d'une dizaine d'institutions et d'une vingtaine de ministères. Si l'on considère les quatre-vingt-six (86) programmes budgétaires de la gestion 2023, la Cour des comptes devra examiner et émettre son avis sur, au moins, 86 rapports de performance en 100 jours

---

[50] Art. 66 de la LOLF du Bénin.

[51] Article 134-5 de la Constitution : « *Les présidents de chambres, les conseillers de la Cour des comptes sont nommés en Conseil des ministres par le président de la République, parmi les magistrats, les juristes de haut niveau, les inspecteurs des finances, les administrateurs du Trésor ou des Impôts, les économistes gestionnaires ou les experts-comptables ayant accompli quinze années de pratique professionnelle.* »

[52] Art. 106 de la LOLF du Bénin.

[53] M. ALABI CHITOU, « Le renforcement des contrôles : le rôle des juridictions financières africaines (expérience du Bénin) », *RFFP*, n° 98, juin 2007, p. 135.

environ. C'est un véritable défi, quand l'on réalise l'effectif réduit du personnel de l'actuelle Cour.

Si tout cet arsenal renforce le rôle de la juridiction financière dans la reddition des comptes publics, la portée de chacun des éléments sus-évoqués mérite encore d'être précisée et le lien avec la mesure des réalisations des programmes budgétaires est à déterminer. Il est vrai que la certification des comptes contribue à assurer que les données issues de la comptabilité sont fiables sans pour autant mesurer quelque performance. Mais, ce serait maladroit d'ignorer son concours à une correcte détermination des coûts en vue de l'évaluation de l'efficience dans la gestion. Ce concours est consolidé par la tenue de la comptabilité d'analyse des coûts. La question de la mise en place de comptabilités conséquentes est abordée par plusieurs auteurs, et nous n'entendons pas y revenir dans le cadre de cette étude[54]. Toutefois, la mise en place de cette comptabilité d'analyse des coûts demeure un défi implacable pour l'efficacité de sa mission. En dehors de la Cour des comptes, le Parlement joue un rôle important dans l'évaluation de la qualité de la gestion financière publique.

B. Un Parlement mieux exercé

La réforme du mode de gouvernance des finances publiques renforce les prérogatives du Parlement en matière budgétaire. Ainsi en est-il de l'enrichissement de l'information des parlementaires et du contrôle de l'efficacité de la dépense publique.

Quant à la mesure de la performance, le Parlement a un rôle important. L'évaluation et le contrôle des politiques publiques poursuivies par l'exécutif n'occupaient pas une place centrale dans l'activité parlementaire[55]. Cela va de soi, car les projets de loi de finances en mode logique des moyens n'étaient pas la traduction financière d'objectifs à atteindre. L'évaluation et le contrôle du Parlement prennent alors un sens clair et utile. Évaluer les résultats des programmes budgétaires donne une forte valeur à la fonction de contrôle de l'action gouvernementale par le pouvoir législatif.

Cette appréciation se justifie d'un double point de vue. Premièrement, ce pouvoir des parlementaires est ancien et lié à sa nature politique : c'est l'argument historico-politique. L'article 15 de la Déclaration des droits de

---

[54] N. MÉDÉ, « L'établissement d'une comptabilité patrimoniale de l'État au Bénin : avancées et contraintes », *RFFP*, n° 98, juin 2007, pp. 109-118 ; S. BATONON, « Les systèmes financiers publics des États de l'UEMOA à l'épreuve de la nouvelle gouvernance financière publique », Thèse de doctorat en droit, Université Panthéon Sorbonne, 2016, 515 p. ; V. MAZAURIC, « Une comptabilité générale rénovée encore peu utilisée », *RFFP*, n° 136, 2016, pp. 25-31.

[55] J.-L. DEBRÉ, « Une réforme capitale à mettre en œuvre », *RFFP*, n° 82, juin 2003, p. 20.

l'homme et du citoyen dispose que « *la société a le droit de demander compte à tout agent public de son administration* ». La disposition précédente[56] exprimait dans le même sens le droit des citoyens de suivre l'emploi de leurs contributions. Ces deux articles montrent que l'évaluation de la gestion des ressources publiques constitue un élément important pour le contrôle de l'action du pouvoir exécutif par le pouvoir législatif. Dans la gestion budgétaire programmatique, ce rôle demeure, quand bien même il est orienté sur de nouveaux éléments. Le contrôle budgétaire du Parlement n'est plus simplement limité à la bonne exécution de la loi de finances, mais il concerne principalement la réalisation de politiques publiques fixées par le Gouvernement. Ces dernières sont déclinées en action ou ensemble d'actions cohérent au sein des programmes, unité de vote de la loi de finances. Ce vote emporte l'aspect juridique qui justifie aussi le droit d'évaluation de la performance des administrations.

Deuxièmement, l'argument juridique de l'évaluation de la performance par le Parlement découle de la portée du vote du projet de loi de finances (accompagné des projets annuels de performance) : l'autorisation budgétaire. En raison de l'autorisation budgétaire accordée par les parlementaires, il est logique, sinon légitime, de leur en faire le point. L'évaluation de la performance permet au Parlement d'apprécier l'exécution de ses autorisations budgétaires non plus d'une manière mécanique, mais sous l'angle de réalisation des objectifs liés à chaque programme. Par exemple, les dépenses ne sont plus présentées par nature, mais par objectif, et sollicitent de la part des décideurs un raisonnement nouveau. L'enjeu est nouveau et grand, mais il est empreint d'incertitude.

Par ailleurs, c'est l'examen et le vote de la loi de règlement qui constituent le moyen par excellence de contrôle a posteriori de l'exécution de la loi de finances[57]. Grâce à la nouvelle place donnée à la loi de règlement, les parlementaires sont en mesure de contrôler plus efficacement l'emploi des deniers publics et d'apprécier la performance des administrations publiques. Ce contrôle de l'organe politique est rendu possible grâce aux documents annexés au projet de loi de règlement, notamment les rapports annuels de performance de chaque programme, le rapport de la Cour des comptes sur l'exécution de la loi

---

[56] Art. 14 : « *Les citoyens ont le droit de constater par eux-mêmes ou par leurs représentants la nécessité de la contribution publique, de la consentir librement, d'en suivre l'emploi et d'en déterminer la quotité, l'assiette, le recouvrement et la durée.* »

[57] N. MÉDÉ, *Finances publiques, Espace UEMOA/UMOA*, *op. cit.*, p. 339.

de finances[58] et la certification des comptes ou la déclaration générale de conformité. Ils sont indéniablement des outils d'évaluation de la performance.[59]

La chaîne budgétaire dans la plupart des pays d'Afrique francophone, comme le Bénin, est peu reluisante. Le vote du projet de loi de règlement intervenant souvent après celui du projet de loi de finances de l'année à venir, cette évaluation n'a pas un effet immédiat, et donc moins efficace. Tandis que l'intérêt financier de la loi de règlement est prouvé, sa portée politique est relative[60]. Il importe alors de redonner à cette loi de contrôle la place qui est la sienne dans le processus budgétaire et surtout de s'en servir pour une réelle exploitation de l'évaluation des politiques publiques. La mise à disposition d'un résumé de son contenu à tous les députés peut résoudre un tant soit peu cette difficulté et avoir une réelle incidence sur l'appréciation des nouvelles politiques publiques présentées, à partir de la gestion antérieure.

Cependant, les incertitudes sont liées à la meilleure exploitation de ces documents. La lecture et l'interprétation des indicateurs de performance, l'imprégnation de la certification des comptes sont autant de valeurs qui ne sont pas vraiment l'apanage des députés. Il faut alors le reconnaître, l'assistance de la Cour des comptes est prépondérante à une évaluation complète des performances des programmes budgétaires. Une collaboration étroite entre la Cour des comptes et le Parlement s'avère donc nécessaire pour une évaluation efficace des actions du Gouvernement[61].

S'il est admis que la gestion budgétaire par la performance met au cœur les politiques publiques[62] à poursuivre, c'est que leur évaluation renforce l'idée de performance. C'est au regard de ce défi qu'Alain LAMBERT soulignait que les conditions d'analyse des indicateurs et des résultats obtenus sont, parmi tant d'autres, l'une des thématiques que le Parlement doit aborder afin d'apporter sa pierre à la construction de la gestion performancielle[63]. Aussi, l'usage des indicateurs de performance comme outil de mesure de la performance

[58] Il intègre l'avis de la juridiction financière sur les rapports annuels de performance et, le cas échéant, l'avis sur le système de contrôle interne et le dispositif de contrôle de gestion, sur la qualité des procédures comptables et des comptes. Cet avis est accompagné de recommandations sur les améliorations souhaitables. Art. 54 de la LOLF du Bénin.

[59] S. NGUECHE, « Parlement et décrets d'avances dans les États d'Afrique francophone. Étude à la lumière des législations du Bénin, du Cameroun, du Congo, du Tchad et du Togo », *RAFiP*, n° 12, 2e semestre 2022, p. 148.

[60] N. MÉDÉ, *Finances publiques, espace UEMOA/UMOA*, *op. cit.*, pp. 339-340.

[61] J.-L. DEBRÉ, « Une réforme capitale à mettre en œuvre », *RFFP*, n° 82, juin 2003, p. 20.

[62] En France, par exemple, la révision constitutionnelle du 23 juillet 2008 ajoute au pouvoir de contrôle de l'action du Gouvernement, la fonction d'évaluation des politiques publiques (art. 24).

[63] A. LAMBERT, « La mise en œuvre de la LOLF : un chantier de conduite de changements », *RFFP*, n° 82, juin 2003, p. 16.

constituerait une avancée dans le renforcement du contrôle des parlementaires sur l'exécutif. Il permettrait de redonner un sens à des régimes parlementaires dans bon nombre de pays qui ont perdu de leur légitimité en n'assurant pas le rôle de contre-pouvoir effectif à l'exécutif[64]. Cette réflexion de Raphaël POLI démontre jusqu'à quel point l'évaluation de la performance entretient des rapports avec le régime politique. Il rassure, en effet, que la conception des indicateurs de performance n'est pas une manière de priver les élus de leur pouvoir de décision, mais, bien au contraire, de leur permettre de vérifier que les mesures votées ont l'impact souhaité[65].

C'est dans ce sens que l'Assemblée nationale française a créé en 1999 une Mission d'évaluation et de contrôle. Elle émanait de la Commission des finances et sa création s'inscrivait dans la réorientation de l'activité budgétaire au profit de l'évaluation et du contrôle des politiques publiques. Cette mission bénéficiait du concours de la Cour des comptes et d'autres experts suivant le besoin. Sous le régime de la LOLF de 2001, cette innovation de la Commission des finances a donné lieu à l'organisation de moments d'évaluation de certains programmes budgétaires sous la conduite d'un rapporteur spécial. Les enquêtes et les auditions forment les manœuvres de réussite de cette action, qui s'achève par une séance publique, au cours du vote de la loi de règlement, avec l'intervention du premier président de la Cour des comptes[66]. Cette expérience peut enrichir le contrôle budgétaire du Parlement béninois. La loi organique prévoit que le Parlement peut procéder à des auditions de ministres[67]. Ces auditions peuvent s'articuler autour de l'appréciation des performances atteintes au niveau des programmes budgétaires de chaque ministère. Par ailleurs, la mise en place d'une mission semblable à celle française, permettant aux parlementaires d'entreprendre des démarches d'évaluation, ne serait une entorse ni au travail des organes de contrôle administratifs ni à l'assistance de la Cour des comptes. Elle participerait à une effectivité du contrôle des politiques publiques par le législateur.

---

[64] R. POLI, « Les indicateurs de performance de la dépense publique », *op. cit.*, p. 113.

[65] *Idem.*

[66] Voir M. BOUVIER, M.-C. ESCLASSAN et J.-P. LASSALE, *Finances publiques, op. cit.*, pp. 586-595.

[67] Art. 93, LOLF.

CONCLUSION

L'élaboration des projets et rapports annuels de performance procède de la vision de rapprocher enfin de l'exécution budgétaire les prévisions des réalisations, les objectifs des résultats. La gestion budgétaire par la performance accorde ainsi une place essentielle à la mesure de la performance réalisée par les administrations. Cependant, la mise en œuvre de cette mesure est encore embryonnaire dans le système budgétaire béninois et les défis sont nombreux. C'est l'objet de cette étude.

Ces défis se rapportent, premièrement, à la conception des indicateurs de performance, instruments de mesure de la performance. Outre la technicité requise pour une meilleure conception de ces indicateurs, la disponibilité des données de leur évaluation, ainsi que le procédé de choix des bons indicateurs, le nouvel environnement budgétaire exige un équilibre entre le quantitatif et le qualitatif. Le professeur Jacques CHEVALLIER insistait, à ce sujet, sur le fait que l'amélioration de la qualité et de la pertinence des indicateurs demeure une priorité[68].

Deuxièmement, ces défis sont liés à l'intervention de la Cour des comptes et du Parlement respectivement dans l'évaluation des choix de gestion et des choix de politiques. La seconde est une suite parfaite de la première. C'est elle qui apprécie la mise en œuvre des politiques publiques du Gouvernement et contribue à redonner vie au débat budgétaire[69]. Si la Cour des comptes joue un rôle de choix dans cette évaluation, la place des organes de contrôle de gestion n'est pas à ignorer. Le contrôle de gestion représente un outil de mesure de la performance. Comment contribue-t-il à la mesure de la performance budgétaire ?

---

[68] J. CHEVALLIER, « Performance et gestion publique », *in Réformes des finances publiques et modernisation de l'Administration. Mélanges en l'honneur de Robert Hertzog*, Paris, Economica, 2010, p. 91.

[69] J.-L. DEBRÉ, « Une réforme capitale à mettre en œuvre », *op. cit.*, p. 19.

LES MUTATIONS D'UNE RÉFORME CLÉ : LA DÉCONCENTRATION DE L'ORDONNANCEMENT

Pierrot SÈGO

Docteur en droit public
Chercheur Associé au Centre d'Études et de Recherches sur l'Administration et les Finances (CERAF/UAC-Bénin)

INTRODUCTION

Si on devait appréhender et séquencer le circuit de la dépense publique, on le ferait volontiers à partir des domaines d'intervention des agents publics chargés des opérations relatives à l'exécution de la loi de finances, à savoir, l'ordonnateur et le comptable public[1]. On peut aussi le cerner à partir des titres supports de la dépense publique[2] qui connaissent deux étapes clés dans leur parcours : un segment administratif sanctionné par l'ordonnancement ou le mandatement, et un segment comptable qui se solde par le règlement, le paiement effectif de la dépense. Qu'on choisisse l'angle des acteurs ou celui du parcours des titres, on aboutit à la même réalité : le cycle de vie de la dépense publique se décline en une phase administrative à laquelle succède une phase comptable.

[1] Cf. article 5 du décret n° 2014-571 du 07 octobre 2014 portant règlement général sur la comptabilité publique au Bénin qui n'est qu'une reprise de l'article 4 de la directive n° 07/2009/CM/UEMOA portant règlement général sur la comptabilité publique au sein de l'UEMOA. Sur la phase administrative de la dépense, on note également l'intervention, outre l'ordonnateur, des agents du contrôle financier ainsi que ceux de contrôle des marchés publics.

[2] Les ordonnances de paiement et les mandats de paiement, selon que le titre est émis par un ordonnateur principal ou qu'il est émis par un ordonnateur secondaire.

On peut donc affirmer que l'ordonnancement de la dépense publique consacre une fin heureuse du parcours du titre sur la phase administrative, tout comme l'admission d'un agent de l'État à faire valoir ses droits à une pension de retraite acte la fin d'une carrière administrative.

Consacrer une réflexion à l'évolution de l'ordonnancement de la dépense publique à l'occasion de la célébration des mérites d'un fonctionnaire, qui a dédié sa vie professionnelle à l'enseignement et à la recherche dans le domaine des finances publiques, permet de réaliser un parallélisme opportun. Autant le titre de dépense, pour bénéficier du sceau de l'ordonnancement, doit avoir franchi avec succès l'ensemble des étapes de la phase administrative de la dépense, autant le dédicataire de ces lignes de reconnaissance, le Professeur Nicaise MÉDÉ, a franchi l'ensemble des grades universitaires. Tout comme le titre ordonnancé qui entame un nouveau cheminement, la fin de la carrière administrative pour le Professeur MÉDÉ s'annonce comme le début ou la revitalisation d'un autre engagement, celui de travailler au renforcement du dialogue entre praticiens et théoriciens au profit de l'objectif ultime : l'efficacité de la gestion des finances publiques.

Le choix de la thématique centrale des Mélanges, à savoir, « Variations autour de la performance », est révélateur du rapport du dédicataire à la recherche de l'efficience dans l'action publique. Sa production scientifique au profit de la connaissance et de la diffusion du savoir sur les fondements, les prérequis, les implications et la portée de la performance, atteste de son engagement pour une gouvernance financière publique qui promeut l'efficacité des politiques publiques. Comme Joseph KI-ZERBO accroché au « développement endogène »[3], Nicaise MÉDÉ a fait de l'instinct de la performance la trame de fond de ses réflexions sur la gouvernance des finances publiques[4] et, plus

---

[3] J. KI-ZERBO, *À quand l'Afrique ? Entretien avec René Holenstein*, La Tour d'Aigues, Éditions de l'Aube, cité par K. H. KOUAKOU, « De la critique de l'extraversion chez Paulin Hountondji : plaidoyer pour un développement endogène en Afrique », *in* P. C. KITI et *al.*, *La quête du sens, Mélanges offerts à Paulin Hountondji à l'occasion de ses 80 ans*, Cotonou, Star éditions, 2021, p. 149 et s.

[4] Pour apprécier la dimension « performance » dans la production scientifique du Professeur Nicaise MÉDÉ, on peut se reporter, sans que cela soit exhaustif, à N. MÉDÉ, « La nouvelle gestion budgétaire : l'expérience des budgets de programmes au Bénin », *Afrilex*, n° 4, 2004, http://afrilex.u-bordeaux.fr ; N. MÉDÉ, « Contribution des juridictions financières à la bonne gouvernance des États africains », *Cahiers de l'AA-HJF* (Association Africaine des Hautes Juridictions Francophones), 11e publication, décembre 2010 ; N. MÉDÉ, « Finances publiques et pauvreté en Afrique de l'Ouest francophone », *in Droit administratif : convergence ou concurrence des disciplines juridiques ? Mélanges en l'honneur de Demba Sy*, Toulouse, Presses Universitaires de Toulouse 1 Capitole, 2020, Tome 2, p. 219 ; N. MÉDÉ, « Réflexion sur le cadre harmonisé des finances publiques dans l'espace UEMOA », *Revue Africaine des Sciences Juridiques*, n° 1, 2014 ; N. MÉDÉ, « Réforme budgétaire et performance des services publics », *Études et Documents*, n° 13/2007 du Centre Africain de Formation et de Recherche

globalement, de la réforme de l'État. La recherche d'une meilleure efficacité de l'action publique au travers de la réforme de l'État[5] ne doit, en effet, pas se limiter au volet politique, administratif et institutionnel. La gouvernance des finances publiques peut aussi orienter le sens de la réforme administrative et institutionnelle.

La déconcentration de l'ordonnancement demeure une problématique de gestion des finances publiques parce qu'historiquement, le pouvoir de donner l'ordre au comptable public de payer une dépense n'était pas, à l'origine, un pouvoir aussi partagé. Sous l'Ancien Régime en France, par exemple, « *le Roi est le seul ordonnateur principal du budget de l'État depuis la destitution de Nicolas Fouquet en 1661, et certaines dépenses sont ordonnancées par des ordonnateurs qui exercent cette fonction par délégation avant et après cette date* »[6]. La royauté s'est attachée à unifier la possibilité d'ordonner la dépense publique en la personne du monarque[7].

Dans les États africains francophones, à l'instar du Bénin, l'unification du pouvoir d'ordonnancement a des origines coloniales. Les décrets français successifs sur le régime financier des colonies concentrent, en effet, l'essentiel du pouvoir d'ordonnancement aux mains des gouverneurs[8]. Cependant, « *l'accroissement du volume des dépenses publiques et la multiplication des implications financières des différentes décisions ont entraîné la déconcentration de leur exécution* »[9].

La dégradation de la situation des finances publiques à travers le monde au lendemain de la double crise pétrolière de 1973 (guerre israélo-arabe[10]) et de

---

Administrative pour le Développement (CAFRAD) ; N. MÉDÉ, « L'Afrique francophone saisie par la fièvre de la performance financière », *RFFP*, n° 135, 2016, pp. 349-357, etc.

[5] A. TEVOÉDJRÈ, « Préface », *in* N. MÉDÉ (dir), *La performance de l'État au Bénin : état de la performance et perspectives*, Université d'Abomey-Calavi, Centre des publications universitaires, 2013, pp. 11-14.

[6] Cf. https://www.editions-harmattan.fr/auteurs/article_pop.asp?no=14694&no_artiste=12191, consulté le 22 avril 2023 à 11 h 50.

[7] L'article 9 d'une ordonnance de Philippe V le Long de juillet 1319 édicta que « *Nulle délivrance de denier ne sera faite au Trésor (...) si ce n'est par lettre du roi ou du souverain établi par-dessus les trésoriers* ». Aux termes de l'ordonnance donnée à Angers, en novembre 1323, Charles le Bel défendit « *qu'aucun paiement ne se fasse au Trésor sans mandatement du roi par lettre ouverte, à l'exception des dépenses ordinaires* ». Cf. S. KOTT, *Le contrôle des dépenses engagées : évolutions d'une fonction*, Vincennes, Institut de la gestion publique et du développement économique, 2004. Web : http://books.openedition.org/igpde/2477, consulté le 04 juillet 2023.

[8] Cf. Décret français du 31 décembre 1912 (*Journal officiel*, n° 0356 du 31/12/1912 de la République française).

[9] Cf. S. KOTT, *Le contrôle des dépenses engagées : évolutions d'une fonction*, *op. cit.*

[10] La guerre israélo-arabe de 1973 est encore appelée guerre de Kippour. Très soigneusement et secrètement préparée par l'Égypte et la Syrie, elle est déclenchée le samedi 6 octobre 1973 à 13 heures —jour de fête du Yom Kippour en Israël—, simultanément par une attaque massive

1979 (révolution iranienne[11]), a marqué le début de recherche de solutions dans le sens de l'efficacité de la dépense publique. Les initiatives comme la rationalisation des choix budgétaires, la gestion budgétaire axée sur les résultats, ou encore le *programming budgeting* participent de cette mouvance de recherche de solution pour l'instauration du « dépenser mieux ».

L'idée d'éclater le pouvoir d'ordonnancement de la dépense publique n'a donc pu prospérer que sous la pression de la recherche de la performance, avec l'expérimentation de différentes solutions. Au Bénin, l'itinéraire de la déconcentration budgétaire remonte à l'origine de la réforme de l'année 1999 où le pays a amorcé « *un ambitieux programme de réformes ayant pour finalité la gestion transparente, efficace et efficiente des finances publiques* »[12].

Du point qu'en fait le Professeur Nicaise MÉDÉ, « *le PERC (Public Expenditure Reform Credit), devenu PERAC (Public Expenditure Reform Adjustment Credit) en 1999, est à l'origine d'une réforme profonde de la gestion des finances publiques* »[13]. Il précise que la chaîne de la dépense publique a connu un *aggiornamento* d'ensemble embrassant les procédures, la distribution de rôles, les méthodes, les outils, la déconcentration de la fonction d'ordonnancement, etc.[14]

À tout le moins, depuis environ un quart de siècle au Bénin et une quinzaine d'années au sein de l'Union Économique et Monétaire Ouest-africaine, du temps s'est écoulé, des actions se sont soldées ou non par des résultats sur le champ de la déconcentration de l'ordonnancement. Ce qui n'était qu'une simple réforme pour la modernisation de la chaîne de la dépense publique s'est hissé, avec l'adoption de la gestion par la performance, au rang de principe cardinal de gouvernance financière.

---

syrienne au Golan et un franchissement égyptien du canal de Suez. L'Iraq, la Jordanie, le Maroc et l'Algérie y participent. L'arrière-pensée politique de Sadate semble bien avoir été de provoquer, quelle que puisse être l'issue du conflit, une intervention internationale et d'obtenir ainsi l'application de la résolution 242. Pour plus de précision, se référer à http://www.larousse.fr/encyclopédie/groupe-homonymes/guerres_isra % C3%A9 lo-arabes/125298.

[11] La crise iranienne de 1979 est avant tout une crise politique. Elle a consacré la disparition du régime mis en place depuis 1941 par Muhammad Reza Pahlavi. Ce qui a engendré un changement de doctrine économique de la part du nouveau régime. En effet, le nouveau pouvoir a instauré une république islamique nationaliste, anticapitaliste, antisioniste et anti-impérialiste, dont la législation s'inspire de la *charia* (la loi islamique).

[12] Ministère de la Prospective, du Développement et de l'Évaluation de l'action publique, *Évaluation de la déconcentration budgétaire au Bénin : état des lieux de la mise en œuvre de la réforme au Bénin*, avril 2010, p 19.

[13] N. MÉDÉ, « Rapport introductif, le discours de la méthode en trois leçons », *in* N. MÉDÉ (dir.), *La performance de l'État au Bénin : état de la performance et perspectives*, Université d'Abomey-Calavi, Centre des publications universitaires, 2013, pp. 15-77.

[14] N. MÉDÉ, « Rapport introductif, le discours de la méthode en trois leçons », *op. cit.*, pp. 15-77.

L'ordonnancement est une étape décisive de la procédure d'exécution de la dépense publique. « *Aucune dépense de l'État ne peut être acquittée si elle n'a pas été préalablement ordonnancée par un ministre ou par un ordonnateur secondaire en vertu des délégations du ministre.* »[15] Autrement dit, l'ordonnancement de la dépense publique, c'est l'acte par lequel l'agent public qui a la qualité et le pouvoir de prescription de la dépense prend la décision de faire payer la dette d'un service ou organisme public, consécutivement à une prestation ou à un service rendu. En d'autres termes, c'est l'« *ordre donné par l'ordonnateur au comptable de payer une dépense* »[16]. On parle d'*ordonnancement* lorsque l'ordre émane d'un ministre, de *mandatement* lorsqu'il émane d'un ordonnateur secondaire ou de l'ordonnateur principal d'une collectivité locale ou d'un établissement public.

L'ordonnancement de la dépense publique est consécutif à une série d'opérations destinées notamment à l'établissement de la réalité de la dette d'une personne publique. Acte de pouvoir, il revêt une dimension administrative essentielle. « *L'ordonnancement est l'acte administratif par lequel, conformément aux résultats de la liquidation, l'ordre est donné par l'ordonnateur au comptable assignataire de payer la dette de l'État* »[17]. Par principe, il est préalable à la phase comptable de la dépense, mais il peut « *également intervenir à titre de régularisation en vue de prescrire à un comptable principal d'imputer définitivement dans ses écritures des opérations effectuées à titre provisoire, tant par lui-même et ses subordonnés que par des régisseurs d'avances* »[18].

Quant à la déconcentration de l'ordonnancement de la dépense publique, elle représente « *le transfert du pouvoir d'ordonnateur principal des dépenses du ministre chargé du Budget aux présidents d'institutions constitutionnelles et aux ministres techniques* »[19]. C'est une sorte de création, par section administrative, d'un pôle principal d'ordonnancement de la dépense publique.

---

[15] Cf. Article 7 de l'ordonnance française du 14 septembre 1822.

[16] Direction Générale de la Coopération Internationale et du Développement, *La gestion de la dépense publique dans les pays de l'Afrique francophone subsaharienne*, Rapport produit par M. BOUVIER (dir.), M.-C. ESCLASSAN, G. ORSONI, I. BOUHADANA et W. GILLES, avril 2004, p. 395.

[17] Cf. alinéa 1er de l'article 59 du décret n° 2014-571 du 07 octobre 2014 portant Règlement Général sur la Comptabilité publique au Bénin. Voir également l'article 47 de la directive n° 07/2009/CM/UEMOA portant Règlement Général sur la Comptabilité publique au sein de l'UEMOA.

[18] Cf. Article60 du décret n° 2014-571 du 07 octobre 2014 portant Règlement Général sur la Comptabilité publique.

[19] Cf. Décret n° 2019-190 du 06 mars 2019 portant déconcentration de l'ordonnancement en Côte d'Ivoire.

La question de l'éclatement du pouvoir d'ordonnancement, dont l'épicentre reste la déconcentration de l'ordonnancement de la dépense publique, a connu plusieurs approches de solutions. Il y a eu des réformes transitoires dans le sens de désengorger l'ordonnateur principal unique par la mise en œuvre d'une délégation systématique du pouvoir d'ordonnancement du ministre chargé des Finances, au-delà de son ministère. Une sorte de mutation progressive dont le point d'achèvement est la consécration juridique de la déconcentration du pouvoir d'ordonnancement par l'UEMOA à travers le cadre harmonisé de gestion des finances publiques de 2009.

Juridiquement dans l'espace UEMOA, depuis le 29 juin 2009, les ministres et présidents d'institutions ont le statut d'ordonnateur principal du budget de leurs ministères et institutions[20]. Dans la pratique, cela devrait trouver application à partir de l'année 2017[21].

Plus d'une demi-décennie après l'adoption de la réforme au niveau communautaire, la mise en œuvre de la déconcentration du pouvoir d'ordonnancement de la dépense publique reste inachevée dans bien des États membres. La question du système d'information reste en gros la problématique à laquelle les États sont confrontés. Le Bénin a mis en place, pour la migration à la gestion budgétaire en mode programme et la mise en œuvre de la déconcentration de l'ordonnancement, un nouveau système d'information qui intègre les domaines du budget et de la comptabilité.

Dans l'ensemble, les efforts se poursuivent partout au sein de l'UEMOA pour l'effectivité de la réforme de la déconcentration de l'ordonnancement, même dans les États où juridiquement, des textes internes ont consacré le principe. La mise en œuvre effective de la réforme fait face à des défis qu'il faut surmonter graduellement[22]. Le débat sur la déconcentration reste donc d'actualité, surtout sous l'angle des conditions de mise en œuvre à succès. À ce titre, il demeure pertinent et opportun de s'interroger sur les solutions dont la réforme sur la déconcentration de l'ordonnancement de la dépense publique est créditée en théorie et sur les évolutions qu'elle connaît dans sa mise en œuvre dans les pays membres de l'UEMOA, principalement au Bénin. Aussi, l'idée pourrait être de chercher à clarifier si l'enjeu de la déconcentration de l'ordonnancement est

---

[20] Cf. Article 68 de la directive n° 06/2009/CM/UEMOA du 26 juin 2009.

[21] Cf. Article 86 de la directive n° 06/2009/CM/UEMOA, *op. cit.*

[22] Disponibilité d'un système d'information adéquat, délocalisation du contrôle financier, délocalisation du contrôle des marchés publics, massification des ressources humaines de qualité, etc.

également lié à la réforme de l'État, ou s'il porte exclusivement sur la réforme budgétaire[23].

Dans cette perspective, une analyse à partir du principe de la transition instituée par l'UEMOA à travers la directive 06/2009/CM/UEMOA du 29 juin 2009 et de la documentation existante permettra de saisir la dynamique évolutive de la réforme dans sa mise en œuvre. En effet, s'il existe une convergence de vue sur la contribution de la déconcentration de l'ordonnancement de la dépense publique à la célérité de l'exécution budgétaire **(I)**, il est aussi fortement soutenu que la déconcentration de l'ordonnancement de la dépense publique est un facteur de responsabilisation des acteurs et un terreau pour semer les graines de la performance **(II)**.

I. De la panacée à l'engorgement du circuit de la dépense…

Les actes matériels et procéduraux attachés à l'exercice du pouvoir d'ordonnancement de la dépense publique sont multiples et récurrents. Pour être régulière, chaque opération de dépense est soumise à des règles de procédures et à des formalités dont ni l'ordonnateur ni son équipe ne peuvent se dispenser. Le domaine des activités relatives à la prescription de la dépense publique, associé au volume des opérations **(A)**, peut faire naître un engorgement du circuit de la dépense. Une stratégie de décongestion consisterait, le cas échéant, en la multiplication des centres des opérations d'ordonnancement pour gager leur fluidité **(B)**.

A. Un engorgement inhérent à la procédure d'exécution de la dépense publique

Les opérations conduisant à l'ordonnancement effectif de la dépense publique sont longues et procédurières. Classiquement, l'exécution de la dépense publique se déroule sur le domaine d'action de l'ordonnateur, c'est-à-dire à la phase administrative, en trois temps : le temps de l'engagement de la dépense, le temps de la liquidation de la dépense et le temps de l'ordonnancement ou du

[23] B. MALGORN, « La loi organique relative aux lois de finances (LOLF) et la déconcentration », *RFAP*, 2006/1 (nº 117), pp. 113-115.

mandatement de la dépense[24]. Cette chaîne d'étapes obligatoires pour les opérations de dépenses des personnes publiques définit le contour et le champ des activités inhérentes à la prescription de la dépense publique. L'opération matérielle d'instruction du comptable pour la prise en charge et le paiement de la dépense n'est que l'acte final qui corrobore l'effectivité d'une série d'opérations formellement instituées[25].

L'engagement de la dépense, qui est l'étape inaugurale de la procédure de consommation des crédits budgétaires, a une double dimension. Il est d'abord un acte juridique, dans la mesure où il est « *l'acte par lequel l'État créé ou constate à son encontre, une obligation de laquelle résultera une charge* »[26]. Par cette dimension, l'engagement de la dépense publique suppose l'identification au préalable, suivant les règles établies, du cocontractant de la personne publique. Les règles qui régissent cette opération d'identification de prestataires des services publics sont pour la plupart établies dans le droit de la commande publique.

Selon les spécificités de la commande, les acteurs de la phase administrative de la dépense sont astreints à se conformer à l'un ou l'autre des modes de passation des marchés publics prévus par le législateur. Selon le droit communautaire de l'UEMOA, deux modes de passation des marchés publics s'offrent aux acteurs. Il s'agit de l'appel d'offres et de l'entente directe[27]. L'appel d'offres est « *la procédure par laquelle l'autorité contractante choisit l'offre conforme aux spécifications techniques, évalue la moins-disante, et dont le soumissionnaire satisfait aux critères de qualification* »[28]. La procédure d'appel d'offres comporte plusieurs variantes, à savoir, l'appel d'offres ouvert, l'appel d'offres ouvert précédé de préqualification, l'appel d'offres restreint, les procédures applicables en matière de maîtrise d'ouvrage délégué, la procédure

---

[24] Cf. Article 44 de la directive n° 07/2009/CM/UEMOA portant règlement général sur la comptabilité publique au sein de l'UEMOA qui précise qu'avant d'être payées, les dépenses sont engagées, liquidées et ordonnancées.

[25] Cf. Article 30 du décret 2020-496 du 07 octobre 2020 portant procédures d'exécution budgétaire au Bénin.

[26] Cf. Article 45 de la directive n° 07/2009/CM/UEMOA portant règlement général sur la comptabilité publique au sein de l'UEMOA.

[27] Cf. Article 28 de la directive n° 04/2005/CM/UEMOA portant procédures de passation, d'exécution et de règlement des marches publics et des délégations de service public dans l'Union Économique et Monétaire Ouest-Africaine.

[28] Cf. Article 29 de la directive n° 04/2005/CM/UEMOA portant procédures de passation, d'exécution et de règlement des marches publics et des délégations de service public dans l'Union Économique et Monétaire Ouest-Africaine.

applicable au marché de clientèle[29], etc. Par contre, il y a « *entente directe lorsque l'autorité contractante engage, sans formalité, les discussions qui lui paraissent utiles, avec un entrepreneur, un fournisseur, ou un prestataire de services* »[30].

L'engagement de la dépense publique, s'agissant de la rémunération des agents de l'État, de paiement du service de la dette, d'opération des transferts au profit des ménages, suit des procédures autres que celles ci-dessus décrites. Ces exemples d'exigence de procédures en matière de sélection du cocontractant de l'État ne sont pas exclusifs. Ils montrent juste l'étendue des opérations et un aperçu du cheminement qui mène à l'ordonnancement de la dépense.

La dimension comptable de l'engagement de la dépense est moins procédurière que l'engagement juridique. Elle n'est pas significative dans les facteurs explicatifs de l'engorgement du circuit de la dépense publique, même si elle mérite d'être soulignée comme une opération indispensable à la poursuite de l'exécution de la dépense au-delà de l'engagement juridique. Il permet, en effet, d'« *affecter de crédit au paiement de la dépense* »[31]. Autrement dit, c'est l'opération de sauvegarde d'espace budgétaire pour le paiement de la dépense lorsque la réalité de la dette de la personne publique sera constatée.

Les travaux de liquidation de la dépense publique, réputés décisifs dans la matérialisation de la réalité de la dette de la personne publique, peuvent aussi être source d'opérations susceptibles d'engendrer l'engorgement du circuit de la dépense. Aux termes des dispositions de l'article 46 de la directive de l'UEMOA portant règlement général sur la comptabilité publique, la liquidation de la dépense a pour objet de « *vérifier la réalité de la dette et d'arrêter le montant exact de la dépense* ».

Pour établir la réalité de la dette de la personne publique et établir son montant à la phase de la liquidation, les agents de l'ordonnateur sont astreints à une autre opération technique : la certification du service fait. C'est une opération de constatation de l'effectivité du bénéfice, par une personne publique, d'une prestation, de travaux ou de service, conformément à un besoin préalablement exprimé. Elle implique l'opération mécanique de vérification, par l'horizontal et par la verticale, du montant de la dette de la personne publique.

---

[29] Cf. Articles 30 à 37 de la directive n° 04/2005/CM/UEMOA portant procédures de passation, d'exécution et de règlement des marchés publics et des délégations de service public dans l'Union Économique et Monétaire Ouest-Africaine.

[30] Article 38 de la directive n° 04/2005/CM/UEMOA portant procédures de passation, d'exécution et de règlement des marchés publics et des délégations de service public dans l'Union Économique et Monétaire Ouest-Africaine.

[31] Cf. Article 45 de la directive n° 07/2009/CM/UEMOA portant règlement général sur la comptabilité publique au sein de l'UEMOA.

Les procédures gouvernant la certification du service fait impliquent divers acteurs. Leur présence effective conditionne la validité de la certification de la réalité de la prestation effectuée, en contrepartie de laquelle un ordre de paiement sera donné au comptable public. À l'instar de l'engagement juridique, la liquidation induit la mise en œuvre de procédures spécifiques pouvant consommer de délai, contrairement, par exemple, à l'engagement comptable qui s'opère en un clic dès que sa demande est initiée. Dans l'environnement de la gestion budgétaire par la performance, c'est le responsable d'activités qui « *établit la demande d'engagement des dépenses dans la limite des crédits disponibles. Il participe à la réception des travaux, fournitures et services* »[32].

L'acte d'ordonnancement lui-même peut se définir comme une opération technique d'approbation de l'ensemble des opérations liées à l'engagement et à la liquidation de la dépense publique. Il s'exécute sur le fondement de pièces justificatives attestant de la bonne exécution des travaux, fournitures ou services sollicités par une personne publique. Dans le droit communautaire de l'UEMOA, comme dans celui des États membres, l'ordonnancement est « *l'acte administratif par lequel, conformément aux résultats de la liquidation, l'ordre est donné par l'ordonnateur au comptable assignataire de payer la dette de l'État* »[33]. L'instruction de l'ordonnateur est subordonnée à la disponibilité des documents justificatifs produits à l'occasion de la liquidation. Ce sont, entre autres, le procès-verbal de réception, la fiche technique d'intervention, l'attestation de service fait, le bordereau de livraison, le bon de commande, l'ordre de service ou le contrat de marché, les factures, les décomptes, les notes, les mémoires, etc.[34]

En considération des acteurs qui interviennent dans les étapes préparatoires de l'ordonnancement de la dépense publique, on peut conclure qu'il s'agit bien d'opérations complexes et susceptibles de manquer de fluidité à mesure que les dossiers deviennent nombreux. L'urgence d'exécuter l'ordonnancement de la dépense au profit des multiples ministères et institutions a conduit progressivement la centralisation du pouvoir d'ordonnancement de la dépense publique à se réduire comme une peau de chagrin.

---

[32] Cf. Article 8 du décret 2020-496 du 07 octobre 2020 portant procédures d'exécution budgétaire au Bénin.

[33] Cf. Article 47 de la directive n° 07/2009/CM/UEMOA portant règlement général sur la comptabilité publique au sein de l'UEMOA.

[34] Cf. Article 31 du décret 2020-496 du 07 octobre 2020 portant procédures d'exécution budgétaire au Bénin.

B. Un éclatement inévitable du pouvoir de prescription de la dépense publique

L'accroissement du volume des budgets publics et l'évolution numérique des sections budgétaires (ministères et institutions de l'État) sont un contrepoids pour la politique de la concentration du pouvoir d'ordonnancement de la dépense publique dans les mains d'un ordonnateur unique. La massification des opérations et la diversification des destinations érodent progressivement la pertinence de la centralisation du pouvoir d'ordonnancement de la dépense publique. Les difficultés engendrées par les facteurs ci-dessus cités nourrissent des récriminations et des appels à la réforme de la procédure d'exécution de la dépense publique.

Les besoins de célérité dans la consommation des crédits budgétaires suggèrent une déconcentration de l'ordonnancement de la dépense publique. Le défi de satisfaction des demandes sociales, en rapport avec l'exacerbation de la pression des populations en attente de bénéfice de services publics, en fait autant. L'appel à la désagrégation du pouvoir d'ordonnancement de la dépense publique est ainsi devenu un requiem qui se chante et s'amplifie pour dénoncer la lenteur de la procédure d'exécution de la dépense publique, sous le régime de l'ordonnateur unique.

Dans ce contexte, la déconcentration de l'ordonnancement est vue comme « *une réponse à l'engorgement de la chaîne de la dépense* »[35]. La concentration de l'ensemble des titres de paiement au seul niveau d'un ordonnateur crée, en réalité, une accumulation de dossiers qui dessert la célérité recherchée. Tout comme le Sénégal[36], nombreux sont les États qui en font le constat et en appellent à l'éclatement du pouvoir d'ordonnancement. On estime, en effet, qu'« *une diffusion plus large, au profit des ministères sectoriels, des pouvoirs, des responsabilités et des compétences en matière d'exécution budgétaire apparaît aujourd'hui comme un des enjeux stratégiques majeurs de la modernisation de tout système de finances publiques* »[37].

Des rapports et études soutiennent également la nécessité de la déconcentration de l'ordonnancement de la dépense, tant l'engorgement du circuit de la dépense est devenu un problème majeur pour la consommation des crédits budgétaires. La Banque mondiale a particulièrement mis en relief l'importance de la question dans le secteur de l'éducation. L'un des rapports

---

[35] Cf. UEMOA, Guide didactique de la directive n° 06/2009/CM/UEMOA du 26 juin 2009.

[36] Cf. http://sigif.gouv.sn/wp/reformes-uemoa/deconcentration-de-lordonnancement/

[37] S. BATONON, « Les systèmes financiers publics des États de l'UEMOA à l'épreuve de la nouvelle gouvernance financière publique », Thèse de Doctorat en droit public, Université Paris 1 Panthéon-Sorbonne, 2016, p. 73.

qu'elle a commandités sur la question dans le secteur de l'éducation a abouti à la conclusion qu'« *il y a lieu d'envisager la délégation de l'ordonnancement aux responsables des services déconcentrés des ministères en charge de l'éducation* »[38].

Des initiatives dans le sens de l'éclatement du pouvoir d'ordonnancement ont suivi ce nécessaire constat de désengorgement du circuit de la dépense. L'exemple du Bénin, qui a démarré bien avant que l'UEMOA n'effleure la question, semble intéressant. Se fondant sur les résultats et recommandations d'une étude diagnostique conduite par la Banque Mondiale au profit du Bénin vers la fin de la décennie 1980-1990, le Bénin a engagé une série de réformes, au nombre desquelles figure la déconcentration de l'ordonnancement.

L'idée générale de la série de réformes est centrée sur l'efficacité de l'action publique à travers une bonne exécution du budget de l'État. La modernisation du système de gestion des finances publiques était ainsi au cœur des objectifs généraux et la déconcentration de l'ordonnancement comme un objectif spécifique important.

La mise en œuvre de cet objectif spécifique a conduit le Bénin à se doter du décret n° 2000-601 du 29 novembre 2000 portant réforme des procédures d'exécution du Budget Général de l'État (BGE). À travers ce décret, il est acté la déconcentration de la fonction d'ordonnateur, la mise en vigueur d'un nouveau circuit de la dépense, la mise en œuvre d'un applicatif informatique dénommé Système Intégré de Gestion des finances publiques destiné à gérer les prévisions et l'exécution de l'ensemble des dépenses et des recettes du budget général de l'État et des comptes spéciaux du Trésor, etc.[39]

L'article 2 du même décret réaffirme le statut d'ordonnateur principal unique du budget de l'État en la personne du ministre chargé des Finances, mais précise qu'il peut « *déléguer ses pouvoirs* ». Cette précision est importante mais ne constitue pas le cœur de la réforme. Il existait déjà la possibilité de délégation du pouvoir d'ordonnancement de la dépense publique, même si celle-ci n'était pas étendue. Par exemple, le Directeur Général du Budget avait toujours bénéficié de la délégation du pouvoir d'ordonnancement, en tant que cheville ouvrière de la mise en œuvre du pouvoir d'ordonnateur principal du budget de l'État reconnu au ministre chargé des Finances.

Le point axial de la réforme est l'institution d'ordonnateurs délégués au niveau sectoriel. Le décret de novembre 2000, mettant en œuvre un circuit de la

---

[38] Banque Mondiale, Bénin – *Rapport sur la revue du système de gestion des finances publiques et de la responsabilité financière de l'État (PEMFAR) 2014*, juin 2015, p. 23.

[39] Ministère de la Prospective, du Développement et de l'Évaluation de l'action publique, *Évaluation de la déconcentration budgétaire au Bénin : état des lieux de la mise en œuvre de la réforme au Bénin, op. cit.*, p. 32.

dépense, prévoit que « *les fonctions d'administrateurs de crédits et d'ordonnateurs délégués sont indispensables* »[40]. Cette disposition du décret corrobore les conclusions de différents rapports et avis d'experts qui véhiculent des plaidoiries en faveur de la réforme du principe de concentration de l'ordonnancement de la dépense au niveau d'un ordonnateur unique. Chaque section budgétaire est éligible, sur la base de cette disposition, à avoir un ordonnateur délégué pour l'exécution de ses opérations budgétaires. La réforme semble en phase avec l'architecture de construction du budget de l'État. Les crédits inscrits en lois de finances sont répartis par ministère et institution et l'organisation de l'exécution suivant ce schéma semble pertinente.

L'article 10 du décret de novembre 2000 donne des précisions sur la mise en œuvre de la déconcentration de l'ordonnancement au niveau sectoriel. Il précise, en effet, les conditions de nomination des acteurs ainsi que leurs profils. On y lit que « *les ordonnateurs délégués sont nommés en Conseil des ministres, sur proposition conjointe du ministre concerné* »[41].

Cette précision du décret situe sur la portée de la réforme. Le ministre chargé des Finances demeurant l'ordonnateur principal unique du budget de l'État, il est simplement question de lui trouver des relais au niveau sectoriel pour faciliter la fluidité des opérations de dépenses. En quelque sorte, l'agent ordonnateur délégué au niveau sectoriel est un agent du ministère chargé des Finances en opération à un poste avancé, c'est-à-dire au sein d'un autre ministère. Cette forme de déconcentration demeure imparfaite, quand bien même elle constitue une avancée au bénéfice de la célérité des opérations d'exécution de la dépense. Du point de vue de la performance, elle n'a pas provoqué l'évolution souhaitable pour la responsabilisation des autorités sectorielles au niveau des ministères et institutions de l'État.

Suivant les dispositions du même article, « *les ordonnateurs délégués sont habilités à émettre et signer des actes d'engagement et d'ordonnancement des dépenses après le visa préalable du contrôleur financier ou de ses délégués* ». La déconcentration de l'ordonnancement de la dépense publique s'accompagne, ce faisant, de la délocalisation du contrôle financier. Ainsi, « *il est placé auprès de chaque ministère ou institution de l'État ou auprès des préfectures, un Délégué du Contrôleur Financier (DCF) pour contrôler sur place la régularité des dépenses* »[42]. La proximité des ordonnateurs délégués ou secondaires, des

---

[40] Cf. Article 9 du décret n° 2000-601 du 29 novembre 2000 portant réforme des procédures d'exécution du budget général de l'État.

[41] Cf. Article 10 du décret n° 2000-601 du 29 novembre 2000 portant réforme des procédures d'exécution du budget général de l'État.

[42] Ministère de la Prospective, du Développement et de l'Évaluation de l'action publique, *Évaluation de la déconcentration budgétaire au Bénin : état des lieux de la mise en œuvre de la réforme au Bénin*, *op. cit.*, p. 20.

organes de contrôle a priori et des gestionnaires de crédits, s'analyse en un dispositif susceptible de booster l'exécution de la loi de finances. De même, la définition de la compétence et de la responsabilité de chaque acteur dans la chaîne d'exécution de la dépense publique constitue, au-delà du « *facteur de traçabilité des maillons de goulot d'étranglement au sein de la chaîne* »[43], un vecteur de performance.

II. …UNE CONDITION BASIQUE POUR LA PERFORMANCE FINANCIÈRE

« *Gouverner, c'est dépenser* »[44], dit-on. Cette assertion replace dans son contexte le rôle angulaire de la dépense publique dans la mise en œuvre des politiques publiques[45]. C'est de la qualité de la dépense publique que dépend la délivrance de services sociaux de base et d'autres biens publics au profit de la population. Ainsi, la recherche de la performance financière doit être une constance dans le fonctionnement des services publics. Ceci suppose l'existence d'un régime de responsabilité des acteurs et un système d'imputation de l'obligation de performance. En plus de contribuer à la fluidification du circuit de la dépense, la déconcentration de l'ordonnancement pourrait constituer le levier de responsabilisation des acteurs **(A)** et être une clé pour l'instauration d'une véritable culture de résultats **(B)**.

A. L'établissement de la responsabilité financière au niveau sectoriel

Le cadre harmonisé des finances publiques de l'UEMOA de 2009 est péremptoire sur le principe. « *Les ministres et les présidents des institutions constitutionnelles sont ordonnateurs principaux des crédits, des programmes et des budgets annexes de leur ministère ou de leur institution…* »[46]. Cette orientation communautaire de l'organisation de la gestion des finances publiques

---

[43] *Ibid.*, p. 35.

[44] R. STOURM, *Le budget,* Paris, Guillaumin, 1896, p. 483.

[45] On entend par « politiques publiques » une « *action ou un ensemble organisé d'actions visant à modifier une situation jugée problématique* », cf. V. RIDDE et C. DAGENAIS, *Approches et pratiques en évaluation de programmes : Nouvelle édition revue et augmentée*, Presses de l'Université de Montréal, 2012, p. 437.

[46] Cf. Article 68 de la directive n° 06/2009/CM/UEMOA portant lois de finances au sein de l'UEMOA ; Article 4 du décret 2020-496 du 07 octobre 2020 portant procédures d'exécution budgétaire au Bénin.

porte une ambition. Elle marque la fin de la toute-puissance du ministre chargé des Finances quant au pilotage de l'exécution du budget de l'État en créant des ordonnateurs principaux multiples. Toutefois, l'innovation ne prend pas en compte les recettes budgétaires, pour lesquelles le ministre en charge des Finances reste l'ordonnateur principal unique[47]. On comprend que la mobilisation des recettes budgétaires n'est pas une fonction partagée par l'ensemble des administrations publiques.

Le choix d'accorder le statut d'ordonnateur principal aux ministres et présidents d'institutions constitutionnelles est sans doute motivé par la volonté du jurislateur communautaire d'apporter une solution aux récurrentes questions de la sous-exécution du budget de l'État, de l'amélioration de la qualité de la dépense publique, ou encore, de l'efficacité des politiques publiques. Les initiatives nationales qui ont précédé la décision de l'UEMOA de déconcentrer l'ordonnancement de la dépense publique ont ciblé cette finalité. Dans un rapport sur l'évaluation de l'expérience de la déconcentration de l'ordonnancement de la dépense publique au Bénin, il est clairement mentionné cet objectif. L'appréciation de la performance de la politique de déconcentration budgétaire sera, pouvait-on lire, « *concentrée sur l'analyse de la capacité du système actuel à accroître les taux de consommation des crédits, l'adéquation des moyens déployés en rapport avec les objectifs de la réforme ainsi que son incidence sur la qualité des dépenses* »[48]. C'est une position partagée d'autant plus que dans les systèmes de gestion des finances publiques, réputés centralisés, la déconcentration de l'ordonnancement des dépenses représente « *une avancée considérable dans la voie d'une efficacité et d'une réactivité plus grandes du secteur public* »[49]. Même s'il n'est pas la solution à tous les maux dont souffre la gestion des finances publiques, la déconcentration de l'ordonnancement porte l'espoir d'être la panacée pour induire une nouvelle dynamique dans le pilotage de l'exécution budgétaire. On la soupçonne d'être catalytique de la responsabilisation des acteurs de la chaîne de la dépense publique et de l'enracinement de la gestion par la performance. En effet, la déconcentration de l'ordonnancement de la dépense obéit à une nécessité de jumelage de la responsabilité et de l'obligation de performance[50].

---

[47] Cf. Article 66 de la directive n° 06/2009/CM/UEMOA portant lois de finances au sein de l'UEMOA.

[48] Ministère de la Prospective, du Développement et de l'Évaluation de l'action publique, *Évaluation de la déconcentration budgétaire au Bénin : état des lieux de la mise en œuvre de la réforme au Bénin*, *op. cit.*, p. 34.

[49] OCDE, *Amélioration de la qualité et l'efficacité économique des dépenses publiques*, Études Économiques de l'OCDE, 2004/14, pp. 87-164.

[50] Cf. « Le chemin est tracé pour la déconcentration de l'ordonnancement au Sénégal », accessible au https://luxdev.lu/fr/news/show/2017-01-04, consulté le 05 janvier 2023.

La responsabilité inhérente au statut d'ordonnateur principal découle du pouvoir reçu. Le statut d'ordonnateur confère la compétence d'engager financièrement l'État. C'est une compétence assez importante pour que son exercice soit encadré et soumis à un régime de responsabilité. Les compétences et nouvelles attributions conférées par le statut d'ordonnateur principal rendent leurs bénéficiaires responsables d'un certain nombre d'obligations et ils sont passibles de sanctions en cas d'inobservations ou d'une exécution budgétaire irrégulière. La déconcentration de la fonction d'ordonnancement génère donc à la fois de nouvelles compétences et de nouvelles responsabilités.

Dans le cadre de la mise en œuvre de la déconcentration de la fonction d'ordonnancement, il conviendrait d'insister sur la délégation de pouvoir, qui est le cœur de la réforme, au détriment de la délégation de signature. La première est le fondement du régime de responsabilité auquel la loi assujettit les ordonnateurs au niveau sectoriel. La seconde n'est pas compatible avec les obligations qu'appelle la mise en œuvre du pouvoir d'engager financièrement l'État, étant donné que le délégataire de signature n'est pas soumis au même régime de responsabilité que le délégant.

La déconcentration de l'ordonnancement confère du pouvoir financier à son bénéficiaire. Elle l'habilite à avoir la plénitude de la compétence d'engager financièrement l'État, de liquider et d'ordonnancer la dépense publique. En d'autres termes, la déconcentration de l'ordonnancement a vocation à créer des ordonnateurs principaux de budgets, à l'instar du ministre chargé des Finances.

L'UEMOA, à travers la deuxième génération de directives d'orientation de la gestion des finances publiques, semble plus engagée que jamais en faveur de la déconcentration de l'ordonnancement de la dépense publique. On le constate à travers certaines dispositions qui montrent sa volonté de voir la réforme s'opérationnaliser sans délai. La fixation d'un délai de cinq (5) ans pour voir la réforme entrer en pratique dans les États ne lui semble pas suffisante. Le texte communautaire a prévu, en sus, une mesure additionnelle pouvant faciliter une mise en œuvre progressive immédiate. Elle précise que pendant les cinq années de délai de préparation de l'opérationnalisation de la réforme, « *(...) le ministre chargé des Finances peut déléguer son pouvoir d'engagement et d'ordonnancement à un ou plusieurs ministres ainsi qu'aux présidents des institutions constitutionnelles pour leurs budgets respectifs* »[51]. Ceci apparaît comme une période d'incubation en matière d'apprentissage de l'exercice de la responsabilité d'ordonnateur principal.

---

[51] Cf. Article 68 de la directive n° 06/2009/CM/UEMOA du 29 juin 2009 ; article 69 de la loi n° 2013-14 du 27 septembre 2013 portant loi organique relative aux lois de finances.

Une analyse croisée des mesures transitoires initiées par l'UEMOA montre qu'elle est plus avancée en matière d'ambition que l'expérience faite par le Bénin au début des années 2000.

L'UEMOA a opté pour une délégation du pouvoir d'ordonnateur principal aux ministres et présidents d'institutions. La délégation est ainsi orientée vers les autorités politiques, contrairement au Bénin, où la délégation est restée technique. Elle est faite à des cadres techniques, en l'occurrence, aux responsables des fonctions financières des ministères et institutions de l'État[52].

En définitive, la politique de la déconcentration du pouvoir d'ordonnancement de la dépense permet d'activer la responsabilisation des acteurs. Orientée vers les personnes responsables de la mise en œuvre des politiques publiques, elle a le mérite d'engager l'action publique sur la voie de la performance.

B. La promotion de la performance au niveau des programmes budgétaires

Les ministres et présidents d'institutions constitutionnelles à qui il est accordé le statut d'ordonnateur principal de leur budget n'ont pas l'obligation d'exercer, par eux-mêmes, le pouvoir que la loi leur confère. La directive 06/2009/CM/UEMOA précise que « *les ordonnateurs peuvent déléguer leur pouvoir à des agents publics dans les conditions déterminées par les règlementations nationales* »[53]. Cette faculté de délégation du pouvoir d'ordonnancement des dépenses publiques à des agents publics est reprise dans la plupart des législations financières des États de l'UEMOA. La déconcentration du pouvoir d'ordonnancement des dépenses publiques vers des responsables politiques peut ainsi s'accompagner de déconcentration verticale à l'intérieur des ministères et institutions.

Le choix du jurislateur communautaire d'autoriser la délégation du pouvoir d'ordonnancement par les ordonnateurs principaux est suivi de quelques précisions qui lèvent un coin de voile sur la finalité de l'option faite par le jurislateur communautaire. La directive communautaire prévoit, en effet, que « *les responsables de programme sont nommés par ou sur proposition du ministre sectoriel dont ils relèvent* [et que] *l'acte de nomination précise, le cas échéant, les conditions dans lesquelles les compétences d'ordonnateur leur sont*

---

[52] Cf. Article 10 du décret n° 2000-601 du 29 novembre 2000 portant réformes des procédures d'exécution du budget général de l'État.

[53] Cf. Article 65 de la directive n° 06/2009/CM/UEMOA du 29 juin 2009.

déléguées »[54]. Il est donc clair que tout en laissant le libre choix aux législateurs nationaux, le jurislateur communautaire rend éligible le responsable de programme au bénéfice de la délégation du pouvoir d'ordonnancement.

Le responsable de programme est un nouvel acteur de la chaîne de dépense publique créé par la directive 06/2009/CM/UEMOA, qui le définit comme celui qui « *détermine les objectifs spécifiques, affecte les moyens et contrôle les résultats des services chargés de la mise en œuvre du programme* »[55]. Le programme, quant à lui, est « *un regroupement de crédits destinés à la mise en œuvre d'une action ou d'un ensemble cohérent d'actions représentatif d'une politique publique clairement définie dans une perspective de moyen terme* »[56]. On peut lire à travers ce choix du jurislateur, confirmé par les législateurs nationaux, une manifestation de la volonté de donner aux managers des programmes budgétaires le pouvoir de décision nécessaire pour la mise en œuvre des moyens financiers accordés au programme.

Cette volonté pourrait aussi s'inscrire dans le sens de la réforme globale de la procédure d'exécution des dépenses publiques, critiquée pour son inaptitude à garantir une exécution budgétaire porteuse de célérité et de performance. En effet, « *le contraste entre la masse des dépenses budgétaires (le quart du produit national brut) et les méthodes appliquées pour les utiliser suscite de plus en plus de critiques qui soulignent la triple impossibilité de faire des choix rationnels, de pratiquer une gestion efficace et de contrôler cette gestion sans la paralyser* »[57].

L'articulation du budget de l'État autour des politiques publiques portées des programmes budgétaires permettra de multiplier les centres de décision et de rendre la responsabilité financière moins diffuse. Ce qui constitue un paramètre important pour inscrire l'exécution budgétaire dans une dynamique de recherche de performance.

Dans la mesure où le nouvel acteur, le responsable de programme, est perçu comme celui qui porte la charge de la responsabilité de la performance, le choix de lui conférer le pouvoir de prescription de la dépense devient une suite logique de responsabilisation. « *Le responsable de programme présente et justifie trimestriellement et annuellement les résultats atteints devant son ministre de tutelle. En outre, il est personnellement responsable de l'atteinte ou non des*

---

[54] Cf. Article 13 de la directive n° 06/2009/CM/UEMOA du 29 juin 2009.

[55] *Idem.*

[56] Cf. Article 12 de la directive n° 06/2009/CM/UEMOA du 29 juin 2009.

[57] Ph. GALY, « Le Budget-Programme », *La Revue Administrative*, vol. 24, n° 140, 1971, pp. 148-54, *JSTOR*, http://www.jstor.org/stable/40766130. Accessed 16 Apr. 2023.

objectifs de performance fixés au programme dans les conditions d'efficacité et d'efficience. »[58]

Le responsable de programme est celui qui assure le pilotage du programme, trace la voie et conduit les acteurs de la cartographie du programme à viser et atteindre les résultats assignés au programme. La relation entre responsabilité et performance financière semble dicter ainsi la politique de l'UEMOA en matière de déconcentration de l'ordonnancement de la dépense. Tout laisse ainsi à croire que la ligne directrice de l'organisation, c'est de situer le pouvoir de prescription de la dépense plus près du champ d'opération de l'action publique. On déduit que l'organisation adopte la nouvelle gestion publique fondée sur « *l'idée de responsabilité et sur le principe suivant : un périmètre, un budget, un responsable* »[59].

La responsabilité qui incombe aux ordonnateurs principaux pèse également sur les agents avec qui ils partagent l'exercice du pouvoir à eux conféré. Les ordonnateurs délégués au niveau sectoriel sont soumis au même régime de responsabilité que les ordonnateurs principaux. Dans l'un de ses rapports sur le circuit de la dépense publique au Bénin, la Banque Mondiale lit dans la réforme de la délégation de l'ordonnancement au sein des ministères une opportunité pour accroître la responsabilité des acteurs. Elle estime, pour ce qui concerne le secteur de l'éducation, que la réforme les rendra davantage « *responsables des activités qui leur incombent au niveau déconcentré* »[60].

La déconcentration de l'ordonnancement, plus qu'un vecteur de célérité dans l'exécution budgétaire, est une incitation à la performance, en vertu du régime de responsabilité qui encadre l'exercice du pouvoir d'ordonnancement[61]. Autrement, « *l'autorité du contrôle financier peut céder le pas devant le contrôle d'opportunité, notamment lorsque les actes d'ordonnancement relèvent du seul ministre des Finances* »[62]. La déconcentration de l'ordonnancement de la dépense publique est cependant sujette à des implications techniques[63]. L'étape

---

[58] Cf. Article 11 du décret n° 2021-401 du 28 juillet 2021 fixant la structure type des ministères au Bénin.

[59] Cf. D. CANEPA, « La régulation budgétaire dans la nouvelle gestion de l'État », *in* M. BOUVIER (dir.), *Innovations, créations et transformations en finances publiques*, Paris, LGDJ, 2006, p. 26.

[60] Bénin – Rapport sur la Revue du Système de Gestion des Finances publiques et de la Responsabilité Financière de l'État (PEMFAR) 2014, p. 8.

[61] Cf. Titre IX de la directive 06/2009/CM/UEMOA du 26 juin 2009 sur la responsabilité en matière d'exécution des budgets publics.

[62] Direction Générale de la Coopération Internationale et du Développement, *La gestion de la dépense publique dans les pays de l'Afrique francophone subsaharienne*, *op. cit*, p. 395.

[63] S. BATONON, « Les systèmes financiers publics des États de l'UEMOA à l'épreuve de la nouvelle gouvernance financière publique », *op. cit.*, p. 46.

d'ordonnancement connaît « *une transformation avec l'informatisation des procédures d'exécution* »[64]. L'existence d'un système d'information crédible et fiable et le déploiement d'infrastructures adéquates dans les ministères et institutions sont des facteurs clés du succès de la réforme même si ceux-ci demeurent problématiques.

L'indépendance d'action des ordonnateurs principaux sectoriels des ministères et institutions et celle de leurs délégataires restent toutefois encadrées par l'obligation légale faite au ministre chargé des Finances de garantir l'équilibre budgétaire. À cet effet, le ministre chargé des Finances dispose « *d'un pouvoir de régulation budgétaire qui lui permet, au cours de l'exécution du budget, de procéder à des annulations de crédits ou de subordonner l'utilisation des crédits à la disponibilité de trésorerie* »[65].

CONCLUSION

La déconcentration de l'ordonnancement de la dépense publique est un transfert de pouvoir nécessaire à l'établissement de la responsabilité financière des ordonnateurs au niveau des ministères et institutions constitutionnelles. Sa consécration juridique au niveau communautaire en 2009, à travers le texte qui institue la gestion budgétaire axée sur la performance, semble la faire passer pour une condition nécessaire au succès de la réforme.

---

[64] M. BOUVIER, M.-C. ESCLASSAN et J.-P. LASSALE, *Finances publiques*, Paris, LGDJ, 2021-2022, 20e édition, p. 474.

[65] Cf. Article 67 de la directive n° 06/2009/CM/UEMOA du 29 juin 2009.

TABLE DES MATIÈRES

Structures éditoriales du groupe L'Harmattan

L'Harmattan Italie
Via degli Artisti, 15
10124 Torino
harmattan.italia@gmail.com

L'Harmattan Hongrie
Kossuth l. u. 14-16.
1053 Budapest
harmattan@harmattan.hu

L'Harmattan Sénégal
10 VDN en face Mermoz
BP 45034 Dakar-Fann
senharmattan@gmail.com

L'Harmattan Cameroun
TSINGA/FECAFOOT
BP 11486 Yaoundé
inkoukam@gmail.com

L'Harmattan Burkina Faso
Achille Somé – tengnule@hotmail.fr

L'Harmattan Guinée
Almamya, rue KA 028 OKB Agency
BP 3470 Conakry
harmattanguinee@yahoo.fr

L'Harmattan RDC
185, avenue Nyangwe
Commune de Lingwala – Kinshasa
matangilamusadila@yahoo.fr

L'Harmattan Congo
67, boulevard Denis-Sassou-N'Guesso
BP 2874 Brazzaville
harmattan.congo@yahoo.fr

L'Harmattan Mali
ACI 2000 - Immeuble Mgr Jean Marie Cisse
Bureau 10
BP 145 Bamako-Mali
mali@harmattan.fr

L'Harmattan Togo
Djidjole – Lomé
Maison Amela
face EPP BATOME
ddamela@aol.com

L'Harmattan Côte d'Ivoire
Résidence Karl – Cité des Arts
Abidjan-Cocody
03 BP 1588 Abidjan
espace_harmattan.ci@hotmail.fr

Nos librairies en France

Librairie internationale
16, rue des Écoles
75005 Paris
librairie.internationale@harmattan.fr
01 40 46 79 11
www.librairieharmattan.com

Librairie des savoirs
21, rue des Écoles
75005 Paris
librairie.sh@harmattan.fr
01 46 34 13 71
www.librairieharmattansh.com

Librairie Le Lucernaire
53, rue Notre-Dame-des-Champs
75006 Paris
librairie@lucernaire.fr
01 42 22 67 13

www.ingramcontent.com/pod-product-compliance
Lightning Source LLC
LaVergne TN
LVHW011219061026
849535LV00001BA/94
* 9 7 8 2 3 3 6 4 7 2 1 3 3 *